吴式颖　李明德

丛书总主编

外国教育通史

第十二卷

19 世纪的教育

（下）

单中惠　许建美

本卷主编

GENERAL HISTORY OF FOREIGN EDUCATION

北京师范大学出版集团
BEIJING NORMAL UNIVERSITY PUBLISHING GROUP

北京师范大学出版社

图书在版编目(CIP)数据

外国教育通史：全二十一卷：套装／吴式颖，李
明德总主编． -- 北京：北京师范大学出版社，2025.1.
ISBN 978-7-303-30486-8

Ⅰ．G519

中国国家版本馆 CIP 数据核字第 20251WL437

WAIGUO JIAOYU TONGSHI：QUAN ERSHIYI JUAN：TAOZHUANG

出版发行：北京师范大学出版社 https://www.bnupg.com

　　　　　北京市西城区新街口外大街 12-3 号

　　　　　邮政编码：100088

印　　刷：北京盛通印刷股份有限公司

经　　销：全国新华书店

开　　本：787mm×1092mm　1/16

印　　张：684

字　　数：9000 千字

版　　次：2025 年 1 月第 1 版

印　　次：2025 年 1 月第 1 次印刷

定　　价：4988.00 元(全二十一卷)

策划编辑：陈红艳　鲍红玉　　　　　责任编辑：鲍红玉　李灵燕

美术编辑：焦　丽　　　　　　　　　装帧设计：焦　丽

责任校对：陈　民　　　　　　　　　责任印制：马　洁

编委会

总主编

吴式颖　李明德

副总主编

王保星　郭法奇　朱旭东　单中惠　史静寰　张斌贤

编　委

（按姓氏笔画顺序排列）

王　立　　王　晨　　王者鹤　　王保星　　史静寰　　乐先莲

朱旭东　　刘淑华　　许建美　　孙　进　　孙　益　　李子江

李立国　　李先军　　李明德　　李福春　　杨　捷　　杨孔炽

杨汉麟　　吴式颖　　吴明海　　何振海　　张　宛　　张　弢

张斌贤　　陈如平　　陈露茜　　易红郡　　岳　龙　　周　采

郑　崧　　单中惠　　赵卫平　　姜星海　　姜晓燕　　洪　明

姚运标　　贺国庆　　徐小洲　　高迎爽　　郭　芳　　郭　健

郭志明　　郭法奇　　傅　林　　褚宏启

目 录 | Contents

第一章

美国教育的发展

　　1776 年美国发表的《独立宣言》宣告，人人生而平等，"造物主"赋予他们某些不可转让的权利，其中包括生存、自由及谋求幸福的权利。马克思（Karl Marx，1818—1883）曾致函美国总统林肯（Abraham Lincoln，1809—1865），称赞《独立宣言》是"第一篇人权宣言"①。不过，当时美国尚存在蓄奴制现象，在建国之前从非洲贩运黑人为奴隶，主要是在美国南部给种植园主做农业耕种。独立建国后虽经近百余年之久，剥削和奴役黑人的社会制度并无动摇。随着美国资本主义生产的发展，到 19 世纪后期，美国内外形势巨变。北方资本家和南方种植园主之间的矛盾日趋激化。其一，资本家要求扩大国内市场以推销产品，需要更加充足的劳动力来满足产业需求，而种植园主所赖以存在的蓄奴制刚好是障碍。其二，资本家为图发展工业生产，主张实行限制原料出口和限制外国工业品入口制度，力争保护关税；南方种植园主则主张自由输出南方盛产的棉花和输入外国工业成品。由于矛盾的不可调和，从而爆发了 1861—1865 年的南北战争。其结果是，北方获得胜利，黑人获得解放，奴隶制度逐步被废除。由此，美国的工业跃进，农业也迅速机械化，为资本主义发展扫清了道路，使美国在第一次世界大战时期成为经济上的富国和政

---

① 《马克思恩格斯全集》第二十一卷，24 页，北京，人民出版社，2003。

治上的强国。在这个历史前进时期，美国教育也获得了快速的发展。

第一节 初等教育的发展

早在殖民地时期，美国的一些殖民地地区出于宗教的目的，对儿童的教育极为关注，它们通过颁布法令来强调教育的义务。最初的这种义务主要表现为家长对子女的教育义务。例如，1642年马萨诸塞州就通过一项法令来提醒马萨诸塞州的公民应承担的义务：教子女阅读教义问答手册。① 17世纪中期，北美的普利茅斯殖民地也制定了关于学校的法令，提出了关于建立初等学校的建议。1658年和1663年的议会建议其所属的各市镇都应采取措施，挑选一位教师，来教儿童读与写。② 1683年宾夕法尼亚州颁布一项法令，明确规定：归根到底，无论穷人和富人都能受到良好的值得称赞的教育，这比物质财富更重要。③ 然而，值得关注的是，这一时期美国一些地区虽提出了普及初等义务教育的要求，但实施初等教育的机构并没有得到改善，主妇学校、慈善学校、星期日学校等是儿童接受初等教育的主要机构，这些出于慈善、宗教目的的学校机构并不能满足普及初等义务教育的需要，也无法承担起普及初等义务教育的重任。

19世纪中期，为解决美国工潮和儿童犯罪现象等社会问题，以马萨诸塞州议员为代表的政府官员意识到普及初等义务教育的重要性和紧迫性，于

---

① [美]卡罗尔·卡尔金斯：《美国文化教育史话》，邓明言、程毓征、彭致斌等译，3页，北京，人民出版社，1984。

② Samuel Chester Parker, *A Textbook in the History of Modern Elementary Education: with Emphasis on School Practice in Relation to Social Conditions*, Boston, Ginn And Company Press, 1912, p.59.

③ [美]E. P. 克伯雷：《外国教育史料》，任宝祥、任钟印译，336页，武汉，华中师范大学出版社，1991。

1852 年颁布了强迫义务教育的法案，期望用学校来代替监狱，迫使那些游荡的、容易犯罪的儿童进入学校，以确保社会的稳定；工厂主也意识到普及义务教育对提高工人生产技能、加强对工人的组织和管理具有实际的效用，因为在他们看来，受过教育的工人在行为上会表现得更加稳重、更加遵守秩序。此外，快速发展的工人阶级也提出了普及义务教育的要求，劳工组织在其斗争纲领和工作决议中明确提出"建立免费的教育体制，使人人接受教育"的政治目标。在各种力量的共同作用下，至 1898 年，美国已有 32 个州颁布了义务教育法。这些法令明确规定了儿童每年在校学习的时间和学习内容，同时也规定了对违反该法令的人处以罚款或拘役的处罚。与此同时，推进的美国公立学校制度，为义务教育的普及奠定了很好的实践基础，提供了良好的条件。①

一、幼儿教育的兴起

从 17 世纪成为英国的殖民地至 19 世纪初，美国社会没有"幼儿教育"这一说法，更没有"幼儿园"这样的机构。出现这种情形的主要原因有两个。一是当时美国在幼儿的教养问题上，因袭英国的传统，认为幼儿在接受正式教育前应由家庭完全承担责任，如何照料和教育幼儿，完全是母亲和家庭自己的事情，不需要他人和社会插手。那时，美国的经济结构还比较单一，广大妇女没有走出家庭，有较充足的时间来照看幼儿。况且，那时的家庭结构比较复杂，即使父母无暇照顾幼儿，还有祖父母等担此责任。二是当时美国完全没有将幼儿教育与初等教育区别开来。美国早期的学校主要目的是教会孩子们简单读写，使他们能够阅读《圣经》，为他们日后的宗教生活做准备。因此，根本没有明确的入学年龄，同一种教育层次中可以同时有 3~4 岁的孩子和 16 岁的孩子。自 19 世纪 20 年代开始，受英国罗伯特·欧文(Robert Ow-

---

① 钟文芳：《西方近代初等教育史》，258~260 页，上海，上海科技教育出版社，2006。'

en，1771—1858)于1816年在英国主导的幼儿学校理念的影响，美国逐渐出现有组织的幼儿教育，幼儿教育登上了美国的历史舞台。1824年，欧文在美国印第安纳州新哈蒙开展共产主义公社活动时，为2~5岁幼儿设立幼儿学校，这是美国历史上最早的幼儿保育机构。1827年，纽约和费城成立了幼儿学校，后来，东部的其他城市也出现了这类学校。幼儿学校由女性教师授课，招收2~6岁的贫困儿童。它们主要是让这些孩子学习基础的文化知识，并对其进行道德教育，以期缓和由贫困带来的、潜在的反社会因素的影响。然而，实际上到1840年，幼儿学校基本上已经从美国的教育舞台上消失了。但不容否认的是，幼儿学校在引导美国公众关注早期儿童教育，更进一步说在引导公众关注支持教育的需求方面，发挥了重要的作用。在为数不多的几个城市中，幼儿学校是由那些主张对所有儿童(不论贫穷与否)进行幼儿教育的倡导者们设计的，它作为小学的预备学校被保存下来，并成为城镇学校制度中的一个组成部分。①

19世纪50年代，随着公立学校运动的兴起和德国教育家福禄培尔(Friedrich Froebel，1782—1852)②幼儿园教育理论的传入，美国公立幼儿园运动(19世纪70年代至20世纪初)开始逐步推进。以这一时期为界，此前美国幼儿园尚处于开创期，其主要特点是原封不动地照抄欧洲幼儿教育的理论与实践方法，且局限于局部地区，属于自发的、民间私营性质，因其规模小，并未引起教育当局的足够重视。在公立幼儿园运动兴起后，幼儿教育被纳入公共教育制度中，作为初等教育的第一阶段。这一时期美国幼儿园已不仅是民间的慈善护理机构，还是整个公立学制系统的有机组成部分，是免费的、

---

① [美]L.迪安·韦布：《美国教育史：一场伟大的美国试验》，陈露茜、李朝阳译，134~135页，合肥，安徽教育出版社，2010。

② 1837年，福禄培尔在德国建立了第一所幼儿园。他在瑞士教育家裴斯泰洛齐(Johann Heinrich Pestalozzi，1746—1827)的学校里学习过，接受了许多有关感官唯实论、儿童中心和实物课程的理念。在福禄培尔看来，学校的主要目的应该是通过自我表达来发展个体的天赋，儿童在3~4岁时就应该开始接受自我表达的教育，游戏、唱歌或一些创造性的、自发的活动能够激发儿童的自我表达。

公立的、非宗教的，并保证所有儿童入园。值得一提的是，当公立幼儿园运动在美国蓬勃发展时，私立幼儿园依然存在，公私并存的幼儿园适应了美国独特的政治、经济环境，为幼儿教育事业寻到了一条适合其国情的道路。

如前所述，虽然幼儿学校存在时间不长，但它却是美国幼儿教育事业的开端。1856 年，德国舒尔茨夫人（Margaretha Schurz，1833—1876）在威斯康星州的沃特敦开办了第一所福禄培尔式的德语幼儿园，采用福禄培尔的教学方法与内容。随后，其他说德语的地区纷纷效仿。1860 年，美国教育家贺拉斯·曼（Horace Mann，1796—1859）的妻姐伊丽莎白·皮博迪（Elizabeth Peabody，1804—1894）在波士顿建立了第一所福禄培尔式的英语幼儿园。这是美国幼儿园发展的开创期。

19 世纪 70 年代后，慈善幼儿园和公立幼儿园几乎同时兴起，美国幼儿教育进入迅速发展时期。慈善幼儿园是指教会与社会各团体为贫困儿童设立的（私立或公立的）免费幼儿园。虽然这些办园者出于各种目的，但他们在救济贫困儿童、维护社会安定、同化移民后代、传播福禄培尔教学法方面发挥了强大作用，而且为公立幼儿园的发展奠定了基础。公立幼儿园运动是在 19 世纪 30 年代至 60 年代兴起的美国公共教育运动的影响下开展起来的。1873 年，第一所具有慈善性质的幼儿园是在圣路易斯市的督学哈里斯（William T. Harris，1835—1909）和福禄培尔幼儿园的传播者布洛（Susan E. Blow，1843—1916）女士的共同努力下建立起来的，幼儿园被看作缓解城市贫穷现象的一种手段。

哈里斯认为，幼儿园必须注意调节家庭和学校，使家庭允许的自由与学校要求的准则相协调，塑造个人价值和社会义务相互补充的公民。他说，在公共学校体系中加入年幼群体，对于提高学校教育效果具有非常重要的意义。① 哈里斯把学校作为社会统一的一种积极力量，这一观点在许多移民汇聚的城市受到欢迎。儿童从家庭进入幼儿园的理念，在美国得到广泛认可，幼儿园通过集合不同文化背景的儿童，引导他们和平共处，成为美国维持社会秩序的一种手段。布洛女士是第一所公立幼儿园的教师，在她的努力下，美国的幼儿园运动进入一个全盛时期。她还受到德国哲学和教学法的启蒙，建构了一个儿童发展理论，强调妇女在家庭哺育和学校教育中的核心作用。她的教学方法主要是通过故事和游戏把儿童引入有序世界。例如，布洛用"落体游戏"来解释深奥的道德和哲学真理，即让母亲将婴儿举高扔下，然后迅速抓住他。按照她的观点，这个游戏教给婴儿的是信任。操作者开始时是母亲，然后是别人，最后是(想象中的)上帝。布洛把这一思想运用到美国社会，主张儿童必须相信父母——我们必须相信与我们共事的人，信赖是重要的。因此，布洛被誉为"幼儿园之母"。

19世纪的最后十年，美国的公立幼儿园运动最为红火。在福禄培尔教育理论广泛传播的基础上，自1873年起，圣路易斯把幼儿园纳入公立学校的体系，1879年组建加利福尼亚州幼儿园联合会，大力推进幼儿教育。到1880年时，圣路易斯公立幼儿园竟达50所之多，并被各地纷纷仿效。这一年，全美约有幼儿园300所，培养师资的幼儿师范学校10所；1884年，美国的全国教育协会成立了幼儿园教育研究组织，倡导不同于福禄培尔实施的方法。在美国的各大城市中，幼儿园数量与日俱增，教育年限不等，或一年，或一年半，或三年。初等教育增设幼儿园这个机构，幼儿园开始成为美国公立学校制度中的一部分。

值得关注的是，意大利教育家蒙台梭利(Maria Montessori, 1870—1952)于1907年在罗马创立的儿童之家注重儿童感官训练，提倡自由活动和

---

① 刘彤：《近代美国幼儿教育体制的美国化历程》，载《河北师范大学学报(教育科学版)》，2002(6)。

适应个性差异。虽然蒙台梭利教育理念和实践于 20 世纪初传入美国，但在美国并没有得到普遍推广。至 20 世纪 20 年代，美国几乎所有稍大的城市都建立了公立幼儿园，这类幼儿园一般附设于地方公立初等学校，作为初等教育的第一阶段。自此，美国的幼儿教育完成了从无到有、从私立到公立私立并存、由局部地区扩延至全国的历程。可以说，在幼儿教育理论方面以福禄培尔的幼儿园理论为起点，在幼儿教育实践上则以欧文的幼儿学校为开端，经过数十年的努力，美国逐步形成和发展了符合其自身特点的幼儿教育体系。

二、初等学校的普及和提高

进入 19 世纪，美国的初等学校在建国后奠定的基础上，继续向普及和提高的方面发展。19 世纪早期兴起的公立学校运动为美国确立了一种统一的、面向社会所有阶层儿童的公立学校制度。19 世纪上半叶公立学校制度主要是指初等教育，其中初等学校的建设与变革是其关注的重点；从 19 世纪后半叶起，中等教育才被纳入公立学校制度的范畴内，美国中学的变革与发展对教育普及的重要作用受到了社会各界的关注。

(一)公立学校制度的推进

美国自独立后，就出现了一些开办免费学校的实践活动，许多协会是办学活动的主要倡议者。其中普罗维登斯市机械工人和制造工人联合会于 1799 年向罗得岛州议会递交了一份关于争取免费学校的请愿书，恳请州议会制定法律，规定为教育州内各城镇的全体儿童建立免费学校。① 在各方力量的共同努力下，1800 年州议会通过普及免费学校法案，普罗维登斯立即依据法案开办了免费学校，其他一些城镇也紧随其后建立了免费学校。虽然 1803 年

① ［美］E. P. 克伯雷：《外国教育史料》，任宝祥、任钟印译，610 页，武汉，华中师范大学出版社，1991。

罗得岛州取消了免费学校法案,但普罗维登斯市的免费公立学校体系就此建立。然而,不容回避的问题是,该城市建立的免费公立学校的数量远远不能满足公众对教育的需求,在公立学校就读的学生数量较之私立学校有较大的差距。例如,1836年该市公立学校的学生人数是1456人,而私立学校的学生人数则达3235人,还有1604名儿童未入学。① 由于办学经费和招生数量的不足,公立学校的办学条件极其落后,如差的教师、差的教学、差的校舍、差的建筑、差的设备、差的课本等。即使是这样,在全美350万名儿童中,仍有60万名儿童没有享受到公立学校的好处。② 1828—1838年,由于美国正处于工业化和城市化建设的初始期,产业革命和大量移民的涌入使美国的人口剧增,美国社会对公立学校的普及和提高具有迫切的需求,由政府出面来设立以税款和基金维持的人人都可以入学的公立学校成为人们的基本诉求,但公立学校制度的建立和推进遇到了守旧势力的强烈抵制。以宾夕法尼亚州为例,自1827年始该州公立学校促进会就进行了大量的宣传工作,并于每年向州议员提出意见书,终于在1834年通过一项非强迫的免费学校法。该法律规定了宾夕法尼亚州对公立学校的补助费、监督权及地方的教育税,并要求每个市县成立一个学区,每个学区在秋季投票表决是否赞成这项法律。凡是赞成的都要依法组织免费的公立学校,凡是否决的就依照此前的贫民学校法从事教育工作,但州对这种学校不予补助,直至1873年宾夕法尼亚州全州的学区才统一实行该法律。③ 总体来说,公立学校制度在美国各州的普遍建立和推广在南北战争后才逐步完成。

自19世纪30年代始,以贺拉斯·曼、亨利·巴纳德(Henry Barnard,

---

① [美]E.P.克伯雷:《外国教育史料》,任宝祥、任钟印译,615页,武汉,华中师范大学出版社,1991。

② 单中惠:《贺拉斯·曼》,见赵祥麟:《外国教育家评传》第二卷,384页,上海,上海教育出版社,2002。

③ 水永强:《美国普及义务教育历史研究》,硕士学位论文,西北师范大学,2003。

1811—1900)等为代表的一些共和主义者就致力于改善公立学校状况、推动美国公立学校制度的全面建立和教学质量的提高。虽然19世纪初马萨诸塞州人已接受和认可了合众国的兴旺发达有赖于教育的观念，这种教育包括知识的普及、品德(包括爱国主义)的培养和学习的养成，但直至1837年才最终创建州教育委员会。州教育委员会的主要职责是，为议会提交一份学校收入的概要和一份关于学校状况及改进措施的报告。作为委员会的第一任秘书，献身于公立学校普及的贺拉斯·曼利用每年的年度报告系统阐述其公立教育思想，宣传与推动公立教育，在全州乃至全美掀起了一场声势浩大的公立学校运动，促成具有美国特色的公立学校制度的建立和推广。在贺拉斯·曼看来，学校教育应该为人们在一个自由的社会中负责地行使自己的公民权奠定基础，这种学校应该是一种得到公共经费资助的、公共管理的、面向全体人民的、开放的教育。提供这种学校教育的机构就是公立学校。对此，他进一步强调，公立学校是普及教育的最好途径，是美国社会的大熔炉，是保证社会稳定的重要"平衡轮"，它使儿童在参加生活竞争之前，能够在知识和道德的范围内得到良好的训练。[①] 他倡导美国的公立学校对所有儿童开放，进入公立学校接受初等教育是每个儿童天赋权利的一部分；公立学校应由公共管理机构来管理，并得到公众的支持；公立学校必须得到公共资金的支持，并拥有较好的校舍、图书馆和教学设备。在贺拉斯·曼的领导下，马萨诸塞州及新英格兰地区的初等教育获得了充分的发展机遇，建立了具有美国特色的公立学校制度，为初等学校的普及和提高创设了必要的条件。

1838年，在巴纳德的倡议和努力下，康涅狄格州设立公共教育管理机构——州公立小学委员会。作为该委员会的第一任秘书，巴纳德积极宣传公共教育思想，制订改善公立学校的计划，通过建立教师训练机构、建设图书馆、改善公立学校设备等措施的推进，康涅狄格州公立学校的教学状况得到

---

① 钟文芳：《西方近代初等教育史》，212~214页，上海，上海科技教育出版社，2006。

了极大的改善。由于康涅狄格州州长反对教育改革，巴纳德于1845年担任罗得岛州公立学校委员的首任秘书，在其努力下，原来公立学校状况极为恶劣的罗得岛州一跃成为美国公共教育事业发展的先进，公众对公立学校的评价逐渐提高。

应该说，在贺拉斯·曼和巴纳德等人的共同努力下，美国的一些州确立了公立学校制度，这不仅为美国初等教育的发展开辟了新的路径，还为其他国家的初等教育变革提供了借鉴和启示。至19世纪50年代，美国的移民潮为社会发展带来了诸多问题，公立学校制度的普及为社会问题的解决提供了坚实的保障。美国学者卡尔金斯指出："这个具有强烈民族主义倾向的年轻共和国，关注着如何把美国的方式和价值教给新来的移民，以及如何向他们灌输效忠这个收养他们国家。解决的办法是为儿童办学——通过儿童还可能同他们的家长取得联系。"①

南北战争后，原为农业国的美国迅速变为强大的工业国，新兴城市如雨后春笋般出现，全市居民8000名以上的城市从1860年的141座，增加为1000余座。同时，农业的电气化和机械化，使农村面貌改观。工业化的新进展和社会生产力的快速发展，促使人们的生活方式和思想意识发生深刻的变化。在过去，家庭是生产单位，成人和儿童是参加家庭劳动的成员，而这时，人们需要到工厂出卖劳动力，儿童也去充当童工。父母由于需要参加工作，但又因知识贫乏，负担不起教育子女的重任，不得不把教育的职责推给学校。过去城乡生活都很简单，所需知识不多。而在这时，由于工厂生产普遍使用新兴科学技术，生产方面日趋繁复，人们需要的知识量之大，今非昔比，唯有发展学校教育才能输送合乎规格的劳动大军。另外，美国是世界上移民最多的国家，其移民人数众多，并且来自不同的国家和地区，他们的政治意识、

① [美]卡罗尔·卡尔金斯：《美国文化教育史话》，邓明言、程毓征、彭致斌等译，12页，北京，人民出版社，1984。

宗教信仰、文化水平、生活习惯等都极为不同。美国社会以学校为熔炉，对各民族移民进行美国化，即通过社会生活的交融和文化科学的启蒙诱导，培养热爱美国的公民。为实现这一目标，美国政府通过颁布教育法律、建立教育制度、成立教育委员会等措施推进初等教育的普及，为初等学校的建立和发展争取更多的资金支持和制度保障。

为提升公立学校制度的公众接受度和认可度，争取更多的办学资金，美国各州通过颁布法令为公立学校的建立和发展提供法律支持和政策扶助。例如，1852 年，马萨诸塞州就最早颁布强迫教育法，规定该州 8~14 岁的儿童每年上课 12 周，违者罚款。[①] 但是，这项法令出于各种原因未能贯彻实施。1862 年后，该州又制定惩治逃学法令，依然没有成效。1873 年，该州再度颁布强迫教育法，始见成效。又如，康涅狄格州于 1872 年颁布同样法令，逐渐得到推行。有的州和地区也制定了强迫教育法令，但在实施上不如上述两州认真和迅速。新罕布什尔州、密歇根州于 1871 年，内华达州于 1873 年，纽约州、堪萨斯州、加利福尼亚州于 1874 年，缅因州、新泽西州于 1875 年，俄亥俄州于 1877 年，威斯康星州于 1879 年，罗得岛州、伊利诺伊州于 1833 年，先后制定了强迫教育法令。至 1885 年，共计有 15 个州和华盛顿、新墨西哥、怀俄明、达科他、蒙大拿 5 个尚未建州的地区，都建立了强迫教育制度。1900 年后，北部和西部各州几乎都以法令强迫就学。需要关注的是，美国在制定和推行强迫教育法令时，曾遇到了阻力。有的家长认为由政府施行强迫教育是侵权行为，因而提出诉讼。例如，1877 年，俄亥俄州法院对此做出判决：由政府施教并不侵犯家长教育子女的职权，因为父母并非子女的唯一教育者；由于增进下一代人的幸福是至关重要的，政府有权过问儿童和青少年的教育。这时，有的州还将待业年龄由 12 岁、14 岁延至 16 岁，这样受教育对象就大量增加了。

---

① 袁希涛：《义务教育》，4 页，北京，商务印书馆，1932。

相对于北方地区来说，美国南部各州初等教育的发展较为缓慢，进入20世纪后才纷纷振兴初等学校。北卡罗来纳州的兴学运动始于1902年；弗吉尼亚州始于1903年；佐治亚州和田纳西州始于1904年；南卡罗来纳州、亚拉巴马州和密西西比州始于1905年；阿肯色州和佛罗里达州始于1908年。在兴学热潮中，弗吉尼亚州曾于一年之内举行了530次的群众兴学集会；田纳西州曾于一年之内举行了300余次的群众办学大会。一般是在集会时，建立教育促进会，推动本州修改宪法或颁布兴学法令，增加教育税收，从事宣传鼓动，唤起民众热心于教育事业。有些州在不到10年之内，教育经费增加了1至2倍。南北战争之前，南方各州把初等教育当作慈善性质的设施；南北战争之后，初等教育已渐渐成为政府必尽的责任了。

美国幅员辽阔，学校情况千差万别。学校每年上课时数、学生入学年龄及修业年限等，各州存在差异。一般来说，马萨诸塞州、康涅狄格州、纽约州、俄亥俄州、密歇根州是较为先进的，法令完备，执行有力；而在亚拉巴马州、密西西比州，法律要求和执行情况都很差。有的州和地区更是徒有其法，并无其实，或者在执行中知难而退。因此，从1900年起，强迫实施教育的理想才基本在全国范围内实现。由于实行强迫就学始终是难以彻底落实的，所以从1906年起，个别州增设访问教师岗位，负责劝说经常缺席的儿童，并帮助其解决具体困难；与此同时，访问教师还对学习迟钝的儿童、家长不关心的儿童、营养不良的儿童、行为恶劣需严加教导的儿童等实施个别指导补习。

(二)儿童研究对初等学校的影响

美国在南北战争后公立学校增多，初等教育蓬勃发展。欧洲近代教育家卢梭、裴斯泰洛齐、福禄培尔等人的教育学说，也纷纷在美国得到传播。1883年，美国心理学家、儿童研究的先驱者斯坦利·霍尔(G. Stanley Hall，1844—1924)在约翰斯·霍普金斯大学建立儿童心理研究室。从此，教育"心理化"或"科学化"的研究成果逐年增多，不仅为美国教育思想的革新和教学实践的创新提供了必要的理论基础，也为初等学校提高办学质量提供了必要的保障。

几百年来，美国教育者遵循欧洲传统的教育观念，认为所有儿童的才能都是相同的。用于某一年龄儿童的教材、教法和进度，应当彼此无殊，标准一致。有的教师还把儿童视为"小大人"，抹杀儿童的年龄特征，一切教材都从成人角度选编。有的教师更把儿童看成被动的知识吸收者，要儿童老老实实地听课，仿佛教学就是教师向学生灌输知识的过程。但是，随着公立学校制度的推进，人们慢慢认识到儿童的天赋高下殊异，儿童发育是有阶段性的，成功的教育必须适应儿童的发育阶段，针对儿童的个别差异，调动其学习的积极性，启发他们自觉学习的兴趣。与此同时，美国实用主义哲学风行。詹姆斯和杜威等哲学家、教育家认为，社会发展没有永恒而超绝的规律，是依生物进化论所阐明的适者生存的原则进行的，凡属有用的知识就是真理，学校讲授传统的学科而不让儿童通过活动去获取对生活有用的知识，是错误的。19 世纪末和 20 世纪初的教育思想革新促使美国的初等学校推陈出新。

就小学的课程而言，无论原有的还是新增的科目，都着眼于当前的实用价值。例如，历史知识在过去是在语文课和地理课中教授的，很少学校将其列为独立科目。而在这一时期，一般学校都增加"历史"为新学科，其目的是启发儿童的爱国思想，使儿童拥护团结的而不再南北分裂的国家。教材中充满了美国英雄人物、美国在政治和战争中的光荣业绩以及美国各种建设的辉煌成就。同时，"自然研究"这时成了重要科目。其起因是 19 世纪 90 年代农业歉收，纽约市集中农业工作者研究灾害成因，纽约州议会大力支持，除拨款完成这项任务之外，还要求小学结合改进农作技术来讲授科学知识。由于这项措施的成功，加利福尼亚、伊利诺伊、宾夕法尼亚等州相继推行。此后，园艺、农业、游戏、手工、绘画等也成了初等学校的新科目。

就小学的教学方法而言，心理化的过程是在此时肇端的。在 19 世纪 60 年代和 70 年代，裴斯泰洛齐的教学方法开始运用于大城市条件较好的小学。美国学校当时的教学工作主要是教师照本宣科，学生照本诵习，虽夹杂着问答，但所问所答一般都是机械性的，并非帮助学生思考判断的。但与此不同，裴斯泰洛齐利用儿童的感官，实行直观教学，启发儿童的思维，鼓励儿童独立探索。因此，原是一潭死水的课堂，变得活泼了。此外，裴斯泰洛齐还注重实地调查，将作业范围由书本扩大到实物，由课堂推广到户外。其结果是，使学生由静坐听课变为运用双手去练习和操作，从教室走出直接接触外部世界。裴斯泰洛齐提倡的教学方法使美国初等学校的教学得到了改善。

与此同时，小学的班级编制也发生了变化。从历史上看，按学力编班是从 19 世纪中叶开始的，以后被广为采用，并略加调整。例如，马萨诸塞州的剑桥市于 1910 年创立剑桥制，在学校中设两个平行的班，一是天才生修习 6 年的快班，二是中才生修习 8 年的常班。学生可按能力编入适当的班级。这一切都是从班级组织中谋求适应儿童差异的。1900 年以后，又出现了一些天才学校、矫治口吃的矫治学校、医治肺病的露天学校、培养有特殊音乐才能儿童的音乐学校等。

(三)教育改革运动对初等教育的作用

在美国教育史上，有助于推动初等教育改革的奥斯威戈运动、昆西运动和进步教育运动是值得关注的。奥斯威戈运动和昆西运动为进步教育运动奠定了基础，进步教育运动是前两者的发展，其影响比前两者更为久远。

首先，奥斯威戈运动是由纽约州奥斯威戈市教育督察长谢尔顿(Edward A. Sheldon)领导兴起的。1848 年，受惠于奥斯威戈当地慈善人士的援助，谢尔顿在当地创建"孤儿与免费学校联合会"，因其收留的学生主要为贫民儿童，该联合会又被称为"贫民儿童免费学校"。该学校共收留当地 120 名 5~21 岁的爱尔兰孤儿和贫民儿童。① 但是，由于缺乏后续的资金支持，"贫民儿童免费学校"仅维持了一年就关闭了。谢尔顿并未因此而泄气，他在奥斯威戈市发起的免费学校运动的提议，不仅得到了人们的支持，还在奥斯威戈市的一次公共会议上被讨论。在他的努力下，1853 年纽约州议会通过了在奥斯威戈建立免费学校系统的法案，该法案决定在奥斯威戈筹建教育委员会，其成员由选举产生。与此同时，授权教育委员会聘请一名干事兼图书管理员，并自主决定其报酬、任期和职责等。同年 5 月，谢尔顿受聘为奥斯威戈市第一届教育委员会首任干事。② 1854 年，谢尔顿正式向教育委员会提出学校整合计划，并进行分级和分班。他规划了从初级小学到中学为期 13 年的连续教育，将奥斯威戈划分为 12 个初级小学区，包含一至三年级，接受 5~7 岁的儿童入学，并尽可能使每个学区保持相同的学生人数规模；4 个中级小学区，包含四至六年级，接受 8~10 岁的儿童入学，同样要尽可能使每个学区保持相同的学生人数规模；2 个高级小学区，分别位于奥斯威戈河的两岸，为中级小学毕业生提供为期 3 年的教育，接受 11~13 岁的学生入学；奥斯威戈还设置一所中学，修学年限为 4 年。③ 1859 年秋，谢尔顿开始以裴斯泰洛齐直观教学原则为指导，在奥斯威戈学校系统进行课程设置和教学方法的改革，促进奥斯威戈学校师资水平的不断提高。为更好地满足教育发展对师资力量的需求，1861 年在谢尔顿的主导下奥斯威戈小学教师培训学校成立。学校培训的在职教师最初只是周一到周六集中学习，其中有 3 天用于学习与教学理论和实践直接相关的内容，主要学习裴斯泰洛齐教学理论和方法；有一个下午用于观摩和点

---

① Andrew Philips Hollis, *The Contribution of the Oswego Normal School to Educational Progress in the United States*, Boston, D.C., Heath&Co., 1898, p.16.

② Ned Harland Dearborn, *The Oswego Movement in American Education*, New York, Teacher College, Columbia University, 1925, pp.3-4.

③ Ned Harland Dearborn, *The Oswego Movement in American Education*, New York, Teacher College, Columbia University, 1925, pp.102-103.

评培训班成员的课堂教学；每周五下午固定到实习学校进行教学实习。①
1863年，纽约州开始为奥斯威戈小学教师培训学校提供每年3000美元的拨
款，资助小学教师培养，并要求奥斯威戈市为学校提供操场及宿舍等设施；
同时还规定纽约州各个参议员选区每年可选派两名师范生到奥斯威戈接受免
费培训。1865年，纽约州为奥斯威戈小学教师培训学校提供的拨款提高到
6000美元/年，其条件是每年为各个州议员选区的一名师范生提供免费培训，
并要求奥斯威戈为学校提供合适的校舍和操场。1866年，谢尔顿将奥斯威戈
师范培训学校迁往新校址；1867年3月，新校舍通过纽约州政府的验收；随
后，州学监任命由13名成员组成的地方委员会管理奥斯威戈师范培训学校，
由此标志着奥斯威戈师范培训学校正式成为州立师范学校。②

　　谢尔顿还聘用曾在英国采用裴斯泰洛齐教育方法培训师资的琼斯(Marga-
ret E. M. Jones)和曾在瑞士参加裴斯泰洛齐教育实验的克鲁西(Herman
Krusi)之子小克鲁西为教师，从而使师范学校的教育思想和教学方法大为改
观。为办好学校，谢尔顿经常利用星期日召集各学校教师开会，学习各科知
识，提高教学能力，被人称为"谢尔顿教皇"。他赴加拿大参观多伦多博物馆
时，曾见到英国和欧洲其他国家推行裴斯泰洛齐直观教学的展品，他购得这
些教具、实物、图画、表格等返回美国，并邀请对直观教学富有经验的教师
来美国传授经验，其中小克鲁西起了重要的作用。经过提倡和宣传，教师逐
渐把接触实物而取得感性认识看作儿童学习的捷径，以使儿童获得真实的、
清晰的和确切的知识。谢尔顿以师范学校校长之职，使师资成为新方法的掌
握者和施行者。至1878年，奥斯威戈师范学校招收学生人数达五六千人，其
中毕业者达两千人之多。这些毕业的学生主要在纽约州及邻近各州任教师或

① Ned Harland Dearborn, *The Oswego Movement in American Education*, New York,
Teacher College, Columbia University, 1925, p.38.

② Mary W. Boyle, "Edward Austin Sheldon and the Oswego Movement: A Model of Innova-
tion Administration," Master's Theses, Loyola University Chicago, 1972.

校长，有的还到国外任教，扩大了奥斯威戈运动的国际影响力。正因奥斯威戈运动唤醒了人们的教改意识，所以，德国教育家赫尔巴特的教学理论和五段教学法传入美国时，十分容易地于 19 世纪末被伊利诺伊州师范学校采用，并在美国教育学者德加谟（Charles De Garmo，1849—1934）和查尔斯·麦克默里（Charles McMurry，1857—1929）的倡导下得到传播。

其次，在美国初等教育改革中，昆西运动是和奥斯威戈运动同时进行且效益相似的运动。昆西运动的发起者帕克（Francis Parker）曾和奥斯威戈运动的发起者谢尔顿共同致力于直观教学的实验和推广，随后到马萨诸塞州昆西市推广，可以说昆西运动和奥斯威戈运动是衔接的。19 世纪中后期，在工业化、城市化不断推进的过程中，昆西市从一个人口稀少、经济落后的农业小城镇发展成工业经济重镇，学龄人口随之剧增，教育经费开支也相应增加，学校需要更多的空间来满足新移民子弟的教育需要。当时，摆在昆西市学校委员会面前的一个棘手问题是学校的经营如何既能经济节约又能保证质量。[①] 为解决昆西市教育经费逐渐增加但教育质量却未得到大幅改善的难题，昆西市教育委员会于 1875 年聘请帕克担任马萨诸塞州昆西市公立学校督学。他既具有丰富的教学实践经验，又曾留学欧洲国家，熟悉很多新的教育理论，还拥有迫切的教育改革热情以及独特的人格魅力。帕克担任督学后，力行教育改革，他反对标准化、机械训练、死记硬背，认为儿童拥有巨大的学习潜能，主张尽量通过活动来教学，遵循自然的方式让儿童自然而然地成长，通过实物采取直观的方式教学。在他的主导下，昆西市学校开展教学实验，采用打破严格的学科界限，通过集体活动、直观教学等方式开展教学活动，进行课程改革、教学改革和学校管理改革。这一系列的改革措施取得了显著成效，不仅提高了学校资金的使用效率，还提高了学校的教学质量。学校实验

①　M. B. Katz, "The 'New Departure' in Quincy, 1873-1881：The Nature of Nineteenth-Century Educational Reform," *The New England Quarterly*, 1967(1), pp.3-30.

的巨大成功使昆西学校的名声很快就传播开来，造访昆西学校的教师和教育专家络绎不绝，昆西学校实验也被誉为"昆西方法"或"昆西制度"。据统计，1878—1880年三年，先后超过30000人参观了昆西学校。[①] 但是，帕克的改革也遭到了一些家长、社会人士，甚至昆西学校部分教师的非议和质疑。1880年，由于与学校委员会的分歧，帕克辞职，昆西学校实验也随之结束。

应该说，昆西学校实验使儿童从沿袭已久的机械训练、严格纪律中解放出来，使儿童和儿童的自由发展受到真正的关注，使学校从单纯传递知识的场所变为促进儿童发展的"乐园"，由此逐渐改变了美国学校的价值取向。更为重要的是，昆西学校实验对20世纪初期相继出现的诸多美国学校实验都产生了重要影响，标志着美国进步主义教育运动的开端，成为美国现代学校教育改革的崭新起点。[②]

最后，它们都是进步教育运动。这是一个范围更广泛且影响更深远的教育改革运动。显然，奥斯威戈运动和昆西运动是进步教育运动的先导。它们冲击了旧学校和旧教育的观念和方法，是美国教育改革运动的开端。此后，杜威于1896年在芝加哥大学创立实验学校，在1897年发表《我的教育信条》，从20世纪初起他又在哥伦比亚大学宣扬实用主义教育哲学，并于1916年出版《民主主义与教育》。与此同时，美国纷纷涌现了大量的新型学校。应该看到，在这时出现的进步教育运动的内涵是多方面的和深层次的。它认为，传统的记诵书本的教育是束缚儿童发育和成长的枷锁，脱离现实生活，超越儿童身心能力和需要，且以成人的要求强施于儿童。进步教育运动主张，教育应以儿童为出发点，以满足社会需要为方向，尊重和发展儿童的自由和活动，从生活中寻找学习的课题和学习的道路。虽然进

---

① The Editor, " Colonel Parker's Experiment in the Common Schools of Quincy, Massachusetts," *The Elementary School Journal*, 1935(7), pp.495-504.

② 杨帆、张斌贤:《教育改革的新起点:昆西学校实验》, 载《教育科学研究》, 2016(2)。

步教育在批判传统教育和教学上做出了一定贡献，但后来走上了极端，以致它被众多人士称为软性教育，就连杜威也嫌其矫枉过正了。

第二节 中等教育的发展

一、普通中等教育的大众化

南北战争以前，美国北部地区的经济得到了快速发展，资本主义生产已经完全取代了过去的手工业生产，轻工业生产占有相当大的优势；铁路、运河、造船、电报网等交通通信事业迅速发展；蒸汽机、印刷机、织布机及一些农业机械被广泛采用；外来移民人数不断增加，城市的数量增多、规模变大。社会经济的发展客观上对学校教育提出了增加课程内容、为社会培养更多的具有较高文化水平和社会适应能力的劳动力的要求，这在客观上促成了美国学校的教育变革，普通中等教育也开始走向普及化和大众化。

这一时期与北部资本主义工业同时存在的南方的种植园经济，也在不断扩大。但其发展是靠着加紧驱使奴隶进行过度的体力劳动和不断扩充新的耕地实现的，从时代发展的背景来看，这种生产方式直接妨碍了工业机器、耕作方法等方面的先进科学技术成果的应用，不能从根本上提高社会生产的竞争力。即使南方各州盛产棉花，但其纺织工业也远远落后于北部地区。由于缺少社会力量的推动，南方除新奥尔良市外，其他地区的公立普通教育在1805 年前几乎没有进展。1850 年以后，南方个别地区准备进行的教育改革又因南北战争而夭折。

经济发展的不平衡，导致北方资本家与南方奴隶主在政治上的对立，各阶层反对奴隶制与南方奴隶主维护奴隶制的斗争日趋尖锐；一大批马克思主义者和欧洲工人避居美国，带动工人运动的发展，为工人开设免费学校的呼声受到关注；黑人争取解放的斗争也在持续发展，后来发生了著名的约翰·

布朗起义。① 这些政治上的一系列斗争直接影响了学校教育的发展，特别是在教育税问题一直未得到妥善解决的情况下，各州公立中学的办学经费普遍不足，致使公立中学进展缓慢。此外，白人男子普选权的确立和各地移民涌入美国所带来的宗教教派的分裂，也成为扩展世俗教育的政治背景，许多州明令不许用公款补助教会学校。各种因素的汇总，造成当时美国中学古典性的教学内容与现实性的教学内容相混合，旧的教学方式与新的教学方法相掺杂，大量文实中学与数量较少的公立中学及自由设立的教会学校、慈善学校、拉丁文法学校等相共存的局面，构成了南北战争之前美国普通中等教育的基本模式。② 应该看到，文实中学和公立中学是推动美国中等教育大众化的主力军。

（一）文实中学：中等教育发展的主导力量

美国思想家和教育家富兰克林（Benjamin Franklin，1706—1790）于1751年在费城创办的文实中学成为美国南北战争之前推动中等教育发展的主要力量。从文实中学的数量上来说，1800年至1830年，具有法人资格的文实中学从100多所增加到950所；到1850年时，学校数量达6085所，入学人数为26309人；其中，南部各州共计有2640所文实中学，占全国文实中学总数的40%左右。值得关注的是，公立中学发展较早的马萨诸塞州在1850年有403所文实中学，15所公立中学，其中文实中学的数量是公立中学的27倍。

一方面，文实中学的数量之所以在19世纪上半期急剧增加，是因为第一次欧洲工业革命给美国经济发展所造成的直接影响。18世纪末开始的产业

---

① 约翰·布朗（John Brown，1800—1859）出生于康涅狄格州一个白人农民家庭，其父为废奴主义者。1856年，约翰·布朗参加堪萨斯州争取自由州地位的武装斗争（即堪萨斯内战）。1857年10月16日夜间，他开始发动以解放南部黑奴为最终目的的武装起义。18日，海军陆战队对起义进行残酷镇压。这次起义虽然失败，但有力地推动了奴隶解放运动的发展，加速了美国内战的爆发。

② 杨孔炽：《十九世纪上半期美国的普通中等教育》，载《教育研究与实验》，1985(3)。

革命带来了资本主义经济学说和科学技术的流行。① 人们对科学技术和物质财富的渴求，促进了生产的发展、手段的更新和科学发明的大量涌现。工业的发展导致美国现代工厂制度的出现和完善，工商业和科技发展带来了交通和通信事业的革命；能源革命(以煤炭取代木材)使金属开采与冶炼，尤其是使钢铁生产获得长足进步。工厂主、运输业者等社会各方面迫切需要学习过一定科技基础知识的青年作为雇用对象。随着工商业的快速发展和移民的大量涌入，美国城市的数量逐年增多，人口也随之逐渐集中起来，富裕起来的中小业主队伍迅速扩大，他们有能力也有需要让自己的孩子接受更多的中等教育。尤其是那些不准备上大学的青少年，更是盼望学习实用科技知识。这就在客观上要求各州增加文实中学的数量。

另一方面，文实中学灵活的办学模式也符合当时社会各界的需求。拉丁文法学校与文实中学是19世纪前期美国中等教育的主要办学机构，其中拉丁文法学校是一种只传授古典学科的贵族式中等学校，除了为有钱人的子女升学服务之外，别无他用。实质上，拉丁文法学校是英国公学和文法学校的翻版，不适合殖民地政治经济发展的需要。但是，兼顾文、实两科的文实中学，能够按照各地的社会需要灵活采用多种办学模式，为希望让子女受到较高程度教育的家长提供了适当的教育资源。

一般来说，人口数量较多、经济发展水平较高的城市，其文实中学规模较大、教学活动正规；而人口少、经济条件差、城市建设缓慢的地区，文实中学的学校规模小，甚至还存在只有一个教师任教的文实中学。文实中学男女学生兼收共学，为适应思想保守的人们的习惯，学校分设"男子部"与"女子部"分开教学。文实中学的招生没有苛刻的条件，只要学生完成初等教育，缴纳一定的学费，均可入校学习；有些文实中学随着政府补助的增加，收费渐

---

① 杨孔炽:《文实中学——美国中学的先驱》，载《中国地方教育史志研究会会议论文集》，2009(9)。

少，一些家境稍差的青年也得以入学读书；为适应远道而来的学生的需要，许多文实中学实行寄宿制；还有许多文实中学为适应富人不愿让自己的孩子到公立小学与穷人孩子为伍的想法，在学校里开设了预备班，以利于富人子女顺利地升入文实中学。文实中学里的这些措施，都是公立中学里没有的。另外，大多数文实中学是私立性质的，它们常注意在各种政治力量之间保持"中立"，或不问政治，迎合了许多人的愿望。这些灵活做法使文实中学得到了社会的广泛欢迎，这也是它历经近百年而不衰的重要原因之一。①

此外，文实中学不仅承担了拉丁文法学校培养青年进入大学的任务，还担负起了使广大青年迅速适应社会发展的重任，其开设的课程分为文、实两个部分。以 1824 年列塞斯特文实中学为例，学校除拉丁文、希腊文之外，还有文法、地理、算术、代数、几何、历史、伦理学、修辞学、测量、天文、文学批评、心理、哲学等课程，1828 年又加入了法文课程。从课程的安排来看，文实中学确实能够提供入学青少年所需的、在当时来说比较完善的中等教育，担负起了升学和就业的双重任务。一些文实中学还被热心宗教人士视为宣传和执行本派宗教观点的重要场所。虽然政府规定在学校里不得开设宗教课程，却可以招收本派教徒的子弟和使用本教派的人员。② 这在一定程度上表明，文实中学具有较好的文化融合能力，为多种文化在美国的共生和沟通提供了必要的条件，其在人们心目中的地位是其他普通中等学校所不能比拟的。

美国各级政府对文实中学的一贯重视和资助，也是其成为中等教育主要力量的重要原因之一。创设之初的文实中学完全是私立收费，或者由宗教团体资助的。美国独立后，联邦政府来不及也没有充裕的财力兴办学校，但为巩固新国家的统一，需要克服地方主义，大力培养"美国公民"的思想意识；

---

① 杨孔炽：《十九世纪上半期美国的普通中等教育》，载《教育研究与实验》，1985(3)。
② 杨孔炽：《十九世纪上半期美国的普通中等教育》，载《教育研究与实验》，1985(3)。

对于大量外来移民，也需要进行这种教育。随着北部各州的逐渐发展，大量贫民涌入城市，资产阶级需要开办初等以上水平的学校以训练顺从而又能干的技术工人。文实中学于此时受到统治者的重视，他们为其提供了多种形式的资助，以此希望文实中学对美国的统一、巩固与发展发挥作用。经过半个多世纪，文实中学的数量迅速增加，而且由于长期性的资助，至 19 世纪中期，北方大多数文实中学已是私办公助，甚至完全公办。例如，肯塔基州、印第安纳州采用的就是县立文实中学制度。许多文实中学先在州或地方政府立案，得到政府承认从而取得补助费。马萨诸塞州早在 1797 年便已实行了扶助公私立文实中学的政策，承认文实中学是公共和普及教育的组织系统的一部分，为人民开辟一条门路，以便获得比普通学校所能供给的更高水平的教育，公私立的文实中学就这样被并入正式承认的学校系统内。纽约州从 1795 年起，每年有 10 万美元分配到各区镇办学，该政策实行了 5 年。此后，又推行使用州教育经费的利息补助地方办学的方法。宾夕法尼亚州、路易斯安那州和马里兰州，也用州款补助文实中学。还有的州采取供给土地的办法资助文实中学，如佐治亚州和肯塔基州。有的州允许文实中学用出售彩票的办法筹募经费，如肯塔基州、特拉华州和马里兰州在 1805 年至 1808 年就曾这样做过。政府长期资助的结果，除了使文实中学的数量在 19 世纪中期达到高峰以外，也使文实中学的教学条件得以改善，教学质量逐渐提高，得到了政府和各界人士的信任。1827 年以后，纽约州特别给予文实中学师资培训的权利，并在 1830 年以后以政府经费补助指定的文实中学训练初等学校的教师。由于政府的重视，文实中学在社会上的地位得到了提高。[①]

(二)公立中学：中等教育普及的中坚力量

在 19 世纪美国中等教育发展历程中，公立中学是由州政府出资兴建的一种新式学校，也是美国公立学校运动的重要成果之一，推动了美国中等教

---

① 杨孔炽：《十九世纪上半期美国的普通中等教育》，载《教育研究与实验》，1985(3)。

育的普及。自 19 世纪 20 年代起，随着公立学校运动的兴起，美国社会人士、教育家和民众开始追求一种对所有儿童开放的、依靠公共税款支持和实行公共管理的、不属于任何教派的、统一的和免费的公立学校制度。这场遍及很多州且影响广泛的公立学校运动，力图摆脱欧洲教育的传统，体现美国教育的特色。具体来讲，它把公共教育作为美国教育的基本模式，希望建立起公立小学—公立中学—州立大学的单轨教育阶梯。① 作为公立学校运动的先锋，马萨诸塞州的波士顿市于 1821 年创建了第一所公立中学。

1821 年，波士顿学校委员会提交了关于建立波士顿英语古典学校的报告。该学校委员会先对波士顿市当前的教育状况进行分析："我们当前的教育体系靠着城镇的大笔资金来维系……要求个人具备某些预备性资质，将社会中的许多穷困儿童及不幸阶层排除在了公共教育的利益之外。城镇已看到了这一计划的不协调性，且已通过初等学校来弥补这一缺陷。在初等学校，穷困儿童可以变得适合进入公共学校。"② 为满足完成初等教育的儿童能够继续完善其德行和社会实用知识体系的意愿，也为了培养具备未来社会生活能力的美国公民，波士顿学校委员会提出了重构波士顿公共教育体系的建议，即创办一所中等教育性质的公立中学——英语古典学校，并为其设计了完整的组织管理章程和课程体系。除了组织管理体系与课程大纲外，该学校委员会还声明，波士顿市将每年拨款 4000 美元以维持学校开支。1821 年 5 月，英语古典学校正式开学，超过 100 名学生入学。③ 为避免人们将"英语古典学校"的名称误解为"拉丁文法学校"的别名，波士顿当局于 1824 年改称学校为"英语中学"；为进一步推进中等教育的发展，1825 年波士顿市还建立了同等性质的

---

① 单中惠：《美国公立学校运动新论》，载《教育评论》，2000(3)。

② Ellwood P. Cubberley, *Readings in the History of Education*, Boston, Houghton Mifflin Company, 1920, p.545.

③ 吴婵：《波士顿英语中学与美国公立中学的开端》，载《湖南师范大学教育科学学报》，2017(5)。

女子中学。在波士顿市的带动下，其他城市和州也相继建立了一些公立中学。例如，马萨诸塞州的新伯德福德（1827 年）、普利茅斯（1827 年）、塞拉姆（1827 年）、新布里波特（1831 年）等创立公立中学；缅因州的波特兰（1821 年）、佛蒙特州的伯林顿（1829 年）、纽约州的罗彻斯特（1834 年）、宾夕法尼亚州的哈里斯堡（1837 年）、南卡罗来纳州的查尔斯顿（1839 年）、康涅狄格州的米多镇（1840 年）等创立男子中学；纽约（1826 年）、康涅狄格州的东哈特福德（1828 年）、纽约州的布法罗（1828 年）等建立女子中学。此外，1831 年，洛威尔市的米尔镇开办美国第一所男女同校的公立中学。这些学校办学经费来源于地方税收，教学内容主要是具有实用价值的科目，教学语言为英语，是一种有别于拉丁文法学校和文实中学的新型中等教育机构。①

值得关注的是，虽然这一时期美国部分州和城市建立了公立中学，但是由于政府的支持力度不大，公立中学的数量增长较慢，有些中学甚至一度停办。例如，1829 年，波士顿市女子中学停办，直至 1855 年才重办，其原因是过多女子申请入学导致办学费用增加，波士顿市为减少税收支出，投票决定不再为该校提供资金。为推动公立中学的发展，早在 1827 年马萨诸塞州就通过了一部法律，要求超过 500 住户的社区必须兴办由公共税收支持的中学，这是美国第一部要求建立公立中学的法律。然而，该法并没有被严格执行，公立中学因而发展十分缓慢。到 1837 年，马萨诸塞州的公立中学还不到 20 所。从全美情况来看，到 1860 年，与 6000 所文实学校相比，全美只有 300 所公立中学。② 这也在某种程度上表明，公立中学在 19 世纪上半期的美国并未获得充足的发展空间和财政支持，推动中等教育发展的主要力量是文实中学。

---

① 但柳松：《美国公共学校运动研究》，博士学位论文，天津师范大学，2014。

② ［美］L. 迪安·韦布：《美国教育史：一场伟大的美国试验》，陈露茜、李朝阳译，204 页，合肥，安徽教育出版社，2010。

南北战争前后，美国经济开始快速发展，其中北方的铁产量从 1861 年的 73 万吨增加到 1863 年的近 95 万吨，羊毛的消耗量从 1860 年的 8533 万磅骤增至 1864 年的 2.14 亿磅。石油产量增长更为惊人，1859 年仅 84000 加仑，到 1862 年已达 1.28 亿加仑。此外，肉类、炼乳、罐头、蔬菜等食品也应时而兴，发展极快。1862 年，小麦产量达到了 1.77 亿蒲式耳的高峰。内战中，北部向欧洲出口粮食的价值达 3.3 亿美元；同期的猪肉加工和羊毛产量分别增长了一倍和两倍。内战结束后，联邦政府统领全美，美国全面进入工业化时期。19 世纪最后 40 年间，美国工业的发展速度极为惊人。1860 年在主要资本主义国家中美国的工业生产居第 4 位，还不足英国工业总产值的 1/2。到 1890 年，美国工业产值已跃居世界首位，大约占世界工业总产值的 1/3，打破了英国工业的垄断地位；1884 年美国工业比重在国民经济中第一次超过农业，美国开始由农业国向工业国转变。① 社会经济的快速发展，为公立中学的发展奠定了坚实的经济基础。同时，公立学校运动的持续发展不仅推动了美国初等教育的普及，也为中等教育的发展提供了充足的生源和充分的免费公共教育理论基础。借此，公立中学获得快速发展的社会资源。另外，1873 年密歇根州的"卡拉马祖诉讼案"(The Kalamazoo Case)的公开审理及其终审判决从法律层面上确保了美国公立中学的合法性，为公立中学的发展确立了明确的法律依据，也为公立中学的长远发展争取到了坚实的资金保障。

1837 年，密歇根州紧随公立学校运动的步伐，依据"1835 年宪法"和 1837 年的相关教育立法建立了公立学校制度，包括公立初等学校、密歇根大学及其分支机构。这种统一的公立学校制度发展并未持续很久，便出现了密歇根大学分支机构因资助问题而被迫关闭的状况。但随着人们对中等教育需求的不断增加，卡拉马祖学区迫于发展需要，开始使用公共税收筹建卡拉马

---

① 刘绪贻、杨生茂：《美国通史 美国内战与镀金时代 1861—19 世纪末》第 3 卷，26~27 页，北京，人民出版社，2002。

祖联合学校的中学部，即卡拉马祖联合中学，后来又改为卡拉马祖中心中学。学区负责人丹尼尔·帕特南（Daniel Putnam）于 1858 年 7 月 14 日向学区董事会提议，将卡拉马祖联合学校划分为初等学校、中间学校、文法学校和中学四个部门，并获得批准。① 1859 年 2 月 14 日，立法机关又颁布"建立分级学校和中学"的普通法，并具体规定：（1）任何有 100 个 5~20 岁学龄儿童的学区均可以选举成立一个 6 人组成的学区委员会，只要 2/3 参加年度会议的市民投票通过即可；（2）委员会有权对本区的学生进行划分，使其就读于他们认为有利的学校或部门；（3）委员会可以在学区年度会议投票通过的条件下建立一所中学，并规定该中学的入校资格和学费；（4）委员会有权雇用教师；（5）委员会有权规定教学科目及教材并制定有效管理学校的规则，等等。②

在政府和法律的支持下，卡拉马祖联合学校及其联合中学顺利走上正轨，不仅使用公共税收开办了中学部，还在传统的读写算之外增添了拉丁语、法语、希腊语、德语、高级数学、自然哲学和化学等科目，在当时美国公立学校的发展中走在前沿。然而，立法机构的保驾护航引起了反对者的注意，以斯图亚特、谢尔顿和布利斯等为代表的地方名人于 1873 年 1 月将卡拉马祖联合学区董事会告上卡拉马祖第九巡回法庭，并从法律上质疑公立中学的合法性与合宪性，导致卡拉马祖联合中学面临停办的危险。③ 具体来说，以斯图亚特为代表的原告向法庭提出四个方面的质疑。第一，中学使用税收资金的合法性。1850 年宪法等法律并未规定使用税收资助开办初等学校以上的教育；1872 年学区划拨 18310 美元用于中学是不合法的；中学教授的内容不属于基本教育范畴，开办中学所需资金应由那些就读的人出资，而不是使用纳税人

① The Board of Education, *Triennial Exhibit of the Public Schools of Kalamazoo*, *for the years 1874-5；75-6；76-7*, Kalamazoo, Mich., The Board of Education, 1877, pp.3-6.

② James S. Dewey, *The Compiled Laws of the State of Michigan：Compiled and Arranged under an Act of the Legislature*, *approved January 25, 1871*, Lansing, W. S. Goorge & Co., State Printers and Binders, 1872, pp.1228-1229.

③ 高玲：《检验公立中学合法性的尺度——卡拉马祖案》，载《教育科学研究》，2018(4)。

的钱。第二,在教授法律规定的与英语相关的初等科目外,中学教授拉丁语、希腊语、德语、化学等科目的合法性。第三,密歇根州1859年普通法的合宪性。即便合宪,也不能运用到卡拉马祖学区,因为该中学的开办并没有建立在纳税人投票通过的基础上。第四,卡拉马祖教育董事是否有权雇用一名学监负责学区事务。卡拉马祖教育董事会就原告提出的质疑,分别从州宪法赋予教育委员会聘任和支付费用的权力、法律章程赋予学区董事会对学校分级(即开办初等学校和中学)的权利、首席检察官具备问责中学建立的法律依据的权力等三方面做出回应。1874年2月9日,布朗法官宣布了巡回法庭对"卡拉马祖诉讼案"的判决:驳回原告的诉讼。因为巡回法庭发现,1848年、1859年、1861年通过的专项法、普通法都赋予了卡拉马祖教育董事会使用税收资金建立中学、聘用学监的权力;学区征收的税收等也都符合1850年宪法的规定。① 为明确检验公立中学的合法性,斯图亚特等人在判决结果出来后立即向密歇根州高级法院提出上诉。案件上诉5个月后,密歇根州最高法院对卡拉马祖案进行了两次听证,并于7月21日对案件进行了总结:本州关于免费学校的总方针是尽力为本州所有儿童提供教育,全体法官一致同意巡回法院的判决,认为任命学监是学区董事会的权力,学区董事会及其人民可以根据自己的需求来开展教育事业。②

"卡拉马祖诉讼案"判决后,关于公立中学合法性的争论逐渐销声匿迹。密歇根州公立中学数量也持续增加。1857年,密歇根州仅有7所公立中学;1860年,中学数量增至45所;1870年,增至107所;1880年,增至182所;1890年,增至278所;1900年,增至389所。③ 而且,"卡拉马祖诉讼案"的

---

① Authority, *The Thirty Seventh Annual Report of Superintendent of Public Instruction of The State of Michigan: With Accompanying Documents, For The Year* 1873, Lansing, W. S. George & CO., State Printers and Binders, 1874, pp.406-407.

② 高玲:《检验公立中学合法性的尺度——卡拉马祖案》,载《教育科学研究》,2018(4)。

③ D. Putnam, *The Development of Primary and Secondary Public Education in Michigan: A Historical Sketch*, Ann Arbor, George Wahr Publisher and Bookseller, 1904, pp.93-94.

判决除了直接影响伊利诺伊州 1875 年的"胡里森诉伯斯特"判决外，伊利诺伊州最高法院(1879 年和 1881 年)、密西西比州最高法院(1879 年)、马里兰州最高法院(1879 年)、密苏里州最高法院(1883 年)、肯塔基州最高法院(1887 年)和堪萨斯州最高法院(1890 年与 1893 年) 的判决均与"卡拉马祖诉讼案"判决立场一致。① 对此，美国教育史学家克伯雷(E. P. Cubberley)较为中肯地评价："卡拉马祖诉讼案几乎影响了密西西比河上游河谷的所有州。该判决可与马萨诸塞州的《1827 年法案》(Law of 1827)相媲美，它们都在美国公立中学的发展史上具有里程碑意义。"②

"卡拉马祖诉讼案"为美国公立中学获得合法地位奠定了坚实的法律依据，为各州普遍建立公立中学创造了条件，美国公立中学的数量和入学人数在 19 世纪 70 年代后进入快速增长时期。据统计，1875 年美国仅有不到 25000 名学生就读于公立中学；在 19 世纪 80 年代，进入公立中学读书的学生数量首次超过了文实学校；到 1890 年，美国 25000 所中学招收的学生人数超过 200000 名；1900 年在超过 6000 所的美国中学容纳了 500000 名以上的学生，这一年美国大约有 90%的中学生升入了公立中学。③

此外，南北战争前，东部波士顿等大城市的一些文实学校由于办学经费困难，也渐渐被市政机构改为公立中学。南北战争后，各州议会决定在各地普遍设置中学，公立中学的发展速度进一步加快。有些地方是拨款创校，有些地方由小学升格为中学。迫于实业所需，不少教师队伍较强的小学增辟教室，给学生讲授代数、物理、动物、地质和拉丁语等，将修业年限延长，于是出现了中学班。康涅狄格州和宾夕法尼亚州，都有这类中学班；加利福尼

---

① B. J. Burrell & R. H. Eckelberry, "The High-school Question Before the Courts in the PostCivil-War Period," *The School Review*, 1934(4), pp.255-265.

② E. P. Cubberley, *Public Education in the United States: A Study and Interpretation of American Educational History*, Boston, Houghton Mifflin Company, 1947, pp.263-264.

③ John D. Pulliam, James J. Van Patten, *History of Education in American*, Newmarket, Prentice Hall Company, 2006, pp.126-131.

亚州和艾奥瓦州的中学班也为数很多。这种中学班距住宅区很近因而便利学生就学,且在家食宿开支较少,学校的数量迅猛增加。而且,天主教会、圣公会、美以美会等也不失时机地兴办中学,收容众多学生。有人说若不开办私立教会中学,必然有很多的失学青年,因为有限的公款无力为他们设校,那将使教育当局面临更大的难题。

值得关注的是,19世纪中等教育的大众化并非普及中学。首先,中学并不是人人可入的学校。一方面学校虽以公立为主,却是收费的,而且各种费用的总数逐年增加;另一方面,学生是贫困家庭增加经济来源的劳动力,即使学费不高,由于上学就会减少家庭的收入,也非贫困家庭所能承担的。至于众多中学优劣不同,那就更无法说了。全美的中学每校平均学生人数300人,大城市大规模中学常常数千人,小规模中学则不及30人。前者教师教课门类少,设备好;但学生人数30人以下的中学,教师过少因而由每人讲授多个科目,又缺少教学设备。因此。这一时期公立中学水平大有差异,优良中学主要为富裕家庭子女服务,歧视中产以下的家庭子女。

二、中学学制的调整和变革

在美国中等教育走向大众化的过程中,中学的数量与日俱增,学校的职能根据社会发展的需要不断分化,中学不仅要承担中学生升入大学的培养职责,还要满足学生的就业需求,美国中学的学制也随之做出调整和变革。

首先,值得关注的是中等职业学校的创建。1876年在费城举办的庆祝美国独立一百周年的世界工艺博览会,是促进中等职业学校创建的重要动因。在世界工艺博览会上,俄国学生的木工、铁工作业的成绩以及该国由中学取代艺徒制的收获,博得了观众的好评,这表明由中学取代传统艺徒制的职业教育已是一个趋势。这一趋势首先引起麻省理工学院院长朗克尔(John Runkle)的重视。在他的倡导下,1880年,麻省理工学院创办了工业中学,继而工业中学不断涌现。至 1900 年时，约有百座城市仿设了工业中学。1888 年，明尼苏达州首先创立农业中学，艾奥瓦州和伊利诺伊等州也随之创立农业中学；南方的亚拉巴马州、佐治亚州、南卡罗来纳州和弗吉尼亚州等都于 20 世纪初在农村开设农业中学，美国各州于 20 世纪初基本上都开设了农业中学，并在中学里大量设农业科。与此相应的是，培养工农业专业教师的学校也逐渐出现。1909 年，全国独立开设的农业中学达 60 所，中学设农业科者 346 所。与此同时，随着美国扩大对拉丁美洲及世界各地的贸易，大学成立商学院，商业中学也随之出现在通商大埠。而且，美国各州普及小学教育时，需要大量的师资，中学遂又承担起培养师资的职责。1896 年，费城在中学设立师范科；辛辛那提、纽约、芝加哥、波士顿等城市都在中学教授教育学科；1900 年，艾奥瓦州约有 2/5 中学承担着师资培养的重任。因此，19 世纪的美国中学密切配合社会建设的需要，起着输送人力的作用，打破了欧洲国家把中学视为大学准备学校的传统。

其次，美国学制在各州分权管理下，极不统一，不仅无全国性学制，而且各州也无统一的学制。因此，建立全国统一的学制是 19 世纪中期后美国面临的主要问题。从 1820 年到 1860 年，美国各地开展学校分级运动。新英格兰地区实行九年制，南方各州多实行七年制，其他各州主要以八年制小学为普遍；各州在小学之上，再设三年或四年制中学。到 1890 年时，除南方各州外，美国大多数州实行 8-4 制学制，小学 8 年，中学 4 年。在 8-4 学制下，学生 6 岁入学，18 岁中学毕业，再上大学 4 年，毕业时 22 岁，若再进研究生院学习 2~3 年，就业即须推迟到 25、26 岁。这种学年过长的学制，使得能进大学的中产阶层子女和不能进大学的贫困青年都感到学业无望。与此同时，许多小有产者收入渐增，有条件让子女接受小学以上的教育，却又无力供他们读四年制的中学，以致许多学生不得不中途退学就业。

对此，哈佛大学校长埃利奥特（Charles W. Eliot）于 1888 年率先在全国教育协会(NEA)上做了题为"美国学校课程能够缩短并丰富吗?"的演讲,呼吁取消无用的课程,改进教学方法,以使学生能在18岁时进入大学。他的演讲引起了教育学界的关注,促使一些组织和个人开始就学制、课程以及中学的功能问题进行了长期的争论和探讨。为进一步推动中学课程和学制的改革,1892年7月,全国教育协会董事会通过一项关于成立"十人委员会"①(亦称"中等学校课程研究委员会")的提议,提议要求10位成员中有大学校长5人、大学教授1人(以后也成为大学校长)、教育专员1人、中学校长3人(其中一人来自私立中学,两人代表公立中学)。历经一年多的调研和会议讨论,十人委员会主席埃利奥特于1893年12月向全国教育协会提交《十人委员会报告》。该报告所涉及的内容非常广泛,其中涉及中学的性质、中学教育的宗旨、中学课程设置方案、中小学学制以及中学与大学的关系等。在对小学和中学课程设置进行系统考虑的基础上,十人委员会意识到,中学的课程设置和教学不仅涉及中学本身,还关系到小学的课程和教学。据此,《十人委员会报告》指出,小学现有的八年学制过长,应缩短为6年,而中学的学习则应提前两年开始,即中学学制从4年延长到6年。这实际上提出了中小学"6-6制"学制的设想。这一设想成为1895年全国教育协会成立的"十五人委员会"工作的重要出发点,成了19世纪末20世纪初"6-3-3学制"形成的重要基础。② 进入20世纪后,更多教育学者做出类似呼吁。全国教育协会的十人委员会于1908年建议小学修业6年、中学修业6年,而且中学分为初中和高中两级,修业年限各为3年,合为"6-3-3制"学制。这就是第一次世界大战后"6-3-3制"和"8-4制"成为美国广泛采用的学制的由来。

---

① "十人委员会"由埃利奥特任主席,其他九位成员包括美国教育专员威廉·哈里斯、密歇根大学校长詹姆斯·安吉尔、波士顿女子中学和女子拉丁学校校长约翰·泰特洛、瓦萨学院校长詹姆斯·泰勒、奥尔巴尼中学校长奥斯卡·罗伯逊、科罗拉多大学校长詹姆斯·贝克、密苏里大学校长理查德·杰西、劳伦斯维尔学校校长詹姆斯·麦肯齐和奥伯林学院教授亨利·金。

② 张斌贤、李曙光、王慧敏:《揭开美国中等教育改革的序幕:〈十人委员会报告〉发表始末》,载《外国教育研究》,2015(1)。

最后，19 世纪中期后美国建立的初级学院，不仅是对中学学制的灵活调整，而且也有助于中学和大学之间的衔接。在 19 世纪中期，美国的很多家长欲让其子女接受高于中学的教育，而又无力供应子女上大学。为适应这些中产者的要求，美国遂使中学向上延伸，把大学一、二年级和中学最高年级合并成初级学院，学生于 20 岁毕业，既可就业，也可在工作一段时间之后再进入大学三、四年级。应该说，初级学院对于生产事业尚在发展中的西部和南部各州最为适宜，于是在这些州遂纷纷建立。1902 年，在伊利诺伊州乔利埃特市成立的初级学院是最早出现的初级学院。到 1904 年，全美国已有 6 所公立初级学院和 18 所私立初级学院。其后，初级学院逐年向东部各州发展。

随着中等教育职能的分化或复杂化，美国中学越来越显现出和欧洲传统的中等学校课程的差异。美国一向适应现实需要，再经国际教育思潮的传播，学生虽然学习基础文化科学知识，但和欧洲中等学校学生相比，则是更多地学习工、农、商等实用知识技能。因此，多种多样属于公民文化的和职业方面的新学科，如潮水一般涌入中等学校课堂。一般修业年限 3 年的中学延长为修业年限 4 年，还采取了分科设课和选课制度。就科别而言，众多中学分设古典语科、现代语科、英语和历史科、自然科学科、工科、商科、农科、家政科、师范科、各种职业科等，各科之下再设置多种教学科目由学生选习。传授古典语、现代语、英语、历史、自然科学的中学，是着重升学准备的中学。在注重文化科学的中学之外，兼设职业性学科的叫综合中学。仅设职业学科的工科中学、家政中学、商业中学、农业中学、工商业中学，称为职业中学。

美国没有统一的中学课程，各州、各地、各校按需要自定科目。这样，就使种类繁多的教学科目挤入日课表。综合中学教授文化基础科目、升学准备科目和职业知能科目，学科数目是很多的；职业中学则按工、农、商等不同科别分别设置科目。和欧洲的情况不同，美国中学课程中的实用性、职业性学科常有压倒文化性学科之势。若按欧洲的传统观点看，美国中学是舍本逐末。不过,美国中学的升学准备职责并未受到轻视。为给青年奠定科学文化基础,教授古典语、外国语、数学、物理学、化学、历史、地理之类,在一般中学是最常见的事实。但是,由于学生不再只是富裕家庭子弟,中学已是中产、小有产者子女就学之地,现实需要的重要性因此比较突出。

中等教育改革还表现在各科教材的组织方式上。简言之,就是过去惯用的逻辑组织开始转变为心理组织。过去,注重的逻辑组织是按学科知识的体系传授知识,主要着眼于文化科学的基础知识。当时,则注重按青年心智发展水平来组织教材,主要着眼于适应年龄特征和现实需要。例如,过去学习历史总是先古代、次近代、后现代;这时却反其道而行之,先现代、次近代、后古代。其理由是拘于年代先后而保持所谓逻辑系统,不切合学生的接受和领会能力;"由近及远""由今及古""由已知到未知",才是学生学习的适当程序。人们认为,科学体系和教学体系应有区别,因此心理组织在提高教学效果上起了一定的作用;教材组织的变化也带来了教学方法上的革新。美国学校教学原来一贯是读讲课本、背诵课本,后增加了自然观察、艺术观赏、讨论和制造等,比以前灵活、生动。

由于社会的需要是多方面的,中等教育在面向升学和面向就业两方面曾发生过摇摆。为了解决这个问题,全国教育协会十人委员会于1893年提出报告。这个报告建议的是以升学为目的的课程方案,仍然依据欧洲教育的传统,遂无法普遍推行。继十人委员会之后,全国教育协会于1895年组织的"大学入学要求标准委员会"于1899年提出报告,规定了大学新生在中学应修习的科目和各科目应修习的学分。这两项报告都要由高等院校决定中等学校和大学之间的衔接问题。直到第一次世界大战前,才由全国教育协会于1913年组织"中等教育改组委员会",并于1918年提出著名的报告《中等教育基本原则》,给中等教育提出使所有青少年圆满地和有价值地生活的恰当任务,指出了整个美国教育未来发展的方向,其中等教育就此获得转折点。

第三节　高等教育的发展

一、州立大学的建立与"达特默思学院诉讼案"的影响

（一）州立大学的建立

美国独立后，在欧洲启蒙运动的影响下，国内民主主义和自由主义的思想深入人心，人们期望政府组建新型的、具有实用价值的高等院校。1788 年，美国政治家本杰明·拉什（Benjamin Rush）首次提出建立一所功利主义的、着重实用知识和职业技能教育的国家大学的设想。美国开国之初的 6 任总统都赞成设立国家大学。美国第一任总统华盛顿（George Washington，1732—1799）曾捐赠自己的一笔遗产作为创办国家大学的基金；美国第四任总统麦迪逊（James Madison）在任期间曾 3 次向国会提出创办国家大学的议案，但是，由于各州坚持自由发展的原则，相关议案最后均遭到拒绝。有关国家大学的议案在国会上之所以遭到拒绝，其真正原因是来自宗教集团的压力，他们不希望建立政府资助的世俗学院。[①] 此外，在这一时期，宾夕法尼亚州、弗吉尼亚州和纽约州等试图把当时存在的学院改为州立大学，但这些努力大都没有付诸实施。自独立到 19 世纪 20 年代以前，美国确实出现了一批新建的院校，特别是在南方往往把这些院校称为州立大学。这些最初的所谓州立大学和学院包括北卡罗来纳大学、佐治亚大学、佛蒙特大学、俄亥俄大学、田纳西大学、马里兰大学、南卡罗来纳学院和肯塔基州的特兰西瓦尼亚大学。然而，这些院校提供的教育都远远低于大学水平，它们在许多方面反映的仍是殖民地时期的教育传统，在性质上更接近私立院校而不是公立大学。

---

① John S. Brubacher, Willis Rudy, *Higher Education in Transition: A History of American Colleges and Universities*, New York, Harper & Row, 1976, pp.225-226.

早期建立新的州立大学的种种设想未能顺利实现,除了由政府承担教育责任的观念在全国范围内没有被广泛接受外,还由于当时社会上种种保守势力的反对。例如,在新教教徒对改革的冲击下,1800 年以后启蒙运动的思潮已开始退却,旧的传统在美国各个学院普遍复活,与教会有关的院校以及神学组织、圣经团体和神学院在全国各地纷纷建立,学院学生也组织了各种祷告会。这就导致美国大多数公立学院的控制权又落到了教派手中。①

但是,这一时期美国创建州立大学的种种努力并没有停止,其中起领导作用的著名代表人物就是美国第三任总统杰斐逊(Thomas Jefferson,1743—1826)。作为美国独立战争时期和共和国初期的杰出政治家,杰斐逊的民主主义思想以及建立公共教育体系的主张对美国高等教育的发展产生了革命性的影响。早在 1779 年当选为弗吉尼亚州长时,他就设想把母校——威廉与玛丽学院重建为州立大学,但出于各种原因并未成功。于是,他转而筹划建立一所完全新型的大学。经过多年的努力,他于 1818 年成功获得州议会为新大学颁发的办学特许状,弗吉尼亚大学遂于 1825 年正式开学。弗吉尼亚大学被美国教育史学家一致认为是美国第一所州立大学。第一,自它创立之日起,学校的目标就是要提供比传统学院更为高级的教育,并允许学生享有选择专业和课程的特权;第二,它完全是政府的事业,而不是民间的或半官方的。更重要的是,大学是世俗的。这些因素共同决定了该大学成为 19 世纪前期美国按照启蒙精神建立的新式大学的代表。②

作为第一所州立大学,弗吉尼亚大学对美国南部、西部和北部高等教育的发展具有重要的引领作用,其中北卡罗来纳大学持续跟进它的进展状况,南卡罗来纳大学则把它作为仿效的样板,南部的其他学院照搬其设置的一些

---

① 陈学飞:《美国高等教育发展史》,27 页,成都,四川大学出版社,1989。
② 陈学飞:《美国高等教育发展史》,27~28 页,成都,四川大学出版社,1989。

课程计划。而且，杰斐逊主导的弗吉尼亚大学实践也影响到哈佛大学①和布朗大学，甚至与密歇根大学的发展以及后来发起建立麻省理工学院的活动都有密切的关系。

在美国西部，密歇根大学被公认为这一时期西部州立大学的样板。1837年，该大学获得州议会的特许状；1852年，美国教育家塔潘（Henry Philip Tappan）出任校长。具有在欧洲一些大学学习经历的塔潘，非常重视欧洲大学以科学研究和研究生教育为中心的办学思想，试图把德国的大学模式移植到美国，使密歇根大学不仅在名义上还要在事实上成为一所真正的大学。由于密歇根州是全美国第一个建立由州政府主导、依靠州公共税收支撑的公立教育制度的地区，相应的宗教派别和其他私立学院对密歇根大学的影响也在一定程度上被削弱了；又由于密歇根大学经立法机构授权具有相对独立的办学地位，再加上塔潘校长等领导团结一致的努力，该大学逐渐成为全美国著名的大学，并对1851年成立的明尼苏达大学、1848年成立的威斯康星大学，以及美国研究生教育的发展产生了深远的影响。此外，这一时期美国还建立了其他较重要的州立大学。例如，1820年成立的印第安纳大学、1839年成立的密苏里州立大学、1847年成立的艾奥瓦大学、1868年成立的加利福尼亚大学等。南北战争前，在美国当时的27个州中，有25个州建立了州立大学。

（二）"达特默思学院诉讼案"的影响

南北战争前，"达特默思学院诉讼案"的审议与判决对美国州立大学甚至高等教育的发展具有重要的影响。19世纪初，美国的私立学院大多是私营事业机构，这些私立学院中有一些从州政府得到补助金，而且还有很多学院的委员会成员是州政府人员。在各州都趋向于建立州立大学的潮流下，围绕高等学校的变革以及学院应该属于"私立"还是"公立"的问题，一件直接涉及达特默思学院性质的诉讼案，深刻影响了美国高等教育发展的格局和进程。

---

① 1780年，哈佛学院改称哈佛大学。

达特默思学院位于美国新罕布什尔州的汉诺威市，1769年由一位毕业于耶鲁学院的神学博士埃利埃泽·惠洛克(Eleazar Wheelock)创办，学院的目的是培养牧师和公职人员。学院获得英国王室颁发的办学特许状，是一所典型的教派私立学院。1814年，继任校长约翰·惠洛克(John Wheelock)与学院的董事们发生了纠纷。最终，约翰·惠洛克不仅失去了对教师的控制，还因其于1815年被董事会开除而失去了教授头衔和他父亲留给他的学校。约翰·惠洛克一怒之下投向了共和党的阵营。此时，新罕布什尔州的共和党正好赢得了大选，他们认为达特默思学院内部的争吵将是一个推进州政府参与高等院校管理的良好契机，他们希望借此将达特默思学院的管理权转到州政府的手中。于是，在以杰斐逊为代表的政治家的支持下，新罕布什尔州议会通过了下述决议。第一，将达特默思学院改名为达特默思大学，成为正式的州立大学。第二，董事会成员由原来的12名增至21名，新增9名由议会指派；设立由社会名流和政党领袖组建的校监会，行使否决校董会决定的权力。第三，原学院院长约翰·惠洛克被聘为大学校长，并按规定时间向州长做校务报告。① 同时，一位担任财务秘书职务的人员也投奔了新成立的达特默思大学，并将原达特默思学院的一些文件、印章和其他的一些财产转到新的大学名下，拒绝归还给学院。州议会的决定及其后续举动惹恼了达特默思学院的董事会，1817年2月，他们就州议会的一系列举动向州法院提出诉讼。这就是"达特默思学院诉讼案"的由来。

在经历多方辩论后，1817年9月新罕布什尔州法院做出裁决：学院是公共机构，学院人员都是公务员，受州议会监督；英王室颁发的特许状不具备契约的法律效力，故1816年州议会的决议并无违宪之处。但是，达特默思学院董事会不接受州法院的判决，向联邦最高法院提出上诉。1818年3月，联邦法院受理此案，学院辩护人丹尼尔·韦伯斯特(Daniel Webster, 1782—

① 王建霞：《达特茅斯学院案及其对美国高等教育的影响》，硕士学位论文，河北大学，2005。

1852）是达特默思学院的校友，他论证了州的立法机关无权修改或废除由英国国王乔治三世为该学院颁发的特许状，并在法庭上将达特默思学院案件上升为关系美国所有学院的案件，涉及了对个人权利的"剥夺"。经过多方辩论，1819 年 2 月，美国联邦最高法院以 5 票赞成、1 票反对、1 票弃权做出了新罕布什尔州的立法行为违宪、达特默思学院不属于公共机构的裁决。至此，"达特默思学院诉讼案"以联邦最高法院认定该学院为私立性质的学校和承认董事会享有学校最终管理权而结束。

"达特默思学院诉讼案"的最直接结果是促使了美国私立大学的迅猛发展。该诉讼案的最终判决从法律上肯定了私人办学的权力，明确了私立学院的法理基础，承认了私立学校的合法性。此外，该诉讼案的判决还划清了公私学校的界限，规定州政府不得违反宪法对私立学校采取监督、干涉、侵权等措施。于是，私人办学、助学的积极性受到了极大的鼓舞，私立学校如雨后春笋般出现。据统计，在 19 世纪初的前 20 年，私立大学仅 12 所，自"达特默思学院诉讼案"判决后的十年里，又成立了 12 所。到 1860 年左右，美国共有182 所大学，其中 116 所为私立大学。可以说，1820 年至 1860 年是美国教育史上私立大学发展的鼎盛时期。①

"达特默思学院诉讼案"的间接结果是促使各州独立发展州立大学。如前所述，杰斐逊曾试图将威廉与玛丽学院改造为州立大学，但最终归于失败；宾夕法尼亚州也曾改组费城学院，设立新的董事会和教授会，使其能符合新的政治方向，并一度将其改名为宾夕法尼亚大学，但原学院人士坚决反对，结果州政府不得不退让；纽约州于 1787 年也将国王学院改为哥伦比亚大学，希望由州政府加以控制，但后来遇到种种抵制也不得不作罢；马萨诸塞州议会于 1810 年决议改组哈佛大学董事会，由州政府委派新董事并拨给经费，大

---

① 杨捷：《19 世纪美国达特茅斯学院案及其影响》，载《河南大学学报（社会科学版）》，2000(5)。

学始终不服，斗争异常激烈。"达特默思学院诉讼案"的判决，从根本上打消了各州试图改组旧私立学院为公立大学的奢望，使提倡建立州立大学的人回过头来踏踏实实地做好筹建新型州立大学的工作。① 于是，各州决心推行新政策，动用公共税收办理公立高等学校。于是，1819年杰斐逊主导弗吉尼亚州立大学的建立，1820年田纳西州立大学成立；1824年印第安纳州立大学成立；1831年阿拉巴马州立大学成立；1868年新罕布什尔州建立了与达特默思学院毫无关系的新罕布什尔大学……这样，到19世纪60年代，美国州立大学达到66所，州立大学和私立大学竞相发展的局面促进了美国高等教育的繁荣发展，因此美国在世界上享有"学院之国"的美名。②

二、农工学院和专业院校的兴起与发展

南北战争后，美国社会经济快速发展，客观上要求高等院校为工业生产和农业现代化培养专业人才。一方面，联邦政府通过向各州拨赠土地鼓励其创建农工学院和创建新的高等职业教育模式，为美国社会培养高等职业人才；另一方面，州政府通过公共财政拨款来创立研究型大学，大力发展研究生教育，为美国社会培养学术研究的高级人才，从而明确现代大学通过学术研究来实现其社会服务的功能与职责。受此风潮的影响，一些传统大学，如哈佛大学、耶鲁大学、哥伦比亚大学等高校也积极推进课程改革，建立专业学院并根据社会的需要调整人才培养模式，以期为美国社会培养高质量的实用人才。

(一)《莫里尔法案》的颁布与农工学院的兴起

美国独立建国到19世纪中期，原新英格兰13州的居民大量向西部迁移，

---

① 杨捷：《19世纪美国达特茅斯学院案及其影响》，载《河南大学学报(社会科学版)》，2000(5)。

② 滕大春：《美国教育史(第二版)》，207页，北京，人民教育出版社，2001。

形成声势浩大的西部开拓运动。西部地区广阔，为加强对土地的管理，美国国会于 1785 年制定《土地条例》，企图对西部地区进行方形的策划，把每一市镇划为一片 6 平方英里的方形，然后再把每一市镇划分为 36 块一平方英里的地区，其中第 16 块土地用于教育事业。就是说这块土地可以出租或售卖，将租金或售价作为办理学校的经费。于 1820 年建立的俄亥俄州首先把联邦赠地用于州立大学。可以说，这一赠地建校的先例，开了美国 1862 年《莫里尔法案》颁布后大规模创办赠地学院的先河。

《莫里尔法案》是由佛蒙特州国会议员莫里尔(Justin Smith Morrill)提出来的。但是，教育史家认为，在莫里尔之前，伊利诺伊学院教授特纳(Jonathan Baldwin Turner)是赠地学院的先驱者。特纳是马萨诸塞州一个农场主的儿子，毕业于耶鲁大学，曾参与筹建伊利诺伊学院，并担任修辞学与纯文学教授。他对教育的兴趣由来已久，早在 1833 年就撰文强调普及教育的重要性，并特别指明科学对农业改良的必要性。1852 年，特纳提出由州政府或联邦政府赠地兴办学院的做法，称这将是世界教育史上的创举。他强调："为了建设一种真正的民主，产业阶级也必须有他们自己的大学，至少每州一所。新型的大学将教授农业、生产加工和簿记方面的知识；它们将有实验农场、果园和牧群；它们将向超过规定年龄的各阶级的学生开放，时间可长可短。庆祝毕业典礼将不是发表一篇拉丁文的演说，而是举办一个一年一度的集市，把在集市上陈列实验农场的产品，和从全州收集来的同类产品进行比赛。"①特纳的计划于 1853 年由伊利诺伊州议会提交联邦国会，要求联邦拨地给各州，兴建农工大学，各校经费不少于 50 万美元。由于时机尚不成熟，特纳的提案未获通过，但他的思想对莫里尔的启迪作用是显而易见的。

为提高美国工人和农民的受教育水平，进而更加有效地促进美国社会的

---

① 李化树、杨璐佳：《建设高等教育强国——美国实证研究》，62 页，成都，西南交通大学出版社，2012。

产业升级，1850 年 1 月，伊利诺伊学院教授特纳明确提出由联邦政府向各州拨赠土地，面向农业、商业和其他艺术中需要教育资助的工人和农民，设立由州政府管理的学院，以确保产业阶级的利益。经过多次修改和多年的奔走演讲，1853 年 2 月，特纳的"产业大学计划"通过了伊利诺伊州议会审议。伊利诺伊州议会的决议如下：第一，参议员和众议员一致同意决定，恳请国会中的参议员和众议员，尽其最大努力通过该法案，向每一个州捐赠价值不低于 50 万美元的联邦公共土地，为每一个州通过捐赠建立一个产业大学系统，这些大学应彼此合作，并且和华盛顿的史密斯森纳合作，为美国的产业阶级及其教师提供博雅的和实用的教育，一种适应于产业阶级的多种需要的变化的和博雅的教育；第二，决定授权州长将该决议呈交给国会的参议员和众议员，并呈交给姊妹州行政部门和议会，邀请他们在这件事情上合作。①1854 年 3 月，州议员希尔德斯向国会参议院提出一份题为"伊利诺伊州议会关于在国内各州建立产业大学的决议"的议案。然而，由于时机尚不成熟，国会最终没有批准该议案，为切实推进"产业大学计划"的全国影响力并确保该计划的合法性建设，1857 年 10 月特纳决定将所有的文献、文章、演讲词、所有相关的信件和小册子都送给众议员莫里尔，并且请求他提交一份议案。因为莫里尔在国会服务达 43 年之久，其声望和影响是特纳难以企及的。

莫里尔和特纳来自同一个州，他了解特纳计划的内容。于是，莫里尔系统地考察了联邦政府通过赠地资助各州发展基础教育的成功经验，并结合当时的联邦政府除了拥有大片肥沃土地之外，还严重匮乏资金的实际情况，他依据特纳的"产业大学计划"的前期资料，于 1857 年 12 月 8 日向国会提出了一项题为"捐赠各州与准州公共土地，旨在支助为实现农业和机械艺术之利益的学院"的议案，建议联邦政府以赠予各州联邦公地的方式来鼓励每州至少建

---

① Mary Carriel Turner, *The Life of Jonathan Baldwin Turner*, Urbana, University of Illinois Press, 1961, pp.115-116.

立一所"教授农业和机械工艺"的新型大学。[①] 历经多次会议讨论和多方利益团体的辩论，1858 年 4 月众议院通过该议案；1859 年 2 月参议院通过了议案及其相关修正案。然而，在时任美国总统布坎南（James Buchanan）看来，这份议案既不合时宜，又不符合宪法规定。于是，他在 1859 年 2 月否决了该议案。这对莫里尔来说是不得不接受的事实，即足以推翻总统对该议案的否决的赞成票暂时还不足，而这只有等 1860 年总统大选之后才有可能实现。[②]

1860 年林肯当选总统，1861 年南部脱离联邦，清除了该议案在通过道路上的绊脚石。1861 年 12 月 9 日，莫里尔再次向国会提出赠地学院议案。经过众议院和参议院细致的辩论和修订，1862 年 6 月该法案通过决议，7 月林肯总统签署通过该议案。历经 8 年时间，莫里尔提出的议案终于获得了国会与联邦政府的通过，成为一项国家法律。该议案最终指向的是由联邦政府向各州拨赠土地以建立农工学院，议案通过后被称为《莫里尔法案》（Morrill Act），亦称《赠地学院法案》（Land-Grant Colleges Act）。

1862 年《莫里尔法案》主要调整的是联邦和各州在大学建设方面的关系，规定了在农工学院的建设中联邦政府和州政府的权利和义务。该法案明确规定，联邦政府依据国会议员的数量，按照人均三万英亩的数量向各州赠地。在 5 年期限内，各州必须利用出售赠地所获得的资金建立一所新的农工学院或支持一所与农工学院功能相同的院校。各州根据自身的实际情况，采取不同的方式设置赠地学院的课程，但课程内容必须有别于美国传统高等院校以及传统农工学校的课程。

纵使在内战的最紧张时期，《莫里尔法案》颁布后各州依然有序地推进农工学院的建立，战后建校的步伐更为快速。由于各州情况不同，设校方式各

---

① 崔高鹏：《从特纳到莫雷尔：1862 年美国赠地学院法案的起源与发展研究》，硕士学位论文，北京师范大学，2000。

② Coy F. Cross, *Justin Smith Morrill Father of the Land-Grant Colleges*, East Lansing, Michigan State University Press, 1999, p.83.

异，按照法案规定，把联邦拨地独立设置农工学院的共28州，宾夕法尼亚、密歇根和马里兰等州则把联邦所拨的土地转给已设置的农业学校；伊利诺伊州成立工业大学，不久改为州立大学，还有15个州是在州立大学内添设农工学院。1868年建成的私立康奈尔大学，领取补助并发展成为农业专业的知名学府。马萨诸塞州于1865年拨地补助了一所私立学院，该学院后来发展成为著名的麻省理工学院。

农工学院培植农业和工业水平高的专业人才，开设工业、农业专业科目，着重联系实际，鼓励学生在寒暑假从事农业生产，并且学院在寒暑假为适应农民需要举办讲习班。另外，农工学院对于不准备从学院毕业的学生，也做出安排，帮助他们增长实用知识技能。在这种努力下，农业、工业以及富有实际效用的家政三项专业，开始在高等院校受到重视，扭转了钻研理论而鄙视生产的大学传统。由于农工业生产和家务都与女性有关，与同时期一般院校不肯向女性敞开教育大门不同，农工学院自建校始就招收女生，这在一定程度上促进了女子高等教育的发展。这些新型学院的毕业生在促进农工生产事业上得到了好评。

随后，国会于1872年、1873年、1875年、1879年，多次准备继续补助农工学院，并且于1890年通过了第二次《莫里尔法案》，由哈里森（Benjamin Harrison）总统批准实行。新法案规定，联邦政府第一年补助各学院15000美元，以后逐年增加1000美元，直到每年补助25000美元为止。当时，南方保守势力卷土重来，黑人遭受歧视。于是，新法案规定，南部17州要革除歧视黑人的积习；否则就另为黑人设置水平相同的农工学院，不然就中止补助。到此，农工学院的办学层次更为丰富，其办学规模和办学质量又向前跨了一步。

当然，这种新生事物的发展也非一帆风顺的。其一，有的州忽视人才培养而唯利是图，以廉价出售拨地，从事不正当投资。由于法案并未规定所赠土地的最低售价，有部分州的赠地售价低于联邦政府的每英亩 1.25 美元的售价。例如，俄亥俄州以每英亩 54 美分的价格卖掉其赠地；宾夕法尼亚州以每英亩 55 美分卖掉其大部分赠地；纽约州以每英亩 60 美分卖掉其全部赠地；而土地售价最低的罗得岛，其售价每英亩仅 0.41 美元。① 这样一来，各州农工专业教育无法得到充足的办学资金。其二，各州贫富不均衡，联邦政府按各州国会议员名额拨地，使贫富差距更加悬殊。第二次的补充法案要求为黑人另设学院，但缺乏人力、物力的南方各州面临双重困难，无法顺利实现。新的农工学院标榜为工人和农民的大学，应是免费或廉价的，但事实上，学生缴费数额与日俱增，到 20 世纪初学生缴纳学费的数额越来越大，成为家长的沉重负担。这一现象最根本的矛盾是，传统教育观念阻碍了农工学院的发展。康涅狄格州农民抨击耶鲁大学囿于条条框框，把农业教育置于次要地位，顽固地提高入学要求，并仅仅讲授理论。实际上，不仅旧的院校如此，而且新成立的农工学院，由于很多教师缺乏农业知识，也摆脱不掉本本主义和传统习俗。在马萨诸塞州、堪萨斯州和俄亥俄州，甚至有的农民、牧民也看不上这些"牧牛娃学院"。直到 19 世纪末，各州为推广先进农耕技术和推行农业机械化，创设农业实验站，从事农业研究和辅导，农科专业逐渐成熟，农工学院的状况才大为改善。

《莫里尔法案》是美国历史上联邦政府对公共教育的最早干预。该法案通过后，农工学院得到了迅速发展。据统计，自 1862 年《莫里尔法案》开始实施到 1922 年阿拉斯加大学建立为止，美国共创办了 69 所农工学院。该数目超过了当时美国州和准州的总数，其原因是东南地区各州实施所谓"隔离而平等"的原则，为白人和黑人分别设立了农工学院。农工学院培养工农业方面的高级专业人才，教育对象一般是中下层阶级，以农民和劳工阶级居多。课程

① Paul Westmeyer, *An Analytical History of American Higher Education*, Illinois, Charles C. Thomas Publisher, 1997, p.61.

既包括农业、工艺、军训等,又包括古典学科,但古典学科已失去了昔日的支配地位,实用科学受到推崇。同时,妇女也获得了入学的权利。

《莫里尔法案》的颁布,标志着美国高等教育展开了新的一页。该法案确立了高等教育民主化的原则,成为美国教育哲学上的一个转折点。农工学院通过培养大批实用经济发展所急需的科学技术人才,为美国工农业现代化做出了卓越的贡献,并使为社会和经济发展服务成为美国大学里教学和科研的重要职能。

总的说来,通过拨赠土地来兴办农工学院教育的功绩是无可否认的,并且还是多方面的。当代美国教育史家克伯雷在《美国公共教育》一书中指出:"联邦政府给予教育的各种补助中,似乎没有别的补助像拨地兴建农工学院和拨款举办这类教育收获更丰硕的成果。"[1]

(二)专业院校的兴建与进展

早在18世纪中期,哈佛大学和耶鲁大学就设立神学讲座;独立战争后,威廉与玛丽学院设立法学讲座;18世纪末期,宾夕法尼亚大学和英皇学院也相继设立法学讲座;1765年,费列得尔菲亚学院设立医学讲座,后来英皇学院于1767年、哈佛大学和达特默思学院于18世纪末也先后设立医学讲座。这些大学借此来培养社会需要的教士、律师和医生等专门人才。进入19世纪后,人们对专业教育的要求不断提高,期望大学将传统的注重实践能力培养的学徒制和学院中的法律、神学和医学讲座着重理论的优点结合起来。在这种背景下,哈佛大学于1808年创立安德维尔神学院,该学院最初的目标是招收那些已经受过学院教育的青年,使他们再经过3年的培训,以便在学识上达到专门职业的要求。1829年,哈佛重建法学院,并规定其只招收四年制学院的毕业生或具有同等学力者,并把过去对地方性法规的研习改为以学习

---

① 滕大春:《教育史研究与教育规律探索》,271页,北京,人民教育出版社,2019。

一般性的法律原理为主。①

这一时期，医学专门教育的内容也得到了扩充。美国医学家约翰·摩根（John Morgan）在费城富兰克林学院医学科创立时曾这样强调，医学院的学生不仅应当精通拉丁文、希腊文和法文，还应通晓数学和其他自然科学；同时，作为一门科学的医学教学还需要有驻院医生的临床讲授来做补充。② 在专门教育产生和发展的同时，美国的技术教育也开始出现。19世纪上半叶，一批为特殊目的服务的专门技术院校先后成立，其中最著名的有2所。一所是美国军事学院，即西点军校，于1802年建立，该学院建立初期的目的完全是为军事服务的，1817年以后重点开始转为培养工程技术人员；另一所是1824年伦斯勒（Stephen Van Rensselaer）在纽约北部创建的伦斯勒多种技术学院，他希望这所理论与实用科学相结合的学院能够培养一批向本地农民和技工的子女传授科学知识，并使他们把这些知识运用于家政、制造业和家庭经济的教师。③ 该学院的首任校长爱莫斯·伊顿（Amos Eaton）创立了通过夜校与分校进行的实验课教学法。1835年，伊顿又在学院课程中增设了市政工程，从而改变了过去只偏重农业教育的局面。此后不久，该学院在全美首次授予8位毕业生工程师学位证书。1849年，该学院还仿照欧洲工业化国家技术院校的模式重组为一所普遍多科性技术学院，其课程目标是在智力和身体自由发展的基础上，培养建筑师和市政工程、矿冶以及地形测量方面的工程师。在整个19世纪，伦斯勒多种技术学院和西点军校为美国培养了许多工程技术人才，他们为这一时期美国铁路、公路、桥梁、工厂的建设做出了重要的

---

① 陈学飞：《美国高等教育发展史》，31~33页，成都，四川大学出版社，1989。

② John S. Brubacher, Willis Rudy, *Higher Education in Transition: A History of American Colleges and Universities*, New York, Harper & Row, 1976, pp.207-208.

③ John S. Brubacher, Willis Rudy, *Higher Education in Transition: A History of American Colleges and Universities*, New York, Harper & Row, 1976, p.63.

贡献。①

工程与技术教育在美国开始作为一种独立的高等教育的出现和发展，引起了传统文理学院的关注，它们不久也开始在学校内建立独立的工程学院或系科。例如，1845年，联合学院建立了市政工程系；1847年，哈佛大学建立了劳伦斯理学院；同年，耶鲁大学建立一个新的科学技术系，后来发展成为谢菲尔德理学院；1852年，达特默思学院建立钱德勒理学院；同年，布朗大学组建了实用科学系；1855年，宾夕法尼亚大学创设了矿藏、艺术和工业制造系。

技术教育的一个重要发展是麻省理工学院的创立。该校在富有远见和精力旺盛的校长威廉·巴顿·罗杰斯(William Barton Rogers)的领导下，从创立之日始就雄心勃勃地要为未来的工程师和技术专家提供全面的科学教学和实验室研究。他还要求所有攻读学位的学生修习作为通识教育的基础课程，要求有关系科为公众提供普及性的晚间讲座。由于该学院在应用科学方面创造性的研究工作和在普及科学知识方面的巨大成就，很快它就成了美国理工科教育的领导型大学。至1900年，美国已建立了42所工程技术学院；到1950年时，这类学校已达160余所，成为美国高等教育体系中一个重要的组成部分。② 受此影响，伊利诺伊州立大学和明尼苏达州立大学于1868年，威斯康星大学于1870年，波尔杜大学于1874年，纷纷设置了工程技术学院。自此，综合性大学和农工学院之类的专业院校成为给美国提供专业人才的两条渠道。

三、约翰斯·霍普金斯大学的成立和学术新风的蔚成

在农工学院等科学技术发展的时期，美国又诞生了另一所新型大学——

① 陈学飞：《美国高等教育发展史》，34~35页，成都，四川大学出版社，1989。
② 陈学飞：《美国高等教育发展史》，34~36页，成都，四川大学出版社，1989。

约翰斯·霍普金斯大学。这所大学代表面向学术建设的高等学校发展的方向，是受德国大学的启发和适应美国学术发展的需要而出现的高等学府。在 19 世纪，美国有近万名青年远涉重洋就读于德国大学。1850 年毕业于哥廷根大学、柏林大学、哈勒大学和莱比锡大学的人数达 100 人以上。他们学成归国后大力宣传德国大学的发展和精神。创建于 1876 年的约翰斯·霍普金斯大学在其中表现突出。

约翰斯·霍普金斯大学首任校长吉尔曼（Daniel C. Gilman）1852 年毕业于耶鲁大学，获文科硕士学位后到哈佛大学攻读地理学专业的硕士学位。1853 年任驻俄国使馆随员，1853—1855 年在欧洲游历，曾访问俄国、英国、法国、德国的大学，其中德国的大学给他留下了深刻的印象。回国后，吉尔曼到耶鲁大学的谢菲尔德学院开展集资工作。1856 年，他发表文章宣传欧洲的科学和教育状况，并提出美国科学院校的组织计划。1856—1865 年，他先后在耶鲁大学图书馆当管理员，在州教育理事会当秘书。1866 年，他又回到谢菲尔德学院主持行政工作。美国威斯康星大学和加利福尼亚大学分别于1867 年和 1870 年邀请吉尔曼出任校长，但他很想在母校耶鲁大学干一番事业，便谢绝了这两所大学的邀请。由于保守势力的坚决反对，他未能成为耶鲁大学的校长。1872 年，他只好接受加利福尼亚大学的再次邀请出任校长。这一时期，他为加利福尼亚大学制定了建校方针和施教总纲，奠定了加利福尼亚大学成为世界著名高等学府的基础，在加利福尼亚大学史册上留下了不朽的"吉尔曼时期"。1875 年 2 月，吉尔曼接受约翰斯·霍普金斯大学董事会的邀请，来到马里兰州的巴尔的摩出任约翰斯·霍普金斯大学的首任校长。

受德国大学精神的影响，吉尔曼意识到自由在大学理念中是固有的。他认为，如果真理使我们自由，那么是自由打开了通向真理的道路。在就职演说中，他宣布人学的自由是给予教师和学生的，教师可自由地选择教学方法，学生可自由地选择课程。教师和学生都应当自己制定规划，他们得到的自由越多，自身就磨炼得越出色。他在《大学的创立》一书中指出，在约翰斯·霍普金斯大学中，每个系的领导在自身发展中都享有最充分的自由，他们能选择自己的副手，制订自己的研究计划……董事们也很明智地避免对教师进行干涉。[①] 吉尔曼清楚地意识到，学术自由是有一定限度和一定条件的，要以服从客观规律为基础，没有无限制的自由。教师在享有学术自由的同时，还应该承担自己的社会责任和义务，权利和义务从来就是不能分割的一对范畴，尤其对大学教师而言更是如此，因为大学不只是探索知识、追求真理的场所，更是陶冶人、塑造人的世界。如果教师不能承担社会责任，其学术上的自由必然会受到限制，这也不是真正意义上的学术自由。吉尔曼主张，根据学生的成熟程度，确立学生的自由度：研究生有充分享用学术自由的权利，本科生则给予一定的自由。以其倡导的大学理念为基础，吉尔曼为约翰斯·霍普金斯大学列出了 12 条办学原则[②]，并制定了具体的办学规划[③]。为实现其办学理念，吉尔曼在就职前还专程赴德国大学考察，学习德国创办和管理大学的先进经验。

吉尔曼曾计划，仅办研究生院而不设本科，走德国大学以学术研究为任务的道路。鉴于美国中学水平远远不及德国文科中学，甚至像哈佛大学校长埃利奥特等权威人士所说的，美国一般高等院校毕业生和德国文科中学毕业

---

① Abraham Flexner, *Daniel Coit Gilman: Creator of the American Type of University*, Harcourt, Brace & Co., 1946, p.159.

② （1）所有学科都是有促进价值的。（2）宗教无须惧怕科学，科学也无须惧怕宗教。（3）长远利益与既得利益同等重要。（4）对大学而言，要它赋予所有学科同等自由是不太可能的。（5）每个学生都不可能研究所有学科。（6）最好的学者必定是那些对人类文明做出特殊贡献的人。（7）最好的教师通常有自由时间、有能力，他们愿意在图书馆、实验室搞创新研究。（8）最好的研究者通常也有教学任务。（9）大学应靠节俭办学，通过最大限度地给社会带来利益来赢得荣誉。（10）大学不是一朝一夕能够建成的，而是有一个漫长的发展过程。（11）大学的培养目标是塑造人的品格——造就人才。（12）大学极易墨守成规，几乎所有时代都需要有一个新的开端。参见王英：《美国研究型大学早期发展研究》，硕士学位论文，河北大学，2001。

③ Francesco Cordasco, *The Shaping of American Graduate Education: Daniel Coit Gilman and the Protean Ph.D*, Lanham, MD, Rowman & Littlefield, 1960, pp.81-82.

生水平相似，因而不得不改招本科生。但在吉尔曼看来，创建约翰斯·霍普金斯大学这所新型大学的主要目的是实施研究生教育。他在为这所新型大学拟订的发展方案中规定：给予那些来到大学学习并从中获益的学院毕业生以特别的鼓励，采用德国大学把硕士和博士学位结合为一种高级学位的做法，这种学位在拿到学士学位两年后可获得。[①] 吉尔曼在约翰斯·霍普金斯大学创办了研究生院，提倡教学与研究相结合，对美国高等教育的发展产生了深远影响。

　　吉尔曼特别注重引进和培养高层次人才，强调高水平的研究型学者是高水平大学建设和发展的主力军，为此他专程从德国大学邀请了 6 位著名教授来校任教。在研究生方面，该大学招收了以后曾任美国总统的威尔逊（Thomas Woodrow Wilson）和成为美国实用主义教育领军人物的杜威等人；还有后来成为哲学家的罗伊斯（Josiah Royce）、历史学家的特纳（F. J . Turner）、心理学家的卡特尔（J. M. Cattell）、社会学家的斯莫尔（A. W. Small）、经济学家的康蒙斯（John R. Commons）等，也都是在该校学习的学生。约翰斯·霍普金斯大学人才荟萃，是美国杰出之士的孕育所。由于权威学者济济，所以该大学曾设置了多种授予学位的科系，引进了许多水平高深的新科目，自然科学得到尊崇，古典学科和社会学科也获得提高。由于新增学科的门类丰富，选修制随之设立。就其与教育科学的关系而言，心理学家霍尔对儿童和青少年身心发展的研究，对教育学科的理论建构和人才培养具有直接的引领作用。在吉尔曼之后的校长领导下，约翰斯·霍普金斯大学设立了美国第一个研究生院，实行了本科教学的分组制以及旨在加强师资力量的客座讲授制。这些措施的实施，极大地促进了约翰斯·霍普金斯大学的快速发展。

　　吉尔曼任校长 25 年，约翰斯·霍普金斯大学在美国众多大学中后来居

---

① Hugh Hawkins, *Pioneer: A History of the Johns Hopkins University, 1874-1889*, Ithaca, Cornell University Press, 1961, p.28.

上。它的医学院居全美国首位，其他专业也是硕果累累。继吉尔曼之后任校长的化学家雷姆森(Ira Remsen)励精图治，使该大学的学术成就日益卓著，本科生教育和研究生教育俱属优异，成为美国研究型大学的标杆。其重视研究生教育、培养高水平人才的举措被其他大学纷纷仿效。例如，约翰斯·霍普金斯大学建立后，哈佛大学受到了较大的冲击，因此它也开始大量招聘高层次研究型人才，拓宽了研究生教育的范围。埃利奥特校长对哈佛大学的改造做出了很大努力，1876年以后哈佛大学逐步把劳伦斯理学院与哈佛大学的一些系科合并成人文与自然科学研究生院，原有的神学院、法学院和医学院的教育水平也提高到了研究生教育水平，同时还建立了应用科学和工商管理等新的专业学院，使研究生教育在哈佛大学全面展开。对此，埃利奥特校长在一次公开演讲时曾坦诚地指出："哈佛研究生院在1870—1871年间建立时是薄弱的。我必须证明，只有在以约翰斯·霍普金斯大学为榜样迫使我们在研究生教育方面做出努力后，才变得繁荣。这种作用对哈佛大学如此，对其他在美国建立的任何一个高级文理学院的大学都是如此。"①

除约翰斯·霍普金斯大学外，众多留学德国的美国青年返回美国担任大学校长和教授，把美国大学引向德国模式，推动美国高等教育的变革。名噪一时的威斯康星大学的亨利·巴纳德、密歇根大学的塔潘和安吉尔(James Angel)、明尼苏达大学的福韦尔(William Folwell)，康奈尔大学的怀特(Andrew White)、克拉克大学的霍尔、哈佛大学的埃利奥特等人，都曾以德国大学为范例从事校政建设和教育改革，成为卓有建树的美国大学校长。此外，1870年，德意志帝国成立，军国主义教育风行，遭到迫害的德国进步学者也纷纷流向美国担任各大学的教授，如贝克(Charles Beck)、利伯(Francis Lieber)、阿加西(Louis Agassiz)等名声卓著的学者。从总体来看，在上述大学

---

① Christopher J. Lucas, *American Higher Education - A History*, New York, Macmillan, 2006, p.173.

校长中最为积极向德国学习的应推塔潘。塔潘在密歇根大学担任校长，奋力学习欧洲国家，使该校成为美国西部各州大学的典范。当然，哈佛大学、耶鲁大学、普林斯顿大学、哥伦比亚大学、芝加哥大学等也是积极汲取德国大学先进经验的高校。

四、美国高等院校发展的新景象

19世纪初至南北战争之前，美国高等教育的发展速度不断加快，州立大学开始建立，传统学院也开始以多种方式谋求改革；南北战争后，受社会经济、政治、外国思想文化和传统文化变革等诸因素的影响，美国高等院校呈现多样化发展的趋势。这一时期，除了殖民地时期创立的文科学院（或文理学院）之外，公立、私立高等学校开始分解，建立了一批州立大学、教会学院、军事工程学院、专门技术学院，文、理、工、商、农、医等兼有的综合性大学本科生院，以及致力于培养学术研究人才的研究生院等。概括地讲，19世纪美国高等教育的形态出现了下述发展景象。

第一，高等院校规模扩大。1855年，全国院校约300所，其中有学生250名以上者仅9所。1855年以后，各校学生数量渐增，特别是20世纪初期，许多小规模的大学都变成了大规模的大学。这一时期极有意义的是高等院校向女生开放，成为男女平等原则的体现。南北战争后，由于产业发展需要大量人才，女子和男子获得了同样的就业机会。尤其是担任中小学校教师者多数为女子，妇女为谋求就业的知识，以应劳动市场的需求，因此，高等院校兼收男女学生渐渐成为风气。

第二，高等院校专业编制改进。南北战争后，社会需要和科学发达促使大学扩充，因而大学增设了较多的专业学院，高等院校的专业编制日趋复杂。约自1875年起，在原有学科的分化过程中，慢慢出现了由学科再度分化为学系的组织。其常采用的办法是，把一些专业学科合并起来，由系负责。到

1890年时，一些规模较大的大学实行了分系教学。随着知识量的不断增加和学科专业的逐步分化，新建立的系科日渐增多，规模大的升为学院。有的学者对当时学系快速发展的情况曾做出这样的评价：大学的学科专业自A(指天文系 Astronomy)至Z(指动物系 Zoology)，无所不包。现今普遍实行的大学选科制，也是从19世纪开始的。哈佛大学校长埃利奥特于1872年取消四年级原定的科目，改由学生选择科目学习，1879年又在二三年级实行，1885年在一年级实行。1894年，该大学一年级仅规定修辞学和现代语为学生所必修的课程，其余均为选修课程；到1898年时，只规定一年级学生必修修辞学一门科目。

第三，在这一时期，高等教育体制也发生了很大的变化。就其一端而言，是在大学本科的基础上成立了研究生院，使原有的院校延长了修业年限，提高了修业水平。此体制由约翰斯·霍普金斯大学在吉尔曼校长主持下创行于先，哈佛大学等随之于后。自此，大学兼顾教学和研究而成为名副其实的高等学府，这是非凡的功绩。就其另一端而言，则是初级学院的问世。密歇根大学校长塔潘于1851年提议创建短期大学，但这一想法未能实现。南北战争之后，芝加哥大学校长哈珀(William Rainey Harper)于1896年创立初级学院，招收相当于大学一二年级的青年进行教育，待青年进入大学三四年级后，就可就业谋生。随后，有些城市仿设初级学院。另外，也有些高水平的中学延长修业期限2年，变成初级学院。美国各地的初级学院做法不一，但收费低，便于学生就学。在第二次世界大战后出现的社区学院，就是由初级学院演变而成的。

第四节　师范教育的发展

美国师资培养的工作在很长时期内未受到重视。从殖民地时期开始，富家子弟进入拉丁文法学校学习古典科目，其教师是大学毕业生，但并未受过教师专业训练。因为当时人们认为有学问的人自然地就会传授知识，没有什么专业或技术方面的需要。一般移民子弟进入的初等学校，其教师相关技能更被人忽视。很多初等学校教师会由教会人士担任，还有的教师由白奴来充当。白奴是欧洲贫苦、没有生路的人，他们来新大陆谋生，和轮船主订立契约，到美国后充当奴役以偿还路费，且多是没有文化的人；由于初等学校多系敷衍了事，这些白奴便能充当教师。当时，"黑奴耕田，白奴教书"是一种普遍的现象。此外，还有一些初等学校教师竟然是游民和酒徒等。由此，初等学校教师是下等行业，从未被考虑过其专业训练问题。

一、文实中学师范班：教师专业培养的先导

由于长期以来教师质量低下，美国在师范学校兴起之前，要求教师接受专业培养的呼声已经此起彼伏。美国思想家和教育家富兰克林是美国文实中学的大力倡导者。有感于缺少好教师这一现实，他主张，应当改变教师缺少专门教育的现状，让文实中学承担起培养教师的职能。1789年，《马萨诸塞杂志》的主编也提出建议，要求每个州都建立"使年轻的绅士们适合从事大学和学校工作"的学校。[①] 因此，18世纪80年代，美国出现了开设教师教育课程的中学，随后这种教师培养方式得到了一些州的响应，渐渐成为美国师范学校兴起前满足教师质量要求的一种重要方式。有些学校甚至还设有专门培养小学教师的师范教育系。至19世纪初，随着美国公立学校的逐渐增多，一方面教师的需求量逐年增多，另一方面由于科学进步，教师需要掌握比较丰富的知识，师资培养问题才被人们重视。此时，文实中学的师范班是美国许多州培养师资的主要方式，其中纽约州的文实中学对师资训练最为重视。1812年，纽约州立法机构提出学院和文实中学是教师培训的最大依靠；

---

① 洪明：《美国教师质量保障体系历史演进研究》，11页，北京，北京师范大学出版社，2010。

1827 年，州立法机构指定若干文实中学设立师范班；1834 年，州立法机构制定法律并明确规定教师训练的科目和组织，为文实中学师范班拨付办学经费。[1] 19 世纪二三十年代，在文实中学培养教师成为美国这一时期的普遍现象。

与此同时，导生制作为教师培养的另一种途径在美国部分城市也受到重视。该制度于 1809 年前后被介绍到美国，纽约和费城的公立学校最早将其作为基本的教学制度。其创始人之一兰卡斯特(Joseph Lancaster)还曾于 1818 年亲赴美国宣传推广，在纽约创办的导生制学校招收学生人数多达 1000 多人。实施导生制的学校，通常使用能够容纳很多长课桌的大教室，每排课桌安排约 10 个学生。由教师指定其中年龄较大或天资聪颖者担任导生，教师先将学习内容传授给这些导生，导生掌握后，再把自己刚学到的知识传授给其他学生。每个导生都负责自己这一排学生的学习。检查和考试工作也由导生承担。由于有了作为助教的导生，一位教师在一个教室里往往能教几百名学生。这种教学组织形式在当时的阅读、宗教教义问答、书写和算术教学方面被广为运用。除纽约的导生制学校外，兰卡斯特还在费城创办了一所为当地公立小学训练教师的示范学校，专门对导生进行训练。

应该说，文实中学和导生制的教师培养，为缓解当时公立学校运动所带来的教师短缺问题起到了一定的作用，并且建立师范学校培养教师成了不可抗拒的历史趋势。随着师范学校数量的不断增多，以及师范学校向师范学院的升级，由文实中学和导生制承担教师职前培养任务的做法逐渐退出了历史舞台。[2]

二、师范学校：教师专业培训的主力军

1823 年，佛蒙特州公理会牧师塞缪尔·霍尔(Samuel R. Hall)在康科德市

---

[1] 邹海燕：《十九世纪的美国中等师范教育》，载《教育研究与实验》，1985(3)。

[2] 洪明：《美国教师质量保障体系历史演进研究》，12~13 页，北京，北京师范大学出版社，2010。

创办私立师范学校，这是美国最早的师范学校。该师范学校招收小学毕业生，并为其提供为期 3 年的教师培养课程，除教授英语、数学、化学、哲学、博物学、天文学、逻辑学及宗教和伦理等科目外，还在最后一学期安排师范生到学校进行课堂观察和实习，使其掌握课堂教学和学校管理的方法。塞缪尔·霍尔还将自己的教学经验和方法整理成册，于 1829 年出版《学校管理论稿》，这是美国第一本有关师资训练方面的教科书。1827 年，卡特尔（James G. Carter）在马萨诸塞州的兰卡斯特市设立同样的机构。这两所师范学校同为美国师范学校的先驱。私立师范学校曾被人们寄予厚望，纽约、宾夕法尼亚、印第安纳、威斯康星等州从 19 世纪 30 年代起甚至还从公共资金中拨款资助私立师范学校培养教师。① 但是，终因私立师范学校的教师培养标准和质量不便为公共机构所管控，加之其办学规模和专业课程难以满足当时社会对教师数量和质量的要求，美国于 19 世纪 30 年代末开始由州政府主导来创办公立师范学校。

美国最早创建州立师范学校的是马萨诸塞州。在卡特尔、贺拉斯·曼、布鲁克斯（Charles Brooks）等人的倡导下，1839 年 7 月 3 日，美国第一所旨在培养教师的公立师范学校在该州莱克星顿宣告成立。颇有声誉的赛勒斯·皮尔斯（Cyrus Peirce）被任命为校长。虽然这所公立师范学校的开学典礼在报纸上做了广泛宣传，并在马萨诸塞州的政治界、经济界和慈善界引起了广泛关注，但开学第一天只有 3 位年轻女士参加了入学考试，并被正式录取。尽管报名入学者寥寥无几，但作为美国师范教育发展史上的一次重大突破，其历史意义不容低估。该师范学校于 1844 年 9 月迁至西牛顿；1853 年 11 月，又迁至弗莱明海姆，延续至今。大约在莱克星顿师范学校建立 10 年后，马萨诸塞州教育委员会通过表决，宣布将此前被称作"师范学校"的所有学校正式冠名为"州立师范学校"。

---

① 邹海燕：《十九世纪的美国中等师范教育》，载《教育研究与实验》，1985(3)。

1839年9月4日，马萨诸塞州建立了第二所师范学校，不久迁至西菲尔德。1840年9月9日，在布里奇沃特又开办了第三所师范学校。这所师范学校先后培养了美国师范教育史上的26位杰出的先行者，在整个美国师范学校教育拓展中起到了重要的作用。此外，该校在教学方面的特色也被随后的一些学校效仿：一是学徒见习制；二是鼓励学生通过亲身实践掌握知识。

学徒见习制是指由优秀的学生担任教师的助手。其工作主要是在教师的指导下参与教学指导、管理以及日常教学工作，偶尔也代替指导教师上课。为了使见习学生能够更好地了解不同年龄段学生的情况，在6个月的见习期间，见习学生至少要带3个年级，每周有4天时间在公立学校进行协助工作，其中一天和全体教师在师范学校开展师徒结对活动，或在图书馆阅读，或和其他师范生进行非正式的讨论，并且还要把每天的活动记录下来，便于指导教师对此进行定期检查。

学生亲身实践是由美国心理学家斯坦利·霍尔在教学方法上提出的革新。霍尔主张，不要把书本作为获得知识的唯一来源，要在实践中掌握知识。在布里奇沃特的师范学校中，没有指定的教科书，而是教师引导学生通过实践学习来熟悉多种资料。这种教学方法得到了很多师范学校的认可，它们纷纷效仿。①

师范学校一般设有学科知识系和教学理论系，且多设示范学校，供学生教学实习使用。② 学生修业年限一般为1年，也可以延长为2年。应该说，师范学校在创校之初即获得了较快的发展。以莱克星顿师范学校为例，最初只有教师1人，学生3人且均为女生；到第一学年结束时，学生增为12人；第二学年结束时，学生增为25人；第三学年结束时，学生增为31人。继马萨

---

① 王凤玉：《社会变革与教育机构转型　美国师范教育机构转型研究及启示》，41～42页，北京，人民出版社，2008。

② Andrew Philips Hollis, *The Contribution of the Oswego Normal School to Educational Progress in the United States*, Boston, D. C. , Heath & Co. , 1898, pp.8-10.

诸塞州之后，纽约州(1844)、康涅狄格州(1849)、密歇根州(1849)、罗得岛州(1854)、新泽西州(1855)、宾夕法尼亚州(1859)和明尼苏达州(1860)等也先后创建州立师范学校。[1] 与此同时，美国较大的城市也不甘落后，圣路易斯市于1857年创建市立师范学校，由此开美国创办市立师范学校历史之先河。至1860年时，美国共有州立师范学校12所(1865年增至22所)，市立师范学校1所，私立师范学校6所。[2] 随着师范学校的诞生和发展，各种有关培养教师的著作相继出版，最早流行的著作包括《学校管理论稿》《教师》《学校与校长》《理论与实践》等，这些著作主要探讨教学和管理的一般规律，但并未触及具体科目的教学原则和方法。[3] 南北战争以后，随着由政府以公共税收来建立和支持教师培养机构的观点日益流行，师范学校发展加速，从新英格兰一直传播到中西部地区。据统计，1875年，全美有25个州建立了州立师范学校，招收的学生总数达23000人。[4] 19世纪末，在美国45个州中，大部分州已建立公立师范学校。1890年，公立师范学校数量达130所；1897年，公立师范学校达167所，入学人数46245人。[5]

值得关注的是，在师范学校快速发展的同时，美国的中西部地区也存在着另一种教师培养速成方式——教师短训班。在某种意义上，这种短期和临时性的机构与师范学校越来越重视教师的正规培养的趋势是相矛盾的，但它因能灵活便捷地适应地方学校对教师数量的需求而受到地广人稀的农村地区的欢迎。在南北战争前，教师短训班还不是重要的教师培训机构，州只提供部分资助，并不对其进行管理和控制。到19世纪70年代，教师短训班获得

① 滕大春：《美国教育史(第二版)》，219页，北京，人民教育出版社，2001。

② 滕大春：《美国教育史(第二版)》，219页，北京，人民教育出版社，2001。

③ Andrew Philips Hollis, *The Contribution of the Oswego Normal School to Educational Progress in the United States*, Boston, D. C., Heath & Co., 1898, pp.12-13.

④ Christopher J. Lucas, *Teacher Education in America*, *Reform Agendas for the Twenty-first Century*, New York, St. Martin's Press, 1997, p.28.

⑤ 单中惠：《美国公立学校运动新论》，载《教育评论》，2000(3)。

了快速的发展，既有由州学监组织的，又有由县学监组织的。学习时间一般都不长，从几天到一两个月不等，大多数为暑假短训班的形式。学习的课程主要是面向农村学校所设的基本科目，也有些短训班只开设少量的高级课程。县学监经常邀请有教学经验的教师来做有关教学原理和教学方法方面的讲座。

　　教师短训班学习周期较短，花费不多，适应了农村地区学生和学习的需求，在农村地区具有较大的市场。这也体现了美国农村地区较为流行的一种对教师的看法，即优秀的教师是有天赋的，而不是后天培养的，所需的只是一点点训练，将那些天然存在于人身上的教学能力激发出来。这种有关教师职业的见解，在本质上与"聪明、受过教育"假设论的教师质量观是一致的。在有关教师的学科知识和专业知识问题上，前者是从注重学科知识出发的，将学科知识作为判定教师资格或质量的唯一标准；后者则是从近乎否定教学专业知识的角度出发，以期说明教师培养工作不重要。两者在否定教学工作的专业性方面具有相似之处。

三、教育学讲座及教育学系：教师专业培训大学化的开端

　　19世纪，随着美国中等教育的发展，中等学校师资的需要量渐增，教师既要掌握大量知识，又要具备教学和教育的能力。为了满足这种需求，大学开始设置教育讲座，以提高中等学校教师的专业修养。1832年，纽约大学为满足部分对教育感兴趣和今后愿意从事教师工作的学生的需要，聘请教师向学生传授教育和哲学知识，这成为美国大学开设的最早的教育学讲座。随着西部拓展运动的推进，美国中西部新建了许多小学，诸多州立大学为谋求发展，开始参与小学教师的培养工作，继而把培训小学教师的任务交给师范学校，并主要承担中学教师和教育管理者培训的任务，其中艾奥瓦大学(1873年)和密歇根大学(1879年)是19世纪70年代至90年代首批设立教育学讲座的大学。自此，威斯康星州于1881年、北卡罗来纳州于1884年、印

第安纳州于 1886 年、纽约州于 1887 年，相继在大学设立了教育学讲座。据统计，1884 年，美国仅有 6 所大学设置教育学讲座，即艾奥瓦大学、密歇根大学、密苏里大学、内布拉斯加大学、威斯康星大学和约翰斯·霍普金斯大学；1893 年，设立教育学讲座或教育学院系的大学为 83 所；1894 年，为 174 所；1897 年，为 220 所；1899 年，为 224 所；1902 年，为 247 所。① 1890 年，纽约州阿尔巴尼师范学校升格为学院等级的学校，招收中学毕业生，修业年限 2 年。另外，纽约州还设一所师范学校，修业年限 4 年，前三年致力于学生学业的培养，最后一年致力于学生教育专业能力的培养。1898 年，该校并入哥伦比亚大学，正式成为该大学的师范学院。自 20 世纪以来，哥伦比亚大学师范学院的知名学者云集，教育学理论探讨的成果丰硕，教育学科课程建设和学术研究不断获得新的突破。

以艾奥瓦大学和密歇根大学为代表的美国大学以教育学讲座或教育系为主要平台开设了一系列的教育学课程。这些课程主要面向教师培训，其内容以教学的技艺和教育发展的历史概况为主，涉及学校管理和教育哲学的基础内容，为大学参与教师培训工作提供了学科专业知识的支撑。同时，我们也应看到，这一时期的教育学课程从组织形式、内容建构和社会效应来看，主要是对师范学校课程体系的模仿，这可以从 19 世纪末 20 世纪初美国主要师范学校课程状况中得到印证。1900 年，宾夕法尼亚州督学组织该州所有师范学校的校长召开课程设置讨论会，会议决定将师范学校的课程由 2 年延长至 3 年，即第一年讲授教授法，即学校管理；第二年讲授心理学和教学方法；第三年讲授教育史和小学科目教学法，并参加示范学校实习，写教育主题论文。除此之外，还增加了理科、英语和美国文学学科的课程。② 有的教育学者在充

---

① Edwin Grant Dexter, *A History of Education in the United States*, New York, The Macmillan Company, 1904, p.387.

② Elizabeth Tyler Bugaighis, "Liberating Potential: Women and the Pennsylvania State Normal School, 1890-1930," PhD diss., The Pennsylvania State University, 2000.

分调查的基础上，对当时师范学校的教育学课程进行了总结，认为其教育学课程主要包括 13 周教育史、27 周教育科学、31 周小学教学方法、20 周培养道德品质的课程，此外教学实践还包括 50 小时的学校观察，每次 45 分钟，然后进行教学实习。有关统计数据显示，这一时期师范学校教育学课程的课时比例为教育史 10%、心理学 15%、教育科学 21%、初等教育方法 24%、教育实习及观察 28%。[1] 从课程体系的构建到课时的比例划分，可以看出，当时美国师范学校的教育学课程突出了对教师教学"技艺"的培养。从艾奥瓦大学和密歇根大学早期教育学科发展的史实中，不难发现，这两所大学的教育学课程也具有这一特点，是对师范学校课程体系的模仿。[2]

以艾奥瓦大学和密歇根大学为先导，哥伦比亚大学、哈佛大学、斯坦福大学和芝加哥大学等是最早一批通过设立教育学讲座或教育学院系来培养中学师资的大学。这些大学开风气之先，不仅发现了教师专业培训对中学教育质量提升的重要作用，而且认识了大学参与教育研究有助于建立大学与高中的密切关系，以保证大学生源的质量。在它们的带动下，许多大学纷纷设置教育学院系，开设教育学课程，为美国师范教育的发展培养高层次的专业人才，并从多学科视角促进教育学科理论的建构与发展。

第五节　职业教育的发展

美国职业教育以殖民地时期从英国引入学徒制为开端。美国学徒制不仅旨在济贫且特别注重普通教育，并积极促进义务教育的建立与推广。17 世纪

---

① Jessie May Pangburn, *The Evolution of the American Teachers College*, New York, Teachers College Press, Columbia University, 1932, p.14.

② 孙岩：《美国综合性大学教育学科的历史考察——以哥伦比亚大学等 4 所大学为中心》，博士学位论文，浙江大学，2017。

中叶，学校作为一种体制被移植到了北美大陆。随着时间的推移，北美殖民地的一些学校在为学生提供普通教育的同时，也注意到教授一些职业技能的重要性，甚至产生了一些以对学生进行职业教育为主的学校。具体来讲，这些学校中的职业教育，包括私人开业教师及夜校所提供的职业教育和宗教团体为印第安人提供的职业教育。[1] 19世纪初，进入工业革命时期后，工厂制度与机器大工业在美国兴起，这促使了学徒制的瓦解和职业教育的创建。此时，在学校内部兴起了手工劳作教育；19世纪中期后，随着《莫里尔法案》的颁布和实施，农工学院和高等职业院校广泛建立，推动了美国高等职业教育的创建及快速发展。

一、手工劳作教育的兴起与转型

一般来说，手工劳作教育是指通过木工或其他实用性手艺，以训练学生动手能力的教育活动。19世纪初期，手工劳作教育已被普遍应用到民间、宗教和慈善团体的学校教育中。1814年，由私人慈善团体在波士顿创办的"农业和工艺学校"成为美国较早的孤贫儿童教育机构，学校为儿童传授将近12种手工艺和职业技能。[2] 19世纪20年代，美国一些学校引进瑞士教育家费林别尔格（P. E. von Fellenberg）模式，它们一般设有农场和手工劳作车间，使学生在学习的同时进行手工劳作，以养成学生健康的体魄与完善的人格。学校在进行学术教育的同时为学生提供手工劳作教育，以促进学生的和谐发展。另外，1825—1834年，在中等教育和高等教育层次，主要在神学研习机构开展的手工劳作教育遍及国内的许多学园，后来又延伸到学院层次。这些劳动主要在农场或机械车间开展，其目的是增益健康、培养道德、促进学业，其中

---

① 贺国庆、朱文富：《外国职业教育通史》上卷，90~91页，北京，人民教育出版社，2014。

② Charles Alpheus Bennett, *History of Manual and Industrial Education* 1870 *to* 1917, Illinois, Chas. A. Bennett Co., Publisher, 1937, p.242.

有的机构还成功地实现了自给自足。

受《莫里尔法案》的影响，美国公立学校开始引入手工劳作教育，其中波士顿是美国最早在公立初等学校中引入手工劳作教育的城市。早在1872年，波士顿公民法庭就颁布了缝纫和其他手工艺教育可以进入公立学校的法规，该法规还规定："市镇创办此类学校的花费不得超过特定拨款的范围；没有家长或学监的同意不得强迫孩子学习此类技能；参加手工培训不得干扰义务教育的入学率。"①1876年，波士顿"工艺学校协会"成立，"在公立学校开展手工教育的重要性和可能性"成为该协会1877年的重要议题之一。1884年，芝加哥商人俱乐部创建了芝加哥手工训练学校，它成了第一家由工商团体资助的手工教育学校；同年，马里兰州巴尔的摩也创办了第一所公立手工训练高中。手工教育进入公立高中，促使美国高中出现完全高中和综合高中两种办学形式，进一步拓展了中等教育的发展空间。

随着美国机械工讲习所的建立和"科学工艺知识演讲运动"的开展，美国还形成了在高等教育中进行自然科学兼手工艺教育的热潮。1827年，纽约建立奥内达学院。该学院的主要特点是向学生传授手工劳动科目(如制造工具和日常生活用品等)，并与纽约的商人、企业主签订雇用合同，允许他们从学校雇用学生到商铺、工厂劳动。作为补偿，这些雇用学生劳动的商人和企业主必须付给学生一定的报酬，同时向学校支付必要的劳动服务费用。② 1865年，在马萨诸塞州伍斯特郡由私人出资开办了伍斯特工业科学免费学院。该学院于1868年11月开始正式招生，学生的入学年龄为16岁，其目的是为青年人提供在公立学校中学不到，且与学生的现实生活密切联系的课程。③ 此后，在

---

① Charles Alpheus Bennett, *History of Manual and Industrial Education* 1870 to 1917, Illinois, Chas. A. Bennett Co., Publisher, 1937, pp.402-403.

② Hamilton Ross Smith, *Development of Manual Training in the United States*, Lancaster, Pa., Intelligencer Print, 1914, p.14.

③ Calvin Milton Woodward, *The Manual Training School*, Boston, D. C. Heath & Co., Publisher, 1887, p.2.

新泽西州、伊利诺伊州等地，陆续建立了类似伍斯特工业科学免费学院的手工训练机构。例如，1871 年，史蒂文斯(Edwin A. Stevens)在新泽西州霍博肯市创办史蒂文斯学院。与此同时，有的大学开始增设手工和机械训练课程。1870 年，在校长格雷戈里(J. M. Gregory)的积极推动下，伊利诺伊大学分别为本校建筑学专业增设木工作业课程，为机械工程专业增设金工作业课程。[①] 1872 年，美国教育家伍德沃德(Calvin M. Woodward)在华盛顿大学奥佛兰多科技学院开设手工与工艺训练课程，突破了传统学徒制的方法，在教学上开始借鉴俄国手工艺教育的经验。[②] 1876 年，麻省理工学院设立机械工艺学院，招收文实中学或公立中学毕业生。该校向学生传授的机械工艺分为两大类，分别是木工作业和金工作业。前者包括木工制造、木工装饰、制模；后者包括钳工技术、锻造、车床操作。除此之外，学校还开设了算术、代数、几何、英语、物理及制图等课程。手工课课时为每周 9 小时，一周 3 节课，每节课 3 小时。该校按照机械工艺的种类分类设置教学工场，学生在教学工场中练习手工操作。[③] 至 19 世纪 70 年代，手工劳作教育作为一种新型的职业技能培训方式，在美国进行了较为广泛的实践。

据统计，从 19 世纪 80 年代起，陆续有马萨诸塞、纽约、宾夕法尼亚、伊利诺伊、康涅狄格、内布拉斯加、哥伦比亚特区等州，在公立初等学校中开展了手工教育的实践。[④] 1893 年，美国已经有 50 个城市的公立高中开设了

---

① 张斌贤、兰玉、殷振群：《迎接工业化的挑战：1870—1910 年的美国手工训练运动》，载《清华大学教育研究》，2013(5)。

② 荣艳红：《19 世纪末美国公立学校手工教育向职业教育的转型》，载《职业技术教育》，2007(22)。

③ Charles Alpheus Bennett, *History of Manual and Industrial Education 1870 to 1917*, Illinois, Chas. A. Bonnett Co., Publisher, 1937, p.242.

④ Charles Alpheus Bennett, *History of Manual and Industrial Education 1870 to 1917*, Illinois, Chas. A. Bennett Co., Publisher, 1937, pp.402-454.

手工教育课程；到 1900 年时，在公立高中开设手工教育的城市数量翻了一番。[1] 1890 年，美国教育部曾对 36 个城市的开课情况进行了调查，其结果显示，从小学到高中有成千上万的学生在进行绘图、纸板模型建造、木工和金工、缝纫和烹调的学习。到 20 世纪初期，美国几乎所有高中生在毕业时都接受了手工训练。[2] 总体来说，众多手工训练学校大致可分为两类：一类是由各地工商业人士出资兴办的私立性质的手工训练学校，另一类是由地方政府依靠公共税收建立的公立手工训练学校。虽然受多种因素的影响，美国的手工劳作运动在 20 世纪初期逐渐退出历史舞台，但它的出现以及积累的经验为美国职业教育的发展奠定了坚实的基础。

二、高等职业教育的创建与发展

南北战争之前，美国的高等职业教育还并没有从生产活动中分化出来，独立的高等职业教育机构更未成形。但南北战争之后，随着工业化和城市化的不断发展，美国社会对熟练技术工人的需求开始显得日益迫切，一些有识之士更加深刻地认识到培养高层次的技术人才对社会的长足发展具有现实意义。尤其是 1862 年《莫里尔法案》颁布后，以赠地学院为主要形式的高等职业院校得到了联邦政府的大力支持，高等职业教育获得了快速发展的机遇。于是，美国各州创建了一大批农工学院和技术学院，其办学活动不仅推动了高等教育办学模式的创新，而且还有助于高等职业教育制度和内容的创立，促进了高等职业教育的发展。

19 世纪初美国开始进入工业革命时期，由于工厂制度与机器大工业在生

---

① Charles Alpheus Bennett, *History of Manual and Industrial Education 1870 to 1917*, Illinois, Chas. A. Bennett Co., Publisher, 1937, p.397.

② Marvin Lazerson, Norton Grubb, *American Education and Vocationalism: A Documentary History 1870–1970*, New York, Teachers College Press, Columbia University, 1974, p.14.

产中占据越来越重要的地位，美国传统的艺徒制开始瓦解。此时，那些处于危险境地的是技工、机械工和学徒工，因为他们并没有接受过专门的培训。为了提高社会地位，改善经济条件，他们被迫发起争取受教育机会的运动。① 受英国技工讲习所的影响，1822 年纽约率先成立"纽约机械和科学讲习所"，向技工传授科学技术。随后，技工讲习所风靡美国各大城市。技工讲习所将科学原理引入职业教育，在职业教育方面侧重理论的理解和应用，这在一定程度上推动了美国高等职业教育的发展。与此同时，19 世纪二三十年代，美国又兴起了"吕克昂运动"。它主要采取演讲、辩论及课程教学的方式来传播知识，旨在满足农民和工人的需求。由于"吕克昂运动"面向社会大众并探讨广泛的知识内容，因此，它在满足大众兴趣的同时也有效地唤起了美国社会对农业教育和工业教育的兴趣。

19 世纪 20 年代，农业学校开始在美国出现，并致力于培养具有科学素养的农民。到 19 世纪 50 年代后，随着农业生产机械化水平的不断提高，对农民的专业素养要求也不断提高，一些旨在培养专家和教师的农业学院在各地逐渐出现。1855 年，密歇根州率先建立了一所农学院；同年，宾夕法尼亚州成立农业中学，该校虽名为中学，但有权授予学士学位。1862 年，该校成为宾州的赠地学院，最终演变为宾夕法尼亚州立大学。1856 年，马里兰州也建立了农学院。这三个州在南北战争前成为美国高等农业教育方面的先驱。② 概括地讲，在南北战争前，美国高等职业教育还处于孕育期。一方面，在经济社会的快速发展中，传统学徒制已不能适应社会的需要；另一方面，具有现代意义的高等职业学校开始出现并逐渐发展起来。这不仅为高等职业教育与学徒制的结合创造了可能性，而且也为美国高等职业教育在南北战争后异军

---

① ［日］日本世界教育史研究会：《六国技术教育史》，李永连、赵秀琴等译，268 页，北京，教育科学出版社，1984。

② 贺国庆、朱文富：《外国职业教育通史》上卷，189 页，北京，人民教育出版社，2014。

突起奠定了组织基础。①

南北战争后，美国的工农业生产日益发展，迫使人们急需能够解决生产实际问题的专业人才。但此时，美国的高等院校普遍对发展职业教育不感兴趣。对此，布朗大学校长韦兰德深有感触地指出，美国有 120 所学院、47 所法学院、42 所神学院，却无一所培养农学家、制造商以及机械工或商人的学院。② 自 19 世纪 50 年代开始，一些改革者大力呼吁学院应该重视工农业生产的需要，以便更有效地服务于社会的发展。对工农业发展问题的关注，以及美国实用主义哲学和科学教育思潮的兴起，共同推动了 1862 年《莫里尔法案》的颁布和实施，对美国职业教育的发展具有里程碑的意义。通过联邦给各州拨付公共土地的方式，农工学院旨在培养工农业发展的专业人才。由于生产和家政都与女性有关，农工学院自始也开始招收女生。③ 在《莫里尔法案》的影响下，农工学院在美国各州呈现勃兴之势。

农工学院开创了高等教育中发展职业教育的先河，对美国高等职业教育制度的建设和内容的充实具有先导作用。一方面，农工学院强调培养从事工农业生产的高等专业人才，对美国传统大学所倡导的"重理论，轻生产"的办学理念具有强烈的冲击作用，促使职业教育在高等教育领域获得一席之地，为建立现代职业教育体系奠定了基础；另一方面，农工学院创建之初就招收女生，随后通过的第二个《莫里尔法案》还保障了黑人学生接受高等职业教育的权利，最终促使农工学院向所有合格的申请者开放。应该说，这对美国中等职业教育和高等职业教育的有序衔接和协同发展具有重要的引领作用。

---

① 石伟星：《美国职业教育发展中的制度创新研究》，硕士学位论文，沈阳师范大学，2018。

② John S. Brubacher, Willis Rudy, *Higher Education in Transition: A History of American Colleges and Universities*, New York, Harper & Row, 1976, p.62.

③ 滕大春：《美国教育史（第二版）》，379 页，北京，人民教育出版社，2001。

第六节 女子教育的发展

19 世纪初，美国走上了全面发展资本主义的道路。为了满足工业发展的需要，社会急需培养大量有技术、有文化的劳动力，因而普及教育被提上议程。19 世纪 30 年代，美国兴起了以发展初等教育为目标的公立学校运动，基本建立了面向所有儿童的免费初等教育制度，越来越多的女性接受了普及的初等教育。随着公共教育系统的逐步确立，女子接受教育的范围开始扩大，教育程度也逐步提高，建立更高一级的女子教育机构随之成为社会的需求。与此同时，中产阶级的发展和家庭工作的专业化带来了传统"女性领域"的巨大变化。中产阶级女性除了要高效地做家务，为孩子入学做准备，教会孩子做人守则和伦理道德之外，还要组织和管理慈善机构。为此，有人声称女性需要更高层次的教育，获得更多的培训，以便胜任妻子和母亲的角色。正如美国女子教育开拓者凯瑟琳·比彻（Catharine Beecher）在给佛蒙特州州长斯莱德的信中提出的：既然造物主指定女人为人类的主要教育者和家庭事务的总管，那么为了这个神圣的职责，必须培养她们，让她们尽可能地去完成那些众多而艰难的使命。[1] 此后，女子教育逐渐受到社会各界的关注，除接受初等教育外，从 19 世纪初期开始，女性开始与男性享有平等接受中等教育和高等教育的机会。女子学园[2]和男女同校的大学或专门的女子学院，正是女子接受教育的主要教育机构。

---

[1] C. Goldin, *Understanding the Gender Gap: An Economic History of American Women*, New York, Oxford University Press, 1990, p.215.

[2] 女子学园出现于 18 世纪中期，美国独立战争后开始快速发展，是 19 世纪早期美国女性接受中等水平以上教育的最主要途径。该类学校不需要学生有固定的上课时间，课程也依照不同学校的情况而有所不同，主要服务于有钱家庭的女儿。一般认为，Academies 和 Seminaries 两者没有明确的区别，只是前者出现在这个时期的早期阶段，而后者在以后使用中比较普遍。相较而言，Seminaries 更为正规。大多数 Academies 和 Seminaries 提供类似高中阶段的课程。

一、女子学园的兴起

18世纪末19世纪初，女子中等学校迅速发展。该类型学校没有规定学生固定的上课时间，并且课程也是按照学校不同情况而定的。其中著名的学校有1791年莎拉·皮尔斯(Sarah Pierce)在康涅狄格州的里奇菲尔德创办的名望学园，1827年发展为著名的里奇菲尔德女子学园。在19世纪初期，美国为数不多的私立女子学校为女子提供类似中等程度的博雅教育，其中办学质量较高的学校已接近中等后教育水平，是女子完成初等教育后接受教育的最主要的教育组织形式。19世纪中叶，女子学园发展成为仅次于教堂和南北战争前女性改革团体的女性组织，成为女性聚集交流的主要场所。据统计，1790年至1830年，有将近200所女子学园成立；在接下来的30年里，女子学园的数量翻了一番。[①] 虽然在这一时期公立高中开始出现，为中产阶级女性接受中等教育提供了另一种途径，但大部分早期创办的高中后来都关闭了，直到20世纪初高中才开始拥有稳定的生源。在此之前，高中一般吸引那些计划接受大学教育的男孩和女孩，而这些学生只占同龄人的不到7%。[②]

女子学园是中产阶级女性接受中等教育的重要场所。在女子中等教育阶段，学生都需要支付学费，因此，这一时期女子学园的学生主要来自富裕家庭。例如，1821年，埃玛·威拉德(Emma Willard，1787—1870)在纽约州特洛伊镇创立特洛伊女子学园。[③] 该校第一年招收90名富裕家庭的女孩，每人每年交纳200美元用于支付学费、住宿费以及教室使用费。此后，该校的学生人数常年超过400人，其中有超过1/3的学生住宿；教师和管理人员有近

---

① C. Winter, "Women and Civil Society: An Introduction," *Journal of the Early Republic*, 2008(1), pp.23-28.

② L. Eisenmann, *Historical Dictionary of Women's Education in the United States*, Westport, CT, Greenwood Publishing Group, 1998, p.198.

③ 赵叶珠:《美中日三国女子高等教育比较》，16页，厦门，厦门大学出版社，2007。

30 人，学校每年派遣教师外出进修。① 特洛伊女子学园以为女子提供严肃而扎实的教育为己任，参照男子学院的课程标准开设课程。学校的教学水平在很大程度上接近大学，入学考试和课业要求十分严格。美国教育史学家托马斯·伍迪（Thomas Woody）曾称特洛伊女子学园为"美国女子高等教育的开始"。② 特洛伊女子学园的学生来自美国各地，甚至包括加拿大和西印度群岛。这些学生毕业后大都成为女子教育的新生力量，对美国教育的多层次发展具有重要的促进作用。

虽然人们一直认为女子学园主要服务于贵族阶层的女性，但大量证据表明，女子学园中的大多数学生来自中产阶级家庭，这些家庭经济条件优越，重视女子教育，认为只有教育才能让她们在新兴的中产阶级中站稳脚跟。从 19 世纪中期开始，越来越多的中产阶级家庭把女孩子送去女子学园接受教育。其中，上层中产阶级父母送他们的女儿去上学，希望她们在结婚前有事可做，为日后的家庭生活做准备；勤勉的下层中产阶级父母也怀有类似的愿望，即送他们的女儿去上学，希望她们能远离繁重的家务，有充足的时间进行自我修养，以便拥有高贵文雅的气质。③

受传统教育理念的影响，早期的女子学园注重理想和目标的培养，旨在为注定回归家庭生活的年轻女性提供基础性课程、文艺性课程和家政课程。大多数女子学园的课程设置强调实用性和文艺性相结合，尤其注重作文、语法、地理、历史、哲学和算术学科的学习，因为这些课程是年轻女性掌握所谓"有用的"知识的基础。④ 19 世纪初，一些女子学园开始试图为女性提供和

---

① Thomas Woody, *A History of Women's Education in the United States*, New York, The Science Press, 1929, p.346.

② Thomas Woody, *A History of Women's Education in the United States*, New York, The Science Press, 1929, p.344.

③ 洪君：《女子学园与美国中产阶级女性的公共参与（1800—1860）》，载《中华女子学院学报》，2018(4)。

④ 张晓梅：《女子学园与美国早期女性的公共参与》，137 页，北京，人民出版社，2016。

男性相同的教育,并在课程设置上向男子学园看齐。19世纪30年代,随着哈特福德女子学园和蒙特·霍利约克女子学园的相继建立,美国女子中等教育进入一个新的发展阶段。女子学园在办学模式上开始寻求社会资金的支持,并在教育模式上更加接近现代意义上的高等教育机构。19世纪中后期,女子学园和女子学院两者并存,但是两者之间的区别并不是很明显,相当多的女子学园为女性提供了几近等同于大学教育的课程和学习项目。

尽管少量女子学园早在19世纪初建校之时便确定其办学目标是以培养教师为主,但公立学校运动对女子教育的影响还是相当直接的。它一方面刺激了女子学园、女子师范学校的迅速膨胀;另一方面又促使这些机构不断提高教育质量和教学水平。在公立学校普遍实现男女合校的同一时期,1830—1860年,美国出现了由凯瑟琳·比彻和埃玛·威拉德引领的"女子学园运动",各地纷纷建立寄宿制女子学园,主要目的就是为公立学校培养女教师。

概括地讲,女子学园尤其是东北部高水平的女子学园,为女子教育的发展留下了诸多宝贵的历史遗产。第一,它培养了一大批热心女子教育事业并支持永久性女子学校的人。玛丽·里昂(Mary Lyon,1797—1849)也曾在特洛伊女子学园学习,她创建的蒙特·霍利女子学院(后改名为蒙特·霍利约克学院)最初就是对母校的模仿。此外,由于南方不重视女子教育,因而形成了东北部女子学园为南方培养女校教师的传统。第二,女子教育先驱们撰写了大量教材,如凯瑟琳·比彻和埃玛·威拉德就分别撰写了近20本教材。此外,还开设了一些适用于女性的课程,如女子柔性体操、家庭经济学等。第三,女子学园也留下了很多发展女子学校教育的经验教训,如凯瑟琳·比彻提出的独立教师制、埃玛·威拉德1819年向纽约州议会提出的"女子教育促进计划"、凯瑟琳·比彻和玛丽·里昂对女子教育机构永久化的论证与实践等。第四,早期女子学园的培养目标深刻影响了后来的美国女子高等教育。一方面,女子学园模仿男校为学生提供博雅教育;另一方面,又以培养和发展女性职业能力为目的。这对即将兴办的女子学院如何在"博雅"和"职业"之间做出恰当的办学定位，具有实际的参考价值。

不容回避的是，女子学园也具有自身难以逾越的历史困境。第一，早期女子教育先驱多数秉持男女有别的传统性别观念，即便培养教师也不过是将之视为对女子天性的拓展。但她们对待女子教育的严肃态度对后世有深刻的影响。玛丽·里昂就说，我们(蒙特·霍利约克学院)的意图不是指导年轻女子学习家务。这类教育是重要的，但文科大学不是接受这类教育的地方。① 第二，课程标准不高。例如，特洛伊、哈特福德等示范女子学园创建伊始都没有设置拉丁语、希腊语等大学入学必考科目。19世纪中期，以埃玛·威拉德为代表的部分女子教育先驱明确提出女子学校应当进行课程改革，加大核心学术课程的比重。第三，早期女子学园多数为临时性教育机构，没有固定的场所和教师，对学校的长期发展十分不利。以凯瑟琳·比彻和玛丽·里昂为代表的女子教育先驱认为，建立持久性的女子教育机构必要而迫切。②

二、女子学院的建立

19世纪中期，美国日渐开明的社会风气和价值观的变化对女性生活产生了深刻的影响，她们越发追求真正意义上的高等教育。尽管南北战争前已有4所高等院校招收女生，却实为杯水车薪，创建提供高深知识的女子学院成为解决女性无法进入传统学院或大学学习这一问题的途径。1851年，玛丽·夏普学院在首次招生时，便设置了大量课程，不仅包括拉丁语和希腊语，还包括代数、几何、英语文学、语法和写作、英国和美国史、哲学与修辞、地理和地质学、植物学、化学、天文学、生理学等。1855年，该校首次颁发学位，

---

① Thomas Woody, *A History of Women's Education in the United States*, New York, The Science Press, 1929, p.301.

② 丁坤:《美国女子高等教育史: 1837—2000: 女性主义视角》，博士学位论文，河北大学，2011。

成为美国历史上第一所提供大学教育和学位的女子学院。继玛丽·夏普学院之后，美国兴起了一股创建高等女子学院的热潮，虽然不少早期女子学园也通过自我改革加入这一行列，但南北战争前达到学院或大学标准的女子学园寥寥无几，除玛丽·夏普学院和佐治亚女子学院之外，还有1854年获得许可的伊利诺伊女子学院。据统计，1860年，美国约有100所女子学院；到1880年时，美国共有155所女子学院可以颁发大学文凭。1890—1910年，女子学院的入学率增长了348%。[①] 此外，1930年，美国共有81所独立的四年制私立女子学院（不包括天主教学院），其中建于1860年之前的14所，建于1861—1880年的有15所，建于19世纪最后20年的27所，1900—1920年的20所，1920—1930年的则只有5所。[②] 由此可以推论，19世纪末20世纪初四年制女子学院的数量增长迅速，是美国女子高等教育发展最快的一个时期。

1861年，纽约啤酒商人马修·瓦萨（Matthew Vassar）捐出了自己一半的财产和200英亩土地，创建了瓦萨学院。马修·瓦萨和瓦萨学院的教师坚信，与男性智力结构相同的女性，有权得到与男性同等的教育和智力培训。基于此，瓦萨学院的宗旨便是女子教育应与男子学院提供的最好的教育相当。瓦萨学院的课程包括神学、科学和经典。与马修·瓦萨持相同观点的还有韦尔斯利学院的创始人亨利·杜兰特（Henry Durant），他坚信女子教育是女权运动的一部分，女子有能力（做到），他将为她们提供机会。杜兰特曾在1875年的长篇演讲中指出，他对女子所受到的社会习俗之奴役感到厌恶——受损的健康、漫无目的的生活、屈从的地位、依赖他人，还有那欺世盗名的所谓教育。女子高等教育是对自由的呐喊，是正义对抗强权。坦率地讲，韦尔斯利学院的所有目的都是反对陋习和偏见。因此，从最高尚的意义上说，他希望每个

① Ana M. Martinez Aleman & Kristen A. Renn, *Women in Higher Education: An Encyclopedia*, Santa Barbara, ABC-CLIO, Inc. 2002, pp.62-63.

② Mabel Newcomer, *A Century of Higher Education for American Women*, New York, Harper Press, 1959, p.36.

人都能成为改革者。在伟大的改革中正确地读出时代的启示并非易事。如果认为这只不过是为女孩提供大学教育这样简单的话，那就低估了这场运动的重要性。

三、男女合校运动中的女子高等教育

合校教育是相对于单一性别教育而言的。由于历史和文化传统的原因，西方国家早年并不向女性开放正规的学校教育，教育的性别隔离是一种常态。美国虽是后起的民主国家，但在女子接受高等教育问题上也经过了艰难的探索。19世纪，随着公立学校运动的推进，美国初等教育和中等教育逐渐实现男女同校、男女同学，并在全国范围内推进男女生受教育权的平等发展，男女合校运动随之兴起。不过，对高等教育而言，男女合校的进程要艰难得多。南北战争前，美国社会普遍认为男女有别，将成年男女聚在一起教育难免会降低两性之间的神秘感，影响女性的魅力，甚至会出现"道德问题"。与此同时，虽然女子学园的巨大成功已经证明了女性拥有接受高等教育的能力，但男校普遍认为招收女生会降低学校的教育质量，对学校的声望产生消极影响，男女合校俨然被视为砸自家招牌的举动，因而推行男女合校的大学寥寥无几，很多天资聪颖的女性被大学拒之门外。[①]

早在独立战争后，美国为推进女子教育的发展，诸多教育改革者通过多种方式向社会呼吁，力争获得相应的社会支持。例如，当时费城的著名内科医生本杰明·拉什（Benjamin Rush）就在《关于女子教育的思考》一书中指出，女子教育对美国民族性的建立至关重要，女子禀赋着和男人一样的才能，能够接受与男子同样的教育。18世纪90年代，美国展开了一场关于女子教育的

---

① 丁坤：《美国女子高等教育史：1837—2000：女性主义视角》，博士学位论文，河北大学，2011。

大辩论。其中，玛丽·沃斯通克拉夫特(Mary Wollstonecraft，1759—1797)①所写的《为女权辩护：关于政治和道德问题的批评》产生了较大的影响。虽然这些呼声为美国女性争取平等教育权利带来了一定的光明和希望，但"女子是否应接受高等教育"依然是一个十分有争议的问题。美国女权运动先驱伊丽莎白·斯坦顿(Elizabeth Cady Stanton，1815—1902)的经历颇为典型，作为数学和高级语言班里唯一的女生，她成绩优秀，符合申请大学的各种条件，当然除了她的性别。无奈之下，斯坦顿接受了身为法官的父亲的建议，最终选择特洛伊女子学园继续深造。还有，露辛达·福特(Lucynda Foot)在求学中的遭遇证明了美国传统学院对女性的歧视。1783年12月22日，福特报考了耶鲁学院，考官测试了她的拉丁语和希腊语，发现她的确掌握了许多知识，但因为性别关系，她最终被拒之门外。② 此外，美国对女子教育的歧视体现在诸多方面，在美国中学和大学的课本中，女性出现的次数明显比男性少，即使对著名科学家居里夫人(Marie Curie，1867—1934)成就的宣传，也采取了低调的态度，有的甚至把她描述成其丈夫居里先生的助手。1847年以前，美国的女性不能在公共场合发表演讲，不能上正规大学，不能从事有工资的工作。③

1833年，在俄亥俄州建立的奥柏林学院是美国教育史上第一所男女同校的高等学校，谱写了美国高等教育史的新篇章。创办者希望将奥柏林学院办成男人和女人、白人和黑人能够一起接受教育的学校。尽管当时男女合校的高等教育并非常态，但奥柏林学院还是在1836年着手筹办女生部，并从新英格兰知名女子学院如蒙特·霍利约克学院和伊普斯维奇女子学院聘请教师。

---

① 玛丽·沃斯通克拉夫特，英国启蒙时代著名的女性政论家、哲学家、作家与思想家，更是西方女权主义思想史上的先驱。她在《为女权辩护：关于政治和道德问题的批评》一书中提出女性并非天生比男性低贱，只有当她们缺乏足够的教育时才会显出这一点。她认为，男性和女性都应被视为有理性的生命，并设想了建立于理性之上的社会秩序。

② 金莉：《十九世纪美国女性高等教育的发展轨迹及性别定位》，载《美国研究》，1999(4)。

③ 王英：《美国研究型大学早期发展研究：以约翰斯·霍普金斯大学的创建为中心》，博士学位论文，河北大学，2006。

次年，奥柏林学院首次录取了 4 名女生。在此后十多年里，奥柏林学院一直在男女合校高等教育的道路上孤军奋战，直到 1850 年犹他大学的创建，后来它成为美国教育史上第一个实行男女合校的公立院校。1852 年，安提阿学院也加入男女合校的行列。安提阿学院和奥柏林学院同在俄亥俄州，其首任校长是美国教育家贺拉斯·曼，安提阿学院同时也是美国历史上首个聘请女教授的高校。安提阿学院推行的男女合校行动，对美国其他高等院校和社会普遍接受男女合校的高等教育起到了积极的推动作用。1864 年，秉信男女平等的贵格教在宾夕法尼亚州创办了斯沃斯莫尔学院，首任校长爱德华·帕里什(Edward Parrish)在开学典礼上指明了学校男女兼收的立场，并强调，斯沃斯莫尔学院追求更为高尚的使命，将不仅要让男女成为有用之才，还要尽一切可能让他们为生活做好准备。然而，受传统教育观念的影响，在南北战争前，美国推行男女合校的高等院校寥寥无几，早期男女合校教育也远未达到性别平等的水平，相反它奉行传统性别分工。以早期的奥柏林学院为例，其创建者原本就不只是要办一所学校，他们更希望构建一个模范的社会，因此奥柏林学院是仿照家庭体制创办的，一切事务都男女有别，女教师的薪水甚至不到男教师的一半。女生更像是操持家务的人而不是追求知识的青年，她们常常被要求为男生洗衣做饭、打扫房间等。①

　　南北战争为美国女子高等教育，尤其是男女合校教育的大发展带来了契机。第一，南北战争期间男性生源减少，很多高等院校不得不临时性地招收女生，其中一些院校则因此彻底成为男女合校大学。第二，南北战争后初期，百废待兴，各地往往无力为男女分别建立教育机构，很多在战争中遭到创伤的院校也急于通过扩大招生来缓解财务紧张。1876 年，威斯康星大学时任校长查尔斯·范海斯(Charles Van Hise)指出，尚在起步阶段的西部经济根本无

---

① 丁坤：《美国女子高等教育史：1837—2000：女性主义视角》，博士学位论文，河北大学，2011。

力负担(男女)两种高等教育机构,然而女子提出的与男性享有同等教育机会的要求也是正当的。除了采用男女合校的方式,我们别无选择。① 第三,南北战争后奥柏林学院"家庭式"的男女合校模式被广大院校认可,正如该校宣传册上所写的那样,这样的群体最开心,因为它严格遵守了自然状态,就像在家庭里,兄弟姐妹们互相帮助、互相约束。② 这样的男女合校理念并没有从根本上触动传统的性别观念,女生扮演的依旧是从属性角色。例如,1863年,威斯康星大学直接将首次招收的13名女生送进了师范部,她们可以旁听为数不多的一些尚不满员的课程,但在男生找好座位坐下之前,女生必须站在一旁等待。如此的差别待遇在当时并不罕见,暴露了早期男女合校机构赤裸裸的性别歧视。面对女子高等教育需求的日益增加,很多大学有了男女合校的打算,且1862年《莫里尔法案》的颁布为此提供了助推力。该法案不仅为女子参与公立高等教育提供了难得的机遇,更堪称美国男女合校高等教育的分水岭。因为,首先《莫里尔法案》虽未特别支持女生入学但也未做出明确禁止,这就为女子进入农工学院提供了法律依据;其次农工学院发展职业教育的目的与19世纪末美国社会对具备专业知识技能的女性的需求颇为契合。19世纪后期,在凯瑟琳·比彻的领导下,"家政学运动"在美国蔚然成风,这个注重培养女性职业技能的科目成功进入美国各类高等院校,尤其是师范学院和农工学院。较之传统学院,农工学院拥有很多新式且实用的课程,可以满足社会对女性在家政、手工生产制作等方面的专业要求,"家庭经济"或称"家政学"便是其中之一。在纳税人、女权活动家和社会开明人士的呼吁下,女子的入学要求最终获得州的政策与经费的支持,多数公立院校开始招收女生。③

---

① Berennice A. Carroll, *Liberation Women's History*, Urbana, University of Illinois Press. 1976, p.120.

② Patricia Sexton, *Women in Education*, Bloomington, Phi Delta Kappa Educational Foundation. 1976, pp.48-50.

③ Barbara M. Solomon, *In the Company of Educated Women: A History of Women and Higher Education in America*, New Haven, Yale University Press, 1985, p.53.

19 世纪后期实行男女合校的 8 所州立院校中，只有艾奥瓦大学在南北战争前录取女生，其余 7 所均在《莫里尔法案》颁布后实现男女合校，它们实现男女合校时间分别为 1867 年威斯康星大学，1869 年堪萨斯大学、印第安纳大学和明尼苏达大学，1870 年密苏里大学、密歇根大学和加利福尼亚大学。[①] 自 19 世纪 70 年代后，实行男女合校的高等院校明显增多，除男子学院外，一些女子学院也开始招收男生。到 19 世纪末，男女合校已经成为美国高等院校的"常态"而非"特例"，就连素以保守著称的卫斯理大学也向女生敞开了大门。1890 年，男女合校的院校已占美国高等院校总数的 43%，而那些尚未实行男女合校的院校往往附设女子学院。[②]

值得注意的是，直到 19 世纪末，有关男女合校的高等教育是否合理的争论仍然没有停止，多数著名的私立男子学院依然拒绝招收女生。哈佛大学校长埃利奥特认为，男女合校会招致"道德败坏"，尽管来自社会的压力使哈佛大学最终认可了拉德克利夫学院的地位，但他在一次演讲中依然说，将上百名处于婚嫁年龄的青年男女聚在一起开展教育，会是一项极其繁重的负担。[③] 在男女合校的问题上，耶鲁大学采取了较为迂回的方式。19 世纪 90 年代，耶鲁大学向女生开放了研究生部，但其本科部直到 20 世纪 60 年代末才招收女生。

应该看到，19 世纪是美国女子高等教育起步、反复实验和初步成型的时期，也是各种女子教育思想不断交锋的时期。19 世纪中期至 20 世纪初期的女权运动和教育民主化思潮，极大地促使了更多的妇女接受高等教育。1870 年，实行男女同校制的学院和大学已经是女子学院的 10 倍；在女子学院注册的人数

---

① Barbara M. Solomon, *In the Company of Educated Women: A History of Women and Higher Education in America*, New Haven, Yale University Press, 1985, p.53.

② Mabel Newcomer, *A Century of Higher Education for American Women*, New York, Harper Press, 1959, p.37.

③ Florence Howe, *Myths of Coeducation: selected essay, 1964-1983s*, Bloomington, Indiana university press, 1984, p.213.

从1890年至1910年增长了348%。在男女合校的大学里，女生人数增长更快，从1890年到1910年增长了438%，处于世界前列。1890年，女性获得学士学位的人数已占获学士学位总数的17%，获硕士学位的人数占获硕士学位总数的19%，获博士学位的人数占获博士学位总数的1%。因此，到20世纪初，除了南方的3所大学未实行男女同校外，其余的州立大学均实行了这一制度。[①]

第七节　社会教育的发展

美国作为一个移民国家，联邦政府需要将来自不同文化环境的移民培养成为良好的美国公民，通过各种形式的教育引导他们掌握现代科学技术知识，具有较强的解决实际问题的能力，能与他人友善相处，能够自觉维护美国的民主制度。一般来说，社会教育是与学校教育、家庭教育并行的教育组织形式，包括除家庭教育和学校教育之外的由各种社会机构和组织对幼儿、青少年、成人等社会成员进行的普通教育、职业技术教育和社会文化教育活动。进入19世纪后，美国的都市化进程和工业化水平不断发展，客观上要求公民具有参与社会生产、参加社会民主生活的能力。美国社会通过教会、社区和博物馆等多种组织形式，促进具有不同文化背景的外来移民逐渐实现"美国化"，进而以多种途径培养美国公民的科学意识和民主精神，为美国社会的现代化发展奠定坚实的文化基础。

一、教会教育与社区教育的发展

从建国初期至19世纪中期，美国教会的影响一直很大，教堂的数量不断增加。据统计，1780年，美国平均每1000人有教堂1所；1800年，平均每

---

① 马万华：《美国高等教育与女性学研究》，载《清华大学教育研究》，2001(3)。

1100 人有教堂 1 所；1860 年，每 609 人有教堂 1 所；1870 年，每 532 人有教堂 1 所。① 由此可知，在这一时期，教堂数量的增长速度非常快，从而导致了美国民众的生活与教会的教育活动紧密相连。各教派教会注重教义的宣讲，在宣讲教义过程中教导人们遵纪守法，并传播爱国主义精神。除宣传教义外，教会还担负着开展正式教育和非正式教育的社会职责。教士有义务对不同年龄的人进行正式教学；有义务走访各家，或安慰病患和悲痛之人；有义务巡游各地，去感化不信奉基督教的人；还有义务对群众讲解政府或社区的公共事务，指导人们做好公民应做的事务。概括地说，教会通过教堂向人们传教布道，教士向人们讲经说教，讲授道德伦理观，把人们的言行纳入了美国社会的轨道。为更好地履行其教育职能，教会还成立了诸多的教育机构，如星期日学校、青年读书会、教义研究会、成年男子学习班、成年女子学习班、野营和研习营等。在这些多种多样的机构和组织中，教会集合不同文化、不同民族的美国居民，启发和引导他们和平共处、休戚与共，推动居民之间的相互影响和文化融合，致力于建立稳定融洽的"美国化"氛围，其教育活动在一定程度上具有积极的社会融合作用。

南北战争后，美国的文学、艺术、科学和技术进入快速发展时期，工业社会的发展客观上要求美国公民具备相应的知识技能和道德修养，人们急切需要通过多种途径来提高受教育的水平和质量，以适应新时代的挑战和要求。此时，教会通过组织各种形式的读书会或学习会为成人提供教育资源，有效地促进了社会教育质量和水平的提高。在众多教会主导的教育组织中，1874 年由美以美会兴起的肖托夸运动②就是其中最重要的组织。该组织开展

---

① 滕大春：《美国教育史（第二版）》，225 页，北京，人民教育出版社，2001。

② 1874 年，美以美会的密勒（Lewis Miller）和教士文森特（John H. Vincent）在湖滨召开会议，对星期日学校教师和教士进行训练。1898 年，肖托夸文科和理科学习团分别建立，报名参加者于 4 年期间学习大量文学、社会学、自然科学和宗教科目；另外还为青年男女分别组织青年会和女青年会，为儿童组织童子军，三者构成有体系的自学组织，或称夏季自由学习团体。

自学活动，建立出版机构，制定学习团的四年期读书规划，并于每年的夏季读书会为完成读书规划者颁发结业证书。据统计，1874 年，登记在册的男女读者 8000 余人；1878 年，领取证书者 1718 人；到 19 世纪 90 年代，登记在册的人数高达 20 万人；1918 年，人数又上升为 30 万人。作为一个全国性的读者组织，肖托夸的成员既包括社会一般人士，又包括大学毕业生，还包括一些医师、律师、牧师、教师、家庭主妇和工商业人士。其成员不分性别和教派，也不限年龄，旨在共同读书进步。在肖托夸读书会的带动下，19 世纪 80 年代，印第安人居留区曾成立契卡索人读书会；19 世纪 90 年代，内布拉斯加州曾为劳改犯人设立读书会。

值得关注的是，许多读书会是在社区内进行的。最初，参加者共同在一间房间、教堂或图书室中开展活动，待社区和社会逐步发展起来后，图书的数量和种类增加，并且还设置了观察天文和研究自然学科的实验装置，其中有的成员既能用英语流利表达，又熟悉其他的语言。读书会成员之间的多层次交流和沟通，有力地促进了社区文化的融合，推动了教会教育和社区教育的共同发展。一般来说，社区教育作为教育体系不可或缺的组成部分，是一种全员、全程、全方位、多形式的区域性教育活动的总和，是实现美国社区文化整合和居民心理认同的关键力量。

就美国社区教育的本质而言，可概括为学校教育(正规教育)社区化、社区活动教育化以及公共事务群众化。具体来说，学校教育社区化是指依托大、中、小学开展社区教育和直接创办社区学校或社区学院；社区活动教育化是指社区卫生、福利、青年等机构利用社区活动中心等公共场所为社区居民提供教育服务，还包括社区内工商企业单位和相关民间组织开展的社区教育服务；公共事务群众化是指由联邦政府或地方政府机构直接或间接提供配合公共政策内容与要求的教育服务。[1] 通过社区教育，美国的社区居民和社区的学

---

① 杨应崧等：《各国社区教育概论》，46~50 页，上海，上海大学出版社，2000。

校、组织、慈善机构等成为积极的合作者。

　　进入 19 世纪后，美国复杂而不平衡却不断发展的社会形成了一所规模庞大的学校，社区成员在生活中接受形式多样的教育和影响，形成了自信、乐观、勇于进取的心理，即相信事物总是在更新，而非一成不变，因而必须奋发向前而不安于现状，应不断适应生活和改造生活。① 其中，卢威尔社区、桑托尔地区、马古平县、纽约市代表了美国四种社会情况下的社区教育。马萨诸塞州的卢威尔社区代表工厂发达社区。在那里，除在工厂实行艺徒制学习技能外，工人们成立了每周一次的辩论会，来讨论、模仿法庭判案、阅读书刊、演说等。此外，工人还可进入免费的业余学校、夜校和星期日学校学习。有的学校设置了地理、外语等高深科目，后来还有了市图书馆等。南卡罗来纳州的桑托尔地区代表南方大规模种植园地区。在那里，许多教堂组织了暑期阅读圣经协会、青年会、各种图书馆、星期日学校等，由教师、家庭或社会团体兴办的文实学校逐渐出现，富有白人子弟聘请家庭教师，贫苦白人子弟则到区公立学校学习，后来逐渐有了巡回图书馆、书店、展览会、讲演会、俱乐部、书刊和报纸的发行。伊利诺伊州的马古平县是农业区，代表边远社区。在那里，教堂热衷于办学，教士兼宣教、办学、授课等多种职责于一身，校舍既是教学场所和教员的住所，又是邮局、测量所及布店。纽约市代表发达城市的社区。在那里，居民主要有来自英国、荷兰、德国、爱尔兰、法国等地的移民，其家庭教育、语言文化、风俗习惯、职业倾向等都不同，但这样有助于拓宽人们的眼光、知识面以及有助于与其他民族和睦相处。教堂成立了学校、俱乐部、慈善协会、文化组织、新闻社等，大规模的市图书馆、博物馆、俱乐部、文艺组织、科学组织、学校与社会教育机构等充分发挥社区教育的功能，促使社区居民的各种文化逐渐走向融合与共生。② 由上可见，

① 滕大春：《美国教育史(第二版)》，238 页，北京，人民教育出版社，2001。
② 滕大春：《美国教育史(第二版)》，229~237 页，北京，人民教育出版社，2001。

在美国的不同地区，在各地区经济政治不均衡发展的影响下，社区教育表现出不同的发展形势，并与学校教育和家庭教育相互配合，促进社区居民形成团结进取、努力奋进的"美国精神"，具备从事现代工业生产的基本能力和独立自主的民主意识，从而更好地实现多民族的融合和共生。

二、博物馆的创建与社会教育的发展

在美国，工业革命的发展直接导致了人口的聚集和都市的形成，现代工业大生产的需要和科学技术的发展，使人们学习科学技术知识的要求日益迫切；建立在细密的专业分工基础上的工业生产对工人提出了新的技术要求，学习新技术成为人们生存必需的手段。社会公众的诸多需要，也为博物馆的发展提出了新的课题。

一种符合"现代性"的新的生活风格出现了，从而给博物馆带来了巨大的新刺激。同时，工业革命的发展也给美国社会带来了工业文明、城市文明，为博物馆这种文化事业的成长奠定了基础。美国社会经济制度造就的一大批财富巨头，也成为美国博物馆发展的重要推动力量。1870年，纽约大都会艺术博物馆的诞生，标志着美国大型艺术博物馆的出现，也标志着美国的博物馆事业开始逐渐成为世界博物馆事业的主流。以大都会艺术博物馆为形式的美国博物馆，从一开始就以源于法国大革命的卢浮宫为模式，成为一个为美国公民提供教育机会的博物馆。

概括地讲，从19世纪中叶以后，人们逐渐认识到博物馆在社会教育上的重要性，以教育为目的的多元化现代博物馆开始取代以收藏为目的的单一化的传统博物馆，也就是说，博物馆的工作中心不再停留在"物"上，"以人为本"成了它的工作主旨。① 在美国，大部分博物馆在建立之初就有一个明确的教育目标，即在社会生活中具有重要的"教化"功能。因为美国博物馆的

———————————

① 杨玲、潘守永：《当代西方博物馆发展态势研究》，14页，北京，学苑出版社，2005。

先驱从一开始就已经认识到博物馆所承担的"增进和传播知识"的社会责任，并有意识地为实现博物馆教育公众的使命而努力。他们旗帜鲜明地提出了博物馆的教育，强调博物馆教育功能的重要性，并开始创造性地阐述他们的教育思想。例如，纽约大都会艺术博物馆首任馆长于 1887 年就明确提出博物馆藏品在公众教育上的价值，肯定了博物馆的教育地位与角色，将博物馆与学校教育相提并论，认为博物馆具有教育功能，是人们学习的不可或缺的场所。因为人们已经认识到，更好的教学效果来自实物而不是文字，研究某个物件本身要比阅读或牢记对这个物件的描述文字更能掌握其中的知识，所以，博物馆在某种程度上具有不可替代的作用。

自 19 世纪中期起，美国陆续建立了一批艺术博物馆。在这些博物馆的运作和影响下，至 19 世纪末，美国大多数人将博物馆看作认识世界的一种方式，并试图通过建立博物馆来复制世界。在这一时期，建立博物馆的思想理念是基于这样一种假设：物品能够向"未经专业训练的参观者"讲述故事。博物馆普遍被设计成一种通过展品向美国民众传播科学和知识的工具，并根据社会发展的需求不断调整博物馆教育功能，其性质和类型也日趋明确。虽然综合博物馆仍以相当的数量存在着，但考古博物馆、艺术博物馆、自然历史博物馆、科学博物馆等都建立起来了，专业博物馆开始蓬勃发展。许多学术团体和科学学会在收集了一定的藏品之后，也开始建立自己的博物馆，并从专业的视角来开展相应的社会教育工作。其中，值得注意的是，儿童博物馆在推动美国社会教育的发展中做出了重要的贡献。一般来说，儿童博物馆主要面向儿童，次要面向家长、研究人员、学校教学人员及其他关心儿童成长的人员。儿童博物馆是以儿童早期智能开发为目的，采用展览与活动项目相结合的形式来开展教育，重视儿童之间或儿童与成人之间的互动、游戏与亲子体验的一个非营利性的社会教育机构，即以儿童教育为目的的校外物理空间。①

1899 年，美国第一家专门面向儿童的博物馆创建于纽约布鲁克林大道145 号，被称为"布鲁克林儿童博物馆"，这是世界上第一家儿童博物馆。该儿童博物馆突破了原有博物馆的设计理念，它不是成人博物馆的缩小版，而是从展品、展台、布展内容完全根据儿童的身心特点精心打造的馆舍，致力于为儿童提供自然历史，将人类文化的精华完全奉献给了这些小观众。布鲁克林儿童博物馆的首次展览活动展示了各种自然藏品，如动植物标本、某些科学模型等。1902 年 5 月，安娜·盖勒普（Anna Billings Gallup）担任博物馆馆长，在策展方面提出了自己独特的见解，关注儿童博物馆的教育功能。② 她明确提出了自己的办馆和展览理念：儿童需要始终知道儿童博物馆是为他们而开的，并随时为他们的兴趣和需要考虑。她主张将原有的布展范围扩充，加入了人文艺术的领域，并根据自己在儿童博物馆中观察儿童的活动发现，提高儿童学习和探索的途径就是让儿童触摸实物，进行发现式学习，还通过挖掘藏品中蕴含的教育价值开展了一系列的教育活动。这些基于实物教学的教育活动，成功地吸引了儿童和教师的关注，以至于布鲁克林儿童博物馆成了学校教育的合作伙伴和校外的儿童中心。据统计，1906 年，共有来自 125 所学校的 561 个班级的儿童参观过布鲁克林儿童博物馆；1910 年，参观数量达到了 187612 人次；到 1925 年时，平均每年有 20 万人次参观布鲁克林儿童博物馆。③

美国儿童博物馆为儿童的成长提供了多样化的学习方式，对儿童掌握基

---

① 张海水：《美国儿童博物馆研究：基于教育学的视角》，硕士学位论文，上海师范大学，2013。

② 牟丹妮：《美国儿童博物馆教育功能的发展研究》，硕士学位论文，哈尔滨师范大学，2018。

③ Cindy Schofield-Bodt, "A History of Children's Museums in the United States," *Children's Environments Quarterly*, 1987(1), pp.4-6.

本的知识内容具有重要的辅助作用，在生活中充实和丰富了儿童的文化体验，有助于儿童之间进行知识和经验的分享与交流。应该说，儿童博物馆和其他的专业博物馆共同构建起生活体验和专业知识相融合的实践教学方式，将一些晦涩的、抽象的知识体系用生动形象的互动方式展示出来，充分激发受教育者的学习积极性，有效增强了社会教育的功能和效果。美国博物馆教育不仅对美国社会教育内容的更新和方式的创新具有积极的推动作用，而且对世界其他国家社会教育的发展具有实际的借鉴意义。

第八节　教育行政体制的发展

一、学区制的建立与调整

在殖民地时期，美国实行地方自治的行政管理形式。这种自治制度最根本和最基层的单位是城镇，城镇居民必须对包括设立学校在内的所有城镇事务负责。美国建国初期，城镇人口较少，一般每个城镇只设立 1 所学校。然而，随着人口的增加，城镇变得越来越大，相当一部分人离城镇中心越来越远，儿童上学非常不方便。为此，他们要求在自己家附近增设学校。在地方自治的行政管理形式下，这种要求得到了尊重和满足。于是，许多城镇设立了更多的学校，这些学校被称为"学区学校"。在 18 世纪，随着人口的扩散，人们坚决要求有更靠近家的学校，新英格兰地区的学校控制权开始由城镇让位于更小的学区。① 随着时间的推移，学区制的地位越来越巩固，慢慢地获得了合法的地位，并由美国东北部英格兰地区扩展到南部和中西部地区。到

---

①　Carl F. Kaestle, *Pillars of the Republic Common Schools and American Society*, *1780-1860*, New York, Hill & Wang, 1983, pp.111-112.

18 世纪末，在之前的许多殖民地中，学区制已经获得了合法地位。例如，1760 年在康涅狄格州、1782 年在佛蒙特州、1789 年在马萨诸塞州、1799 年在罗得岛州。随着《西北土地条例》的颁布，学区制也进一步向西推进。① 学区制适应了美国当时农村地广人稀的实际情况，便于当地人民直接参与教育管理和儿童的就近入学，因此，受到人们的欢迎。

进入 19 世纪后，原本存在于新英格兰地区的学区制，随着新英格兰人的外迁而不断扩大影响。其中，纽约州于 1812 年、俄亥俄州于 1821 年、伊利诺伊州于 1825 年、田纳西州于 1830 年、印第安纳州于 1833 年、密歇根州于 1837 年、肯塔基州和艾奥瓦州于 1838 年、北卡罗来纳州于 1839 年、弗吉尼亚州于 1846 年，先后实行学区制。从此，学区制在美国普遍推广起来。② 从 19 世纪初至 19 世纪 50 年代，学区制以其特有的优势，促进了美国农村地区教育事业的发展。在扩大受教育机会、提升入学率等方面，它发挥了不可替代的作用。然而，社会经济的发展对教育提出了更高的要求，学区制无法与时俱进，也逐渐暴露出越来越多的弊端。第一，它无法保证教育质量。因为从根本上来说，学区制只是一种地方自治的方式，而非专业的教育管理方式，所以，学区管理人员的素质和教育管理水平都较低。他们聘用教师时，往往出于宗教、个人感情等各种非教育因素的考虑，教师的素质根本无法得到保证。而且，出于对增加公共税收的反感，人们对于增加教育费用、改善办学条件、增加教学周数等往往并不热心。这些都导致学区制下的学校教育教学质量偏低，并很难得到提高。第二，更为重要的是，学区制无法满足教育改革者对共同价值观的追求。学区制体现的是典型的地方主义文化，不同的学区有不同的文化特征，甚至有些学区学校使用的语言都不是英语。③ 这种状况

---

① [美]L. 迪安·韦布：《美国教育史：一场伟大的美国试验》，135 页，陈露茜、李朝阳译，合肥，安徽教育出版社，2010。

② 滕大春：《美国教育史（第二版）》，250 页，北京，人民教育出版社，2001。

③ 但柳松：《美国公共学校运动研究》，博士学位论文，天津师范大学，2014。

与社会主流文化的同化期待格格不入，因而人们对学区制提出了一系列的调整和改革举措。

学区制调整的第一项任务，就是削弱学区的职能和权限，主要是针对农村学区。在南北战争前夕，有些州或县在教育领导建制之后，即用法律或宪法将学区的某些权力夺去了。诸如，削弱学区会议选派教师、鉴定教师的职权，取消学区委员考试等，不再由学区缺乏教育见识的官员独断独行。例如，印第安纳州于1852年首先实行，马萨诸塞州于1882年跟随其后。一向职权庞大的地方教育管理体制从此渐渐成为历史。20世纪初，其他州纷纷仿效。

学区制调整的第二项任务，就是合并学区。合并学区就是在城镇建立联合学校，把几个学区的学校合并成一所学校，从而使过小的学区变成较大的学区。这样，在很大程度上能够克服"一教室一教师"式的学区学校的弊端，从而提高教育教学质量。南北战争结束后，美国都市化进程的加快导致学区职权受到削弱，学区的"并区运动"在美国普遍兴起。马萨诸塞州于1869年由州议会决定合并学区，1880年又决定取消独立的"一教室一教师"小学，另在适中的地点建立中心学校，学生上学和放学均由公款置备校车接送。通过学区的合并，以前分散到学区的权力重新回归到城镇一级，学校规模扩大，办好学校的条件增多。自1890年起，并校运动兴起。据分析，凡实行县学区制的州，学校成绩较佳，因为习惯势力和地方权势派不肯退出历史舞台，学区合并曾受到保守派的百般阻挠，并校运动推进时曾费力多而收效少，所以各地不得不以县为单位来调整；各州议会也根据需要制定并颁布多项法令，为县级并校运动提供法律支持和政策激励，并校运动才得以迅速开展。当学区合并时，各州曾在各中心小学设置教育委员会以负责管理学校，这就使得县级教育管理的职权扩大，于是又设立县教育委员会和教育局，市教育委员会及市教育局也随之设立。这样，州以下的教育行政管理体制又前进一步。① 实

---

① 常颖：《美国城市化进程中的教育行政体制》，硕士学位论文，浙江师范大学，2007。

际上，学区合并反映了美国教育发展中的一种新趋势：为了更好地发展公共教育事业，必须加大学校之间的联系和合作，教育行政管理职权应有一定程度的集中，由州政府主导的教育行政管理也逐渐受到重视。随着学区制的调整和变革，美国州教育行政管理体系也随之建立。

二、州教育行政管理体系的建立

按照美国宪法的精神，联邦政府将教育的领导工作下放到州。尽管如此，在都市化萌芽时期形成的以学区为主导地位的行政管理体制一直起着更大的作用。随着城市化及人口聚集的加速，美国各州之间在经济、交通、教育等方面展开了全面的竞争。以学区制为中心建立起来的过于分权化的教育管理模式，不利于各州整体教育水平的提升，学区管理制度的不足之处也越来越明显。相应地，为推进教育的长足发展，从州的层面加强教育管理的呼声越来越响，各州的教育行政职权开始增强。

1812年，纽约州正式以法令规定，为推进全州初等学校的管理工作特设督察长一职。第一任督察长由吉登·霍利(Gideon Hawley)担任，他首先通过出售州有土地和征收教育税筹措学校资金，并视察学校工作，告知它们如何配备教育教学设施、处理各项正当开支。继纽约州之后，马里兰州、俄亥俄州、新罕布什尔州分别于1826—1828年、1837—1840年和1846—1850年设置督察长，据统计，美国约有半数的州曾或长期或短期地有过同样的经历。[1] 应该说，州督察长的设立在一定程度上促进了州教育的发展。然而，面对全州数量众多的公共学校，仅凭督察长一人之力显然是不足以胜任的。

为推进州教育事业的发展，必须推行更为有效的教育监管举措。于是，州教育委员会应运而生。马萨诸塞州是最早设置州教育委员会的地区，该州也是美国教育发达的州，殖民地时期美国最早的教育立法和最早的一批公共

---

[1] 但柳松:《美国公共学校运动研究》，博士学位论文，天津师范大学，2014。

学校都在这里诞生。但到 19 世纪 30 年代，该州教育发展的速度没有跟上社会发展的步伐，开始落后于其他地区。其主要原因是学区制导致了地域局限，阻碍了教育人士对新事物、新思想的接触，使其无法适应工业化、城市化、人口激增和文化多元的新形势。1821 年，贺拉斯·曼和詹姆斯·卡特等教育改革家开始揭露学区制的弊端，并提出成立州教育委员会的设想。5 年后，由贺拉斯·曼提议并经州议会批准，马萨诸塞州通过法律，要求各城镇设立学校委员会，负责视察城镇学校、挑选教材、考核和认证学校教师。1837 年，经卡特提议，马萨诸塞州设置了州教育委员会，由教育委员会选举秘书，这是美国第一个州教育委员会。[①] 首任秘书贺拉斯·曼排除万难，推行公立学校运动，创立教育税制，创办师范学校等，为州教育事业的发展做出了卓越的贡献，被称为州教育行政管理体制的首创者。此后，康涅狄格、罗得岛、佛蒙特、新罕布什尔、缅因、宾夕法尼亚等州相继成立了州教育委员会。

　　美国成立州教育委员会，由州掌握教育行政管理职权，使其教育由各自为政、放任自流走向了统一规范，使各州教育的事业有了统一的引导，各州内、各州之间的教育交流也开始频繁起来。然而，地方自治既是一种长期以来形成的牢固传统，又是美国民主的根本内容，这就导致在教育上任何加强集权的措施都会遭到强烈反对，即使这种集权是社会发展的客观要求。1840 年，马萨诸塞州州长在就职演讲中就公开宣称，要取消州教育委员会。1842 年，康涅狄格州取消州教育委员会，直到 1851 年才恢复。在社会发展大趋势的推动下和教育改革者的一系列努力下，州教育委员会制度于 19 世纪中叶在美国各州逐渐普及。在州教育委员会建立的过程中，各市县相继效仿。从 19 世纪中期起，一些日趋发达的大城市纷纷建立市教育委员会，或设立市教育督察长，负责其教育的规划、筹税、设校及领导工作；县级教育委员会

---

① Ellwood P. Cubberley, *Public Education in the United States: A Study and Interpretation of American Educational History*, Boston, Houghton Mifflin Company, 1934, pp.221-222.

也纷纷建立。这样一来，各州及各市县的教育委员会便逐渐成为州教育行政管理机构上通下达的传输网络。此时，由州统一领导教育事业的州教育行政管理体制已初见雏形。在随后的百年多的发展中，历经多次调整与改革，终于形成了体系完善、运作顺畅的州教育行政管理体制。①

在美国教育行政管理体制建立的过程中，联邦政府并未直接参与各州的教育监管工作。作为一个联邦制国家，美国宪法第十修正案规定："凡本宪法未授予联邦而又未禁止各州行使的权限，由各州各自保留，或由人民保留。"由于对教育事业的监管和督导并未在联邦宪法规定的工作范围内，因此，教育行政和法律的责任在各州，联邦政府没有直接领导和管理教育的权力，只有对教育事业进行援助和指导的职能。但是，教育事关国家建设人才的培养和国际竞争力的提升，联邦政府也非常重视教育事业的发展。为参与教育监管和督导工作，联邦政府可根据国会制定的教育援助法，通过补助拨款等形式，把联邦的政策和意图渗透到州和学区，从而起到间接调整和统一全国各州教育的作用。

然而，在南北战争前，联邦政府没有设立教育行政管理机构，无权干涉各州的教育事务。但是，随着教育事业的发展，各州的差距也日益明显。如何在地方分权行政管理的前提下，加强各州之间协调促进全国教育发展已引起人们的关注。1867年，国会议员加菲尔德(A. Garfield)在国会中提议设立教育署，负责收集各州和各地区教育发展的统计资料，交流全国各州教育组织领导、学制和教学方面的情报。这一议案一经通过，联邦就设立了教育署，署长由总统任命。1870年，联邦教育署改称教育局，隶属联邦内务部，负责调查、统计、传达各州教育情况、分拨教育经费、负责特殊地区的教育事业等，但它对各州的教育事务无法定的约束力。之后，随着美国社会的发展，

① 刘海涛、边红彦：《美国教育行政演进过程概览及启示》，载《河北工程技术职业学院学报》，2003(3)。

联邦教育署的名称几经变更，但这一教育行政管理传统却沿袭了下来，成为监管和指导教育事业发展的中枢。

第九节　19世纪美国教育发展的特点

从1783年美国独立到19世纪末，美国社会得到了快速发展，尤其是美国经济在短短的一百年里迅速跃居世界经济的前列。美国内战结束后，北方的工业资产阶级战胜了南方的种植园主，数百万黑奴获得解放。这为美国社会带来了强大的发展动力，其生产力更以巨人般的姿态阔步前进，经济建设突飞猛进，教育也随之得到飞速的发展。在贺拉斯·曼、巴纳德、哈里斯等教育家的引领下，美国社会开始重视公共初等教育的普及工作，发展普通中等教育和职业技术教育，大力发展多种形式的高等教育，积极推进社会教育和女子教育，并借鉴欧洲国家教育改革的经验，在充分考虑美国社会发展需要的基础上推进学制改革和教育行政管理体制的变革，不仅使普通教育产生了巨大的变化，还促使美国教育在整体上呈现新的时代特点，并产生一些新的变化，其中一些教育变革举措对整个人类教育事业的发展具有深远的影响。具体来说，其特点主要表现在以下六个方面。

第一，普及初等义务教育的成效显著。

美国自1825年实施普及义务教育法以来，由于其教育行政管理实权由各州控制，同时由于各州的经济发展和宗教信仰不同，因而全国各州义务教育发展的速度和质量也极其不一致。例如，马萨诸塞州最早在1837年宣布实施义务教育法，而北方一些州的普及初等教育工作却交由教会或私人办理。然而，普及初等义务教育在19世纪已成为美国社会发展的大趋势。在这一时期，美国初等教育方面的重要变化是公立学校数量增多、布局更加合理、教学内容更加丰富,自然科学的教学普遍受到重视。在各校的课程表上,除读、写、算课程外,自然常识、历史、地理、音乐、体育等已作为正式课程列入课表。有些学校还增设了卫生、缝纫、烹调及圣经等课程。

另外,初等教育方面出现的新现象是,在许多州的城市中出现了幼儿教育机构。19世纪中期后,德国教育家福禄培尔的教育思想传到美国。1860年,波士顿市最先开办了福禄培尔式幼儿园。19世纪80年代初期,其他的城市也相继仿效。幼儿教育机构的出现,迎合了19世纪美国社会发展的需要,使广大知识妇女从家庭中解放出来,同时它也标志着美国初等教育大大向前跨进了一步,这是美国教育史上的一次飞跃。到1900年为止,已有几百个学校系统将幼儿园作为它们学校的有机组成部分吸收进了它们的公立学校系统中。①

第二,中等教育发展呈现多种类型。

随着工业和农业的发展,机械化、电气化程度的提高,以及国际间的竞争,美国社会对劳动者也提出了更高的要求,发展中等教育成为当务之急。在这样的情况下,中等教育得到了飞速的发展。美国中等教育除文实中学继续发展和完善外,在19世纪下半期出现了公立中学。文实中学和公立中学构成了美国19世纪中等教育发展的两大支柱。

19世纪中期前,文实中学一直是美国中等教育的主要类型,但这一时期文实中学得到了进一步的发展和完善,从性质上看,传统的、以私立为主的文实中学开始出现变化,出现了许多公私合营的学校。文实中学的类型也有了进一步的丰富,出现了三类文实中学:一是兼有升学和就业两种职能的文实中学;二是具有专业学科性质的文实中学,如师范类的文实中学等;三是职业性的文实中学。

---

① [美]S.E.佛罗斯特:《西方教育的历史和哲学基础》,吴元训、张俊洪、宋富钢等译,449页,北京,华夏出版社,1987。

公立中学是公立学校运动在中等教育领域的延伸。公立和免费原则的实行，为更多的人提供了接受中等教育的机会。美国最早的公立中学于 1821 年创办于波士顿，但公立中学进入快速发展时期是在 19 世纪后半期。由于文实中学在 19 世纪后半期出现许多不足，公立中学的出现恰好弥补了文实中学的缺陷。因此，许多文实中学在这一时期纷纷改为公立中学，这也极大地促进了美国公立中学的发展。

第三，高等教育呈现多元化发展的趋势。

19 世纪美国高等教育在模仿欧洲大学办学模式的基础上，从社会发展需要和文化融合的视角出发，创建具有美国特色的现代大学。与前一时期不同的是，高等教育更加关注专业人才的培养，大学开设的职业类课程更加丰富。美国各州在积极发展中等职业教育的同时，许多高等院校也增设了不少职业性学科，以增强其社会服务职能。各种工艺方面的课程及商业、会计学、簿记学等，不仅在高等商业学校成为重要的科目，而且在宾夕法尼亚大学和哈佛大学等的课程表中也占有显著的地位，这充分体现了美国高等教育重视职业人才培养的趋势。

在这一时期的美国，高等教育仍然以私立为主，但也出现了许多公立的大学或学院，在办学形式上呈现公立、私立并存的局面。其中，农工学院的兴起，开创了大学为社会服务的先河。1862 年颁布的《莫里尔法案》推动了农工教育的开展，为美国社会的发展提供了大批实用人才，也为美国高等教育走向社会提供了有利契机。这一举措是对美国高等教育职能的极大丰富，尤其是提出了大学服务社会的职能。这也揭示了美国高等教育在这一时期的巨大发展及其贡献所在。

另外，此时美国的州立大学也获得了进一步发展和提高的机遇。1890 年前，除了俄亥俄州、密歇根州及威斯康星州之外，其他各州的州立大学都不发达。19 世纪末，美国还出现了初级学院这种新型的高等院校，芝加哥大学成为创办这类高等院校的代表。后来，初级学院逐渐发展成为一种独立的高等院校，由州或州以下的县、市或私人团体设立，招收高中毕业生，学制为2年，大都属于专业性质，学生修业期满后或就学或升入传统大学三四年级。初级学院出现之初，并未引起社会的足够重视，因而其发展较为缓慢。

需要关注的是，女子高等教育在这一时期开始受到社会的重视。最初是从19世纪20年代开始，创办了一批女子学院。到19世纪末，各大学纷纷向女性开放，实行男女同校的高等教育。这也显示了美国高等教育在民主和平等观念上的巨大进步。

第四，师范教育趋向高质量、高规格的大学化发展。

自19世纪30年代起，由于初等教育和中等教育的发展，师资问题成为制衡美国教育发展的关键。为满足中小学教师数量的需求，文实中学、中等师范学校、大学师资短训班等成为教师培训的主要机构。其中，美国的小学师资主要由中等师范学校培养，其经费从地方公共税收中开支；美国的中学师资自19世纪末开始由高等师范院校培养。大学或专门学院都设立教育学讲座或教育学系来开设师范教育课程，以满足培养师资的需要。自19世纪末开始，为进一步提高师资培养的质量，美国政府鼓励州立大学参与师资培训，并采取一系列措施以促成师范学校向师范学院转型，进而支持师范学院升格为州立大学或并入大学的教育学院，以此来提高师资培训的规格和质量。

19世纪美国的师范教育主要是实践瑞士教育家裴斯泰洛齐和德国教育家赫尔巴特的教育思想。特别应该指出的是，美国教育家贺拉斯·曼是美国师范教育的热心倡导者，也是裴斯泰洛齐教育思想的热心宣传者和实践者。此外，美国教育家谢尔顿也是裴斯泰洛齐教育思想的崇拜者，他按裴斯泰洛齐教育思想培训小学师资。可以说，裴斯泰洛齐教育思想整整影响了美国30年之久。从19世纪80年代开始，赫尔巴特的教育思想在美国得到迅速传播。20世纪初期，美国教育家杜威具有特色的教育思想的影响力在美国逐步扩大，并渐渐地占据主导地位，颇受美国社会和教育界人士的欢迎。

第五，职业教育的人才培养趋向多样化。

19世纪中期以后，美国对青年进行职业技术教育具有重要的意义和价值，这是因为美国的工业发展快，急需大量具有初等和中等专门知识的人才。来自亚、非、拉地区的移民的文化知识都比较浅薄，发展具有实用性的职业技术教育已成为美国经济发展的紧迫问题。此外，随着1862年《莫里尔法案》的颁布实施，以州政府资助建立农工学院为标志的高等职业教育得到了快速发展的机遇，一大批高等职业院校在美国建立起来，为美国工业现代化发展培养了高层次的专业人才。

商业教育是美国开展得最早的一种中等职业教育。19世纪初，美国的许多大城市就出现了私立商业学校。至20世纪初，私立商业学校已发展到2000多所，此后许多大城市还设立了公立商业中学。这种学校与私立商业学校不同之处是，前者学制时间长，学生要学习4~5年，后者学制仅为2年；前者重视商业理论的教学，而后者仅为学生提供一些商业实务方面的知识，其中商业学校开设书法、簿记、商业算术、商法速记、打字等具有实用价值的课程。

农业教育是这一时期美国职业教育发展最为普遍的形式。受德国和法国的启迪，美国于1888年开办了第一所农业中学，后来规定在普通中小学、中等师范学校普遍开设农业课程。到20世纪初，农业中学的发展更为迅速。1913年美国的农业中学为2300所，两年后就增加了一倍，发展到4665所。①

1862年的《赠地学院法案》颁布实施后，在实际的运作过程中，美国大部分州都将受赠土地用于创办农工学院或资助原本就已经存在的相关高等教育机构。这不仅推动了高等农工教育的发展，为美国社会培养了大批高层次实用人才，也为中等职业教育的长远发展提供了更多的资源，有助于中等职业

---

① 戴本博：《外国教育史（下）》，5页，北京，人民教育出版社，1990。

学校学生成长为高层次的专业人才。

第六,州教育行政管理体制建立并逐步趋向完善。

19世纪是美国教育行政管理制度确立的时期,学区制在18世纪的基础上得到了进一步完善,州教育行政管理体制得以最终确立,联邦教育行政管理机构也正式设立,这对美国教育的发展具有重要的意义。

在马萨诸塞州创立的学区制的影响下,19世纪中期,美国各州纷纷建立学区制,成为这一时期美国教育行政管理的主要制度。在具体实施过程中,学区制也暴露出一些不足,即各学区的经费投入因所在区域的经济状况而存在事实上的差别,这导致各学区教育质量的差异,出现了教育发展的区域失衡。为此,美国开始反思和变革学区制,至19世纪90年代,学区制变革逐渐完成。

1812—1821年,以纽约州设立教育督察长为标志,美国州教育行政管理体制正式建立。以此为契机,马萨诸塞州于1837年设立州教育委员会,确立州政府在教育行政上的领导和管理,这也直接促成了其他各州教育委员会的设立。至19世纪下半期,州教育行政管理体制成为美国教育行政管理的基本制度,并沿用至今。美国内战结束后,联邦政府以维护地方权利为前提,开始逐步介入对教育的管理和领导。1867年,联邦教育署的设立标志着联邦教育行政管理机构的正式成立。联邦教育行政管理体制的确立,对协调美国教育的平衡,对确保美国教育的总体发展起到了重要作用。

综观整个19世纪,美国教育的发展取得了非常可观的成就,各级各类学校都有很大的发展,教育的质量和水平也得到不断提高。它建立了以公立学校为主的学校系统,形成了新的学制,而且把各个相互分离的初等、中等及高等学校构成了上下衔接的教育阶梯。同时,它在发展各级各类学校的过程中,根据国民经济发展的需要,突出了以农业为中心的学校教育。在基础教育方面,美国吸取了德国的经验,推动了幼儿教育的发展,并将它纳入整个教育体系中。

当然，这一时期美国教育的发展也存在一些问题。其中，一个主要问题是教育发展的不平衡。这种不平衡不仅表现在各州之间的差异上，也表现在城市与乡村、白人与有色人种，特别是与黑人之间教育方面的不平等。长期以来，黑人的教育就像他们的经济和政治一样，处于非常低的地位。19世纪80年代初期，黑人文盲的百分比是78%，而同一时期白人中的文盲仅占全国文盲人数的16%，1890年黑人文盲率稍有下降，为56.8%，而白人的文盲率仅为7.7%。尽管美国联邦政府早就宣布要保证给予不同肤色的儿童以同等的教育，实行单一学校，但南方各州在19世纪50年代前都没有实行这一规定。城市和农村之间的教育差别也很大，农村学校教师的质量以及校舍、教学设备等都远远低于城市，而教师的负担却高于城市学校的教师。此外，另一个主要问题是小学和中学教育中凸显出的传统教育弊端。这种传统教育弊端不仅表现在教育观念和学校管理上，还表现在课堂方式和教学方法上。就如当代美国教育史学家克雷明（Lawrence A. Cremin，1925—1990）在《学校的变革》一书中所指出的：与当时美国社会变革相比，19世纪90年代的学校始终是一个令人沮丧的地方。其具体表现在：教室环境单调、教学活动毫无生气、课程与现实不相干、学习方法死记硬背、训导方式愚蠢无知等。① 正是面对当时美国受到传统教育严重影响的学校状况，美国教育家杜威于1899年在《学校与社会》一书中就大声疾呼：需要这样一所学校。在这种学校中，儿童的生活成为压倒一切的目标，促进儿童成长的全部必要媒介都集中在这里。学习？肯定要学习，但首要的是生活，学习是通过生活并与之联系起来进行的。在以这样的方式集中和组织起来的儿童生活中，儿童首先不是一个静听的人，而是恰恰相反。②

---

① [美]劳伦斯·阿瑟·克雷明：《学校的变革》，单中惠、马晓斌译，18页，济南，山东教育出版社，2009。

② [美]约翰·杜威：《学校与社会》，见《杜威全集·中期著作(1899—1924)》第一卷(1899—1901)，刘时工、白玉国译，18页，上海，华东师范大学出版社，2012。

第二章

美国公共教育思想

美国公共教育思想是美国独立后产生和发展起来的一种教育思想。它强调普及教育，主张建立一种免费的公立学校制度，发展公立师范学校和培养好的教师。美国公共教育思想的传播，促使了19世纪美国公立学校运动的兴起和发展，推动了美国一种独特的公共教育制度的确立。对美国来说，这是一个极其难得的机遇，因为它奠定了免费公共教育的基础，保证了所有人教育机会的平等。在使公共教育思想付诸19世纪美国教育学校实践的过程中，其主要代表人物是马萨诸塞州的贺拉斯·曼、康涅狄格州的亨利·巴纳德和密苏里州的哈里斯。他们都是为美国公立学校制度的实现而战的先驱者，主要目标是建立一种致力于教育机会均等的、全新的和免费的公立学校制度。在公立学校运动兴起时期，最有影响的是贺拉斯·曼和巴纳德；在公立学校运动发展时期，最为突出的是哈里斯。当然，如果把哈里斯与贺拉斯·曼这一代人的工作做一比较的话，那他们之间还是存在一些差别的，正如当代美国教育史学家克雷明所指出的："贺拉斯·曼的公立学校实际上有助于形成一种受新的社会哲学支配的社会秩序；哈里斯的公立学校只不过在巩固一种早已存在的社会秩序方面起些作用。"①

---

① [美]劳伦斯·阿瑟·克雷明：《学校的变革》，单中惠、马晓斌译，16页，济南，山东教育出版社，2009。

第一节　贺拉斯·曼的教育活动和教育思想

美国教育家贺拉斯·曼是 19 世纪美国公立学校运动的最杰出的领导人，也是公共学校的主要代言人。法国教育家加布里埃尔· 孔佩雷（Gabriel Compayré，1843—1913）在他的《教育学史》一书中这样写道："贺拉斯·曼不是探讨教育的哲学家，而是改革并发展美国教育的政治家。"①作为马萨诸塞州教育委员会的秘书，贺拉斯·曼开办学校，建立图书馆，到各地去考察和宣讲，他用 12 份年度报告阐述了公共教育思想，他的努力促进了美国公立学校基础的奠定。对美国的公共教育来说，他不仅是一位卓越的组织者，还是一位注重实际的工作者。贺拉斯·曼的影响已经远远超越了马萨诸塞州的边界，他在推动美国公立学校运动中的积极行动受到了美国公众的注意。"因为他极力提倡教育改革，并努力奠定公立学校教育的基础，所以，他被誉为'美国公共教育之父'。"②杜威在 1936 年 10 月 16 日贺拉斯·曼百年纪念庆典演说中强调指出，在民主制度下的教育和为民主事业进行的教育两个方面，贺拉斯·曼是美国最伟大的先知，他强烈谴责美国未能建立全国免费教育体系，为此他呼吁美国建立这样的一个体系，并慷慨地支持这样的一个体系，他的贡献比其他任何人都大，这个国家现在已经存在一种免费公共教育体系。③

一、生平和教育活动

贺拉斯·曼 1796 年 5 月 4 日出生于马萨诸塞州富兰克林的一个农民家庭，

---

① ［法］加布里埃尔·孔佩雷：《教育学史》，张瑜、王强译，425 页，济南，山东教育出版社，2013。

② Inc. Encyclopaedia Britannica, *Encyclopaedia Britannica*, Vol.11, London, Encyclopaedia Britannica, 1974, pp.454-455.

③ ［美］约翰·杜威：《教育，社会组织的基础》，见《杜威全集·晚期著作（1925—1953）》第十一卷（1935—1937），朱志方、熊文娴、潘磊等译，175~176 页，上海，华东师范大学出版社，2015。

家境贫困。由于他父亲生前是富兰克林镇公共图书馆的司库，他的大部分早期教育是在那所公共图书馆里的阅读。1815 年，贺拉斯·曼进入布朗大学。以优秀的学习成绩从布朗大学毕业后，贺拉斯·曼于 1821 年进入了康涅狄格州的利奇菲尔德法学院学习，这是美国最早的一所法学院。两年后，贺拉斯·曼完成了学业，并通过了律师资格考试，成为一位律师。

1827 年，贺拉斯·曼作为德达姆市的代表被选入马萨诸塞州议会，先后担任过众议员、参议员和议长。他积极支持公立学校教育改革，但直到 1837 年，他的注意力才集中到公共教育方面。同年 5 月 27 日，马萨诸塞州州长埃弗雷特（E. Everett）任命了一个包括贺拉斯·曼在内的由 8 人组成的州教育委员会。随后，贺拉斯·曼被选为该教育委员会的秘书。为了做好工作，他立即阅读了他所能找到的教育书籍，并用极大的热情去寻求学区的合作和民众的支持。贺拉斯·曼说，我相信这个教育委员会像一个泉源一样，虽然它几乎是难以察觉的，但它来自大海之间的最高的高原上，对于马上就要完善和普及的一种有组织的公共教育制度来说，它是第一个伟大的行动。①

在州教育委员会的领导下，秘书的职责是收集公立学校教育的实际情况，尽可能在每一个地区传播最令人满意和最成功的教育方法，使所有的儿童都能得到由公立学校提供的最好的教育。所以，贺拉斯·曼经常给各个市镇分发调查表，访问整个州的公立学校以了解学校的状况和需要。他还通过教育演讲，促使民众对公共教育感兴趣并支持公立学校。他还与地区教育领导人和学校教师讨论有关公立学校教育问题，主张增加教育税收用于整个州的公共教育事业。贺拉斯·曼说，我将把自己的一切献给地球上人类最崇高的事业。②

---

① W. T. Harris, *Horace Mann*, New York, C. W. Bardeen, 1896, p.17.

② J. E. Morgan, *Horace Mann: His Ideas and Ideals*, Washington D. C., National Home Library Foundation, 1936, p.13.

　　为了改善和发展马萨诸塞州的公立学校，贺拉斯·曼经常提出一些建议。他亲自撰写州教育委员会的年度报告，阐述公共教育思想。这些年度报告发表后，对公众产生了深刻的影响。美国的政治领袖萨姆纳（C. Sumner）在给贺拉斯·曼的信中写道，我怀着极大的兴趣读了你的报告，并完全同意你的报告。它吹响了号角，使得人们的血液沸腾起来。① 贺拉斯·曼还创办了《公立学校》杂志，并担任编辑。由于订费很低，这份传播公共教育思想的杂志得到了广泛发行。

　　面对全州各地要求好教师的强烈呼声，作为州教育委员会秘书的贺拉斯·曼倡导并支持了州立师范学校的建立。于是，第一所州立师范学校于1839 年 7 月 3 日在马萨诸塞州的莱克星顿成立（后来迁到了西牛顿）。不久，贺拉斯·曼又成立了另外两所州立师范学校。他非常高兴地看到这些师范学校开始工作。1841 年 4 月 28 日，贺拉斯·曼在日记中写道："参加了对莱克星顿的师范学校的检查，我非常满意。学校工作均好，——非常好。这一实验是成功的。"②可以说，贺拉斯·曼是美国公立师范学校的真正创建者，他推动了美国公立师范学校的发展。

　　为了进一步促进公共教育在美国的发展，贺拉斯·曼要求州教育委员会允许他自费去欧洲国家访问。1843 年 5 月 1 日，他与玛丽·皮博迪（Mary Peabody）小姐结婚后，一起乘船赴欧洲。贺拉斯·曼详细地考察了英国、荷兰、比利时、法国和德国等国的学校，并把兴趣主要集中在公立学校上，着重考察了学校制度、教学方法、校舍、图书馆和师范学校等。贺拉斯·曼赴欧洲访问考察的结果，通过 1844 年他的州教育委员会《第七年度报告》公之于众。

　　针对大部分公立学校教室简陋不堪和没有图书馆的情况，贺拉斯·曼从

---

　　① E. I. F. Williams, *Horace Mann: Educational Statesman*, New York, The Macmillan Company, 1937, p.166.

　　② M. Peabody Mann, *Life and Works of Horace Mann*, Washington D. C. , National Association of the United States, 1937, p.146.

担任州教育委员会秘书那时起，就十分重视学校的物质需要，并使马萨诸塞州的公立学校在物质条件上得到了很大的改善。

1848年4月，贺拉斯·曼因担任美国国会议员而辞去州教育委员会秘书的职务。当时，他怀着深深的留恋之情说："我的手可能离开了它，但绝不是我的心。"此后，他继续支持通过改善公立学校的教育提案，并给公立学校提供财政资助。在答复美国第一次师范学校全国性大会的邀请时，贺拉斯·曼写道："公立学校曾是我的第一个爱好，也将是我的最后一个爱好。"①贺拉斯·曼还担任1849年成立的"美国教育促进协会"的主席。

1852年9月，贺拉斯·曼担任了设在俄亥俄州耶洛斯普林的安蒂奥克学院院长。在那里，他忘我地工作，克服了设施和财政上的困难，把这所学院办成了美国著名的高等教育机构。他十分关心女子高等教育，因而安蒂奥克学院的课程向所有种族的男女青年开放。

贺拉斯·曼的主要教育著作有12份《年度报告》和《教育讲演集》等。

1859年8月2日，贺拉斯·曼因病在耶洛斯普林去世。

作为早期公立学校运动的领导人，贺拉斯·曼对公立学校充满了无限的信念。在美国公立学校运动中，贺拉斯·曼领导下的马萨诸塞州在许多方面成了美国普及教育的典范。贺拉斯·曼的教育思想和教育实践为19世纪美国公立学校运动指明了方向，确立了基本原则，初步奠定了公立学校制度的基础，促进了美国公共教育事业的发展，因而，他被誉为美国公共教育制度的创立者。美国教育家帕克（F. W. Parker，1837—1902）指出，贺拉斯·曼可以与开国元首华盛顿和颁布《解放黑奴宣言》的林肯并列为美国最伟大的缔造者。② 1896年，在贺拉斯·曼100周年诞辰纪念会上，艾奥瓦州的学校督学萨宾（H. Sabin）在

---

① E. I. F. Willams, *Horace Mann: Educational Statesman*, New York, The Macmillan Company, 1937, p.291.

② J. E. Morgan, *Horace Mann: His Ideas and Ideals*, Washington D. C., National Home Library Foundation, 1936, p.3.

演讲中说，在美国教育家的年鉴中，贺拉斯·曼的名字列在其他所有教育家的前面。① 因此，有的美国教育学者说，在美国教育史上，如果说 20 世纪前半期以杜威为标志，那么，在 19 世纪前半期则以贺拉斯·曼为标志。

但是，贺拉斯·曼清楚地认识到，他在公立学校运动中取得的胜利依靠了其他教育改革者，更依靠了社会公众的支持。贺拉斯·曼曾这样说，他很幸运地成为 19 世纪美国公立学校运动的先驱者。美国教育学者温希普（A. E. Winship）指出："如果贺拉斯·曼没有许多有影响的朋友，那么，他作为马萨诸塞州公立学校制度的领导人是不能取得如此成功的。伟大的美国教育家之一亨利·巴纳德就是他的最好的朋友之一"。②

二、论普及教育

尽管贺拉斯·曼没有系统地写过关于教育理论的著作，但是，他在年度报告、讲演、信件和日记中广泛地论述了普及教育问题，强调了普及教育的重要性。在贺拉斯·曼看来，普及教育是任何一位政治家必须重视的一个问题。他明确指出："如果一位政治家在任何时候任何地方很少谈论全体人民的文化和教育，他就不是也不可能是一位美国的政治家。"③

贺拉斯·曼把普及教育和公立学校看作社会进步以及共和国发展的一个必不可少的条件。在题为"教育在一个共和国中的必要性"的著名演讲中，他强调："在一个共和国里，愚昧无知是一种犯罪。"④后来，他又在《第十一年

① J. E. Morgan, *Horace Mann: His Ideas and Ideals*, Washington D. C. , National Home Library Foundation, 1936, p.36.

② A. E. Winship, *Great American Educators*, New York, Werner School Book Company, 1990, p.46.

③ J. E. Morgan, *Horace Mann: His Ideas and Ideals*, Washington D. C. , National Home Library Foundation, 1936, p.20.

④ Horace Mann, *Report of An Educational Tour*, London, Simpkin and Compony, 1846, p.262.

度报告》中指出，没有知识的人民，不仅是而且肯定是贫困的人民。这样的国家不能创造出它自己的财富。在贺拉斯·曼看来，普及教育，就是普及知识。没有教育的普及，就没有知识的普及，而教育的普及，肯定会达到知识的普及。因此，一个国家不能长期保持愚昧无知，知识应该尽可能地在民众中间得到广泛的传播。对一个共和国来说，它的各方面成就在很大程度上依赖于普及教育。如果共和国不准备使儿童成为好的公民，不发展他们的能力，不用知识去丰富他们的头脑，使他们的心灵富于对真理和责任的热爱，那么，共和国就必定会趋于灭亡。在贺拉斯·曼的最后一份年度报告，即《第十二年度报告》中，他再一次强调指出，一个政府容忍它的劳动阶级成长而没有知识，犹之乎创造了像我们这样的人类，把他们安排在世界上而没有太阳的光辉一样残酷无情。建立一个共和国可能是容易的事情，一个不过是建立在愚昧、自私和情感基础之上的共和国是可悲的。[1]

　　考虑到传播知识的需要，贺拉斯·曼认为，应该使共和国的所有儿童都能接受免费的教育，从 4 岁到 16 岁，每年 10 个月。他大声地呼吁："教育必须是普及的……对真正的知识的每一点增加，就是对人类力量的增加。当一位哲学家发现一个新的真理时，无数的真理则可能在人民中间繁殖。整个大地必须让知识的大河流过。"[2]在贺拉斯·曼看来，教育机会对每一个美国儿童来说是个遗产，而不管他的社会、宗教和经济的背景如何。针对这一点，他说："给我以权力，我要把书本散布在地球上，正如同农夫把麦子撒播在耕过的土地上一样。"[3]一个国家的政府，在普及教育上不仅要不惜人力和物力，还要教导民众认识到其重要性和必要性。

　　从政治意义上来看，普及教育是十分重要的。贺拉斯·曼认为，普及教

---

①　任钟印：《世界教育名著通览》，779~781 页，武汉，湖北教育出版社，1994。

②　E. I. F. Williams, *Horace Mann: Educational Statesman*, New York, The Macmillan Company, 1937, p.141.

③　G. Compayré, *The History of Pedagogy*, Boston D. C., Heath and Company, 1910, p.565.

育能促进社会改革，促使人类平等，使人们成为一个具有更多学问和更高德行的人。只有普及教育，才能对抗资本的统治和劳动的奴隶状态，才能消除人为的社会鸿沟。因此，他强调，除了人类所创造的其他一切手段以外，教育是人们境况的伟大均衡阀——它是社会机器的平衡轮。通过扩大有教养的阶段或阶层，教育的普及将开辟社会感情得以扩展的更广阔的领域；如果这种教育是普及的、完善的，它将比任何别的事情更能消除人为的社会的鸿沟。① 总之，可以利用和通过普及教育来支持并巩固共和国制度，培养国民的精神。没有普及教育，一个共和国的成功将是没有希望的。

从经济意义上来看，普及教育也是十分重要的。贺拉斯·曼认为，普及教育能够解放人的智力，提高民族的文化水平，从而提高生产力和促进经济的发展。因为教育普及了，就能使所有儿童受到比较完善的教育，被训练成准备从事所有职业的人和促进经济发展的人。"受过教育的劳动者将是比较好的劳动者。"② 贺拉斯·曼在《第五年度报告》中指出："教育不仅是道德的革新者和智力的增殖者，而且……也是物质财富最多产的母体……它不仅是积累财富的最正当和最高尚的手段，而且也是最可靠的方法。"③ 他还指出：在国家的财富中，人的智力基本上是它的一个组成部分。④ 因此，缺乏相应的知识，即与履行责任相应的知识，会给任何一个部门带来毁灭和灾难，无论是商人和律师，还是医生，都是如此。由于教育是宏大的机器，依靠这种机器，可以把人性中的"原材料"加工成发明家、熟悉生产过程的技工和农民、学者、法官等，使消费者变成了生产者，并逐步增加其生产能力，因而成为无法想

---

① 任钟印：《世界教育名著通览》，779 页，武汉，湖北教育出版社，1994。

② ［美］S. 鲍尔斯、H. 金蒂斯：《美国：经济生活与教育改革》，王佩雄等译，241 页，上海，上海教育出版社，1990。

③ ［美］S. 鲍尔斯、H. 金蒂斯：《美国：经济生活与教育改革》，王佩雄等译，246 页，上海，上海教育出版社，1990。

④ L. A. Cremin, *The Republic and the School: Horace Mann on the Education of Free Men*, New York, Teachers College Press, 1974, p.61.

象的财富的创造者。正因为贺拉斯·曼对教育的经济价值的肯定，美国教育学者鲍尔斯(S. Bowles)和金蒂斯(H. Gintis)指出，"更有意义的是，在19世纪40年代早期的萧条岁月里，贺拉斯·曼也确认了教育的经济价值。"①

从伦理意义上来看，普及教育也是十分重要的。贺拉斯·曼认为，通过普及教育，民众不仅获得了知识，而且养成了正确的人生观和伦理观。这样，就能更好地维持社会秩序和保障社会安宁以及谋求社会和谐。贺拉斯·曼甚至说："开一所学校能关一所监狱。"②在他看来，最好的教育就是最有效的帮助，能使劳动者更遵守生产秩序，使个人整洁，也使机器保养得很好。总之，通过普及教育，必将有助于人们养成"美国化"的精神。

因此，贺拉斯·曼大力呼吁州政府颁布普及教育法令，并提供条件保证普及教育的实施。如果一个儿童在已入学作为学校的一个成员之后，他又逃学了，或者一个儿童在到达了法定的入学年龄之后，他还没有被父母送到学校去，那么，将按照规定发通知指出他父母的失职。当然，贺拉斯·曼也认为，不重视普及教育的致命后果不会立即反映出来，它不会像雷声紧随闪电而至那样，因为要使它成气候需要时间，像缓慢积累发生的雪崩一样，越是推迟发生，越是危险和可怕。

最后，还应指出的是，贺拉斯·曼认为，普及教育之所以可能，是因为每一个人都能够学习他自己所需要的知识。所有人生来是平等的，都能容易地提高到一个共同的水平。贺拉斯·曼在给他姐姐的信中写道："我们所有人都知道，实际上，人具有一些甚至许多合适的冲动力，使他们能够做更多的事情。"③当他在《公立学校》杂志上指出普及教育的可能时，那就更清楚了：

---

① [美]S. 鲍尔斯、H. 金蒂斯：《美国：经济生活与教育改革》，王佩雄等译，245页，上海，上海教育出版社，1990。

② 滕大春：《美国教育史》，323页，北京，人民教育出版社，1994。

③ J. Messerli, *Horace Mann: A Biography*, New York, Alfred A. Knopt, Inc., 1972, p. 214.

"你们之中没有一个人的能力是如此之高，而不需要一种作为保护者的教育；你们之中也没有一个人的能力是如此之低，而不能接受一种提高智力的教育。"①可以说，这也是贺拉斯·曼致力于普及教育事业的基点之一，从这里他找到了支撑他普及教育的信念。

三、论公立学校

面对独立后的美国社会发展，贺拉斯·曼强调："时代起了变化，一个不同的美国需要一种不同的学校。"②他所说的"一种不同的学校"就是公立学校。贺拉斯·曼认为，公立学校是实现普及教育的一条最好的途径。如果没有公立学校，也就不可能实现普及教育。如果一个社会的公民受过公立学校教育，那么这个社会就能获得成功。总之，贺拉斯·曼把公立学校看成共和国的一个工具、一种民主的学校、公民教育的中心以及参与公共服务的基地。

贺拉斯·曼认为，公立学校将对所有儿童开放，由州和地方社区提供，作为每一个儿童天赋权利的一部分。它对富裕家庭和贫困家庭的儿童一视同仁，不仅免费，而且提供质量好的教育。它虽然不属于任何教派，却可以接收所有教派、阶级和背景的儿童。他强调："这种公立学校是这样的一种机构。它能够在良好的知识和道德的范围内招收和训练儿童，这种机构是人类的伟大发现；我再重复一遍，公立学校是人类的伟大发现。"③在贺拉斯·曼看来，公立学校就是全体儿童都能入学的学校。它通过教育和教学，给每一个儿童提供一条自由的、正确的和可靠的道路，使他们成为从愚昧无知直

---

① L. H. Tharp, *Until Victory: Horace Mann and Mary Peabody*, Boston, Little Brown and Company, 1953, p.158.

② L. A. Cremin, *The Republic and the School: Horace Mann on the Education of Free Men*, New York, Teachers College Press, 1974, p.27.

③ M. Peabody Mann, *Life and Works of Horace Mann*, Washington D. C., National Association of the United States, 1937, p.142.

接走向掌握文化基础知识和明确公民基本责任的一个人。对于贺拉斯·曼的公立学校模式，当代美国教育史学家克雷明就做过这样的评论："贺拉斯·曼提出的公立学校模式，体现了在一个共和国里教育是必需的原理。它将是对所有人开放的，受到税收基金支持的。通过容纳所有信仰、阶级和背景的儿童，它将点燃一种友好的精神和共同的期望。"①

公立学校应该是由公众管理并得到公众支持的。贺拉斯·曼认为，对公立学校来说，公共管理是一个中心问题。除了公立学校对州的所有儿童开放外，更重要的是，在公立学校教育计划中所提出的教育目的对所有儿童应该是真正共同的。此外，负责公立学校管理的学校委员会应该由民选的立法机构成员和校外人士组成，其委员应该定期访问学校、检查教师的教学工作情况以及审定儿童所要学习阅读的书籍。在贺拉斯·曼看来，只要得到公共资金的支持并由公众来管理，公立学校就能得到进一步的改善和发展。

为了使所有的儿童能在公立学校受到更完善的教育，贺拉斯·曼指出，公立学校应该拥有好的校舍、图书馆和设备。

一是公立学校的校舍建筑。贺拉斯·曼认为，对于公立学校来说，首先是校舍的状况、建筑的数量。他到各市镇地区做视导时的第一个问题是："你们的校舍是否方便和舒适？如果是，属于哪一种类型？"在《第一年度报告》的"附录"里，贺拉斯·曼讨论了关于通风和取暖、教室的大小、课桌和座椅的合适种类、房间的窗户和灯光、操场面积以及建筑物的位置等问题。例如，他谈到在一些公立学校的校舍里，与课桌相配的每一个座椅仅仅是一根竖在地上的木桩，没有靠背，其中的一些座椅又是那样的高，以致儿童的脚不能碰到地面，可以说只有强迫压制才能使一个活生生的儿童仍然坐在这样的座位上。针对这些情况，贺拉斯·曼明确指出："我们公立学校的校舍建筑——

① L. A. Cremin, *American Education: The National Experience, 1783-1876*, New York, Harper Colophon Books Co., 1982, p.183.

这个问题竟如此少地受到注意，然而它是极其重要的。"①在贺拉斯·曼看来，好的校舍应该是一所公立学校的一项基本要求。校舍提供清洁的、舒适的学习环境，不仅对教学工作的顺利进行是必要的，而且对儿童的发育也是必要的。

二是公立学校的图书馆。贺拉斯·曼认为，每所公立学校必须建有图书馆，并添置好的图书。在《第三年度报告》中，他主要论述了公立学校图书馆的问题。他说："公立学校图书馆的好处是一个近代的发现。好的书籍对年轻人心理的作用，就如温暖的太阳和使人清新的春雨对在冬天的森林里埋着的种子的作用一样。"②在贺拉斯·曼看来，一个学校图书馆将是使儿童对他们的学习感兴趣的一个最有价值的辅助者。因此，图书馆应该与公立学校一样，能够在每个地区，甚至在最偏僻的乡村建立，使所有的儿童都能够进入图书馆，并在那里阅读各方面的书籍以增进自己的知识。贺拉斯·曼说："如果能够这样的话，一个新的天空将覆盖在他们的头上，一个新的地球将延伸在他们的脚下。"③此外，贺拉斯·曼还认为，在州的每一个学区里应该建立一个免费的流通图书馆，对学区内的所有儿童开放，离儿童的住宅区的距离步行约半小时。他把这当作普及的公立学校教育的继续和补充。

三是公立学校的设备。贺拉斯·曼认为，对于每一所公立学校来说，学校设备也是极其重要的。他曾指出："实际上，在任何的州和国家里，我都没有见到一所好的学校会没有一块黑板的，也没有见到一位优秀的教师会不经常使用它。"④在贺拉斯·曼看来，黑板是教室的一个普遍的和必要的附加物。

---

① 单中惠：《西方教育思想史》，415 页，太原，山西人民出版社，1996。

② J. E. Morgan, *Horace Mann: His Ideas and Ideals*, Washington D.C., National Home Library Foundation, 1936, p.138.

③ G. Compayré, *Horace Mann and the Public School in the United States*, New York, Thomas Y. Crowell, 1907, p.57.

④ Horace Mann, *Report of An Educational Tour*, London, Simpkin and Compony, 1846, p.50.

此外，他提出，当儿童进入公立学校后，应该给他们提供一块石板和笔，以便用来练习书写和绘画等。

贺拉斯·曼提出，公立学校的科目应该包括阅读、书写、算术、英语文法、历史、地理以及人体生理学、公民道德、宗教常识等。概括地讲，公立学校应该注意体育、智育、政治教育、道德教育、宗教教育等。

在体育上，贺拉斯·曼认为，无论对个人来说，还是对社会来说，健康的体魄都是十分重要的。他强调，在人类现世的繁荣昌盛中，健康和体力是必不可少的组成部分。① 因此，公立学校要对儿童普及人体生理学或健身法则的知识，使儿童不仅受到健康卫生规律知识的教育，而且养成健康卫生的习惯。从这个意义上讲，人体生理学应是公立学校课程中一门不可缺少的学科。在贺拉斯·曼看来，公立学校是传授健康卫生知识的唯一合适的机构。他真诚地希望把人体生理学作为一门不可缺少的学科引进公立学校，但愿任何一个不能精通生理学的主要原理并将它们应用于生活中的各种环境的人都不得成为教师。②

在智育上，贺拉斯·曼认为，对于创造财富来说，智育是主要的条件。除了扩散原有财富的力量外，智育还有创造新的财富的显著优点。他强调，如果智力开发先行，具有不可估量的价值的无数贡献一定会随之而来。③ 在贺拉斯·曼看来，智育是消除贫困和确保丰裕的一种手段。通过公立学校的智育培养有智慧的人，就能创造或开发新的财源，即以前任何人都不曾有过或不曾梦想过的财源。反之，如果人类智慧灭绝的话，那将立即会使人类陷入野蛮状态的软弱无力和绝望之中。

在政治教育上，贺拉斯·曼认为，培养一个有智慧的公民，政治教育也

---

① 任钟印：《世界教育名著通览》，776页，武汉，湖北教育出版社，1994。
② 任钟印：《世界教育名著通览》，777页，武汉，湖北教育出版社，1994。
③ 任钟印：《世界教育名著通览》，780页，武汉，湖北教育出版社，1994。

是重要的。他所说的政治教育，就是关于政治知识和政治基本观念的教育。通过政治教育，可以对儿童进行立法、共和国、选举等方面的教育，使他们了解共和国的历史、了解共和国政府的性质、了解宪法以及公民的权利和义务。但是，贺拉斯·曼建议，在进行政治教育时，应该用那些所有人都接受、所有人都相信、形成我们的政治信念的共同基础的关于共和主义信条的论文对一切人进行教育。①

在道德教育上，贺拉斯·曼认为，公立学校应该重视道德教育，向儿童灌输适宜的道德观念。因为道德教育是社会存在的基本需要。② 世界上各个时代的道德家在自己的说教书册中揭露了当时存在的罪恶及其丑恶现象，向人们提出了告诫；讽刺家在自己的辛辣散文中严厉地鞭挞这些罪恶；戏剧家把这些罪恶作为荒谬的现象搬上舞台，教导人们去蔑视它们。但贺拉斯·曼更相信，公立学校的道德对成人的习惯和品德的早期培养是具有决定意义的。在一个人的童年时代就培养他走正路，那他成年以后就不会走上歧途。作为公立学校的教师，他们应该熟悉儿童的优点和错误，熟悉儿童的倔强、任性和柔顺易教等特点，利用最有利的机会对他们进行道德教育。

在宗教教育上，贺拉斯·曼认为，公立学校也应该进行宗教教育，对儿童灌输以《圣经》为基础的一切基督教道德。他说，马萨诸塞州的学校制度既不是反宗教、反基督教的制度，也不是非基督教的制度。③ 但是，贺拉斯·曼反对强制儿童去接受任何教派的宗教信仰。因为宗教教派之争进入公立学校中，这对儿童的教育和培养是极其有害的，甚至可以说是在毁灭学校。《圣经》作为一本陶冶习惯和品德的书籍，儿童应该阅读，但教师不必加以评论。贺拉斯·曼因而受到了宗教保守派人士的反对和围攻。应该看到，尽管他在

---

① 任钟印：《世界教育名著通览》，783 页，武汉，湖北教育出版社，1994。
② 任钟印：《世界教育名著通览》，787 页，武汉，湖北教育出版社，1994。
③ 任钟印：《世界教育名著通览》，789 页，武汉，湖北教育出版社，1994。

学校与教会分离上采取了调和的态度，承认宗教教育在公立学校中的地位，但在使公立学校摆脱教会控制上走出了具有重要意义的一步。

贺拉斯·曼把公立学校看作一切文明力量中最有效和最宽厚的力量，并为公立学校的改善和发展做了坚持不懈的努力。因此，在《第十二年度报告》中，他满怀激情地写道："我曾在 12 年中为它贡献了我的财力、我的精力、我的健康，无疑，若不是由于健康原因，在我的有生之年可能要再为那个制度服务 12 年……"①

四、论教师和师资训练

自贺拉斯·曼担任马萨诸塞州教育委员会秘书后，他在许多不同的场合论述了公立学校教师的重要性，强调了师资训练的迫切性。

(一)论教师

贺拉斯·曼认为，教师是学校的主持者和知识的传播者。如果那里没有好的教师，那里就肯定没有好的学校。好的教学，也只有通过好的教师才能进行。一个好的教师，甚至能够把教育从完全的失败中挽救过来。

第一，教师应该具有好的品质。早在《第一年度报告》中，贺拉斯·曼就列举了教师的品质，如关心和热爱儿童、虔诚、公正、尊重真理、爱国、仁慈和善良、庄重、勤勉和节制等。在他看来，这些都是以共和制度为基础的社会所需要的品质。总之，教师要成为美德的榜样。在教育和教学中，教师的态度更胜于父母，因为这种态度有父母的温馨和警觉性而没有父母的感情容易导致的不明智的溺爱和纵容。② 他们不会使儿童因行为不当而受到奚落、嘲笑和责骂，也不会使儿童由于害怕而张皇失措、精神恍惚或心慌意乱。教师不仅具有良好的行为和道德，特别是热爱儿童，还要愿意把他们的全部精

---

① 任钟印:《世界教育名著通览》，789 页，武汉，湖北教育出版社，1994。

② 任钟印:《世界教育名著通览》，774 页，武汉，湖北教育出版社，1994。

力献给教育这一伟大工作。

第二，教师应该有丰富的知识。贺拉斯·曼认为，教师要非常熟悉所教的科目，以便在课堂教学中做到敏捷果断、前后连贯、随机应变、应付裕如。由于教师对教学内容是精通的，因此，他在教学时所提出的问题能使全体儿童的思想处于活跃状态，能使问题的难易程度适合他们的能力。贺拉斯·曼还建议教师阅读有权威性的教育著作和教育期刊。

第三，教师应该有好的方法。贺拉斯·曼认为，教师如果懂得如何去教，他就能使儿童保持注意力，并忙于那些有益的、有趣的事情。如果教师用好的方法教学，那么只要有一半的时间就能产生更好的效果。在讲课方式上，贺拉斯·曼建议美国公立学校教师应该学习模仿德国学校教师。在《第七年度报告》中，他详细地描述了德国学校中一个班级的上课情形："我走进了一个有 60 名 6 岁上下的孩子的教室。孩子们刚刚坐好，所有人都微笑着，期待着。他们入学才仅仅几个星期，但早已产生了对学校的热爱。教师站在学生面前，说了一句幽默的话，引起了整个课堂一阵轻轻的笑声并卓有成效地抓住了学生的注意力，然后，他做了个手势要大家安静下来，课堂里鸦雀无声了，然后，他说出了仅有一个句子的恳求，对他们要求说，既然他们来到这里一起学习，他们就可能成为优秀的、勤奋的学生。然后，他对他们说美好的天气，问他们关于季节、关于各个季节中正在结果实的各种果树，他们知道些什么，询问他们树木在做房子、家具时的用途，等等。他常说些使全班活跃起来的逗趣的话，但从未引起任何秩序混乱的征兆，在他进行约 20 分钟亲切的谈话时，教师的态度一点没有轻薄或不庄重的表现；那种态度既尊严又幽默，他时而引起儿童发出一阵轻轻的笑声，这笑声较之流泪更有利于使儿童的心理处于善于接受的状态。"[①]

第四，教师应该有热情。贺拉斯·曼认为，充满热情的教师能与班上的

---

① 任钟印：《世界教育名著通览》，770~771 页，武汉，湖北教育出版社，1994。

儿童融为一体，能激励和鼓舞他们，给天性不太活跃的儿童注入活力，给信心不足的儿童鼓励打气，给学习好的儿童提出新的目标。在这样的情况下，"教师的这种热情燃起了学生的热情。他用自己的热情使他们的热情高涨到最高点。这样的教师的手下是不会有无所事事的、恶作剧的、悄声说话的学生的，棍棒也无用武之地"①。

贺拉斯·曼还认为，女性比男性更适合担任公立学校教师。他强调指出："女性赋有更强烈的母性本能，她们对儿童群体天然的爱，她们的性情中有更优良的温柔和耐心——所有这一切都使得她们在管理儿童时温柔而不严峻，以期望而不是以恐吓作为行动的动机，运用各种鼓励的艺术而不是用烦恼和强迫。"②在贺拉斯·曼看来，妇女是儿童的母亲，因此无论是她们的性格，还是她们的态度，都更适合学校教育工作，自然地成为儿童的教育者。由于贺拉斯·曼的大力呼吁，公立学校聘用女教师趋于普遍。

(二)论师资训练

贺拉斯·曼认为，教师工作是职业性的，并且教育职业是社会中最高的一种职业。因此，他确立了教师必须受到良好训练的原则。他不希望公立学校继续聘用那些没有受过专门训练的人来服务。早在《第一年度报告》中，贺拉斯·曼就提及公立学校教师质量的问题，指出大多数教师受到的教育是不够的，许多教师没有受过专门的训练，不少教师把教书作为寻找一个更有吸引力的职业的跳板，因此，缺乏充分而完善的训练是公立学校教师质量低的一个重要原因。

为了提供良好的师资训练，贺拉斯·曼主张必须建立师范学校，专门训练教师如何去教。他清醒地认识到，在公立学校制度上要有任何有意义的改进，首先就得依靠好的教师，并且好的教师只有通过一种仔细设计的教育才

---

① 任钟印:《世界教育名著通览》，773 页，武汉，湖北教育出版社，1994。
② 任钟印:《世界教育名著通览》，775 页，武汉，湖北教育出版社，1994。

能被培养出来。因此，贺拉斯·曼说："我把师范学校看作一种新的进步的方法——为了人类历程的改善。"①在《第十二年度报告》中，他重申了他在师范学校方面的信念：没有师范学校，公立学校将不会繁荣。要补充足够的有能力的教师，但没有师范学校，正如我们希望穿衣服但没有裁缝，希望戴帽子但没有制帽子的人，希望戴手表但没有制造手表的人，希望住房子但没有木匠或泥瓦工。贺拉斯·曼甚至认为，师范学校的建立比图书馆的建立更为重要，师范学校应该提供一大批受过专门训练的教师加入公立学校教师队伍中。

在训练教师如何教的问题上，贺拉斯·曼认为，师范学校不仅要在所教科目和教学方法上对学生进行训练，还要让他们进行教学实习。师范学校的具体课程应该包括阅读、书写、语法、修辞、逻辑、算术、代数、几何、历史、地理、人体生理学、自然历史、自然哲学、基督教道德原理以及教学理论和技巧等。在赴欧洲国家访问考察之后，贺拉斯·曼努力把瑞士教育家裴斯泰洛齐的理论和方法介绍到美国来，希望教师采用直观教学法来教学。

在贺拉斯·曼看来，通过师范学校提供的良好师资训练，教师将成为受过专门教育的人。"他们的语言是经过选择的，他们的声音与语调是正确的和有吸引力的，他们的行为举止是文雅的和优美的，他们所有的谈话题目是振奋人心和有教益的，他们心灵的慈祥是永久地被保持的以及他们在可能进入的圈子里都能散发出一种无法形容的魅力。这样的一个人应是每一所学校的教师。"②贺拉斯·曼甚至把教师与律师做比较，希望教师能够精神焕发、才华横溢、口若悬河、风度宜人。

---

① G. Compayré, *Horace Mann and the Public School in the United States*, New York, Thomas Y. Crowell, 1907, p.37.

② J. E. Morgan, *Horace Mann：His Ideas and Ideals*, Washington D.C., National Home Library Foundation, 1936, p.134.

要使公立学校得到改善和发展，教师的选择也很重要。因为"在一个好的教师和一个差的教师之间，正如在阳光明媚和乌云密布之间一样，存在着许多不同点"①。贺拉斯·曼指出，选择教师应该是学校委员会的重要职责之一。对教师资格的第一个考查是看他能否引起和维持班级学生的注意力，这应该是教师必须具备的一个条件。在他看来，如果一位教师不能做到这样的话，那么不需要进一步询问，就可以得出他不适合担任公立学校教师的结论。

第二节　巴纳德的教育思想

亨利·巴纳德是美国教育政治家和19世纪美国公立学校运动的领袖，被誉为"美国公共教育早期发展的领导人"。在为美国实现公立学校的运动中，巴纳德是公立学校制度的伟大设计者，他试图对所有的公立学校进行系统的管理，有时也被誉为"美国学校管理之父"②。有些美国教育学者指出："事实上，亨利·巴纳德个人的历史是与19世纪美国公共教育的历史平行的。"③

一、生平和教育活动

巴纳德1811年1月24日出生于美国康涅狄格州的哈特福德的一个富裕农场主家庭。由于家境比较好，他被送入蒙森文实学校读书。为了进入大学，巴纳德还在霍普金斯文法学校学习过。

---

① G. A. Hubbell, *Life of Horace Mann*：*Educator*, *Patriot and Reformer*, Philadelphia, W. M. F. Fell Company, 1901, p.89.

② [美] L. 迪安·韦布：《美国教育史：一场伟大的美国试验》，陈露茜、李朝阳译，168页，合肥，安徽教育出版社，2010。

③ R. C. Jenkins, G. C. Warner, *Henry Barnard*, Connecticut, Hartford, The Connecticut State Teacher Association, 1937, p.69.

1826 年，年仅 15 岁的巴纳德进入了耶鲁大学。1830 年，耶鲁大学毕业后，巴纳德在宾夕法尼亚州韦尔斯博罗的一所文实学校担任教师。任教后第二年，即 1831 年，他开始在纽约、耶鲁法学院等地学习法律，并于 1834 年通过了律师资格考试，进入了法律界。

1835 年，巴纳德赴英国、法国、德国、瑞士等欧洲国家访问考察，历时 2 年时间，他对欧洲国家学校管理实践和教育家的新理论，特别是瑞士教育家裴斯泰洛齐和德国教育家福禄培尔的教育理论产生了兴趣。欧洲国家的学校改革状况也给他留下了深刻印象。

1837 年自欧洲回国后，巴纳德就放弃了律师职业，开始投身于教育行政工作。从 1838 年 6 月起，他担任康涅狄格州公立学校委员会秘书，直到 1842 年。巴纳德的足迹遍及整个康涅狄格州，为该州公立学校的改善和发展做出了很大的努力。但令人遗憾的是，他遭到了该州保守势力的反对。1842 年，巴纳德被迫辞去公立学校委员会秘书职务。随后，他花了 6 个月时间在美国各个地区旅行考察，使他有机会了解当时美国的社会和学校教育状况，收集和整理美国教育的历史资料。

1843—1849 年，巴纳德应邀到罗得岛州担任该州教育委员会秘书职务。在罗得岛州期间，他抓住一切可能的机会做讲演，有时还在公立学校面对儿童宣传公共教育思想。据统计，他曾参加了 1100 多次会议并做讲演。巴纳德的努力工作，促进了罗得岛州公立学校的改善和发展。

1850 年，巴纳德又回到康涅狄格州，担任设在新不列颠的州立师范学校校长，同时兼任该州的公立学校督学，直到 1854 年。在他的建议下，康涅狄格州的学校法做了修订，以便更有效地管理公共教育。

国际教育方法博览会于 1854 年在英国伦敦举行。巴纳德代表美国出席了博览会，进一步了解了欧洲教育家的教育理论和方法。1859 年，巴纳德担任了威斯康星大学的校长。1866 年 1 月起，他又担任马里兰州的圣约翰学院院长。

在巴纳德的建议下，美国联邦教育部于 1867 年成立。当时美国总统约翰逊任命巴纳德为联邦教育部第一任教育行政长官，一直到 1870 年。

在教育行政工作实践中，巴纳德主持编辑了《康涅狄格公立学校杂志》和《罗得岛教育学会会刊》。1855—1881 年，他主编了《美国教育杂志》，共32 卷，每卷 800 多页。《美国教育杂志》作为当时美国最有影响的一份教育刊物，调查了美国从殖民地时期到 19 世纪的教育状况，传播了欧洲教育家的新教育理论及其在美国的应用，从而对当时美国教育科学的发展起了很大的推动作用。

耶鲁大学、哈佛大学分别于 1851 年和 1852 年给巴纳德授予法学博士学位。1887 年，哥伦比亚大学也授予他法学博士学位。

巴纳德的主要教育著作有《学校建筑》《师范学校》《欧洲的国民教育》《裴斯泰洛齐与裴斯泰洛齐主义》《幼儿园和儿童文化》等。

1900 年 7 月 5 日，巴纳德在哈特福德去世。对于巴纳德为公立学校奋斗的一生，我们可以借用贺拉斯·曼 1846 年的一段话来概括："关于亨利·巴纳德先生，可以毫不夸张地说，如果我们想找一个更合适的人，我们至少要等到下一代，因为现在还找不到比他更合适的人。这位负责人怀着无限的热忱履行他的职责，并把他的时间、才能和资财都贡献了出来。"①

在 19 世纪美国公立学校运动中，巴纳德是贺拉斯·曼的一个亲密同事和朋友。他在担任康涅狄格州公立学校委员会秘书后不久就与贺拉斯·曼相识。巴纳德比贺拉斯·曼年轻 15 岁，大约在贺拉斯·曼开始在马萨诸塞州进行教育改革的同一时间，他便开始了自己的教育生涯。尽管他们在许多方面是不同的，但他们在公立学校的重要性和作用方面的观点却是非常相似的。"贺拉

---

① E. P. Cubberley, *Readings in the History of Education*, Boston, Houghton Mifflin Company, 1920, p.567.

斯·曼和亨利·巴纳德在这一点上是连在一起的——作为美国公立学校制度的两位缔造者。"①

巴纳德的一生是为美国公立学校献身和不屈不挠工作的一生。美国教育学者温希普说,巴纳德具有"科学家的直觉、历史学家的容忍、政治家的自信以及改革家的热情"②。美国教育学者梅奥(A. D. Mayo)说,巴纳德"在最进步的理想上制订了一个完整的公共教育改革计划"③。可以说,巴纳德的名字总与19世纪美国公立学校事业联系在一起。但是,由于巴纳德在1867—1870年曾担任美国联邦教育部第一任教育行政长官,所以,美国教育史家格莱夫斯(F. P. Graves)这样说:"巴纳德曾是美国教育行政的领导人。他的生涯并不如此惊人,但是就更大的和更多的富于成效的教育成果来讲,甚至超过了贺拉斯·曼。"④巴纳德有时也被称为"美国学校管理之父"⑤。

二、论普及教育和公立学校

与贺拉斯·曼一样,巴纳德也十分重视普及教育。他认为,知识对每个人都是有用的,教育正是传播知识的一个重要手段。巴纳德说:"我一生的目的就是收集和传播知识,有用的知识——这种知识对所有人都是有用的。"⑥在他看

---

① W. P. Lannie, *Henry Barnard: American Educator*, New York, Teachers College Press, Columbia University, 1974, "Foreword"(by L. A. Cremin).

② A. E. Winship, *Great American Educators*, New York, Werner School Book Company, 1990, p.112.

③ R. C. Jenkins, G. C. Warner, *Henry Barnard*, Connecticut, Hartford, The Connecticut State Teacher Association, 1937, p.28.

④ W. P. Lannie, *Henry Barnard: American Educator*, New York, Teachers College Press, Columbia University, 1974, p.114.

⑤ J. D. Pullian, *History of Education in America*, Columbus, Ohio, Charles E. Merril Publishing Company, 1991, p.73.

⑥ R. C. Jenkins, G. C. Warner, *Henry Barnard*, Connecticut, Hartford, The Connecticut State Teacher Association, 1937, p.107.

来，普及教育的目的就是使所有不同家庭背景的儿童都能受到教育，获得有用的知识，因为获得受教育的机会应该是每一个公民的天赋权利。

巴纳德指出，正是教育造成了有知识的人和没有知识的人之间的区别，也造成了进步的社区和落后的社区之间的区别。对于一个国家的巩固和繁荣发展来说，教育是一项极其重要的神圣事业。美国社会和公民的进步是与公共教育的发展成正比关系的。巴纳德强调："一个国家的财富是它的有才智的人。"①因此，国家不仅要重视教育的发展，还要使公众认识到教育的重要性。这样，"公众支持公立学校并具有直接的兴趣，以保证儿童进入公立学校的入学率"②。

为了实施普及教育，使每一个儿童都能获得教育机会，巴纳德认为，最好的办法是建立公立学校。作为培养有责任感的公民的公立学校，应该是由州建立和管理的，同时受到公共税款的支持。在他看来，公立学校是对所有儿童开放的，应成为他们接受初等教育的广泛基础。"正如光线和空气是共享的一样，公立学校的福泽是给所有人的和所有人都能享受的。"③

巴纳德建议，每一个地区都应该建立公立学校，提供给所有3~18岁的儿童和青少年，使他们在那里学习各方面的知识。公立学校不仅提供读写算等文化基础知识教育，而且也注意健康卫生的教育。在访问考察欧洲国家后，巴纳德把那些国家的社会和教育状况与美国进行了比较，并得出了一个明确的结论：一个国家持久繁荣的希望是建立在普及教育的基础上的。在他看来，美国教育的改革不仅需要更多的公立学校，而且更需要建立公立学校制度。

针对当时康涅狄格州乃至整个美国公立学校落后的状况，巴纳德在对学

---

① R. C. Jenkins, G. C. Warner, *Henry Barnard*, Connecticut, Hartford, The Connecticut State Teacher Association, 1937, p.100.

② R. C. Jenkins, G. C. Warner, *Henry Barnard*, Connecticut, Hartford, The Connecticut State Teacher Association, 1937, p.108.

③ R. C. Jenkins, G. C. Warner, *Henry Barnard*, Connecticut, Hartford, The Connecticut State Teacher Association, 1937, p.109.

区公立学校进行调查的基础上明确指出，必须努力改善和尽快发展公立学校。在担任康涅狄格州公立学校委员会秘书期间撰写的《第三年度报告》中，巴纳德具体论述了如何改进公立学校的五个办法。第一，规定镇的责任是维持分年级的公立学校，给所有的儿童和青少年提供免费的、平等的和有用的教育，并给学校提供资金以改善其条件。第二，每一个县都要建立师范学校或者组织教师讲习会，帮助公立学校教师掌握最实际的技能并提高教学的效率，以便更好地管理所有的公立学校。第三，每一个县或学区学校委员会的成员，不仅要访问学校、检查教师以及与学校行政人员、教师和家长座谈，并且要每半年发布一份详细的报告，总结公立学校工作并提出改进的建议和计划。第四，给每一所公立学校的行政人员和教师提供一份定期发行的统计资料，以促进公立学校的发展和提高公立学校的效率。第五，要求每一所公立学校建立一所藏书丰富的图书馆，并通过它来促进课堂教学。① 巴纳德坚定地相信，公立学校通过改善和发展，肯定会成为好的学校。

巴纳德认为，改善公立学校的校舍建筑也十分重要。因为校舍建筑不符合卫生的状况会使学生容易患病，所以，在提高入学率之前，首先必须改善公立学校的校舍建筑状况。在《学校建筑》一书中，巴纳德就讨论了公立学校的校舍如何选址和如何建造、校舍如何通气和如何取暖、校舍应有什么设施、教室如何安排等问题。

由于巴纳德的无限热忱和勤奋工作，以及力图把自己的理想付诸实施，康涅狄格州的普及教育得到了发展，公立学校有了很大的改善。贺拉斯·曼在 1846 年曾高兴地对此做了具体的描述："冻僵的康涅狄格州很快就恢复了生气。它的半死不活的状态开始重新获得生命的活力。很多有价值的知识得到传播。许多父母开始更正确地理解自己作为父母的职责。教师也觉醒起来

---

① W. P. Lannie, *Henry Barnard: American Educator*, New York, Teachers College Press, Columbia University, 1974, p.105-106.

了。一些相互促进的协会也成立了。混乱开始被制度所代替,并制定了一些有助于公立学校教育的法律。所有这一切都是这一事业昌盛的吉兆。"①

三、论教师和师资训练

面对当时公立学校教师素质差和缺乏训练的情况,巴纳德十分重视教师问题。因此,他多次强调:"教学的关键是教师,教育的关键是教师,课程的关键是教师。"②在巴纳德看来,教师应该是世界上最重要的和最可靠的人。教师应该采用直观教学的方法在他们可能达到的范围内给学生传授知识,并教会学生去思考。因此,巴纳德自己曾是康涅狄格州教师协会的一个活跃的成员。

巴纳德认为,有好的教师,才会有好的学校。如果我们希望有好的公立学校,但是没有好的教师,那是没用的。因此,他在担任康涅狄格州公立学校委员会秘书时强调:"给我好的教师,我将在5年的工作时间中,使得这个州的儿童教育发生的不是一种变化,而是一次革命。每一位好的教师在公共教育改善的事业中将使他自己成为一个先锋、一个传播者。"③他于1839年创办了师资培训班,利用暑期对在职教师进行4~6周的训练或在一些学区组织教师讲习会,并设立流动的示范小学,巡回向各地教师进行教学示范。在巴纳德看来,那些好的教师通常都能认识到公立学校的重要性和必要性。

因此,公立学校要改善和发展,关键是聘用好的教师。在这一点上,巴纳德认为,学校委员会要制定正确的教师合格标准,注意教师的合格资格,

---

① E. P. Cubberley, *Readings in the History of Education*, Boston, Houghton Mifflin Company, 1920, p.567.

② R. C. Jenkins, G. C. Warner, *Henry Barnard*, Connecticut, Hartford, The Connecticut State Teacher Association, 1937, p.97.

③ R. C. Jenkins, G. C. Warner, *Henry Barnard*, Connecticut, Hartford, The Connecticut State Teacher Association, 1937, p.107.

以便选择好的教师去担任公立学校的教师。为了帮助教师提高教学工作的水平，学校委员会要给他们介绍一些教育书籍去阅读，以做出从事教学工作的准备，使教学工作更加有效。此外，学校委员会也要注意提高公立学校教师的待遇，改变工资待遇与他们服务实际不相称的情况。

巴纳德也认为，公立学校应该注意聘用女教师。因为这样做，可以改善学校纪律和增加道德影响。因此，在肯定女教师作用这一点上，巴纳德的看法是与贺拉斯·曼相似的。在巴纳德看来，在公立学校的改善和发展中可以做许多事情。例如，学校委员会的成员访问学校，要求教师在文化知识和实践技能上提高等，但是最重要的是建立师范学校。他认为，师范学校是为师资训练服务的一种教育机构，也是使教师具有合格资格和提高师资质量的一种最有效的途径。在师范学校里，未来的教师可以得到科学和教学的训练。早在1838年的《第一年度报告》中，巴纳德就建议师资训练的科目包括阅读，书写，计算，英语(拼写、阅读、说话、文法、作文)，宗教和道德教育以及教育理论和实践等。他还认为，师范学校应该附设模范学校或实习学校。这不仅可以为未来的教师提供一个教学实习的场所，还可以为所有的教师提供教学示范。因此，巴纳德强调："师范学校或教师讲习会没有模范学校，正如一个制鞋工场没有皮革一样。"①

巴纳德最后认为，师范学校应该成为州的学校教育制度的一个组成部分，应该得到州的行政当局、学校委员会、公立学校校长以及民众的支持。

四、论教育资料

为了更好地促进美国公共教育的改革和发展，巴纳德认为，收集和整理教育统计资料是十分重要的。因为通过教育统计资料，教育行政人员和学校

① R. C. Jenkins, G. C. Warner, *Henry Barnard*, Connecticut, Hartford, The Connecticut State Teacher Association, 1937, p.27.

教师可以进行分析比较，区分各个地区以及世界各国教育的优劣，有目的地学习和吸收先进地区和国家的教育经验与教育理论。早在担任康涅狄格州公立学校委员会秘书时，巴纳德说："州应该了解她的公立学校的实际情况。为了她的尊严和幸福，州要去了解她。但是，没有对她的公立学校情况的一种正确的调查，州是不能了解的。"①因此，他日夜工作，拟订了调查问题提纲在整个康涅狄格州到处跑，收集关于公立学校的确切资料。人们往往称巴纳德是"一个带着笔记本的令人敬畏的年轻人"②。

后来，巴纳德还建议美国联邦政府收集各州各地公共教育的资料。1854年，他建议成立一个促进美国公共教育的中枢机构，以有利于教育统计资料在全国范围内的交流和传播。第二年，他就创办了《美国教育杂志》，为美国公共教育发展提供了教育统计资料等。巴纳德自己说，该杂志"一方面要汇集不同社会、不同政府、不同宗教信仰之下的所有政治家、教育家和教师的成熟的教育观点和各自的教育经验，并按年代顺序介绍各级学校组织、教育行政、教学及道德培养等教育各方面的发展情况；另一方面还要揭示教育实际中的种种不良状况，鼓励认真有效的教育活动，在广大的范围内为各部分教育界人士提供自由交换意见、商讨问题的中介场所"③。因此，《美国教育杂志》成了教育资料、辩论和评论的丰富贮藏所。学者们发现，它"是19世纪美国教育发展情况的最完整和最精确的资料源泉"④。美国教育家斯坦利·霍尔赞誉《美国教育杂志》："在已发行的任何语言的教育杂志中是最有价值

---

① R. C. Jenkins, G. C. Warner, *Henry Barnard*, Connecticut, Hartford, The Connecticut State Teacher Association, 1937, p.54.

② R. C. Jenkins, G. C. Warner, *Henry Barnard*, Connecticut, Hartford, The Connecticut State Teacher Association, 1937, p.54.

③ [美] 格莱夫斯：《近代教育史》，吴康译，215～216页，上海，商务印书馆，1923。

④ [美] S. E. 佛罗斯特：《西方教育的历史和哲学基础》，吴元训、张俊洪、宋富钢等译，471～472页，北京，华夏出版社，1987。

的。"①美国教育家、约翰斯·霍普金斯大学第一任校长吉尔曼也明确指出，这份教育杂志是"一份最综合和最有价值的杂志"②。

在 1876 年担任美国联邦教育部第一任教育行政长官之后，巴纳德立即把汇集和传播全国的教育资料作为他的任务之一。通过汇集有关国内外教育状况的资料，编辑专题报告或文章向全国分发，在全国范围内传播教育经验和理论，联邦教育部推动了美国公共教育的发展。

巴纳德认为，教育历史资料是十分重要的，它有助于理解过去的努力与今天的目标之间的相互依存关系。1854 年，巴纳德写了一本关于学校法律历史的报告书，被认为美国公立学校资料的肇端。因此，美国教育史家克伯雷把他看作美国第一位伟大的教育学者。美国教育学者门罗（Will S. Monroe）指出："在教育文献资料方面，巴纳德是一个先驱者。从他的时代起，没有一个人的出版物在价值上如他的不朽的《美国教育杂志》一样。"③

正因为教育文献资料的重要，因此，公共图书馆的建立也是巴纳德一生中最使他高兴的事情。当他在罗得岛州工作时，在整个州 32 个镇中就有 29 个镇建立了藏书 500 册的图书馆。巴纳德很重视教育资料的汇集整理和分析比较。他曾说："在我的笔杆和声音的范围内，我要通过自己能拥有的力量和能采取的方式，促使每一个家长、教师、学校领导以及公共教育之友抛弃那些无用的东西，同时使一切变得优秀。"④因此，美国罗耀拉大学教育学教授古特克（G. L. Gutek）指出："巴纳德作为一位教育领导人的重要性并不限于

---

① W. P. Lannie, *Henry Barnard: American Educator*, New York, Teachers College Press, Columbia University, 1974, p.24.

② W. P. Lannie, *Henry Barnard: American Educator*, New York, Teachers College Press, Columbia University, 1974, p.25.

③ W. P. Lannie, *Henry Barnard: American Educator*, New York, Teachers College Press, Columbia University, 1974, p.117.

④ R. C. Jenkins, G. C. Warner, *Henry Barnard*, Connecticut, Hartford, The Connecticut State Teacher Association, 1937, p.109.

他作为一位教育行政管理者的作用，在19世纪的绝大部分时间里，他是对美国教育事务的最杰出的评论者。"①

第三节　哈里斯的教育思想

哈里斯是美国教育家、哲学家。作为19世纪美国公立学校运动的一位领导人，他毕生致力于公共教育与工业化社会的融合，巩固了公立学校战斗的胜利，最终使公立学校制度在美国得以合法化。

一、生平和教育活动

1835年9月10日，哈里斯出生于美国康涅狄格州的北基林利。在当地受完中小学教育后，进入耶鲁大学学习。但由于大学不能满足他对自然科学的热爱，哈里斯仅修业2年就退学了。

1857年，哈里斯赴密苏里州的圣路易斯。他在担任家庭教师的同时，刻苦自学钻研。后来，他担任了一所文实学校的校长，由于治校严谨而获得了较大的声誉。1868年，哈里斯担任了圣路易斯教育局副局长；第二年，又升任教育局局长，并担任此职长达12年之久。在圣路易斯期间，他创办了《思辨哲学杂志》，这是美国第一份哲学杂志。

由于哈里斯的努力工作和不断开拓，圣路易斯在美国成了一个公共教育迅速发展并取得了很大成绩的城市。哈里斯十分重视幼儿教育，不仅降低了小学生的入学年龄，而且在公立学校里附设幼儿园。1837年，他向地方教育董事会提出了一个方案，要求把幼儿园教育作为圣路易斯学校制度

---

① G. I. Gutek, *An Historical Introduction to American Education*, Chicago, Y. Crowell Company, 1970, p.59.

的一个组成部分；同时，聘请布洛（S. Blow）夫人担任圣路易斯教育局的科长，负责管理幼儿园以及幼儿园教师的培训工作。同年夏天，哈里斯的方案被批准。于是，圣路易斯在美国第一次把幼儿园教育列入公立学校教育系统，成立了美国第一所公立幼儿园。到 1880 年，全市公立幼儿园已达 50 所。由于哈里斯和布洛的相互合作，圣路易斯成了当时美国公立幼儿园教育的中心，其影响遍及全国，促使其他各州各地的幼儿园被列入公立学校教育系统。

1880 年，哈里斯赴欧洲国家访问考察。回国后，他在马萨诸塞州的康科德建立了一所哲学和文学学院，致力于哲学研究和著述。

哈里斯在 1889 年被当时的美国总统哈里森任命为联邦教育部部长，并一直工作到 1906 年，成为美国公共教育的权威人士。美国教育学者米萨瓦（T. Misawa）指出："作为一个成功的管理者，哈里斯为美国教育的进步做了很多事情。"[1]

在哈里斯的教育生涯中，他不仅钻研心理学、教育哲学和教育史，还思考学校教育的实际问题。哈里斯的论著和讲演很多，其中主要有："教育的心理学基础""初等教育""公立学校的道德教育""学校纪律与道德教育的关系""师范学校的未来"等。

1909 年 11 月 5 日，哈里斯因病去世。

在 19 世纪美国公立学校运动中，哈里斯也是一位重要人物。他与贺拉斯·曼和巴纳德相比，是公立学校运动后期的领导人。因为哈里斯开始投身于公立学校事业时，正是贺拉斯·曼去世的那一年。应该说，哈里斯敏感地认识到公立学校胜利的重要性，继续了贺拉斯·曼、巴纳德以及他们同时代人的开拓性工作。当代美国教育史学家克雷明明确指出，对于哈里斯来说，

---

[1]　T. Misawa, *Modern Educators and Their Ideals*, New York, D. Appleton and Company, 1909, p.275.

一方面，他依然是南北战争前所取得的胜利的伟大巩固者；另一方面，他最终使公立学校制度合理化了。① 最后，哈里斯终于巩固了贺拉斯·曼所发起的革命。② 毫无疑问，对于美国19世纪公立学校运动的最终胜利，哈里斯做出了很大的努力和贡献，并被载入美国教育史册。

二、论教育

作为19世纪美国黑格尔学派的主要继承人，哈里斯曾在圣路易斯与其他人一起组织哲学研究会，并把教育的发展作为它的一个重要课题。他在《思辨哲学杂志》创刊上写道："放弃传统的心灵承受力和只接受其本身证明为正当的心灵承受力的倾向，是富有活力的；其结果仅仅是要求理性，这种理性将找到并建立一种哲学基础……"③ 这清楚地表明哈里斯从黑格尔(G. W. F. Hegal，1770—1831)的辩证法和理性主义中找到了信念。

由于受到德国哲学家黑格尔的哲学和教育思想的影响，哈里斯认为，教育是社会的一种职能，是一个促使个人在接受种族文化的基础上发展理性的过程。他说："教育是用这种社会秩序代替人们纯粹动物性的过程，是为了永恒的自由而对短暂的自由的放弃。"④从某种意义上讲，这是一个以社会理想取代个人愚昧的过程。因此，教育的目标是通过人类的知识，即人类长期积累的人文财富和文明遗产的学习，培养一个在他所生活的文明社会里行使真正自由的有理性的人。对于一个民主社会来说，教育是民主社会的基

---

① [美]劳伦斯·阿瑟·克雷明：《学校的变革》，单中惠、马晓斌译，13页，济南，山东教育出版社，2009。

② [美]劳伦斯·阿瑟·克雷明：《学校的变革》，单中惠、马晓斌译，18页，济南，山东教育出版社，2009。

③ [美]劳伦斯·阿瑟·克雷明：《学校的变革》，单中惠、马晓斌译，14页，济南，山东教育出版社，2009。

④ W. T. Harris, "Psychological Foundations of Education," *Philosophical Review*, 1889(7), p.557.

础。只有每个人都享有受教育的机会，人们才有可能建设成理想的社会或国家。

哈里斯还认为，每一个人都应该通过教育而成为一个天性发展的人。社会文化与人的天性并不是完全对立的，而是可以相互调和的，而且社会文化更能促进人的天性的发展。在哈里斯看来，教育必须是培养人才的社会科学。通过教育，把一个人引向自由而远离他的原始自我，把个人原始的或本能的自我活动提升为高层次的自我活动，从而形成社会性的活动，并养成社会性的习惯和行为。

就教育机构来讲，哈里斯把它分成五种：家庭、学校、社会、国家、教会。哈里斯认为，一个人五六岁前在家庭中进行最初阶段的教育；当他逐渐长大后就走出狭隘的家庭范围进入学校，由学校传授文化知识并有步骤地引导他参与社会生活；在社会的陶冶下他又学习职业技能并认识国家的法律和政治体制；最后由教会养成他的宗教信仰。在这五种教育机构中，哈里斯指出，学校的职责是最重要的，必须予以重视。因为家庭、社会、国家和教会给人的训练往往是无意识的和凭借口头传播的方式，而学校作为一种有秩序的教育活动，不仅按计划传授文化科学知识，而且培养人学习钻研和独立判断的能力。因此，可以说，学校教育是一种符合人性发展的教育。"学校是让所有阶级的人都去参与文明生活的伟大工具。"[1]在哈里斯看来，通过学校教育，每个人都能获得文化知识和提高精神修养，共同参与和享受一种有秩序的、自我约束、公民对国家忠诚以及尊重个人权利的社会生活。所以，学校绝不是把一个人培养成仅仅具有特殊技能的劳动者。哈里斯特别指出，在道德训练和理性培养方面，学校的作用是其他教育机构所不能比的。当然，他也没有忽视学校在知识教学方面的作用。

---

① O. H. Lang, *Educational Creeds of the Nineteenth Century*, New York, Kissinger Publishing, 1898, p.43.

就哈里斯的教育哲学来看，美国有些教育家把哈里斯看成是公共教育时代和进步教育时代之间的一个过渡人物。当代美国教育家克雷明就明确指出："哈里斯教育学的特征显然是保守的。他的重点是在秩序上，而不是在自由上；是在学习上，而不是在游戏上；是在努力上，而不是在兴趣上；是在规定上，而不是在儿童选举上；是在有条不紊、缄默以'保存和拯救我们的文明社会'上。"①

三、论公共教育和公立学校

与贺拉斯·曼和巴纳德一样，哈里斯也是美国公共教育的积极提倡者和坚定的实践者。随着美国工业化和四通八达的铁路网的发展，城市和农村也得到了迅速的发展。"城市和乡镇的增加应归于铁路的影响，从而使得几乎一半的学校人口就读于分年级的学校中。"②面对这种情况，哈里斯认为，必须重视和促进公共教育的发展。一方面，只有公共教育发展了，才可以满足新的都市工业制度的需要；另一方面，正是新的都市工业制度推动了公共教育的发展。

哈里斯认为，在美国发展公共教育的最好方式就是建立公立学校。对于公立学校的模式，他是持肯定态度的。1871年，哈里斯写道："可以期望的是，在公立学校中比在其他任何地方更能体现出美国学校的精神。如果年轻一代不发展民主思想，那么，责任就在于公共教育制度"③。在他看来，通过公立学校的模式，可以为儿童提供普通的文化教育和符合人性发展的

---

① [美]劳伦斯·阿瑟·克雷明：《学校的变革》，单中惠、马晓斌译，18页，济南，山东教育出版社，2009。

② N. M. Butler, *Monographs on Education in the United States*, New York, J. B. Lyon Company, 1895, p.4.

③ [美]劳伦斯·阿瑟·克雷明：《学校的变革》，单中惠、马晓斌译，15页，济南，山东教育出版社，2009。

品格教育，可以对儿童讲授道德基础和公民权利与义务，可以给儿童提供各种机会，可以促进公众对社会发展的反应。总之，"公立学校能帮助所有的儿童学习阅读、书写和计算的基础，使他们能成为报纸、杂志和书本的阅读者。"①

在哈里斯看来，一切人，不论男女、不论阶级、不论种族，都有能力接受教育。但是，具有自然天性的儿童在刚开始生活时是未开化的，对文化是无知的。因此，儿童在生长的过程中必须学习种族的经验和智慧。哈里斯强调，在公立学校中，"必须教儿童每一件事情：如何关心他自己的身体，如何在别人面前行为端正，如何在世界上做事并得到一种真正的生活，如何去观察和如何去思考。他应该获得关于文明世界的观点"②。因此，公立学校能提供一种更好的、有计划的训练，不仅使儿童获得文化知识和技能，还能教育儿童去认识都市工业制度以及它所需要的诸如真实、认真、直率、坚忍、忍耐、信任等品质。

在公立学校的具体科目上，哈里斯提出包括以下五个方面。（1）语言学习，包括阅读、书写和文法。由于语言是人类社会发展的工具，既是人类知识的表现形式，又是文明进步的表现形式，因此，在公立学校课程中它占有重要的地位。（2）算术。它有助于儿童时间和空间概念的发展。在公立学校课程中它排在第二位。其价值不仅在于心理方面，还在于实用方面。（3）地理。在自然科目中，地理排在算术之后。然而，对于一个社会公民来讲，地理知识是必不可少的。（4）历史。它有助于儿童了解家庭、社会、国家和教会，也有助于培养儿童的公民责任感。但儿童在学习历史时，不仅可以利用历史教科书，还可以利用报纸和杂志等。（5）其他学科，包括自然科学、音乐、体

① N. M. Butler, *Monographs on Education in the United States*, New York, J. B. Lyon Company, 1895, p.15.

② T. Misawa, *Modern Educators and Their Ideals*, New York, D. Appleion and Company, 1909, p.270.

育、图画和手工训练等。总之，公立学校的目的是给儿童提供获得智力和交流智力的重要科目。

值得重视的是，哈里斯特别强调，在确立公立学校的科目时，必须考虑科目与科目之间的相互关系。一是科目的逻辑顺序。科目既要适合儿童的天性发展，又要有助于儿童的不断进步。二是科目在人类知识世界中的地位。儿童学习的科目应该是人类知识的一个分支。三是心理因素。科目的选择和安排要有助于儿童的心理发展。四是科目与儿童生活的世界的关系。儿童学习的科目要与他的精神环境以及自然环境联系起来。哈里斯说："儿童与世界是相互联系的。教育者必须研究世界和研究儿童，把世界和儿童联系起来。"[1]因此，如果你具有儿童的知识，而没有关于科目重要性的知识和开启真实世界的方式，那么，你就不能把儿童和世界联系起来。对于哈里斯强调的科目与科目之间"相互关系"这一观点，美国一些教育家是表示同意的。俄亥俄州哥伦布的怀特（E. E. White）认为："哈里斯博士关于科目的协调和相互关系的主张是完全正确的。他使用了'相互关系'一词，不仅是从它的科学意义来说的，还是从它的公认的教育学意义来说的。"[2]

在教学方法上，哈里斯是捍卫它的传统形式。在他看来，"适宜的学习就是书本学习"[3]。在智力学习的第一个阶段，文化的训练是公立学校的中心。在讨论纯粹"文化"训练与"实际"训练问题时，他明确地说："首先是人文学科的培养，然后是工业技能的培养。"[4]哈里斯列举了教科书方法的优点："它

---

① W. T. Harris, "Correlation of Studied in Elementary Education," in *Report of the Committee of Fifteen on Elementary Education*, New York, Arno Press & the New York Times, 1969, p.148.

② W. T. Harris, "Correlation of Studied in Elementary Education," in *Report of the Committee of Fifteen on Elementary Education*, New York, Arno Press & the New York Times, 1969, p.144.

③ T. Misawa, *Modern Educators and Their Ideals*, New York, D. Appleton & Co., 1909, p.272.

④ W. T. Harris, "Vocation versus Culture," in *Proceedings of American Institute of Instruction*, Boston, American Institute of Instruction, 1891, p.20.

具有使一个学生不是由他的教师支配的优点；你能拿着你的书到你愿意去的任何地方。当你有问题时，你能去读书；因为你能读书，你就能选择时间去聆听这位伟大的教师讲。确实地，几乎所有的伟大教师都已把他们的思想包含在书里。教科书教育的最大危险是逐字逐句、鹦鹉学舌地死记硬背；然而，从最贫乏的教科书中也能够得到很多知识，这种优点实际上是可以发现的。那就是儿童能够自然而然地忙于读教科书。"①但哈里斯认为，在智力学习的第二个阶段，可以用一种系统的形式给儿童提供更广泛的事实：鼓励和要求他们去观察和思考，并为更高的教育阶段的独立思考打好基础。

四、论学校纪律和道德教育

对于公立学校纪律和道德教育问题，哈里斯也做了专门的论述。他认为，在公立学校中，道德教育是一个很重要的方面。就道德教育来讲，它不仅包括思维习惯、世界观，而且也包括道德实践。这两方面是相互联系的。因此，哈里斯强调："正确的道德思维习惯将可能会逐渐趋于道德实践，但道德实践将必然会趋于正确的道德观念。"②

哈里斯认为，更高层次的道德责任分为两类：一类是与个人相关的，另一类是与他人相关的。具体来讲，第一，与自我相关的道德责任。一是指身体的健康、衣着的整洁，以及在满足感情与欲望上的节制和适度等。二是指自我文化。它追求基本美德的理论或理智方面。在哈里斯看来，学校应该使学生培养与自我有关的道德责任，尤其是其中的自我文化的责任，因为自我文化这一责任是属于学校的。第二，与他人相关的道德责任。一是礼貌，包括各种有教养的表现，如彬彬有礼、行为得体、稳重大方、尊重舆论、宽容

---

① T. Misawa, *Modern Educators and Their Ideals*, New York, D.Appleton & Co., 1909, p.275.

② W. T. Harris, "The Relation of School Discipline to Moral Education," in *Third Yearbook of the National Herbart Society*, Chicago, The University of Chicago Press, 1907, p.58.

待人等。二是公正，包括世俗美德的主要内容，如与他人真诚相待、说真话等。在哈里斯看来，学校应该使学生养成礼貌和公正的道德责任，其中"学校在培养公正中也许比在培养礼貌中更有作用。"①第三，尊重法律。这是对公正的补充，是把理想视为现实。在哈里斯看来，面对守法美德衰弱的情况，学校教师应该详尽地教学生尊重法律，这样学校就完全不必用体罚来进行管理。在教尊重法律这一方面，学校比家庭具有更大的优势，因为家庭往往会过分溺爱孩子以及在教孩子时带有个人色彩。

哈里斯指出，要培养儿童更高层次的道德责任，就必须先进行一种基础的道德训练。没有这种基础的道德训练，那构建任何的道德品格的结构是非常困难的。因此，他说："学校中的道德教育必须从纯机械的服从开始，再从这一阶段逐渐向个人责任发展。"②这里，哈里斯提出了道德教育与学校纪律的关系问题。他所说的纯机械的服从，显然就是指学校的强制性纪律。"在学校中，道德教育问题是属于通称为纪律的方面，而不是属于通称为书本和理论的说教。"③在哈里斯看来，当儿童进入学校时，他要学习的第一件事情就是按照某种方式去行动，即使学校的班级或小组教学成为可能必要的方式去行动。

哈里斯认为，有四条基本原则是与学校纪律直接有关的。这些基本原则在学校中是非常必要的，因为学校纪律对于道德品格的形成具有很重要的作用。具体来讲，这四条基本原则就是守秩序、准时、安静、勤奋。

守秩序。在哈里斯看来，儿童必须遵守学校秩序和规章制度。例如，必须每日到校，不能缺席；必须克制和约束自己，防止感情冲动的倾向等。对

---

① W. T. Harris, "The Relation of School Discipline to Moral Education," in *Third Yearbook of the National Herbart Society*, Chicago, The University of Chicago Press, 1907, p.68.

② W. T. Harris, "The Relation of School Discipline to Moral Education," in *Third Yearbook of the National Herbart Society*, Chicago, The University of Chicago Press, 1907, p.66.

③ W. T. Harris, "The Relation of School Discipline to Moral Education," in *Third Yearbook of the National Herbart Society*, Chicago, The University of Chicago Press, 1907, p.59.

道德品格培养具有重要作用的意志，正是始于对秩序和规章制度的遵守。当儿童守秩序的行为一旦巩固了，他实际上也就获得了根据意志而行动的某些能力。

准时。在哈里斯看来，儿童必须准时参加学校的一切活动。例如，准时参加听课等。对于学校这个整体来说，其效率依赖于准时。如果没有准时，那么每一个人就会影响他人并成为一个障碍或绊脚石。

安静。在哈里斯看来，这是一种使个人与社会取得协调一致的美德。例如，上课时应该保持安静等。如果一个学生在上课时讲闲话，就会分散其他人听课的注意力，这样不仅会浪费自己的学习时间也会浪费他人的学习时间，从而破坏上课的效果。从某种意义上讲，安静是依赖意志的一种行为习惯。

勤奋。在哈里斯看来，尽管有各种各样的勤奋，但在学校中的勤奋主要是书本的学习。正是通过勤奋的学习，儿童发展了观察力和思考力这些人类已充分展现的能力。书本作为一种主要的工具，使儿童认识和吸收前人的文化成果。为了促使儿童勤奋学习，必须做到：一是班级或小组教学中能引起集体的注意力，二是儿童应该依靠他自身的努力。

哈里斯还认为，与学校纪律有关的四条基本原则在课堂之外对儿童道德品格的培养也有重要的意义。但他指出，在这四条基本原则中，守秩序、准时、安静从某种意义上讲是属于消极的道德，而勤奋则是属于积极的道德。最后，哈里斯就学校纪律和道德教育的关系概括了以下五点结论性看法。一是道德教育是一种行为习惯的训练，而不是一种纯粹的理论灌输；二是机械的纪律作为道德品格的一个初步基础是必不可少的；三是学校应该使学生具有一种坚定的责任感，从而在他身上发展一种强烈的自由观念；四是学校中松懈的纪律会逐渐削弱学生的道德品格；五是过分严厉的纪律出于过多强调机械的责任尤其是对权威的服从，会从另一方面破坏道德品格的基础。因此，哈里斯强调："一个人能给他同伴的最好的帮助是使同伴能帮助他们自己。最好的学校是使学生能教育他们自己。最好的道德教育是使学生能把法则变成他们自己的。"①

五、论教育行政和教师

哈里斯是一位教育理论家，也是一位教育行政官员。他既担任过地方教育行政长官，又担任过美国联邦教育局领导人，他具有丰富的教育行政经验，"比任何人更愿意使学校行政管理工作专业化"②。

在对欧洲国家学校进行访问考察之后，哈里斯认为，对于美国的教育来说，必须有联邦政府制定的教育法律和规定，并设立联邦政府教育机构负责汇集教育资料和提供教育资金，同时由地方教育行政机构负责他们应考虑的问题，成立教育委员会或学校委员会并任命公立学校的督学。哈里斯强调："尽管各地的教育行政机构名称不一，但它们的机构、权力和职责是相似的，其成员一般都是任命或选举的。它们负责任命教师并提供薪金、制定学校管理的条例和规则、设置课程及指定使用的教科书。它们每月或经常举行会议，讨论公立学校教育问题。"③他还指出，各种教育行政人员要提高教育理论和拓宽教育眼界，逐步提高领导的层次。

对于每一所公立学校来说，哈里斯认为，必须要制订学校的计划，使学校根据学年和学期的工作组织起来。学校领导人要从有助于儿童智力的发展和节约时间的原则出发，安排好各门课程。他曾对阅读、书写、拼写、文法、

---

① W. T. Harris, "The Relation of School Discipline to Moral Education," in *Third Yearbook of the National Herbart Society*, Chicago, The University of Chicago Press, 1907, p.72.

② ［美］劳伦斯·阿瑟·克雷明：《学校的变革》，单中惠、马晓斌译，13页，济南，山东教育出版社，2009。

③ N. M. Butler, *Monographs on Education in the United States*, New York, J. B. Lyon Company, 1895, p.25.

拉丁文或法文或德文、算术、代数、地理、美国历史和美国宪法、自然科学和卫生学、体育、音乐、图画等科目在公立学校课程中的地位做了分析论述，并详细规定各门科目在哪个学年讲授以及每周的讲课时数。例如，阅读在公立学校的八年中不仅每学年都应安排，还应每天有课；算术应安排在一至六年级，前两年口头讲授，后四年书面讲授，每周 5 节课；代数应安排在七至八年级，每周 5 节课等。在哈里斯看来，只有制订合理的学校计划，才能使每一所公立学校正常运转，才能不浪费学生的时间。这样，"整个学校看起来运转得像一台机器似的"①。

哈里斯作为一位经验丰富的教育行政官员，对教师问题也十分重视。在他看来，由于城市和乡镇公立学校的迅速发展，出现了对更高质量的教师即受过专业训练的教师的要求。受过专业训练的教师能在公立学校中找到职位，并把教学作为他对社会服务的全部职业。对于公立学校教师来说，他应该知道好的教学方法，能从书本上教学生；同时，他的个人影响也是很大的，因为他关注着学校工作的每一个方面。

为了能使公立学校有好的教师，哈里斯指出，必须建立公立师范学校。他说："自贺拉斯·曼时代以来的教育历史已有力地证明，在公立学校中的一些成功的改进是通过师范学校的直接或间接影响而引入的。"②在哈里斯看来，每一所师范学校应该开设在初等学校中要教的全部课程，帮助未来的教师了解各门科目的教育价值和教学方法，学会如何教学生培养自我活动以及分析问题的技能。哈里斯对师范学校的未来抱有无限的信念。

---

① N. M. Butler, *Monographs on Education in the United States*, New York, J. B. Lyon Company, 1895, p.15.

② N. M. Butler, *Monographs on Education in the United States*, New York, J. B. Lyon Company, 1895, p.49.

第四节　美国公共教育思想的特点与影响

在美国历史上,从1820年到1850年是社会改革的一个重要时期。公共教育思想的形成和传播,让公共教育普及为社会改革的一部分,体现了一种新的民主精神。在这一时期,有许多改革是昙花一现的,但在公共教育思想的传播和影响下,通过公立学校发展的公共教育制度成了19世纪美国社会和教育的最伟大的成就。

一、美国公共教育思想的特点

美国公共教育思想主要表现出以下三个特点。

第一,公共教育思想适应了19世纪美国社会时代的需求。

美国独立后,随着资本主义经济的迅速发展、西部开拓、移民和人口的激增以及都市化运动的开展,对学校教育的发展提出了新的要求。与此同时,工业化和经济增长也为学校教育的发展创造了较好的物质条件。

作为19世纪美国公立学校运动的领导人,贺拉斯·曼、巴纳德和哈里斯表现出对美国工业化和城市化运动的一种敏锐性,自觉地去思考公共教育和社会进步的关系问题,大力呼吁发展公立学校,建立公共教育制度,体现了时代的精神。同时,在为美国公立学校的实现而战斗的过程中,他们都有意识地向欧洲国家学习,分析考察欧洲国家的学校教育制度,学习研究欧洲教育家的理论,极大地开阔了他们的教育视野,并在借鉴和吸收的基础上创造了具有美国特色的教育发展道路。最后,他们都对公立学校的发展抱有无限的信念,克服了各种困难和障碍,坚持不懈地努力工作,为公共教育制度在美国的确立奉献了自己的一生。

因此,美国公共教育思想很好地适应了19世纪美国社会时代的需求。正如美国教育家杜威在《教育和社会变动》一文中指出的，美国公共教育思想的主要代表人物强调"努力建立一个公立的、免费的公共教育制度，主要就是在殖民地独立战争和建立共和制度之后出现的社会情况的反映"①。

第二，公共教育思想受到社会人士、政府领导和民众的广泛支持。

19世纪初期美国的公立学校很少得到公众的支持，致使公立学校是差的校舍、差的设施、差的教师、差的课本、差的教学。面对公立学校如此落后而需要改善和发展的状况，许多社会人士和学者在公众面前做讲演，撰写文章、小册子和报告，还组织了很多教育团体和学会，为公共教育在美国的发展宣传。到19世纪40年代，在美国至少已有24种教育刊物传播公共教育思想。在那些社会人士和学者中，除贺拉斯·曼、巴纳德和哈里斯外，还有宾夕法尼亚州的物理学家拉什（B. Rush）、新英格兰的律师沙利文（J. Sullivan）、特拉华州的知名人士科拉姆（R. Coram）、佛蒙特州的法官奇普曼（N. Chipman）、纽约州的霍利（G. Hawley）、俄亥俄州的刘易斯（S. Lewis）、伊利诺伊州的爱德华兹（N. Edwards）等。

还要指出的是，公共教育思想受到了美国独立后早期政府领导人的重视。例如，美国的开国元首华盛顿曾强调，知识是每个国家和每个公民幸福的可靠基础。"为了普及知识，其主要目标就是要建立学校。"②第三任总统杰斐逊也指出，如果人类的生活像我们所希望和相信的那样应该一步一步改善的话，教育应该是达到这个目的的主要手段。因此，对于美国来说，重要的是建立一种能为最富裕的和最贫穷的公民共同享受的普及的公立学校制度。

此外，公共教育思想也受到广大民众，尤其是工人的欢迎。工人在提出政治和经济要求的同时，也提出了普及教育和教育机会平等的要求，并希望通过公立学校获得所必需的知识和技能。例如，早在1799年，罗得岛州普罗

---

① 赵祥麟、王承绪：《杜威教育论著选》，335~336页，上海，华东师范大学出版社，1981。
② [美]菲利普·方纳：《华盛顿文选》，王缵昌译，74页，北京，商务印书馆，1960。

维登斯市机械工人和制造工人联合会就向该州议会递交请愿书，提出"自然慷慨地赋予正在成长的一代人以才能，但他们的成长却受到了忽视。然而，一种公共教育将使他们有效地根据民众利益和他们自己的声誉去参加生活。他们恳请州制定法律，为所有的儿童建立公立学校"①。又如，纽约工人运动的早期领袖罗伯特·D. 欧文(Robert D. Owen)1830年4月在《公共教育》杂志上发表文章，明确地表达了这样的观点：最适合民众的教育是公共教育，因为它不仅是为全体人民提供的，而且是对全体人民平等的。

第三，公共教育思想体现了美国教育的特色。

19世纪中期在美国兴起的公立学校运动，就是一场为公共教育的实现而进行的斗争。在美国教育史上，1830—1860年被称为"公立学校运动时期"。在这场公立学校运动中，美国公共教育思想追求的就是一种统一的和免费的公立学校制度，其不仅是对所有儿童开放的、依靠公共税款支持和实行公共管理的，而且是不属于任何教派的。应该说，公共教育思想力图摆脱欧洲教育的传统，充分体现了美国教育的特色。具体来讲，它把公共教育作为美国教育的基本模式，希望建立起公立学校——公立中学——州立大学的单轨教育阶梯。俄国教育家乌申斯基(К. Д. Ушинский，1824—1871)在《论公共教育的民族性》一文中就明确指出，美国公共教育是一种新思想，现代的公共教育在美国是在一种崭新的思想影响下出现的。②

二、美国公共教育思想的影响

在公立学校运动中，公共教育思想的传播在美国社会上遭到了一部分人的反对，尤其是在农村地区。反对公共教育的人甚至说，与其把儿童关在什

① E. P. Cubberley, *Readings in the History of Education*, Boston, Houghton Mifflin Company, 1920, pp. 546-547.

② 郑文樾：《乌申斯基教育文选》，张佩珍、冯天向、郑文樾译，32~33页，北京，人民教育出版社，1991。

么也学不到的校舍里，不如让他们在棉花田或玉米田里打发时间。这充分说明为公共教育的实现进行的斗争是一场艰苦的斗争。但是，作为19世纪美国公立学校运动领导人，贺拉斯·曼、巴纳德和哈里斯坚持不懈地宣传公共教育思想，从而使广大民众逐步接受了公立学校的模式，并把公立学校与实现自己的信念和期望联系起来。1852年，马萨诸塞州颁布的美国第一个普及教育法令，就是一个有力的例证。美国公共教育思想的影响主要表现在以下两个方面。

第一，推动了美国公立学校运动的发展。

1865年的南北战争是美国历史上的第二次资产阶级革命。它的胜利为美国成为一个工业化国家打开了道路，进一步推动了资本主义经济的发展。这为美国公共教育思想的传播和公立学校运动的发展创造了更为有利的条件。教育如何迎接南北战争后新形势的挑战，在当时已成为一个迫切的和重要的问题。应该说，正是美国公共教育思想的广泛传播，使得在美国教育传统中扎下根来的公立学校在南北战争后获得了迅速发展。

美国公立学校运动是美国教育史上第一次教育变革运动。这场教育变革运动的兴起和发展，是美国公共教育思想在19世纪美国广泛传播和深入影响的结果。美国教育史学家伯茨（R. Freeman Butts）指出，在美国成为一个独立国家的进程中，尽管其拥有高度自信和乐观的精神，但同时也面临着各种各样困难的挑战。在19世纪，美国教育既肩负着这些困难，又分享着其乐观的精神。当美国人决定应该扩大政府的职能并使之惠及全体公民的时候，他们自然而然地认为公共教育是体现政府职能的重要手段之一。当美国人决定他们必须成为并且始终保持为一个联合的国家时，他们认为公立学校能够帮助他们实现这个目标。①

在美国公共教育制度的发展中，公立学校运动代表了一个重要的阶段。

---

① ［美］R. 弗里曼·伯茨：《西方教育文化史》，王凤玉译，473页，济南，山东教育出版社，2013。

基础的和初等的公立学校教育使得以"美国教育阶梯"著称的那个教育体制有可能得以构建。美国教育史学家韦布（L. D. Webb）指出，公共学校改革者成功地为美国公共教育制度奠定了坚固的基石，并获得了广泛的公共支持。① 美国教育史学家斯普林（Joel Spring）在他的《美国学校 教育传统与变革》一书中也指出，公共学校运动把前一代人的许多教育理念付诸实践……对于公共学校的倡导者来说，教育是创造美好社会的关键要素。② 就公立学校制度确立的历史意义来说，公立学校体现了美国在世界教育史上的重要贡献，它甚至可以与独立战争和南北战争相媲美。

美国公立学校运动的发展，首先表现在入学人数的增加上。在公共教育思想的影响下，州政府兴办和管理教育已成为共识，普及义务教育已成为一种不可抗拒的趋势，因此公立学校数量激增并延长入学年限。据统计，1898年，公立学校入学人数已占5~18岁少年人数的90%。③ 其次表现在课程内容的扩展上。在19世纪80年代末，公立学校的学习时间将近80%花在阅读、书写和计算上；但到1900年时，对自然科学基础以及手工训练课程的强调已在阅读、书写和计算之上，并开始注意儿童能力的培养以及与实际的联系。最后表现在教学方法的改革上。南北战争后，由于瑞士教育家裴斯泰洛齐教育思想的影响，越来越多的公立学校开始采用实物数学方法。值得注意的是，由于德国教育家赫尔巴特主知主义教育思想的传播，到1990年时，美国很多公立学校已根据他的"五段教学法"④来组织课堂教学。正如美国教育家杜威在《今日世界中的民主与教育》一文中所指出的，贺拉斯·曼和亨利·

① ［美］L. 迪安·韦布：《美国教育史：一场伟大的美国试验》，陈露茜、李朝阳译，189页，合肥，安徽教育出版社，2010。

② ［美］乔尔·斯普林：《美国学校 教育传统与变革》，史静寰等译，101页，北京，人民教育出版社，2010。

③ N. M. Butler, *Monographs on Education in the United States*, New York, J. B. Lyon Company, 1895, p.3.

④ "五段教学法"，指预备、提示、比较、概括、应用五个教学步骤。

巴纳德等人认识到：公民需要参加他们所谓共和政府；公民需要受教育，而这种教育只能通过免费教育体系来实施。就机械的和外部的方面来说，这些教育家于一百年前所争取的事情，在很大程度上已实现了。①

第二，推动美国公立师范学校的发展。

在公共教育思想的广泛传播和影响下，随着公立学校的发展，公立师范学校在19世纪的美国也得到了进一步的发展，并向专业化方向迈进。从19世纪50年代起，各种教育团体和学会的讲演以及教育刊物的文章都对教师的训练问题给予了注意。纽约州的一位教育学者奥维尔·泰勒(Orville Tayler)建议："在我们具有特色的公立学校里，教学将成为一个具有特色的职业……一位教师将为他自己的工作做准备，就如一位律师在任职前所做的准备一样。"②

公共教育思想的传播也使19世纪的美国社会人士、教育家和公众接受了这样的观念："有好的教师，就有好的学校。"因此，各州的立法机构对师资训练极为重视，并对公立师范学校提供了有力的支持和资助。据统计，在当时美国45个州中，大部分州已建立公立师范学校。到1897年时，公立师范学校已有167所，入学人数46245人。③ 就师范学校课程来说，主要是三个方面：一是教育学和心理学方面的课程；二是文化知识课程；三是教育实习课程。公立师范学校的发展反过来又推动了公立学校运动的发展，同时通过受到专业训练的教师提高了公立学校教育的质量。此外，女教师的数量也增加了。到19世纪末，初等学校中女教师逐渐占据多数。她们大约占所有公立学校教师的八分之七。④

---

① [美]约翰·杜威：《人的问题》，傅统先、邱椿译，29页，上海，上海人民出版社，2014。

② R. F. Butts, L. A. Cremin, *A History of Education in American Culture*, New York, Holt Rinchart and Winston, 1953, p.229.

③ N. M. Butler, *Monographs on Education in the United States*, New York, J. B. Lyon Company, 1895, p.6.

④ [美]S. 鲍尔斯、H. 金蒂斯：《美国：经济生活与教育改革》，王佩雄等译，260页，上海，上海教育出版社，1990。

第三章

美国的高等教育思想

在德国大学尤其是柏林大学的影响下，19世纪有不少美国教育家提出了颇具美国特色的高等教育革新思想。他们强调在大学开展有独创性的探索研究，并且注重实际的基础研究，倡导选修制，主张加强大学与社会的联系，重视一流大学师资队伍的建议，提倡卓有成效的管理。其主要代表人物是约翰斯·霍普金斯大学第一任校长吉尔曼和曾任哈佛大学校长的埃利奥特。上述教育主张对美国大学的现代化和民主化产生了深刻而重要的影响，并促进了具有美国特色的高等教育体制的形成。

第一节　吉尔曼的高等教育思想

在美国高等教育史上，吉尔曼的名字常与约翰斯·霍普金斯大学联系在一起。作为约翰斯·霍普金斯大学的首任校长，他创立了独立的研究生院模式，提出了研究型大学的构想，对美国大学的现代化进程产生了重大的影响。

一、吉尔曼与他的大学观

吉尔曼 1831 年 7 月 6 日出生于康涅狄格州，曾入该州诺威奇文实中学学习。1852 年，吉尔曼毕业于耶鲁大学，一年多后又获文科硕士学位。他曾任驻俄使馆随员。1854—1855 年，吉尔曼和怀特一起在德国柏林大学学习。这段留学生涯对他后来的教育实践产生了深远影响。嗣后 17 年，吉尔曼在耶鲁大学任自然地理学和政治地理学教授，制订了新的耶鲁科学院（后来的谢菲尔德科学院）计划。他还是纽黑文学校董事会成员，创办了一所中学，重建了一所师范学校。在哈佛大学校长埃利奥特、康奈尔大学校长怀特以及密歇根大学校长安吉尔的一致推荐下，1875 年吉尔曼转任尚在筹建中的约翰斯·霍普金斯大学校长。从此，吉尔曼的名字和约翰斯·霍普金斯大学一起享誉美国高等教育界。

1901 年，年逾古稀的吉尔曼从校长职位上退了下来，担任卡内基学会第一任会长至 1904 年。之后，他又任美国全国文官制度改革联盟主席。1908 年 10 月 13 日，吉尔曼去世。

吉尔曼的大学观是逐渐形成的，在不同时期有一定的差异。最初，吉尔曼并不被认为是科学研究或欧洲大陆式教育的真诚拥护者。事实上，早在 1855 年毕业于耶鲁大学后不久，吉尔曼就提倡鼓励有独创性的探索和研究，但他又说，在实践领域产生最有用的推论之前，科学概括是不可能的。[①] 当时，年轻的吉尔曼正处在功利主义教育改革运动的边缘。1858 年，他积极收集赞成《莫里尔法案》的签名。在 19 世纪 60 年代以及 70 年代早期，吉尔曼思想的主旨是努力调和自由教育和应用科学概念之间的冲突。他宣称，在古典课程和新学科之间的争论中，自己将保持中立。因此，虽然他似乎与怀特和埃利奥特的"新"教育是一致的，但他可能在课程方面比上述两位改革者都要

---

① L. R. Veysey, *The Emergence of the American University*, Chicago, The University of Chicago Press, 1965, p.159.

保守。吉尔曼当时的思想从他作为加利福尼亚大学校长的讲话中可见一斑。他说，我们希望美国大学将珍视所有知识的分支，仅仅给予那些用适当的判断表明是我们时代最有用的知识以优先地位……既不让新奇的事物，也不让时代的偏见损害我们为人类服务的事业。不要让我们因对科学的热爱而减少了我们对文学的热爱。① 由此可见，吉尔曼并未要求用德国式的大学来取代传统的美国学院，他第一次旅欧给他留下深刻印象的是法国的教育制度。实际上，他甚至愿意看到规定课程仍处于大学文科四年训练的中心位置。他的格言是："增加而不是取而代之。"到 1874 年时，吉尔曼的观点已显出较大的变化，他更善于接受新的发展。1874 年 12 月 28 日，吉尔曼会见了尚未成立的约翰斯·霍普金斯大学的董事们，他发现大学经费的捐赠人并未对新大学的性质做出任何规定或限制，至于董事们本身是否形成了在新大学进行高深研究的坚定意图也不太清楚。但当吉尔曼会见董事会仅 1 小时后，他就宣布了一个倾向研究的研究生院计划。1875 年 1 月，吉尔曼声称，我越来越赞成这种信念，即我们在巴尔的摩想要建立的不是一所科学学院，不是一所古典学院，也不是两者兼而有之，而是一所医学院和一所哲学院。② 此时的吉尔曼正放弃其思想中的传统因素，开始采纳新的观点。

没有吉尔曼的鼓励和推动，约翰斯·霍普金斯大学朝着研究的方向发展是不可能的。但吉尔曼的思想常常是折中的，他反复强调自己不愿意盲目地模仿德国或任何其他欧洲的模式，他呼吁美国大学是知识、美德和信念的坚定促进者。1886 年，他甚至援引心理训练的术语，以此说明他希望美国大学将不仅仅是促进知识或获得学问的地方，同时也是发展个性的地方。吉尔曼在他的讲话中常常不断地赞成功利和自由文化，也赞成抽象研究。直到

---

① L. R. Veysey, *The Emergence of the American University*, Chicago, The University of Chicago Press, 1965, p.169.

② L. R. Veysey, *The Emergence of the American University*, Chicago, The University of Chicago Press, 1965, p.160.

1893 年，他还在为学院的手工训练辩护。他也认真地支持文学教学，坚持大学应该鼓励历史、哲学、诗歌、戏剧、政治等研究，鼓励对先前时代经验的研究。

吉尔曼认为，大学应该促进追求真理过程中的智力自由，并且要对那些与我们持不同观点的人以最大的宽容。但在精神上，大学不能容忍"教派争论"或"政治斗争"的存在。吉尔曼喜欢那些促进平静和谐而不是对抗的教授。他宁愿使教授职位长期空缺，也不让具有破坏性的人占据。在选择学院成员时，他认为必须考虑某种道德和社会的因素。在他的就职演讲中，吉尔曼声称，对教员我们不应问他们来自哪个学院、哪个州或哪个教会，而应该问他们知道什么、能做什么、想发现什么。① 显然，这种学术自由的思想是源于德国大学的。

二、约翰斯·霍普金斯大学的办学实践

约翰斯·霍普金斯大学是在吉尔曼校长的领导下成长起来的，其实践完全体现了吉尔曼的大学观，即重视自由的科学研究和研究生教育。

约翰斯·霍普金斯大学的创建，标志着美国第一次有了一所不仅在理论上，而且在实践上代表德国大学形式的高等学府。当然，约翰斯·霍普金斯大学并不是一夜之间出现的。在 1876 年前的约 50 年里，特别是 1850 年以后的种种未成功的努力，都为这所新型大学奠定了基础。正如吉尔曼在校长就职演说中所承认的："我们从其他学校承受的失败中吸取了教训。"②

在校长就职演说中，吉尔曼阐述了约翰斯·霍普金斯大学的办学思想：最慷慨地促进一切有用知识的发展，鼓励研究，促进青年人的成长，促进那

---

① L. R. Veysey, *The Emergence of the American University*, Chicago, The University of Chicago Press, 1965, p.163.

② Bernard Berelson, *Graduate Education in the United States*, New York, McGraw-Hill Book Company, 1960, p.6.

些依靠其能力而献身科学进步的学者们的成长。① 最初,董事会觉得新大学应该完全是一所遵循德国模式的研究生院,虽然后来也招收了本科生,但其重心始终放在研究生教育上。1867年,约翰斯·霍普金斯大学获准在巴尔的摩成立,1876年在美国独立100周年时正式开学,吉尔曼宣布研究生教育和高一级教育是该大学最重要的使命。

吉尔曼校长和董事会追求的目标是全国性的而不是地方性的影响,是努力补充而不是再添一所现有的学院。值得注意的是,在这所大学最初的教员中,没有一个是巴尔的摩人或马里兰人。这所新大学以科学研究和创造性的学术成就作为自己的目标和特征。吉尔曼打算聘用世界上一流的学者,并把他们吸引到巴尔的摩。他从威廉斯学院邀请了化学家雷姆森(Ira Remsen),从哈佛大学邀请了蔡尔德(Francis J. Child),从弗吉尼亚大学邀请了一名优秀的希腊语学者,从伦塞勒综合技术学院邀请了物理学家罗兰(Henry Augustus Rowland),从英格兰得到了数学家西尔维斯特(James Joseph Sylvester)和一名生物学家。到1884年时,约翰斯·霍普金斯大学一共任命了53名教学人员,其中绝大多数在德国大学学习过,有13人获得过德国博士学位。吉尔曼有句名言,他更喜欢将大学的钱用于"人,而不是砖块和灰浆"。他需要的是世界上最优秀的学者,而不是最宏伟的建筑物。吉尔曼说:"大学的荣誉应该取决于教师和学者总的品质,而不应取决于人数,更不取决于供他们使用的建筑物。"②在办学实践上,他忠实地实行了这种政策。因此,约翰斯·霍普金斯大学在早期没有建设校园的举措,甚至没有足球场和篮球场,然而却有大量供研究用的设备,学校看上去更像一所工厂或大的商店而不是大学。一位来访者说:"他们有无数真正的研究,却没有一个

① 陈树清:《美国研究生教育发展的历程及其特点》,载《外国教育动态》,1982(1)。

② John S. Brubacher, Willis Rudy, *Higher Education in Transition: A History of American Colleges and Universities*, 1636-1976, New York, Harper & Row Publishers, 1976, p.179.

可以显示的中心。"①

吉尔曼在约翰斯·霍普金斯大学的管理是卓有成效的。像德国大学一样，约翰斯·霍普金斯大学严格排除了教会主义或党派偏见的影响，成为一所自由自在地寻求真理的非教派机构。少量优秀的教学人员完全自由地从事高深研究，师生燃烧着学习的热望。调查研究是每个教授的职责，他们在自己的专业领域，将教学和创造性的研究结合起来。其哲学院开设了语言学、数学、伦理学、史学和自然科学讲座，自然科学和古典学科在这里也受到了同等的支持。约翰斯·霍普金斯大学的教学方法类似于德国大学流行的方法，不再是旧式学院的方法，讲授法被广泛采用，德国大学最有特色的发明"习明纳"教学方法也被引入。此外，大学注重实验室方法，重视图书馆的价值。为了增强教授们的进取心，大学招收了一流的学生，其中许多人后来成为美国历史上的知名人物。一位研究约翰斯·霍普金斯大学历史的学者强调，美国高等教育从未"从投入中产生如此巨大和如此持久的回报"②。据统计，约翰斯·霍普金斯大学 1876 年有 54 名研究生和 35 名本科生；1880 年有 102 名研究生和 37 名本科生；1885 年有 184 名研究生和 96 名本科生；1895 年有406 名研究生和 149 名本科生。从招生人数看，它始终将重点放在研究生教育上。从创建到 1880 年年底，约翰斯·霍普金斯大学培养的博士总数超过了哈佛大学和耶鲁大学两校之和。据心理学家卡特尔在 1926 年的一项研究显示，在当时 1000 名卓越的美国科学家中，有 243 人是约翰斯·霍普金斯大学的毕业生。到 1896 年，美国 60 多所学院和大学各有 3 名或更多的教员在约翰斯·

---

① John S. Brubacher, Willis Rudy, *Higher Education in Transition: A History of American Colleges and Universities*, 1636-1976, New York, Harper & Row Publishers, 1976, p.179.

② John S. Brubacher, Willis Rudy, *Higher Education in Transition: A History of American Colleges and Universities*, *1636-1976*, New York, Harper & Row Publishers, 1976, p.180.

霍普金斯获得学位。① 其中，哈佛大学有 10 人，哥伦比亚大学有 13 人，威斯康星大学有 19 人。这些年轻的博士遍及全国，广泛传播大学现代化思想。当 1901 年吉尔曼退休时，约翰斯·霍普金斯大学已经拥有从事高深研究的由 13 个不同的系组成的哲学院和一所医学院，其医学院的水平在美国更是首屈一指。在吉尔曼任校长的 25 年中，该校在推动美国大学现代化上发挥了关键作用。

约翰斯·霍普金斯大学常常被人们誉为"设在美国的柏林大学"，也有人称之为"巴尔的摩的哥廷根大学"。但并非仅仅如此，创办者的动机实际上是使它成为一所美国大学而非德国大学。在巴尔的摩建立一所德国大学并非人们的初衷和愿望，人们期望的是在美国大学采用德国大学最有价值的要素，并使之适应新世界的学术和发展的要求。吉尔曼校长一方面注重高深的学术研究，另一方面也不忽略大学的社会职能。按照他的观点，大学应该对人类文明发挥重要的作用，如增进知识和把研究成果应用于日常生活中。约翰斯·霍普金斯大学没有成为与社会现实脱离的纯粹的研究机构，而成为服务于美国社会的基本需要的新型大学，这与吉尔曼的办学思想是分不开的。

作为美国第一所真正的大学，约翰斯·霍普金斯大学对美国高等教育的改革和发展产生了极其重要的影响。美国教育家杜威指出："约翰斯·霍普金斯大学的开办，标志着美国高等教育发展的新纪元。在美国教育史上，这是一件为人们所公认的事情。"②但令人遗憾的是，自 1900 年以后，约翰斯·霍普金斯大学的地位开始下降。其原因主要有：大学指导思想没有进一步创新，大学的经费不足且没有新的资金；医学院取得的巨大声誉超过了作为整体的

① John S. Brubacher, Willis Rudy, *Higher Education in Transition: A History of American Colleges and Universities, 1636-1976*, New York, Harper & Row Publishers, 1976, p.181.

② [美]简·杜威等:《杜威传》(修订版)，单中惠编译，49 页，合肥，安徽教育出版社，2009。

大学。尽管如此，它在美国大学发展史上占据了极其重要的位置。正如哈佛大学校长埃利奥特所说的："我要表明的是，哈佛大学研究生院勉强地始于1870 年到 1871 年，而且未能发展起来，只有在约翰斯·霍普金斯大学的榜样下我们的教师努力致力于我们的研究生教育时才得以发展。对哈佛大学如此，对美国其他渴望创办一种研究院及科学院的大学也是如此。"①

第二节　埃利奥特的高等教育思想

埃利奥特常以"哈佛大学的奠基者"闻名于世。在任哈佛大学校长期间(1869—1909)，他将一所小型的地方性的哈佛学院发展为世界一流的大学，并成为其他所有高等教育机构的榜样。美国教育学者贝因(B. Baiyn) 和弗莱明(D. Fleming)评论道："埃利奥特虽不能被称为最伟大的哈佛人，但他是哈佛大学校史上最伟大的人物。"②

一、生平和教育活动

埃利奥特 1834 年 3 月 20 日出生于与哈佛大学有密切联系的一个富裕的波士顿家庭。其父 1843—1853 年曾任哈佛大学的司库。埃利奥特 10 岁入波士顿文法学校学习，15 岁考入哈佛大学。1853 年，埃利奥特获哈佛大学文学学士学位；1856 年又获文科硕士学位。此后 7 年间，他任哈佛大学数学和化学助理教授。因不能获得晋升，他赴欧学习两年，回国后被任命为新创办的麻省理工学院化学教授。1869 年，埃利奥特在《大西洋月刊》发表题为"大学：它

① John S. Brubacher, Willis Rudy, *Higher Education in Transition: A History of American Colleges and Universities*, 1636-1976, New York, Harper & Row Publishers, 1976, p.182.

② B. Baiyn, D. Fleming, *Glimpses of the Harvard Past*, Cambridge, Harvard University Press, 1986, p.63.

的组织"的文章，号召学术界停止效仿英国和欧洲的教育模式，建立本国独具特色的高等教育机构。他写道："当美国型大学产生时，它将不是外国大学的抄本，乃是植根于美国社会和政治土壤而逐渐地和自然地产生的硕果。它是美国受有优良教育的阶级的高尚目的和理想的表现。这种新型学府在世界上是无双的，它同样是富有创造性的。"①埃利奥特的文章震动了教育界，也使年仅35岁的他得到了哈佛大学的校长职位。

当埃利奥特就任哈佛校长时，哈佛是一所小型的、地方性的学院，当时学生仅500人，教师23人。其课程与一个世纪前相比没有多少变化，拉丁文、希腊文、数学、哲学、历史、物理学、化学、法学和德语等构成了它的核心学科。法学院向任何完成了18个月学习课程的学生授予法学学士学位，不要求考试；医学院向所有完成了两学期学习、曾任医师艺徒并在九门主要学科中的五门通过10分钟的口试者授予医学博士学位；理学院毕业生水平低下。面对这种糟糕的局面，埃利奥特非但不气馁，反而充满信心。他宣称，要在这里稳步建立一所最伟大的大学。在埃利奥特看来，传统的哈佛以培养"品格和虔诚"为中心，已完全跟不上形势发展的要求，哈佛必须培养19世纪工业和都市国家的领袖。他采取了迅速和惹人注目的改革行动，拓宽了本科文理课程，将理学院合并成本科学院。1872年，他建立了一个研究生部（后来的文理研究生院），授予硕士学位和博士学位。他根据研究生院的模式重新改组了法学院、医学院和神学院。他还给学生提供了选课的权利。1879年，他赞成有限的女子教学，最终成立了女子大学教育协会，1894年发展成为拉德克利夫学院，获得学位授予权。埃利奥特还大大提高了教学人员的工资，使之能与私人企业人员的工资相竞争，吸引了国内外一流学者到校任教。

经过25年的努力，埃利奥特成功地树立了美国大学现代化的榜样，使哈佛大学成为美国乃至世界受到广泛称赞的高等学府。它教授全世界所有伟大

---

① 滕大春：《美国教育史》，518页，北京，人民教育出版社，1994。

的语言、文学和历史，教授全部的社会科学，教授一系列的关于自然和科学的人类知识。埃利奥特聘用了世界上最优秀的学者来传递知识。哈佛大学成为研究的中心和新知识的开发者，也成为已有知识的贮藏所。通过培养各行各业的领导人员，哈佛大学对美国社会和教育产生了广泛而重要的影响。

除了对哈佛大学和高等教育的影响，埃利奥特对美国普通教育也有深远的影响。在哈佛大学40年的任职期间，他曾担任全国教育协会会长和全国教育协会十人委员会主席。十人委员会于1893年提出报告，促成了美国中学课程的标准化。

埃利奥特于1909年退休，退休后他编辑了著名的《五英尺书架》，包括50卷精选的适合自由教育的书籍，涉及文学、历史、数学和其他知识领域的经典著作。当时仅有10%的美国儿童在中学入学，而该书竟销售了35万套，共计1750万册，可见其影响面是非常广的。

1926年8月22日，埃利奥特因病去世。

二、论高等教育的学术性

埃利奥特曾留学德国，对德国大学崇尚学术自由、致力于科学研究极为推崇。他指出，大学有三个主要的直接功能：第一是教学；第二是以书籍等形式大量汇集已获得的系统知识；第三是研究，或者说是把目前的知识疆界再向前推进一步，年复一年，日复一日地掌握一些新的真理。大学是教师的集合体，是知识的仓库，是真理的寻求者。[①] 在哈佛大学的改革过程中，埃利奥特始终把发展广博而高深的学术作为主要目标。他说，争执不休地议论关于语文、哲学、数学或科学能否培养最优秀的心灵、普通文化教育究竟应以文科为主抑或以科学为主等课题，在今日都是不切实际的空谈。哈佛大学认

---

① 王英杰：《大学校长与大学的改革和发展——哈佛大学的经验》，载《比较教育研究》，1993(5)。

为在文学和科学之间并不存在真正的抵触。我们并不狭隘地仅仅重视数学或科学，也不仅仅重视文学或形而上学。这些学问都是我们所当钻研的，而且是要研究到最高水平的。① 他还说，要把语文科目教授得更富有体系，把自然科学教授得更含有归纳性的阐述，把数学和历史教授得更有生趣，把哲学教授得更少武断性的推断。值得注意的是，埃利奥特治校的根本方针是向高精尖的学术进军，把学术看作大学的中心任务。为此，他十分重视教授的作用，认为教授是知识的源泉和教育热情的喷放者。他选聘了优秀的学者到哈佛大学任教并给予优厚待遇；他要求尊重自由的学术风气，以学术自由治校，提倡群言，不伤众议；他要求人人在探索真理方面都应该是彼此平等的和互促互助的；他要求提高录取新生的质量，根据他们的学术前途和坚毅品格而录取最佳者，然后开设广泛的学科供他们选修；他要求学校领导人应竭力尽到保证学术自由的职责，使大学的学术质量得到保证。埃利奥特在校长任期内，致力于教育改革，虽然阻力颇大，但他从不打击诬陷任何持异议者，哈佛大学从未有因反对校长的政策和意见而受到排挤或挫伤者。

学术自由终于结出了硕果，经过埃利奥特40年的苦心经营，从1869年到1909年，哈佛大学教师由23名增至600名，学生由500人增至4000人，学校基金由250万美元增至2000万美元。哈佛大学由一所地方性学院发展成为全美一流的大学。正如埃利奥特指出的："当美国新型大学降临时，它将不是一个外国大学的摹本，而是植根于美国社会和政治传统而逐渐地和自然地结成的硕果。它将是美国享有优良教育阶层的高尚目的和崇高理想的表现。它是富有开拓精神的，因而是世界上无双的。"② 美国当代教育史学家克雷明评价道，当埃利奥特改革哈佛大学时，其他教育家也对其他大学进行了成功的改革，只是各大学各具特色而不相一致。具体来讲，吉尔曼创建的约翰

---

① 滕大春：《美国教育史》，517页，北京，人民教育出版社，1994。
② 滕大春：《外国教育通史》第四卷，366页，济南，山东教育出版社，1992。

斯·霍普金斯大学更为注重纯粹理论性的科学研究；怀特主持的康奈尔大学更为注重实用性的科学研究；巴特勒(Nicholas M. Butler)领导的哥伦比亚大学更为注重扩大专业研究领域；麦科什(James McCosh)领导的普林斯顿大学更为注重传统的研究；哈佛大学博采众长，比别校取得了更多的成果，获得了更快速的发展，因而被众多国内外学者誉为大学的排头兵。

三、论选修制

选修制最早是在德国大学实行的，因为只有在学术自由的教育机构中才有可能实施选修制。从 1636 年开始的约 200 年中，美国学院和大学效仿英国，基本上是固定课程和古典课程，教育的主要目标是培养精英和训练牧师。美国最早倡导选修制的人是杰斐逊，他提议，每一个学生都可以自由地到他所选择的学院去听课，而且只能由他自己来选择。① 这种论调在当时的美国是石破天惊的。杰斐逊在弗吉尼亚大学的实践影响深远。后来，蒂克纳(George Ticknor)在哈佛大学、韦兰德(Francis Wayland)在布朗大学、塔潘在密歇根大学都曾进行过选修制的尝试。

总的看来，在南北战争前，选修制仅仅是在美国极少数高等院校中进行的尝试，而且都以失败告终。其原因是选修制在当时的美国没有市场，以"心智训练"为主的文科教育仍占统治地位，新兴的科学无法与之抗衡。美国大学真正的选修制是在南北战争后开始推行的。南北战争为美国资本主义的发展彻底扫清了道路，生产力和科学技术的飞速发展，为高等教育改革提供了客观条件。哈佛大学是选修制的发祥地，其校长埃利奥特是选修制最积极的倡导者。埃利奥特坚信，大学必须为学生提供选择学科的自由，老式学院始终不变的、狭窄的和仔细规定的课程必须取消。他明确指出："年轻人应该知道

---

① 赵祥麟：《外国教育家评传》第一卷，712 页，上海，上海教育出版社，1992。

他们最喜欢什么，最适合学习什么。"①因此，他将选修制作为实现哈佛大学课程现代化的一个主要途径，坚持不懈地努力建立、改善并推行选修制。埃利奥特认为，在美国教育中，没有充分考虑不同个性的发展，这种做法只能培养庸才，不能适应美国社会工业化和城市化对新型人才的需求。他还认为，教育应该尊重每个学生天生的爱好和特殊的才能，只有充分满足和发展学生特殊才能的课程，才是最有价值的课程。为此，必须允许学生在学科上的选择自由。在担任校长的 40 年间，埃利奥特一步步实现了自己的计划。1872年，哈佛大学取消四年级所有的规定课程；1879 年和 1884 年，分别取消三年级和二年级的所有规定课程；1885 年，又大大减少了一年级的规定课程；到1894 年，一年级的规定课程仅剩修辞学和现代语；到 1897 年，整个哈佛大学的规定课程只有一年级的修辞学。

埃利奥特的选修制实验引起了全美国的注意，也招致了许多非议。在校内，主张实行古典课程和必修制度的哈佛董事会成员反对他，甚至想把他赶下台。在校外，最大的反对势力来自耶鲁大学和普林斯顿大学。保守的、恪守传统文理学院课程模式的耶鲁大学校长波特(N. Porter)是反对派的代表人物。波特在 1871 年的就职演说中，谴责选修制是"破坏共同的班级和学院生活的确凿的罪恶"，因为学生既没有成熟，也没有必要的判断能力②。1885 年冬，普林斯顿大学校长、苏格兰神学家麦科什在纽约与埃利奥特公开争论选修制的是非曲直时说，许多教育的罪恶可能在自由的名义下出现。他主张保留相当数量的必修课，强调"任何一位学生都必须受一定的数学和古典教育，前者能够使人有基本的逻辑推理能力，后者能使人有正确的审美观点和符合

① R. Hofstadter, W. Smith, *American Higher Education: A Documentary History*, Vol. 2, Chicago, The University of Chicago Press, 1961, p.608.

② James Bowen, *A History of Western Education*, Vol.3, London, Methuen & Co. Ltd, 1981, p.355.

社会标准的教养"。① 还有一种观点，强调美国学院与大学教育的基本区别，认为前者属于普通教育，后者属于高深和专门化的教育，因此美国学院无论如何不能与德国大学相比。德国大学允许选修自由，是因为学生已经历严格的高质量的入学准备课程；而美国学院的学生在入学前缺乏这种准备，因此不能推行选修制。针对上述观点，埃利奥特校长为选修制进行了有力的辩护。他指出，教育心理化已使美国中小学知道尊重儿童和青少年的个性，但大学却不然，必须迅速纠正大学这种落后于形势的状况；大学应当满足学生不同的兴趣和要求，允许学生自由选课，鼓励学生独立钻研。为保证选修制的行之有效，他一方面强调严格选拔新生，把好质量关；另一方面规定学生先选修基础科目，再选修专业科目②。

通过争论，选修制的意义逐渐为美国大学界越来越多的人认可。到19世纪末20世纪初，美国绝大部分大学都或多或少地实施了选修制，即使是最保守的耶鲁大学，也不得不改弦更张，引入选修制。1901年的一项调查表明：在97所有代表性的院校中，选修课占全部课程达70%以上的有34所，占50%~70%的有12所，不足50%的有51所。这说明各个高等院校已开始接受至少是谨慎地开始实施选修制。

选修制在实践过程中不断得到改进。1903年，哈佛大学教师委员会对选修制实施情况进行调查，结果发现：学生在选课前很少准备，往往随意选课，较少认真考虑。轻松的课程或为了时间的便利，似乎成为学生选课的主要依据。该调查报告的公布激发了强烈要求改革选修制的呼声。1909年劳威尔（A. L. Lowell）担任哈佛大学校长后，开始实施"集中和分散制"，即规定本科生在全年16门课程中，要有6门课程集中于主修，另外6门以上课程分散

---

① 肖木、丽日：《普林斯顿大学》，17~18页，长沙，湖南教育出版社，1992。

② Frederick Rudolph, *The American College and University：A History*, New York, Random House, 1962, p.302-303.

在其他三个领域(指人文科学、社会科学和自然科学三个领域)。这意味着，哈佛大学已经放弃不受限制的自由选修制，而采用一种由学生对选修仔细计划的制度。

选修制的建立和发展使哈佛大学发生了深刻的变化。它导致了与社会政治经济息息相关的新学科的发展，打破了传统课程的垄断地位；它导致了教学组织的重大变革，推动了学分制的建立，而学分制又使学生成为教学组织中的主体，有了学的自由；它解放了教师，使教师能够自由地探索新知识，让教师不再仅仅是知识的传授者，由"通才"变为"专才"，"系"的结构在大学中逐渐构建起来。

由于埃利奥特校长的积极倡导，选修制引入美国高等院校，其意义是十分重大的。它打破了传统课程的垄断，大大增加了新课程的数量，特别是科学技术课程的数量；有助于摆脱保守派的控制和束缚，维护学术自由的权利。正如美国当代教育家布鲁巴克(John S. Brubacher)所指出的："选修制从1870—1910年的兴盛，是因为它适应了那个时期美国文化的需要。一个农业社会正在转变为一个伟大的工业化国家，时代的基调是乐观主义的，有利于竞争和现实主义的发展。应用科学比以往更重要。在思想领域，正是詹姆斯(W. James)的'实用主义'、杜威的'工具主义'和桑代克(E. L. Thorndike)的'行为主义'时代。在这种社会和经济结构中——在这种思想气氛中——'旧时代'的文理学院，以及它占支配地位的牧师管理，它建立在一种绝对伦理观和一种神的信念之上的规定课程及背诵体制，在前进中衰落了。埃利奥特的选修制以及它的革命性意义，是时代精神的合乎逻辑的体现。"[1]

---

① John S. Brubacher, Willis Rudy, *Higher Education in Transition: A History of American Colleges and Universities*, New York, Harper & Row Publishers, 1976, p.176.

四、论大学管理和教师

在担任哈佛大学校长的长期生涯中，埃利奥特认为，大学必须按照自身办学规律去管理。他明确指出："大学不可能像铁路和棉纺厂那样管理。"①因此，埃利奥特在哈佛大学采取了"双院制"管理模式。在这种管理模式下，校监督委员会和校管理委员会各司其职，互相监督，彼此制约。这样，在埃利奥特看来，就能避免学校权力过分集中而造成某个组织独揽大权的局面。

埃利奥特认为，校管理委员会是哈佛大学的管理核心，行使学校日常管理权，具有统筹学校基金、掌管教师任命、决定员工薪金以及修改学校章程等权力。为了确保管理的效用，他提出，校管理委员会必须具有宽容精神、忠诚精神以及敬业进取精神。埃利奥特还认为，校监督委员会最重要的职责是监督和检查。为了保证监督和检查的公开性与公正性，其成员基本上由校外人员组成，人数应多但任期应短，并要求该委员会具有活力和敏锐的洞察力。

至于大学校长职责，埃利奥特强调，大学校长是学校管理最重要的执行官。但这种管理并不是传统意义上的事无巨细、包揽一切，而是把责任精细地划分到学校的各个部门，以便校长去考虑和制定学校发展的大政方略，处理关系到学校发展的重大事实。在他看来，在大学校长的众多职责中，向校管理委员会建议任命教职人员是最重要的职责。在这里，大学校长的洞察力和判断力显得尤为重要。

埃利奥特还认为，哈佛要成为一流的大学，就必须有一批高水平的学者，任命具有真知灼见的一流教师。他强调："大学的真正进步必须依赖教师。"②在埃利奥特看来，一所大学的教育水平和教育质量的高低，主要取决

---

① R. Hofstadter, W. Smith, *American Higher Education: A Documentary History*, Vol. 2, Chicago, The University of Chicago Press, 1961, p.167.

② R. Hofstadter, W. Smith, *American Higher Education: A Documentary History*, Vol. 2, Chicago, The University of Chicago Press, 1961, p.616.

于教师的水平和恪尽职守的程度。为了把哈佛大学办成高标准的学府，他呼吁提高教师的待遇，特别要不惜重金聘请最优秀的学者和人才来任教；同时，要提供专门基金以充实教学设备，为教师的教学和研究创造最好的条件。因此，埃利奥特担任哈佛大学校长后的第一个重大举措，就是把教授的年薪由3000美元提高到4000美元，而当时美国主要大学教授的年薪都在3000美元以下。

五、论中学与大学的衔接

19世纪末，美国高等院校的入学条件没有统一标准，由各校自行规定，给中学与大学之间的过渡和衔接造成了极大的困难。另外，中学既要为升学做准备，又要为就业做准备。于是，统一大学的入学条件和改革中等学校的课程结构迫在眉睫。

就学制而言，美国以往并无统一的学制，南北战争后出现"8-4制"，即小学8年、中学4年。1888年，埃利奥特在美国全国教育协会举办的各州教育厅厅长会议上，做了题为"美国学校能否缩短年限而丰富内容"的报告，批评其修业时间过长，要求缩短，以提早学生的就业年龄。1902年，芝加哥大学校长哈珀(William R. Harper)提出了缩短学制的具体方案，建议小学修业年限压缩为6年，同时将中学修业年限延长为6年，该方案得到美国著名教育家杜威的支持。1908年，美国全国教育协会倡议实行"6-6制"，即小学6年、中学6年。次年，加利福尼亚州的伯克利市又将中学划分为初级和高级两个阶段，各修业3年，这就是美国学校沿用至今的"6-3-3制"。因此，埃利奥特虽没提出具体的学制体系，但他对当时学制的批评点燃了美国学制革新的火炬。①

就课程而言，19世纪末的美国中小学课程杂乱无章。部分中学以升学为

---

① 滕大春：《美国教育史》，525页，北京，人民教育出版社，1994。

目标，以文化科目为教育内容；大部分中学侧重就业准备，以职业科目为主。由于标准不一造成学生转校和升学的重重困难，要求课程一致化和标准化的呼声日趋强烈。1892 年，美国全国教育协会所属全国教育评议会通过决议，任命一个常设委员会以召集并组织由学院和中等学校代表参加的若干分学科的讨论会，以研究中学应开设的学科、各学科的教学时数、开设年级及该学科的内容纲要等。这个常设委员会由 10 人组成，埃利奥特担任主席，这就是著名的十人委员会。1892 年，十人委员会发表报告，对中学所授学科、所用教材、要求达到的标准、各科教学的时间分配、中学和大学录取新生的衔接等，都提出了建议，其中最重要的建议是"分组教学制"，即建议中学课程分为古典组、拉丁文和自然科学组、现代外语组、英语组，由学生自由选组学习。在这四组中，埃利奥特侧重的是古典组。十人委员会报告问世后，在美国教育界引起了广泛的争论。有人责备埃利奥特将学校引回为升大学做准备的老路，但埃利奥特的回答是凡能达到升学标准的学生就能胜任各种职业的需要。从官能心理学理论出发，他认为，青少年的思维、记忆、想象等能力在学科学习中获得优良训练，就能适应多种职业的需要，埃利奥特因而被视为"保守主义者"。尽管如此，十人委员会提出的方案，仍为当时美国不少公立中学所接受。

第三节　高等教育服务社会职能的理念与实践

南北战争后，特别是在 1862 年《莫里尔法案》颁布后，州立大学迅速发展起来，它们逐渐在美国公众的心目中象征着两种主要的思想：一是"通用"课程计划；二是忠实地服务于社会的需要。大多数州立大学在上述两方面都是积极的，前一种思想最鲜明的代表是康奈尔大学，后一种思想最突出的代表是威斯康星大学。到20世纪初,威斯康星大学"威斯康星理念"的提出,标志着大学服务职能的最终确立。就以上两个方面而言,康奈尔计划和威斯康星理念都有异曲同工之处,成为20世纪美国高等教育发展过程中的重要内容。①

一、"康奈尔计划"的实施

康奈尔大学是一所著名的农工学院,由怀特和康奈尔(Ezra Cornell)共同创建。怀特毕业于耶鲁大学,曾访问牛津大学、剑桥大学,并在巴黎大学和柏林大学就读,因而对美国学院和欧洲大学均有所了解。他的大学思想曾受到塔潘的影响。他设想,美国大学应从教派和党派控制下独立出来,聘用有学问的教授,既提供古典又提供更实际的课程,这种大学确确实实是有助于学问的。

美国大学结构必须适应美国人民和国家的需要、适应当代的要求,而不是适应英国的生活或德国的需要,更不是适应过去时代的需要。从时间上看,怀特的就职演说比埃利奥特在哈佛大学的就职演说还要早一年,因而教育史家称他的演说预示着大学改革时代的来临。

康奈尔大学由两部分组成:一是特殊科学和技术部,二是科学、文学和艺术部。前者包括农业、机械技术、医学、法学和教育等9个系;后者设有5种不同的普通课程计划,还包括1个选修课程(有限的选修)计划。这样,康奈尔大学就有14个系科供学生选修学习,但唯独没有神学院。这种课程体系既体现了世俗性、职业性和学术性的统一,又体现了自由办学的精神。

如果说康奈尔大学的创办实现了创办人康奈尔和怀特的大学梦想的话,那么他们两人创办大学的革新理念便是美国高等教育发展的推动力。他们的理念是深刻的,康奈尔的办学思想凝聚在他为这所大学的题词里,即创办一所让任何人在这里都能学到任何知识的大学,这句话也作为康奈尔大学的

---

① 朱鹏举:《美国康奈尔计划发展研究》,216页,石家庄,河北教育出版社,2016。

校训一直沿用至今。怀特创办这所大学的实际动机是强调"学生个人的自由"，学习"通识性与专业性的课程"，创造"一所无愧于我们这块土地和时代的新型大学"。他期望学生在这所大学中能够按照自己的志趣去探索学问，反对当时普遍存在的训诫性教育。他坚信，自由的个性通过有益的指导才能找到通往智慧和道德的路径。

这两位创办者的办学理念决定了康奈尔大学在已走过的一个多世纪过程中所留下的辉煌，同时也验证了在建校年代美国社会对高等教育的需求和教育本身发展的状况。用莫里斯·毕肖（Morris Bishop，1893—1973）的话概括为康奈尔大学的理念由康奈尔与怀特两位的办学思想组成，而大学早期的课程设置和组织运行正是体现了这两种理念的完美结合，即著名的"康奈尔计划"。

康奈尔计划是康奈尔大学创建初期（1865—1868 年）制订的一个"大学组织计划"。这项计划是康奈尔大学第一任校长怀特在 1866 年 10 月 21 日提交给大学董事会的《关于大学管理委员会报告》的基础上，综合了康奈尔的办学思想和怀特在 1868 年康奈尔大学开学典礼上的就职演说形成的。该计划不仅确立了康奈尔大学的办学理念和目标，还打破了当时大学故步自封的状态，将大学与社会紧密地联系起来，为大学社会服务职能的确立奠定了基础。康奈尔大学建校伊始就深深地打上了康奈尔计划的烙印，在此后的发展中康奈尔计划也得到不断丰富、完善和发展。康奈尔计划的成功实施，不仅使康奈尔大学成了一所真正伟大的大学，而且对美国高等教育的发展产生了深远而重要的影响。

康奈尔计划的内容丰富而翔实，内容涉及广泛，包括治校原则、学科课程设置、教授聘任及管理、学校管理、学生劳动与体育、学期构成、学费、学业考核、大学董事会构成、大学与州立学校系统之间的关系等 38 项。这个计划为后来康奈尔大学章程的制定奠定了基础。①

---

① 朱鹏举:《美国康奈尔计划发展研究》，94 页，石家庄，河北教育出版社，2016。

康奈尔计划的具体内容包括：（1）一种通用的课程；（2）在学科、学程和课程方面一律平等；（3）科学研究；（4）通过对商业、管理和人际关系的研究服务于社会；（5）对以下所有年级的学生开放，即中学毕业生可进入学院；"最优秀"的中学毕业生可获得奖学金；优秀的大学毕业生可在康奈尔和其他地方获得3年以上的研究奖金；最高的研究生学者可以获得特殊津贴，以继续研究面向国家和世界的最艰难的问题。

从内容来看，康奈尔计划不仅仅是一个课程计划，更是一个宽泛的大学办学计划，体现了一种自由的、实用的办学思想和精神。它以其注重实际的风气、对基础研究的强调、向所有团体包括妇女的开放、非教派的管理方式，对所有的人都有感召力。它强调学科课程具有同等的地位，是对传统欧洲大学学科等级化的突破。它强调科学研究和高深教育，对美国研究型大学的建立和研究生教育的发展具有重要意义。1889年，一名记者说："康奈尔大学掌握了最好的教育方法，这是受传统重压的学校所不能及的。康奈尔大学在美国教育机构中，即使不是居于首位的，也是位于领先地位的。"①

1869年的明尼苏达大学在校长福韦尔的领导下，完全模仿康奈尔大学；威斯康星大学也以康奈尔大学为榜样，并且它在发展大学的社会服务职能上更为突出。

康奈尔大学因康奈尔计划得以立足，名声远播。这所大学既注重实际，又重视和强调基础研究的思想；对所有的人开放的精神；民主的管理方法以及自由科学地学习与服务社会的思想被称作康奈尔理念，康奈尔大学为美国其他高等院校树立了榜样。康奈尔理念已成为一种强大的社会风尚，在现代历史学家艾伦·纳维斯(Allan Nevins)看来，康奈尔大学是在南北战争后时代的高等教育领域中最引人注目的现象。康奈尔大学的成功使美国其他高等院

---

① Paul Westmeyer, *A History of American Higher Education*, Springfield, Charles C. Thomas Publishers, 1985, p.71.

校的校长开始思索各自的发展方向。1870 年，哥伦比亚大学校长弗雷德里克·巴纳德（Frederick A. P. Barnard）指出，哥伦比亚大学至少在某种程度上或多或少地效仿了哈佛大学或康奈尔计划，否则不可能发展得如此迅速。康奈尔计划的成功实施，使康奈尔大学成为"一所真正伟大的大学"，同时迈出了美国现代高等教育改革的重要一步。

总之，就大学与社会关系而言，康奈尔计划成就了康奈尔大学与社会的紧密联系，让大学不再游离于社会之外；就大学的职能而言，康奈尔计划推动了大学服务职能的确立，大学除了教学、科研之外，其服务社会的职能在逐渐形成。

二、"威斯康星理念"的形成

威斯康星大学成立于 1848 年，是一所老牌的农工学院。1904 年，进步主义者范海斯（Charles R. VanHise，1857—1918）任威斯康星大学校长，提出了"威斯康星理念"，从而使威斯康星大学扬名海内外。

20 世纪初期的威斯康星大学全面地实现了服务社会各种需要的理想，这种理想也是美国州立大学致力的重要目标，史称"威斯康星理念"。实际上，这种思想可追溯到杰斐逊时代，当时的公共教育开始被看作具有改良社会的功能，而不是仅仅具有维护政府的功能。韦兰说，州立大学是保护社会价值的有希望的措施。① 塔潘在密歇根大学的实践中继承了这种理想。

"威斯康星理念"的形成与威斯康星州州长拉福莱特（Robert M. La Follette）的支持分不开。拉福莱特是威斯康星大学的毕业生。他是在公众对南北战争后掌握州政权的共和党领导人中猖獗的行贿、受贿及腐败现象曝光后表现出极度不满时，于 1900 年当选为州长的。上任伊始，他即实施激进的进

---

① John S. Brubacher, Willis Rudy, *Higher Education in Transition: A History of American Colleges and Universities*, New York, Harper & Row Publishers, 1976, p.164.

步主义改革政纲，具体措施包括提名的候选人由选民直接投票预选、成立州行政机构、州管理和对铁路的公平税收等。然而，直到 1903 年，该方案才得以实施。

拉福莱特在重建威斯康星州的过程中，希望威斯康星大学与他的行政机构结成密切的伙伴关系。1904 年，他选定范海斯任威斯康星大学校长。范海斯生于威斯康星州，长于威斯康星州，毕业于威斯康星大学，也是该大学第一个哲学博士学位的获得者，他于 1879—1903 年任该校冶金学和地质学教授。此后，他担任了多年的校长，直到 1918 年去世。可以说，范海斯的一生都是与威斯康星州连在一起的。

范海斯是拉福莱特进步主义改革纲领的支持者。他分享了拉福莱特进步主义的所有构想，并使其与他的政治目标紧密相连。范海斯也受到芝加哥大学校长哈珀的影响，曾在哈珀领导下的芝加哥大学进行短期讲学。1904 年，范海斯在就任威斯康星大学校长的演说中，明确提出了大学应该为威斯康星理念的目标服务，它是全州人的机构。

在范海斯看来，大学是一座瞭望塔，在改革社会中发挥着积极的作用，成为承担公共服务的必不可少的工具；在这个普及知识的时代，它将不惜一切代价，加强各种创造性的活动；同私人捐赠的机构不同，一所由州资助的州立大学将"面向其所有的儿女"。范海斯校长在 1904 年的任职演说中阐述了他的治校思想：在州立大学，教育是为全州人民利益服务的，不限阶层和性别，它的门向所有人打开，只要他们有足够的智力，学费低廉使勤奋的贫穷者可在此找到出路，所有学生感到根本上的平等，这就是州立大学的理念。[①] 他还指出，州立大学的生命力在于它和州的紧密关系中。州需要大学来服务，大学对于州负有特殊的责任。教育全州的男女公民是州立大学的任务，州立大学还应促成对本州发展有密切关系的知识的迅速成长。州立大学教师

---

① 黄宇红：《知识演化进程中的美国大学》，137 页，北京，北京师范大学出版社，2008。

应用其学识为州做出贡献，并向全州人民普及知识。① 1912 年，范海斯校长提出的大学为社会服务的思想，被威斯康星州公共图书馆管理员查尔斯·麦卡锡（Charles McCathy）总结并命名为"威斯康星理念"。"威斯康星理念"的提出，标志着大学新的职能——服务社会职能的确立。在范海斯校长的领导下，威斯康星大学为达到上述目标付出了不懈努力，取得了很大的进步，其富有成果的实验吸引了整个美国和欧洲的注意。

"威斯康星理念"建立在政府在所有与其有关的领域利用学术专家的思想基础上。范海斯担任校长后，很快将大学资源转向帮助政府重建州经济和重建国家的目标上。他派学校专家与政府官员合作来改进农业、发展工业和解决社会与经济问题。在他的领导下，威斯康星大学的几十名教授很快担任州制定规章和调查研究委员会的委员，帮助政府起草法规。范海斯建立了一个大学管理合作的模式，成为一种独特的美国观念，大学一方面保留了学术自由，另一方面为政府工作，让公民享受到政府资助大学研究的好处。据统计，到 1910 年，威斯康星大学的 35 位教授用业余时间参加了威斯康星州非政府机构的分支工作。范海斯校长以身作则，通过服务于许多公共委员会为该校的其他教师树立了榜样。以类似的方式，大学的经济学家参加了州铁路和税收委员会，大学的政治学家帮助政府起草了法案，大学的工程学家帮助政府设计了铁路建设方案，大学的农学家促进了牛奶业的发展。值得注意的是，威斯康星州与大学的专家服务是双向的。大学派专家教授服务于社会的同时，也从社会上邀请专家来加强大学的教学和科研，这样，大学与社会的联系更为密切，更有利于培养有用的人才。

范海斯认为，一个公共高等教育机构的职责，是用科学来改善本州公民生活的方方面面。他通过鼓励大学研究以推广知识和尽可能多地发展有用的知识，通过创造和推广大学补习计划把知识带给每个公民从而实现上述目标。

---

① 陈学飞：《当代美国高等教育思想研究》，31 页，大连，辽宁师范大学出版社，1996。

在范海斯任校长期间，教师人数增加了 4 倍，学生入学人数也翻了一番，州对大学的拨款几乎增长了 5 倍，大学拥有的允许建造新建筑的土地增加了 1 倍。范海斯取得的最漂亮的业绩是，通过推广补习计划将大学教育传播给本州人民。他任命了一位特别助手重新设计课程，使课程更加通俗化，使所有公民能从大学教育机构中获益。据统计，到 1910 年，有 5000 多人参加了威斯康星大学的函授课程学习。美国教育学者昂格尔(Harlow G. Unger) 指出："曾欢呼埃利奥特将哈佛大学转变为私立大学的榜样的教育家，如今也欢呼范海斯将威斯康星转变为公立大学。"①1907 年，《展望》杂志上的一篇文章把威斯康星大学称作威斯康星州公众生活中的咨询工程师，一位新闻记者、作家斯蒂芬斯 (Lincoln Steffens) 这样写道：威斯康星大学是一个高度体现威斯康星州人民共同的社会意识的核心。② 哈佛大学校长埃利奥特 1908 年指出，威斯康星大学是一所优秀的州立大学，它之所以取得这样的地位，是因为它向州部门提供了专门知识，向大众提供了讲座，把大学送到了人民当中。③ 时任总统罗斯福(T. Roosevelt) 也赞誉说，在美国的其他州，没有任何大学为社会做过威斯康星大学在威斯康星州所做的同样工作。威斯康星大学的成功，使大学的社会服务职能最终得以确立。

康奈尔计划不仅对康奈尔大学产生了重要影响，而且也影响了美国其他大学。可以说，美国大学以 1868 年康奈尔大学的建立为开端，这样一所完全具备综合大学组织特征的大学，为后来的很多大学所效仿。康奈尔计划中服务社会的思想使威斯康星大学从中得到借鉴，进而催化了"威斯康星理念"的诞生。而其对应用性研究的重视也对约翰斯·霍普金斯大学的科研和研究生

---

① Harlow G. Unger, *Encyclopedia of American Education*, New York, Facts on File. Inc., 1996, p.1037.

② [美]劳伦斯·阿瑟·克雷明：《学校的变革》，单中惠、马晓斌译，186~187 页，上海，上海教育出版社，1994。

③ 王英杰：《美国高等教育的发展与改革》，13 页，北京，人民教育出版社，2001。

教育产生了重要影响；还有明尼苏达大学几乎完全照搬了康奈尔大学的办学方针，等等。因此"威斯康星理念"的影响更为广泛，其对服务社会职能的强调使服务最终确立为大学的第三种职能。美国对高等教育的贡献是拆除了大学校园的围墙。当威斯康星大学的范海斯校长说校园的边界就是国家的边界时，他是在用语言来描述大学演变过程中的一个罕见的改革创举。历史已说明这是一次正确的改革，其他国家纷纷效仿这种模式。如今，威斯康星大学的这一理念和发展模式，已成为世界各国高等院校发展的一种共识与方向。这不但影响了美国本土的大学，而且对世界高等教育的发展都是一种贡献。

综上所述，尽管康奈尔计划和威斯康星理念这两种理念产生的时期不同，并且在对其大学进行改革时，所采取的措施也不相同，但这些改革有着共同的目标指向，即实现大学对社会的责任，大学对社会服务的职能。这种服务不仅体现在大学内部，更体现在大学与州及其公民之间，即高等教育的发展要有助于在社会生活中占据支配地位的经济发展，同时，高等教育与州及其公民利益之间显而易见的不相匹配之处也需要通过管理模式和结构的改革加以调整。①

南北战争前，美国的高等院校在世界上尚无一席之地，甚至常常被欧洲人嘲笑只抵得上欧洲古典中学的水平。然而，由于高等教育革新思想的形成、传播和实践，在南北战争之后短短的几十年中，美国一方面大举向德国学习，朝着学术发展的方向前进；另一方面结合自己的国情，朝着为工农业发展服务的方向前进，最终形成了独具特色的美国高等教育体制，并取得了举世公认的成就。美国教育史学家鲁迪（Willis Rudy）评论说："在这些年中，新世界土壤的土生力量与来自西欧的影响相结合，产生了一种高等教育机构。它包括许多源于英国学院和德国大学的要素，经过融合和改造，成为世界教育史

① 朱鹏举：《美国康奈尔计划发展研究》，220 页，石家庄，河北教育出版社，2016。

上独一无二的机构。"①美国高等教育的发展规模和速度,不仅是欧洲国家望尘莫及的,还得到了欧洲国家教育家的高度赞扬,这一切都要归功于美国高等教育的革新思想。

第四节　美国高等教育思想的特点与影响

南北战争结束后,原为农业国的美国迅速转型为强大的工业国,此时也是美国社会工业化和城市化的关键时期,同时美国高等教育正处于由传统学院时代向现代大学时代转型的过渡时刻。吉尔曼和埃利奥特作为这一时期美国高等教育改革的领军人物,他们的高等教育思想对美国高等教育的发展有着深远的影响。同一时期的大学服务社会的思想和职能的确立不仅加强了高等教育与国家、社会之间的联系,还推动了美国现代大学的发展。总之,这个时期高等教育思想的特点和影响主要表现在以下四个方面。

第一,大学课程推行选修制,坚持大学自治。

吉尔曼和埃利奥特在就任校长期间分别对约翰斯·霍普金斯大学和哈佛大学进行了创造性的改革。他们不再一贯地使用传统课程,而是在此基础上加入了符合工业时代的新课程;不是让科学取代古典文学,而是增加相应的现代学科。在课程上,推行了选修制和分组制;在教学内容上,主张大学除进行自由教育外,还要进行专业教育,培养社会需要的各种各样的较高水平的专业人才。

在办学思想上,坚持大学自治,打破传统刻板的学科界限,重视通识课程。这不仅使约翰斯·霍普金斯大学和哈佛大学焕然一新,同时也使办学质

---

① Willis Rudy, "The 'Revolution' in American Higher Education, 1865—1900," *Harvard Educational Review*, 1951(3), p.155.

量和学术水平得到了提高。在约翰斯·霍普金斯大学和哈佛大学的影响下，美国不仅先后创建了克拉克大学、芝加哥大学、斯坦福大学等一大批新的研究型大学，而且耶鲁大学、哥伦比亚大学和普林斯顿大学等美国传统大学也纷纷引入选修制，创建专业学院和研究生院，逐步向现代大学转型。

第二，反对高等教育狭隘的宗教意识，推动美国高等教育学术的发展。

吉尔曼和埃利奥特两人都反对教派争论和政治斗争，他们有着"海纳百川"的胸襟，倡导学术自由。他们倡导在学术教育上要绝对客观公正，不能让宗教信仰影响了人的理性判断。

吉尔曼和埃利奥特的高等教育思想是具有创造性的。他们分别创造了约翰斯·霍普金斯大学和哈佛大学自由的学术氛围，也引领并推动了美国整个高等教育上的学术自由。

第三，强调对学术研究的重视，推动了美国大学研究生院的建立。

吉尔曼和埃利奥特进行的改革不仅促进了中等教育和高等教育之间的衔接，还推动了高等教育在学术研究方面的进一步深入。他们创建了研究生院，还将大量资金用在实验设备的购买和著名学者的引进上。他们认为，要有高水平的学者，大学的真正进步必须依赖于教师，充足的资金用于"人，而不是砖块和灰浆"，大学需要的是世界上最优秀的学者，而不是最宏伟的建筑物。

吉尔曼和埃利奥特在思想上都重视教师的学术水平及其重要作用。虽然在重视和推动研究生教育的发展方面表现的程度不同，但对研究的重视却是他们在高等教育思想上的共识。他们的坚持和引领，促使了美国其他高等院校纷纷效仿，组建研究生院和研究型大学，为20世纪美国高等教育的发展奠定了坚实的基础。

第四，大学社会服务职能的确立与发展，开创了美国大学社会服务理念的先河。

美国现代大学社会服务的理念从赠地学院兴建之时就已孕育，而康奈尔计划和威斯康星理念以注重实用教育，凸显服务社会的理念并成功实施。这种大学社会服务的高等教育思想使所教授的课程服务于学生的未来职业，使应用研究服务于社会的需求，对大学的第三种职能——服务社会职能的确立起到了关键性的促进作用。

大学社会服务的职能在美国大学中的确立和发展，逐渐被当代世界各国所接受和认同。作为一种全新的高等教育理念，它拓展和丰富了大学功能的内涵，同时使教师把理论知识学习和实践活动结合起来，并把理论积极应用到生产生活中去，教学方式的改变为工农业生产带来了很大的发展，应用型学科逐渐被人们认同和接受，传统形式的课程内容和教学方法发生了极大的改变，由此美国在高等教育层面的改革也得到了深化和推进。

无论是吉尔曼还是埃利奥特，都是这一时期美国高等教育改革的先锋，他们在高等教育思想中体现的宗教与科学、自由与规则的冲突平衡，充分反映了这一时期高等教育改革的复杂性，也反映了欧洲各国特别是德国的高等教育思想在美国高等教育转型中的融合，推动了美国高等教育体系的进步。无论是康奈尔计划还是威斯康星理念，都是这一时期大学服务于社会需要的代表性思想。尽管自《莫里尔法案》颁布后农工学院的创办和发展遇到了来自各种旧的传统势力和教育观念的阻碍，但康奈尔计划和威斯康星理念使大学社会服务成为现实。这种服务精神的发挥和实践的扩展，使知识论的高等教育哲学观开始让位于政治论的观点，传统的观念开始变更。[①] 应该看到，大学社会服务职能的确立带来了美国高等教育观念上的更新和转变，从而为美国现代大学的发展提供了思想准备。

---

① 张兵：《美国赠地学院法案研究》，硕士学位论文，华南师范大学，2007。

第四章

美国赫尔巴特学派的教育思想

赫尔巴特在世时他的主知主义教育思想并没有产生很大的影响，他的教育学著作也没有被广泛传播，但在他去世之后，从 19 世纪 70 年代起在德国和美国相继形成了赫尔巴特学派（Herbartians）。赫尔巴特学派，亦称"赫尔巴特主义者"，是指 19 世纪 70 年代至 20 世纪初德国和美国一批传播与推广赫尔巴特主知主义教育思想的教育家。其中，在美国，德加谟（Charles De Garmo，1849—1934）和麦克墨里兄弟（Charles A. McMurry，1857—1929；Frank M. McMurry，1862—1936）为代表，史称"美国赫尔巴特学派"。赫尔巴特学派的教育思想曾获得"赫尔巴特主义"（Herbartianism）的声誉。19 世纪末 20 世纪初，赫尔巴特学派运动的中心开始由德国转向美国。其主要代表人物是德加谟和麦克墨里兄弟。19 世纪 80 年代后期，他们相继赴德国留学，在耶拿大学莱因创办的赫尔巴特学说研究班学习，在教育思想上深受德国赫尔巴特学派的影响。19 世纪 90 年代初，他们又先后回到美国从事教育工作，积极宣传和介绍赫尔巴特教育思想。1892 年，德加谟和麦克墨里兄弟成立了"赫尔巴特俱乐部"（Herbart Club）。3 年后，它扩大为"全国赫尔巴特教育科学研究学会"（National Herbart Society for the Scientific Study of Education），德加谟担任会长并编辑学会年鉴，查尔斯·麦里墨克担任秘书，这标志着美国赫尔巴特学派的形成。美国赫尔巴特学派翻译出版赫尔巴特的教育著作，以及出版论述赫尔巴特教育思想的著作，推进了赫尔巴特主知主义教育思想在美国的广泛传播。"全国赫尔巴特教育科学研究学会"从它成立那年起，每年都编辑出版年鉴，刊载了大量由教育理论和实际工作者撰写的文章，受到美国教育界的普遍关注。

第一节　德加谟的教育思想

一、生平和教育活动

德加谟是美国教育理论家和教育实践家、美国赫尔巴特学派的主要创始人。德加谟1873年毕业于伊利诺伊州立师范大学（现为伊利诺伊州立大学），1886年毕业于哈尔大学。19世纪80年代中期，他进入德国耶拿大学学习，在莱因的悉心指导下深入地研读了赫尔巴特及德国赫尔巴特学派主要创始人齐勒尔、斯托伊、莱因等人的教育著作，系统地掌握了德国赫尔巴特学派的教育理论。从德国回到美国后不久，德加谟即于1890年被聘为伊利诺伊大学的心理学教授。1891—1898年担任斯旺奇莫尔学院院长；后任康奈尔大学教育学教授（1898—1914年），主讲教育学和教育哲学，介绍和宣传德国赫尔巴特学派的教育理论。在德加谟等人的努力下，美国在19世纪末20世纪初形成了美国赫尔巴特学派，掀起了声势浩大的持续时间近30年的美国赫尔巴特学派运动。德加谟除了大量翻译德国赫尔巴特学派的著作外，还著书立说。其主要著作有《方法的基础》（1889）、《赫尔巴特和赫尔巴特主义者》（1895）、《兴趣与教育》（1902）、《中等教育原理》（1907）等。其中，《方法的基础》是美国赫尔巴学派的第一本著作。

二、教育思想

(一)论教育目的

德加谟赞同德国赫尔巴特学派齐勒尔、莱因等人关于学校教育目的的论述,强调学校教育就是品德形成的教育,即把培养学生优良的民族性格和良好的道德品质作为学校教育的最高目标。由于美国是由移民组成的新兴资本主义国家,因此如何培养学生的公民意识、使学生具有爱国主义思想成为当时学校教育迫切需要解决的问题。在德加谟看来,品德的形成不能靠空洞的说教来完成,当知识和兴趣适当地融为一体的时候,教学的过程就可导致道德观念和道德行为的发展。[①] 所以,他指出,应该通过合理地安排教学过程,把知识和兴趣恰当地结合起来,使教学具有教育性,从而实现通过学校教育培养学生德行的目标。

和德国赫尔巴特学派不同的是,德加谟在强调培养学生品德的时候,把重点放在公共道德的培养上而不仅仅强调个人道德的形成。在他看来,由来自众多国家的移民组成的新兴国家,让未来的公民具有良好的道德品质是重要的,但最根本的需要还在于教育人们在互相理解、互相尊重、互相帮助中共同生活,担负起对社会和国家共同的责任和义务。因此,德加谟极力主张在美国学校的德育工作中要特别注意加强公民教育,通过有计划的公民教育,帮助学生"形成正确的社会观念,培养适当的社会倾向和充分形成社会习惯"[②]。

德加谟感到,在现代社会里,仅仅有良好的道德品质和社会公德意识,而没有用科学知识武装自己头脑的人,是寸步难行的。因此,他也把培养学

---

① [澳]W. F. 康内尔:《二十世纪世界教育史》,张法琨、方能达、李乐天等译,137 页,北京,人民教育出版社,1990。

② [澳]W. F. 康内尔:《二十世纪世界教育史》,张法琨、方能达、李乐天等译,138 页,北京,人民教育出版社,1990。

生对知识的多方面的兴趣、向学生传授系统的科学文化知识,进而发展学生的智力作为教育工作的重要任务。德加谟说,只有通过让学生获取我们生活中所需要的知识,才能发展他们的能力,才能更好地满足他们在经济活动和社会生活中的需要。但他又说,知识教育和道德教育的目的是不可分的,知识教育的目的必须服从于道德教育的目的,并且应为道德教育目的的实现服务。

德加谟还强调,美国的教育,不能面向少数有钱人的子女,应该向社会各个阶层的人开放,这是美国社会和经济自由化的必然要求。由此,可以看出,德加谟强调的教育目的是面向美国社会各阶层,培养具有良好的道德品质、具有强烈的公民意识、具有丰富的科学知识和能有效适应经济生活竞争需要的人。

(二)论教学内容和课程设置

德加谟仔细地考察了美国从殖民地时期到内战结束以来中小学教学内容和教学科目变迁的历史,认为现代社会中社会科学和自然科学的内容较100年以前极大地丰富了,无论是单纯地采用殖民地时期以强调宗教为主的课程体系,或是采用强调以古典人文学科为主的课程体系,还是采用强调以自然科学课程为核心的课程体系,都不能满足美国现代社会的需要。因此,他提出,美国中小学要实现培养社会所需要的人才的目标,就要从历史、文学、数学、外国语、地理、物理、化学等众多学科中,合理地选择若干科目组合成完美的适应美国中小学实际的课程体系。

德加谟认为,各门课程在实现教育目的的过程中所起的作用是不同的,有些学科对学生形成良好的品德和公民意识具有极其重要的作用,他把这些学科称为"核心课程"。他强调中小学课程体系的构建要围绕核心课程来进行。和德国赫尔巴特学派不同的是,德加谟除了把历史(特别是美国史)、文学(特别是美国文学)作为核心课程外,还特别强调应把地理(特别是美国地理)也列入核心课程，因为地理在学生品德的形成过程中起着其他学科难以起到的重要作用。在德加谟看来，学生通过学习地理(特别是美国地理)，可以了解本国山川河流的特点以及自然环境和自然资源的分布情况，熟悉各地的风土人情，从而对自己伟大祖国有全面的了解，激发爱国情感，树立建设自己伟大祖国的雄心壮志。

在强调以历史、文学、地理为核心课程的基础上，德加谟还特别重视数学、物理、化学、外国语、美术、音乐、体育等学科及手工制作的作用，主张通过科学的搭配使它们成为合理的课程体系，以有利于调动学生的学习积极性，使他们主动地投身于学习过程中，很好地实现教育目的。

德加谟还强调每门学科内容的编制都要考虑学生身心发展的特点，课程内容的编排要与人类文化发展阶段相适应，在学生不同的年龄阶段应选择不同的教学内容，以便培养学生多方面的兴趣，使学生能够很好地理解这门学科的内容，并充分发挥这门学科在教育学生中的作用。德加谟倡导的课程论在美国影响很大，对19世纪末20世纪初美国中小学课程内容和体系的改革发挥了重要的作用。

(三)论五段教学法在教学中的应用

在学习德国赫尔巴特学派教学阶段理论的基础上，德加谟在教育实践中进一步探索符合美国中小学实际的教学模式，提出了他自己的"五段教学法"(图4-1)。①

---

① ［澳］W. F. 康内尔：《二十世纪世界教育史》，张法琨、方能达、李乐天等译，114页，北京，人民教育出版社，1990。

①统觉(感知具体说明) { A. 准备—分析
                      B. 提出—综合

②抽象

③从知到行——应用 { C. 比较和联合，或归纳联合(苏格拉底的)
                    D. 系统(概念推理)，说明详细情况

图 4-1 德加谟"五段教学法"

德加谟对他创立的"五段教学法"进行了详细的、通俗化的解释，并对每一阶段教师的任务和基本要求都做了具体的规定，以便于教师理解和接受。他通过美国赫尔巴特俱乐部组织优秀教师到全国各地运用他创立的"五段教学法"进行示范教学，使许多中小学教师感到美国赫尔巴特学派创立的"五段教学法"提供的教学步骤是切实可行的和便于操作的，并能提高教学效率。

但杜威指出，美国赫尔巴特学派创始人德加谟等人倡导的"五段教学法"是有严重缺陷的：它强调教学过程的程序化，容易使教学走向形式主义；它要求学生围绕着固定的教材和教师转，易于向学生传授现成的、有定论的理论知识，教师在课堂上给予学生动手动脑的机会很少，不利于学生能力(特别是动手能力)的培养。

德加谟在吸收德国赫尔巴特学派代表人物齐勒尔、莱因等人的教育学说时，不是盲目地照搬，而是根据美国当时政治、经济、文化、教育等方面的具体实际，有目的、有计划地对德国赫尔巴特学派的教育学说进行改造，形成了具有美国特色的赫尔巴特学派。德加谟对于美国赫尔巴特学派形成和美国赫尔巴特学派运动在全国范围内广泛开展，做出了重要的贡献。德加谟不仅重视宣传赫尔巴特学派的理论，还特别强调用美国赫尔巴特学派的理论来指导当时中小学的教育教学改革，在美国教育理论科学化的进程中发挥了重要作用，为美国教育发展做出了贡献。

第二节 麦克默里兄弟的教育思想

一、生平和教育活动

（一）查尔斯·麦克默里的生平和教育活动

查尔斯·麦克默里（Charles A. McMurry，1857—1929）是19世纪末20世纪初美国教育家、美国赫尔巴特学派的主要创始人之一。他于1876年毕业于美国伊利诺伊州立师范大学，毕业后曾在该校附属实验学校任教，后又担任过该实验学校的校长。19世纪80年代后期，查尔斯·麦克默里在德国耶拿大学莱因创办的赫尔巴特学说研究班学习，系统地掌握了德国赫尔巴特学派教育理论的精华。他回国后在一所师范学校任教，讲授教育学。这一时期，他和德加谟等人极力宣传赫尔巴特学派的教育理论，参与组织和领导了美国赫尔巴特俱乐部的工作，并根据美国的实际情况对德国赫尔巴特学派的理论进行改造，形成了美国的赫尔巴特学派。查尔斯·麦克默里后半生主要从事教授赫尔巴特学派教育学及传播、推广赫尔巴特学派教育理论的工作，编辑、出版了美国全国赫尔巴特科学研究会年鉴，写出了许多关于中小学各科教学法的文章，编写出不少中小学各科教学书。其主要著作有《一般方法原理》（1892）、《讲授方法》（1897）和《设计教学》（1920）等。其中，《一般方法原理》在很多方面更接近赫尔巴特和德国的赫尔巴特主义。

查尔斯·麦克默里于1929年去世，享年72岁。

（二）弗兰克·麦克默里的生平和教育活动

弗兰克·麦克默里（Frank M. McMurry，1862—1936）是19世纪末20世纪初美国教育理论家和教育实践家、美国赫尔巴特学派的主要创始人之一。他与其兄长一样都热心于宣传赫尔巴特学派的教育理论，也因此而闻名于美国和其他国家。弗兰克·麦克默里曾先后在美国伊利诺伊州立师范大学和密歇根大学学习，对哲学和教育哲学颇有研究。受德国赫尔巴特学派的影响，他于1887—1888年慕名前往德国耶拿大学莱因创立的赫尔巴特学说研究班，学习和研究德国赫尔巴特学派的教育学说。后转入德国哈勒大学学习，1889年获哈勒大学哲学博士学位。1892—1893年，他又获日内瓦大学和耶拿大学博士学位。弗兰克·麦克默里在《教育四十年回忆录》一书中写道，当他第一次接触到德国赫尔巴特学派的教育理论时的兴奋之情是难以用语言来形容的，他和德加谟等人都认为找到了真正解决美国教育问题的金钥匙。他认为这一时期的学习对他教育思想的形成影响很大，在那里所接受的教育训练改变了他对许多教育问题的看法。弗兰克·麦克默里回国后与德加谟和查尔斯·麦克默里等人组织和领导了美国赫尔巴特俱乐部的工作，并先后在伊利诺伊大学和哥伦比亚大学任教，讲授教育学等课程。他曾编写过许多受中小学师生欢迎的教科书。其主要著作有《讲授方法》《教育四十年回忆录》等。

弗兰克·麦克默里于1936年去世，享年74岁。

二、教育思想

从查尔斯·麦克默里和弗兰克·麦克默里的论著中，可以把他们教育思想的主要内容归纳为以下几个方面。

(一)论教育目的

从德国赫尔巴特学派强调的道德生活是人类生活中的最重要部分的原则出发，麦克默里兄弟认为，教育的最高目标是培养学生良好的品德，帮助他们形成善良的个性，使他们成为具有强烈爱国意识的公民。在他们看来，儿童自身的幸福和国家的繁荣，对道德教育和性格培养赋予最神圣的职责。学校工作中学生所学的所有功课，如有用的知识和良好的智力训练，都应服从于和服务于道德教育和性格培养的目的。

麦克默里兄弟认为，道德教育的核心部分是学生良好性格的培养。在他们看来，国家不是一个抽象的概念，它是由许多公民组成的群体，公民性格的培养直接决定着国家的前途，因此，学校教育工作的重点是培养学生良好的性格。

麦克默里兄弟在思考道德教育目的时主要是从个人利益角度考虑的。他们认为，如果个人具有良好的性格，那么，由个人组成的国家必定是繁荣稳定的。因此，他们极力主张设计教育目标时应该从个人需要出发，而不能因为强调国家利益而牺牲个人利益。这是他们典型的资产阶级个人本位主义人生观在教育领域的突出体现。

麦克默里兄弟认为，在确定了教育目的之后，就应该寻找实现教育目的的途径。弗兰克·麦克默里说，许多人认为教师的个性是影响学生性格形成的潜在因素，但他觉得教师合理组织的教学在学生性格的成长中起着决定性的作用，教师指导学生学习所用的教材中已包含着许多教育性因素，能对学生个性的形成发挥重要影响，既可起好的作用，也可起不好的作用。因此，麦克默里兄弟强调要实现教育的教育性目的，关键在于教师科学地编写教材和合理地组织教材。他们把它称为"实现教育目的的途径或工具"。

在麦克默里兄弟看来，"意愿"是一个人性格中的决定性因素，因而它也应成为美国赫尔巴特学派教育理论中的一个基本概念。他们认为，儿童不得不努力学习学校课程表上的所有学科，那是因为经过精选的各门学科的教材中包含着人类文化道德观念的精华，教师是学生模仿的典范。因此，麦克默里兄弟运用建立在理性心理学基础上的赫尔巴特学派理论反复论证：具有良好的性格和道德意识的公民是可以通过教师运用正确的方法讲授含有良好道德思想因素的课程来实现的。

(二)论兴趣在教学中的作用

麦克默里兄弟认为，兴趣是教育性教学理论的基本概念。兴趣赋予人们有关人的含义的知识，并使其具有个人的意义。在整个教育学思想的大事年表中都表明,古代和现代的教育学已经引起教师注意的就是兴趣的原理,它是唯一特别着重感情生活的。①

在麦克默里兄弟看来,兴趣是教学的最高目标。弗兰克·麦克默里就指出,对于赫尔巴特主义者来讲,强烈的永久性兴趣是教学过程中最高的目标,知识的获得过程应受兴趣的制约。通过研究,麦克默里兄弟认为,兴趣具有以下两大功能。

第一,兴趣是教育过程中一个必不可少的因素。麦克默里兄弟认为,每一个学生学习过程的主要部分,都会受到兴趣的影响。学生只有对某一事物有兴趣,才会注意这一事物,而且兴趣越浓厚,注意的程度就会越高;反之亦然。因此,他们得出结论:注意是学习过程的第一步,只有感兴趣的人才会对事物产生注意,因而兴趣是教育过程中一个必不可少的因素。

第二,兴趣的强弱与学生学习效果的好坏有着密不可分的关系。麦克默里兄弟认为,一个人要取得良好的成绩,对学习没有兴趣是不可能的,兴趣是学生学习的推动力,指导并保证学生思维的正常进行。学生只有形成浓厚的兴趣和强烈的学习动机,才能把所学的知识与原有的知识有效地联系起来,理解和掌握所学内容,从而促进学习成绩不断提高。因此,他们强调兴趣是教育教学的基础,要提高学生的学习成绩,就必须调动学生的学习积极性,培养学生的学习兴趣。弗兰克·麦克默里指出,兴趣是教学的最高目的,而观念是达到目的的手段。那就是说,兴趣是目的,知识是手段。因此,在麦克默里兄弟看来,判断教学效果的好坏,不在于学生获得的知识数量的多少,而在于学生是否具有了浓厚的学习兴趣。

在论述了兴趣的作用后,麦克默里兄弟大力呼吁要改革传统教学理论中忽视学生兴趣的陈旧思想,使学校的各项活动生动有趣,以促进学生积极主

---

① [澳]W. F. 康内尔:《二十世纪世界教育史》,张法琨、方能达、李乐天等译,131页,北京,人民教育出版社,1990。

动地学习。他们强调，对中小学课程的设置和选择，要切实适合儿童的发展水平和他们的兴趣。因为如果学生所学的课程内容超过了他们的理解能力，或者他们对所学内容缺乏充分准备，那么，学生就不可能对学习的内容产生兴趣。因此，麦克默里兄弟强调，教材编写的内容必须限于学生统觉能力的范围内，必须与学生心灵中原有观念发生联系，还必须适应不同年龄阶段学生的发展水平和兴趣类型。他们还指出，为了培养学生的学习兴趣，在教学方法的选择和应用上，在教学工作的各个环节中，都要进行相应的改革。

晚年的麦克默里兄弟几乎完全抛弃了赫尔巴特学派思想，强调学校的教学要完全围绕学生的兴趣，根据学生的兴趣选择课程、教学方法，让学生自由自主地学习。他们成为杜威实用主义教育学派的忠诚拥护者和盟友。

（三）论教学内容和课程编制

麦克默里兄弟根据兴趣功能的原理指出，兴趣对于课程的重要意义在于它对学生道德教育的影响。在他们看来，兴趣是品格发展的核心因素，教育工作如果不从道德的角度对学生的兴趣加以引导，它对学生道德的影响就很难达到预定的目的。因此，他们指出，在编制课程和选择教学内容时，务必使其产生激发学生良好愿望和行动的兴趣的作用。由于课程内容繁杂，要发挥课程的教育性作用，就要选择一些重要的人文学科作为课程内容的核心。弗兰克·麦克默里指出，由于历史和文学用来专门研究人类的动机和行为，它们对学生品德的形成起着极为重要的作用，因此，历史和文学应该在公立学校的各个年级开设，即强调历史和文学学科在中小学课程体系中的核心地位，其他学科如地理、数学、化学、美术、音乐、体育等，不仅要围绕着核心课程来开设，而且要为核心课程服务。

麦克默里兄弟还特别强调"相关"在课程编制中的作用。在他们看来，中小学所设立的各种教学科目不是孤立的，而是相互联系的，因此，教师在编制教材时，要选择两门以上的学科，把它们组合成综合学科，如综合自然科学、综合数学等。查尔斯·麦克默里解释，如关于明尼阿波利斯瀑布的论述，除了商业、铁路、明尼阿波利斯等的严格地理关系之外，还应当通过必要的说明，介绍瀑布下方的岩石地层和峡谷(地质学)，磨坊、汽轮机齿轮转动(物理学)，锯木厂和松林(植物学)，早期历史(印第安人和阿拉伯人)等。① 从麦克默里兄弟对相关课程的论述中，可以看出，他们期望通过在中小学设置一些综合课程，促进学科知识的联系和结合，以有利于学生形成一种综合的观点且能够牢固地记忆知识，并应用它们来解决新的实际问题和学习新的知识，教会学生去寻求、理解和培养很适合正在形成的20世纪思想倾向的种种关系。②

(四)论五段教学法在教学中的应用

麦克默里兄弟认为，在确定了课程设置和课程内容编制的问题之后，运用何种教学步骤和教学方法进行教学，便成了提高教学质量的关键。在继承莱因"五段教学法"的基础上，他们提出了自己的"五段教学法"，并对各个阶段的特点和对教师的要求提出了自己的看法。

第一阶段：回忆，即教师引导学生把与所学教材有关的经验回忆起来，以便学生为学习新教材做好准备。他们强调，教师在导入新课之前，先要引导学生回忆已讲过的与新课有关的内容，激发学生在新的情境下学习新知识的强烈欲望。

第二阶段：提示，即教师在学生回忆原有知识的基础上，且在学生有了强烈的学习欲望时，运用学生熟悉的知识解释新概念，以便于他们理解。

第三阶段：比较和分离，即教师要在学生理解教材的基础上，让学生把所学的概念和原有概念进行比较，区分本质的和非本质的东西，以便在头脑

---

① [澳]W. F. 康内尔：《二十世纪世界教育史》，张法琨、方能达、李乐天等译，129页，北京，人民教育出版社，1990。

② [澳]W. F. 康内尔：《二十世纪世界教育史》，张法琨、方能达、李乐天等译，129页，北京，人民教育出版社，1990。

中保留本质的东西，而把非本质的东西彻底抛弃。

第四阶段：概括，即教师引导学生在比较和分离的基础上，对所获得的知识进行归纳和整理，从具体化的知识中把最本质的概念或原理概括出来。

第五阶段：运用，即无论学生学习了什么知识或找到了哪些原理，教师都必须确保学生会运用它们。

麦克默里兄弟认为，这五个步骤在学习中是必要的，因为所有人在获得知识的过程中都要经历这些阶段。通过运用赫尔巴特学派兴趣原理和统觉理论，麦克默里兄弟提出了一系列有条理的教学步骤，这样教师在教学中就能非常容易地运用"五段教学法"进行教学，且能保证教学质量的提高。因而，"五段教学法"很受教师的欢迎。麦克默里兄弟与德加谟等人创立的"五段教学法"在美国师范院校和中小学教学实践中盛行了几十年之久，对美国师范教育的发展和中小学教育质量的提高发挥了重要的作用。

但正如杜威所说的，赫尔巴特学派"五段教学法"的优点又正是它的致命缺点。麦克默里兄弟等人倡导的"五段教学法"强调教师把现成的书本知识按照规定的步骤进行教学，容易造成教学过程的形式化，不利于教师创造性的发挥；同时，它强调学生按照教师规定的步骤去被动地接受知识，难以使学生有动手、动脑的机会，不利于学生动手能力的培养，也难以对学生因材施教，不利于培养学生的创新精神。杜威指出，这种见解的基本理论缺陷在于忽视了有机体活动的存在和特殊作用。

尽管查尔斯·麦克默里认为赫尔巴特比其他任何哲学家提出了更多更好的教育原理，但值得注意的是，麦克默里兄弟并不像其他赫尔巴特主义者在时代发生重大变化的情况下，依然顽固地坚持赫尔巴特学派的教条。他们在20世纪初就抛弃了赫尔巴特学派理论中的陈腐内容，提出反对僵死的形式主义，转而接受杜威的"从做中学"理论，去推广杜威的实用主义教育理论。

19世纪末20世纪初，麦克默里兄弟因宣传赫尔巴特学派的教育理论，组织和领导美国的赫尔巴特学派运动而名扬全美。美国赫尔巴特学派运动开展之迅速，范围之广，持续时间之长，在世界各国都是罕见的，而这一切都和麦克默里兄弟等人的活动是分不开的。麦克默里兄弟对以莱因为代表的德国赫尔巴特学派的教育理论的主要内容进行了重大修正，使之更适合当时美国教育的状况。值得注意的是，作为美国赫尔巴特学派主要创始人的麦克默里兄弟，并不是保守僵化地坚持赫尔巴特学派的教条，而是根据美国 20 世纪初的社会和教育实际情况，吸收实用主义教育理论的合理因素，使之更好地改造赫尔巴特学派理论，抛弃其不正确因素，保留其原有的积极因素，更好地为美国的教育改革服务。

即使在 21 世纪世界各国的教育教学中，无论是教科书的编写，还是教学方法的运用，依然受到赫尔巴特学派的影响。这说明赫尔巴特学派运动虽早已结束，但赫尔巴特学派教育理论中的一些观点依然会对世界各国的教育产生影响。

第三节　美国赫尔巴特学派的影响

德加谟和麦克墨里兄弟等人的努力，不仅使赫尔巴特的主要教育著作在 1889 年至 1901 年短短三年的时间内在美国被翻译出版，并且这些著作还成了美国赫尔巴特学派的"圣经"；且在 1905 年前，赫尔巴特学派在美国教育界已占很大的优势。1895 年，德加谟指出，在英语国家里，对大多数教师来说，赫尔巴特教育思想体系仍处在阐释阶段。因此，从 1895 年到 1905 年，美国大多数教育杂志都刊载了阐述赫尔巴特教育思想的文章，大多数有关教学方法的书籍都渗透了赫尔巴特学派的思想，大多数教师在讨论教育问题时都使用了赫尔巴特学派的教育术语。

虽然美国赫尔巴特学派影响的全盛时期大约是从 19 世纪 80 年代到 1910 年左右，但他们的观点对几代教师的教育观念和实践都起到了作用。时任美国教育总署署长的哈里斯在他的《1894—1895 年度报告》中就指出，赫尔巴特学派教育学在美国的门徒要比德国国内更多。当时，美国学校的教师都在一种赫尔巴特环境中生活、活动和存在。确实，19 世纪 90 年代后，人们对赫尔巴特精心构建的教育理论体系的兴趣，如浪潮一般席卷了美国教育界的教师和学生。正如美国教育史学者佛罗斯特(S. E. Frost)在《西方教育的历史和哲学基础》一书中指出的：美国赫尔巴特主义者向教师"介绍了赫尔巴特主义，激起了人们对其教育理论与方法的兴趣。一时间大批论述这一题目的书籍和文章纷纷出笼，几乎所有的学校都接受了赫尔巴特的教学方法"①。

但是，值得注意的是，美国赫尔巴特学派在宣传赫尔巴特教育思想的同时，也对赫尔巴特教育思想做了一些修改，并提出了他们自己的见解。从 20 世纪初起，其代表人物也在缓慢地离开赫尔巴特而趋于杜威。这种情况与在当时英国出现的情况颇为相似。例如，德加谟在 1902 年出版的《兴趣与教育》一书上，就题词"献给约翰·杜威"；又如，德加谟和麦克墨里兄弟对杜威学校的实验也是表示支持的。甚至，到 1910 年时，作为赫尔巴特学派代表人物的麦克墨里兄弟在很多方面更像杜威学派。

美国进步教育运动的迅速发展使美国赫尔巴特学派的活动时间并不长。1902 年，"全国赫尔巴特教育科学研究学会"改名为"全国教育科学研究学会"(National Society for the Scientific Study of Education)，把原来学会名称中的"赫尔巴特"一词删掉了。1910 年，它又改名为"全国教育研究学会"(National Society for the Study of Education)。实际上，美国赫尔巴特学派从 1905 年起已

① ［美］S. E. 佛罗斯特：《西方教育的历史和哲学基础》，吴元训、张俊洪、宋富钢等译，461 页，北京．华夏出版社，1987。

渐趋衰落，在1905年以后已很难找到一篇关于赫尔巴特或赫尔巴特主义的文章。总之，赫尔巴特的著作没有人再阅读，他本人被看作一个鼓吹"书本学校"的人，在这种"书本学校"里，学生唯教师的话是从，不允许获取自己的经验。赫尔巴特也被指责为力图通过外部影响来改变学生的思想，还企图为此目的而把教材强加于学生。

因此，在传统的教育理论和方法，特别是赫尔巴特教育思想以及美国赫尔巴特学派的影响下，当时美国的学校教育与过去相比确实没有什么变化。美国威斯康星州的一位报刊编辑霍尔德(William D. Hoard)在对学校进行考察后，就这样指出："这正如60年前我们少年时代的情况，但今天99%的学校还依然如故。"[①]在当时的美国，学校制度成了一种使儿童穷于应付作业的制度。对于儿童来说，因为单调地练习、死记硬背和复述那些毫无意义的冗词赘句，学校从来就没有什么乐趣；对于家长来说，学校往往被看作一个异己的世界，对于它所教育的人似乎充满了敌意或冷漠。由于教师明显的严酷态度，儿童必须完全服从于教师的意愿，因此，他们是沉默的和静止的，课堂的氛围也是沉闷的和冷漠的。在人们看来，学校采用老一套的方法进行老一套的训练，确实使它成为一个令人沮丧的地方。

美国赫尔巴特学派推动了赫尔巴特教育思想在美国的广泛传播，同时也在一定程度上促进了美国教师素质的提高。即使在现今美国的学校教育和教学中，无论教科书的编写，还是教学方法的运用，依然受到了赫尔巴特主义的影响。这表明，赫尔巴特学派运动虽早已结束，但赫尔巴特学派教育理论中的一些观点依然会产生影响。

---

① [美]劳伦斯·阿瑟·克雷明：《学校的变革》，单中惠、马晓斌译，40页，济南，山东教育出版社，2009。

第五章

加拿大的教育发展和教育思想

加拿大在 19 世纪跨越了两个重要的历史时期，即从英属殖民地时代到独立的加拿大联邦政府时代，因此，加拿大的公共教育和高等教育也折射了加拿大的历史发展和时局变迁。加拿大易主英国后，从 18 世纪 60 年代至 19 世纪 40 年代，英国殖民政府采取了不同于法国殖民政府的态度和做法，对加拿大殖民地教育加大了介入幅度与管理力度；与此同时，英国殖民政府在教育体制方面持包容态度，允许多样学校体制、多种教育机构同时并存。由于国内各种综合因素的推动，国外各种新观念的输入和引导，以及欧美国家教育制度的影响，公共教育制度在上加拿大（安大略省）率先创建。在上加拿大公共教育制度创建的过程中，时任上加拿大教育长官的埃杰顿·赖尔森（Egerton Ryerson，1803—1882）做出了至关重要的贡献。他起草、推动并颁布的一系列教育法案以及他的公共教育思想和实践，不仅对上加拿大公共教育发展具有重要的意义，而且对加拿大其他地区公共教育发展也具有深远的影响，因而成为加拿大公共教育制度的奠基人。自 1867 年加拿大自治领建立后，在上加拿大公共教育发展的激励和推动下，创建公共教育制度渐渐成为加拿大各地区发展教育的必然趋势，各地区相继完成了公共教育制度的创建。与此同时，相比公共教育的发展，加拿大高等教育是落后的和停滞的。但是，从 19 世纪五六十年代起，加拿大高等教育开始得到了一定的发展，在各个地区创办了诸多高等院校，这为20世纪后加拿大高等教育的发展奠定了基础。

第一节 公共教育的发展

公共教育开始在英属加拿大一些人口聚居地区出现，但由于种种复杂因素的羁绊，很快就消失殆尽。然而，在赖尔森公共教育思想的传播和实践的影响下，公共教育制度得以在上加拿大率先创建。后来，建立公共教育制度渐渐成为19世纪六七十年代加拿大自治领各地区教育发展的大势所趋，并在19世纪末20世纪初完成公共教育制度在加拿大的确立。加拿大约克大学教授阿克塞尔罗德(Paul Axelrod)在他的《学校教育的承诺：加拿大教育，1800—1914》一书中指出，从19世纪40年代到19世纪70年代，教育变革席卷了英属北美。在一个正在被经济、技术、政治和学校教育的巨大发展重塑的世界，教育在教育者和普通公民的生活中都具有了新的重要性。[1] 对于加拿大公共教育制度的创建历程，当代加拿大社会学家布鲁斯·柯蒂斯(Bruce Curtis)深刻指出，有关教育组织的所有重要问题——谁需要接受教育，谁负责教育，他们应该学习什么，他们应该怎样学习，谁应该为此支付费用——这些以及其他问题只有在回答了有关国家的问题之后才能解答，这些问题包括：谁统治，如何统治，如何构架，如何筹得资金。围绕教育所进行的斗争就是围绕政治统治的斗争。[2]

---

[1] Paul Axelrod, *The Promise of Schooling: Education in Canada, 1800-1914*, Toronto, University of Toronto Press, 1997, p.24.

[2] Bruce Curtis, "Preconditions of the Canadian State: Educational Reform and the Construction of a Public in Upper Canada, *1837-1846*," *Studies in Political Economy*, 1983(10), pp.103-104.

一、公共教育在上加拿大的初步推广

独立战争后，野心勃勃的美国为了扩大自己的领土和势力范围，对英属加拿大一直垂涎三尺。1812 年 6 月 18 日美国对英国宣战，兵分两路进攻加拿大。战事于 1815 年 1 月宣告结束，战争中双方各有得失。与战前相比，加拿大与宗主国英国的关系更加密切，加拿大人民的民族自信心也因而大大增强。

战后不久，一场关于教育为少数人还是为多数人服务、学校为特权阶级还是为普通大众而设的激烈争论，在上加拿大立法委员会和议会之间展开了。前者辩称教育应当为占少数的特权阶级服务，建立公共学校对文法学校有百害而无一利，文法学校是当时殖民地最好的一种教育机构；后者始终坚持战前就提出的修改《1807 年公学法案》的提议，要求引入一种为社会中下层民众服务的公共学校教育制度；对于各地区学费高昂、只面向上层阶级子弟的公学持强烈反对并取缔的意见，认为凡是有教育需求的地方就应当建立公立学校，便于学生就读。

(一)《1816 年公共学校法案》的颁布

围绕上述问题的争论，最后有了结果。1816 年 2 月，上加拿大组成特别教育委员会，并在三周后拟定了一份在上加拿大推广公共学校教育的提案。议会很快通过了这一提案(The Common School Act of 1816)，随后《1816 年公共学校法案》的颁布意味着议会和立法委员会之间妥协的开始。立法委员会在只要政府不干扰公学正常运作的条件下做出了让步；议会同意无须取缔公学。尽管双方各有让步，但这场议会派和立法委员会派之间的争执，最终还是以议会派的胜利而告终。《1816 年公共学校法案》在上加拿大教育史上具有十分重大的意义，标志着上加拿大政府有责任保证普通民众的教育权利。

《1816 年公共学校法案》的实施以尊重地方选择权为前提。上加拿人任何一个城镇和乡村的居民如需建立学校，就可依照该法案召开公共会议讨论。

学校学生数如超过 20 人，政府每年补贴每位教师 25 英镑；但政府不负责学校的建设费和维持费，这两项费用的筹集均来自自愿捐款；学校的管理工作高度分权，学校的各种事务由地方选举产生的 3 名董事主管。这三人分管学校教师的任免①、学校法规的制定、课本教材的指定，向学生家长收缴每季度 2~3 英镑的学费。但以上事务的决策必须上报区教育委员会(成员共 5 人，均由副总督指定)，得到他们的批准后方可执行。

《1816 年公共学校法案》存在不足。第一，尽管政府对学校有所补助，但许多父母仍然很难甚至无法承担公共学校的学费。例如，该法案颁布一年后，安大略省的第一位教育统计学家古尔利(Robert Gourlay)计算出公共学校每年每个学生的平均学费为 10 英镑②，这远远超出了许多学生家长的支付能力。第二，政府每年对各个学校的补助分配不均，一些学区从未得到过政府承诺的教育补贴，而另外一些学区的经费又绰绰有余。第三，学校重复建设过多。该法案规定，只要学生人数满 20 人，地方就可建立一所公共学校，由此造成了不必要的资源浪费。第四，地方选举产生的董事在选定教师方面不够谨慎得力。第五，公共学校教师缺少经济支持。每年公立学校教师的补贴为 100 英镑，而公共学校教师的补贴只有 25 英镑(1820 年后 25 英镑又被减半)。1833 年，议会的一个特别委员会调查报告说，部分学区的公共学校教师实际上每年只有 4~5 英镑的补贴，与之相比，当时一个普通工匠的每年所得有 75 英镑。因此，加拿大教育史学家奥尔特豪斯 (J. G. Althouse)指出，教师职业成为当时无能的、愚蠢的和不可靠人士的最后避难所。

(二)地方公共学校的兴办

随着《1816 年公共学校法案》的颁布，地方公共学校开始在上加拿大各地

---

① 教师的任免并不是完全由地方董事随意指任的。《1816 年公立学校法案》规定，所有教师必须生来就是大英帝国的子民或者宣誓效忠英国政府。这一规定的目的是杜绝美国教师的"邪恶"思想和"有害"影响侵入加拿大。

② J. Donald Wilson, Robert M. Stamp & Louis-Philippe Audet, *Canadian Education: A History*, Ontario, Ont Prentice-Hall of Canada, 1970, p.201.

区兴办起来。起初，公共学校办学条件大都十分简陋，随便一间屋舍就可充作教室，公共礼拜堂、会堂大厅、教堂甚至老酒馆都被派上了用场。随后，上加拿大各地区的公共学校逐渐有了专门的校舍，但都是参照最简陋的拓荒民居的样式，采用粗制的原木修建而成，房檐低矮，屋舍面积不大，通常长16 米，宽 14 米。

上加拿大公共学校的教学方法仍然遵循旧的传统，采用个别教学而非集体教学的方式，有时仅仅要求学生死记硬背即可。教材在当时是一个令人头痛的问题，因为各所学校根本没有一本统一的教材，课本各式各样，每个小学生手中的课本就是他在自己周围所能找到的一本书，如果无法找到就与他人合用一本。当时的联邦内阁部长米尔斯(David Mills)这样回忆：小学时他所拥有的唯一一本课本就是美国出版的《科布拼字本》，全班只有 2 本奥尔尼版(Olney's)和伍德布里奇版(Woodbrige's)的地理课本，这两种版本都是美国出版的。米尔斯回忆的情况充分表明了当时上加拿大教材的两个特征：极度匮乏和美国化。正如 1814 年一位社会观察人士评论的，课本的稀罕程度就如同斯诺登峰(英国威尔士西北部的一座山，海拔 1085.8 米，是威尔士的最高峰)顶峰的菠萝。与此同时，美国教师和教材的"有害影响"也引起了人们的警惕，1815 年刊登在《金斯顿公报》上的一篇文章告诫人们："美国教材所灌输的东西就是，让我们痛恨自己本应支持的政府，辱骂我们本应热爱和尊敬的国家，而尊奉美国为最伟大、最慷慨、最无畏的国家。"[1]

(三)斯特罗恩对上加拿大教育的影响

1797 年毕业于苏格兰阿伯丁大学的约翰·斯特罗恩(John Strachan)于1799 年移民到了上加拿大，曾先后在金斯顿和康沃尔两地担任私立学校的教师。1815 年英美战争结束后，斯特罗恩成为贵族的一个重要人物。1815—

---

[1] J. G. Althouse, *The Ontario Teacher*, *1800-1910*, Toronto, Ontario Teachers' Federation, 1967, p. 5.

1836年，他任上加拿大行政委员会委员；1820—1841年，他担任上加拿大立法委员会委员。在此期间，斯特罗恩逐渐成为上加拿大副总督身旁最具影响力的顾问；同时，立法委员会、行政委员会以及议会中很多人都曾经是斯特罗恩的学生。因此，作为上加拿大教育长官的斯特罗恩对1840年前的上加拿大教育产生了很大的影响。

首先，在斯特罗恩看来，《1816年公共学校法案》的最大疏漏就是没有设立公共学校中央管理机构。1818年，上加拿大新任副总督梅特兰（Peregrine Maitland）对斯特罗恩信任和赏识有加。在斯特罗恩的游说下，梅特兰于1822年上书英国政府殖民部，计划在上加拿大成立一个教育总理事会，由斯特罗恩担任主席。一年后，斯特罗恩得偿所愿，教育总理事会成立，成员皆为斯特罗恩的学生和好友。教育总理事会统管公共学校的土地、财政、教师任免以及教材选用。终于，斯特罗恩可以不受政界人士的左右和干扰，按照自己的喜好制定教育制度。然而，由于斯特罗恩坚持教育应由圣公会掌管，教育总理事会受到了改革派的强烈反对。1833年，上加拿大议会成功说服英国政府殖民部取消了教育总理事会。因此，斯特罗恩长期筹划的国家教育体制功亏一篑。

其次，文法学校方面，斯特罗恩于1819年有力地推动了上加拿大立法委员会通过一项有关《1807年公学法案》的修订案。该修订案规定，每年对各个公学予以审查，并向上加拿大副总督递交年度报告，同时为八所公学中的80名贫困学生减免学费。该修订案的最后一点表现出当时斯特罗恩独一无二的创见，即公学教育应该扩展到所有才能出众的孩子身上，而不是仅仅局限于绅士子弟。由于立法委员会的坚决反对，斯特罗恩未能实现进一步创建免费公学教育的计划。

最后，斯特罗恩曾一度说服副总督梅特兰在上加拿大引入英国牧师贝尔（Andrew Bell）的导生制。导生制最早是由英国国教会的牧师贝尔和公谊会的教徒兰卡斯特创建的，两者在教学上略有差别，贝尔的导生制主要是以讲授英国国教教义为基础。引入导生制学校虽然可以为普通民众子弟提供一种收费低廉的学校教育，但斯特罗恩将其引入上加拿大的主要目的是，进一步巩固圣公会对上加拿大教育的控制，同时抵制美国的教师和课本的流入。最终，建立导生制学校的计划在议会的一致反对下不了了之。

1835 年，斯特罗恩被迫辞去行政委员会委员一职。1840 年颁布的《联合法》使上加拿大、下加拿大合并为一省。第二年，斯特罗恩退出了政治舞台。上加拿大、下加拿大的联合，标志着英属加拿大在争取完全独立的道路上迈进了一大步。虽然英属北美第二帝国自建成至 1867 年"加拿大自治领"成立，前后仅百余年，但在加拿大教育史上，自 1840 年上加拿大、下加拿大联合之后，英国对加拿大教育的影响就逐渐变得衰弱了。①

二、自治领时期公共教育的蓄势待发

自 19 世纪 40 年代起，英属加拿大逐步从农商社会向工业社会转型，新观念、新技术以及新的交通运输方式迅速地改变了加拿大人民生活和工作的模式与节奏，加拿大的经济和社会发生了巨大的变革。变革本身带来的巨大冲击力，使加拿大人民的民族意识和国家观念不断增强，一场为彻底摆脱英国殖民统治、建立独立国家而战的斗争正悄然开幕。与此同时，正是从这一时期起，公共教育在加拿大创建的先决条件开始逐步具备，它的形成和发展既受到欧美国家的外来影响，又是国内多种因素和动力共同推动的结果。

（一）建立摆脱英国殖民统治的独立国家

1. 经济格局的大变化

殖民地时期，加拿大殖民地经济就是法国和英国经济的自然延伸，其发

① J. Donald Wilson, Robert M. Stamp & Louis-Philippe Audet, *Canadian Education: A History*, Ontario, Ont Prentice-Hall of Canada, 1970, p.39.

展的性质和方向先后受到英法两国经济发展和政治需要的严重制约和束缚。在欧洲16—18世纪重商主义经济思想和政策的统治下，加拿大殖民地经济的主要内容就是为宗主国工业的繁荣提供丰富的原料，提高宗主国商品的国际竞争力；同时，为宗主国提供工业产品及商品的销售市场。由于殖民地生产水平相对低下，在与殖民地的贸易中宗主国处于绝对优势，因此，加拿大自然而然就沦为西欧宗主国资本原始积累的工具。

19世纪40年代，正值英国工业革命完成后经济迅猛发展的时期，资产阶级新贵逐渐成为国家政权的执掌者，早年英国王室对加拿大殖民地的保护性关税政策也渐渐被工业资本家提倡的自由贸易所取代。例如，在此之前，英属北美殖民地一直依赖英国的特惠贸易体系，其谷物、面粉、木材等在英国市场上享有其他国家无法比拟的优惠待遇和特惠地位。进入40年代后，一切都发生了转变。1846年，英国废除了《加拿大谷物法》；1849年废除了限制外国航运业竞争和垄断殖民地贸易的《航海条例》。英属北美殖民地一夜之间从旧的帝国贸易体系的荫庇下，被抛入了世界贸易冷酷无情的市场竞争中。但是，1854年英属北美殖民地与美国在华盛顿签订了为期十年的互惠贸易协定，规定美国的密歇根湖与加拿大的圣劳伦斯湖彼此开放，双方船只在此区域自由航行，双方渔区相互开放，可自由捕捞；双方的自然产品享受免税或优惠关税待遇。互惠贸易协定签署后，英属北美殖民地与美国的贸易总额不断增长。此前，英属北美殖民地的对外贸易几乎全部在英国和欧洲大陆之间进行；但在互惠贸易协定生效后，加拿大省份的二分之一和大西洋沿海省份三分之一的贸易额转向美国市场。[①] 自此，加拿大各殖民地开始改变在经济上完全依赖英国的局面，逐步跻身北美大陆经济体系。

2. 联邦制民族国家的建立

经济上的日趋繁荣和自主，为加拿大带来了意义深远的变化。殖民地有

---

① 宋家珩：《枫叶国度——加拿大的过去与现在》，116页，济南，山东大学出版社，1989。

权支配自己的贸易政策，必要时可不用顾忌英国的反对意见，这在很大程度上鼓舞了殖民地人民的士气，同时极大地促进了加拿大民族国家概念的形成。与此同时，从 19 世纪二三十年代开始，英属北美殖民地的政治秩序陷入危机，各省有势力的政治集团垄断了当地的政权，凭借手中的权力专横跋扈，肆意推行维护特权阶级利益的政策。面对这种腐败瘫痪的政治局面，要求议会改革、扩大议会权力、取消寡头统治集团的特权地位成为趋势，英属北美殖民地改革派在这场斗争中应运而生。

针对北美殖民地的现状，改革派提出了四项要求：在北美殖民地确立代议制度和法律的权威，由公民投票决定自己的事务；北美殖民地应当建立责任政府；北美殖民地各省的议会当掌管财政大权；北美殖民地当享有一定的自治。改革派的改革呼声最终得到了英属北美殖民地总督德拉姆（Durham）的同情和支持。在经过实地调查后，德拉姆于 1839 年向英国政府递交了著名的《德拉姆报告》（Durham Report），提议英国政府允许英属北美殖民地建立责任政府、划分大英帝国和地方事务的处理权限以及上加拿大、下加拿大的联合。① 在随后的十年间，《德拉姆报告》中的大多数建议都得到了采纳。1846 年，力主自由贸易的英国辉格党重新执政，同情殖民改革派的格雷勋爵（Lord Grey）出任殖民大臣。他认为，英属北美殖民地政府只有在尊重殖民地人民愿望的基础上才能正常有效地运转，赞成在那里建立责任政府。1846 年 11 月，格雷勋爵给新斯科舍总督写信，责令他推行责任政府。不久，在 1847 年议会选举中，新斯科舍省改革派大获全胜。1848 年 1 月 28 日，英属北美殖民地的第一个责任政府在新斯科舍省建立。之后，1851 年爱德华王子岛省、1854 年新不伦瑞克省、1855 年纽芬兰省先后建立了责任政府。责任政府的建立，标志着英属北美殖民地在争取完全独立的道路上迈出了一大步。

---

① J. M. S. Careless, *Canada: A History of Challenge*, New York, Macmillan, 1970, pp.195-197.

进入19世纪60年代,在加拿大建立联邦制国家被逐步提上了议事日程。由于建立了责任政府的加拿大各省仍然处于英国殖民当局的管辖之下,并且各自为政,彼此缺乏联系。同时,加拿大的强邻美国对加拿大虎视眈眈,美国向西部涌入的人流对加拿大的西部土地也构成了相当大的威胁。由此,各省联合起来组建联邦制国家的思想日渐成熟。1864年10月10日,来自加拿大各省的33位代表共聚魁北克省议会大厦,在会议上通过了72项决议案,即"魁北克决议"。在这种情况下,英国议会于1867年3月接受了"魁北克决议",以《英属北美法案》(British North American Act)①的形式在英国上下两院得到通过,并于1867年7月1日生效,"加拿大自治领"自此成立。根据法案,上加拿大(安大略省)、下加拿大(魁北克省)、新不伦瑞克省和新斯科舍省共同组成统一的联邦国家——加拿大自治领,定都渥太华。到1873年,不列颠哥伦比亚、爱德华王子岛加入了联邦,西北地区也纳入了联邦的版图,纽芬兰在1949年加入。因为加拿大自治领的建立,从19世纪四五十年代起,加拿大自治领无论是在经济上还是在政治上都摆脱了英国殖民统治,为公共教育的发展提供了强大的后盾。

(二)各种新思想观念的引导

1. 知识观念的改变

17世纪英国著名哲学家、政治思想家和教育思想家洛克对加拿大英裔移民产生了很大的影响,其影响力度遍及整个北美大陆。由于洛克所处的时代正值英国资产阶级革命,他所代表的利益集团是资产阶级和新贵族结成的政治联盟,在反对封建贵族、英国圣公会以及英国封建王朝的同时,又不敢彻底与其决裂,革命性与妥协性并存是他们最大的软肋。洛克的绅士教育思想明显反映了这一特点。

自19世纪中叶起,加拿大渐渐步入工业革命时期,手工业开始向大工业

---

① 1867年7月1日正式生效,为1867—1982年的加拿大宪法。

转化，机器大生产意味着资产阶级需要有文化的劳动后备军，社会需要越来越多的掌握科学知识的人才。同时，开拓疆土和振兴实业都需要中级人才，而那些以讲授古典学科为主的公学及文法学校根本无法满足社会发展的需求，因而企业主不愿纳税开办这种脱离实际需要的学校，家长也不愿让子女接受这种对就业没有帮助的教育。19世纪中后期，英国著名哲学家、社会学家和教育家斯宾塞的教育思想被传播到了英属北美殖民地。就古典教育和科学教育孰优孰劣的问题，斯宾塞系统地论证了科学知识的价值及其在学校教育中的重要地位，并提出了一个以自然科学知识为基础的新的课程体系。他强调，什么知识最有价值，一致的答案就是科学。这是从各个方面得来的结论。[①] 斯宾塞的观点虽然具有强烈的功利主义色彩，但他强调只有科学才是真正有助于个人幸福和社会进步的、最有价值的知识，因而学校也应以科学作为课程体系的核心。斯宾塞的思想也影响了英属北美殖民地。

随着工人阶级的成长和工人运动的发展，英属北美殖民地的劳动者争取教育权的斗争日益深化。劳动者逐步体会到自身的幸福有赖于知识的多寡，而资产阶级也认识到公共教育虽需要一定的经费，但从长远来看却能创造更大的利润。因此，公共教育观念开始为社会广泛接受，这成了自治领时期公共教育发展的思想基础。

2. 科学、民主与人性观念的萌芽

欧洲启蒙运动时期，由于科学上的发现，特别是牛顿（Isaac Newton，1643—1727）的万有引力定律，使近代的哲学家和思想家得到了启示，即人类社会受某种不变的自然法则支配，这就是人类与生俱来的"天赋人权"。在十七八世纪欧洲资产阶级反对封建专制的斗争中，荷兰启蒙思想家格劳秀斯（Hugo Grotius）、英国的洛克、法国的卢梭等都是"天赋人权"的支持者和代

[①]　［英］斯宾塞：《斯宾塞教育论著选》，胡毅、王承绪译，43页，北京，人民教育出版社，2005。

言人。其中,洛克的"人民生而自由、平等和独立"的思想对英属北美殖民地的影响最大。当然,由于历史时代和阶级局限性,洛克所指的人民并非社会的全体成员。

随着加拿大民族国家意识的逐步形成,以及科学技术的不断进步,人们逐渐认识到,民主、科学、人性三者是一个有机的统一体。民主是科学充分发展的前提。没有民主的科学,只可能是片面的科学,而不是整体的科学,或者只有科学的形,而无科学的实。科学为民主提供基础条件:一是科学的发展为民主的发展提供新的生产力条件,二是科学的发展为民主的发展提供新的生产关系条件,三是科学的发展为民主的发展创造新的意识和观念。科学既是民主发展的理性约束,又是民主发展的强大动力。不论是民主,还是科学,其最终落脚点都是人性。只有符合人性的民主才是好民主,只有符合人性的科学才是真科学。人性为民主和科学的发展提供了选择空间。人性既是民主和科学发展的起点,又是民主和科学发展的终点。

当然,民主、科学与人性观念和认识的形成并非一蹴而就的,需要相应客观条件的成熟和辅佐,因此,这是一个循序渐进的过程。公共教育的形成和发展,正是在这一过程中逐步实现的。

(三)欧洲国家教育制度的影响

作为一个在经济、政治上刚刚获得独立和自主权的国家,新建立的加拿大自治领在面临的各种挑战和障碍面前,把自己的目光投向拥有悠久历史文化底蕴的欧洲国家,在教育方面迫不及待地想要了解和学习欧洲国家的经验。因此,教育界人士曾多次被派遣到欧洲国家考察学习,了解它们的教育发展状况以及教育制度的制定。与此同时,来自欧洲国家的移民也为加拿大公共教育的初创做出了重要的贡献。所以说,加拿大公共教育制度的形成和发展充分吸取了当时欧洲国家教育发展的经验和教训。

从18世纪60年代到19世纪中期,英国、法国、德国等欧洲国家相继完成工业革命，在进入经济发达国家行列的同时，教育方面也得到了迅速的发展。这对当时还处于落后状态的加拿大教育产生了很大的影响。

作为加拿大宗主国之一的英国，从 19 世纪 30 年代起，一反以往由教会或慈善团体开办教育的旧传统，政府开始通过财政补助和监督学校等形式来干预教育事务，并逐步建立了国家教育管理机构；同时，在劳动大众争取受教育权的呼声和斗争下，初等教育逐步得到推广，中等教育和师范教育开始受到注意，出现了新型的中学和大学，各级学校教育中的实科内容逐渐增多。

法国在拿破仑执政期间，奠定了重视中等教育和高等教育的教育体制的基础。1830—1848 年七月王朝时期，初等教育开始受到重视，构成了一个较为完整的学制体系基础。之后，第二共和国（1848—1852）的初等教育计划，提出应对 14 岁以下的儿童实施免费的初等普及义务教育、扩大教学内容等计划。虽然该教育计划最终并没有付诸实现，但反映了劳动人民对教育的渴望和要求已开始得到政府的重视。

德国是世界上最早实行世俗性义务教育和最早从教会手中收回教育权的国家。因此，德国的教育尤其是 1848 年前的德国教育制度和教育思想，对加拿大公共教育制度的建立产生了深远的影响。在德意志最大的国家普鲁士，自 1754 年颁布义务教育法令起，初等学校的数量迅速增加，并进一步推动了德国师范学校的发展。此外，从 18 世纪末至 19 世纪中期，德国还涌现了一批杰出的教育思想家，如"科学教育之父"赫尔巴特、幼儿教育家福禄培尔、国民教育家第斯多惠等，对世界各国的教育产生了巨大影响。

（四）美国公共教育发展的影响

与邻邦加拿大相比，美国是一个公共教育起步较晚的国家。但自 18 世纪末 19 世纪初起，美国公共教育的发展速度不断加快，最终成为加拿大公共教育制度建立过程中一个重要的借鉴对象和学习对象。

通过独立战争，美国不仅获得了民族独立，还为美国资本主义的发展创造了有利条件。《独立宣言》规定人人享有受教育的权利。美国的开国元勋富兰克林、华盛顿、杰斐逊等人坚信教育是立国之本，呼吁政府承担教育管理的责任，这使教会办学、慈善教育等传统受到了强烈冲击，因此，由谁来"管理"教育成为 1830—1835 年一个亟待解决的重大问题。以贺拉斯·曼、亨利·巴纳德等人为代表的教育改革家最终赢得了胜利，主张美国教育应由州来管理。1837 年，马萨诸塞州在贺拉斯·曼的带领下率先通过法案，成立州教育委员会，设立州学校督察长，征收办学税。此后，美国其他各州群起而效仿之，把办教育规定为州的职权，并相继建立了教育委员会和教育厅局，正式实行教育管理上的地方分权制。自此，各级各类教育在数量和质量上都有了较大的进步。这是美国独立后教育为适应国家发展需要而进行的第一次大改革。这次改革建立了由教育改革家主持的州一级的集中管理，反对地方各自为政，为学校结构、课程和教师鉴定的系统化与标准化打下了基础。①

与此同时，公共教育思想得到了美国政府领导人的高度重视以及广大民众的普遍欢迎。19 世纪中期，在贺拉斯·曼等人的领导下，一场为了建立一种对所有儿童开放的、依靠公共税款支持和实行公共管理的、不属于任何教派的、统一的和免费的公共学校制度的公共学校运动在美国兴起。② 在这场运动中，时任马萨诸塞州教育委员会秘书的贺拉斯·曼为公共教育思想在美国的传播以及公共学校在美国的实现做出了巨大的贡献。在他的积极领导下，马萨诸塞州成为整个美国普及教育的典范。毋庸置疑，贺拉斯·曼的教育思想和教育实践不仅为 19 世纪美国公共学校运动指明了方向，奠定了公共学校制度的基础，还促进了美国整个公共教育事业的进一步发展，并且对加拿大公共教育的创建者埃杰顿·赖尔森产生了至深的影响。正是在他的启发和引导下，赖尔森在美国找到了加拿大推行公共教育的理论支持和现实模板。

---

① 滕大春：《外国近代教育史（第二版）》，323 页，北京，人民教育出版社，2002。
② 单中惠：《美国公立学校运动新论》，载《教育评论》，2003(3)。

三、公共教育制度在上加拿大的率先创建

进入 19 世纪 40 年代，加拿大社会生活的各个方面都发生着巨大的变革。工业化、城市化、铁路时代的来临等都在预示着此时的加拿大正在摆脱英国的殖民统治，从而进入一个真正属于加拿大的世纪。伴随政治、经济上的变化，教育同样亟待改革。1840 年，上加拿大、下加拿大合并为加拿大联合省，成为面积最大、人口最多，政治经济地位及其影响最为重要的一个地区，但也因此成为各省中承受殖民地各种问题压力最大的一个省份。此时的加拿大联合省虽然名为一个省，但实际上仍然分为两大区域：上加拿大（即西加拿大，今安大略省）和下加拿大（即东加拿大，今魁北克省）。当时，免费教育主张的提出，既是经济上又是政治上缓解各种压力的方法。对于上加拿大的公共教育发展，加拿大学者詹姆斯·洛夫（James Love）指出："虽然由公众税收支持的免费学校概念 1840 年前就被引入上加拿大，但直到 1840 年代中期才被认真考虑，最后到《1871 年教育法案》的颁布才得以实现。在上加拿大，免费学校思想体系的形成时期是 1940 年代的十年，一个明确的发展重点正是在那个时期确定下来的。"①由于英裔地区与法裔地区在宗教、语言、教育传统上的差别仍然存在，上加拿大的公共教育发展明显快于下加拿大，因此，在很大程度上，上加拿大的公共教育发展方向影响着加拿大其他省的公共教育决策和变革。面对新的时代，公共教育制度在处于新的政治经济形势下的加拿大悄然生成。

（一）19 世纪中期的上加拿大

自上加拿大、下加拿大合并后，由同一个省政府管辖行政区域的官方名称为加拿大联合省。上加拿大作为加拿大联合省的一个组成部分，尽管人口

---

① James Love, "Free Schools, the Poor Man's Right: Arguments for Free Schools in Nineteenth century Canada", in Eric W. Ricker and B. Anne Wood, *Historical Perspectives on Educational Policy in Canada: Issues, Debates and Case Studies*, Toronto, Canadian Scholars Press, 1995, p.219.

少于下加拿大,但在英国殖民当局的授意下,其在立法委员会中拥有与下加拿大相同的代表席位。对此,英国殖民当局的用意是除均衡双方势力之外,就是便于同化以法裔为主的下加拿大。与此同时,1815—1855年,近100万英国移民来到加拿大,虽然其中众多移民最后取道美国,但选择留在加拿大的移民已经在很大程度上扩大了殖民地的人口规模,并改变了殖民地人口的地区和族裔结构,使上加拿大的英裔居民数量远远超过下加拿大的法裔居民数量。① 而且,上加拿大正在迅速向城市化进军。据统计,1850年,上加拿大人口已达952000人,仅多伦多市的人口就已达到30775人。②

进入19世纪中期,上加拿大迎来了兴建铁路的大潮,大西方铁路、大北方铁路以及大干线铁路相继建成。铁路的修建和运行极大地带动了当地沿线城镇的经济发展。作为工业革命产物的铁路,反过来又进一步推动了工业革命在西加拿大的不断深化,邮政服务业也因此兴起并不断扩展。同时,便利的铁路运输和低廉的邮费,也为上加拿大的报业带来了极大的利好,报刊的种类和发行量逐年见涨。这些城市出版的报刊成为宣传的重要工具,在向周围文化落后地区传播都市观念以及带动其文化发展方面发挥了至关重要的作用,其中多伦多市乔治·布朗(George Brown)创办的《环球》杂志最为突出。作为大众舆论的风向标,《环球》杂志在加拿大的城市和乡村地区几乎家喻户晓,人人订阅。与此同时,上加拿大的通信方式变得日益快捷,电报等先进通信手段陆续出现。这一切不仅使人们对上加拿大的未来满怀希望,而且也为赖尔森在上加拿大领导的教育革新奠定了坚实的社会文化基础。

加拿大公共教育的初创,始于上加拿大(安大略省)。上加拿大(安大略省)公共教育的缔造者、加拿大公共教育制度的奠基人非埃杰顿·赖尔森莫

---

① 高鉴国:《加拿大文化与现代化》,17~18页,沈阳,辽海出版社,1999。

② J. Spelt, *The Urban Development of South-Central Ontario*, *Assen*, Netherlands, Van Gorcum, 1955, p. 81.

属，他对安大略省乃至整个加拿大公共教育发展的贡献是史无前例的。因此，加拿大比肖普大学教授马斯特斯（Donald C. Masters）指出："安大略教育体制的基础是由立法机构在 1846 年的和 1847 年通过的一些教育法案奠定其基础的，这些法案是由上加拿大教育长官赖尔森提议的。"①

(二)《1846 年公共学校法》的拟定与颁布

在正式上任成为上加拿大代理教育长官之前，赖尔森就已经着手为教育革新做好了准备工作。在自费考察欧洲国家和美国的教育制度及发展状况之后，赖尔森撰写了《关于上加拿大初等教育制度的报告》（Report of a System of Public Elemenfary Inseurtion for Upper Canada），不仅在积累丰富素材的基础上首次对其教育哲学进行了全面的阐述，还勾勒了随后三十年上加拿大发展公共教育制度的框架。应该说，《关于上加拿大初等教育的报告》成为后来赖尔森起草的《1846 年公共学校法》的基础。该法案主要涉及统一的教育管理机构、专辖教育法规的制定、学校课程的规划、课本教材的指定，并详细规定通过认证、监管和建立师范学校等方式来提高公共学校的教学质量。尽管《1846 年公共学校法》的实施地域仅限于上加拿大，但在上加拿大（安大略省）乃至整个加拿大的教育史上，该法案都是一部深具历史意义的重要法规，标志着加拿大公共学校新时代的开始。

首先，《1846 年公共学校法》规定设立省教育委员会，由一名教育长官和六名委员组成。应该说，集权的教育管理机构有利于西加拿大教育的真正发展和改善。据统计，19 世纪中期之前，只有一半的上加拿大适龄儿童接受了学校教育，且平均接受教育的时间只有 12 个月。在上加拿大地区人口最多的多伦多市（1851 年人口为 30775 人）4450 名儿童中，只有 1221 人在公共学校

---

① Donald C. Masters, *A Short History of Canada*, New York, D. Van Nostrand Company, Inc., 1958, p.39.

就读,另有 1000 人在私立学校或教会学校就读。① 到 1844 年为止,该地区仅有 25 所文法学校和学院。根据赖尔森的报告,1846 年,上加拿大 2000 多个学区中九分之一的学区根本没有设立公共学校。但是,在《1846 年公共学校法》颁布后,截至 1867 年,上加拿大共有 32179 名小学生在 4422 所公共学校中就读,比 1846 年增长了 50%。② 与此同时,地方的教育管理权并没有被完全废除,由地方公共学校主管和县文法学校董事组成的县级公共指导管理委员会,由各学区选举产生的三名董事组成的、直接负责学区学校运作的校董会仍然存在,其主要职责就是任免教师、按照法规管理学校,维护学校建筑等。

其次,《1846 年公共学校法》对课本教材做出了详细而切实的规定。1846 年之前,加拿大各学校所使用的课本教材完全疏于管理。斯特罗恩担任教育委员会主席时期(1823—1833 年),教育委员会曾经试图对课本教材做出统一规划,但收效甚微。在实际操作中,各地方董事会甚至每个教师都有权自行决定采用哪本教材。当时,更普遍的情况是"捡到篮里便是菜"的做法,即学生手头随意的一本书都可充作教材,这一切直接导致了教材五花八门,学校无法对学生加以分级并根据年级进行统一授课。在这些教材中,真正可用的又大多是美国出版的。由此,赖尔森借鉴了法国和普鲁士的经验,规定上加拿大引进一种分级学校制度,从而使学校各个年级的教学管理工作有序。学校分级制度的实现取决于相对应的分级教材,为了解决这一问题,赖尔森建议采用爱尔兰的统一教材系列。该教材系列不仅分级而设,而且具有爱国主义性质(就英国殖民当局立场而言),再加上其价格低廉,因而在上加拿大获准再版印发。

---

① J. H. Putnam, *Egerton Ryerson and Education in Upper Canada*, Toronto, William Briggs, 1912, p.146.

② Robin S. Harris, *Quiet Evolution: A Study of the Educational System of Ontario*, Toronto, University of Toronto Press, 1967, p.40.

再次，《1846年公共学校法》将创建师范学校提上了议事日程。欧美考察之旅使赖尔森深切地体会到师资培训对公共学校发展的重要性和必要性。在他的大力倡导下，多伦多师范学校于1847年11月1日建成。该师范学校是北美大陆首批师范学校之一，仅比1839年美国最早建立的马萨诸塞州师范学校晚八年。在此后的十年间，加拿大东部各省(除纽芬兰之外)纷纷仿效多伦多师范学校，开始建立当地的师范学校。

最后，《1846年公共学校法》明文规定了统一的教育管理制度。它指出，同公共学校需要统一的课本教材一样，公共学校的运行需要一套行之有效的监管标准，以确保全省公共学校教育统一的标准。该教育管理制度后来成为20世纪安大略省实施教育管理的重要依据。在1846年之前，各城镇的教育管理几乎是形同虚设，根本无法激励和指导学校教师的教学工作。有鉴于此，赖尔森建议，取消原来的学区或城镇教育委员会，改用能够真正胜任其职的官员来负责公共学校教育管理工作，确保教育法规的切实执行，及时发现并指出教育管理工作中的缺失，采取有效措施解决问题和矛盾。

(三)公共教育理念的宣传

在宣传公共教育理念方面，赖尔森创办的《教育杂志》发挥了十分重要的作用。在创刊的前五年里，赖尔森自掏经费编辑出版了这份杂志。五年后，随着《教育杂志》在加拿大教育界地位和价值的与日俱增，议会承担了该杂志的所有出版费用。在《教育杂志》上，刊登的主要内容包括介绍欧美学校所采用的新方法和新设备、学校的法规与设计方案，以及鼓励学校实验与革新。《教育杂志》每月都会邮寄到上加拿大各学校的董事会，依据规定校董事会成员以及教师都必须认真阅读学习。毫无疑问，《教育杂志》成了当时积极有效宣传公共教育思想的一个重要渠道。

同时，由赖尔森于1850年设计并创建的教育物资处为上加拿大教育制度的革新提供了很大的帮助。设立教育物资处的目的，就是根据要求为上加拿大的公共学校提供省内认可批准的课本教材和教学器材。由于价格合理(通常为半价),因此,各校董事会都踊跃购买教育物资处的教材、地图和地球仪等。这一务实措施有力推动了赖尔森在欧洲考察期间学习到的教育思想及教学方法在上加拿大的传播。

(四)上加拿大免费学校运动的发起

在赖尔森的推动下,上加拿大民众接受了"免费学校"这一学校教育形式。所谓"免费学校",就是强制性地对社区每个民众进行财产评估,依据评估结果向民众征收税款,并将该税款用于学校教育的各项开支,无论该民众是否有子女在校就读。利用地方税收支持学校教育的想法并非赖尔森首创,斯特罗恩早在1829年就建议仿照美国纽约州的模式实施这一政策,上加拿大著名政治家、议员伯威尔(Mahlon Burwell)拟定的相关学校法案就是以地方税收支持教育为基本特征的。正如托马斯·杰斐逊时期的美国对于公共学校的普及尚未做好准备一样,当时的上加拿大时机同样尚未成熟,仍需等待领导阶层的合并以及良好的社会、政治、经济基础。尽管如此,在上加拿大实施免费普及的公共学校教育的观点已经得到越来越多人士的支持和赞成。

公共教育制度的根本核心就是民众愿意出资兴办教育。这在19世纪30年代的上加拿大是无法实现的一个梦想,即使在19世纪40年代它也不过是大多数民众头脑中的一个想法罢了。进入19世纪50年代,新兴的中产阶级开始越来越强烈地认识到民众教育的必要性,免费的学校教育不再像以前那样受到排斥了。在这一点上,中产阶级对免费学校教育的反应也是至关紧要的,因为正是他们承担了赋税的大部分。正如当代加拿大著名社会学学者斯普莱恩(Richard B. Splane)指出的:"安大略省公共教育的大多数进步,至少自19世纪50年代起,应当归功于该省人民支配和交纳地方税收的意愿……"①

《1846 年公共学校法》就授权地方评估所有民众财产及交纳税款一事，已经制定了专门的条款，并称它是为穷人而制定的条款，公共教育制度的根本。实施该条款的主要阻力来自富裕阶层。针对当时卫理公会教派的一位地方官员拒绝"被迫掏钱供街坊四邻的孩子上学"的言行，赖尔森予以了坚决的抨击。他强调指出："为所有'街坊四邻的孩子'提供公共学校教育正是这一条款的根本目的。为了实现这一目的，就不得不强迫那些富有但自私的人履行他们应该承担却不肯自愿去承担的义务。"②此番犀利言辞不仅直指富裕阶层的要害，同时也充分表明了赖尔森要运用国家赋予他的权限去实现社会公平的决心。

尽管直到四年之后，加拿大联合省才颁布法案规定各校董事会可以选择性地根据财产评估收缴教育赋税，但是，一些激进的校董事会在此之前，即 1850 年之前，就已经创建了免费学校。第一个创建免费学校的是尼亚加拉学区，有 6 所免费学校于 1847 年在此学区建立；1848 年年底，尼亚加拉学区 181 所公共学校中有 24 所实现了免费。③ 普雷斯顿镇紧随其后，1848 年也建立了该镇的第一所免费学校。

当然，实现免费学校的道路并非一帆风顺。由于《1847 年教育法案》否决了市校董会向学生家长征收地方税的权利，多伦多市校董会向市议会提议引入财产评估的办法以增加必要的学校开支。在反免费学校人士的极力反对下，市议会否决了此项提议，致使该市校董会由于缺乏经费而被迫宣布 1848 年 6 月 30 日至 1849 年 7 月 2 日多伦多市的小学中断正常的教学工作。

---

① Richard B. Splane, *Social Welfare in Ontario* 1791—1893, Toronto, University of Toronto Press, 1965, p.284.

② C. B. Sissons, *Egerton Ryerson: His Life and Letters*, Toronto, Clarke, Irwin & Company Limited, 1947, p.101.

③ M. J. Duncan, "American Influences on Ontario's Elementary School Legislation, 1836—1850," M.A. thesis, University of Rochester, 1964.

诸多反对免费学校的原因，究其本质可以归结为以下几点。第一，在观念上，反对免费学校人士认为免费学校的筹建是对个人选择权的侵犯。在多伦多市教育委员会看来，向没有子女的民众收缴税款是暴虐专横的行为，与英国向来提倡的自由观以及常识背道而驰。当时，多伦多公理会的一位牧师罗弗(John Roaf)攻击免费学校必将破坏经济繁荣与社会稳定。① 更有甚者，"效忠派"中有人发问，为什么要创建这样的学校？在英国，教育良好的人比比皆是，处理公共事务更是得心应手。② 第二，不少人提出教育本来完全是个人的事情，受益者是接受教育的人，社会不应当为这些受益的个人出钱提供教育。还有人讥讽免费学校："不花钱的东西就是毫无价值的东西。"甚至，免费学校所倡导的新型师生关系也遭到了质疑。

最终，在赖尔森大力推动下制定的《1850年教育法案》(Education Act of 1850)力排众议，对财产评估予以了法律上的承认，但又规定筹集资金的方法由各校董事会自行决定：或根据财产评估对所有居民加以课税，或依靠居民自愿捐款，或按照以前的做法向上学孩子的父母征收赋税，或综合三者的做法。在很大程度上，财产评估的法律条文正式宣告了加拿大免费学校时代的开始，也使《1850年教育法案》成为上加拿大历史上公共学校教育的"大宪章"(Great Charter of Common School Education)。

此后的20年间，在《1850年教育法案》的基础上，公共教育的框架在赖尔森的领导下不断完善，免费义务教育在上加拿大逐步实现，从小学阶段渐渐过渡到中学阶段。1851年，赖尔森在写给他的副手、上加拿大副教育长官霍金斯(J. G. Hodgins)的一封信中说道："我很高兴在各城镇及学区发起了大

① J. D. Wilson and R. M. Stamp, *Canadian Education: A History*, Scaborough, Ontario, Louis-Philippe Audet, 1970, p. 223.

② W. L. Smith, *The Pioneers of Old Ontario*, Toronto, Morang, 1923, p.114.

规模的免费学校运动，而不是仅仅在有关免费学校的法律规定方面有所尝试。"[1]最后，为公共学校教育缴付财产税在上加拿大得到了社会民众的广泛支持。到 1870 年，上加拿大共 4400 个学区中有 4244 个学区自愿采纳了地方财产评估的办法。相比之下，1852 年同样提议用财产税收支持公共学校教育的新不伦瑞克省却收效甚微，截至 1871 年，除了几个学区之外，没有一个县采用这种税收方式。1871 年，新不伦瑞克省通过了强迫执行用财产税收支持公共学校教育的立法，但让民众彻底接受这一法令却用了好几年的时间。

(五)《1871 年教育法案》的颁布与实施

自 1850 年至 1871 年，除了对《1850 年教育法案》进行一些必要的修正和调整外，上加拿大立法委员会再没有颁布任何与公共学校教育有关的新法令。例如，1853 年的修订案先为各校董事会的运作提供了更为有利的政策平台，随后政府拨巨款兴建了一座教育博物馆，以及每年拨款 500 英镑用于教师补助、每年增拨 1000 英镑用于师范学校。又如，1860 年的修订案，明确限定了校董事会的职权、选举的模式以及学校账务的审计，同时规定学校星期六放假一天。这些细节性的修正和调整，都是为了满足当时不断发展的西加拿大社区的需求而进行的。

直到 1871 年，赖尔森参与制定了最后一部重要的学校法令：《1871 年教育法案》(Education Act of 1871)。该法案的内容主要包括以下四点：免费义务教育、高效率监管、教师补助、政府监督下的教师资格认证。这是一个为加拿大教育带来无法估量的利益的法案。曾任加拿大教育史学会主席的不列颠哥伦比亚大学教授威尔逊(J. D. Wilson)指出："《1846 年公共学校法》是赖尔森担任教育长官后制定的一系列教育法令中的第一个教育法令，而《1871 年教

① C. B. Sissons, *Egerton Ryerson: His Life and Lectures*, Clarke, Irwin& Company Ltd., 1937, p.223.

育法案》的制定和实施，使得免费普及的初等教育在上加拿大达到了巅峰阶段。"①具体体现在以下三个方面。

第一，《1871年教育法案》明确规定实行免费义务教育，对忽视子女教育的父母和监护人将施以重罚。它是对《1850年教育法案》的补充。由于当年用于指导校董事会以及纳税人创办免费学校的《1850年教育法案》已经过时，尤其是进入19世纪70年代，取消向学生家长征收教育税的做法已是大势所趋。

第二，《1871年教育法案》对各县的教育视导员做出了具体规定，教育视导员应当由具有专业知识的全职人士担任。对此，赖尔森在1846年提出的《关于上加拿大初等教育制度的报告》中就有所提及，但真正付诸实践却是在25年之后。同时，教育视导员将与两名或两名以上的资深教师组成县教育董事会，对通过公共教育委员会主持的二级和三级考核的教师予以资格认证。如此，上加拿大教育终于实现了全省统一标准的教师资格认证。

第三，《1871年教育法案》规定在职教师必须缴纳一定数目的金额作为日后的养老津贴，男性教师每年缴付4加元。随后不久，又规定县教育视导员以及所有的一级教师必须每年交纳6加元。这样，在他们退休后，就可以每年得到4加元或6加元的养老津贴，而对于女性教师则不予以强制缴纳。

同以往的法案一样，《1871年教育法案》在提交立法委员会审批期间遭到了不少人的批评，其中尤以议员乔治·布朗（George Brown）和爱德华·布莱克（Edward Blake）的抨击最为激烈。布朗、布莱克等人反对《1871年教育法案》的最主要原因是它取消了学生家长赋税，以及公共教育委员会不对立法委

---

① J. Donald Wilson, Robert M. Stamp & Louis-Philippe Audet, *Canadian Education: A History*, Ontario, Ont Prentice-Hall of Canada, 1970. p.218.

员会负责。由于公共教育委员会是由英王指任并归属教育长官领导的，因此，该委员会的权限扩展性很大，可以自主行事而无须对立法委员会做出任何解释。但是，他们的反对和抨击并没有取得任何实质性的效果。除了公共教育委员会不向立法委员会负责这一缺憾之外，《1871 年教育法案》确实是一个进步而开明的法案。在该法案颁布之前，赖尔森就多次在县级会议上同与会者逐条审议各项条款，并得到所有投身教育事业乃至学术界的有识之士的大力支持。正如加拿大学者詹姆斯·洛夫所指出的，尽管在上加拿大公共教育上有不少反对意见，但赖尔森还是在《1850 年教育法案》中获得了重要的进展，该法案允许在开办学校时受托人可以在本地选择，由纳税人在每年的学校会议上投票决定，究竟是对学区内所有用于教育的财产征税，还是保留捐助或税单。因为在接下来的 21 年里，这个制度一直在起作用，在此期间大多数城市自愿引入免费学校。最后在《1871 年教育法案》中，普遍的强制性征税被规定下来。[1]

四、公共教育制度在加拿大其他地区的创建

1867 年加拿大自治领的建立具有划时代的意义，标志着英属北美殖民地时代的结束，以及统一和独立的民族国家的开始。1870 年，加拿大自治领以30 万英镑和部分土地为代价从英国手中取得西部、西北部的土地所有权，先后建立了马尼托巴省、萨斯喀彻温省、阿尔伯塔省和西北地区、育空地区。1871 年和 1873 年，不列颠哥伦比亚和爱德华王子岛先后加入联邦。此间，公共教育制度在上加拿大（安大略省）的确立和发展，以及赖尔森的公共教育思想的传播，对 19 世纪六七十年代加拿大自治领各地区的公共教育产生了巨大

---

[1]　James Love, "Free Schools, the Poor Man's Right: Arguments for Free Schools in Nineteenth-century Canada," in Eric W. Ricker and B. Anne Wood, *Historical Perspectives on Educational Policy in Canada: Issues, Debates and Case Studies*, Toronto, Canadian Scholars Press, 1995, p.222.

的激励作用和推动作用，公共教育制度的创建渐渐成为各地区发展教育的必然趋势。为了加拿大自治领各地区公共教育制度的确立和发展，各省政府、教育界以及关心教育的社会人士付出了艰苦而卓绝的努力。应该说，在加拿大其他地区公共教育发展中，它们在公共学校上的各种问题直到《1871年教育法案》的颁布才得以解决。

(一)温哥华岛地区公共教育的开端

1873年之前，加拿大西部地区大致分为三个区域：红河移民区(今天的温尼伯市①)、温哥华岛的东南部以及不列颠哥伦比亚由新威斯敏斯特至利卢埃特的几个中心地区。进入19世纪六七十年代，西部地区创建公共教育制度的呼声伴随着移民的不断涌入而越来越高。

1. 为建立公共学校制度的斗争

截至1865年，温哥华岛上共有5所教会学校②、5所殖民地学校、6所私立学校。在这三类学校中，只有殖民地学校享有政府的资助，而且只有建于1863年埃斯奎莫尔特的殖民地学校属于完全免费性质，其经费主要来自政府补贴和民众捐助，并完全由民众推选出来的学校基金委员会管理。

1861年7月，温哥华岛维多利亚市《英国殖民者》杂志的编辑科斯莫斯(Amor de Cosmos)打响了温哥华岛民众争取建立公共教育制度的第一枪。科斯莫斯在《英国殖民者》杂志上发表的文章，一针见血地指出温哥华岛的民众对当时学校教育状况不了解，对此教育长官有责任向民众做出详细报告。迫于压力，1861年8月27日，温哥华岛教育长官克里吉(Edward Cridge)不得已向民众做了一份学校发展状况报告。其中，包括一份仅涉及三所学校的数据统计表(参见表5-1、表5-2、表5-3)。

---

① 马尼托巴省的最大城市和省会。

② 在五所教会学校中，3所隶属英国国教会、2所隶属天主教会。

表 5-1　在校学生情况（人）①

学校	目前注册学生人数					本学年平均在校人数情况		
	男生	女生	十岁以上	十岁以下	总数	招收人数	离校人数	平均在校人数
Victoria	53	3	35	21	56	24	22	42
Craig Flower	15	8	11	12	23	5	5	16
Nanaimo	22	10	5	27	32	13	9	24
合计	90	21	51	60	111	42	36	82

表 5-2　科目及学习人数（人）

学校	读、写、算	史、地、文	几何	拉丁语	簿记	绘画	圣经
Victoria	30	15			4	20	38
Craig Flower	10	10	2	1			约20
Nanaimo	9	3					约20
合计	49	28	2	1	4	20	78

表 5-3　本学年教师薪水（元）

学校	政府工资	学生每人每年交费	自愿捐助
Victoria	150.00	35.10	9.3
Craig Flower	150.00	12.12	
Nanaimo	150.00	25.76	
合计	450.00	72.98	9.3

不难发现，克里吉的 1861 年报告是一份多少表示歉意的声明。该报告承认，温哥华岛的各所学校目前尚不完善，仍处在初级阶段。该报告虽然没有特别提出解决学校财政问题的更好办法，但克里吉在报告结尾呼吁民众给予当地学校更为慷慨的经济支持。

---

① Francis Henry Johnson, *A History of Public Education in British Columbia*, Vancouver, Publications Centre, University of British Columbia, 1964, p.28.

1862年2月，科斯莫斯再次撰文抨击温哥华岛的学校教育，尖锐指出温哥华岛社会各界在建立公共教育制度方面没有做出任何努力，因而远远落后于他们西海岸的近邻——美国的华盛顿州和加利福尼亚州。这一时期温哥华岛学校的实际状况可以从克里吉1864—1865年的报告中一探究竟：5所殖民地学校共有133名学生，6所教会学校共有213名学生，维多利亚市的私立学校约有150名学生。这就是说，殖民地学校与教会学校、私立学校的入学率比大约为4：11。①很明显，严重缺乏政府和民众的信任、支持与管理，是公共教育制度在当地难以形成气候的重要原因之一。

为此，科斯莫斯在《英国殖民者》杂志上发表社论，将学校教育问题引入社会民众的关注视线。1861年4月，他提议成立一个教育董事会或教育委员会，负责管理学校教师的考核和认证，授权教育长官作为教育委员会的执行官员，地方各学区推选地级教育委员会负责当地学校的建立和管理。这些观点显然是源自加拿大东部，尤其是得益于上加拿大赖尔森公共教育思想的启发。

2.《1865年公共学校法案》的颁布与实施

19世纪60年代，加拿大西部弗雷泽河谷地区发现了金矿，淘金者趋之若鹜。人口的急剧增多以及民众对教育问题的强烈呼声，在很大程度上加快了公共教育制度在加拿大西部地区的创建。作为一个洞察力敏锐的新闻工作者、一个关心学校教育的社会工作者，科斯莫斯不仅了解到温哥华岛普通民众要求建立公共教育制度的心愿，而且通过借助《英国殖民者》杂志这一平台充分表达了普通民众的呼声，并对其予以了坚决的支持。很快，民众的强烈呼声以及科斯莫斯等进步人士的一再努力，终于等来了1865年5月15日温哥华岛立法委员会对《1865年公共学校法案》的一致通过。作为温哥华岛的第一部学

---

① Francis Henry Johnson, *A History of Public Education in British Columbia*, Vancouver, Publications Centre, University of British Columbia, 1964, p.30.

校法案,《1865 年公共学校法案》旨在温哥华岛建立多所不属于任何宗教教派的公共学校。

在管理方面,《1865 年公共学校法案》规定,温哥华岛设立由教育长官负责的省教育委员会,各地区下设由三人组成的地级教育委员会;从省教育长官至地级教育委员会委员,甚至各公共学校校长以及校董事会一概由总督指任,非选举产生。因此,教育管理权高度集中于总督和省教育委员会;省教育委员会负责筹建学区、考核和聘任教师、制定课程纲要以及选定教材等工作;作为省教育委员会的行政主管兼秘书的教育长官则有责任视导各公共学校。

在经费方面,《1865 年公共学校法案》没有任何条文特别承诺学费全免,但第 15 条规定的各公共学校向所有宗教派别的子女开放以及整个法案对学费只字不提的做法,其用意事实上已不言自明。

在宗教方面,《1865 年公共学校法案》第 13 条明文规定,所有按照此法案而创建的学校须严格遵守不从属任何教派的原则。培养学生高尚品德的书籍皆可选作公共学校的教材,但宣扬宗教教义的宗教书籍则一律严禁采用。当然,该法案允许各教派的神职人员到公共学校为信仰该教派的儿童宣讲教义,但只能在单独的教室中进行。

《1865 年公共学校法案》颁布后,在温哥华岛总督阿瑟·爱德华·肯尼迪(Arthur Edward Kennedy)的一番精心挑选之后,商人出身的艾尔弗雷德·沃丁顿(Alfred Waddington)被指任为第一任省教育长官。至 1867 年 9 月任期期满,省教育长官沃丁顿一直兢兢业业于温哥华岛公共教育事业,为后来该地区公共教育的发展奠定了良好的基石。截至 1867 年,即《1865 年公共学校法案》实施两年后,维多利亚市开办了 2 所公共学校。此外,温哥华岛上的其他地区,如克雷格弗劳尔、锡达山、埃斯奎莫尔特、湖区、南萨尼奇、考伊琴、纳奈莫,以及索尔特斯普林岛,也相继开办了多所公费性质的学校。

对于温哥华岛以及 1866 年将温哥华岛并入管辖范围的不列颠哥伦比亚省

而言,《1865年公共学校法案》是加拿大西部地区公共教育史上的一部承上启下的、具有历史意义的教育法案。不列颠哥伦比亚省随后颁布的《1869年公共学校法令》以及《1870年公共学校修正令》都是以温哥华岛的《1865年公共学校法案》为基础所做的修正法案。显然,《1865年公共学校法案》为加拿大西部地区公共教育的创建指明了前进的方向。

(二)不列颠哥伦比亚省公共教育制度的建立

1. 罗布森对创建初期的不列颠哥伦比亚省公共教育的推动

同一时期,不列颠哥伦比亚省内陆地区对学校教育问题的关注丝毫不亚于温哥华岛。在这里,倡导公共教育制度的领军人物是《不列颠哥伦比亚人》杂志的主编约翰·罗布森(John Robson)。同科斯莫斯一样,罗布森来自加拿大东部,并且他是在上加拿大的教育制度熏陶下完成的学业。他十分敬仰赖尔森及其在公共教育方面的杰出作为。1859年,35岁的罗布森来到加拿大西海岸,于1861年创办了《不列颠哥伦比亚人》杂志,先后担任过新威斯敏斯特市的市长、不列颠哥伦比亚省的书记官、加拿大财政部部长、加拿大总理。在很大程度上,政界的平步青云让罗布森在推动不列颠哥伦比亚省公共教育制度创建的过程中如虎添翼。

1861年3月,罗布森发表社论,对《1859年上加拿大学校制度年度报告》做了全面回顾。该社论表示罗布森对上加拿大在赖尔森的领导下建立并发展公共教育制度的高度关注。与此同时,该社论也预示着上加拿大的公共教育运动将对不列颠哥伦比亚省产生巨大的影响。同年7月,罗布森对创建公共教育的态度更加明确、坚定。在他看来,人口的剧增使公共教育制度的建立成为必然,加拿大人民需要的是具有加拿大特色的公共教育制度,集苏格兰、爱尔兰以及美国学校制度之精髓的同时,根据加拿大的实际情况因地制宜、相机而动。① 除此之外，罗布森自始至终反复强调所要建立的公共教育制度一定要超脱于宗教教派之外，因为公共学校绝对不能听命于任何宗教团体，公共学校中不能宣讲任何宗教信条、准则和教义。②

在罗布森的大力倡导下，1864 年 7 月，新威斯敏斯特市议事会主席主持召开了民众会议，商讨公共学校的组织事宜。民众会议通过了一项决议，即唯一且真正符合传播教育真谛的是建立不从属于任何教派的学校制度，其他形式的学校教育无权获得全部或部分的公共财政支持。③

在对公共教育财政支持的问题上，罗布森认为，虽然大部分教育经费必须由政府承担，但他也同意科斯莫斯的观点，即应通过政府拨地的形式成立一个教育基金会以维持教育经费的拨给。罗布森在教育经费上的立场和观点，得到了当时不列颠哥伦比亚省总督弗雷德里克·西摩（Fredrick Seymour）的大力支持。例如，罗布森认为，学校每季度收缴的 7.5 加元学费对民众而言实在过高，于是总督西摩于 1864 年 10 月下令政府将出资贴补学生家长一定的费用。

虽然罗布森对于不列颠哥伦布亚省公共教育的推动不可能与赖尔森在上加拿大的贡献相提并论，但是，他的公共教育思想和观念为当时不列颠哥伦比亚省公共教育制度的创建注入了一股新鲜的活力。他倡导的建立不从属于任何教派的公共教育制度，一直是此后不列颠哥伦比亚省公共教育发展的方向。

2. 公共学校法令的制定

1866 年 11 月，出于经济利益的考虑，温哥华岛并入不列颠哥伦比亚，两

---

① Francis Henry Johnson, *A History of Public Education in British Columbia*, Vancouver, Publications Centre, University of British Columbia, 1964, p.32.

② Francis Henry Johnson, *A History of Public Education in British Columbia*, Vancouver, Publications Centre, University of British Columbia, 1964, p.34.

③ Francis Henry Johnson, *A History of Public Education in British Columbia*, Vancouver, Publications Centre, University of British Columbia, 1964, p.35.

地统称"不列颠哥伦比亚",由弗雷德里克·西摩出任总督。此时,温哥华岛通过的《1865年公共学校法案》由于经费管理不善,使温哥华岛的公共教育制度濒临失效。严峻的形势迫使不列颠哥伦比亚当局不得不立即寻找对策,解决公共教育行将夭折的危机。

1869年2月24日,为实现创建全面而高效的公共教育制度的目标,不列颠哥伦比亚省出台了第一个同时适用于两地的《1869年公共学校法令》,该法令虽然废除了《1865年公共学校法案》,但事实上它是一个在其基础上的修正案。它把管理不列颠哥伦比亚省公共教育制度的权力交给了总督,并授权政府负责公立学区规划、学校资金分配、教师的任免、认证和考察,以及学校管理制度的制定。虽然《1869年公共学校法令》中并没有专门涉及有关学校不从属于宗教教派的条款,但明确指出公共学校使用的课本与教材应严循规定,不得带有任何宗教色彩。此外,该法令明文规定,各地区可向总督递交申请(有该地区至少三分之二住户的签名)建立公立学区,同时所建公立学区必须有超过12名5~18岁希望入学就读的学生。学校经费的筹集由地方学校董事会负责,学校只有在具有充足的地方支持和资金的情况下,政府才会批准建立公立学区,并向地方学校董事会拨给相应的补助。但遗憾的是,该法令并没有规定成立省教育委员会,更没有设立教育长官一职,因而教育管理更多地集权于总督一人,这一情况直到《1870年公共学校修正令》颁布后才得以改善。

针对《1869年公共学校法令》的不足,《1870年公共学校修正令》设立了学校总督察一职,并对其职责做出了详细规定:督导不列颠哥伦比亚省各公共学校,并就公共学校的管理、特色和效率,以及总体情况做出报告;根据1870年出台的《公共学校管理条例》,确保教师资格及其级别的评审严格遵照规定执行。

1871年,不列颠哥伦比亚省加入加拿大联邦,成为归属联邦的第六个省份，从而也迎来了不列颠哥伦比亚省创建公共教育制度的新篇章。1872 年，不列颠哥伦比亚省立法议会通过了《1872 年免费公立学校法案》。该法案废除了该省此前所有的学校立法，规定建立免费的、不从属于任何教派的公立学校，并向所有 6~16 岁的少年儿童开放。由此，不列颠哥伦比亚省成为加拿大自 1867 年签订《英属北美法案》之后，第一个在创建公共教育制度的过程中严令禁止公立学校隶属宗教教派的省份。至今，不列颠哥伦比亚省仍然拒绝向教会学校提供任何经费资助。

除此之外，《1872 年免费公立学校法案》规定，不列颠哥伦比亚省将每年从全省税收中拨款 4 万元用作公立学校基金；由总督（即政府）指任六人组成省教育委员会，并任命一名省教育长官担任该教育委员会的主席。该法案同时授权总督设立公立学区，而此类公立学区的所有教育经费，即教师薪水以及校舍、桌椅与教学设备等的资本费用一概由政府承担。该法案的根本目的，就是使不列颠哥伦比亚省的所有儿童都有机会接受教育，以培养未来社会的人才。

此外，不列颠哥伦比亚省仿照加拿大东部省份的做法，在各区选举产生了三人校董事会。三人校董事会的职责，就是召集公立学校会议、接收和分发教育基金、维修校舍和教学器材、保证审定教材的使用，以及各校严格按照规定和章程行事。

综上所述，作为 19 世纪 70 年代加拿大联邦西部地区面积最大且经济和文化最发达的一个省份，不列颠哥伦比亚省极大地影响并带动了西部其他地区的教育发展。在罗布森等社会人士的推动下，随着相关教育立法的不断完善和改进，不列颠哥伦比亚省的公共教育制度已初步成型。同时，由于赖尔森公共教育思想的广泛传播，以及加拿大东部地区公共教育制度和公共教育发展的影响，公共教育制度如雨后春笋般在 19 世纪末 20 世纪初的加拿大西部地区创建。

(三)西北地区阿尔伯塔省公共教育制度的初创

从接管加拿大殖民地后一直到19世纪后半期，加拿大的西北地区都是英国哈德逊海湾公司在北美大陆从事毛皮贸易的主要地区。受此影响，整个西北地区的公共教育发展相对于联邦的其他地区起步较晚。比较而言，地处西北地区南部的阿尔伯塔省西邻公共教育起步较早的不列颠哥伦比亚省、南接美国的华盛顿州，加上当时赖尔森公共教育思想的广泛传播，由此它成为加拿大西北地区公共教育制度创建最早的一个省份。

1. 教育管理权的转移

事实上，在1905年9月1日阿尔伯塔省成为加拿大联盟的一员之前，公共教育制度的雏形已经在该地区逐步形成。与加拿大其他地区不同的是，在哈德逊海湾公司统治时期，包括阿尔伯塔在内的西北地区毛皮贸易王国的"执行政府"就是哈德逊海湾公司，该公司职能之一就是负责该地区的公共福利事业。哈德逊海湾公司曾大力鼓励所辖地区开办学校教育，第一批私立教会学校就是在哈德逊海湾公司的批准和一定的经费支持下在后来成为阿尔伯塔省的地区建立起来的。1884年，西北地区教育委员会成立，之后推出了一系列的教育法令，但由于该地区有史以来一直由法裔罗马天主教徒占居民人口的大多数，因而学校教育是参照魁北克省的教育模式来进行的，教会在教育事务中掌握管理大权。随着东部地区移民的不断西迁，该地区的学校教育开始迅速发生变化，渐渐与上加拿大(安大略省)的公共教育模式越来越接近。在此期间，虽然1888年和1892年相继又出台了一些与教育有关的法令，但真正对当时阿尔伯塔省地区的教育发展产生关键性影响的是1901年颁布的《西北地区法令》。依据该法令的规定，专门管理阿尔伯塔省地区教育事务的教育部正式成立，教育管理权在一番长期斗争后终于从教会手中转到了政府手中。

2. 赖尔森公共教育思想和美国公共教育制度的双重影响

作为公共学校的坚定倡导者，加拿大英裔地区公共教育的创建人赖尔森的影响远远超越了上加拿大的边界。阿尔伯塔省是深受影响的地区之一，在该省公共教育制度的一些基本原则中我们可以看到赖尔森公共教育思想的影响。随着东部地区民众移民到阿尔伯塔省地区，赖尔森所提出的教育主张，如教育至关重要，教育不是某个阶级的特权，公共教育是普遍的、免费的、义务的，以及省政府向地方教育提供资助，平衡地方和省政府双方对教育的监督管理等，不仅对该省公共教育发展产生了很大的推动作用，还为该省公共教育的具体创建指明了方向。

此外，阿尔伯塔省南部紧邻美国的华盛顿州，19世纪中期美国公立学校制度和公共教育思想对该省产生了重要的影响。19世纪七八十年代，以贺拉斯·曼为代表的一批教育家等倡导的公共教育思想以及公立学校制度，通过从美国迁居来的移民带到了阿尔伯塔省地区。因此，除了安大略省公共教育制度以及赖尔森教育思想的影响外，阿尔伯塔省地区在公共教育制度的初创中也借鉴了美国公共教育发展的成功经验。

3. 公共教育法制基础的确立

1905年9月1日，阿尔伯塔省正式成为加拿大联邦的一员。在教育方面，加拿大联邦规定教育由各省自主管理。1867年的《英属北美法案》中的第93条、1901年的《西北地区法令》以及加拿大联邦议会商讨并通过的《1905年阿尔伯塔省法案》相继为阿尔伯塔省的公共教育发展提供了法律保障。

《英属北美法案》的第93条规定，各省立法机关可单独制定关于教育方面的法律；在任何省，加入联盟时就依法存在着或之后由该省立法机关建立的教会学校或异派学校制度，任何影响女王的臣民中居少数地位的新教或天主教有关教育方面的任何权利或特权的省权威机构的法律或决定须交由总督裁妥。在总督认为对本条规定的贯彻所必需的省法律未被指定的情况下，或在总督在对本条的请求所做出的决定未被该省权威机构适当贯彻的情况下（在各种情况下，而且仅就该种情况的要求而言），加拿大议会为了本条规定和总督依据本条规定所做出的规定的适当贯彻，可制定补救性法律。① 由此可知，各省的教育事务交由各省管理，而联邦政府仅保留干预权。

《西北地区法令》的第29章和第30章对西北地区的教育问题做了详细而全面的规定。该法令的第29章对西北地区的教育部、教育委员会、公立学校的成立、学区的建立、免费学校的规章制度，义务教育以及教师资格、职责、薪水等方面都做了相当具体的规定和说明。这是专门涉及西北地区教育方面的规定，为加入加拿大联邦前的阿尔伯塔省奠定了良好的公共教育制度基础。

此后，《阿尔伯塔省法案》第17条对阿尔伯塔省的教育问题再次做出了明文规定。该法案声明，1867年《英属北美法案》的第93条与1901年《西北地区法令》的第29章和第30章仍然有效，并继续适用于阿尔伯塔省。该法案使阿尔伯塔省的公共教育制度自此正式得到了加拿大联邦法律的认可和保护。

在上述因素的积极推动下，阿尔伯塔省在加入加拿大联邦后的10年间，初等教育发展迅速，在校小学生人数激增。教育管理工作分工有序、日渐高效，省立法委员会负责教育立法以及规定教育部长的职责；省立法委员会每年为全省的各个学区提供资金，这种财政支持成为阿尔伯塔省公立教育制度的基本特征；作为省教育部门的代表，省教育部部长领导的教育部监督政府颁布的公立学校政策的实施情况；省教育部及部长负责监督教师的培训和资格认证；设立学校视导员，使其辅佐省教育部对各地区教育的管理，每年代表省教育部定期走访学校，并向学校董事会和教育部递交年度报告；各地方学校董事会负责聘用教师、修建并维修校舍，向公立学区的纳税人征收用于教育开支的税赋。此外，为了满足地方的需求，阿尔伯塔省教育部还为公立初等学校制定了一套课程，规定课程中所包括的科目由地方学校董事会从中挑选。

---

① [加]沃尔特·怀特、罗纳德·瓦根伯格、拉尔夫·纳尔逊：《加拿大政府与政治》，刘经美、张正国译，259页，北京，北京大学出版社，2004。

作为加拿大西北地区公共教育制度创建的先行者，阿尔伯塔省公共教育的创建具有明显的北美特色，即教会教育问题自始至终纠结于其过程中。在教会掌管教育到教育管理权逐步转移到政府手中之后，阿尔伯塔省完成了其公共教育制度的创建。

总之，在整个 19 世纪里，随着社会的发展、工业经济的出现、知识潮流的涌动以及公共教育的普遍需求，加拿大民众对公共学校的热情日益高涨，加上一些公共学校法案的相继制定与颁布，不仅推动了公共学校在加拿大各地的建立以及公共教育的进程，还促使公共学校制度在加拿大得到了确立。正如加拿大约克大学教授阿克塞尔罗德指出的，当时各种环境和动机的结合，推动了民众对公共学校的办学热情。在 19 世纪中期，公共学校的提倡者并不是在无所事事中沉思默想的，这可以从公共学校的实际入学人数的大幅增长得到证明。1840 年至 1871 年，公共学校的注册学生人数增长了四倍，从16 万人增加到了 80 万人。① 而且，到 19 世纪 70 年代，加拿大的公共学校比以往任何时候，都更加受到政府立法者和监管者的管理。② 当然，应该看到，如果没有地方领导人在公共教育上的支持，那么得到多数民众赞成并支持的公共学校制度肯定是不能实现的。

第二节　高等教育的发展

从严格意义上讲，加拿大高等教育的渊源要追溯到 1635 年耶稣会士所建立的耶稣会学院。耶稣会学院最早仅为法国殖民者的子女开设基本的读、写、

---

① Paul Axelrod, *The Promise of Schooling: Education in Canada, 1800 - 1914*, Toronto, University of Toronto Press, 1997, p.35.

② Paul Axelrod, *The Promise of Schooling: Education in Canada, 1800 - 1914*, Toronto, University of Toronto Press, 1997, p.41.

算课程，直到 1661 年时才开始逐渐增设拉丁语、数学、语法、修辞学、哲学、神学等古典学院课程，成为加拿大高等教育最早的雏形。但是，从 19 世纪中期起，无论在加拿大法裔地区，还是在加拿大英裔地区，加拿大的高等教育都逐渐得到了发展，在东部地区和西部地区创办了诸多高等院校。加拿大约克大学教授阿克塞尔罗德指出："到 19 世纪后期，一些大学已提供了在加拿大经过最严格挑选的有价值的正规学校教育。它们越来越多地把受过中等教育的少数青年吸引到大学来，接受良好的职业和社区工作的训练，以保证社会的声望及相关的安宁。"[①]

一、加拿大法裔地区的高等教育

（一）高等教育的落后与停滞（18 世纪中期至 19 世纪 30 年代）

1763 年加拿大易主英国后的二十多年间，法裔地区（即后来的下加拿大地区）经历了一段相当长的教育空白期，高等教育近乎为零。

1759—1761 年，魁北克的耶稣会学院被勒令暂停，到 1768 年时被完全取缔。新法兰西第一任大主教拉瓦尔（François de Laval）于 1663 年创办的魁北克高等学院同样也在 1758 年被迫关闭，随后于 1763 年又开始运作，但早年的盛况已难再现。1768 年，随着耶稣会学院的关闭，魁北克初级学院（拉瓦尔大主教于 1668 年创办）承担起了早先由耶稣会学院开设的古典学院课程。1773 年，稣尔比斯会会士在蒙特利尔的圣拉斐尔学院虽然也开始开设古典学院课程，但直到 1790 年，所谓古典学院课程只有文学课程一门，学生要到魁北克初级学院才能学习哲学课程。

教育的萎靡不振，使得法裔地区居民极为不满。1770 年，一份代表魁北克、蒙特利尔和三河市民众的请愿书被呈递到加拿大总督手中。这份请愿书

---

① Paul Axelrod, *The Promise of Schooling: Education in Canada, 1800−1914*, Toronto, University of Toronto Press, 1997, p.88.

提出在下加拿大创办皇家乔治学院，并开设有益于民族和社会发展的人文类、艺术类课程，包括语言、哲学、数学、工程、航海以及民法等。这份请愿书还强调，创办这样的一所大学对英国殖民当局及其殖民地百利而无一害，但英国殖民当局对此倡议一直不置可否。

英国政府在加拿大早期的殖民政策就是鼓励新教，抑制罗马天主教。直到《1774 年魁北克法案》的颁布，罗马天主教才在加拿大获得正式承认。这一殖民政策反映在加拿大的教育发展方面，则是支持新教教徒创办学校，严令禁止耶稣会和圣方济会招募教徒。与此同时，英国殖民当局对天主教所有教学人员都持提防和怀疑的态度。天主教徒人数的逐年递减，直接导致从事教学人员的减少。而在之前长达一个世纪的新法兰西时代，加拿大法裔地区教育发展的主要推动力就是罗马天主教会。罗马天主教势力的日渐式微，加上英国殖民当局与罗马天主教的敌对状态，令此时的下加拿大教育止步不前。

18 世纪 80 年代末，下加拿大创办大学的美好愿景曾经一度有新的转机。在盖伊·卡尔顿爵士（Sir Guy Carleton）被重新任命为英属北美洲总督后不久，由首席大法官威廉·史密斯（William Smith）担任主席的立法委员会受命起草促进加拿大教育改革的提案。1790 年，该立法委员会发表调查报告，呼吁教区或乡村学校开设基本的读、写、算课程，各县免费学校开设算术、语言、语法、簿记、航海、测量、实用的数学课程等，以及创办大学机构，开设（除基督教神学以外）通常在欧洲大学里讲授的人文艺术和科学课程。将神学课程摒除在大学课程设置之外是总督卡尔顿爵士的授意。由于开设神学课程意味着至少设立两个院系，即要公平应对罗马天主教教徒和新教教徒的要求。为此，立法委员会在报告中的委婉措辞是大学应当不受任何外来压力的影响："这对于大学的创办和成功是至为关键的，社会应当秉承这一原则；宪法应当严禁对任何教派教义曲意歪解的教学内容；为培养科学人才保留充足的自由空间。"①

立法委员会的调查报告发表后,提案迅速得到了魁北克副主教、早年曾担任加拿大总督子女家庭教师的贝利·德·马森(Bailly de Messein)的强烈支持。此外,蒙特利尔的著名律师西蒙·桑基内(Simon Sanguinet)也对创办这样的一所大学贡献了很多。桑基内于1790年去世前起草了一份遗嘱,将其三分之二的遗产(价值约为15000美元)捐赠用于大学的筹建。桑基内的遗嘱宣布后,下加拿大民众对大学的期盼更为强烈。1790年10月31日,115名英法裔民众(其中既有罗马天主教徒也有新教教徒)联名向加拿大总督提交了一份创办大学的请愿书。

创办大学的请愿书得到了加拿大总督的积极肯定,却因魁北克大主教休伯特(M. Hubert)的百般阻挠最后不了了之。魁北克大主教休伯特反对在下加拿大创办大学的原因有二:一是,休伯特的表面托词是下加拿大民众尚未做好接受大学教育的准备;二是,他最担心教会将失去对新办大学的掌控。18世纪90年代的英国殖民当局当然无意与加拿大法裔的精神领袖、身为魁北克大主教的休伯特的意见相左。因此,在魁北克创办大学的计划再次被搁浅。

值得注意的是,休伯特主教虽然反对创办大学,却赞成对已建(即在教会掌控之下的)学院的支持。在他看来,这些学院的学生毕业时已经学习了大学里讲授的任何一门科学课程,无论是法律学、物理学、外科医学、航海或是防御工事。他支持再创办一所学院,所开设的课程仅限于当时初级学院开设的古典文学、民法、导航和数学。这一观点与天主教稣尔比斯会于1790年提出的在蒙特利尔创办多切斯特学院的提议不谋而合。这所学院准备开设英语、法语、拉丁语、文学、哲学、数学、航海、测量、工程,乃至民事法律以及

① Committee of the Council on the Subject of Promoting the Means of Education, *Report of A Committee of the Council on the Subject of Promoting the Means of Education*, Quebec, 1790, p.26.

有利于该省发展的其他科学课程。创办这样的学院，意味着不过是扩建稣尔比斯会在蒙特利尔的现有学院，而不是再创办一所大学。政府不需要投入巨大资金，同时又可以让民众得到"相同的"大学教育，这成了18世纪下加拿大不必另建大学的又一个借口。

然而事实上，在学院筹建资金方面，天主教稣尔比斯会深陷困境。依据1763年英法两国签署的《巴黎和约》，同天主教耶稣会一样，稣尔比斯会的资产被英国殖民当局一律抄没。因此，直到1889年，对学院的扩建仍然不过是纸上谈兵而已。

总体而言，19世纪40年代以前，除了在法属殖民地时期魁北克和蒙特利尔两所已建立的古典学院，以及随后陆续创办的五所学院①外，下加拿大的高等教育实在乏善可陈。这七所学院都是由教区牧师创办的，并得到了下加拿大大主教的大力支持。历任下加拿大大主教一直敦促神职人员组织教区学校，并投入大量人力物力发展学院。因此，这七所学院虽彼此独立，但它们在学术和行政管理方面却极为相似。学院的教师都为神职人员，且绝大多数的教师毕业于魁北克高级学院或仍在魁北克高级学院学习。直至1860年，大多数古典学院的教师都是神学院的学生。他们当中有的暂时中断学业在古典学院里担任一到两年的教职，同时在其主管学院牧师的指导下继续他们的神学研究。

自19世纪30年代起，古典学院的课程开始有所调整。约翰·霍尔姆斯神父（Abbé John Holmes）在魁北克初级学院逐步引入了希腊语课程，同时在古典课程中更为注重地理、历史、自然历史和物理科学。在此期间，下加拿大地区的初等教育体制已经逐步成型。随着小学生注册人数的增加，师资培训的需求不断升温。于是，在约翰·霍尔姆斯神父等人的努力下，一所师范学

① 1803年创办的尼科莱特学院、1811年创办的圣亚森特里戈学院、1825年创办的圣特雷瑟学院、1827年创办的圣安尼德拉波卡蒂埃尔学院，以及1832年创办的拉松普雄学院。

校于1837年在下加拿大应运而生。然而，同年的下加拿大起义使得刚刚步入正轨的教育发展又戛然而止。刚成立不久的师范学校陷入了困境，旋即宣告关闭。

（二）高等教育的转机与复苏（19世纪40年代至60年代）

随着《1846年公共学校法》在上加拿大的颁布与实施，同年下加拿大也颁布实施由政府支持的教会学校制度。自1791年以来，法裔加拿大人一直为之煎熬的初等教育问题，终于迎刃而解。此后，下加拿大教育的关注焦点开始逐步转向中学教育和大学教育制度。1846年到1860年，下加拿大诸多新学院相继得以创办。

1. 学院的增多

19世纪四五十年代，下加拿大教育发展的改观，其背后有一个不容小觑的重要推动因素，那就是诸多教会宗派的力量：1837年的基督教兄弟会、1841年的献主会、1842年的耶稣会、1847年的圣维斯特会和圣十字会，以及1852年的圣巴西勒修会。其中，圣维斯特会教士在下加拿大的教育活动尤为活跃，他们为新创办的各所学院提供了充足的师资力量。例如，1846年的若利耶特学院、1850年的里戈学院、1854年的维切里斯学院和1855年的朗奎尔学院。同一时期，耶稣会教士的活动范围主要在蒙特利尔，1849年耶稣会教士创办了圣玛丽学院。自1852年开始，该学院除讲授传统的古典课程外，还增设了法律课程。

圣玛丽学院秉承循序渐进的教学方式，由基础内容开始，每年九月开学后增设一门古典课程，直至学生完成所有课程的学习。因此，圣玛丽学院自创办之初，便被列为古典学院。相比之下，圣维斯特会所协办的四所学院被归入工业学院一类。这是因为，古典学院是以讲授传统古典课程为主的学院。事实上，圣玛丽学院出于实用的教学目的，同样也开设了短期的商业课程，但这并没有影响到它获得政府拨款的资格。工业学院虽然也有政府资助，但资助金额却只有古典学院的一半。正是这个缘故，19 世纪 60 年代新创办的工业学院陆续改变了其创办时的初衷，即让更多的年轻人毕业后可以投身商业或工业，为了争取更多的政府资助，转而跻身古典学院之列。由于这一趋势，到 19 世纪 70 年代，工业学院与古典学院二者之间几乎相差无几。

2. 大学的创办

无论是古典学院，还是工业学院，究其实质，大多仍属于中等教育的范畴。直至 19 世纪 40 年代末，下加拿大的高等教育才真正拉开序幕，准备着手建立一所通用语为法语的大学。这是自 18 世纪 70 年代起，法裔加拿大人朝思暮想的一个奋斗目标。法裔加拿大人曾分别于 1830 年、1831 年、1836 年、1837 年、1845 年和 1848 年先后多次向殖民当局递交创办大学的提案。这些提案得到了很多社会人士的支持，特别是魁北克高级学院的约翰·霍尔姆斯神父、杰罗姆·德默斯（Jerome Demers）神父以及卡索特（L. J. Casault）院长的大力推动。1850—1852 年，魁北克的特金大主教和蒙特利尔的布尔热主教对此提案也表示了高度关注。1852 年 3 月，卡索特院长在一份报告中指出，魁北克高级学院的教职人员已经做好了筹建大学的准备，只等诸位主教大人的首肯。同年 8 月 9 日，在加拿大总督的支持下，卡索特院长终于拿到了创办大学的特许状。1853 年 3 月，罗马大主教公开表示赞同在下加拿大创办大学，但强调神学学位应由魁北克大主教授予。此项声明随即得到了加拿大天主教主教们的支持。

创办大学的最初方案是，在下加拿大建立一所融合所有学院的大学，即一个以魁北克高级学院为核心、其他学院为大学成员的高等教育机构。然而，各学院之间在课程设置等方面各持己见，相持不下；此外，在交通不便的 19 世纪 50 年代，如果定期召集来自下加拿大各地的学院负责人参与会议也实属不易。与此同时，上加拿大的多伦多大学与皇后学院、维多利亚学院、瑞奇波利斯学院关系不和的问题日益凸显。因此，合并诸学院共办大学的最初设想无法实现。

在这种情况下，大学只能由魁北克高级学院独自出资创办。其间，大学的校名被斟酌再三，校名既不能有省属大学的暗示，又不能与任何主教教区或行政区有所瓜葛。最后一致决定选用魁北克高级学院最早的创办人、新法兰西第一任大主教拉瓦尔的姓氏作为大学的校名，由此诞生了拉瓦尔大学。

拉瓦尔大学附属学院的资格认证，陆续得到了各教区大主教的认可。1855年，拉瓦尔大学宣布接受拉松普雄学院、圣特雷瑟学院、尼科莱特学院、圣玛丽学院、圣亚森特里戈学院、蒙特利尔学院，以及魁北克初级学院的毕业生，进入拉瓦尔大学就读学士学位课程。

拉瓦尔大学创办初期，设有4个传统院系：艺术、法律、医学和神学。应该说，拉瓦尔大学的创办改变了以往下加拿大学子如若学习法律和医学专业只能背井离乡出国深造的状况。拉瓦尔大学并未开设农业、工程及教师培训专业课程，其原因是当时人们普遍认为此类方面的人才并不需要大学学历。与早先1790年立法委员会筹办大学机构的最初提案相比，拉瓦尔大学在创办之初，显然既无意获得省立大学的身份，也无意迎合所有人的需求。

拉瓦尔大学的创办宗旨是秉承共性而弃多样性，支持高等教育由大主教统一掌控。这一宗旨显然与反对宗教插手高等教育的布尔热主教的观点背道而驰。此后的二十年间，布尔热主教为此一直致力于在蒙特利尔另外创办一所独立的大学。1858年，未经魁北克大主教的准许，布尔热主教召集各所古典学院的院长，就大学创办事宜展开商讨。从1862年开始，他多次前往罗马游说，其目的就是在蒙特利尔创办第二个与拉瓦尔大学截然不同的高等教育机构，并由此引发了蒙特利尔与魁北克两派大学势力之间的长期对峙。这场拉锯战一直持续到1919年蒙特利尔大学的创办。在近半个世纪里，布尔热主教和他推动创办的蒙特利尔大学，在很大程度上让拉瓦尔大学一心想让下加拿大高等教育归属天主教掌控的计划落空了。

简言之，17 世纪中期至 19 世纪前半期，加拿大法裔地区创办并发展高等院校的目的只有两个：一是对神职人员的培训，二是对未来社会领导人的培养。其中，前者是重中之重。加拿大法裔居民一方面为教会的未来担忧，另一方面也希望培养无意从事神职的社会人才。正因如此，最早的耶稣会学院和魁北克初级学院同样招收无意成为神职人员的男生。在被英国殖民当局统治的整整一个世纪里，这两个目的始终是推动法裔地区发展高等教育的重要动因。

（三）高等教育的分歧与制衡（19 世纪 60 年代至 19 世纪末）

进入 19 世纪后半期，加拿大法裔地区高等教育的发展不温不火，乏善可陈。值得一提的只有两个重要事件：其一，1876 年拉瓦尔大学在蒙特利尔建立了一所独立的拉瓦尔大学分校；其二，遵照罗马教皇的《永恒之父通谕》于 1879 年在魁北克重建了神学院。

从表面上看，这一时期的拉瓦尔大学发展劲头十足。四个学院具备充足的师资力量，18 名法律教授（9 名在蒙特利尔分校）、30 名医学教授（19 名在蒙特利尔分校）、31 名人文学科教授（17 名在蒙特利尔分校），15 名神学教授（9 名在蒙特利尔分校）。拉瓦尔大学的附属学校包括分设在圣安妮、希库蒂米、里姆斯基、蒙特利尔和魁北克等地的高等学院以及两所职业学校——蒙特利尔的法国兽医学院与蒙特利尔理工学院；此外，拉瓦尔大学还有 16 所附属学院：10 所于 1860 年获得古典学院认证的魁北克初级学院，蒙特利尔学院、尼科莱特学院、圣亚森特里戈学院、圣特雷瑟学院、圣安妮德拉波卡蒂耶学院、拉松普雄学院、三河镇学院、希库蒂米初级学院和圣玛丽学院，以及 6 所同年获得工业学院认证的若利耶特学院、里戈学院、李维斯学院、芒诺圣玛丽学院、舍布鲁克学院、里穆斯基学院。

然而，事实上，这一时期魁北克法裔地区的高等教育发展存在着一个致命的缺陷：严重依赖罗马天主教会的经济支持。此外，魁北克省把教育的主要重心放在了技术人才培训方面，即重点筹建理工学院与兽医学院。大学内部除神学专业还颁发硕士学位外，其他专业陷于停滞。法律和医学学院的教职人员聘用的都是兼职教师，人文学院的情况更为惨淡。对此现象，1890年《年鉴》的结论是，促进人文学科全面发展的人文学院尚未形成，鉴于国家资源有限，同时没有引起当局的足够重视，人文学科教育短时间内无法得以开展。此后一直延续到20世纪20年代，人文学科的硕士学位课程长期空白。

造成魁北克法裔地区高等教育发展停滞局势的部分原因是，19世纪后半期，大学教师的精力大多放在为法律、医学、教育、人文专业学生开设的公共课程以及为魁北克初级学院的哲学系学生开设的私人课程上，为他们最后的文科学士考试做准备。

此外，虽然有1889年的教皇敕令，但是魁北克的拉瓦尔大学与蒙特利尔的拉瓦尔大学分校之间的严重分歧，以及两个城市分属罗马天主教不同教派（魁北克的教皇绝对权力主义派与蒙特利尔的高卢主义派）之间长期的矛盾纷争，制约着加拿大法裔地区高等教育的发展。这种状况一直延续到1919年拉瓦尔分校取得完全独立，成为蒙特利尔大学。

二、加拿大英裔地区的高等教育

加拿大英裔地区最早创办的学院和大学是分设在温莎、弗雷德里克顿和多伦多的国王学院，以及非教派的麦吉尔大学和达尔豪斯大学。从表面上看，加拿大英裔地区与法裔地区创办学院与大学都是为了培养牧师与未来领袖。但究其根本，二者都是为了传承各自的民族传统与文化。对于加拿大英裔地区而言，学院和大学是民族的堡垒，是抵御美国共和思想传播的有力工具。

（一）国王学院的创办（18世纪80年代至19世纪30年代）

在未抵达加拿大这片土地之前，英国殖民者中的部分联合帝国保皇党人就忧心忡忡，认为创办学院势在必行，唯恐美国共和思想会对加拿大产生任何负面影响。

1783 年 3 月 8 日，查尔斯·英格利斯(Charles Inglis)等五位教士在纽约致信英属北美总督盖伊·卡尔顿。他们在信中特别指出："倘若英裔移民教育落后可能面临的恶果：依我等拙见，在该省建立一所学院，让年轻人接受良好的教育，日后成为国家栋梁，是一项利国利民的举措；既可以向君主的子民传播宗教文化，又可以宣扬忠君效国等优良品德。若非如此，无法在家中教育其子女的民众，不得已只能将其子女送至英国或爱尔兰，然费用巨大，少有人能承受；或不得已将其送至美洲大陆的其他国家，耳濡目染与英伦传统背道而驰的思想言论。"①

与加拿大法裔地区相关人士屡次提交创办大学的提案石沉大海的情况不同，英格利斯等人的这封信件立刻得到了英属北美总督的高度重视。其结果是，两所学院应运而生。1784 年，芬迪海湾北部的新斯科舍部分地区被划为新不伦瑞克殖民地，该地区的弗雷德里克顿和新斯科舍的温莎先后于 1787 年和 1789 年建立了国王学院，这两所学院都属于中等教育。温莎国王学院于 1802 年获得学位授予权，并于 1807 年开始实施；而弗雷德里克顿国王学院于 1800 年被特许更名为新不伦瑞克学院，一直到 19 世纪 20 年代，始终隶属中等教育，1829 年，又恢复原名。

创办加拿大第三所国王学院(即后来的多伦多国王学院)，旋即被英国圣公会和联合帝国保皇党列入 18 世纪末的重要议事日程。《1791 年宪法》颁布后，曾参加过美国独立战争的上加拿大第一任副总督约翰·格雷夫斯·西姆科(John Graves Simcoe)，一再力邀保皇党人士前往上加拿大，鼓励他们创办学院。西姆科的努力虽然没有结果，但为多伦多国王学院争取到了建院所需的赠地。西姆科本人十分重视高等教育，1795 年 4 月 30 日他在给魁北克圣公会主教雅克布·芒廷(Jacob Mountain)的信中表达了他对博雅教育的看法。他

---

① F. W. Vroom, *A Chronicle of King's College*, Halifax, Imperial Publishing, 1941, p.10.

认为，博雅教育对于培养未来的国家管理者至关重要；作为臣民，必须具备足够的能力与觉悟，知其本分并善于处理公共事务。同时，他还认为，在首府建立大学具有非常重要的意义。因为首府是总督、议会议员、主教、法官以及平民百姓的居住之地，最利于向青少年传道授业解惑。

四年后，深受西姆科影响的芒廷主教在写给魁北克副主教的一封信中，表达了与西姆科同样的想法。在芒廷主教看来，如果加拿大的年轻人前往美国的学院接受古典教育，长时间耳濡目染美国的共和思想与言论，毫无疑问会对未来国家领袖的培养产生极为不利的影响。

1787年，新斯科舍立法委员会颁布了一项决议，决定为筹建的国王学院提供两名教职人员。同时，招募一名数学及自然哲学教授担任校长，其资历要求是在古典研究、神学及道德哲学方面皆有造诣，在知名教会任职，神职人员的典范。

1802年创办的温莎国王学院对教职人员的规定更为严厉，具体规定：无论校内校外，教职人员禁止讲授或持有任何无神论、自然神论及民主观点，或任何有悖于基督教信仰及英国宪法的思想；教师和学生严禁与天主教徒交往，严禁参与长老会、浸信会、卫理公会教徒的聚会，严禁参加所有非国教教派的秘密集会，严禁出入任何异教徒的礼拜场所，以及煽动性的叛逆集会。

在课程设置方面，国王学院效仿的就是未经宗教改革的牛津大学。据文献记载，1814年的国王学院设置的课程有希腊文新约圣经、希伯来圣经、荷马史诗、欧几里得几何学、色诺芬的《居鲁士的教育》、西塞罗的《演讲集》、贺拉斯的《诗艺》、维吉尔的《农事诗》、伯勒莫克的《自然法》等。显然，国王学院的课程以古典课程为主，包括希腊语和拉丁语，逻辑学及修辞学等相关课程，对数学与自然哲学却少有涉及。教授负责督导学生阅读的必读书籍。新不伦瑞克学院在开始大学阶段的教学时，继续沿用了这一课程设置。所有的课程都由校长萨默维尔(Somerville)设置，其内容包括希腊和罗马古典文学、数学、逻辑学，以及普通语法原理与伦理学的基本要素。

（二）大学的早期创办（19 世纪 30 年代至 19 世纪 50 年代）

1. 学院创办的困难与挣扎

19 世纪 30 年代的加拿大仍是一片蛮荒之地，筹建院校所需的各种资源极为短缺。温莎国王学院的第一所校舍只能用粗木搭建，因为在当时的沿海地区要找到一位石匠比登天还难。事实上，加拿大早期各所学院在创办之初，都历经过无数的险阻与困难。其中，阿卡迪亚学院的艰难创始尤为典型。

阿卡迪亚学院创办于 1839 年 1 月 21 日，最早的校舍是借用 1829 年浸礼会创办的一所中学——霍顿学校的教室。学院创办之初约有 20 名学生，由两名神职人员担任教师。1830 年在霍顿学校担任教职的约翰·普赖尔（John Pryor）讲授古典文学和自然哲学，达尔豪斯大学系主任落选人爱德华·克劳莱（Edward Crawley）讲授修辞、逻辑、伦理学、数学。后来，1840 年 1 月加入阿卡迪亚学院教师队伍的艾萨克·奇普曼（Isaac Chipman）讲授数学和自然哲学。直到 1843 年第一批学生从学院毕业获得学位时，阿卡迪亚学院仍然没有自己的校舍。

1844 年，由于艾萨克·奇普曼的努力，奇迹出现了，那就是一座三层教学大楼在没有资金的情况下竟然破土动工。因为从 1842 年冬到 1844 年春，奇普曼利用业余时间在滨海地区的浸信会信徒居住区四处游说，从之前筹集资金开始改为主要筹集建材和劳力。事实证明，奇普曼最后成功了。附近沃尔夫维尔市的市民出力把建材从码头搬到山上。其中，木板及木条来自利物浦、特鲁罗和昂斯洛；钉子、油漆、玻璃、油、腻子以及铅板来自圣约翰和哈利法克斯；门和石砖来自安纳波利斯和布里奇敦；还有来自阿默斯特和雅茅斯捐赠的其他物资。在奇普曼的四处奔走下，阿卡迪亚学院收到了慷慨民众的诸多捐赠，用不了的食品、衣物等被换卖成建材，或充作建筑工人的工资。他一边授课，一边负责监督校舍的建造。①

1850 年，阿卡迪亚学院又碰到了一个难题。学院再也无钱支付教师本来就微薄的薪资，普赖尔和奇普曼都面临辞职的选择。此前，克劳莱已于1846 年改行做了牧师，随后接替他的教师不久也辞职了。面对这样的困境，奇普曼最后被劝说收回辞职函(同时放弃其此前 400 英镑的欠薪)，在霍顿学校一位教师的接济下勉强度日，同时坚持教学。1851—1852 年，克兰普(J. M. Cramp)神父就任阿卡迪亚学院院长。孰料，次年奇普曼和四名学生在一次地质探险中不幸溺水而亡。克兰普院长只能依靠霍顿学校的一位教师以及一名高年级学生的协助，让学院得以勉强维持。1853 年，普赖尔和另一位辞职的教师重返阿卡迪亚学院，学院才回归正常。但此时，学院由于增设了神学院，教师工作压力比以往更重。所以，这一时期，阿卡迪亚学院的教师被要求同时兼任六门不同的课程是不足为奇的。②

2. 古典与科学课程设置之争

至 19 世纪 40 年代，随着学术界对数学学科的日益关注，以及物理学、植物学、动物学的相继引入，学院的课程设置日益广泛。但鉴于加拿大法裔地区当局的宗教立场，学院教学继续以基督教教义为基础。1843 年，约翰·斯特罗恩主教在多伦多国王学院开幕式上致辞："要按照《皇家特许令》的申请条件，建立一所秉承基督教教义原则培养年轻人的学院，在科学与文学不同分支领域展开教学。这就要求各院系提供各种实用的知识：古典文学、数学和物理科学、心理哲学、法律和医学。正如特许状所规定的，所有课程皆以我们神圣的宗教为基础，这正是基督教国家教育的起点和目标。"③

---

① R. S. Longley, *Acadia University 1838-1938*, Toronto, Acadia University, 1938, p.46.

② R. S. Longley, *Acadia University 1838-1938*, Toronto, Acadia University, 1938, pp.47-48.

③ J. G. Hodgins, *Documentary History of Education in Upper Canada*, Vol. IV, Toronto, L. K., Cameron, 1897, p.285.

　　多伦多国王学院创办之初，面临的诸多难题之一就是获得民众的广泛支持。其原因是政府当局把"我们神圣的宗教"等同于"英国国教"。浸信会、公理会、卫理公会、长老会及罗马天主教的大多数教徒虽然赞成大学设置宗教课程，但拒绝接受在宗教与英国国教之间画上等号。同时，相关人士对多伦多国王学院开设的课程提出进一步的反对意见，认为以古典文学为主的课程设置不适于培养加拿大的未来领袖。历史表明，从19世纪30年代开始，将科学学科引入大学课程已是大势所趋。

　　1853年，新不伦瑞克省总督埃德蒙·黑德爵士（Sir Edmund Head）自掏腰包，为开设土木工程课程以及实践教学提供资金。1854年，新不伦瑞克立法委员会成立皇家委员会，调查弗雷德里克顿国王学院的教学情况。皇家委员会在提交的报告中总结道："我们一致认为，最适合新不伦瑞克学院实际情况的学院教育制度应该是综合全面、别有特色、切合实际的。其应该包括那些通常在英国和美国大学开设的课程，以及适应新不伦瑞克省农业、机械、制造业、商业发展的特色课程，包括科学和现代语言（包括英语、法语和德语）课程及与之相匹配的教学模式。"①

　　皇家委员会的报告还建议，在土木工程和土地测量（包括建筑原理）、农业（包括农业史和农畜疾病）、商业和航海专业方面设置两年的特色课程。然而，该报告出台五年之后，新不伦瑞克立法委员会才开始根据报告的建议采取相关举措。虽然皇家委员会的报告提出的建议没有被完全采纳，但值得注意的是，自1859年起，弗雷德里克顿国王学院正式更名为新不伦瑞克大学，校长不再必须由神职人员担任，大学也不再必须设置神学系。

　　对此，新不伦瑞克省总督埃德蒙·黑德爵士在给友人的信中写道："我们要认识到，18世纪末新不伦瑞克的绝大多数居民来自美国保皇党。他们心目

---

① J. G. Hodgins, *Documentary History of Education in Upper Canada*, Vol. XVI, Toronto, L. K., Cameron, 1906, p.3.

中认同的是历史更为悠久、文明更为先进的英国,主张效仿英国的教育机构,并据此发展高等教育。这一代人及之后的第二代人为创办一所自己的大学而引以为傲;但第三代人则完全没有这种情结,他们需要为生计奔走,以满足物质需求为首位。"①

整体而言,19世纪50年代,弗雷德里克顿国王学院课程设置发生的巨大变化,源于人们逐渐逝去的自豪感以及普通民众对经济需求的日益关注。除此之外,1820年达尔豪斯爵士在创办达尔豪斯大学时,所引入的苏格兰高等教育的传统教学模式也是加拿大英裔地区大学课程设置变化的原因之一。"首先,我认为有必要向你们说明这项伟大带来的理想与目标……它的目标是为年轻人提供高级古典文学与哲学研究方面的课程;它是仿效爱丁堡大学而创办的;它的大门向所有信奉基督教的人开放,向英属北美殖民地的所有年轻人开放,向居住在这里的所有异乡人、军人、文人开放,总之向所有愿意学习的人开放。"②

这并非加拿大高等教育机构引入苏格兰大学体制的第一次尝试。长期以来,苏格兰大学以讲座为主要教学模式而著称于世。这种教学模式的优势早在1815年就被毕业于苏格兰阿伯丁大学的约翰·斯特罗恩意识到了。斯特罗恩曾积极参与麦吉尔大学的创建,并在写给下加拿大立法委员会三名成员的信中强烈推荐苏格兰大学的教学模式。他的观点在加拿大高等教育的发展史上具有实践指导意义。

此外,苏格兰大学的课程设置也逐渐被引入加拿大。19世纪50年代,苏格兰大学课程的有效性在加拿大院校逐步得到了验证。早在1805年,长老会的教士托马斯·麦卡洛克(Thomas McCulloch)曾设想创建一所学校,既为了教

① F. A. Firth, "King's College, New Brunswick, 1828—1859," in *The University of New Brunswick Memorial Volume*, Fredericton, The University of New Brunswick, 1950, pp.29-30.

② D. C. Harvey, *An Introduction to Dalhousie University*, Halifax, McCurdy Print. Co., 1938, p.19.

会，又为了全省的青年接受更好的教育。1808 年，麦卡洛克终于得偿所愿，在新斯科舍省匹克图的家中开办了一所文法学校。这所文法学校于 1815 年发展成为匹克图学院。该学院的课程设置完全参照苏格兰大学的模式，开设拉丁语、希腊语、逻辑、伦理学、数学、政治经济学、修辞（分析与作文练习）等课程。1838 年，从事教育 30 年之久的麦卡洛克就任达尔豪斯学院校长。在他的就职演说中，麦卡洛克宣告了古典课程作为大学教学重点时代的终结——达尔豪斯学院的语言教师自然应当精通他们授课的语种。但是，在哈利法克斯或其他地方已专攻拉丁语和希腊语六七年之久的学生，如果还要在学院里再耗费三年时间学习这些语言，那纯属浪费时间，而且对新斯科舍省的繁荣发展没有任何益处。鉴于本省当前的实际情况，语言教授仅需给予学生翻译正确的文本，向其灌输并阐释精确的理念。此后，学生如果选择致力语言研究方向，这种（古典）大学教育将造就成功的语言人才。但假使学生的志向不在于此，而在于其他实际生活方面，其青春岁月则耗费在与其成功无益的学习领域。达尔豪斯学院要与社会实践紧密联系，从众多高等院校中脱颖而出，绝不能靠单纯模仿牛津大学为目的，而要成为一个传递科学和实践智慧的学府。在就职演说的最后，麦卡洛克重点强调了建立自然历史院系的必要性，以便在地质学、矿物学、植物学和动物学专业方面向学生授业。"这是达尔豪斯学院成为科学机构的先决条件。为了成就学院的辉煌，应该给予学生以科学的引导，学院应该向各类自然学科敞开大门。"[1]

麦卡洛克的观点与苏格兰大学教育的基本原则如出一辙，因为他也是像斯特罗恩这样深受苏格兰大学模式影响的英国移民。在 19 世纪达尔豪斯大学、麦吉尔大学、皇后大学、多伦多大学这四所大学的创办与发展过程中，像斯特罗恩、麦卡洛克这样的英国移民学者做出了重要的贡献，这也为 20 世

---

[1] D. C. Harvey, *An Introduction to Dalhousie University*, Halifax, McCurdy Print. Co., 1938, pp.49-50.

纪前半期加拿大高等教育的发展奠定了坚实的基础。

(三)各地区院校的随后发展(19 世纪 60 年代至 19 世纪末)

1. 安大略地区

自 1867 年 7 月 1 日加拿大自治领成立后,上加拿大更名为安大略省。在教育上,加拿大各省的教育事务由各省教育部负责。在高等教育拨款上,安大略省首届政府采取的措施是一切对教派学院的拨款将于 1868 年终止。这就意味着,像皇后学院、圣三一学院及维多利亚学院这样的教派院校,若要以独立的院校身份存在,只能依靠私人捐赠。并入多伦多大学虽不失为一策,但被大多教派院校视为下策。1870 年,受命审议并入多伦多大学的圣三一学院专门委员会在它的报告中提出,此举将面临诸多难题,且会遭到强烈反对,委实不应予以考虑。① 圣三一学院专门委员会还强调,经费问题是此时的最大难题,所以应采取相应的措施改善学院的财务状况;建议尽可能削减学院的开支,将闲置土地和其他资产变现,并尽快收回学院借出的资产和债务。

而在皇后学院和维多利亚学院,为了改变学院捉襟见肘的经济状况,采取了更为务实的措施,开展了 10 万美元的筹款运动。皇后学院在院长斯诺德格拉斯(Snodgrass)的多方努力下,自 1867 年至 1869 年终于筹集到这笔资金。维多利亚学院花了四年时间才筹集到 10 万美元。与政府之前的长期拨款相比,不定期的私人捐款对于整个学院而言仍然是单薄的。以 1867 年为例,维多利亚学院和皇后学院分别筹集了 5000 美元,圣三一学院筹集了 4000 美元,瑞奇波利斯学院筹集了 3000 美元,圣迈克尔学院筹集了 2000 美元,渥太华学院筹集了 1400 美元,阿桑普申学院筹集了 1000 美元。对于这些学院要维持它们的日常运作来说,所筹集到的这些资金是远远不够的。②

① T. A. Reed, *A History of the University of Trinity College*, Toronto, 1952, p.74.

② Robin S. Harris, *A History of Higher Education in Canada 1663-1960*, Toronto, University of Toronto Press, 1976, p.109.

此时，多伦多大学同样面临着财务问题。最初，由于多伦多大学独家享有早前国王学院的捐赠，财务问题似乎可以迎刃而解。然而，这笔捐赠每年金额固定不变，到1883年时，这笔捐赠的资金已越来越难以满足大学的发展需求了。于是，多伦多大学决定敦请政府拨款资助。尽管申请很快遭到了教派院校的强烈抗议，但最终促成了《1887年联盟计划》的出台。1883—1887年，安大略省的各院校派代表召开了一系列的会议，其中包括多伦多大学、皇后学院、维多利亚学院、圣迈克尔学院、诺克斯学院、英属北美公理会学院(1864年已迁校至蒙特利尔)、威克里夫学院(1877年建于多伦多的英国国教神学院)、多伦多浸信会学院。各院校代表的商讨最终推出了1887年的《大学联盟法》，重新奠定了多伦多大学作为教学机构的重要地位，同时对职业教育领域产生了直接的影响。不久，多伦多大学合并了多伦多医学学校，多伦多大学医学院由此应运而生。根据《大学联盟法》的规定，安大略省于1887年在多伦多大学校园内创办的实用科学学院，并入多伦多大学。1889年，多伦多大学法律系建立。但同年上加拿大律师协会建立了自己的法学院，导致多伦多大学法律系不得不于1894年关闭。

1887年的《大学联盟法》是各教派院校共同努力的结果。其最为重要的特点之一是，大学与联盟学院之间的师资力量分工。整体而言，多伦多大学负责物理、自然和社会科学方面的所有教学工作，而联盟各学院(包括非教派的大学学院)则承担人文学科的教学工作。联盟各学院无权授予学位(除神学外)。1890年，维多利亚学院正式决定加入大学联盟，并于1892年从科堡迁至多伦多。随后，又有两所院校加入大学联盟，即1904年的圣三一学院和1910年的圣迈克尔学院。最后，诺克斯学院和威克里夫学院于1885年并入多伦多大学，并于1890年并入大学联盟神学院。

参与1887年《大学联盟法》商讨的安大略省诸院校中，有三所学院最终没有与多伦多大学结盟。其中，一所是位于蒙特利尔对联盟事宜并不关注的英属北美公理会学院；第二所是多伦多浸信会学院；第三所是皇后学院。浸信会向来反对教会与国家在教育事务上联手合作，最终在 1887 年与麦克马斯特大学一起获得了创办大学的特许，并联合加拿大文学院伍德斯托克的本科分部以及多伦多浸信会学院的神学分部，于 1890 年在多伦多大学校园附近建校并开始招生。皇后学院与圣三一学院和维多利亚学院一起，曾是《大学联盟法》商讨的主要参与者。

就安大略省大学与其他各院校之间的关系而言，皇后学院院长格兰特(G. M. Grant)在 1877 年的就职仪式上清楚地表达了他的立场，那就是应该有一所省政府资助的大学，各教派院校之间不应寻求省政府的拨款资助。因此，格兰特主动放弃了国王学院给予皇后学院的捐赠，并表明皇后学院不应当接受苏格兰教会殖民委员会给予的资助。在格兰特院长看来，皇后学院应当依靠私人捐赠，并随即展开了筹款运动。1878 年年底，筹款金额逾 15 万美元，足以新建一幢 3 万美元的教学楼，拨款 7 万美元给两个院系以取代苏格兰教会的 3 万美元资助，以及用于图书馆和其他用途的 2 万美元。这笔私人捐赠资金足以为数学系、自然历史系、化学系和物理系提供教学经费，并增聘经典文学助教和政治经济学讲师各一人。1883 年，格兰特院长还成功说服了校友承诺连续五年每年提供 7800 美元的捐赠；1887 年，他又发起了一次筹款活动，最终筹集到 26 万美元，其中包括学生团体捐赠的 6000 美元。①

1888 年至 1891 年，皇后学院的历史系、英国文学系、现代语言系、心理哲学系、伦理学系、希腊语系、拉丁语系、政治经济学系陆续建立起来。到 19 世纪末，由于格兰特院长的领导，皇后学院人才济济，特别是师资力量雄厚的人文学院拥有卡彭(James Cappon，教英语)、肖特(Adam Shortt，教政治经济学)、麦克诺顿(John McNaughton，教希腊语)等著名学者。1892 年，金

---

① Robin S. Harris, *A History of Higher Education in Canada 1663-1960*, Toronto, University of Toronto Press, 1976, p.111.

斯顿皇家医师学院并入皇后学院成为该院的医学系。1893 年，皇后学院又建立了矿产与农业学院。

并非所有的安大略省院校都参与了《大学联盟法》的商讨。1866 年获得建校特许的瑞奇波利斯学院在随后的三十年间一直表现平平。众所周知，1868 年政府开始削减对院校的拨款，这对瑞奇波利斯学院是一个致命的打击。①

在安大略省的温莎，圣巴西勒修会的教士们于 1870 年重新开办阿桑普申学院。在重新开办之初，学院开设了为期六年的古典大学课程，1890 年又增设了两年的哲学课程。

早年间多伦多教区与休伦教区在神学教义方面的分歧，成为 1863 年休伦学院创办的直接动因。自 1864 年起，休伦学院开设神学、现代语言、经典文学和数学课程。尽管休伦学院的招生规模不大，但它于 1877 年成立了休伦大学教授与校友协会，"以此筹建一所大学和大学学院，提供最优秀的学术培养与教导，为教区乃至自治领培养未来的神职人员；通过非教派的人文、法律、医学以及工程学院提供的教育，满足西部快速发展的教育需求。"②1878 年，休伦学院并入伦敦西部大学，并自 1881 年起开设人文艺术、医学、神学课程。此时，休伦学院已逐步成为一所神学院。1883 年，休伦学院开始授予学士学位。1885 年，休伦学院离开伦敦西部大学，并撤出了其人文艺术学科的教职人员，但于 1895 年又重新并入。

自 1868 年起，院校依赖宗教教派资助的艰辛，可以从 1866 年获得建校特许的渥太华大学一窥究竟。渥太华大学拥有加拿大 19 世纪七八十年代 3 位最激进的教授，即塔巴勒（Rev. J. Tabaret）、法奎因（L. P. Faquin）和巴兰

---

① L. K. Shook, *Catholic Post-Secondary Education in English-Speaking Canada: A History*, Toronto, University of Toronto Press, 1971, pp.24-26.

② J. J. Taiman, R. Taiman, *Western*, *1878-1953*, London, The University of Western Ontario, 1953, p. 1.

德(J. B. Balland)。1874年，三位教授推出了新的课程改革计划，强调课程的实用性，古典课程中的数学和科学学科得到了进一步的强化，还引入了土木工程课程。课程改革的内容不仅对课程进行了重新调整和扩展，而且对教授的角色做出了新的定义，取代了以往大学体系中教授负责管理整个班级并且要讲授多门科目的做法。旧体系没有足够重视教授的才智、研究兴趣以及能力的充分发展。现有的模式，在确保教授具备更完善的知识的前提下，能更加有效地促进学生的迅速发展与进步，对于教授和学生而言都更具吸引力。一方面，教授可以潜心从事最感兴趣的研究，不必分心于其他专业而流于肤浅的或敷衍的教学；另一方面，学生会惊喜地发现教授专业知识的渊博。大学里汇集诸多不同学术领域的专业人才，用其各自不同的教学方法进行教学。[1] 尽管改革的热情高涨，渥太华大学的土木工程课程仍然不得不于1880年被迫暂停；1885年恢复开课后，仍是死气沉沉。表面上看是因为学生人数过少，究其实质是因为学校设备简陋而无法吸引到生源。进入19世纪90年代，各种困难仍然摆在眼前。1900年至1905年的五年，渥太华大学意欲建立完善科学课程的计划最后也无法实现。

在阿尔伯塔学院(Albert College)发展成为大学后的二十五年里，教会资助、进步思想以及财政困境一直伴随其左右。它的前身是创办于1857年的贝尔维尔神学院(Bellville Seminary)，于1866年获得建校特许，更名为阿尔伯塔学院。到1876年，该学院已经建立了人文艺术、神学、法律、音乐和工程等学院，以及一个提供两年制文凭课程的农业系。1883—1884年，为了提供种类多样的课程，阿尔伯塔学院配备了8名教职人员，其中一人同时兼任阿尔伯塔学院文法学校的校长以及其商业系(提供一年的拼写、语法、算术、测量、书法、簿记、商务信函、银行业务)的系主任。1884年，在加入加拿大卫理公会联盟后，阿尔伯塔学院重返中等教育的行列，而它的本科生教育则转

---

[1] University of Ottawa, *Calendar 1878*, Ottawa, The University of Ottawa, 1878.

移到了位于科堡的维多利亚学院。

2. 东部沿海地区

19 世纪后半期，东部沿海地区高等教育发展史上唯一的亮点是达尔豪斯大学。1861 年时仍然只是有一份幻想蓝图的达尔豪斯大学，到 19 世纪末已发展成为仅位居麦吉尔大学、皇后大学和多伦多大学之后的著名高等学府。除此之外，东部沿海地区的各所院校在 19 世纪后半期并没有取得任何实质性的发展。

造成东部沿海地区各所院校在这一时期停滞发展的根本原因是，该地区各省政府大幅削减高等教育拨款。例如，正是由于新斯科舍省政府撤销了教育经费支持，该省的哈利法克斯大学彻底消失在历史舞台上。这所于 1876 年由新斯科舍省立法委员会创办的大学，仅仅在创办 5 年后(1881 年)就不得不关闭停办。1881 年因为同样缘故不得不关闭的还有圣玛丽大学，直到 1902 年才重新开办。同样，在新不伦瑞克大学，教职人员数十年如一日地兢兢业业、恪尽职守，然而新不伦瑞克省立法委员会对此丝毫不为所动，这使得新不伦瑞克大学仅仅依靠该省每年微薄的大学教育拨款，长期以来惨淡经营。自 1826 年到 1906 年长达 80 年的时间里，8844.48 美元的大学教育拨款从未增加。① 这正是新不伦瑞克大学直到 1871 年才开设四年制的人文课程、直到 1889 年才设立物理系的根本原因。因此，19 世纪后半期的新不伦瑞克大学的发展极其滞缓。

从整体而言，这一时期东部沿海地区的各所院校面临的最大问题就是教育经费匮乏。长期以来，新斯科舍省立法委员会对该省六所院校提供的教育拨款金额一直极为有限，甚至在 1881 年彻底取消了对该省所有院校的拨款。新不伦瑞克省对省级大学的拨款始终十分吝啬。因此，东部沿海地区的各所

① Robin S. Harris, *A History of Higher Education in Canada 1663–1960*, Toronto, University of Toronto Press, 1976, p.104.

院校只能寄希望于个人捐赠,这就使得它们的发展非常迟缓。

具有讽刺意味的是,正是当年宗教团体的热忱相助,促成了1863年达尔豪斯大学的复兴。19世纪60年代初,新斯科舍省的两大长老会结成联盟,成立了专门委员会共同商讨达尔豪斯大学的复兴事宜。专门委员会最终于1863年推出了新的《达尔豪斯大学法案》,其中包括采纳麦吉尔大学校长道森的一项提议,即各教派代表在大学理事会中的席位应与其对大学的支持成正比。达尔豪斯大学于1863年11月重新开始招生,共招收60名学生,6名教师中有3人由长老会推荐提名,并负责承担他们的薪资。

达尔豪斯大学的特殊待遇,让其他院校感到非常不平。1864年,新斯科舍省立法委员会收到了无数封来自社会各界的请愿书,特别是阿卡迪亚大学。在请愿书中,他们一致要求取消新出台的《达尔豪斯大学法案》。最后,新斯科舍省立法委员会驳回了这些请愿书,社会各界人士悻悻而返。自此,达尔豪斯大学脱颖而出,不断发展壮大。达尔豪斯大学拥有优秀的师资力量,最初六位教授中的两人,即威廉·莱尔(William Lyall,讲授哲学)与乔治·劳森(George Lawson,讲授化学与矿物学),后来是加拿大皇家协会的创始成员。莱尔和劳森在达尔豪斯大学一直任职到19世纪90年代末;其余4人,约翰·约翰逊(John Johnson,讲授经典文学)工作到1894年退休,查尔斯·麦克唐纳(Charles MacDonald)1901年病逝于工作岗位上,詹姆斯·罗斯(James Ross,讲授哲学)后担任达尔豪斯大学的校长直到1885年退休,托马斯·麦卡洛克病逝于1865年。1865年2月,一位名为路易斯·普霍尔(Louis Pujol)的现代语言教师被辞退,接替他的约翰·利奇(John Liechti)继而担任现代语言教授一直到1906年退休。1865年接受聘任的还有詹姆斯·德米勒(James De-Mille),担任修辞学和历史教授,直到1880年去世。这些默默奉献的教职人员让达尔豪斯大学在1865年至1880年取得了长足稳定的发展。例如,1865年建立了医学院;1873年引入荣誉学士学位课程;1875年获得了接收附属院校的权限；1878 年建立了科学学院。这些辉煌成就的背后，很大一部分原因是达尔豪斯大学于 1870—1875 年的筹款运动为其带来了大量的金钱和持久的捐赠。①

　　1879—1884 年，出版业富商乔治·蒙罗（George Munro）向达尔豪斯大学多次捐款，共计 35 万美元，部分用于预科奖学金，其余大多用于资助各个院系：物理系（1879 年）、历史与政治经济系（1880 年）、英语文学与修辞学系（1882 年）、宪法与国际法系（1883 年）及玄学系（1884 年）。此外，另有古典文学系、现代语言系、化学系三个院系，得到了亚历山大·麦克劳德（Alexander McLeod）的遗赠 6.5 万美元。值得注意的是，这些院系吸引了当时众多的一流学者，如物理系的麦格雷戈（J. G. McGregor）、历史与政治经济系的福里斯特（John Forrest，后来成为康奈尔大学的校长）、英语文学与修辞学系的亚历山大（W. G. Alexander，后来创建了多伦多大学的英语研究学院）、宪法与国际法系的韦尔登（R. C. Weldon，1883 年创建了达尔豪斯大学法律系）。这一切都表明，19 世纪 90 年代，以达尔豪斯大学为典范的大学标准已逐步得到完善，大学传统也已经得到确立。诸如蒙罗、麦克劳德、威廉·扬爵士（Sir William Young，1848—1884 年校董会主席）等社会各界人士的捐赠，使达尔豪斯大学不再依赖省政府微薄且不稳定的拨款。②

　　19 世纪末，达尔豪斯大学摆脱了宗教团体的掌控，同时不再依赖政府拨款，并且在学术及管理上获得了相当大的自治权。因此，达尔豪斯大学独立自由的学术精神得以传承。③ 但是，应该看到，达尔豪斯大学是历史的宠儿。毕竟仅仅凭私人捐赠维持大学运作的时代终将结束，大学的发展离不开政府

---

① 　Robin S. Harris, *A History of Higher Education in Canada 1663-1960*, Toronto, University of Toronto Press, 1976, p.104.

② 　Robin S. Harris, *A History of Higher Education in Canada 1663-1960*, Toronto, University of Toronto Press, 1976, p.105.

③ 　Robin S. Harris, *A History of Higher Education in Canada 1663-1960*, Toronto, University of Toronto Press, 1976, p.109.

的长期、稳定的资助。

19 世纪后半期，东部沿海地区还新建了两所院校，即新不伦瑞克省门勒姆库克的圣约瑟夫大学(1868 年获得特许而创办，1888 年开始授予学位)，以及新斯科舍省彻奇波因特的圣安妮学院(创办于 1890 年，1892 年获得特许，1903 年开始授予学位)。但在这一时期，除了达尔豪斯大学，东部沿海地区的其他各院校都处于风雨飘摇之中。温莎国王学院于 1872 年开始引入工程专业，但直到 1890 年它的教职人员(包括人文、神学和工程三个专业)加起来只有 7 人。芒特·阿林森学院于 1886 年发展成为芒特·阿林森大学，于 1875 年设立神学系、1891 年设立音乐学院，但受到 1866 年和 1882 年的两次火灾重创之后，其发展速度明显减慢。阿卡迪亚大学在校长克兰普和索耶的带领下逐渐发展一所优秀的文理学院，但直到 1891 年时仍然无权聘任一位讲授物理学的教授。圣弗朗西斯泽维尔大学于 1866 年获得建校特许状，随后逐步发展人文课程，1883 年开办于安蒂戈尼什的一所女子学院于 1884 年并入圣弗朗西斯泽维尔大学。

3. 魁北克英裔地区

位于魁北克英裔地区的院校较少，因此，在 19 世纪后半期，沿海地区高等教育方面所取得的经验教训对该地区的影响颇深。当时，该地区主要有两所院校：主教学院和麦吉尔大学。主教学院属于小规模的教派院校，只能勉强维持。而不受宗教教派掌控的麦吉尔大学得到了富商巨贾的慷慨捐赠，获得了令人瞩目的发展。

一方面，地处魁北克伦诺克斯维尔的主教学院于 19 世纪 60 年代才尝试引入法律和医学专业，且两个院系分设在两地：医学系位于蒙特利尔，法学系位于舍布鲁克。由于这两个院系实际不在主教学院的直接管理之下，因此二者基本上都属于营利性的私立培训学院。1890 年，主教学院人文系和神学系的全职教学人员共 5 名。一年后，又有一名人文系讲师加入。主教学院的发展相对缓慢，当时所面临的难题是如何发展壮大办学规模，获得广泛的经济支持。

　　另一方面，麦吉尔大学呈现出截然不同的发展态势。其最大的优势是，其地处蒙特利尔这一优越的地理位置。随着圣劳伦斯运河的不断延伸，以及海港设施的不断升级，蒙特利尔港在 19 世纪后半期已跃居横穿大西洋的重要海港之一。不仅如此，蒙特利尔同时还是加拿大这一时期重要的铁路中心和金融中心。这一切都极大地推动了当地的工业发展及人口增长。也正是因此，蒙特利尔出现了大批富有的企业家，虽然其财富无法与当时美国的卡内基、洛克菲勒以及范德比尔特等人相比，但大多名列加拿大财富榜榜首。在麦吉尔大学校长道森等人的游说下，威廉·莫尔森（William Molson）、彼得·雷德帕斯（Peter Redpath）、托马斯·沃克曼（Thomas Workman）、威廉·麦克唐纳（William MacDonald）爵士、唐纳德·史密斯（Donald Smith）爵士等一大批富豪纷纷慷慨解囊，麦吉尔大学由此获得了巨额捐赠。此外，麦吉尔大学同时还得到了毕业生团体和蒙特利尔市民的慷慨捐赠。1871 年和 1881 年麦吉尔大学两次资金筹集活动都收获颇丰。

　　与达尔豪斯大学相仿，也正是捐赠丰厚的原因，麦吉尔大学在各方面都取得了长足的发展。19 世纪 60 年代，麦吉尔大学拥有三所附属初级学院。截至 19 世纪 90 年代，麦吉尔大学的规模不断壮大，大学内部共设五大院系：人文、医学、法律、应用科学、比较医学与兽医学（建于 1888 年）；以及 3 所附属学院：圣弗朗西斯学院、莫林学院、斯坦斯特德卫斯理安学院；4 所神学院（公理会学院、长老会学院、卫斯理学院、英国国教教区学院）；麦吉尔师范学校以及唐纳达人文特殊课程（系单独为女子开设的常规人文课程）。

　　19 世纪后半期，麦吉尔大学的道森校长在任期的最后一年（1893 年）与他 1855 年就职时所面临的难题完全不同。到 19 世纪末，麦吉尔大学的当务之急不再是资金短缺，而是如何有效地协调大学内部繁多的项目。道森校长指出：

"麦吉尔大学的运作如今如此庞杂,各院系分裂和隔离的危机比以往其他时期更为严重。身为校长,必须始终把大学的各个组成部分紧密团结起来,权衡各院系的申诉、请求、冲突、困难和机遇。"[①]道森校长在1890年所面临的困难,与诸如主教学院和阿卡迪亚大学的其他院校情况是完全不同的。

4. 西部地区

1890年9月10日,在西部地区的里贾纳举办的面向所有院校本科生的会议上,通过了由萨斯克彻温省及卡尔加里省英国圣公会主教平卡姆(Pinkham)主教提出的议案,即本次大会决定,为西北诸领地创办一所大学,秉承允许大学机构隶属各领地教派的原则,这有力地推动了西北地区高等教育的发展。由于西北诸领地的人口在当时不足一万人,所以这次会议并没有立即取得任何实质性的成效。但在十五年后,随着阿尔伯塔省和萨斯克彻温省被划出西北诸领地,平卡姆主教议案的精神,即西北地区应该有一个唯一具有授予学位资格的大学机构,再次被提出并终于得以实现。

1890年,不列颠哥伦比亚省通过了类似的法案,即在不列颠哥伦比亚省建立一所具有学位授予权的大学。经过二十五年的等待,不列颠哥伦比亚大学才得以创办。在此期间,不列颠哥伦比亚省的诸多院校都无权授予学位。例如,温哥华的惠瑟姆学院、新威斯敏斯特的哥伦比亚卫理公会学院以及位于后来的萨斯克彻温省阿尔伯塔王子城的伊曼纽尔学院和位于波蒂奇拉普赖里的兰斯多恩学院。

在马尼托巴省,建立省内唯一一所授予学位大学的设想在19世纪70年代初期就提出了。1877年,创办马尼托马大学的法案宣布:为整个马尼托巴省创办一所大学是势在必行的。正如后来莫顿(W. L. Morton)所指出的,由于《1877年法案》英文本与法文本之间的差异,很难推断最初的意图就是创办

---

① J. W. Dawson, *Thirty-Eight Years of McGill: Being the Annual University Lecture of McGill University, Montreal, for the Session of 1893-1894*, Charleston, Nabu Press, 2011, p.22.

一所考试并授予学位的大学机构，还是先仿效当时的伦敦大学建立一所大学，然后再逐步担负起教学的责任。无论怎样，这一问题直到 1889 年才被提出。最初，所有的教学任务都由附属的学院承担。1877 年，三所学院开始承担人文艺术方面的教学，即隶属罗马天主教的圣博尼费斯学院（自 1866 年起一直讲授完整的古典文学课程），隶属英国圣公会的圣约翰学院（自 1866 年起一直讲授人文艺术与神学课程），以及隶属长老会的马尼托巴学院（1874 年之前就开始承担中学阶段以上的课程）。1877 年立法会议期间，又有两所学院加入马尼托巴大学：由圣公会教徒赞助的圣三一学院，以及卫理公会教堂会议创立的韦尔斯利学院。马尼托巴大学提出，这两所学院证明其拥有足够的教职人员时即可加入。1888 年，韦尔斯利学院正式成为第四所并入马尼托巴大学的学院。在此之前，马尼托巴医学院已于 1883 年并入马尼托巴大学。还有，经与马尼托巴省律师协会协商，马尼托巴大学可开设法学学士学位课程并授予学位。

马尼托巴省的另一所院校则置身事外。1879 年，浸礼会在该省西部的拉皮德城建立了普雷里学院，与另外一所私立培训学校麦基学院联合办学。1890 年，麦基学院迁址布兰登之后，普雷里学院就消失了。迁址后的麦基学院改名为布兰登学院。1899 年，浸信会全权负责布兰登学院的运作，并在一定程度上向马尼托巴省全省只有一所授予学位大学的政策提出了挑战。

截至 1890 年，马尼托巴大学已授予人文艺术学位 136 人、法学学位 5 人、医学学位 31 人。诸人文艺术学院负责各自学生的教学，但所有学生均需参加大学的统一考试。马尼托巴大学的课程设置，既让对文科学院的传统素有偏见的各新教学院感到满意，又让信奉天主教的古典学院圣博尼费斯学院欣然采纳，各学院之间关系和谐。这种和谐关系是各方善意努力的结果，但也是由于课程设置强调经典文学和数学的严格教育而得来的。但是，科学类课程未受到应有的重视。然而，到 1889 年时，对科学课程的要求显然比 1877 年要更为严格。当时，根据马尼托巴大学医学院的要求，他们得到了格外的关注。1889 年秋，马尼托巴大学成立专门的委员会，考虑是否增加开设某些科目，并最终建议建立自然科学、数学和现代语言三个系。后来，又有委员会提出类似建议，于是大学董事会最后决定设立化学、地质学、物理、生物和生理学、数学及现代语言各系，同时请求政府修订《大学法》，准许大学采纳校董会的建议，开设相应的科目课程。然而，这些提案令圣博尼费斯学院大为不满，其院长塔希(Taché)大主教呼吁人们关注《1877 年法案》法文版与英文版之间的差异。他宣称，绝不会赞同圣博尼费斯学院与这样一所大学融为一体。在那里，教学不受任何监管，学生的宗教信仰无法得到保障。① 此外，还有一个实际问题，即建立这些大学院系需要充足的政府资金支持，然而政府却并不急于提供这些经费。宗教派别的反对，加上政府的拖沓，直到 15 年后，委员会的"1889 年提案"才得以实行。1904 年，斯特拉斯科纳爵士(Lord Strathcona)慷慨捐资 2 万美元，才为大学聘得植物学、物理、化学、数学以及生理学的教授。但在此之前，各新教学院都同意自筹资金，只需大学提供教学与考试用的教室和设备，即可为大学讲授科学课程。1890 年，大学与各新教学院达成了以上共识，自此一直到 1904 年，马尼托巴大学始终沿用这种科学课程的授课模式。

值得注意的是，在此期间，高等院校也开始招收女性。蒙特埃立森大学首开先例，于 1875 年授予格蕾丝·洛克哈特(Grace Lockhart)理科学士学位。之后，加拿大各所院校纷纷效仿。然而，所有女性学生都是在被录取几年后才真正入校学习的。例如，在皇后学院，1878 年第一位被录取的女学生到 1880 年时才正式入校学习。虽然人们对男女同班学习仍顾虑重重，但迫于资金有限，男女同班学习渐渐普遍。但是，麦吉尔大学是一个例外，受到唐纳德·史密斯爵士 12 万美元的资助，"唐纳达文科专业课程"开设的是男女生分

① Tache' to Sir John Drummond, "28 December 1889," in *One University: A history of the University of Manitoba*, Toronto, McClelland and Stewart, 1959, p.45.

开的平行讲座。由于男女生同班学习，因此在解剖学等科目的课程中出现特殊问题，促使校方于 1883 年新建两所女子医学院：安大略女子医学院和金斯顿女子医学院。直到 1897 年，圣弗朗西斯泽维尔大学授予附属的蒙特圣伯纳德学院 4 名女生学士学位后，天主教学校的大门才向女性开放。此外，在这一时期，还有另外两所女子医学院可以说是另一种形式的高等教育机构。它们都不具有授予学位的权力，是为了让学生成为合格医务工作者而提供教育的职业学校，其学位是根据学生的考试成绩由多伦多大学或皇后大学颁发的。

　　从整体上看，自 19 世纪 60 年代至 19 世纪末的四十年，加拿大高等教育得到了一定程度的发展。从 19 世纪 60 年代初开始，高等院校的数量不断增加，加拿大东部和中部此前就已创办了诸多院校，后来沿海地区有达尔豪斯大学、圣约瑟夫大学以及圣安妮学院，安大略省有阿桑普申学院、麦克马斯特大学以及西安大略大学，魁北克省有拉瓦尔大学蒙特利尔分校及其他诸多古典学院。令人瞩目的是，高等院校逐渐向西部地区扩展，其中有 1890 年创办的马尼托巴大学，以及西部地区（包括阿尔伯塔省、萨斯克彻温省、不列颠哥伦比亚省）一些虽未延续至今的小规模院校的出现。如果把后来关闭的惠瑟姆学院包括在内，可以说，到 19 世纪末，加拿大的高等院校已经横贯东部地区和西部地区了。

第三节　赖尔森的教育活动与教育思想

　　19 世纪加拿大教育家埃杰顿·赖尔森在担任上加拿大教育长官的 32 年里，学习欧美国家的先进教育经验，深入了解上加拿大的社会和教育状况，就公共教育制度、公立学校教育的内容和方法、教师与师资训练以及教育立法与教育管理等方面提出了许多真知灼见。他在上加拿大建立了一个公共教育制度，对整个加拿大公共教育的发展产生了重要影响。赖尔森在他的报告、讲演以及文章中不断阐述自己的教育思想，被誉为加拿大教育史上最有影响的教育家。"像英国的教育归功于凯-沙图华兹、新英格兰的教育归功于贺拉斯·曼一样，加拿大的教育归功于埃杰顿·赖尔森。"①

一、赖尔森的生平和教育活动

赖尔森 1803 年 3 月 24 日出生于加拿大夏洛茨维尔镇(今安大略省诺福克县境内)一个显赫的"效忠派"家庭。其父亲约瑟夫·赖尔森(Joseph Ryerson)上校曾经应征英军参加过美国独立战争，并与赖尔森的三位兄长在 1812 年英美战争中并肩奋战。少年时期，赖尔森在上加拿大的伦敦地区曾受到质量并不高的文法学校教育。1824 年，赖尔森来到西加拿大东南部的汉密尔顿市，在当地的戈尔区文法学校任教。不久，在兄弟的影响下，他正式加入卫理公会，成为一名卫理公会的巡回牧师。从 1829 年到 1840 年，赖尔森一直担任基督教卫理公会报刊《基督教卫士》首任编辑一职，曾在该杂志的社论文章中倡议教会将所属的封地出售，把所得款项留予公共学校之用，希望教会能把收益的款项用于普通教育。这些早年发表的文章已经流露出赖尔森对加拿大公共学校的极大关注和初步考虑。在被基督教卫理公会派往英国寻求资助期间，他也有了了解英国教育制度和教育机构的机会。

1841 年 10 月，鉴于其在维多利亚学院筹建期间的杰出贡献，赖尔森被上加拿大总督任命为维多利亚学院(原上加拿大学院)首任院长。作为一位院长和教师，赖尔森是认真的、能干的、雄辩的和激励人的。曾是维多利亚学院学生的奥米斯顿(William Ormiston)回忆道："1843 年秋天，我进入了维多利亚学院。在我抵达学院的那天晚上，当时的院长赖尔森博士就到我的房间来探望我这位新生。我不会忘记那次会见。赖尔森博士的举止风度是如此的雅致，如同父亲一般，他的同情心是如此的灼热和真诚，他的忠告是如此的有

① E. Ryerson, *The Story of My life*, Toronto, William Brigge, 1884, p. 599.

帮助和振奋人心，他的信念是如此的令人欣喜和给人以鼓舞。这对我的整个生涯产生了一种深刻、持久和促进的影响。"①

出于对教育的兴趣和热情，赖尔森于 1844 年 10 月被任命为上加拿大的代理教育长官。两年后，他正式成为上加拿大教育长官。此后，他长期致力于推广由税收支持的公共学校，这在美国马萨诸塞州和普鲁士已取得了成功的先例。尽管每月工资只有 375 加元，但赖尔森对此项任命感到很高兴，并怀有一种建立一个初等教育制度的信念。

为了熟悉欧洲国家和美国的教育制度，赖尔森得到准许：在正式就职前到那里去访问。于是，1844 年 11 月赖尔森自费赴欧洲国家和美国进行了一次考察，直到 1845 年 12 月回国。他先后造访英国、普鲁士、法国、瑞典、荷兰、瑞士、奥地利等 20 多个国家。在考察途中，赖尔森专门在美国的马萨诸塞州停留数日，拜访了美国公共教育的奠基人贺拉斯·曼，倾听他的公共教育思想和理念。回国后，他于 1846 年提交了一份约 400 页的报告，题为"关于上加拿大公共初等教育制度的报告"，详尽介绍了英国、法国、荷兰、普鲁士、瑞士以及美国纽约和新英格兰地区的教育状况，并对上加拿大公共教育的发展提出了许多建议。正是在这份报告中，赖尔森阐述了他基本的教育哲学。赖尔森坚信，教育改革要取得成功就必须赢得人民的支持。在《关于上加拿大初等教育的报告》的结尾部分，他宣称："倘若没有广大民众的支持与合作，任何一个立宪政府都不可能建立并实施有效的公共教育制度。"②

政府收到赖尔森的报告后，马上要求他以这份报告为基础起草一份教育法案。赖尔森认真地进行了这项工作，并使得具有深远历史意义的《1846 年公立学校法》成为上加拿大公共教育制度的基础，这标志着加拿大公立学校新时代的开始。正是这个教育法令的制定与颁布，使赖尔森在 1846 年 6 月接到了

①　E. Ryerson, *The Story of My life*, Toronto, William Brigge, 1884, p.17.

②　E. Ryerson, *The Story of My life*, Toronto, William Brigge, 1884, p.345.

正式担任上加拿大教育长官的委任状。此后，赖尔森全身心地投入加拿大教育的改革和发展之中。为了促进免费公立学校在加拿大的发展，他积极提倡设立师范学校，培养受过专门训练的教师。1847年11月1日，多伦多师范学校成立。在成立典礼上，赖尔森做了演说，概述了师范学校的历史，并对这个新的师范教育机构提出了期望。

为了加强教育长官与地方教育官员、学校理事和教师之间的联系，赖尔森还建议创办一份教育刊物，这份教育刊物被定名为"教育杂志"，1848年创刊，一直到1876年赖尔森退休为止。在《教育杂志》发行的头五年里，赖尔森自己承担了费用。政府从1853年起对它提供补助金，使它能够免费发行。

为了确保《1846年公立学校法》的切实实行，赖尔森分别于1847年、1853年、1860年、1866年、1869年5次访问上加拿大的各县区，在积极宣传公共教育理念的同时，他还考察了解各地区的教育发展状况，与各地区的校董事、督察、教师会谈，聆听当地民众对公共教育制度的意见和看法。1847年秋天，赖尔森花费了3个月时间访问上加拿大的所有县和地区。在全国各地的学校大会上，他对《1846年公立学校法》进行了阐释，并做了题为"教育对农业人民的重要性"的演讲。同时，他还会见各地的教育官员、地方人士、学校理事、教师以及初等学校之友，与他们商讨公立学校教育的问题。1847年10月11日，赖尔森在给上加拿大副教育长官霍金斯(John George Hodgins)的信中写道："我有理由相信，我的访问将会极大地有助于公立学校事业的发展。"[1]第二天，他在给霍金斯的信中又写道，他参加了一次学校大会——参加者有明智的学校理事，其中有的人甚至来自20多英里远的地区。那是他见过的讨论最充分和最满意的学校大会。其讨论涉及学校教育制度的每一个方面。可以说，赖尔森由此开始了一场促进加拿大公立学校制度发展

---

[1] C. B. Sissons, *Egerton Ryerson: His Life and Lectures*, Clarke, Irwin& Company Ltd., 1937, pp.151-152.

的斗争。

在政府的资助下，赖尔森还提出在整个上加拿大建立公共图书馆。在赖尔森的倡导下，1855 年在多伦多还建立了教育博物馆，主要是提供给师范学校学生的，但来自全国各地的学校教师也前往参观。

在担任上加拿大教育长官期间，赖尔森注意对各地的访问，了解各地的教育状况。1860 年，他又进行了一次为期 3 个月的访问，共参加了 35 次县的学校大会，所做的演讲题目有"免费公立学校""流浪儿童"等。1866 年，他也进行了一次相似的访问，共参加了 84 次县的学校大会，和与会者一起对公共教育制度的进步和不足进行了充分的讨论，以便改进公共教育制度并使其适应上加拿大的需要。

1867 年，赖尔森得到政府的准许，又一次访问了欧洲国家和美国，通过对伦敦、巴黎、罗马、日内瓦、纽约等城市的考察，他收集了有关的教育资料。同时，他还作为政府的名誉专员出席了在巴黎举行的国际博览会。访问结束后，赖尔森向议会提交了一份详尽的报告，题为"关于欧洲一些国家和美国的普及教育制度与状况，及其改善上加拿大公共教育的实际建议"。

尽管赖尔森在教育部门的财政管理以及公共教育委员会等方面与政府的某些成员之间存在着一些矛盾，但他通过自己的努力使上加拿大议会于1871 年通过并颁布了《改善公共学校和文法学校法》，对强迫义务教育、有效的视导、教师补助以及政府指导下的教师证书颁发等方面做了规定。赖尔森相信，这一教育法令的实施将会给加拿大带来无法估量的利益。

在赖尔森的整个教育生涯中，他有许多热情和忠实的朋友，但也有许多攻击他的敌人。由于对他的攻击大部分是利用文字的，因此，赖尔森主要也是用他的笔来捍卫自己。他说，我所能够做的事情，就是激励我的同胞去建立公共教育制度。他在给友人的信中颇为自豪地写道："在我的一生中，我总是带着一种更深刻的责任感和一种强烈的牺牲意识去从事工作。在我看来，我一生中的一些行动已对我们的国家产生了更为有利的结果。"①

1876年，赖尔森退休，但他仍从事著述活动。1882年2月9日赖尔森去世。赖尔森是加拿大教育史上一位最重要的教育家，加拿大民众为了表示对他的纪念，于1889年5月在教育部门前的广场上耸立了赖尔森的塑像。

二、论公共教育制度的建立及特点

(一)公共教育制度的建立

通过对欧洲国家和美国的访问考察，赖尔森认识到建立公共教育制度的必要性和重要性。在《关于上加拿大公共初等教育制度的报告》中，他明确指出，对于一个年轻的、正在发展的国家来说，考虑建立一个公共教育制度是最重要的。在赖尔森看来，一个国家应该从其需要、利益和环境出发来考虑教育问题。他认为，社会的发展，尤其是国家的需要，要求每一个年轻人都受到工业和实际的训练，学习所有应该熟悉的知识分支。对于一个国家来说，使民众受到教育是对付贫困以及随之而来的苦难和罪恶的最有效的预防措施，并使民众养成勤奋和美德。因此，赖尔森指出："对民众来讲，公共教育是一件好事，而愚昧无知是一件恶事。每一个儿童，无论是来自富裕家庭的，还是来自贫困家庭的，都应该受到充分的教育，以便克服贫穷和苦难，并成为最真诚和最有用的社会成员。"②

实际上，早在1831年，赖尔森就在他担任编辑的《基督教卫士》上发表社论文章，论及公共教育制度建立的问题。他深刻指出："关于教育的重要性，就如我们普遍所谈到的，就像光线一样必要，像水一样普通，以及像空气一样自由。一个明智政府的第一个目标应该是民众的教育，因为一个受过教

---

① C. B. Sissons, *Egerton Ryerson: His Life and Lectures*, Clarke, Irwin& Company Ltd., 1937, p.75.

② J. Donald Wilson, Robert M. Stamp & Louis-Philippe Audet, *Canadian Education: A History*, Ontario, Prentice-Hall of Canada, 1970. p.217.

育的民众总是忠诚于一个好政府的民众，一个受过教育的民众总是做一切有利于社会改善的事情。"①后来，在 1855 年致《环球》杂志编辑乔治·布朗（George Brown）的公开信中，他又明确地回答："你将不会否认一个国家的民众有权建立或不建立公共教育制度。如果他们有权建立公共教育制度的话，那么，他们就有权建立他们所喜欢的教育制度。"②总之，在赖尔森看来，应该通过一种公立学校制度的建立，去克服民众中出现的愚昧无知的现象。

赖尔森还认为，一个公共教育制度的建立不是一朝一夕的事情，而要经过许多人的长期努力。早在 1846 年 3 月 26 日给友人的信中，他就写道，我尽力去打下基础和制订计划的这个教育机构的完成必然是多年的——也许是一个时代的工作。③ 在赖尔森看来，他的任务是为公共教育制度描述轮廓，并为它的发展打好基础，其中最重要的是民众对学校教育事业的支持和合作。他强调："没有民众的合作，法定的政府就不能建立和有效地实施公共教育制度。必须有这样的合作，不仅在法律的制定上，而且在每一所学校中的实施上。这种工作——一种包括每一个家庭的利益和国家未来命运的工作的第一步是使家长或监护人具有道德和社会责任的意识，为了现在和未来——为了他们自己和他们的国家，关心公立学校的建立、学校的特点和效能以及为他们的孩子提供适当的教育。"④

(二)公共教育制度的特点

赖尔森对公共教育制度的特点也进行了论述。他认为，公共教育制度的

---

① J. G. Hodgins, *Documentary History of Education in Upper Canada, 1791—1876*, Vol. I, Toronto, L. K. Cameron, 1894, p.76.

② C. B. Sissons, *Egerton Ryerson: His Life and Lectures*, Clarke, Irwin& Company Ltd., 1937, p.363.

③ C. B. Sissons, *Egerton Ryerson: His Life and Lectures*, Clarke, Irwin& Company Ltd., 1937, p.99.

④ E. Ryerson, *Report on a System of Public Elementary Instruction for Upper Canada*, Montreal, Lovell and Gibson, 1847, p.179.

第一个特点是普及性。考虑到社会的需要,在一个明智的政府的立法和管理的方针中,对全体人民的初等教育必须是一个基本的要素。一个公共教育制度就其本质来说是强迫义务的,这种强迫义务教育应该是与社会的利益联系在一起的。因此,赖尔森指出:"在一个公共教育制度中,教育应该是普及的——使这块土地上的每一个儿童都能受到教育。"①之所以强迫儿童入学,其原理就是,在这块土地上的每一个儿童都有权利接受这种旨在使自己成为一个真诚的和有用的社会成员的教育。假如家长或监护人不能给他提供这样的教育,那么,国家将必须这样做——以及,假如家长或监护人还不这样去做,那么,国家将保护儿童不受这样的家长或监护人贪财心和没有人性的伤害,并将充分保护社会不受任何家长或监护人的谬论的影响。② 在他看来,家长或监护人不仅对他的孩子有责任,而且对社会有责任,保证每一个儿童都享有受教育的权利。

赖尔森认为,公共教育制度的第二个特点是实用性。作为一个有效的公共教育制度,应该注重实用,考虑到儿童所获得的知识与生活职责的能力的关系。他明确指出:"在技艺、劳动方式、商业、社交方式、政府管理以及每一个文明知识范围方面实际上所发生的变化和发展,都包含在我们整个公共教育制度中。"③在赖尔森看来,教育应该是实用的,与个人的特点和社会的专门需要两方面联系起来。在初等学校中,实用科学应该占有一定的位置。因此,赖尔森在 1875 年的年度报告中,把公立学校描述成一个完全有用的和注重实际的教育机构。

赖尔森还指出,一个好的公共教育制度应该包括图书馆和书籍。他强调:

---

① E. Ryerson, *Report on a System of Public Elementary Instruction for Upper Canada*, Montreal, Lovell and Gibson, 1847, p.159.

② E. Ryerson, *Report on a System of Public Elementary Instruction for Upper Canada*, Montreal, Lovell and Gibson, 1847, p.180.

③ E. Ryerson, *Report on a System of Public Elementary Instruction for Upper Canada*, Montreal, Lovell and Gibson, 1847, p.21.

"学校是小学生的第一位老师，书籍是他的第二位老师。通过前者，学生与学校老师交谈；通过后者，小学生与所有时代的最伟大的和最聪明的人交往。对于整个社会来讲，一所图书馆是最好的事情。"①除学校图书馆外，赖尔森还主张，应该尽可能在各个地区建立巡回图书馆，这样将更有利于公共教育制度的发展。

三、论公立学校教育的内容和方法

从公共教育制度的普及性和实用性出发，赖尔森深入地论述了公立学校教育的内容和方法。早在 1846 年的年度报告中，他就指出："儿童在世界上所需要的东西，应该是在学校教授的。"②在赖尔森看来，这是公立学校教育的内容和方法所依据的适当尺度。

(一)公立学校教育的内容

赖尔森认为，理想的公立学校教育的内容应该包括阅读、书写、算术、英语、音乐、绘画、体育、地理、历史、自然历史基础、生理学基础、自然哲学、公民和政治经济学基础等。其中，最基本的内容是阅读、书写和算术。阅读和书写是最合乎需要的重要能力，算术是为了使儿童具有算账的知识和能力。其他科目的教学也使儿童获得了各种知识和能力。例如，地理为儿童展示了他们所居住的地球；历史使儿童增加了以前时代的经验；政治经济学使儿童具有了关于生产、交换、分配和消费的初步知识；农业使儿童熟悉了不同方面的农业知识；公民使儿童了解了关于政治机构和法律的知识，等等。

为了更好地进行各门学科的教学，赖尔森还主张，应该提供统一的教科书。针对当时学校教师普遍对教科书抱怨的情况，他指出："学校教科书的种

---

① N. Burwash, *Egerton Ryerson*, Toronto, Moramg & Co. Ltd., 1910, p.186.

② S. E. Houston, A. Prentice, *Schooling and Scholars in Nineteenth-century Ontario*, Toronto, University of Toronto Press, 1988, p.249.

类以及许多教科书不受欢迎的现象，是一个必须认真对待的问题。为学校选择和介绍书籍这一具有高度责任心的、棘手的和困难的任务，可以由一个委员会或理事会更明智地和符合要求地完成，这比长官的个人意志更好。我认为，在这样的一个机构中，一个受到欢迎的权威将完全能够保证为学生介绍适合的书籍。"①在赖尔森看来，每一个重视教育的国家都应该尽可能快地提供自己的教科书，因为一种统一的教科书是一个有效的公共教育制度的基本部分。

(二)公立学校教育的方法

通过对欧洲国家和美国的访问，赖尔森深刻地认识到，旧学校的整个教学工作完全是机械呆板的。为了使公立学校教育更有效，就必须改进具体的教学方法。他指出："在对学校教育的要求中，方法或教师应该处于中心地位。"②在赖尔森看来，一个有效的公共教育制度的重要目的，不应该只是如此多地传递知识，而应是发展能力。

赖尔森还对一些科目的教学进行了具体的论述，提出了自己的想法。例如，在教阅读时，教师要注意至少在阅读那些规则之前是通过例子而不是通过规则来教的。如果每天不把这样的例子放在儿童面前，那么教师就没有理由期望儿童将阅读学好。许多儿童对阅读产生冷漠甚至是厌恶的态度，致使他们从未学过流畅地阅读。再如，在教书写时，教师要注意使儿童尽早了解书写的特征，并充分使用石板来教书写。又如，在教算术时，教师要注意教儿童先学习用脑筋的算术，激起他们的好奇心，促进他们的心理能力，再训练他们进行更加复杂的计算练习。又如，教地理时，教师要注意不仅使用地图和地球仪，还要使儿童从他们的学校出发开始旅行并在其过程中学习，然

---

① E. Ryerson, *Report on a System of Public Elementary Instruction for Upper Canada*, Montreal, Lovell and Gibson, 1847, pp.171-174.

② S. E. Houston, A. Prentice, *Schooling and Scholars in Nineteenth - century Ontario*, Toronto, University of Toronto Press, 1988, p.61.

后再绘制一张他们走过的地区的地图。

为了更好地进行教学，赖尔森主张，每一所公立学校中除有图书馆外，还应建立一个陈列馆，收集和陈列动植物及其他物品的标本、模型、图片等，为儿童进行有益的和令人愉快的学习活动提供帮助。此外，赖尔森还提出建立教育博物馆，展览学校的设备以及使用裴斯泰洛齐教学方法所需的实物，为师范生和教师在教学上提供可借鉴的帮助。

四、论教师和师资训练

赖尔森认为，教师和师资训练是一个十分重要的问题。如果要充分实施有效的公共教育制度，那就需要有必要数量的合格教师。在 1846 年的《关于上加拿大公共初等教育制度的报告》中，他强调："哪里没有好的教师，哪里就不会有好的学校；哪里没有好的教师，哪里也就不会有好的技师、律师或医生。除非人是不经过训练而就业的。"[①]在赖尔森看来，任何的公共教育制度都必须有受过训练的教师作为它的基础。在赖尔森的领导下，上加拿大 1847 年建立了师范学校，并从政府那里得到了资助。这样的师范学校不仅有助于公立学校的改善，而且有助于学校教育制度趋于完善。

（一）公立学校教育的教师

赖尔森认为，在公立学校中，一位好教师应该是"和蔼可亲的而不是随便的，是严肃的而不是难以相处的"，是学生的"一位友好的朋友，而不是一个专横的暴君"[②]。作为一位学校教师，他应该具有教学技巧，不仅要理解教学原理，还要理解教学实际。在赖尔森看来，带着桦树枝和严厉训斥的学校教师对学生实行强迫纪律，那已是过去的事情了。

---

① E. Ryerson, *Report on a System of Public Elementary Instruction for Upper Canada*, Montreal, Lovell and Gibson, 1847, p.156.

② E. Ryerson, *Report on a System of Public Elementary Instruction for Upper Canada*, Montreal, Lovell and Gibson, 1847, p.102.

　　为了改进公立学校教师的资格，赖尔森主张实行教师证书制度，由公共教育委员会对每一个等级的教师制定最低的要求。他指出，应该防止给任何不适合在公立学校中任教的人颁发教师证书。因此，"学校教学这一十分重要的和崇高的职业将受到人们的尊敬，学校教师将自我尊重并受到其他职业的人的尊重"①。

　　赖尔森还强调，应该提高教师的经济利益，使教师得到高的报酬。他相信，只有当教师有较高的工资时，教师才会拥有社会地位。早在1846年《关于上加拿大公共初等教育制度的报告》中，赖尔森就指出："教师的经济收益将有很大的提高。显而易见，系统的学校教学的价值超出未受过训练和偶尔担任教师的人的工作价值，当然对他的要求肯定也相应地增加了。"②在他看来，教师工资的增加能够纠正教师经常变动的状况，扫除公立学校进一步发展中的一个障碍。

(二)公立学校教师的训练

　　当学校教师都受到系统的训练时，教学职业在民众心目中就会有一个高的地位，由此，赖尔森指出，必须建立师范学校，为教师提供一种适当的和统一的训练。他坚信，师范学校能培养出好的教师，而更好的教师就意味着更好的学校。保证教师在方法上接受新思想的最好方式，就是要求他们受过训练。在赖尔森看来，为了为公立学校提供合格的教师，师范学校的训练是必不可少的。

　　从一个有效的公共教育制度来说，师范学校是构成其整体的一个必要的组成部分，也是公共教育制度具有生命力所需要的。赖尔森还指出，师范学校是为从理论和实际两个方面训练教师而设计的，以便在所有城镇和乡村地

---

　　① E. Ryerson, *Report on a System of Public Elementary Instruction for Upper Canada*, Montreal, Lovell and Gibson, 1847, p159.

　　② E. Ryerson, *Report on a System of Public Elementary Instruction for Upper Canada*, Montreal, Lovell and Gibson, 1847, p159.

区引导学校。每一所师范学校都应该设立一所或多所模范学校，以便给师范学校的学生提供实习场所，把教学理论付诸实践。总之，"师范学校和模范学校的目的是培养教师如何去工作，正如技师、艺术家、医生和律师的训练一样——在理论和实际上教他如何去从事自己的职业工作"①。在赖尔森看来，一位受过训练的教师将具有更强的教学能力，能使用更好的教学方法，在所规定的时间内为学生提供更好的教学活动。

对于师范学校考生的条件，赖尔森认为，师范学校考生应该年满十六岁，能够很好地阅读、书写和计算；同时，他必须提供一份由教师签字的具有良好道德品行的证明；最后，他必须书面声明为学校教学职业献身。当然，赖尔森也指出，考生被招进师范学校后，不需要缴纳任何费用，其中包括学费和书费。

赖尔森还主张建立教师协会，以便保护学校教育这一职业，并对一些教育问题进行讨论。他又主张应该定期举行教师会议或教师大会。在赖尔森的这一指导思想下，上加拿大教师协会于 1860 年成立了。在赖尔森看来，在适当的管理下，这样的教师会议或教师大会将极大地促进教师的提升，并激发民众对学校教育越来越大的兴趣。对于教师来说，这样的联系交往是非常宝贵的，并能通过它与民众进行充分的联系和交往。

五、论教育立法与教育管理

赖尔森认为，对于一个国家的教育发展来说，教育立法和教育管理是十分重要的。他指出："作为一个国家的公共教育制度，在那里必须有国家的立法和国家的管理。"②因为在一个法治的教育国家，教育立法与教育管理是

---

① J. H. Putman, *Egerton Ryerson and Education in Upper Canada*, Toronto, William Brigge, 1912, p.250.

② E. Ryerson, *Report on a System of Public Elementary Instruction for Upper Canada*, Montreal, Lovell and Gibson, 1847, p.175.

保证公共教育制度有效性的一个重要条件。如果政府考虑到民众家庭的幸福，那就要关心与教育有关的每一件事情，同时要求立法机构干预教育。

（一）公共教育立法

为了促进公共教育制度的发展，一个国家的政府不仅要制定教育的法律，考虑与学校有关的立法，还要有效地实施教育的法律。赖尔森明确指出："如果政府的职责是通过关于教育问题的立法，那么，它的职责还必须保证这一立法的实施。通过了公共教育立法，然后抛弃它或忽视它的实施，那是政府的一个错误。"①在他看来，期望消除愚昧无知的现象，促使社会的发展，就必须实施有效的教育立法，为学校提供税收资助。如果学校不根据教育立法行事，那它就没有权利得到公共资助。

（二）公共教育管理

与此同时，赖尔森指出："教育是政府的一个目的，旨在使人们充分地享受受教育的权利。因此，为了一个共同的利益，对教育应该实行一种共同的或公共的管理。"②他认为，政府对公共教育的管理主要包括以下七个方面的内容：一是监督立法机构的资助及其在所有情况下及时付诸实施；二是监督教育的一般原理不得违背；三是准备与学校的一般特点和管理相关的法规，以及与教师特点和资格相关的法规；四是向学校提供或推荐所使用的教科书；五是准备和介绍适宜的校舍计划及其设施，并作为好学校最主要的辅助手段之一；六是利用每一个符合教育立法的手段去激发一种智力活动和探究精神，并帮助发展和选择传播实用知识的方法来尽可能地满足它；七是监督一个能有效地运用于所有学校的视导制度。

在教育管理体制上，赖尔森主张，应该任命一位教育长官作为政府在公

---

① E. Ryerson, *Report on a System of Public Elementary Instruction for Upper Canada*, Montreal, Lovell and Gibson, 1847, p.174.

② J. H. Putnam, *Egerton Ryerson and Education in Upper Canada*, Toronto, William Briggs, 1912, p.78.

立学校教育事务上的主要执行官员；同时任命一个公共教育委员会，其职责是负责课程计划及课本的选择、教师的训练和资格，以及关于学校教学的一些专门规定等。此外，各地(县或乡镇)也应该设立教育委员会，并任命地方教育长官，对学校教育制度的一般原则和特点进行管理，其中最重要的是监督国家对学校提供的资金是否正确地和明智地运用。担任各地(县或乡镇)教育长官的人必须具有一流教师的资格，并具有丰富的教育教学经验，以便能对当地的学校进行管理，同时通过集体事例帮助教师或与教师商讨学校的管理。

赖尔森认为，除了地方教育长官外，还应该任命视导员对公共学校教育工作进行监督。他指出："公共教育制度开始实施后，地方监督人或视导员可能比这样的教育制度的实施更为重要。"①他还指出："就学校的活力和效率来说，对学校的一种充分的和系统的视导是必不可少的。"②总之，在赖尔森看来，只有通过有效的教育管理，才能保证公共教育制度更加协调和更加有效地实施。

尽管教育立法与教育管理对一个公共教育制度来说都很重要，但赖尔森始终认为，如果把教育立法和教育管理两者相比较的话，教育管理也许比教育立法更为重要。因此，他强调："人民的教育更多地依赖管理，超过依赖与公共教育有关的法律条款。"③

六、赖尔森教育思想的历史影响

19 世纪中期，建立一个公共教育制度的运动正在加拿大兴起。随着社会

---

① E. Ryerson, *Report on a System of Public Elementary Instruction for Upper Canada*, Montreal, Lovell and Gibson, 1847, p.179.

② E. Ryerson, *The Story of My life*, Toronto, William Brigge, 1884, p.370.

③ S. E. Houston, A. Prentice, *Schooling and Scholars in Nineteenth-century Ontario*, Toronto, University of Toronto Press, 1988, p.115.

的进步、经济的发展以及移民人口的成倍增加，加拿大的民众普遍要求设立公立学校并成为一个趋势。正是在这样的社会背景下，赖尔森领导了一个为上加拿大的年轻人建立一种有特色的学校制度的运动。他担任上加拿大教育长官长达32年之久。在民众的支持下，赖尔森坚持不懈地努力工作使上加拿大的公共教育制度更加完善，并取得了显著发展。在加拿大教育史上，1846年标志着公立学校新时代的开始，1853年标志着文法学校或中学发展的里程碑。

位于今天安大略省多伦多市中心的赖尔森理工学院的大门前，俨然竖立着一座19世纪加拿大教育家埃杰顿·赖尔森的雕像，雕像下的碑记言简意赅：埃杰顿·赖尔森，安大略省教育制度的缔造者。这段在1889年时就镌刻于此的字句，对赖尔森的评价不仅毫无夸张之意，而且在如今大多数加拿大历史学家眼中反而略显保守。客观而论，赖尔森在教育上的贡献不只局限于为安大略省创建了公共教育制度，他也推动了公共教育制度在整个加拿大的创建和发展，被誉为加拿大公共教育制度的奠基人。

在加拿大教育史上，赖尔森作为上加拿大公共教育制度的创立者被载入教育史册。赖尔森在《我的生平故事》一书中写道，我的一生旨在"设计、发展和实施一个公共教育制度：为这块土地上的每一个儿童提供一种好的教育，由好的教师去教课，由好的视导员去巡视学校，使用好的地图、地球仪和课本，阅读好的书籍，要求市政当局提供合适的学校设施、教师和工具。这样，就能够传播教育和知识，使这块土地上的一代人成长起来"[1]。正如有的加拿大教育学者所认为的，没有赖尔森，加拿大人民就不能创立一个好的学校教育制度。

究其原因，总共有五个方面。

第一，赖尔森认真向欧洲国家和美国的教育制度学习。他把对欧洲国家

---

① E. Ryerson, *The Story of My Life*, Toronto, William Brigge, 1884, Preface.

和美国的访问考察作为他工作的开端。因此，他的早期思想就是使自己熟悉欧美国家最好的学校教育制度。在担任上加拿大教育长官期间，赖尔森曾五次赴 20 多个欧美国家访问，进行了广泛的调查和考察，收集了充分的信息资料，并提出改善加拿大公共教育的想法和建议。加拿大教育学者约翰逊(F. H. Johnson)指出："赖尔森清楚地认识到，他自己在公共教育制度方面的经验是多么的有限，以及对他来说找到教育上最好的东西是多么的必要。"①

第二，赖尔森深入加拿大各地进行调查，了解学校教育制度的实际状况。在每一次旅行考察中，他参加学校大会，并与社会各界人士进行交谈，内容涉及公共教育制度的每一个方面。例如，学校法律、学校改善、学校财政、学校图书馆、师范学校等。

第三，尽管赖尔森不断受到一些人的恶意攻击，但他一直得到民众的支持。赖尔森在 1872 年写道："长期以来，我受到了来自我的绝大多数同胞的支持。"②正如有的加拿大教育学者所指出的，自 1850 年以后，几乎所有的城镇和乡村都支持公立学校，人民愿意纳税开办和管理公立学校。这使赖尔森的工作成为可能。

第四，赖尔森的工作是在前人工作基础上的继续和发展。早在 18 世纪后期，上加拿大已有了第一批公立学校，但这些公立学校的条件很差。赖尔森支持起草的《1846 年公立学校法》的颁布，极大地推动了上加拿大公立学校的发展，并使其进入了一个新的阶段。威尔逊教授指出："在上加拿大的教育发展中，《1846 年公立学校法》具有极其重要的意义。"③

---

① F. H. Johnson, *A Brief History of Canadian Education*, *Toronto*, McGraw Hill Company of Canada, Ltd., 1968, p.37.

② E. Ryerson, *Relative to the Ontario System of Public Instruction and Its Administration*, Toronto, Copp, Clark & Co., 1872, p.6.

③ J. D. Wilson and R. M. Stamp, *Canadian Education: A History*, Scaborough, Ontario, Louis-Philippe Audet, 1970, p.200.

　　第五，赖尔森在任职教育长官期间发扬了一种认真工作和坚韧不拔的精神，克服了许多困难，在公共教育制度的发展上取得了令人瞩目的成就。赖尔森的合作者、上加拿大副教育长官霍金斯指出："赖尔森怀着一种不屈不挠的决心进入这一新的领域。他的踏实努力和献身精神使他胜任了这一艰巨的职责。他坚定不移地工作，直到他实现自己所希望的美好结果，建立一个公共教育制度。"①

　　也许与世界上一些著名教育家相比，赖尔森的教育思想并没有形成一个完整的、系统的体系。但是，他的教育实践和教育思想描绘了加拿大公共教育制度发展的路线。赖尔森说："在四分之一世纪多的时间里，我的工作就是建立和发展学校教育制度。"②赖尔森在上加拿大构建的公共教育制度，后来成为加拿大大部分地区的公共教育模式。

　　然而，面对上加拿大公共教育制度的发展，赖尔森生前在欣喜的同时也保持了清醒的看法。在1876年1月9日给女儿索菲娅· H. 赖尔森(Sophia Howard Ryerson)的信中，赖尔森写道："无论我的工作被证明是一个很大的成功，还是一个很大的失败，我必须留给未来去评价，而不要因为它而现在使我自己感到烦恼。"③

---

① E. Ryerson, *The Story of My life*, Toronto, William Brigge, 1884, p.599.

② E. Ryerson, *Relative to the Ontario System of Public Instruction and Its Administration*, Toronto, Copp, Clark & Co., 1872, p.78.

③ C. B. Sissons, *My Dearest Sophie: Letters from Egerton Ryerson to His Daughter*, Toronto, The Ryerson Press, 1955, p.286.

第六章

日本教育的发展

18世纪末19世纪初的世界充斥着巨大的变革。在西方,1776年的美国独立战争、1789年的法国大革命和18世纪后半期的英国产业革命,带来了美、法、英等国家的飞跃发展,其影响波及欧美各地。到19世纪初,这些较早发达起来的资本主义国家已经迅速增强了实力,不仅在美洲和非洲不断占领殖民地扩大自己的势力范围,还把目光投向了"远东"地区,尤其是亚洲东部的中国和日本。欧美帝国主义列强凭借先进的军事实力,敲开了中国和日本闭锁的国门。于是,中日等国在面临本国封建制度不断走向衰亡的同时,还要面对沦为殖民地的危险。正是在这种内忧外患中,明治维新前(江户末期)的日本教育继续得到发展。随着明治维新的发生,日本教育也发生了巨大的飞跃,并在19世纪末建立了日本近代教育体制。[①] 但由于日本近代教育体制的不断发展,其中隐含的狭隘的国家主义理念以及天皇统治教育的管理模式形成了近代日本教育的"畸形性格",最终被封建军国主义思想利用,成为对外侵略扩张的工具。

---

① 杨孔炽:《江户时代日本教育研究——近代日本教育历史基础的初步探索》,博士学位论文,北京师范大学,1997。

第一节　明治维新前日本的教育(1868年以前)

19世纪日本教育的发展可以分为两个阶段，即19世纪前半期(明治维新前、江户末期)的教育和19世纪后半期(明治维新后)的教育。日本19世纪前半期的教育，亦称明治维新前的教育或江户末期的教育。

一、江户末期的政治改革和教育概况

18世纪末，江户幕府针对武士阶层的贫困、商品物价的上涨和商人阶层势力不断增长进行了"宽政改革"。虽然这种改革在短时间内稳定了幕府的权威、振作了武士的精神，但17世纪后期以来逐渐成长起来的城市商业和农村手工业，在18世纪末已经成为一个不可抗拒的历史潮流，必然会导致幕府的改革以失败告终。从18世纪末开始，丝织业、棉纺织业、造纸业、酿造业等行业的工场手工业已经出现并不断壮大起来。这种新型的雇佣劳动制工场手工业的发展，标志着与封建制度完全不同的资本主义生产方式的成长。在这一过程中，发展壮大的城市工商业者中出现了持有重金的"豪商"，他们逐渐成为商业高利贷资本商人；在农村，以村吏为主形成的"豪农"成了新型的剥削阶级。城市豪商和农村豪农不仅剥削城市贫民和农民，还与原有的封建领主们争夺经济利益，这也是造成幕府和各藩财政拮据的重要原因之一。当时，幕府和各藩为了维护自身的利益，想方设法将危机转嫁给下层武士，从而引起了江户后期下层武士的分化，促使他们成为倒幕维新的重要社会革新力量。而此时的农民和城市贫民则深受封建领主、城市商人、工场主的多重压迫和剥削，生活更为艰苦。进入19世纪后，日本社会矛盾日益尖锐，三四十年代的农民起义和城市贫民暴动遍布全国，不断提出"拯救世道"和"平均世道"的反封建要求。①

　　江户末期的幕府不仅要应对内政方面的农民起义和城市暴动，还要面临西方列强的严重挑战。据统计，1794 年到 1823 年的 30 年间，俄国、英国、美国等列强直接对日本的挑衅活动达 19 次之多。尤其是 1842 年第一次鸦片战争结束后，西方列强开始觊觎日本，强迫幕府与之签订一系列不平等条约，迫使日本宣告结束锁国政策，此后外国资本大举入侵，逐步控制日本国民经济的命脉。出口增加、资金外流、物价暴涨，日本国内矛盾进一步加剧，同时也使幕府领教了西方强大的社会经济和先进的科学技术的威力。在 19 世纪前期，江户幕府为了解决内外交困的局面，于 1841 年开始进行江户时代的第三次幕政改革——天保改革。这次改革同过去一样，主要采用两方面的政策：一是设法振兴经济、改变财政经济的困境；二是加强社会教化和学校教育，试图恢复封建道德秩序。②

　　在振兴财政经济方面，江户幕府一方面制定新规，鼓励国民奉行节俭或者想方设法转嫁危机；另一方面鼓励国民开发新田、发展多种农业经营、扩大采矿业的经营范围，以"殖产兴业"的方式增加收入。这种"殖产兴业"的方式对技术和人才有更高的需求，也促成了幕府和各藩振兴实业教育的推动力量的形成。同时，为了缓解农民的起义斗争和城市贫民的暴动，以及克服下层武士因为经济困难、生活困苦而造成的武士道德沦丧等问题，幕府和各藩也积极鼓励兴办教育和社会教化事业的发展，以试图恢复武士阶层忠诚、刚健之风和农民恭顺听话的性格。在这样的背景下，以武士教育为重点的幕府直辖学校和藩校，以平民子弟为主要教育对象的寺子屋，还有以平民教化为

　　①　杨孔炽：《江户时代日本教育研究——近代日本教育历史基础的初步探索》，博士学位论文，北京师范大学，1997。

　　②　杨孔炽：《江户时代日本教育研究——近代日本教育历史基础的初步探索》，博士学位论文，北京师范大学，1997。

主要目的的乡校和其他社会教化活动都在19世纪前期得到了迅速发展。①

教育思想的传播和教育事业的发展有时并不是以统治者的意志为转移的，更多的是受当时社会经济的发展和时代需求推动的。江户幕府末期，日本国内动荡不安、外来侵略咄咄逼人，不仅刺激幕府和各藩当局做出种种反应，还激起了日本民众中间种种新思想的产生。尤其是在第一次鸦片战争中国战败后，更多的日本人开始对被奉为"正学"的朱子学说进行重新审视，也开始反思自身文化的发展，将更多的目光转移到西学上，他们对包括教育在内的西方文化有了更深的认识，这也促成了江户末期日本人教育观的转变，他们不断兴学育才，传播西方的思想和文化，为后来的明治维新培养了骨干力量。②

二、西方教育的摄取

江户末期日本教育发展的一个显著特征，就是对西方文化教育的介绍和初步引进。当时的日本社会学习和引进西方文化教育的途径主要有三个。

第一，开明学者对洋学书籍的引入。早在江户中期，日本社会就已经出现了洋学书籍，但由于"闭关锁国"，这些洋学书籍没能很好地传播开来，其中对于西方教育的介绍也非常笼统。直到18世纪末19世纪初，兰学者在研究西方的同时，也开始自觉地注意到教授各种科学的机构——大学，并开始著书介绍西方的教育发展情况，如《西学凡》和《职方外纪》③等，还有如前野

① 杨孔炽：《江户时代日本教育研究——近代日本教育历史基础的初步探索》，博士学位论文，北京师范大学，1997。

② 杨孔炽：《江户时代日本教育研究——近代日本教育历史基础的初步探索》，博士学位论文，北京师范大学，1997。

③ 该书由意大利传教士艾儒略于1623年著成，书中较详细地介绍了16世纪末至17世纪初期以法国为主的欧洲大中小学的年限、课程、教师等情况。这两部著作的手抄本当时在日本流传，藩政要人、兰学者甚至有些儒学者和国学者也都阅读过。

良泽的《管蠡秘言》、山村才助的《地学初问坤舆约说》《增订增译采览异言》《大西要录》等。① 此外，还有介绍俄国彼得（Пётр Ⅰ）大帝和叶卡捷琳娜（Алексеевна Екатерина Ⅱ）女皇在位期间改革和振兴教育的书籍，如筱本廉的《北槎异文》、桂川甫周的《鲁西业志》和大规玄泽的《环海异闻》等。② 19 世纪 30 年代后，西方列强挑战的加剧、第一次鸦片战争、日本当时局势的刺激，使日本的兰学研究进入了飞跃发展时期。这时，以医学为中心，对西方各种自然学科的学习全面展开，英语、法语、德语的学习也超越了荷兰语的规模，"兰学"已经扩展成为"洋学"。幕府和各藩的改革将人才培养放在了重要位置。③ 开明的学者们也开始更详细地介绍西方教育。例如，青地林宗的《舆地志略》介绍西方教育的情况比此前任何一部地理书都详细；渡边华山的《外国事情书》则在全面介绍西方情况的基础上，记述了培养西方列强发展所需人才的西方学校制度。幕府末期的 19 世纪四五十年代，日本对西方教育的学习深入制度层面。例如，箕作省吾的《坤舆图识》（1845 年）介绍了法国的学校制度以及瑞士教育家裴斯泰洛齐和费林别尔格（Philipp E. von Fellenberg）的教育活动与教育思想；箕作阮甫的《八纮通志》（1851 年）介绍了法国在拿破仑一世（Napoleon Ⅰ）执政后的教育改革、英国产业革命下的教育设施等，内容涉及国民教育内容、大学等专门教育机构、教育制度与产业发展乃至国家繁荣的关系等。该时期介绍西方教育的著作大多依据 19 世纪以后出版的荷兰书籍，所以，当时日本吸收的西方教育信息是最新的。④ 在此可以看出，这一时期日本学者对西方教育的学习主要集中于法国教育，这对于明治维新后日本政府主要以法国教育模式为蓝本制定出第一个教育法令《学制》，不能说没有

① 臧佩红：《日本近现代教育史》，8 页，北京，世界知识出版社，2010。
② 杨孔炽：《江户时代日本教育研究——近代日本教育历史基础的初步探索》，博士学位论文，北京师范大学，1997。
③ 杨孔炽：《江户时代日本教育研究——近代日本教育历史基础的初步探索》，博士学位论文，北京师范大学，1997。
④ 臧佩红：《日本近现代教育史》，9 页，北京，世界知识出版社，2010。

影响。①

　　第二，是幕府和各藩向欧美各国派遣使节团进行实地考察。1860 年至 1867 年，日本共向欧美国家派遣了 6 次使节团②，这些使节团成员除了进行正式的外交交涉外，也参观了西方国家的各种设施，其中包括初等、中等、高等教育机构以及残疾人学校等。使节团成员大多强烈地感受到了文明发达与教育制度完备之间的密切关系，并留下了众多的见闻录。例如，1860 年赴美使节团成员玉虫谊的《航美日志》记录了美国的学校制度：学璜有乡学馆与县学馆，乡学馆由乡中富人出资聘请教师，教授一乡之子弟……县学馆由县中欲当官之人建立，或由任官者建立，其规模较乡学馆要大。同年，赴美的佐野鼎在其《万延元年访美日记》中，记述了美国中等教育的情况：有中学馆，是教授小学毕业但尚不应进入大学之中等学生的学馆，称为"中等学校"③。在这次访问中，人们首先对于根据学生自身的能力决定其下一步的教育进展留下了深刻的印象，其次学校种类的繁多及教学内容的广泛使用也引起了人们的注意。人们惊叹美国儿童极其伶俐，从四五岁起便能解字，言事如同大人，女子也大多贤明志高而有节操，竟能在地球仪上指出各国的城市、名山、大川、群岛等。对于教育的发达与经济、文化发展的密切关系也有了新的认识，随行的福泽谕吉正是从这次出访回国后开始着手撰写《西洋事情》。④ 使节团对西方教育制度的关注是自觉的，有的甚至是直接受政府之命。例如，幕府曾令 1862 年的赴欧使节团"要特别用心调查各国政事、学校、军政"，并

---

　　① 杨孔炽：《江户时代日本教育研究——近代日本教育历史基础的初步探索》，博士学位论文，北京师范大学，1997。
　　② 1860 年赴美使节团(批准《日美友好通商条约》)，1862 年赴欧使节团(交涉延期开港开市)，1864 年赴法使节团(交涉横滨锁港)，1865 年赴法使节团(交涉建立横须贺制铁所)，1866 年赴俄使节团(划定国境线)，1867 年赴法使节团(参加巴黎万国博览会)。
　　③ 堀武松一：《日本教育史》，85—86页，东京，国土社，1985。
　　④ 杨孔炽：《江户时代日本教育研究——近代日本教育历史基础的初步探索》，博士学位论文，北京师范大学，1997。

要求使节团购买"文武学校规则之书"。①

　　第三，为了引进西洋科学技术，江户末年促成了向欧美各国派遣留学生，去学习西方先进技术和体会西方的教育情况，并在回国后言传身教。早在1866年，幕府允许日本人因为学习和通商而出国之前，便有一些藩秘密派遣学生到海外留学，也不乏偷渡赴美学习者。例如，1863年，长州藩就有井上馨、山尾庸三、伊藤博文等5名青年藩士赴英求学；1864年，则有安中藩的新岛襄秘密赴美；1865年，萨摩藩更有森有礼、五代友厚等15名留学生赴英。就连幕府也于留学开禁前的1862年向荷兰派遣了9名留学生，这是幕府第一次派遣留学生。在这9名留学生中，有5名是学习航海及海战的，2名学医的也是进海军医学院进修，还有2名学习政治法律的，即著名的西周和津田真道。1865年，幕府又派遣了6名学生赴俄国留学。1866年幕府的出国禁令取消后，幕府派遣的留学生数量增多，当年是14名，第二年是18名，其中赴法国留学者为15名。各藩派遣的留学生人数也激增，至1867年，共有12个藩有留学生赴欧美学习，人数为45名，而幕府共派遣了47名。② 这些留学生直接身处西方的教育环境中，对西方的教育情况有着全面了解和切身体会。他们回国后，将西方的教育制度及教育思想等介绍到了日本。③

　　幕府、各藩及众多民间志士通过各种途径了解西方、介绍西方和学习西方，将西方的教育介绍到了日本。对西方教育的不断熟悉和积累，逐渐影响了人们的教育观念，为明治时期大力引进西方教育制度奠定了一定的舆论基础。④

---

① 堀松武一：《日本教育史》，85頁，東京，国土社，1985。

② 杨孔炽：《江户时代日本教育研究——近代日本教育历史基础的初步探索》，博士学位论文，北京师范大学，1997。

③ 臧佩红：《日本近现代教育史》，9~10页，北京，世界知识出版社，2010。

④ 杨孔炽：《江户时代日本教育研究——近代日本教育历史基础的初步探索》，博士学位论文，北京师范大学，1997。

三、新教育体制的设想

日本在学习西方近代教育制度的同时，其社会内部也提出了对日本未来教育制度的诸多设想。例如，佐藤信渊早在 1823 年就在《垂统秘录》和《复古法概言》等著作中提出了一份理想社会的建设计划(包括教育计划)。他主张，树立君主的统治权威，废除封建割据和士农工商的身份等级制度，把一切土地和生产运输手段收归国有，所有人平等地为国家工作，平等地接受教育，凭借自己的能力获得升学和升迁的机会。他所设想的国家机构是"三台六府"，即太政台、神事台、教化台三台和本事、开物、制造、融通、陆军、水军六府，其中教化台是主管教育的机构。在教育上，佐藤信渊设想了一个完整的教育制度和学校阶梯。[①] (1)在城镇，为四五岁以前的贫民儿童设立官办的"慈育馆"；在粮食年产量达 1 万石的偏僻地区也要适当建立。小儿之衣食，皆由官府供给。(2)四五岁以后的所有儿童进"游儿厂"受教，衣食住及保育人员如同慈育馆，全部由官府负责。粮食年产量达 1 万石的地区以建 20 个"游儿厂"为宜。(3)7 岁的儿童，进所在村镇的"教育所"，每年产达 1 万石的地区建立 10 个"教育所"为宜。"教育所"既是学校，又是监管地方行政及社会事业的机构，由"教化台"分配官吏担任教师。教育内容主要是读写算等现实生活中所需要的知识，也时常向百姓宣讲伦理道德等内容。(4)8 至 15 岁的优秀儿童在小学校学习为人处世的礼法，学习汉学典籍和武艺。小学校在每年产 2 万石的地区设立 1 所。(5)15 岁时再行选拔，优秀者可以到设于京城的"大学校"入学。学习科目有诚明、礼仪、音乐、法律、武备、医术、天数、地理、翻译等，学生可以进入相应的系部，毕业后可以进入"三府六台"担任官职。(6)"大学校"设于教化台内，全国只有一所，既是全国的最高学府，又兼具全国教育行政中心的职能。

[①] 杨孔炽：《江户时代日本教育研究——近代日本教育历史基础的初步探索》，博士学位论文，北京师范大学，1997。

1847 年，与佐藤信渊同时代的帆足万里设计了一种以日本皇室为中心的教育制度。他在《东潜夫论》中这样描述，日本的文化渊源在皇室，因此，必须在皇室所在地京都设置一所综合性质的大学。这所大学的特点包括以下三个方面：第一，掌管和指导全国的学术和教育，具有教育行政领导的职能；第二，大学本身以儒佛汉学和礼乐制度为主，但是设有"兰学馆"，教授天文、地理及翻译三种近代学科；第三，大学附设研究所，专门从事天文、地理、医药、算术和化学的研究。要将设于京都的这所大学建成文化研究和教学的中心。另外，帆足万里还设想在江户设立以武艺、兵学为中心的"大学校"，接收 10 岁以上的幕府子弟和藩士子弟入学，除了讲授四书五经和历史外，还要学习汉兵法以及西方军事技术等内容。①

1862 年，南部藩藩士大岛高任向南部藩当局提出藩政改革建议书，认为治国之要义有三：民众的教育、国家的保卫和财务的经营。② 但归根结底，是要进行人的培养。这一思想与后来的"富国强兵""文明开化""殖产兴业"的思想是极为相似的。他关于国家教育制度的设想也颇具近代色彩：7 至 15 岁的儿童入小学就读，学制 8 年，城下设 4 所，各乡村设 1 所；15 岁以上的优秀者进入"大学校"或者各专门学校（陆军学校、海军学校、矿山学校、医学校等）就读，这类学校城下各设 1 所。大学校内设和学馆、汉学馆和洋学馆。

除了上述开明人士提出的教育体制设想外，众多的幕府和各藩主管学务的官员也提出了具体的学习论。其中包括会泽安的《学制略说》（1830 年）、《学问所建设意见稿》（1831 年）、佐久间象山的《学政意见书》（1837 年）、村田清风的《辛丑改制建议》（1841 年）、藤田东湖的《宏道馆记述义》（1847 年）、横井小楠的《学校问答书》（1852 年）、《国是三论》（1860 年）、桥本佐内的《关

---

① 杨孔炽：《江户时代日本教育研究——近代日本教育历史基础的初步探索》，博士学位论文，北京师范大学，1997。

② 杨孔炽：《江户时代日本教育研究——近代日本教育历史基础的初步探索》，博士学位论文，北京师范大学，1997。

于学制的意见札子》(1857年)、小林虎三郎的《兴学私议》(1859年)等。此外，昌平坂学问所的御用儒学者中村敬宇所著的《振学政策》(1854年)也涉及幕府的学制改革问题。[①]

上述关于各种日本未来教育制度和学校论的设想，涉及学校组织和运营、教育内容等诸多方面，都体现了近代化的因素，为后来日本教育走向近代化奠定了理论基础。

四、奠定日本近代学校历史基础的江户诸学校

江户末期，日本的学校教育取得了飞跃式的发展。原有的幕府直辖学校、藩校、寺子屋各类学校，除了数量上有了急剧增长外，学校教育的普及性、教学内容和教学组织的实用性、科学性等方面，较18世纪也有了很大的改变，显示出与明治维新后的近代学校相类似的特征。实际上，这些学校大多延续到了明治维新后，是日本学校教育走向近代化的基石。在这一变化过程中，18世纪末以来日本人对西方教育的观察、了解、介绍和研究，对于推动19世纪前期和中期日本教育向近代化转变起到了非常重要的作用。可以说，早在江户末期，明治维新后系统引进西方教育制度和教育思想的工作就已经开始。除了表现为原有学校向近代化靠拢外，还表现为以讲授西方文化知识和科学技能为主的"洋学塾"的出现。它们或者由热衷于西方学术的主体直接创办，或者从旧的教育实体中改良而来，成为明治维新后日本社会引进和效仿西方近代学校的先声，成为明治维新后日本近代学校和近代教育体制产生的历史基础。[②]

(一)幕府直辖学校

幕府直辖学校专为幕府家臣子弟设置，主要培养辅佐幕政的官吏和实务

---

① 堀武松一：《日本教育史》，88页，東京，国土社，1985。

② 杨孔炽：《江户时代日本教育研究——近代日本教育历史基础的初步探索》，博士学位论文，北京师范大学，1997。

人才。德川幕府时期，共有 20 余所幕府直辖学校①。其中，最重要、最早成立的幕府直辖学校是昌平坂学问所。该校始建于 1630 年，是幕府入学教头林罗山在幕府封赐地建立的学问所，1691 年收归幕府直辖，改称昌平坂学问所。昌平坂学问所是江户幕府儒学教育的最高学府，主要讲授经义（四书、五经、三礼），史学（《左传》《史记》《两汉书》《通鉴纲要》），诗文，博读，皇邦典故等。幕府末期，昌平坂学问所进行部分课程改革，学科改为经科、中国史科、日本史科、刑政史科，学生可以按照自己的能力和学习意愿选科。昌平坂学问所只招收武士子弟，禁止其他阶层子弟入学。② 在 19 世纪 40 年代的"天保改革"中，幕府虽然也发布了教育改革令，但仍然坚持信奉朱子学说为"正学"，将经、史的著述作为金科玉律，还特意增补儒学者佐藤一斋为教官，奖励并带有强制性地要求幕府官员子弟入学。而此时，该校已经放宽了听讲者的范围，由原来的"士大夫及其子弟"扩展为"有志听讲之辈，贵贱不限"。③ 天保改革失败后，幕府发现单纯地依靠学术上的复古做法已经难以挽回其颓败之势，也不能适应发展主业和军事力量以及外交活动的需要，接受西方科技、培养外交以及军事人才等已经成为迫切任务。1865 年，昌平坂学问所终于抛弃原来的教育方针，"今后经史研究之规则，亦应与当今人情世态相联系，以经术处理吏治之规定务必彻底抛弃，以贴近实用为主，革高远迂疏之弊，是为教育"④。1867 年，放宽和降低了招生对象的入学年龄，由 14、15 岁降低到 8 岁，学生人数大增。这时，学校开始编班授课并分为三个学习阶段⑤：(1)"素读所"和"复习所"（刚入学的儿童，以阅读指导为主，学生自

---

① 尾形裕康：《日本教育通史》，141 頁，東京，早稲田大学出版部，1980。
② 臧佩红：《日本近现代教育史》，2 页，北京，世界知识出版社，2010。
③ 杨孔炽：《江户时代日本教育研究——近代日本教育历史基础的初步探索》，博士学位论文，北京师范大学，1997。
④ 山内克己：《近世日本教育文化史》，53 頁，東京，学芸圖書株式会社，1961。
⑤ 王桂：《日本教育史》，87 页，长春，吉林教育出版社，1987。

己读，教师个别指导）；（2）"初学所"（学习中等程度的课程）；（3）"稽古所"（学习专门课程）。因此，昌平坂学问所包含了初、中、高三级教育，"稽古所"是高等教育程度的专科教育，是昌平坂学问所的主体。

除了昌平坂学问所外，幕府直辖学校还有18世纪末接管的2所私立学校"医学馆"和"和学讲谈所"。"和学讲谈所"作为昌平坂学问所管理的学校，主要为幕府收集和编辑各种和学书籍及其他典藏要籍，1819年，编出《群书类丛》670卷。医学馆实际上就是中医馆，主要培养幕府所需的医官，也允许陪臣和市医听讲。天保改革时期，幕府发布的有关指令重申医学馆的官立属性，要求学习者不可缺席。此外，医学所在教学中开始采用考试的方法。①

实际上，明治维新前的幕府直辖学校除了上述原有学校外，还有19世纪50年代开国以后开办的一系列传授西方科技知识的教育机构。幕府开设一系列"洋学"教育机构，一方面是江户幕府面对西方列强的军事威胁，认识到自身落后而不得已向西方学习培养技术人才的对应之策；另一方面也是江户幕府企图垄断国内的兰学研究，排除和控制私立兰学的发展，以便压制门户开放后传入日本的西方进步思想的重要措施。所以，幕府直辖学校就是幕府的"洋学"教育机构。

幕府直辖学校的第一个特点就是忠实地为幕府的政治需要服务。为此，幕府开设了这样的"洋学"教育机构。语言方面：（1）1811年创立"蛮书和解御用书局"，1855年改称为"洋学所"，1856年改称为"藩书调所"，1862年改称为"洋书调所"，1863年改称为"开成所"；（2）1858年在长崎创立"英语传习所"，1862年改称为长崎"语学校"；（3）1861年在横滨创立的"英学所"和"法学所"；（4）1861年在箱馆创立的"英语稽古所"和"洋学所"等。其他方面：在箱馆创立的"诸术调所"和"矿山学校"等。

---

① 杨孔炽：《江户时代日本教育研究——近代日本教育历史基础的初步探索》，博士学位论文，北京师范大学，1997。

幕府直辖学校的第二个特点是军事性质。当时幕府直辖的"洋学"教育机构主要是倾向于军事性的，有的是完全军事性质的教育机构，还有诸如医学校等基本上也都是为军事服务的，主要是围绕军事和作战需要而安排其教学内容。[①] 陆军方面：1856 年创立的"讲武所"，后改称为"陆军所"。海军方面：(1)1855 年在长崎创立的"海军传习所"；(2)1857 年在"陆军所"内设的"军舰操练所"，1866 年独立为"海军所"。医学方面：(1)1860 年将私立的"种痘馆"收为官立，1861 年改称为"西洋医学所"，1863 年改称为"医学所"，包含了原来的中医"医学所"在内；(2)1861 年在长崎创立的"养生所"，1862 年改称为"长崎精得馆"。

幕府直辖学校的第三个特点则是改变过去依赖洋学书籍获取知识的惯例，直接接受西方科技的开放性质，通过直接聘请外国专家为教师和使用外国设备(如军舰)来实现。1855 年至 1857 年，幕府雇用以荷兰海军中尉帕尔斯·赖肯(Pels Rijcken)为首的军官、机械师、水手和锅炉工等 22 人为教官，在长崎的海军讲习所进行海军训练和军事教学，为国家聘用外国教师的开端。1857 年至 1859 年，幕府又聘请 37 名外国教师在该所开设各种普通课程和专门课程。此外，幕府还在陆军所聘用法国教师，在海军所聘用英国教师等，为此后专家人才的引进和聘用积累了经验。由于聘用西方学者及技术人员从事西方技术的教学，因而学校中的西方近代因素逐渐增多。例如，在教学中不仅要注意到基础知识与专业知识的关系，还要注意实习和见习等。在教学方法上的集体教学制度、详细的课程时间划分、黑板等教具的使用等，都是过去不曾见过的。同时，在物理、化学、医学教育中引进实验仪器和药品进行实验教学的做法，也在大阪的"舍密局"(化学所)及医学所中实行了。江户末期，在幕府直辖的"洋学校"中，教学的组织和具体的教学手段等都得到了

---

① 杨孔炽：《江户时代日本教育研究——近代日本教育历史基础的初步探索》，博士学位论文，北京师范大学，1997。

改造和提升，逐渐积累了按照西方模式运营学校和组织教学的经验。①

(二)藩校

藩校是地方上的官立学校，由各藩为本藩的武士子弟而设，主要培养藩政统治所需的人才，由各藩独立经营管理，但历来受到昌平坂学问所的影响。特别是 18 世纪末的"宽政异学之禁"以后，幕府的学问所改为官立性质，奉朱子学说为"正学"，并在管理和教学方面进行了改革，不少藩相继效仿，制定校规、整顿学则。但是，由于各藩情况不同，因此受幕府教育政策影响的程度也不尽相同。时值江户末年的多事之秋，各藩开始根据自己的需要加快发展教育，很多方面都走在了幕府的前面。②

基于 19 世纪前半期日本的社会现实，各藩主要出于殖产兴业、开发藩富、解决藩内外困境的目的，大规模建立藩校，培养各藩发展所需要的实用人才。1804 年至 1867 年的 64 年间，各藩共创立藩校 100 余所③，与 18 世纪日本各藩建立的藩校总数持平④。到明治维新前，绝大多数藩都建立了藩校。此时的藩校仍然以对各藩武士子弟的教育为重点，几乎都强制要求适龄武士子弟入学接受教育，但出于在全藩发现人才的目的，也开始接受平民子弟入学。尤其是19 世纪 60 年代出于招募兵员的需要，允许平民子弟入学的藩校数量激增，甚至一些藩校除了接收七八岁的儿童入学外，也开始吸收成人入校学习。⑤

由于学生人数的增多、学生年龄差距的增大，再加上来自西方教育制度的影响，因此，藩校教学中的分级制度开始发展起来。一类是分为两级，以

---

① 杨孔炽：《江户时代日本教育研究——近代日本教育历史基础的初步探索》，博士学位论文，北京师范大学，1997。

② 杨孔炽：《江户时代日本教育研究——近代日本教育历史基础的初步探索》，博士学位论文，北京师范大学，1997。

③ 石川谦：《日本庶民教育史》，82 頁，東京，玉川大学出版部，1998。

④ 从 1711 年至 1803 年的 93 年间，日本各藩共创立藩校 102 所。

⑤ 杨孔炽：《江户时代日本教育研究——近代日本教育历史基础的初步探索》，博士学位论文，北京师范大学，1997。

15 岁为界限，以"素读生"和"讲义生"或者"小学生"和"大学生"等称呼加以区分；另一类是在两级分级的基础上又更为详细地划分为上、中、下三级，称为"复合等级制"。虽然当时以无等级制方式进行教学的藩校仍然占藩校总量的三分之一左右，但采用两级制或复合等级制的藩校数量一直在增加。较为复杂的分级教学的出现，不仅是教学组织形式的进步，还是江户末期藩校学科增加，尤其是自然科学学科增加所导致的复杂情况的反映。当时，汉学虽然是藩校的主要学科，但开设皇学、医学、算术和其他自然学科的藩校的数量也在迅速增加。因此，几种学科课程并列开设的藩校为数不少，加上学生年龄和水平的差距，分级教学势在必行。同时，为适应多种学科体系而进行分级教学，既表明学力的培养、知识与技术的广泛学习已经是藩校的教学重点，也表明藩校在走出古典性的传统教育理念上迈出了很大的一步。

与教学上的分级制度相呼应，藩校中的考试制度也逐渐发展起来。熊本藩藩校"时习馆"是最早实行考试的藩校，每年 6 月进行升级考试，以定学习者的学习级别。此后，许多藩校的升级考试、入学考试等也发展起来，这对激励学生的学习、促进学习内容和程度的标准化起到了很大的作用。但与此同时，根据考试成绩来选拔官员，或者以此来博取表彰的事情也逐渐增多，日常的学习评价逐渐转为成绩竞争。[1] 这表明，追求考试成绩的倾向在江户末期就已经在教育中有所体现了。

各藩在进行藩校内部改革的同时，也重视引进西方学术，将其作为藩政改革的一部分。有的招聘"洋学"学者入藩研究或讲学；有的向藩外以及海外派出学生游学或留学；有的在原有的藩校内增设西方的学科；还有的独立设置西方学术的研究机构等。与幕府相比，一些藩在建立西式教育机构方面走在了前列。例如，幕府在 1855 年将"蛮书和解御用书局"改为"洋学所"之前，在建立西式学校方面是毫无作为的。但是，各藩已经走在幕府前面。例如，

---

① 三好信浩：《日本教育史》，67页，東京，福村出版株式会社，1993。

佐贺藩在其医学校内设置了"兰学寮",并在1854年独立成校;越前藩对西方学术的导入,一是为加强海防军备,二是为引入荷兰医学;水户藩在1843年设置了"赞天堂";金泽藩在1846年设立了"壮犹馆";名古屋藩在1850年设立了"西洋学馆",1852年设立了"种痘馆";和歌山藩在1853年设立了"兰学所"等。① 上述各藩校在明治维新前就已经开始向近代学校发展。在明治维新后,藩校是近代化中学的基础,很多藩校在明治维新改革中改为中学校或专科学校。②

(三)学习院

学习院是皇族的专门教育机构。江户时代中前期,皇族及朝臣子弟一般在自己家里接受教育。江户末期,受幕府及各藩纷纷建立学校的影响,朝廷于1847年在京都开设学校,专门对皇族子弟进行系统教育,1849年,孝明天皇赐予"学习院"称号。"学习院"最初的教学内容是《论语》《御注孝经》《大学》《孟子》《中庸》《书经》《尚书》《易经》《春秋》等。从1863年起,每月26日开设皇学讲义,多以《日本书纪》为教材。由于天皇的势力薄弱,学习院也逐渐衰微,1845年设立时尚有15~40岁的皇族200人入学,1865年就学人数减至30人左右③。尽管如此,皇室仍然是一个重要的存在:在政治方面,历代幕府将军都须经天皇任命;在教育方面,《禁中及公家诸法度》(1615年)规定天皇"以才艺和学问为第一",天皇还负责管理平安时代设立的学问所"奖学院"。幕末近代教育理论也颇为重视皇室,帆足万里的《东潜夫论》(1844年)便主张应以皇室为学艺的中心,在京都设置汉学、国学、洋学、佛学的综合学艺大学。④

---

① 杨孔炽:《江户时代日本教育研究——近代日本教育历史基础的初步探索》,博士学位论文,北京师范大学,1997。

② 王桂:《日本教育史》,89页,长春,吉林教育出版社,1987。

③ 尾形裕康:《日本教育通史》,153-154頁,東京,国土社,1985。

④ 臧佩红:《日本近现代教育史》,3页,北京,世界知识出版社,2010。

（四）私塾和洋学塾

私塾由民间学者或幕府直辖学校及藩校教师在私宅设立，专门教授某一方面的学问。日本的私塾在江户中期后开始发展起来，到江户末期则进一步发展。据统计，日本全国设立的私塾 1829 年有 437 所，1853 年有 1066 所，1867 年达到 1528 所。① 私塾教授的内容因教师的专长和爱好而异，有儒学、国学、洋学和医学等。教学尊重学生个人的要求，不采取统一形式，各私塾的培养目标也不同。私塾的招生对象比较灵活，凡愿入学者不问身份和出身，一概招收。由于私塾的授课内容具有专业性，因此，只有具备一定知识基础的人方能入学。当时能够接受良好教育的主要是武士阶级，塾生也大多数是武士阶层子弟②。

在明治维新前，占据私塾主体的是洋学者们创办的洋学塾。洋学塾早在 18 世纪末就已经出现了，当时的西方文化主要是通过荷兰传于日本，所以称为"兰学"，教授兰学的私塾就称为"兰学塾"。1786 年，在江户开设的"芝兰堂"是日本最早的洋学教育机构。该校主要采用塾主主持并任教的传统的私塾形式，但却教授荷兰语，并通过阅读荷兰医书学习西方的医学知识，又通过实际的实践治疗获得临床的知识和技术。该校学问的公开性和实用性以及教学方法的实践性，与日本传统的私塾是不同的。因此，它被认为是从旧的学校教育中脱胎出来的洋学教育机构。到 19 世纪 30 年代，在江户、大阪、京都、长崎等地"洋学塾"纷纷涌现。当时比较著名的洋学塾有：江户地区，坪井信道创办的"安怀堂"（后改称为"日习堂"）和桂川家创办的"文化性集会"；大阪地区，桥本宗吉创办的"丝汉堂"和中天游创办的"思思斋塾"、绪方洪庵创办的"适适塾"；京都地区，稻村三伯创办的"兰学塾"、小石元瑞创办的

---

① ［美］H. 帕新：《日本的现代化与教育》，刘焜辉、洪祖显译，23 页，台北，幼狮文化事业公司，1973。

② 鈴木博雄：《日本教育史研究》，128 頁，東京，第一法規出版株式会社，1993。

"究理堂"、新宫凉庭创办的"顺正书院"、广濑元恭创办的"时习堂"等；长崎地区，则集中了众多的兰学家和学习者，也有传授医术的私塾。在上述众多的洋学塾中，以大阪绪方洪庵的适适塾最为有名，也是当时洋学塾的代表。该塾最显著的特点是强调独立学习和研究。除了对刚进学塾且对荷兰语一窍不通的学生讲授读法和语法外，平时主要凭借一部公用的字典自学荷兰语原著；学习中可以请教高年级学生。学生自学的检查方法是每月6次的"会读"。"会读"之前每人独立学习教材，准备讲解。"会读"时，同级的十多个人聚在一起，分头讲解轮到自己的部分。如果讲不上来，就由下一个人讲，依此类推。能够讲的人由主持者记上白圈，讲错的记上黑点，讲得特别好的记白三角。其第二个特点是彻底的能力主义，这特别表现在升级的规定上，当时适适塾的学生分为8级，全凭"会读"记录的好坏来决定。一般"会读"的成绩如能保持3个月不退步就可以升级，没有其他的条件。若能逐步升级，最后几乎就能把塾中所有荷兰原著读完。因此，在阅读原著方面就能达到很高的水平，而只有这样的高才生才能经常直接地听到先生的讲课。此外，由于当时外文原著极度匮乏，抄书便成了适适塾的一大景观。新生学完语法后，为自己的学习方便而抄写塾内所有的物理学和医学原著。高年级的学生则往往抄写塾内所没有的书籍，或为各藩的订购而抄写。足见当时学习条件之困难和学生学习精神之顽强。适适塾就是用这样的方式培养出了许多医学家和深谙兵学、炮术、理化的人才。例如，福泽谕吉、长与专斋、大鸟圭介、桥本左内、箕作秋坪、佐野常民等，都出自适适塾门下。[①]

除了上述特点外，洋学塾的积极意义还在于，吸收来自全国各地的庶民子弟入学，打破了地域和身份的界限，把新的知识传向四面八方和社会各个阶层。与官办的洋学教育机构相比，洋学塾更具有研究的自由和教学的自由；与旧的私塾相比，洋学塾学习内容和方法也不拘一格，新颖自由。这些都为

---

① 石川谦：《日本庶民教育史》，122～124頁，東京，玉川大学出版部，1998。

教育提供了宽松的环境，有利于造就思想敏锐、实干能力强的人才。洋学塾的兴盛，表明了日本社会和日本国民对西方教育的热情高涨，为日本近代教育的发展奠定了夯实的民众基础。①

（五）寺子屋

寺子屋作为民间最为广泛的初等教育机构，经营管理者、教师和开设者大多数是农、工、商或医生等平民百姓，也有部分武士、神官和僧侣等。寺子屋的发展一直受到幕府和各藩的默许和鼓励。进入19世纪后，幕府出于对民众教化的需要，继续通过表彰等手段，控制它的道德教化。尤其是在1841年的"天保改革"中，幕府对直辖地内的寺子屋师匠（教师）发布了关于教育上应以训育为主的指令，并规定对优秀的教师进行表彰。当时，对寺子屋的优秀教师按照武士对待，可以提拔为官。在各藩，藩政当局对领地内寺子屋的发展基本上没有任何限制，有的还将寺子屋作为藩校的辅助机构，或者像幕府一样表彰优秀的教师和学生等。②

由于平民阶层兴起后经济活动加强的需要和幕府、藩政当局的鼓励，19世纪寺子屋的发展十分惊人。从具体的数字上看，18世纪末的宽政年间是寺子屋发展较快的阶段，平均每年开设13.75所，进入19世纪后，发展更为迅速，详见表6-1。

表6-1　19世纪后寺子屋的发展速度

年代	平均每年开设数量
1801—1803 年	19.33 所
1804—1817 年	27.43 所
1818—1829 年	56.33 所

① 杨孔炽：《江户时代日本教育研究——近代日本教育历史基础的初步探索》，博士学位论文，北京师范大学，1997。
② 杨孔炽：《江户时代日本教育研究——近代日本教育历史基础的初步探索》，博士学位论文，北京师范大学，1997。

续表

年代	平均每年开设数量
1830—1843 年	141.71 所
1844—1853 年	239.80 所
1854—1867 年	307.21 所

从表6-1中可以看出，截至1867年明治维新前，日本共有寺子屋约1万余所，其中有65%以上是在1830年至1867年开设的。① 尤其是1853年开国后，寺子屋的数量更呈"井喷式"增长。这也为明治维新后日本初等教育的发展奠定了一定的基础。

进入19世纪后，寺子屋除讲授基本的读写算等知识外，也开始教授其他科目，在一定程度上显示了教育中的新转变。例如，有的寺子屋除了讲授读写算外，还开始教授武士教育中必修的修身、礼仪、茶道、花道等内容，反映了江户末期武士文化向平民阶层下移的趋势；有的寺子屋以讲授汉学和和学为主，这是一种水平较高的寺子屋，也反映了平民教育水平提升的趋势；还有的寺子屋不仅教授读写算，还教授医药、作文、裁剪等日常实用技术等，反映了寺子屋注重实用的教育要求等。② 这一时期，寺子屋的规模大小不一，一般20人到50人，江户、大阪等大城市中有的达到100人以上，甚至还有的超过了300人。③

(六)乡校

乡校主要是19世纪的产物，是专为农民子弟设立的教育机构，又称乡

---

① [美]H.帕新：《日本的现代化与教育》，刘焜辉、洪祖显译，16页，台北，幼狮文化事业公司，1973。

② 杨孔炽：《江户时代日本教育研究——近代日本教育历史基础的初步探索》，博士学位论文，北京师范大学，1997。

③ [日]小林哲也：《日本的教育》，17~18页，徐锡龄、黄明皖译，北京，人民教育出版社，1981。

学、乡学所、乡学校等。19 世纪前，乡校只有约 40 所，而且主要是 18 世纪末建立的。但截至 1867 年，日本全国共有乡校 111 所，其中 1830—1867 年开设了 78 所，占总数的 70.2%。乡校只招收平民子弟入学，入学年龄为 7～8 岁。①

乡校的主要特点之一是它的公共教育机构性质。这首先表现在它的经费来源上的公共性。一种由幕府、藩或它们的支族设立并面向自己直辖领地内平民子弟的乡校，使用的是幕府和藩的公共经费；另一种由地方有识之士共同设立的乡校，是靠乡邻集资的经费共同维持的，大多数也得到了藩的资助。到后来，乡校主要由村镇出资兴办或若干村合办，经费当然也非私人提供。此外，乡校作为公共教育机构，无论经费来源的形式如何，其经营都要受到藩政当局以及当地行政机构的干涉，这一点与私立的寺子屋不同。或者说，有的乡校本身就是藩校的分校或由藩校管辖，包括派遣教师讲课等，这也是其公共性质的表现。作为公共教育机构的另一特点是，乡校的教员与经办者新型关系的出现。这与藩校、私塾和寺子屋都不同。例如，藩校作为藩的官办学校，其教师可以说是近似"任命制"的，而寺子屋和私塾的师匠大多为世袭制，且兴办者即教师，二者不分。唯有乡校的教师，由公共经营者聘请，并逐渐形成了一种契约关系。由此，可以看到近代学校教师聘任制的萌芽。乡校作为面向平民的民间初等教育机构，除了在公私立性质上与寺子屋有明显不同外，教育内容上也有自己的特点。绝大多数寺子屋以读写算为基本教学内容，教授日常生活中极为常用的基础知识，但乡校除此之外，还注意实际需要的社会、经济、道德问题，也传授儒学和和学的基本理念。这是乡校作为由统治者加以关注的学校而偏重道德训导的特性所致的。从这一点上看，乡校既不同于稍重学术的私塾，又不同于注重实用知识的寺子屋。乡

---

① [美]H. 帕新:《日本的现代化与教育》,刘焜辉、洪祖显译,16 页,台北,幼狮文化事业公司,1973。

校在进入 19 世纪后的迅速发展，正是由于它的这一特性与当时统治阶级谋求人心稳定的要求有密切的联系。这种以教化为重要特征的乡校，显示出了行政当局兴办乡校的基本目的。1853 年以后，乡校中原先被忽视的计算等实用知识多了起来，但它重视德育的倾向仍然得以保留，直至明治初期仍然如此。①

第二节 日本近代教育体制的初步创立(1868—1879 年)

1868 年 1 月，统治日本长达两个半世纪的江户幕府宣告退出历史舞台，这是日本社会的重大历史转折，自此日本教育的发展也开始了新的篇章。但是，历史的发展变化或多或少都会看到原有因素的影响，明治政府的掌权者主要是原日本西南诸藩中积极要求改革的下层武士知识分子，他们执政后面临的主要问题依然是民族生存和国家兴亡问题，尽快实现"富国强兵"是尚未完成的且迫在眉睫的历史任务。为了完成这一历史任务，明治政府继承了江户末期各藩"殖产兴业"、积极学习西方先进科学技术的做法。明治维新后的教育，同样也是在继承了江户末期形成的改革趋势的基础上迈开了新的历史步伐。但应该看到，在摆脱了幕府羁绊情况下进行的改革与江户时期封建专制制度下进行的改革是不同的。明治政府大刀阔斧地进行的诸如"版籍奉还"、废藩置县、废除身份等级制度、建立现代税收制度等具有近代性质的社会改革，都是日本历史上从未有过的伟大创举，这些都导致了近代日本社会的飞跃发展。同时，日本的明治维新毕竟是以天皇为代表的封建统治阶级进行的自上而下的改革，日本自古以来"尊皇敬神"的封建思想不仅没有发生实质性

---

① 杨孔炽：《江户时代日本教育研究——近代日本教育历史基础的初步探索》，博士学位论文，北京师范大学，1997。

的改变，还因为江户末年的"尊王倒幕""王政复古"等运动而变得愈加激烈，这也在明治维新后的社会发展中被继承了下来。① 所以，日本明治维新后的教育发展既具有积极进步的一面，又兼具封建落后的一面。应该说，日本的近代教育体制也是在经历了初创、实践、修改等环节后才最终得以确立的。

从 1868 年 1 月日本明治政府建立到 1879 年 9 月《教育令》颁布的十余年，明治政府以《学制》的摸索、酝酿、制定、颁布、实施为主线，初步创立了日本近代教育体制，这段时期被称为日本近代教育体制的初创期。

一、明治初期的近代教育转型

1. 日本近代教育思想的出发点

1868 年 4 月 6 日，明治政府以天皇向天地神明宣誓的形式发表的《五条誓文》是明治政府的施政纲领和行政规范，颇具宪法的性质，被认为是明治政府教育改革的根本指导思想和制定教育政策的基本依据。该誓文简短扼要，内容如下：广兴会议，万机决于公论；上下一心，大展经纶；公武同心，以至庶民，须使各遂其志，人心不倦；破旧来之陋习，秉天地之公道；求知识于世界，大振皇基。②

《五条誓文》的基本精神是施行一定程度的民主，调动各阶层人士的积极性，同心协力、开拓进取，大力学习西方先进的科技文化知识等，这是一个历史性的进步，相对于等级森严、闭关锁国的幕藩体制来说是一个质的飞跃。它反映了江户末期以来广大下层武士和民众中的先进知识分子救亡图存、建设新兴国家的一个共同愿望。正是由于存在这种积极上进的精神，明治维新运动才得以实现，并逐步带来了日本社会的飞速变化，日本的国家教育制度

---

① 杨孔炽：《江户时代日本教育研究——近代日本教育历史基础的初步探索》，博士学位论文，北京师范大学，1997。

② 島田善造：《資料日本史》，276 頁，東京，東京法令出版株式会社，1981。

才得以初步创立。①

　　同时,《五条誓文》也将日本的封建尊皇思想毫无批判地继承了下来。所谓"大振皇基",代表明治政府进行的各方面改革的根本目的是振兴天皇统治下的国家,维护"万世一系"下的"皇国大业"。即便是"破旧来之陋习"和"求知识于世界",也是以此为前提的。这就是明治教育改革的根本指导思想,也是日本近代教育的出发点。

　　实际上,这种封建尊皇思想在江户末期产生之时便有了重要影响。当时,那些积极主张开国、进行变法维新的开明知识分子在思想上也都是屈服于天皇权威的。前面提到的佐藤信渊、帆足万里等人对国家教育制度的设想中,也没有离开过对天皇的尊崇。而且,在明治初期,那些积极介绍和引进西方学术内容、大力主张普及民众教育的人士,也是以尊皇爱国的思想为出发点的。例如,在明治政府成立之前的1867年3月,朝廷公卿出身的岩仓具视就向天皇提出了《济时之策议》。他认为,变革制度异新国政的应为之事是,一方面,为了富国强兵、扬"皇威"于世界,必须由专设的机构和官员在各地从贵族和藩主中选拔人才,为培养这样的人才,国家必须设置研究国学、汉学、洋学等学问的大学,并由专门机构管理;另一方面,随着开国带来的与国外贸易的增多,要防止人民因追求"末流"(商业盈利)而忘记"本源"(尊皇思想)的弊害出现。因此,他建议广设小学,以便对儿童施以"五伦之道"的教育,使之在日后个人营利之时也不忘尊皇富国的大目标。从岩仓具视的这个策议中,可以概括的教育观点包括:一是,教育必须由国家控制并为国家和天皇的利益服务;二是,继承和坚持了江户末年以来"和魂洋才"的思想,恢复传统的儒家道德教育原则,以此统帅对西洋学问的引进;三是,对一般民众和对精英人才、管理人才的两轨教育设想;四是,人才及管理者只在贵族

---

① 杨孔炽:《江户时代日本教育研究——近代日本教育历史基础的初步探索》,博士学位论文,北京师范大学,1997。

和上层武士中选拔的"愚民教育"主张。岩仓具视的这些教育思想，实际上包含了继之兴起的国家主义教育思潮的主要内容。另外，与岩仓具视同时代的、出身于吉田松阴门下的明治政府领导者木户孝允、伊藤博文的教育思想，也是以这种尊皇的国家主义为原则的。伊藤博文在 1869 年 2 月提出的《国是纲目》(六条)中明确指出，只有"一君万民"的君臣关系才是"永世不朽"的国体。在这一前提下，他要求尊重人的"自在自由之权"，主张广泛普及教育。由此可见，尊皇的国家主义教育思想虽然提倡文明开化、广兴教育，但其精神实质是维护天皇"皇基"，主张由上及下地去"教化"日本国民。①

在尊皇的前提下，伊藤博文、森有礼等一批成长于江户末期的开明人士，在明治初期继承和发扬了那种开拓进取精神和注重实用的作风，努力改造和利用已有基础，排除保守势力的干扰，"求知识于世界"，致力于学习西方的近代教育制度，引进西方先进的自然科学知识于教学内容之中，成为推动日本近代教育体制初步创立的重要力量。江户时代留给后世的这一宝贵财富是不应被否定的。但是，强调天皇和天皇制国家至高无上的权威也成为后来军国主义教育思想产生的温床，也是客观存在的事实。

2. 日本近代学校教育制度的起步

1868 年，明治政府成立后，立即面临着巩固政权、建立新政的复杂任务，可谓百废待兴。当时，明治政府的主要精力放在与幕府武装的"戊辰战争"上，同时又忙于确立建国纲领、设定官制和迁都东京等事。尽管如此，教育作为培养人才的大业，仍然受到了当局的重视。

1868 年 12 月，时任明治政府副总裁②的岩仓具视在《关于制度的意见书》

---

① 杨孔炽:《江户时代日本教育研究——近代日本教育历史基础的初步探索》，博士学位论文，北京师范大学，1997。

② 明治政府于 1868 年 1 月设立总裁一人统领政府事务；同年 2 月设置总裁局，任命岩仓具视、三条实美任副总裁，以辅佐总裁。

中建议，"调查研究学制之事"，并称"皇国前途之根本在于兹，是为最大之事也"①。1870年3月，他在向太政官会议提交的《建国策》中强调："引导国家走向文明和富强，在于开发国民之智慧。欲天下无不学之人，非一朝可就之事。如今再不实施，则悔之晚矣。"②1871年8月，他又在《昭明国体确立政体意见书》中指出："国之富强安康者，全系于人智之明与不明。故今日尤应下手之急务，无甚于是也。"③

"维新三杰"之一、时任政府参与④的木户孝允于1868年12月也向明治政府提出《振兴普通教育建议案》，其中写道："国之富强本在于人民之富强，一般人民尚不能脱离无识贫弱之境时，则王政维新之美名终属空名，对峙世界富强各国之目的亦必失其实。故期一般人民之知识进步，取舍文明各国之规则，逐渐在全国振兴学校，大力普及教育，乃当今一大急务。"⑤木户孝允随岩仓具视使节团出访途中，于1871年12月致信文部官僚杉山孝敏："国家久安之长策，唯贤才是举……欲人才千古不尽，唯教育耳。吾今日之国民，与欧美诸洲之人之异，唯学与不学也。"⑥木户孝允参观美国的学校后在其日记中写道："实现我国真正之开化，启迪人民之智慧，保持国家之独立，最难者乃人才一事。故当务之急是先建学校。"⑦

1869年2月，时任兵库县知事、后任明治政府第一任首相的伊藤博文向明治政府提出《国是纲要》（六条）。其中，第五条即针对教育问题："今乃我皇国一洗数百年沿袭之旧弊、开天下耳目之千载难逢之机。当此时机，倘不速使人人广受世界有用之学业，则终将使人人陷于无耳目之末俗。故此次不

---

① 香川敬三：《岩倉公実記》中卷，602~603頁，東京，岩倉公旧跡保存会刊，1972。
② 香川敬三：《岩倉公実記》中卷，835頁，東京，岩倉公旧跡保存会刊，1972。
③ 日本史籍協会：《岩倉具視関係文書》，360頁，東京，東京大学出版会，1983。
④ 明治政府于1868年1月设立"三职"：总裁1人、参与10人、议定20人。
⑤ 山住正己：《日本近代思想大系6·教育的体系》，3頁，東京，岩波書店，1996。
⑥ 日本史籍協会：《木戸孝允文書》第4卷，320頁，東京，東京大学出版会，1971。
⑦ 日本史籍協会：《木戸孝允文書》第2卷，320頁，東京，東京大学出版会，1971。

可不新设大学校，改变旧有之学风。应将大学校设于东西两京，府藩县至郡村设小学校，奉各大学之规则，无论都城偏僻，人人掌握知识。"①

在教育政策方面，明治政府早在 1869 年 5 月便命箕作麟祥等洋学者研究西方国家的教育制度。1870 年 3 月，洋学者们主持制定了《大学规则》和《中小学规则》，其中废除按照国别编制课程的方式②，采用欧式科目编制方式，即规定大学分为教科(神教学和修身学)、法科、理科、医科、文科共五科；小学 8 至 15 岁，学习普通学问，兼学大学专门五科之大意；中学 16 至 22 岁，课程与大学五科一致。③ 该课程设置以近代科学分科为基础，具备了近代学校课程设置的特点。④ 未待《大学规则》和《中小学规则》全面实施，明治政府便于 1871 年 12 月命令洋学者占多数(58%)的 12 名"学制取调挂"负责起草《学制》。1872 年 1 月，《学制》草案基本完成；同年 2 月由文部卿大木乔任提交太政官；3 月提交左院和正院审议；6 月 24 日被太政官批准。《学制》由洋学者主持制定，以西方近代教育制度为主要内容，它的制定与实施标志着日本明治政府文明开化教育方针的确立。

各级学校教育已初步展开。在初等教育方面，1870 年 1 月，中央太政官下令在东京府设立小学。1872 年 2 月，文部省通知在东京府内设立 6 所公立小学、1 所洋学校；地方的京都府 1868 年 11 月至 1869 年末在其府内共设立 64 所小学⑤，大阪府 1871 年设立 2 所小学。在中等教育方面，明治政府于 1868 年 5 月将在长崎奉行设立的洋学所"济美馆"改称"广运馆"(该馆 1872 年 8 月成为第六大学区第一中学)；福井藩于 1869 年 6 月将藩校"明道馆"改称"明新馆"，允许平民入学，1874 年 4 月又改称福井明新中学；东京府于

① 山住正己：《日本近代思想大系 6・教育の体系》，11~12 页，东京，岩波书店，1996。
② "国别编制方式"即分别为神典国典尊皇道、辨国体的学问；根据汉籍的孝悌彝伦之教、学习治国平天下之道的学问；根据西洋书籍研究格物穷理、开化日新之学的学科及兵学与医学。
③ 教育史编纂委员会：《明治以降教育制度発達史》第 1 卷，11~12 页，东京，龍吟社，1938。
④ 玉城肇：《明治教育史》，14 页，东京，季節社，1949。
⑤ 伊崎晚生、松島栄一：《日本教育史年表》，4 页，东京，三省堂，1990。

1870 年 8 月在骏河台创立中学；京都府于 1870 年 10 月创立中学，1871 年将原来的"大学校代"改编为中学(即后来的"京都府第一中学")。在高等教育方面，明治政府于 1868 年 8 月、10 月先后将旧幕府的医学所、昌平簧及开成所分别改组为医学校、昌平学校、开成学校；1869 年 8 月，以昌平学校为中心，开成学校与医学校为分局，将三校统称为"大学校"；1870 年 1 月，又将"大学校"改称为"大学"(通称"大学本校")，开成学校改称为大学南校，医学校改称为大学东校。1870 年 8 月，关闭国学派及汉学派主导的大学本校；1871 年 9 月，将大学南校、大学东校改称南校、东校，归文部省直辖。

新兴教育领域也开始萌芽。在职业教育方面，1870 年 4 月，明治政府恢复了横须贺制铁所附属的横须贺簧舍(1866 年设立，1868 年一度停校)，该校成为日本近代最早的学校形态的职业技术教育机构。此外，明治政府各省也分别设立相应的职业教育机构。例如，外务省 1871 年 3 月设置洋语学所；民部省 1871 年 3 月设置农学校、1872 年 5 月在东京开设开拓使临时学校(1876 年改为札幌农学校)；工部省 1871 年 9 月设置培养技术官吏的工部寮，1872 年 4 月工部寮内设置工部学校；司法省 1871 年 11 月设置明法寮(1875 年改称为司法省直辖的法律学校，1884 年改称为文部省直辖的东京法律学校，1885 年合并为东京大学法学部)。在女子学校教育方面，文部省于 1872 年 2 月开设其直辖的女子学校(同年 11 月改称为东京女子学校)；京都府于 1872 年 5 月开设红女场(1874 年 6 月改称为英女学校，1876 年 5 月改称为京都府女子学校)；开拓使于 1871 年 12 月派遣 5 名少女跟随岩仓具视使节团一起赴美留学。在师范教育方面，文部省于 1872 年 5 月向正院提交《建立小学教师教导场之请示》，计划设立教师培养机构。在对外教育交流方面，《五条誓文》明确宣布"求知识于世界"，1871 年 2 月，太政官制定《海外留学生规则》，同年 10 月，天皇亲自召见华族并下发敕语鼓励其赴外国留学。据统计，1868 年至 1872 年的 5 年，日本政府共向欧美国家派遣留学生 517 人。①

在"富国强兵"和"文明开化"理念引导下的明治政府教育方针和教育实践，为此后初创日本近代教育体制的《学制》的颁布与实施奠定了基础。②

二、《学制》的制定与颁布

在日本近代教育史上，《学制》是第一个由中央政府颁布并确实推行的教育立法。《学制》颁布于 1872 年 9 月 5 日，共 109 章，分为"大中小学区""学校""教员""学生及考试""海外留学生规则""学费"六个部分。继而，明治政府于 1873 年 3 月 18 日公布《学制二编海外留学生规则神官僧侣学校之事》；同年 4 月 17 日公布《学制追加贷费生规则》，同月 28 日公布《学制二编追加》（有关外国语、兽医、商业、农业、工业、矿山、诸艺、理学、医学、法学等专门学校规定），上述文件共计 213 章，统称为《学制》。③ 另外，政府在颁布《学制》的前一日，以太政官布告形式公布了《学制布告》。④

《学制》规定了中央集权的教育行政体制、系统的学校教育制度、实用科学的教育内容与方法；《学制布告》宣示了新的教育理念。《学制》及《学制布告》两者的公布实施，标志着日本近代教育体制的初步创立。

---

① 石附实：《近代日本海外留学史》，154 頁，東京，ミネア書房，1972。
② 臧佩红：《日本近现代教育史》，25 頁，北京，世界知识出版社，2010。
③ 教育史編纂委員会：《明治以降教育制度発達史》第 2 卷，299～332 頁，東京，龍吟社，1938。
④ 中日学界习惯上称《学制布告》为《学事奖励被仰出书》（简称为《被仰出书》）。但是，根据日本近现代教育史研究的权威学者佐藤秀夫考证，此种提法均非日本政府公布时的文件原题，原文为《明治五年太政官布告第二百十四号》，该布告最后一句中的"如上条"用了太政官布告文末的固定用词"右之通被仰出侯条"，"被仰出侯"均为语法修饰词，可不译，此句应译为"如右条"（原文为竖写）。文部省 1922 年编辑的首部近代教育史《学制五十年史》最早称《学事奖励被仰出书》。佐藤秀夫认为，"被仰出书"这一用法是战前日本政府为了加强天皇制教育理念而创造出来的，现今若继续沿用，"岂不是在客观上助长近代天皇制教育论的'再兴'"？佐藤秀夫据公布《学制》条款的文部省通知正文开头称"今般确定学制，付布告书、学制章程及别册"，认为该太政官布告应称为《学制布告》，《学制条文》应称为《学制章程》。

(一)《学制》的主要内容

1872年9月4日,明治政府为颁布实施《学制》公布了第214号太政官布告,明确宣布了新政府的教育方针与理念。全文如下。

人人之所以自立其身、治其产、昌其业而遂其一生,别无他由,而在于修身、开智、长才艺;而修身、开智、长才艺则不能不学,此为设立学校之缘由。日用、常行、言语、算术等,从士、农、工、商、百工技艺到法律、政治、天文、医疗,凡人之经营之事,皆不得不学。若人能据其才之所在,勉励从事之,而后方得治生、兴产、昌业,则学问应谓立身之财本,谁可不学?失此道路而深陷饥饿、家破身亡之徒,终将因不学而生罪过。虽学校之设立历年已久,或因不得其道而误其人之方向,学问乃士人以上之事,农工商及妇女子则置之度外,不辨学问为何物。又,士人以上之稀学者,动辄高唱为了国家,而不知立身之基,或趋于词章背诵之末而陷空理虚谈之途,其论虽似高尚,然不能身体力行者不少。此即多有沿袭旧弊、不普文明长才艺而陷贫困破产丧家之徒之缘故。是故,人无有不学者。学则宜须不误其旨。据此,此番文部省发布告定学制、渐改教则,望自今以后一般人民(华族、士族、农、工、商及女子),必邑无不学之户,家无不学之人。人之父兄宜体会此意,厚养育之情,务必使其子弟从事学业(高深之学据其人才能而定,而使幼童子弟不分男女就于小学者,则乃其父兄应愿超越之事)。

然旧来沿袭之弊端学问,因被倡导为乃士人以上之事且为国家而学,故学费乃至衣食多依赖官方,不给之则不能学、自弃一生,此皆甚错。自今以后,当一改此等弊害,使人民抛开他事、自立奋斗、务必从学。

如上条,地方官及边辟小民应不懈解读,详细申谕,据文部省规则施行普及学问之方法。①

上述布告从教育目的、教育机会、教育义务、教育内容、教育经费等方面批判了旧教育，宣示了明治政府的新的教育方针与理念（如表6-2所示）。

表6-2　《学制布告》中新旧教育之比较

项目	旧教育	新教育
教育目的	为国家 "动辄高唱为了国家，而不知立身之基""旧来沿袭之弊端学问，被倡导为……为国家而学"	为个人 "人人……自立其身、治其产、昌其业而遂起一生，……此为设立学校之缘由""学问应谓立身之财本"
教育机会 教育义务	阶级的、非义务性的 "学问乃士人以上之事，农工商及妇女子则置之度外，不辨学问为何物""旧来沿袭之弊端学问，被倡导为乃士人以上之事"	平等的、义务性的 "自今以后一般人民（华族、士族、农、工、商及女子），必邑无不学之户、户无不学之人""人之父兄宜体会此意，厚养育之情，务必使其子弟从事学业"
教育内容	空虚的 "趋于词章背诵之末而陷空理虚谈之途，其论虽似高尚，然不能身体力行者不少"	实用的 "日用、常行、言语、算术等，从士、官、农、商、百工技艺到法律、政治、天文、医疗"
教育经费	公费 "旧来沿袭之弊端学问，……学费乃至衣食多依赖官方，不给之则不能学、自弃一生，此皆甚错"	自费 "自今以后，当一改此等弊端"

---

① 教育史編纂委員会：《明治以降教育制度発達史》第2卷，276～277頁，東京，龍吟社，1938。

由上可见，布告中所主张的教育目的的个人本位、教育机会均等、教育的义务性、教育内容的实用性，均是西方近代教育的基本特征，具有划时代的进步意义。然而，布告中规定的教育自费原则，又不同于近代西方国家义务教育的免费原则，是新教育方针局限性的所在。①

(二)《学制》的教育行政设计与实践

1871年9月，日本政府设立文部省。1872年9月颁布的《学制》对"学区"、教师政策、教科书政策做出了具体规定。中央文部省的统辖、地方教育行政单位的执掌，在宏观层面上掌控着国家的教育政策与教育发展；教师政策、教科书政策，则是通过实施教育的人(教师)与物(教科书)，在微观层面上贯彻着国家的教育方针与教育内容。两者共同构成了日本的教育行政体制，以便为国家教育目的的实现提供有力的保障。

中央集权教育行政体制的确立。明治维新前，幕府直辖学校由幕府管辖，藩校与乡校由各藩统辖，寺子屋与私塾基本上由民间人士开办，教育行政是地方分权和分散的。明治政府成立后，最初规定1869年设立的"大学校"具有教育行政官厅的功能，1871年9月2日，太政官布告宣布废除大学并创设文部省。文部省内设有文部卿②、大辅、少辅、大丞、少丞等各级官员，另设大、中、少博士和大、中、少教授等教官。文部卿"总判教育事务、掌管大中小学校"③。1872年1月，明治政府下令各府县学校归文部省直辖。1872年9月，《学制》进一步规定全国学政由文部省统辖(第1条)。文部省的创设及其职能的确立，标志着独立的中央教育行政机构的建立。

文部省通过"学区制"掌控地方教育行政。《学制》的第一部分"大中小学

---

① 臧佩红：《日本近现代教育史》，27~28页，北京，世界知识出版社，2010。

② 首任文部卿为大木乔任，1871年9月12日就任；受人文部大辅为江藤新平，1871年9月2日就任。

③ 教育史编纂委员会：《明治以降教育制度発達史》第1卷，249頁，東京，龍吟社，1938。

学区之事"(第 1~19 章)规定，将全国划分为 8 个大学区①，每个大学区分为 32 个中学区，每个中学区分为 210 个小学区，中学区以下的划分由地方官根据当地的土地面积、人口疏密，按郡区村划分。每个大学区内设一所督学局，任命数名督学及附属官员。督学局的职能是监督大学区内的学校，处理大学区内大小事务，还负责检查并讨论修改教则等事宜。大学区下设的每个中学区内设 10 至 13 名学区管理人，每人负责 20 至 30 个小学区。学区管理人的主要职责是，督促区内学龄儿童入学、各小学区内学校的设立与维护、经费的使用等一切教育事务。学区管理人从当地有名望者中选出，由地方官任命，并将名单提交文部省督学局。

这样，日本明治政府便在全国形成了金字塔形的教育行政体制，文部省位于金字塔最顶端，下面是各大学区内的督学局，最下层是各中学区内的学区管理人。明治政府试图通过中央集权型的教育行政机构，将教育政策渗透到全国各个角落，以便推行其教育政策，实现其教育目标。

近代教师政策的初步规定。《学制》的第三部分"教员之事"(第 40~47 章)规定了各级教师任教资格的原则：小学教师不论男女，必须 20 岁以上，并且要持有师范学校毕业证书或者中学毕业证书；中学教师必须 25 岁以上，并且持有大学毕业证书；大学教师必须有学士称号。该教师资格的要求颇高，在当时的情况下一时难以达到，因此，《学制》特别说明以上要求只是先做规定，待数年之后再予以执行。此外，《学制》还规定了在当时情况下应采取的教师政策：欲开设私学、私塾及家塾者，必须向学区管理人提交属籍、住处、职历及学校的位置、教则等详细情况，再经由地方官上交督学局批准；私学

---

① "大学区"所辖地区共 3 府 72 县，其中第一大学区 1 府 13 县，大学本部为东京府；第二大学区 7 县，大学本部为爱知县；第三大学区 6 县，大学本部为石川县；第四大学区为 2 府 11 县，大学本部为大阪府；第五大学区 9 县，大学本部为广岛县；第六大学区 11 县，大学本部为长崎县；第七大学区 7 县，大学本部为新泻县；第八大学区 8 县，大学本部为青森县。见 教育史編纂委員会：《明治以降教育制度発達史》第 1 卷，278~280 頁，東京，龍吟社，1938。

私塾教师违反规则或有不当行为时应遭谴责并停职；接受过师范教育的教师在法律上不允许兼职或转任他职；小学教师应男女无差别地人尽其才；教师教授学生有超越他人之功时，不论公私学校或私塾，由督学局与地方官商讨并报文部省予以嘉奖等。这一时期，明治政府对教师政策已经做了具体规定，也考虑到了当时师资缺乏的实际情况，相对于后来尚较为宽松。

教科书政策的初步展开。《学制》对各级学校的教科书未做详细规定，仅规定学校必要之器械书籍，须用心加以完备。诸学校所在之书器，应按照第三号制表(登记)，每年二月向督学局提交(第108章)。此外，文部省于1872年10月公布的《中学教则略》《小学教则略》指定了教科书(其中多为介绍西方文化的启蒙书籍和翻译书籍)，各小学及中学可以自由地从中选择使用教科书。与此同时，文部省为了向学校提供各类教科书，也开始了教科书行政事务。例如，1871年10月，下设编辑寮，着手翻译欧美的书籍、编纂教科书；1872年11月，设立教科书编成挂(编纂主管)，1873年合并成为编书课；1875年6月，允许翻刻文部省藏版的书籍及教科书，文部省及东京师范学校编辑出版的教科书迅速被普及推广。这一时期，明治政府采取了较为自由的教科书制度。①

(三)《学制》中的学校教育体系设计

《学制》的第二部分"学校之事"(第20~39章)规定了小学、中学、大学这一单轨制学校体系，规定了实用性的教育内容与班级授课制的教育方法，对海外留学、职业教育等新兴教育领域也做出了具体规定，初步形成了近代学校教育体系。

单轨制的学校系统。《学制》规定，学校分为大学、中学、小学三等(第20章)。小学是一般人务必接受初级教育的场所(第21章)，分为普通小学、女子小学、农村小学、贫民小学、小学私塾、幼儿小学(此外还应有残疾人小

---

① 臧佩红：《日本近现代教育史》，28~30页，北京，世界知识出版社，2010。

学）。其中最主要的是普通小学，分上、下二等，下等小学 6~9 岁，上等小学 10~13 岁。此外，女子小学除讲授普通小学的课程之外，还教授女子手工艺；农村小学专为偏远农村或教化未开之地的农民而设，教学内容简略，有的是成年人利用业余时间学习的夜校；贫民小学专为生活贫困的穷人子弟而设，学校所需费用靠富人的捐款，又称仁惠学校；小学私塾指持有小学教学许可证者在其私宅授课；幼儿小学向 6 岁以下男女儿童讲授入学前的基础知识。中学是向小学毕业者讲授普通学科的场所（第 29 章），普通中学分为上、下二等，下等中学从 14 岁到 16 岁，上等中学从 17 岁到 19 岁，就学年限上下各 3 年，共 6 年，讲授高于小学水平的一般学问。此外，中学还包括工业学校、商业学校、翻译学校、农业学校、诸民学校（即后来的职业教育）。大学是讲授高尚诸学的专业学校（第 38 章），其课程包括理学、化学、医学、法学、数理学。上述系统性、单轨制的学校体系，有别于分散性、双轨制的江户末期学校系统。

近代的教育内容与方法。如果说《学制》确立的学区制、各类学校等是日本近代教育体制的"硬件""骨架"的话，那么《学制》及其后颁布的《中小学教则》所规定的近代化教学内容与方法则是"软件""血肉"，也是日本近代教育体制不可或缺的组成部分。

就学校教育的内容而言，《学制》规定普通小学的授课内容为下等小学设拼写法、习字、单词、会话、读本、修身、书牍、文法、算术、养生法、地学概况、理学概况、体育、唱歌，共 14 门课程。上等小学除以上课程外，另加史学概况、几何学（概况）、绘画概况、博物馆学概况、化学概况。另外规定，为了扩大教学内容，各学校还可以因地制宜地讲授记簿法、绘图学、政体概况和一两门外语等。中学的授课内容为下等中学设国语学、数学（算术）、习字、地理学、史学、外国语学、理学、化学、古语言学、几何学（或代数学）、记簿法、博物馆学、画学、修身学、测量学（或生理学、政体概况、国情概况)、奏乐, 共 16 门。上等中学的课程有 15 门, 包括国语学、数学、习字、外国语学、理学、画学、古语言学、几何学(或代数学)、记簿法、化学、修身学、测量学、经济学、重力学概况、动物学(或植物学、地质学、矿山学、生理学概况、天文学概况)。大学的课程分为理学、化学、法学、医学、数理学。近代教育的一个重要特征是自然科学内容的增加。从上述大中小学的教学内容看, 自然科学方面的内容占了相当大的比重。因此,《学制》规定的各级各类学校的教育内容也体现着近代特征。

《学制》规定了近代的教学组织形式。一是实行统一的年级制。文部省 1872 年 9 月的《小学教则略》将上等、下等小学各自分成 8 级, 每一级的授课时间为 6 个月, 每周 6 天(星期日除外), 每天 5 课时, 一周共 30 课时。同月公布的《中学教则略》将上等、下等中学分成 6 级, 规定每级授课时间 6 个月, 每周 25 课时至 30 课时。而且, 规定小学及中学各级的学生通过统一考试的方式晋升到上一级。二是采用“班级授课制”。将各级的学生分班教学, 授课时一般由教师先指示学生高声朗读, 让学生按座次朗读后全体学生齐读; 然后, 教师针对教材的一节内容提问, 学生先逐个回答并由教师点评正误, 最后学生一齐回答问题。这种方法反复进行, 以便使学生记住教学内容。班级授课制有与之相关的教室管理规则, 对上课、就座、敬礼、下课等环节都有相应的规定, 要求学生严格遵守。这种班级授课的方法源于西方近代教育制度, 由东京师范学校聘请的专任教师斯科特(Marion McCarrell Scott)①引入日本, 成为东京师范学校唯一权威性的教学方法, 同时向全国各地推广。进而在授课中采用“问答教学法”, 即一问一答的直观教学方法, 教师在讲授单词的读法或让学生背诵单词时, 利用单词挂图, 指示图中所画物品, 就该物品

---

① 东京师范学校专任教师斯科特是由该校首任校长诸葛信澄所聘请的。在任教期间, 他引进美国师范学校注重教授法的教学经验, 以及美国小学的教科书、教学参考资料、教具等, 实行班级授课制和新的教学方法。

的性质、使用方法、食用方法等提问，学生做出回答。这种教学法主要针对小学低年级学生，在当时的西方也是相当先进的，它以"问答"课的形式被写入东京师范学校制定的《小学教则》中。

《学制》还对海外留学、职业教育等新兴教育领域做出了详细规定。关于海外留学，《学制》的第五部分"海外留学生规则之事"（第58~88章）做出以下规定。(1)留学生行政：海外留学生归文部省统辖，其留学资格证书由文部省发放，但其出国签证由外务省发放；留学期间的各项事务由外交官负责，留学生需听从外交官的指令；公费留学生的留学所选专业由官方认定，也可根据学生志愿由其任课教师判断后考试决定；公费留学生赴国外的地址、学校、专业等均需向文部省报告；公费留学生在学科升级时需向文部省报告，回国后应向文部省汇报其留学作业，并接受考试（获得外国大学毕业证者除外）；驻外外交官经常监视当地留学生，并每年将留学生的勤惰、进退等情况上报文部省，由文部省付梓公告。(2)留学生的种类、人数、年限、经费：留学生分为公费(官选)和自费(私愿)两类。其中公费留学生又分为初等和上等两类，初等留学生从中学毕业生中选拔，年龄在19至25岁，留学年限最多5年，每年派遣150人，前两年付给留学经费900美元，后三年1000美元；上等留学生从大学毕业生中选拔，留学年限为3年，最多每年派遣30人，付给留学经费1500至1800美元。自费留学生在专业上以官费留学生为准，并接受严格审查，留学年限根据个人意志决定。(3)留学生的义务：公费留学生回国后必须任官(11年内)或偿还留学经费。1873年3月，文部省公布《学制二编海外留学生规则》，对留学生的派遣、留学经费的支付、留学生的义务等做了更加详细的规定。

关于职业教育，《学制》（第29章）中所列"中学"中的工业学校、商业学校、翻译学校、农业学校，实际上均属于中等职业教育范畴。其中，工业学校讲授各类工艺知识与技能；商业学校讲授有关商业方面的知识，在国内繁华地区设立数所；翻译学校讲授各类外语的翻译，专门为翻译人员或为了经商而希望学习外语者设立；农业学校为小学毕业且致力于从事农业者而设。此外，文部省1873年4月公布的《学制二编追加》对各类专科学校及外国语学校做了相关规定：外国语学校是专科学校的预备学校，以"掌握外语"为目的，入学资格是小学毕业、年满14岁者，修业年限为4年，分上、下二等各4级；专科学校指"由外国教师授课的高级学校"，包括法学校、医学校、理学校、诸艺学校、矿山学校、工业学校、农业学校、商业学校、兽医学校等，入学资格是小学毕业或修完外国语学校下等课程的16岁以上者，专科学校毕业者与大学毕业者一样，授予学士称号。

另外，《学制》还以"学校"的形式，规定了社会教育的内容。例如，"小学"中的"农村小学"有的是为成年人利用业余时间学习开设的夜校；"中学"中的"诸民学校"是为已就业的18岁以上男子及15岁以上女子而设，多数是在晚上进行技能学习。①

可见，明治政府通过颁布实施《学制布告》及《学制》，确立了近代意义的教育理念、教育行政及学校制度，从而初步创立了日本近代教育体制。

三、《学制》颁布实施时期的学校教育

《学制》颁布实施后，明治政府颇为重视教育发展，在中央政府各省的年度经费支出中，文部省的经费1873年居第2位、1874年居第3位，仅次于陆海军省。② 文部省的经费所占比重后来虽然逐年有所下降，但较之其他省仍处于较高水平。在明治政府的大力发展下，《学制》颁布实施时期的教育规模逐步扩大。

（一）义务教育

就义务教育制度而言，它主要包括义务教育强制性的法律规定、义务教

---

① 臧佩红：《日本近现代教育史》，30~33页，北京，世界知识出版社，2010。
② 明治财政史编纂委员会：《明治财政史》第3卷，192~314页，東京，吉川弘文馆，1971。

育年限、义务教育财政三个方面。

关于义务教育的强制性与年限。《学制》颁布实施时期并未使用"义务"一词，而是以"务必"的表述将"义务教育"法制化。例如，《学制布告》规定"自今以后一般人民，必邑无不学之户、户无不学之人""小学是使一般人民务必接受初级教育的场所""普通小学分上、下二等，男女均务必毕业于此二等"。同时，《学制》还规定下等小学入学年龄为 6~9 岁、上等小学为 10~13 岁，也就是说，原则上 6~13 岁的儿童务必接受初等教育的年限是 8 年，同时也可以根据实际情况斟酌处理。

除了上述法律规定，明治政府更重视义务教育的切实推行。例如，在颁布《学制》之前，便下达了实施《学制》的"着手顺序"，其中第一条即为"大力发展小学"①。于是，各地陆续设立小学区，1873 年 3 月达到高峰，截至同年 7 月，全国各地基本上均设立了小学区。②《学制》还规定了一整套严格的督促学龄儿童入学措施。各学校(无论是公立私立、私塾家塾)需记录其学校学生增减进退情况，每年 2 月提交学区管理人；学区管理人负责登记本学区适龄儿童的入学情况，每年 2 月统计上一年年满 6 岁儿童的入学人数及未入学人数，制成表格后递交地方官，4 月中旬由地方官汇总送交督学局；督学局每年根据学区管理人提交的表格及各学校提交的记录，将学校和学生的情况以及满 6 岁的男女儿童入学与未入学的人数等制成表格送交文部省，由文部省张榜公布。③

关于义务教育财政。义务教育能否普及，关键在于教育经费。《学制》颁布实施时期的义务教育经费有两大特点。第一，自费原则。如前所述，《学制》首先批判了以往教育"依赖官方"的错误，宣布"自今以后，当一改此等弊害"；《学制》的第六部分"学费之事"(第 89~107 章)明确规定："应废除一切

---

①　明治文化資料刊行会：《明治文化資料・教育編》，40~41 頁，東京，風間書房，1961。

②　井上久雄：《学制論考》，194 頁，東京，風間書房，1991。

③　臧佩红：《日本近现代教育史》，34~35 页，北京，世界知识出版社，2010。

公私立学校学生衣食之供应"，各级学校所需费用原则上由学生缴纳的学费支付；学生缴纳的学费额度为大学每月7日元50钱，中学每月5日元50钱，小学每月50钱。第二，国家财政补助。《学制》宣布政府要向各地府县下拨一定金额的"府县委托金"，用于补助地方政府发展小学。1872年11月，文部省下达通知《小学委托金额之事》，规定对全国八大学区的小学生不分男女均补助9厘，该通知所列明治政府一年向全国八大学区府县支付的委托金总额为29.4万日元。① "府县小学委托金"在文部省1873年总经费中居首位，1874—1878年各年度均居第二位；该笔经费在文部省总经费中所占比例也基本呈直线上升，由1873年占19.3%提高到1878年的46.2%。② 足见明治政府对实施普及义务教育的决心与力度。

应该说，《学制》颁布实施时期确立了强制性的、八年制的、收取学费并接受国家补助的义务教育制度。在明治政府的高度重视下，这一时期的初等教育规模大幅度扩张，如表6-3所示，1879年的小学数量是1873年的2.2倍，1879年的小学在校生人数是1873年的1.7倍，男女学龄儿童的平均就学率增加了13个百分点。

表6-3 《学制》颁布实施时期义务教育增长幅度③

项目	A（1873年）	B（1879年）	增幅
小学数量	12597所	28025所	B/A：2.2倍
在校生人数	1326190人	2315156人	B/A：1.7倍
就学率	28.13%	41.16%	B-A：13.03个百分点

---

① 教育史編纂委員会：《明治以降教育制度発達史》第1卷，488頁，東京，龍吟社，1938。

② 教育史編纂委員会：《明治以降教育制度発達史》第2卷，105～124頁，東京，龍吟社，1938。

③ 文部省：《日本の成長と教育——教育発展と経済発展》，170～180頁，東京，帝国地方行政学会，1962。

（二）中等教育

这一时期的普通中等教育机构主要是指中学。明治政府颁布《学制》后，便着手组建新中学：将原来的大学南校改为第一大学区第一中学①；大阪的开成所改为第四大学区第一中学；长崎的广运馆改为第六大学区第一中学；东京的洋学第一学校改为第一大学区第二中学等。《学制》规定，政府向中学的经营修缮等提供教育补助金。因此，这一时期的中学数量迅速增加，1879 年达到 784 所，是 1873 年的 39.2 倍；中等教育在校人数猛增，1879 年共47879 人，是 1873 年的 27.1 倍。②

（三）高等教育

这一时期的普通高等教育机构仅东京大学 1 所。1877 年 4 月，明治政府将东京开成学校与东京医学校合并成立东京大学，分为法学部、理学部、文学部、医学部。东京大学是日本近代第一所大学，是培养国家高级人才的主要机构，受到政府经费的重点支持。早在东京大学成立之前，明治政府便向其前身——东京开成学校、东京医学校提供经费补助，而且支付给两校的补助经费分别居文部省经费支出的第三、第四位；东京大学成立以后，东京大学及其医学部接受的经费补助仍分别占文部省经费的第三、第四位，仅次于文部省行政经费、府县小学补助金。③ 高等教育在校生人数于 1879 年达到7415 人，是 1873 年的 1.7 倍。④

（四）师范教育

《学制》在"大学"之下提及了"师范学校"，规定"师范学校讲授小学教育

① 该校 1873 年开设法学、理学、工学等专门学科，为综合性专门学校；1874 年改称东京开成学校，1877 年合并为东京大学。

② 文部省：《日本の成長と教育——教育発展と経済発展》，175 頁，東京，帝国地方行政学会，1962。

③ 教育史編纂委員会：《明治以降教育制度発達史》第 2 卷，105～124 頁，東京，龍吟社，1938。

④ 文部省：《日本の成長と教育——教育発展と経済発展》，175 頁，東京，帝国地方行政学会，1962。

之教则和教学方法，在当前乃极为紧要，若该学校不实现，则小学不能完备，故期尽快开设此种学校，在实现之基础上向各地派出小学教师"(第 39 章)。明治政府对师范教育的重视仅次于小学，《学制》的"着手顺序"中第二条为"迅速兴办师范学校"。因此，对师范学校的经费补助在 1878 年 7 月至 12 月占文部省经费的 7.6%，仅次于对小学及东京大学的补助金额。

这一时期，明治政府重点发展了三类师范教育机构。第一类是师范学校。明治政府在颁布《学制》之前，便在东京的昌平学校原址设立了一所师范学校；颁布《学制》后又继续增设，1878 年有师范学校 101 所，是 1874 年的 2.2 倍。第二类是高等师范学校。1873 年设立 2 所；1876 年达到最多的 9 所后有所减少；1879 年为 2 所。① 第三类是教员养成所。各府县为了应对迅速发展的小学教育，纷纷设立此类教师培养机构(1874 年有 70% 的府县设立)，至 1876 年，各府县共设立 63 所教员养成所。②

(五)职业教育

这一时期的职业教育机构主要包括专门学校、实业学校、各种学校三类。职业教育机构可直接为资本主义生产提供各级各类人才，因而受到明治政府的重视，获得了较大的发展。1873 年，仅有 26 所专门学校；1875 年，开始设立实业学校；1876 年，开始大量设立各种学校；到 1789 年时，三类职业教育机构达到 450 所(其中实业学校 14 所、专门学校 108 所、各种学校 328 所)，是 1873 年的 17.3 倍。③

各类职业教育机构的专业领域主要为农业、工业、商业、外语、法律等。在农业教育方面，1875 年 6 月，开拓使临时学校(1872 年 5 月设立)改为札幌

---

① 文部省：《日本の成長と教育——教育発展と経済発展》，170 頁，東京，帝国地方行政学会，1962。

② 国立教育研究所：《日本近代教育百年史・学校教育 1》，897~898 頁，東京，文唱堂，1974。

③ 文部省：《日本の成長と教育——教育発展と経済発展》，170~171 頁，東京，帝国地方行政学会，1962。

学校，1876 年 9 月又改为札幌农学校；1874 年 4 月，内务省劝业寮内设立讲授德国农学的农事修学场，1877 年 10 月改称驹场农学校(后为东京帝国大学农科大学)。在工业教育方面，1873 年，工部省工部寮工部学校(设立于 1872 年 4 月)正式开课，1874 年以后称"工学寮"，1877 年 1 月改称工部大学校。在法律教育方面，1875 年，专门培养法律人才的司法省明法寮(设立于 1871 年 11 月)改为司法省直辖的法学校(1884 年改为文部省直辖的东京法律学校，1885 年合并于东京大学法学部)。

明治政府还特别重视外语教育和商业教育。在外语教育方面，1873 年 11 月，在东京设立外国语学校；1874 年一年内，各大学区共设立公立外国语学校 7 所。1874 年 12 月，东京外国语学校的英语科独立为东京英语学校。明治政府对英语教育采取了重点扶持政策，1874 年至 1877 年，文部省支出的"东京外国语学校补助金"历年度均居英语教育经费的第五位。在商业教育方面，1874 年 5 月，大藏省纸币寮银行课内设银行学局(1876 年 7 月被废止)，聘请英国人教授簿记学、经济学及银行必需的语言学，成为近代日本商业教育的开端。地方政府及个人也先后设立商业学校，森有礼于 1875 年 9 月设立专门讲授商业的商法讲习所(一桥大学的前身)；三菱公司于 1875 年 11 月设立培养海员的三菱商船学校(后来的东京商船学校)；兵库县于 1878 年 1 月设立神户商业讲习所(1886 年改称为神户商业学校)；岩崎弥太郎于 1878 年 3 月设立私立三菱商业学校；小林重太郎等人于 1879 年 2 月设立函馆商船学校(1886 年改为北海道立商船学校)等。①

(六)学校教育的总体特征

第一，学校教育总规模成倍扩大。从各级各类学校的总量来看，如表 6-4 所示，1879 年各级各类学校总数达到 29352 所，是 1873 年的 2.3 倍。

---

① 臧佩红：《日本近现代教育史》，37~38 页，北京，世界知识出版社，2010。

表 6-4 《学制》颁布实施时期的学校总数量

年度	学校总数		小学		中等教育		高等教育	
	数量/所	比例/%	数量/所	比例/%	数量/所	比例/%	数量/所	比例/%
1873	12646	100	12597	99.61	20	0.16	29	0.23
1874	20195	100	20017	99.12	48	0.24	100	0.50
1875	24620	100	24303	98.71	199	0.81	118	0.48
1876	25473	100	24947	97.94	413	1.62	112	0.44
1877	26268	100	25459	96.92	732	2.79	77	0.29
1878	27661	100	26584	96.11	989	3.58	87	0.31
1879	29352	100	28025	95.48	1213	4.13	111	0.38

注:"中等教育"包括中学、师范学校、实业学校;"高等教育"包括大学、高等师范学校、专门学校。

从各级各类教育在校生人数以及在校生总人数来看,如表 6-5 所示,1879 年的初等教育人数是 1873 年的 1.75 倍;1879 年的准中等教育人数是 1876 年的 2.91 倍;1879 年的中等教育人数是 1873 年的 27.09 倍;1879 年的高等教育人数是 1873 年的 1.74 倍;1879 年的在校生总人数达到 237.7 万人,是 1873 年的 1.78 倍。

表 6-5 《学制》颁布实施时期各教育阶段的在校生人数(累年)[①]

年度	初等教育		准中等教育		中等教育		高等教育		总计	
	人数/人	比例/%	人数/人	比例/%	人数/人	比例/%	人数/人	比例/%	人数/人	比例/%
1873	1326190	99.5	—	—	1767	0.2	4263	0.3	1332220	100
1874	1714768	99.1	—	—	7637	0.4	7774	0.5	1730179	100
1875	1926126	98.9	—	—	12472	0.6	8545	0.5	1947143	100
1876	2067819	98.5	2333	0.1	19540	0.9	8655	0.5	2098347	100
1877	2162962	98.2	4807	0.2	28695	1.3	6586	0.3	2203050	100

① 文部省:《日本の成長と教育——教育発展と経済発展》,174~175 頁,東京,帝国地方行政学会,1962。

年度	初等教育		准中等教育		中等教育		高等教育		总计	
	人数/人	比例/%	人数/人	比例/%	人数/人	比例/%	人数/人	比例/%	人数/人	比例/%
1878	2273282	97.9	5271	0.2	37686	1.6	6664	0.3	2322903	100
1879	2315156	97.4	6786	0.3	47876	2.0	7415	0.3	2377233	100

注：初等教育包括普通小学、高等小学；准中等教育包括徒弟学校、各种学校；中等教育包括中学、师范学校、实业学校；高等教育包括大学、高等师范学校、专门学校。

第二，学校教育结构逐步升级。学校教育分为初等教育、中等教育、高等教育三个层次。初等教育所占比重越大、中高等教育所占比重越小，表明教育内部结构的发展水平越低；初等教育比重降低、中高等教育比重增加，则表明教育内部结构的升级。上述两表显示，这一时期初等教育机构数量稳步增长，中等教育机构增幅尤大，高等教育增幅相对较小；初等教育机构在学校教育总量（学校数量、在校生人数）中所占的比例逐年减小，中等教育机构所占比例大幅增加，高等教育所占比例有增有减，总体上增速不快。

第三，学校教育发展仍存在一定的局限。从《学制》目标的实现程度来看，如表6-6所示，中学、师范学校、职业教育机构均大大超过了计划目标，但是，占当时学校教育主体的小学数量、义务教育入学率仅实现了计划目标的约50%，大学则仅实现了12.5%。可见，该时期并未完全实现《学制》所确立的目标。

表6-6 《学制》的计划目标实现程度

项目	计划 A	计划 B	实现程度（B/A）
小学	53760	28025	52.1%
中学	256	784	306.3%
大学	8	1	12.5%
师范学校	未规定	101	—
职业教育机构	未规定	438	—
义务教育入学率	100	41.16	41.2%

从这一时期日本的总体教育水平来看，1879年初等教育的学校数量及在校生人数均占总数的95%以上，中等教育学校数量占4%、在校生人数占2%，高等教育两项指标均不足0.5%。初等教育的比例过大、中高等教育的比例过小，表明日本学校教育的结构尚处于较低层次。另外，从受教育人口占同龄人口比例来看，废除《学制》的翌年(1880年)，在14至16岁国民中，受高等教育者仅占0.3%。① 中等教育、高等教育的欠发达，表明这一时期的日本教育尚处于较低水平。

可以说，在《学制》颁布实施时期，日本教育一方面整体获得了较大程度的发展；另一方面，由于初等、高等教育远未达标，教育内部结构及社会教育程度均处于较低层次，且具有一定的局限性。前者表明了《学制》的进步意义和积极作用；后者则是由其所处的"近代开端"这一历史地位决定的。②

第三节　日本近代教育体制的调整修改(1879—1886年)

1879年9月颁布《教育令》至1886年3月公布《帝国大学令》，同时宣布废止《学制》，明治政府通过颁布并两度修改《教育令》，逐步在教育目的、教育行政、学校制度等方面修改了《学制》确立的近代教育体制。因为这一时期日本的教育纲领经历了《教育令》，修改《教育令》，再次修改《教育令》等多个阶段，体现了在教育实践过程中对教育纲领进行的修改，所以这一时期被称为日本近代教育体制的调整修改期。

---

① 文部省：《日本の成長と教育——教育発展と経済発展》，181頁，東京，帝国地方行政学会，1962。

② 臧佩红：《日本近现代教育史》，38~41页，北京，世界知识出版社，2010。

一、教育理念的体现

(一)《教育令》的制定与修改

由于《学制》中"为国家"的教育目的缺失，并且当时政府的教育经费也难以为继，因此明治政府早在 1877 年 1 月便废除了督学局，设置"学监事务所"并任命"学制改正委员"，着手修改《学制》。同时，聘请美国顾问戴维·默里(David Murrey)起草了《学监考案日本教育法》(7 篇 120 章)，供文部省修改《学制》时参考。1878 年 5 月，文部大辅田中不二麿主持起草了文部省方案《日本教育令》(78 章)，并于同月 14 日上奏太政官。在接到文部省的草案后，时任太政官参议、法制局局长的伊藤博文认为："文部省上呈修改教育(法)令之议，逐条审查，亦有难适当今时势之条，如别册更(另)起草……"于是，伊藤博文于 1879 年 2 月起草了本应属文部卿专管的教育令。伊藤博文起草的教育令草案，获得元老院批准，9 月 29 日由天皇裁定后颁布。[①] 1879 年 9 月 29 日颁布的《教育令》(47 条)较《学制》简单得多，其主要内容包括：第一，文部省的教育统辖权；第二，各级学校的基本职能；第三，学校的设置、管理与经费；第四，儿童的就学；第五，师范学校与教师。[②]《教育令》规定的地方教育行政方式、学校设置管理、国民就学义务等都相对宽松，故被称为"自由教育令"。

《教育令》公布不久，1880 年 2 月就任文部卿的河野敏镰便开始修改《教育令》。同年 9 月，文部省内设置"临时调查委员会"，负责草拟《〈教育令〉修改方案》，并于 12 月正式向太政官提出《〈教育令〉改正案》。1880 年 12 月 28 日公布的第一次修改的《教育令》(44 条)更为简单，其主要内容包括：第一，强调就学义务；第二，加强中央及地方官的监督权力；第三，重视道德

---

① 臧佩红：《日本近现代教育史》，49~50 页，北京，世界知识出版社，2010。
② 神田修、山住正己：《史料日本教育》，118~119 頁，東京，學陽書房，1986。

教育；第四，取消政府对小学和师范学校的补助金；第五，重视发展实业教育。①

1885年8月12日，明治政府为了节约教育经费，公布了再次修改的《教育令》(31条)，其主要内容包括：第一，废除国库补助金，为了减轻地方财政负担，责成町村重新收取授课费，《学制》颁布实施时期推行的受益者负担原则再次被采用；第二，取消"自由教育令"以来的学务委员，各町村之学事由户长掌握；第三，根据各地方的实际情况而承认简易的教育形式，如除正规小学外，还可以开设类似寺子屋的"小学校场"，也承认学生利用上午或下午的半日，以及夜间2小时以上的授课。②

(二)《教学大旨》的颁布

在明治政府于1879年颁布、1880年和1885年两次修改的《教育令》中，均没有规定教育目的，而是在《教育令》之前，以天皇名义颁布的《教学大旨》中规定了教育的宗旨。

《教学大旨》颁布于1879年8月③，由天皇的侍讲、儒学者元田永孚起草，天皇以圣旨的形式颁布。其内容如下："教学之要，在明仁义忠孝、究智识才艺、以尽人道，此乃我祖训国典之大旨、上下一般所教之处。然晚近专尚智识才艺，驰于文明开化之末，破品行、广求知识于世界之卓见，一时取西洋之所长，奏日新之效。然其流弊在于以仁义忠孝为后，徒竞洋风，将来恐终不知君臣父子之大义。此乃非我邦教学之本义也。故自今以往，应基于祖宗之训典，专明仁义忠孝，道德之学以孔子为主，人人尚诚实品行，而各学科之学，随其才器日益长进，道德才艺，本末全备，以布大中至正之教学于天下。如是，则我邦独立之精神可无耻于宇内。"④

---

① 神田修、山住正己：《史料日本教育》，120~122頁，東京，學陽書房，1986。
② 神田修、山住正己：《史料日本教育》，122~124頁，東京，學陽書房，1986。
③ 海後宗臣：《教育敕語成立史研究》，28頁，東京，東京大学出版会，1965。
④ 宮原誠一：《資料日本現代教育史》，26頁，東京，三省堂，1974。

　　虽然《教学大旨》未明文规定教育目的是为国家，但规定忠孝为教育之本，于"国"为"忠"、于"家"为"孝"，其意自明。元田永孚起草的五个圣旨草案中，直言"国家"："教育之主义，在于以道德彝伦为本、达知识才艺，以尽人道，淳风俗以培养国家之精神元气"，"教学之大旨在明仁义忠孝、扩充智识才艺、固国本，此乃我祖训国教之本意"；"教学之要，在明仁义忠孝、究智识才艺、以尽人道，此乃我祖训国典之大旨、上下一般所教之处"等。① 可见，《教学大旨》意在借"忠孝"之名以强化"国家"观念之实，从而改变了《学制布告》所宣示的教育为了"个人"的教育目的。因此，《教学大旨》不仅仅是"复活儒教"的标志，更是欲借儒教的"忠孝"以宣示"国家"教育目的。日本学者海后宗臣也指出，上奏《教育令》与制定《教学大旨》的时期重合，绝非偶然一致②，天皇以圣旨形式总结了国民教育之根本方针，并下达给文部卿、内务卿及其他政府要人。1877 年至 1882 年的诸多教育改革政策，均发端于该教学圣旨。③

　　基于《教育大旨》中提到的教育理念，明治政府的教育政策中也开始公开提出"皇国"教育目的。例如，1881 年的《〈教育令〉实施规则》规定：教育之目的主要在于振作尊王爱国之志气；同年 6 月的《小学教员须知》"序言"中写道：普通教育之张弛关系国家之隆替。④ 1881 年 12 月，时任参议兼文部大臣的福冈孝弟召集全国地方长官发表关于教育行政的训示，开篇即称"教育之张弛良否，有关国家之安宁盛衰，原本重大"⑤。1885 年 6 月，文部省上奏的《〈教育令〉修改理由》中也写道："小学乃向儿童实施普通教育之场所，其目的在于涵养儿童之德性、发育其心身、教授农商工及其他人生诸职业必需之知识技术

---

　　① 海後宗臣：《教育敕語成立史研究》，33~37 頁，東京，東京大学出版会，1965。
　　② 海後宗臣：《教育敕語成立史研究》，75~76 頁，東京，東京大学出版会，1965。
　　③ 海後宗臣：《教育敕語成立史研究》，75~76 頁，東京，東京大学出版会，1965。
　　④ 宮原誠一：《資料日本現代教育史》，81 頁，東京，三省堂，1974。
　　⑤ 宮原誠一：《資料日本現代教育史》，24 頁，東京，三省堂，1974。

之端绪、奠定成为国家良民之基础。"①

这一时期，明治政府内部就有关德育问题产生了分歧，即太政官参议、法制局局长伊藤博文与天皇侍讲元田永孚之间的"德育论争"。② 伊藤博文与元田永孚"论争"的焦点是实施德育的途径。元田永孚主张，道德之学以孔子为主，所选用之伦理风俗读本应以四书五经为主，加之采用日本书籍中之伦理书，进而采用西洋书籍中品行性理完全者③；伊藤博文则主张，不兴汉学及欧洲政学，而"广工艺技术百科之学""以期实用"④。两人主张的德育方法不尽相同，但在以"仁义忠孝"为本这一点上却始终高度一致。伊藤博文在上奏其意见之前首先说明："圣意之所在，深鉴时弊，宏图悠远，臣感激之甚。谨草议一道，陛下既悉者，臣不敢赘言烦听，今所陈者，唯望专拾阙遗、裨补涓埃之微于万一，唯仰圣明之裁。"⑤而且，伊藤博文、元田永孚均提到了建立国教问题。伊藤博文在《教育议》中虽未直接赞同，称"若折中古今、斟酌经典、建一国教而行于世，则有待贤哲其人，而非政府宜管制之处"⑥，但元田永孚则在《教育议附议》中主张，（欧洲）帝王、宰相以至于人民，无不基于其宗教者。本朝自琼琼杵尊以后至钦明天皇以前……祭政教学一致，仁义忠孝而无二心……则今日之国教无他，亦复其故而已。⑦ 元田永孚进而于1880年起草的《国宪大纲》中建议"天皇统帅全国治教之权"⑧。伊藤博文在1882年赴

---

① 明治文化 資料刊行会：《明治文化資料・教育編》，174頁，東京，風間書房，1961。

② 1879年8月颁布《教学大旨》后，天皇曾就此问题询问伊藤博文的意见，伊藤博文于同年9月将自己的意见写成《教育议》并上呈天皇，作为天皇侍讲的元田永孚看后，认为伊藤博文未完全领会《教学大旨》的真意，遂于同月针对《教育议》起草了《教育议附议》，双方分别阐述了自己的道德教育主张。

③ 宮原誠一：《資料日本現代教育史》，26～27頁，東京，三省堂，1974。

④ 宮原誠一：《資料日本現代教育史》，28～29頁，東京，三省堂，1974。

⑤ 宮原誠一：《資料日本現代教育史》，27頁，東京，三省堂，1974。

⑥ 宮原誠一：《資料日本現代教育史》，28頁，東京，三省堂，1974。

⑦ 宮原誠一：《資料日本現代教育史》，30頁，東京，三省堂，1974。

⑧ 伊藤敏行：《日本教育立法研究——敕令主 を中心として》，36～37頁，東京，福村出版株式会社，1993。

欧洲考察宪法问题时改变了看法，他致信右大臣岩仓具视称，国家组织之大体，重点应固定皇室之基础，充分确定大权之不坠。

可见，无论是"忠孝"还是"尊皇""国教"，都是日本社会政要试图通过加强皇室巩固国家统治的途径和手段。

二、《教育令》时期的教育行政

1879 年的《教育令》虽有"自由"之名，但该令旋即被修改。此后，明治政府采取了一系列措施，使教育行政向着国家控制的方向发展，具体表现为，国家权力开始干预教育行政；中央对地方的教育行政控制加强；政府开始调整教师政策、教科书政策，控制教育内容；国家开始颁布法令限制教育领域的政治权力自由。

(一)国家权力对教育的干预

1879 年的《教育令》规定了中央的教育行政统治权，只是对学校教育的规定相对宽松，因而被称为"自由教育令"。该令于 1880 年 12 月被修改，修改的原因是其"自由"与"放任"："(《教育令》)往往将不得放任之事一并放任""反动之势竟云普通教育亦不可干涉""盖无论其政府如何，苟能称文明之国者，均须以普通教育之干涉为政府之务"。① 由此，根据 1880 年 12 月之后的《教育令》，国家进一步加强了对教育的控制程度。

第一，文部省教育行政功能的加强。这一时期，文部省仍然统辖全国教育。1879 年的《教育令》第一条规定：全国之教育事务由文部卿统辖，故学校、幼稚园、图书馆等，不分公立、私立，皆在文部卿监督之下。② 在 1880 年、1885 年两度修改的《教育令》中，该内容均没有变化。此外，这一时期还加强了文部省对德育的掌控权。在 1880 年 1 月修改的《文部省官制》《文

---

① 宮原誠一：《資料日本現代教育史》，70~71 頁，東京，三省堂，1974。
② 神田修、山住正己：《史料日本教育》，118 頁，東京，学陽書房，1986。

部省事务章程》中，文部卿的权限中新增"赞导道德、智识之上进"。进而，1881年10月，文部省改革内部机构，下设专门学务、普通学务、编辑、会计、庶务、报告六局、内记、调查二科以及"音乐取调挂"，其教育行政掌控功能进一步完备。

第二，中央通过"视学"监控地方教育。1879年的《教育令》规定，文部卿应时常向府县派遣官吏，巡视学事之实况。在1880年、1885年的两度修改中，该条款未变。文部省派遣官员到各地巡视教育的主要目的是教育之事，大概属于无形，非仅靠颁布法令、规则等便可完成其成果，必须亲临实地，需有视察、矫正、改良教旨之利害、授课之得失、官员之良否之（工）具。① 基于此，文部省每年向地方各府县派遣官员，以监控地方教育行政。

第三，基层教育行政官员由民选制改为任命制。这一时期的基层教育行政官员被称为"学务委员"。1879年的《教育令》规定，学务委员由其町村民选举产生。同年10月，文部省制定了《学务委员选举法》；翌年1月下令各府县制定《学务委员选举规则》，实施基层教育行政官员的民选制。但是，1880年的《教育令》规定："学务委员由町村人民荐举出二三倍于其规定人数的候选人，由府知事县令从中选任。推荐规则由府知事县令起草，应经文部卿批准。"这表明，地方基层教育行政官员的选拔由民选制改为有限民选制。时任文部卿福冈孝弟也公开指出，欲图教育之普及，非凭政府干涉之力不可。② 1885年的《教育令》则取消了"学务委员"，规定其相应权限由户长承担。由此可见，地方教育行政中的民主程度在逐渐减弱。

第四，教育行政开始受一般行政干涉。《学制》所规定的学区制并不是按照府县的一般行政区划分的，同时规定每个大学区内设置的"督学局"直接"奉

① 宫原诚一：《资料日本现代教育史》，87页，东京，三省堂，1974。
② 宫原诚一：《资料日本现代教育史》，86页，东京，三省堂，1974。

文部省之意""亦可直接召集学区管理人，谕示本局之意向""地方官均应与督学局协商"，教育行政在一定程度上独立于一般行政。1879 年的《教育令》废除了学区制，规定学校的设立与管理单位为町村及府县，从而使教育行政单位与一般行政单位相一致。此外，1880 年、1885 年的《教育令》在学校设置、基层教育行政官员的任命、教则的制定、教育经费的使用、义务教育的监督、教育情况的汇报、教师的任命等方面，都加强了府县知事的权限。地方教育行政开始受到一般行政的干涉。①

上述四点表明，一方面，中央的文部省加强了对地方基层教育行政的控制，教育行政的"民主"程度降低；另一方面，一般行政对教育行政的干涉程度加深，教育行政的"独立"程度减弱。

(二)教科书政策的加强

这一时期，明治政府主要在以下三个方面开始逐步加强对教科书的干预。

第一，政府日益加强对中小学教学大纲(即"教则")的控制。日本社会政要认为："教则乃实现学校目的之要具，为关系培养学生良否之最至重者，故其制定、检查等亦最加慎重。"②因此，1879 年的《教育令》规定中小学教学大纲由"文部卿批准"；1880 年的《教育令》规定由"文部卿颁布其纲领""府知事、县令编制"；1885 年的《教育令》进一步规定文部卿颁布中学及其他学校之教则。文部省、地方长官加强对教学大纲的控制，也就是加强了对学校教育内容的控制。

第二，政府开始组织编写国家所需的教科书。1880 年 3 月，文部省内设立编辑局，保守的儒学者西村茂树任第一任编辑局局长。西村茂树上任后，首先着手小学修身教科书的编纂工作，并于 1880 年 4 月编辑出版了《小学修身则》。《小学修身则》是基于东洋古典的小学修身书范本，在内容上除了古

---

① 臧佩红：《日本近现代教育史》，59~61 页，北京，世界知识出版社，2010。
② 宫原诚一：《資料日本現代教育史》，84 頁，東京，三省堂，1974。

语、俚谚、和歌外，又加上了忠臣孝子的传记等，以便培养学生的"忠孝仁义"，成为贯彻这一时期"忠君爱国"教育的直接素材。

第三，政府开始取缔不符合国家要求的教科书。1880年5月，文部省开始调查小学教科书，先主要着手公立、私立小学教科书，并涉及公私立中学、师范学校。"至今已检查完并通告府县者达300余种。其检查目的，以往专以有关风俗与国宪治安者为主。"①同年6月制定《地方学务局处务规则》，在文部省地方学务局内设立"取调挂"，负责进一步调查中小学和师范学校的教科书，并把调查过的书目通知各府县，要求从中选择使用。同年8月，文部省地方学务局将已经调查过的教科书分为甲、乙、丙三类，通知各府县，并要求慎重使用或禁止使用。1880年12月，文部省进一步下达通知《关于取缔教科书内容的警告》："关于学校教科书之追加通知，记载妨害国安、紊乱风俗之事项的教科书自不待言，教育上有弊害之书籍，要注意不得采用。"②

进而，1881年12月，时任文部卿福冈孝弟训示府知事县令等地方官："今后随着准备之完善，将要精查百般之科学是否适合教育。现正欲制定《教科书检查条例》，颁布此条例后，凡教科书，无论公立、私立，不得采用无本省审定之章者。为达到上述目的，本省每月报告检查完毕的教科书。其他未检查完毕之书籍，本省将根据去年第21号通知，训示府县注意不采用妨害国安、紊乱风俗，以及教育上有弊害之书籍作为公私立学校教科书，并对其加以取缔。"③于是，1883年7月，文部省通知各府县，要求各地的小学、中学及师范学校在采用教科书时，需要获得文部省的批准。同年8月，文部省通知相关各县，要求停止出版发行违反法令的教科书。应该说，这一时期日益加强的教科书政策，为下一阶段教科书检定制度的确立做了必要的铺垫。

---

① 宫原诚一：《資料日本現代教育史》，86頁，東京，三省堂，1974。
② 神田修、山住正己：《史料日本教育》，204頁，東京，学陽書房，1986。
③ 宫原诚一：《資料日本現代教育史》，86頁，東京，三省堂，1974。

（三）师资队伍要求的提高

这一时期，明治政府主要通过以下三个措施加强了对教师的掌控。

第一，加强对教师的道德要求。1879 年的《教育令》仅规定教员应不论男女年龄均在 18 岁以上。1880 年的《教育令》中新增了"品行不正者不得任教员"的规定。1885 年的《教育令》要求教员品行端正。在此期间，文部省于 1881 年 6 月制定《小学教则须知》（共 16 条），具体规定了教师的"品行"内容：道德教育（忠君爱国）、智心教育、身体教育、不得偷安贪利、起居饮食等有良规、博学、磨炼心智、活用教学法、留意讲究人之心神及身体之组织作用、熟悉学校管理之事、理解校则并执行之、具备熟练恳切勤勉三美事、具有刚毅忍耐威重诚恳勉励等诸德、稳重处理学生间的党派与争论等。① 翌月，文部省下达了《学校教育品行审查规则》。

第二，确立了教师资格证制度。1879 年的《教育令》仅规定公立小学教员为持有师范学校毕业证书者。虽无师范学校毕业证书，具有与教员相应之学力者不妨成为教员。1880 年的《教育令》中新增了对教师资格证的要求：公立小学教员为持有官立、公立师范学校之毕业证书者。虽无师范学校毕业证书，而持有府知事、县令所发之教师资格证者，不妨成为该府县教员。据此，文部省于 1881 年 1 月下达《小学教师资格证授予方法须知》，具体规定了小学教师资格证的授予方法。1885 年的《教育令》进一步删除了"师范学校之毕业证书者"的资格，规定所有教师必须"获得文部卿或府知事、县令颁发之资格证"。除小学教师外，1884 年 8 月，文部省制定《中学、师范学校教师资格证规程》，开始施行中等学校教师的资格证制度。教师资格证制度一方面可以规范教师队伍，另一方面也便于政府加强对学校教师的控制。

第三，规定了教师的待遇。1872 年的《学制》、1879 年的《教育令》中均未涉及教师的待遇问题。1880 年的《教育令》规定町村立小学教员之奉额，由府

---

① 宫原诚一：《資料日本現代教育史》，81~82 頁，東京，三省堂，1974。

知事、县令规定，经文部卿批准。1885年的《教育令》在教师工资之外新增旅费的相关规定。与此同时，文部省于1881年6月制定的《府县立、町村立学校职员名称及准官等》，规定了校长及教师的身份名称、官职等，该措施确保了教师的身份，但同时也使公立学校教师官吏化。

(四)普通民众教育权的限制

这一时期，明治政府也加强了对教育官员、学校教师及学生政治活动的管制、压制，甚至剥削教育界人士的政治自由与权利。教师、学生政治权利与自由的受限，也从一个侧面反映了国家权力对教育干预的加强。

第一，限制教育官员及教师的政治权利。早在1879年5月，文部省便下令禁止文部省官员、直辖学校总长、校长及教师等召开以政谈讲学为目的的集会。1880年4月，又以太政官布告的形式颁布《集会条例》，其中规定，陆海军军人中常备军、预备军、后备军在籍者，警察官，官立、公立、私立学校之教员、学生，农业、工艺之见习生，不得参加讲谈、议论政治事项之集会，不得加入其社团。也就是说，学校教师的政治集会权被国家法律明令禁止。继而，1881年6月的《小学教师须知》规定，若有学生党派、发争论等事，处置时要极为稳当详密，要无偏颇之弊、不失苛刻。故教员须常养宽厚之量、持中正之见，尤其不得就政治及宗教发表执拗矫激之言论等。1881年7月的《学校教员品行审定规则》中规定"品行不正"的第一条内容即为"被判徒刑、监禁或拘留之刑"，而且规定对于此类教师予以停职。该规则从1883年5月开始适用于各学校。也就是说，学校教师参加政治集会、政治团体便违反了《集会条例》，违反条例便会被拘留或被处以更加严厉的惩处，触犯刑律便将被开除。上述规定限制了教师的言论和行动自由，间接剥夺了教师的政治权利与自由，从而加强了对教师队伍的统制。此外，1881年12月，文部省又下令禁止使用学校设施举行各种集会。

第二，取缔在校学生的政治活动。1880年的《集会条例》也规定禁止学生参加政治集会、加入政治团体。1882 年 6 月，文部省根据修改的《集会条例》，下令其直辖学校禁止学生发表学术演讲。1883 年 10 月，东京大学全体学生拒绝参加学位授予仪式，以反抗政府取缔学生政治活动的自由。但是，学生的反抗未能改变政府意欲加强教育统治的意图。①

三、《教育令》时期的学校教育

这一时期，学校教育制度的变化主要体现在义务教育方面，即 3 次《教育令》都有有关义务教育的条款，确立了不同于《学制》颁布实施时期的义务教育制度。此外，普通中等教育开始出现分化迹象，师范教育更加规范化，职业教育进一步受到重视。学校教育规模的变化主要体现在：义务教育小幅扩大，普通中等教育、师范教育、高等职业教育均大幅度缩减，高等教育、中等职业教育有所扩大，而初等职业教育增幅最大。从总体上看，这一时期学校教育规模的扩大不及《学制》颁布实施时期。

（一）义务教育

《教育令》时期，有关义务教育的强制性法律规定、义务教育年限、义务教育财政三个方面，均改变了《学制》颁布实施时期的相关规定，从而改变了义务教育制度。

关于义务教育的表述，1872 年的《学制》中使用了"人之父兄……务必使其子弟从事学业"；但 1879 年、1880 年、1885 年的《教育令》中均使用了"使学龄儿童就学，应为父母及监护人等之责任"，即义务教育的法律规定被表述为"责任"，仍未使用"义务"一词。

关于义务教育年限，1872 年的《学制》规定"务必就学"的下等小学 4 年；但 1879 年的《教育令》规定学龄期间接受普通教育至少 16 个月（公立小学学习年限 8 年，最短不得少于 4 年，每年授课不少于 4 个月），义务教育年限大大

①　臧佩红：《日本近现代教育史》，63~64 页，北京，世界知识出版社，2010。

缩短与放宽;1880年的《教育令》规定小学学习期限为3年以上、8年以下,每年授课32周(8个月),每天授课3~6小时,义务教育年限较之1879年的《教育令》有所延长;1885年的《教育令》规定小学的学习年限不变,只是允许学生就读于更加简易的小学教场,且允许可用半日或夜间授课,每天授课时间至少2小时。可见,三次《教育令》对义务教育年限的规定虽有所不同,但总体上比《学制》颁布实施时期相对宽松。

关于义务教育财政,《学制》颁布实施时期明文规定征收学费;但1879年、1880年的《教育令》对收取学费有所放宽,即规定"学校是否征收学费,应根据其情况而定";1885年的《教育令》删除了该条款,并没有规定学费问题。事实上,1885年8月,文部省曾明确表示府县及町村学校应征收学费,教育经费仍然采取自费原则。

关于义务教育的国家财政补助问题,1879年9月颁布的《教育令》规定中央政府向小学每年授课满4个月的地方支付补助金,但该《教育令》颁布后仅15个月,1880年12月修改的《教育令》改变了该政策,删除了关于补助金的条款,即中央政府不再向地方义务教育提供财政资助,1885年的《教育令》亦同。也就是说,《教育令》时期最终废除了中央政府向地方义务教育提供财政补助的制度。

可见,《教育令》时期的义务教育制度,在强制性、就学年限、收取学费等方面上的法律规定均有所放松,但同时也取消了国家补助政策,从而修改了《学制》颁布实施时期确立的义务教育制度。①

这一时期的义务教育发展,从1879年开始,小学数量、在校生人数、义务教育就学率均有所提高,到1883年三项指标均达到该时期最高值后,开始有所下降。但从总体上看,如表6-7所示,1886年的小学数量是1879年的1.02倍,1886年的在校生人数是1879年的1.21倍,就学率提高了9.87%;

① 臧佩红:《日本近现代教育史》,70~71页,北京,世界知识出版社,2010。

1886 年的义务教育规模较之 1879 年有所扩大。但这一时期义务教育三项指标的扩大幅度，均不及《学制》颁布实施时期。可见，这一时期的义务教育规模有所扩大，但增幅相对较小。

表 6-7 《教育令》时期义务教育增长幅度①

项目	A(1879 年)	B(1883 年)	C(1886 年)	增幅
小学数量	28025 所	30156 人	28556 所	C/A：1.02 倍
在校生人数	2315156 人	3237675 人	2802796 人	C/A：1.21 倍
就学率	41.16%	51.03%	49.62%	C-A：9.87%

(二)中等教育

普通中等教育机构包括中学、高等女子学校。1879 年、1880 年、1885 年的《教育令》中均规定"中学为讲授高等普通学科之场所"；1880 年、1885 年的《教育令》中的最后一条规定：各府县应根据当地情况设置中学。就中学的数量而言，1879 年有中学 784 所，1880 年锐减为 187 所，此后逐年递减，至 1886 年仅剩 56 所，1886 年的中学数量仅为 1879 年的 7.1%；高等女子学校 1882 年设立时有 5 所，到 1886 年发展到 7 所②；从中等教育在校生人数来看，1886 年有 17956 人，仅为 1879 年 47876 人的 37.5%。③ 可见，这一时期的普通中等教育规模大幅度缩小。

这一时期的中等教育还呈现出分化的端倪。1881 年 7 月，文部省公布《中学教则大纲》，其中明确规定，中学具有就职与升学两个目的；1880 年、1885 年的《教育令》规定各府县应设立中学的同时，也应设立农业学校、商业

---

① 文部省：《日本の成長と教育——教育発展と経済発展》，170~180 頁，東京，帝国地方行政学会，1962。

② 文部省：《日本の成長と教育——教育発展と経済発展》，170~175 頁，東京，帝国地方行政学会，1962。

③ 文部省：《日本の成長と教育——教育発展と経済発展》，174 頁，東京，帝国地方行政学会，1962。

学校、职工学校及其他专门学校。这表明，中等教育开始分化为普通教育和职业教育两类。

(三)高等教育

普通高等教育机构仍然仅有东京大学一所。东京大学的发展呈现三种趋势。一是大学教育的升级。1880年8月，东京大学在法学部、理学部、文学部内分别设立学士研究科，该研究科成为研究生院的前身。它表明东京大学在本科教育基础上，又开始向更高层的研究生教育发展。二是大学内容的拓展。东京大学成立之初仅设法学、理学、文学、医学4个学部，1885年12月，又新增工艺学部，成为法政、文、理、工艺、医学5个学部。三是大学在校生人数增加，1886年共有12126人，是1879年7415人的1.64倍。①

(四)师范教育

1879年的《教育令》规定各府县应根据情况设置公立师范学校，并规定国家对公立师范学校进行财政补助。虽然1880年、1885年的《教育令》仍规定各地应设立培养小学教师的师范学校，但均取消了对师范学校的财政补助。从师范教育机构的规模来看，1879年有师范学校87所，此后呈缩减趋势，至1886年仅剩46所；1879年至1884年一直有2所高等师范学校，到1885年时减为1所。②

这一时期的师范教育有两个特点。一是师范教育进一步规范化。1879年2月，东京师范学校修改教学大纲，规定预科2年、高等预科2年、本科1年，附加教育学、学校管理法、唱歌，并充实理学方面的教学课程；同年9月，该校又进一步修改校规，明文规定其具有正规教师培养机构的职能。此外，1881年8月，文部省制定了《师范学校教则大纲》，该大纲是日本第一个

---

① 文部省：《日本の成长と教育——教育発展と经济発展》，174頁，東京，帝国地方行政学会，1962。

② 文部省：《日本の成长と教育——教育発展と经济発展》，170~175頁，東京，帝国地方行政学会，1962。

有关师范学校的单行法规，规定了初等、中等、高等三个等级的师范学校课程。二是实行师范生推荐入学制度。1883 年 4 月，文部省公布《府县推荐师范生募集规则》，规定师范生由地方政府推荐，该制度有利于政府加强对师范教育的控制。①

（五）职业教育

这一时期，职业教育机构主要包括高等教育领域的专门学校、中等教育领域的实业学校、准中等教育领域的各种学校。明治政府在该时期较为重视职业教育学校的发展；1879 年的《教育令》规定专门学校为教授专门一科学术之场所；1880 年的《教育令》在此基础上进一步规定农业学校教授农耕之学业，商业学校教授商业买卖之学业，职工学校教授百工之职艺。此外，1880 年、1885 年的《教育令》均规定各府县应根据当地情况设置中学、专门学校、农学校、商业学校、职工学校等。

就职业教育的规模而言，专门学校由 1879 年的 108 所减少为 1886 年的 66 所；实业学校由 1879 年的 14 所增加到 1886 年的 25 所，增加了近一倍；各种学校由 1879 年的 328 所增加到 1886 年的 1603 所，增加了近 4 倍。② 可见，这一时期较低层次的职业教育机构扩大迅速，中等职业教育有所扩大，而高等职业教育机构逐年缩小。

这一时期，各个领域的职业教育均有一定程度的发展。在法学教育方面，官立的法律教育机构进一步升级，1884 年 12 月，司法省的法学校正则科改称文部省下属的东京法学校，1885 年 9 月合并为东京大学法学部。民间也纷纷设立法律教育机构，1880 年 9 月，梅谦次郎等人设立东京法学社（1920 年改称法政大学）；同月，田尻稻次郎等人设立传授法律与经济的专修学校

---

① 臧佩红：《日本近现代教育史》，72~73 页，北京，世界知识出版社，2010。
② 文部省：《日本の成長と教育——教育発展と経済発展》，170~171 頁，東京，帝国地方行政学会，1962。

(1913 年改称明治大学)；1885 年 9 月，江本衷、奥田义等人设立英吉利法律学校(1905 年改称中央大学)。在工业、理科教育方面，1879 年 4 月，大阪英语学校改称大阪专门学校，设置理学、医学 2 科；1881 年 5 月，设立东京职工学校(1890 年改称东京工业学校，1901 年改称东京高等工业学校，1929 年改称东京工业大学)。在商业教育方面，1880 年 11 月，五代友厚等人设立私立商业讲习所(1885 年称大阪府立商业学校，即后来的大阪商科大学)；1884 年 1 月，文部省制定了日本近代第一个商业教育法规——《商业学校通则》，将商业学校分为培养商业经营者和管理者两类；同年 3 月，东京外国语学校附设高等商业学校；同月，森有礼的商法讲习所(1875 年设立)划归农商务省，改称东京商业学校，这是最高水平的商业教育的开始。在农业教育方面，1882 年 12 月，农商务省设立东京山林学校；1883 年 4 月，文部省制定了日本近代最早的农业学校法规——《农学通则》，将农业学校分为培养实践者为目的和培养指导者为目的的两类，但是，该通则影响力较小，1886 年被废除。[1]

这一时期存在的不同专业的职业学校，标志着日本近代职业教育的初步发展，也成为日后各高等教育机构的胚胎。

(六)学校教育的总体特征

学校的数量如表6-8 所示，学校的总数量及小学、中学教育机构数量均小幅度增加，而高等教育机构数量反而有所下降。另外，从各级学校数量占总数的比例来看，小学所占的比例由 1879 年的 95.48% 降为 1886 年的 94.04%，减少的幅度并不大；中等教育学校数所占的比例略有提高；高等教育学校所占的比例有所下降。

———————————

① 臧佩红：《日本近现代教育史》，73~74 页，北京，世界知识出版社，2010。

表 6-8 《教育令》时期的学校总数量①

年份	学校总数		小学		中等教育		高等教育	
	数量/所	比例/%	数量/所	比例/%	数量/所	比例/%	数量/所	比例/%
1879	29352	100	28025	95.48	1213	4.13	111	0.38
1880	30783	100	28410	92.29	2292	7.45	77	0.25
1881	30876	100	28742	93.09	2054	6.65	76	0.25
1882	30464	100	29081	94.89	1482	4.84	74	0.24
1883	31783	100	30156	94.88	1548	4.87	67	0.21
1884	30872	100	29233	94.69	1542	4.99	83	0.27
1885	30010	100	28283	94.25	1636	5.45	78	0.26
1886	30354	100	28556	94.04	1730	5.70	68	0.22

注："中等教育"包括中学、女子高等学校、师范学校、实业学校;"高等教育"包括高等学校、大学、专门学校、高等师范学校。(因小数四舍五入,各学段比例加总之和可能不等于100%)

各教育机构的在校生人数如表6-9所示,1886年的在校生总人数是1879年的1.2倍、初等教育人数是1.2倍,准中等教育人数是10.0倍、中等教育人数是37.5%、高等教育人数是1.6倍。可见,《教育令》时期初等教育、高等教育在校生规模均有所增加,而中等教育人数锐减,准中等教育人数猛增。

表 6-9 《教育令》时期各级教育在校生人数②

年份	初等教育		准中等教育		中等教育		高等教育		总计	
	人数/人	比例/%	人数/人	比例/%	人数/人	比例/%	人数/人	比例/%	人数/人	比例/%
1879	2315156	97.4	6786	0.3	47876	2.0	7415	0.3	2377233	100
1880	2348975	96.0	71830	2.9	18585	0.8	7277	0.3	2446667	100
1881	2607339	96.3	72088	2.7	18243	0.7	8530	0.3	2706200	100
1882	3004289	97.3	55904	1.8	20050	0.6	8890	0.3	3089133	100

---

① 文部省:《日本の成長と教育——教育発展と経済発展》,170~171頁,東京,帝国地方行政学会,1962。

② 文部省:《日本の成長と教育——教育発展と経済発展》,174~175頁,東京,帝国地方行政学会,1962。

续表

年份	初等教育		准中等教育		中等教育		高等教育		总计	
	人数/人	比例/%	人数/人	比例/%	人数/人	比例/%	人数/人	比例/%	人数/人	比例/%
1883	3237675	97.3	58279	1.8	22287	0.7	9062	0.3	3327303	100
1884	3233412	97.2	57820	1.7	23716	0.7	10122	0.3	3325070	100
1885	3097433	96.9	62966	1.9	23167	0.7	11791	0.4	3195357	100
1886	2802796	96.6	67904	2.3	17956	0.6	12126	0.4	2900782	100

注:"初等教育"包括普通小学、高等小学、特殊学校;"准中等教育"包括徒弟学校、各种学校;"中等教育"包括中学、女子高等学校、高等学校(普通科)、师范学校、实业学校(甲、乙);"高等教育"包括高等学校(非普通科)、大学预科、大学、高等师范学校、专门学校、实业专门学校。

《教育令》时期,日本的学校教育发展具有如下特点。第一,无论从学校数量还是从在校生人数来看,学校教育规模的扩大幅度不大。第二,中学的数量、中等教育的人数急剧减少,而准中等教育机构尤其是各种学校的数量快速增加,准中等教育在校生人数猛增。第三,教育结构升级并不明显,中等、高等教育的学校数量、在校生人数占总数的比例原本就不高,该时期的提高幅度也不大。第四,全体国民的受教育水平仍然较低。1885 年,在日本全国 12 至 15 岁的人口中,准中等教育在学者占 2.1%,中等教育在学者占 0.8%,全国 6 至 20 岁人口中,高等教育在学者占 0.4%。[1] 可见,全体日本国民接受中等、高等教育的人数尚为极少数。

第四节 日本近代教育体制的最终确立(1886—1896 年)

从 1886 年颁布一系列《学校令》到 1896 年成立"高等教育会议",是日本近代教育体制的确立时期。这一时期,1886 年一系列《学校令》的颁布,标志

---

[1] 文部省:《日本の成長と教育——教育発展と経済発展》,181 頁,東京,帝国地方行政学会,1962。

着日本近代学校制度的建立；1889 年《大日本帝国宪法》的颁布，标志着"皇权"教育行政的确立；1890 年《教育敕语》的颁布，标志着"皇国"教育理念的法制化，也为日后军国主义教育的初步展开埋下了隐患。

一、教育理念的体现

（一）森有礼国家主义教育思想的提出与实践

森有礼作为日本近代首任文部大臣[1]，开始提出"国家"教育目的，既主张教育以国家为"体"，又将"国家"归结为国民忠于天皇的"国体"。实际上，在就任文部大臣之前，森有礼就指出，《教育令》中并没有详细规定国家对每个人所要求的教育学问之种类及程度如何，教育应以人民各自之福利与国家公共之福利并进为目标。[2] 就任文部大臣后，森有礼利用各种场合，公开宣讲教育行政及各级教育完全是为了"国家"。

第一，学政的第一目的是"为国家"。1889 年 1 月，森有礼在文部省主持直辖学校校长会议时训示，设立政府或文部省以负责学政、借国库之资力维持学校，都是为了国家，因而学政的目的也必须专为国家。如果问帝国大学的教务是为了学问还是为了国家，则必须以国家为最优先、最重要。必须始终牢记："诸学校之学政，并非为了学生本人，而是为了国家。本大臣认为此点最为重要，望深刻体会。"[3]在去世前一周的 1889 年 2 月，他仍然对府县学务科长强调："为何设置文部省、设立小学呢？是为了国家之必要而设。国家之事为第一之事、主要之点……国家意识淡薄者，不能容于此国家之内。"[4]

---

① 明治政府 1871 年设立文部省后，文部省最高官员称"文部卿"，1885 年实行内阁制后，改称为"文部大臣"，森有礼为首任文部大臣。

② 明治文化資料刊行会：《明治文化資料·教育編》，173、183-184 頁，東京，風間書房，1961。

③ 宫原诚一：《資料日本現代教育史》，126 頁，東京，三省堂，1974。

④ 大久保利謙：《森有禮全集》第一卷，674～675 頁，東京，宣文堂書店，1972。

第二，初等教育、中等教育之目的是"为国家"。关于初等教育，1887年2月，森有礼在九州巡回视察中就小学简易科发表演讲称："该简易科乃关系国家整体盛衰之紧要物，决不可轻视。"①关于中等教育，1887年6月，森有礼在宫城县对该县县令、郡区长、学校校长发表的演说中称："一国之事业，大体根据对外国之关系而区别是否必要。其中，高等中学之事也便居于其中且重要。"②1888年，森有礼在东京高等女子学校毕业仪式上演讲称："在教育女子时，培养考虑国家之精神乃极为紧要。"③

第三，高等教育更是为了"国家"。上述学政、初等教育及中等教育的"为国家"教育目的尚且停留在政府官员的口头宣讲上，但高等教育的"为国家"教育目的则明确写入了教育法中。1886年3月颁布的《帝国大学令》第一条规定："帝国大学以教授国家须要之学术技艺、考究其蕴奥为目的。"④这是日本近代首次在教育法令中明文规定"为国家"教育目的。

由于森有礼任文部大臣时期，将此前不能公开宣示的"为国家"教育目的提到了教育政策的层面，因此，"森有礼被任命为文部大臣的1885年12月直至1889年的教育政策颁布，一般被称为国家主义教育的确立期。"⑤1893年，贵族院批准民众请愿《市町村小学教员奉给国库补助之件》的总结中写道："我帝国本应采取国家教育之主义，此点既已明确。"⑥

森有礼的主张不仅仅限于"国家"，也进一步强调"皇国"。他在1887年的《阁议案》中提出："教育目的应以何等方法实现乎？回顾我国万世一王，与天地同无极限，上古以来耀威武之处，且一度未曾遭受外国之屈辱；而人民护国之精神、忠武恭顺之风，亦祖宗以来渐磨陶养之处，而不至于坠地。此乃

① 大久保利謙：《森有礼全集·卷一》，653頁，東京，宣文堂書店，1972。
② 大久保利謙：《森有礼全集·卷一》，536~537頁，東京，宣文堂書店，1972。
③ 木村匡：《森先生伝》，194頁，東京，金港堂書籍，1899。
④ 宫原诚一：《資料日本现代教育史》，123頁，東京，三省堂，1974。
⑤ 玉城肇：《明治教育史》，133頁，東京，季節社，1949。
⑥ 臧佩红：《日本近现代教育史》，78~80頁，北京，世界知识出版社，2010。

一国富强之基所无二之资本、至大之宝源。促进人民之品性、实现教育之目标即在于此，别无他求。"①基于这一认识，森有礼就任文部大臣后强调，应盛行国风教育："国风教育即谓彰明国体、辨日本国民应保持之品位资质、使之自然生忠爱慎重之念……在学校平常讲话中，述说自历史上本邦建国优秀于万国之处，以及列朝天子抚育之深厚，使之铭印于学生头脑；纪元节、天长节等大节日时，应举行祝贺仪式，表达崇敬欢戴之意。"②

森有礼还采取了一系列加强皇权的具体措施。第一，开始向各级学校下赐天皇的相片（日语称"御真影"）。1886 年 9 月，文部省向第一高等中学（1886 年 4 月由东京大学预科改称而来）颁发天皇的"御真影"；翌年 9 月，向冲绳县普通师范学校下发天皇"御真影"。此后，开始陆续向府县的师范学校及中学下发。1889 年 2 月，文部省下令向府县高等小学下发天皇像，而且下发时要先由学校与地方官提出申请，然后由政府"下赐"给"优等"学校。于是，下发天皇像便成为一种恩典，以此获得自下的自发忠诚。③ 第二，规定了"尊皇"的国家节日仪式。1888 年 2 月 11 日，文部省下达内部命令：要求全国各小学自本日纪元节开始，于大祭、节日之际必召集学生于校内，先奉拜圣像，然后齐唱当日之颂歌。④ 同年 3 月以后，广岛、埼玉、千叶、京都等各府县先后下令规定学校举行三大节日祝贺仪式。1889 年 2 月 11 日，第一高等中学举行第一次纪元节表诚仪式。应该指出，森有礼的"国体主义"⑤教育思想与实践，为政府日后颁布《教育敕语》提供了基础与过渡，也是日本近代"皇国主义"教育的先声。

(二)《学校令》的颁布

森有礼就任文部大臣前，于 1884 年 7 月写了《对教育令的意见》，表明了

---

① 大久保利謙：《森有礼全集·卷一》，345 頁，東京，宣文堂書店，1972。
② 佐藤秀夫：《日本の文化史 1·学校の构造》，180 頁，東京，阿吽社，2004。
③ 佐藤秀夫：《日本の文化史 1·学校の构造》，188 頁，東京，阿吽社，2004。
④ 佐藤秀夫：《日本の文化史 1·学校の构造》，180~181 頁，東京，阿吽社，2004。
⑤ 森有礼去世后，井上毅评价其思想为"国体主义"。

他对学校教育体系的设想。他认为，仅仅修改现行教育令的条目和字句是不够的，需要根据另一种观点树立新的体系。为此，应该制定大学、中学、小学及各种学校所需的各级学校条例。在就任文部大臣后，森有礼以原有的设想为基础制定了各级各类学校的《学校令》。从前的《学制》和《教育令》是以太政官布告的形式公布的，而《学校令》是用敕令的形式颁布的。敕令是经过内阁决定、由内阁总理大臣上奏给天皇，经天皇批准而公布的。

1886年3月2日，公布了《帝国大学令》。其要点是帝国大学要适应国家的需要，以教授学术、技术理论和研究学术、技术的奥秘为目的；帝国大学由大学院和分科大学组成，前者是专门研究学术、技术奥秘的地方，后者是教授学术、技术理论和实用知识的地方，可以根据需要设立法科、医科、工科、文科和理科大学(后来又增设农科大学)。在《帝国大学令》中，明确规定帝国大学的目的是"适应国家的需要"，而且赋予帝国大学的使命是传授和研究学术技术。由此可见，帝国大学的任务是为了国家的富强而培养探讨真理的硕士和大博士，或者培养将来从事管理工作的国家官吏。与帝国大学相比，中小学只是教育的场所。例如，小学的任务是培养忠实于国家命令的顺从善良的国民。

继《帝国大学令》后，1886年4月10日，又公布了《师范学校令》《中学校令》《高等学校令》和《小学校令》。

森有礼除了重视帝国大学外，还特别重视师范学校。他认为，培养国家领导者和培养教师都关系到国家的未来，是重要而又关键的大事。因此，在改革学校教育制度时，他重视两个因素：一是培养英才的学校教育；二是师范学校教育。《师范学校令》规定了师范学校的目的是培养教员应有的品德和学识，以及培养善良、信爱、威重的气质。这一条强调了师范学校的任务和办学的方向应该与普通教育联系起来。森有礼不仅重视教师应该具备的道德品质，还非常重视军事操练和兵营式的训练。他认为，兵营式的训练是锻炼

"三气质"的最好办法。自《师范学校令》颁布后，师范学校的学生都过着寄宿生活，接受兵营式的训练和管理。另外，《师范学校令》还规定了师范学校的教育制度。这个制度具有独特的特点。第一，师范学校有自己的体系，分为寻常师范学校和高等师范学校两级。前者招收高等小学校的毕业生，每个府县设立1所，以当地地方税作为学校经费；后者招收寻常师范学校的毕业生，只在东京设立1所，其经费由国库支出。第二，师范学校的学生不允许按照自己的兴趣选择学科，必须根据国家的需要按规定学习。第三，师范学校的学生享受助学金（公费），但毕业后必须到指定的岗位工作。大多数学生来自农村中层和下层家庭，他们到师范学校接受的是具有家长式特点的教育，毕业后又回到农村学校任教。政府企图用这种形式统一民族意识，加强对国民的尊皇意识教化。

《小学校令》共有16条，规定了设置经营管理小学校的相关条例。该令规定，小学校仍恢复四年制寻常小学和四年制高等小学，让儿童接受普通教育。四年制寻常小学是义务教育。该令还规定，允许设置小学简易科。1890年10月重新修订的《小学校令》，废止旧令，新令分为8章96条，比旧令更详细地规定了小学条例。其一，新令指明了小学教育的目的是注意儿童的身体发育，进行道德教育和传授国民应具备的基础知识和生活中必须具备的技能。其二，新令把市町村立学校和私立学校区分开来，把徒弟学校和实业补习学校划在小学校之外；允许在高等小学设立专修科和补习科；寻常小学校的修业年限规定为3年或者4年；高等小学校的修业年限可以为2年、3年或者4年，采用了非常灵活的办学方式。

《中学校令》规定了中学教育的两大任务：从事实业的教育以及升入高等学校的教育。中学分为寻常中学和高级中学两级。前者为5年，由地方设置，归各府县管辖，每个府县设立1所；后者为2年，由文部大臣管辖，将全国划分为5个学区，每个学区设立1所，属于大学预科性质。该令还将高等中学校算作中学的一种。但是，高等中学校和寻常中学校在性质上完全不同。寻常中学校主要进行普通教育，而高等中学校要分科设置，有法科、工科、医科、文科、理科、农科、商科等。《中学校令》公布后，东京大学预备校改名为东京第一高等中学校，接着在大阪、山口、仙台、金泽、熊本、鹿儿岛等地也相继设立高等中学校。

《高等学校令》公布于1894年6月25日。它不仅把从前的高等中学校改名为高等学校，还规定了高等学校是专门学科的学校，可以在高等学校中设置为升入帝国大学服务的大学预科。1894年7月特别制定了《大学预科规程》，将大学预科分为三类：第一类是法科和文科，第二类是工科、理科和农科，第三类是医科。

综上所述，森有礼制定的一系列学校令，把学术研究和教育严格区分开了。他认为，帝国大学是学术研究的场所；中小学是教育的场所；高等中学校属于半学术半教育的场所。他依据这种观点建立了以小学为基础的双轨制学校体系。一轨是高等小学校—寻常中学校—高等中学校—帝国大学；另一轨是高等小学校—寻常师范学校—高等师范学校。其中重要的是，小学校和寻常小学校特别强调道德教育，把中小学看作培养忠于国家命令的善良臣民的教育机构，把帝国大学奉为最高学府，位于学校系统的顶端，垄断科学研究，采用西方现代文明，以培养政治、经济、文化等领域的科技人才和管理人才。这样，从小学教育到大学教育都充满了国家主义教育思想的色彩。按照森有礼的设计，从寻常中学到高级中学，最后到帝国大学，形成了一个培养"英才"的学校系统，把这个系统作为学校体系的主体。至于专科学校，无论是公立的还是私立的，一律被看作"旁系"的非正规高等教育机构，没有被列入正规的学制体系当中。①

① 王桂：《日本教育史》，162~167页，长春，吉林教育出版社，1987。

(三)《教育敕语》的颁布

1890 年 10 月 30 日颁布的《教育敕语》在日本近代教育史上占有极其重要的地位。从颁布时起到第二次世界大战结束，它起到了规定日本教育方向的教育基本法的作用。①

《教育敕语》是在山县有朋内阁时期制定并颁布的。最初由受文部省委托的帝国大学教授中村正直、天皇侍讲元田永孚、法制局局长井上毅三人先后起草了 46 个草案；最后以井上毅的草案为蓝本，由元田永孚、井上毅共同修改而成。1890 年 10 月 30 日，日本天皇在宫中向首相山县有朋、文部大臣芳川显正颁发敕语。

《教育敕语》内容如下。

> 朕惟我皇祖皇宗，肇国宏远，树德深厚，我臣民克忠克孝，亿兆一心，世济厥美，此我国体之精华，而教育之渊源，亦实存乎此。而臣民孝于父母，友于兄弟，夫妇相合，朋友相信，恭俭持己，博爱及众，修习学业，以启发智能，成就德器，进广公益开世务，常重国宪遵国法，一旦缓急，则义勇奉公，以扶翼天壤无穷之皇运。如是不独为朕之忠良臣民，亦足以彰显尔祖先之遗风矣。斯道也，实我皇祖皇宗之遗训，而子孙臣民所宜遵守焉。通之古今不谬，施之中外不悖。朕与尔臣民拳拳服膺庶几咸一其德。②

《教育敕语》具有三方面的重要意义。第一，规定了日本教育的根本目的。山县有朋回忆颁布《教育敕语》时称，1890 年，地方官中有人提起需要确定教

---

① 王桂：《日本教育史》，167 页，长春，吉林教育出版社，1987。
② 王桂：《日本教育史》，170 页，长春，吉林教育出版社，1987。

育之目的，内阁中也有同样意见。① 《教育敕语》以敕语形式确定了教育的基本目标，它规定了此后50余年日本教育的根本方向。② 这一教育目的便是"义勇奉公""扶翼皇运"，即"皇国"教育目的。日本学者尾形裕康指出："《教育敕语》……是政府以敕语形式宣明了贯彻文教政策所必要的教育目的。"③ 第二，规定了日本国民的道德标准。"皇国"教育目的是通过具体的国民道德实践实现的。《教育敕语》规定的德目分为四个层次：第一层是与自身有关的道德，如"恭俭持己""修习学业""启发智能""成就德器"；第二层是与他人有关的道德，如"孝于父母""友于兄弟""夫妇相合""朋友相信""博爱及众"；第三层是与国家有关的道德，如"广公益开世务""重国宪遵国法""义勇奉公"；第四层是上述各项德目的最终目的，即"以扶翼天壤无穷之皇运"。第三，确立了统合日本国民的路径。上述德目为日本国民规定了一条道德路径，即个人—家庭—集团—国家—天皇。该路径使每个国民都将个人与家庭、国家、天皇紧密连为一体，最后达到"亿兆一心""扶翼皇运"的政治目的。

《教育敕语》规定的教育目的能否实现、道德标准是否被践行，取决于日本政府对《教育敕语》的推行力度。《教育敕语》颁布后的翌日，时任文部大臣芳川显正即下达训令："谨制作敕语之藤本，普颁之于全国之学校，凡在教育之职者，须常体奉圣意，不怠研磨熏陶之务。尤定学校之节日及其他方便之时日，集会学生，奉读敕语，且应注意谆谆诲告，使学生夙夜佩服。"④ 于是，文部省将《教育敕语》迅速下发到全国近3万所各级各类学校，以1890年11月天长节到1891年纪元节为高潮，到1891年中期基本下发完毕。《教育敕语》藤本下发之后，1891年4月，政府又向全国的普通小学"下赐"了天皇及皇后的"御真影"。

---

① 海後宗臣：《教育敕語成立史研究》，138頁，東京，東京大學出版會，1965。
② 海後宗臣：《教育敕語成立史研究》，137頁，東京，東京大學出版會，1965。
③ 尾形裕康：《日本教育通史》，204頁，東京，国土社，1985。
④ 海後宗臣：《教育敕語成立史研究》，366頁，東京，東京大學出版會，1965。

继而，1891 年 6 月，文部省公布了《小学校节日大祭日仪式规程》，详细规定了"奉读"《教育敕语》的程序，即纪元节、天长节、元始祭、神尝祭、新尝祭等节日，校长、教师及学生一同汇集会场，举行仪式。[①] 第一，校长、教师及学生向天皇陛下及皇后陛下行最敬礼，且奉祝两陛下万岁。第二，校长或教师奉读《教育敕语》。第三，校长或教师根据《教育敕语》，诲告圣意之所在，发表于该节日、大祭日相应之演说，如讲述历代天皇之盛德宏业、节日大祭日的由来等，务以涵养忠君爱国之志气。第四，校长、教师及学生合唱与其节日、大祭日相应之歌曲。

该规程还规定，除上述几大节日外，在每年的孝明天皇祭、春季皇灵祭、神武天皇祭、秋季皇灵祭、1 月 1 日，学校校长、教师及学生必须举行上述敕语"奉读"的仪式；市町村长及其他学事官员应尽量出席上述仪式；根据仪式会场的情况，允许家长、亲属及其他市町村居民参观；仪式上不妨向学生分发点及有益于教育的图画等。同年 10 月，文部省颁发《供小学校节日大祭日唱歌用诗歌及乐谱采用之件》，指定奉读会采用《君之代》《敕语奉答》《一月一日》《元始祭》《纪元节》《神尝祭》等歌曲。1891 年 11 月，文部省又下令将天皇及皇后的"御真影"与《教育敕语》供奉在特定场所。各地学校的"奉读会"基本上是一种宗教活动，随着这一宗教活动的进行，"皇国"的教育目的与道德标准也逐渐普及化、权威化和神圣化。

二、《学校令》时期的教育行政

这一时期，明治政府确立的"敕令主义"教育行政方式，使教育行政管理权为统治者所独揽。所颁布的《学校令》加强了对各级各类学校运营的控制；教师审定制度、教科书审定制度的确立，使政府得以进一步控制具体的教育实践与教育内容；而民众的教育行政权、教育界人士的政治权利与自由进

---

① 神田修、山住正己：《史料日本教育》，207~208 頁，東京，学陽書房，1986。

一步被削弱。

(一)"敕令主义"的教育行政管理

明治政府在表面上颁布宪法、开设国会、实施宪政的同时，实际上将皇权法制化。1889 年的《大日本帝国宪法》首先是一部"钦定"宪法，而且其中规定天皇总揽统治权，包括立法权、控制国会权、发布敕令权、官吏任免权等政治大权。在此前后，明治政府还确立了天皇统治的行政基础，即在 1885 年建立内阁制度时，将宫内省置于内阁之外，从而使皇室事务独立于其他政治事务；同时建立枢密院作为天皇的咨询机构，并使之凌驾于议会之上。与此同时，皇室的经济基础得以大大加强，1885 年至 1890 年，政府将约 365 万公顷的山林、原野及数量庞大的有价证券划为皇室财产。①

教育领域确立了"敕令主义"的教育行政方式，即教育政策不是以法律的形式颁布的，而是以天皇敕令的形式颁布实施的。1872 年的《学制》以"文部省通知"的形式公布，而 1879 年、1880 年及 1885 年的《教育令》均以"太政官布告"的形式公布，1886 年的《学校令》则以"敕令"的形式公布。但是，在明治政府宣布制定宪法、召开国会后，教育政策是继续采取敕令方式，还是改为法律形式，便成为摆在政府面前的问题。日本政府通过以下几种措施，确立了"敕令主义"的教育行政。

第一，1889 年的《大日本帝国宪法》中未列教育条款。明治宪法中教育条款的缺失，并不意味着社会政要认为教育与宪法无关，而是恰恰相反。早在1881 年 10 月，日后主持制定宪法的伊藤博文和井上毅认为，"立国之本，在于宪法，而能扶持宪法者，则人心也"②，强调人心在建立宪法体制中的关键作用，而制人心者，唯在国民教育。在宪法制定的过程中，德国宪法顾问建议伊藤博文和井上毅等人："若写明教育自由的话，必将由此生百端之议论，

---

① 笠原一男：《日本史研究》，343 頁，東京，山川出版社，1995。
② 井上毅伝編纂委員会：《井上毅伝》，247 頁，東京，国学院大学図書館，1966。

从而大大削弱行政之权力"，应将教育作为"必要之有力工具"，与"宣战媾和之权"及军务一道列为"帝室保持之事"。① 可见，宪法制定者为了避免议会讨论教育问题，可以不将教育条款写入宪法。第二，以敕令形式颁布1890年《小学校令》。1890年开始修订《小学校令》时，文部省曾主张采取法律形式颁布，但内阁法制局认为法律主义将使"文部大臣在教育主义中之全权将归于画饼"，枢密院认为"教育之事，一旦其方针发生错误，则不无动摇国家基础之忧患。故有关规定必须以敕令定之，以开不容会议置喙之途"②，他们都坚决反对以法律颁布该令。于是，同年10月6日，政府最终以敕令方式公布了《小学校令》。第三，《教育敕语》没有内阁大臣的副署。1889年的《大日本帝国宪法》规定，各国务大臣辅弼天皇，任其责，凡法律、敕令及其他有关国务之诏书，要国务大臣副署。但《教育敕语》却只有天皇的"御名""御玺"，而没有国务大臣副署。井上毅就此做了说明："若作为有副署之一政令发布，则将容国会置喙，被视为内阁之责任、政略之一。日后，恐随政海之变动而招致纷争，岂不削弱千载不灭之圣敕之效果。"③

自此直至1945年第二次世界大战结束，日本的主要教育政策均由天皇发布敕令予以规定。这一"敕令主义"教育行政导致了三方面弊端。一是政府行政部门独揽教育所有事务。有关教育的敕令均由文部省起草，经内阁会议、枢密院审查批准，最后以天皇名义公布，而不用经过议会讨论。这样，便造成了政府行政权力在教育决策上的独断。二是剥夺了民众的教育决策参与权。近代国家的一个重要特征是政治上的议会民主制，民众通过其选举出的代表在议会上讨论国家的重大问题来参与决策。然而，由于近代日本教育的重大问题均不经过议会讨论，因此，国民也就无权参与教育问题的讨论与决策。

---

① 臧佩红.《日本近现代教育史》，88~89页，北京，世界知识出版社，2010。
② 臧佩红：《日本近现代教育史》，89页，北京，世界知识出版社，2010。
③ 海後宗臣：《教育敕語成立史研究》，360頁，東京，東京大学出版会，1965。

三是为天皇崇拜提供了法理依据。"敕令主义"的依据是《大日本帝国宪法》第九条，即天皇为了增进臣民的幸福有发布必要之命令的权力，声称天皇发布敕令、发展教育是对国民的恩赐，从而将其作为诱导国民自发崇拜天皇的法理依据，具有一定的欺骗性。日本著名学者井上清指出："天皇通过诏敕，使政府和统帅部所采取的政策和行动得到他的承认而合法化并带有权威，迫使国民无条件地去支持，并从精神上和道德上鼓励国民前进。诏敕在政治上的意义，要比任何政策决定远为深刻和重要。"①应该看到，"敕令主义"作为日本政府的一种教育政略，对其政治统治是"有效"的，但与世界近代化过程中的"法治主义"趋势却背道而驰。

(二)国家对各类学校的控制

《学校令》一方面使日本学校教育体系化，另一方面又规定了国家对各级学校教育的掌控权限，从而加强了国家的教育行政管理权。

第一，加强了政府对义务教育的行政管理权。在小学的设置主体方面，1885年的《教育令》规定小学的设置及管理主体为町村。1886年《小学校令》则规定小学的设置及管理主体为府知事、县令，这削弱了地方基层组织的教育行政自主性；后来，1890年《小学校令》虽然重新规定市町村为小学设置主体，但其条件是要求市町村负担小学的主要费用。在教育内容方面，1885年的《教育令》规定，小学教学大纲由府知事、县令依据文部卿颁布的大纲、根据当地情况编制，由文部卿批准，对教科书未做规定。但1886年《小学校令》则规定，小学的课程及其程度由文部大臣规定，小学教科书仅限于使用文部大臣审定的教科书。这表明，在教育内容上，各地方的自主性减弱，中央文部省的权力加强。

第二，加强了对中等教育的行政管理。1886年《中学校令》规定，在全国设立5所高等中学，均由文部省直接管辖；中学的课程及其程度由文部大臣

① 井上清：《天皇的战争责任》，吉林大学日本研究所译，51页，北京，商务印书馆，1983。

规定，中学教科书仅限于文部大臣审定的教科书。1886年《师范学校令》规定，东京高等师范学校由文部大臣直接管辖；各府县设立的普通师范学校校长可以由该府县的学务课长兼任；师范学校的课程及其程度，以及教科书均根据文部大臣的规定。这表明，日本政府从教育内容与教育行政运营两方面加强了对中等教育的控制。

第三，加强了对高等教育的行政管理。1886年的《帝国大学令》规定，帝国大学的行政人员包括总长、评议官、书记官、书记。其中，帝国大学总长由天皇亲自任命，其权限为：承文部大臣之命，总辖帝国大学。其执掌事项为：保持帝国大学之秩序；监视帝国大学之状况，如认为有必要加以改良之事项，向文部大臣提出方案；担任评议会议长，整理其议事并将议事过程报告文部大臣；担任法科大学校长。此外，文部省从各分科大学教授中特选两人担任评议会评议官，从教授中特选出分科大学校长及教头等行政人员。上述规定表明，政府对大学行政的控制有所加强。

第四，加强了一般行政对教育行政的干预。在义务教育方面，1886年《小学校令》规定，一般行政官员——府知事、县令的教育行政权包括：小学的设置区域及位置、儿童就学规则、学费的金额、捐赠款等经费的收入及支出方法、教师工资及旅费、小学资产管理规程等；小学资金收入支出每三个月向府知事、县令汇报；私立小学需经府知事、县令批准。1890年《小学校令》规定，市町村长掌管市町村的教育事务、管理市町村小学、监督小学校长或首席教员的管理事务；负责基层教育行政的郡视学由府知事和县令任免、受郡长指挥，町村学务委员的职责是辅助町村长管理教育事务，仅起到辅助作用。在中央与地方行政方面，1886年的《各省官制通则》规定，中央政府各省有权就其主管事务向地方官下达指令、训令并监督其执行；地方官属内务省管辖，因此，文部省下达教育指令时必须经过地方官（直辖学校除外）。1893年修改的《各省官制通则》又规定，除了军队的连队区司令部、大藏省收税长官外，地方官厅中奏任官的选退权由内务大臣任命。此外，1890 年修改的《地方官官制》规定，地方的"学务"归内务省管辖。可见，地方教育行政完全受控于一般内务行政。①

(三)教科书和教师资格的审定制

在教师制度方面，《教育令》时期建立了教师资格证制度；《学校令》时期仍采用教师资格证制度。1886 年的《诸学校通则》规定，凡教师均需获得文部大臣或府知事、县令颁发的资格证。进而，在上述教师资格证制度基础上，建立了教师审定制度。1890 年《小学校令》规定，小学教师应持有小学教师资格证，要获得小学教师资格证，需要审定合格。教师审定制度的具体做法：先由文部大臣制定审定规则，规定审定委员的组织及权限、审定的科目及方法、受检者的资格、教师资格证的候补教师等；继而由府县设置小学教师审定委员，对教师资格进行审定；特殊小学教师的审定由文部省实施。较之《教育令》时期的教师资格证制度，教师审定制度更有利于政府将教师控制在所希望的范畴内，从而确保培养出国家需要的人。②

在教科书制度方面，《教育令》时期虽然为自由制，但政府已经开始加强对教科书的管理。《学校令》时期确立了教科书检定制度，即 1886 年《小学校令》及《中学校令》明确规定，小学的教科书应限于文部大臣审定的教科书，中学的教科书应限于文部大臣审定的教科书。教科书检定制度标志着日本近代教科书审定制度的确立。

此外，文部省审定教科书的依据是其制定的有关各级学校的教学大纲。1886 年《小学校令》《中学校令》《师范学校令》分别规定，小学、中学及师范学校的课程及其程度均由文部大臣规定。1886 年 5 月，文部省公布了《小学课程及其程度》《小学简易科要领》《普通师范学校课程及其程度》；6 月公布了《普

---

① 臧佩红：《日本近现代教育史》，90~91 页，北京，世界知识出版社，2010。
② 臧佩红：《日本近现代教育史》，91~92 页，北京，世界知识出版社，2010。

通中学课程及其程度》；7 月公布了《高等中学课程及其程度》；10 月公布了《高等师范学校课程及其程度》。也就是说，在教科书审定制度下，民间编写的教科书必须符合文部省的大纲要求方能被采用。

文部省于 1886 年 5 月和 12 月先后公布了《教科用图书审定条例》《教科用图书审定要旨》，分别规定了教科书的审定手续及审定标准等。其中规定：有惹起轻侮国体法令之意者、有败坏风教之忧者、有事实错误者，不问教学上之优劣如何，均不得采用。① 可见，这一时期的教科书审定制度具有思想审查性质。

教科书制度由《学制》颁布实施时期的自由制，经《教育令》时期的"取缔"，到 1886 年《学校令》下的审定制，标志着日本政府对教育内容的控制程度逐步加强。

（四）普通民众的思想控制

1889 年的《大日本帝国宪法》规定，日本民众有信教自由，有言论、著作、印刷、集会及结社等自由。但是，上述"权利"仅仅是一纸空文。因为该宪法规定国民享有这些权利的前提条件是不妨碍安宁秩序、在法律范围之内。进而，明治政府开始通过各种行政命令或措施，限制教育领域的政治权利，甚至剥夺民众的宗教信仰自由。

第一，开始限制教育界人士的政治权利。1889 年 10 月，文部省下令禁止教师及学生在学术演讲及演说中讨论政治问题；同年 12 月，又下令取缔小学及其他普通学校的教师集会与政治活动。1893 年 10 月 28 日，文部省下达《箝口令》，禁止教师参加教育时事讨论团体："教育应立于政论之外……冠以教育会之名的团体超出纯粹的教育事项范围，议论教育及其他行政时事，发行有关政事之报纸杂志，不能不认为是一种政论。故不论其团体是否符合法律手续、拥有相当之政论自由，学校教员职务上之义务，不允许成为此团体之

① 教育史編纂委员会：《明治以降教育制度発達史》第 3 卷，707 頁，東京，龍吟社，1938。

会员。"①该令限制了学校教师议论教育时事的自由。1894年1月，文部省进一步下令禁止教师参与政治活动："教育应特立于政论之外，尤其是政党之争，不得感染接受普通教育之未成年者脑髓。故不允许学校教员干预政论、帮助诱导政事上之竞争。此次议员选举之事，学校教员除行使其自身固有选举权外，不得与任何党派之选举竞争有直接或间接关系。"

第二，压制教育界人士的信教自由。如前所述，日本政府试图通过推行《教育敕语》，使天皇成为一种宗教性的存在，要求国民绝对崇拜。这势必与其他宗教发生冲突。"内村鉴三不敬事件"即为一例。1891年1月9日，在第一高等中学校的"敕语奉读式"上，该校教师内村鉴三拒绝向天皇的"御真影"敬礼而受到校长的警告，被认为是不敬事件。此后，内村鉴三又有过不尊重或反对敕语及天皇的言行，最终被迫辞职。此后，以《敕语衍义》的作者井上哲次郎为代表的学者，不断在报纸、杂志上撰文攻击基督教，指责基督教违背《教育敕语》的宗旨。②

应该说，这一时期的日本教育行政已经具有皇权(君权)、集权的特征，这也与世界近代化过程中的民主趋势背道而驰。

三、《学校令》时期的学校教育

在《学校令》时期，森有礼在就任文部大臣期间(1885年12月至1889年2月12日)，主持制定了各级学校教育法令，包括1886年3月2日公布的《帝国大学令》，以及同年4月10日公布的《小学校令》《中学校令》《师范学校令》《诸学校通则》；井上毅在担任文部大臣期间(1893年3月7日至1894年8月29日)，主持制定了一系列职业教育法令，包括1893年11月22日公布的《实业补习学校规程》，1894年7月25日公布的《徒弟学校规程》《简易农学校规

---

① 宫原诚一：《資料日本現代教育史》，135~136页，東京，三省堂，1974。
② 臧佩红：《日本近现代教育史》，92~93页，北京，世界知识出版社，2010。

程》，以及有关职业教育经费与师资的《实业教育费用国库补助法》（1894 年 6 月 12 日）、《工业教员培养规则》（1894 年 6 月 4 日）。上述诸法令将义务教育制度法制化，确立了多轨制的学校教育体系，呈现出重视职业教育的特征，标志着日本近代学校教育制度的基本定型。①

（一）义务教育

1886 年 4 月 10 日，明治政府公布《小学校令》（共 16 条），具体规定了小学的就学、管理运营、经费使用、教学内容等。1890 年 10 月 7 日，政府再次修订《小学校令》（共 8 章 96 条），同时废除 1886 年《小学校令》，首次明文规定了小学的教育目的，并确立了教育法规的敕令主义原则，构成了《国民学校令》（1941 年）之前的日本初等教育法的原则。1892 年 4 月 1 日，日本全国 43 个府县（群马、冈山、北海道、冲绳除外）全面实施再次修订的《小学校令》。这使义务教育制度与规模发生了变化。

第一，小学的"义务性"和"有偿性"。如前所述，《学制》与《教育令》中均未明确使用"义务"一词。1886 年《小学校令》明确规定，儿童学龄 6 岁至 14 岁的 8 年间，父母及监护人等有使其获得普通教育的义务。1890 年《小学校令》对上述"义务性"的规定基本未变。这标志着日本近代义务教育的正式法制化。与此同时，1886 年《小学校令》规定，父母及监护人应支付其儿童之学费，以充小学之经费，其金额由府知事和县令规定。1890 年《小学校令》虽然允许免收或减收贫穷家庭学生的学费，但仍规定要征收学费，这标志着日本近代义务教育的有"有偿性"。也就是说，日本确立的义务教育制度具有"义务性"和"有偿性"，而真正意义上的义务教育应该兼具"义务性"和"无偿性"，因而这一时期的日本义务教育制度仍然具有很大的局限性。

第二，小学的内部结构特点。首先，从等级层次来看，初等教育机构开始出现了分级。1886 年《小学校令》规定的小学除了原有的"普通小学""高等

① 臧佩红：《日本近现代教育史》，101 页，北京，世界知识出版社，2010。

小学"两级外,还可以根据情况设置小学简易科①代替普通小学(1890年《小学校令》取消了小学简易科),从而使初等教育机构内部新增一级。其次,从教育内容看,初等教育开始重视职业教育。1886年《小学校令》仅规定小学实施"普通教育",1890年《小学校令》虽然也规定小学讲授生活必需的普通知识与技能,但同时又规定高等小学可以设置外国语、农业、商业、手工等一科或数科,可在高等小学设置农科、商科、工科等一科或数科的专修科,该专修科可与正科并设,也可代替正科。在该令的具体执行过程中,往往设置农科的小学,有的全校的教育都倾向于农业;设置商科的小学,有的全校教育都倾向于商业;设置工科的小学,有的全校教育都倾向于工业。此外,1890年《小学校令》还规定,徒弟学校、实业补习学校也作为小学的一种。可见,到1890年《小学校令》时,日本的初等教育便开始孕育一定程度的职业教育。

第三,义务教育规模的变化。如表6-10所示,小学数量总体上有所减少,1896年比1886年减少了1721所,仅为1886年的94%。但是,初等教育在校生人数却大幅度增加,1896年在校生总人数是1886年的1.38倍。义务教育的男女平均入学率也大幅度提高,1896年比1886年提高了14.6个百分点;尤其是女子义务教育发展迅速,1896年的女子义务教育就学率比1886年提高了18.52个百分点,提高幅度高于男女平均就学率(但1896年时仍然比男子79.3%的就学率低31.77个百分点)。② 可见,日本政府在这一时期发展基础教育时,不注重学校数量的增加,而是有效利用现有校舍,注重增加就学人数,提高就学率等。

---

① 小学简易科是向贫困家庭的子女进行免费授课的教育机构,就学年限为3年以内,课程有读书、作文、习字、算术,授课时间为每日2小时以上。

② 文部省:《日本の成長と教育——教育発展と経済発展》,180頁,東京,帝国地方行政学会,1962。

表 6-10　《学校令》时期义务教育发展指标①

项目	A(1886 年)	C(1896 年)	增幅
小学数量	28556 所	26835 所	C/A：0.94
在校生人数	2802796 人	3878238 人	C/A：1.38
男女平均就学率	49.62%	64.22%	C-A：14.60 个百分点
女子就学率	29.01%	47.53%	C-A：18.52 个百分点

(二)中等教育

1886 年 4 月，日本政府公布《中学校令》(共 9 条)②，规定了中学的目的、等级、学科、设置、经费、教学大纲及教科书等；1891 年 12 月，日本政府修订了《中学校令》，规定女子高等学校为普通中学，废除普通中学的各府县一校制等；1894 年 6 月公布《高等学校令》，将高等中学改称为高等学校。

关于高等中学，1886 年《中学校令》规定，高等中学属于文部大臣管辖，由文部省在全国(北海道、冲绳县除外)划分的五个区中各设立一所，高等学校经费由国库支付，或由国库与该学校设置区域内府县的地方税支付。根据上述规定，文部省于 1886 年 11 月及 12 月、1887 年 4 月先后划定了高等中学的区域设置：第 1 区域东京、第 2 区域仙台、第 3 区域京都、第 4 区域金泽、第 5 区域熊本。在此前后，各区域内的高等中学相继设立：第一高等中学(1886 年 4 月由东京大学预科改名而成)、第二高等中学(1887 年 4 月设立于仙台)、第三高等中学(1886 年 4 月由东京大学预科大阪分校改名而成)、山口高等中学(1886 年 1 月由山口中学改组而成)、第四高等中学(1887 年 5 月设立于金泽)、第五高等中学(1887 年 4 月设立于熊本)。1894 年 6 月公布的《高等学校令》仅有两条：第一条规定，第一至五"高等中学校"改称为"高等学校"；第二条规定，高等学校讲授专门学科，可设置报考帝国大学的

---

① 文部省：《日本の成長と教育——教育発展と経済発展》，170、174、180 頁，東京，帝国地方行政学会，1962。

② 神田修、山住正己：《史料日本教育》，126 頁，東京，学陽書房，1986。

预科。① 同年7月制定《大学预科规程》。原来的高等中学校属于中等教育范畴，但改为高等学校后，其普通科仍属于中等教育，而其专科及预科属于高等教育范畴，中等教育实现了部分升级。

关于普通中学，1886年《中学校令》规定，普通中学由各府县设置一所，其学科及程度由文部大臣规定，中学教科书为审定制。1891年修订的《中学校令》废除了普通中学的各府县一校制。这一时期，普通中学的发展具有两个特点。一是女子中等教育机构独立。1882年日本全国共有5所女子高等中学，1890年31所，1895年15所。② 1895年1月制定的《女子高等学校规程》，规定女子高等学校的内容、招生资格（普通小学毕业生）、学制（6年）等。这一时期的女子中等教育仍有一定局限性，如女子高等学校仅相当于普通中学，较之男子高等中学低一级；女子高等学校的裁缝课时数最多、理科与外语课的比重较男子轻等。二是职业教育内容增加。《教育令》规定中学讲授高等普通学科，1886年《中学校令》规定中学向欲就实业或欲进入高一级学校者实行需要之教育。这便在法律上将普通中等教育的目的分化为"普通教育"和"职业教育"两种。此外，该令规定，高等中学可设立法科、医科、工科、文科、理科、农业、商业等分科，即从高等中学开始，学校教育便在制度上分化为普通、职业两种课程类型。进而，1894年3月，文部省修改《普通中学学科及其程度》，允许在普通中学四年级以上的正科之外设置"实科"；同年6月制定的《普通中学实科规程》，规定了普通中学实用学科的课程，还规定可设立从一年级开始专门讲授实科的普通中学，此类中学可称为"实科中学"。③ 因此，普通中学中职业教育的比重进一步增加。

这一时期的中等教育规模大幅度增加：中学数量1896年共有121所，是

① 神田修、山住正己：《史料日本教育》，131页，東京，学陽書房，1986。

② 文部省：《日本の成長と教育——教育発展と経済発展》，170页，東京，帝国地方行政学会，1962。

③ 教育史編纂委員会：《明治以降教育制度発達史》第3卷，205~206页，東京，龍吟社，1938。

1886 年(56 所)的 2.2 倍；女子高等学校由 1886 年的 7 所，增加到 1890 年的 31 所，1896 年又减少为 19 所；中等教育在校生人数 1896 年达到 60612 人，是 1886 年(17956 人)的 3.4 倍。①

(三)高等教育

高等普通教育也被单独立法，并获得了一定程度的发展。1886 年 3 月，明治政府公布《帝国大学令》(共 14 条)，规定了帝国大学的目的、内部构成、运营管理等。该时期的帝国大学仅有一所，即由原东京大学改组成的帝国大学。

《帝国大学令》规定，帝国大学由研究生院及分科大学构成。分科大学包括法科大学(包括法律、政治二部)、医科大学、工科大学、文科大学、理科大学，分别由原东京大学的法政、文、理、工艺、医学 5 个学部改组而成。1890 年 6 月，又将原东京农林学校改组为农科大学。研究生院由原东京大学内的学士研究科改组而成，并于 1886 年 3 月制定《研究生院规程》，规定学位分为博士、大博士两种，学位授予权归文部大臣，进一步完善了研究生教育制度。

除帝国大学外，1890 年 1 月，庆应义塾设置包括文学、法律、理财三科的大学部，民间的高等教育开始起步。②

这一时期，高等教育规模有了一定程度的扩大，高等教育在校生人数 1896 年达到 16446 人，是 1886 年(12126 人)的 1.4 倍。③

(四)师范教育

师范教育体系化的标志是 1886 年 4 月公布的《师范学校令》(共 12 条)④，

---

① 文部省：《日本の成长と教育——教育発展と経済発展》，170、175 頁，東京，帝国地方行政学会，1962。

② 臧佩红：《日本近现代教育史》，104~106 页，北京，世界知识出版社，2010。

③ 文部省：《日本の成长と教育——教育発展と経済発展》，175 頁，東京，帝国地方行政学会，1962。

④ 宫原诚一：《资料日本现代教育史》，124 页，東京，三省堂，1974。

该令规定了师范学校的性质、目的、分类、行政管理及财政等。

师范教育机构被分为两类。第一类是高等师范学校,在东京设立一处(1886 年 4 月 29 日由原东京师范学校改组而成),其毕业生将担任普通师范学校校长或教师,也可担任各种学校的校长或教师。文部省 1894 年 2 月修订《高等师范学校学生募集规则》,允许普通中学毕业生升入高等师范学校。1894 年 4 月制定《高等师范学校规程》,将高等师范学校改编为文科、理科的两科制。高等师范学校进而于 1895 年 4 月设置研究科、选修科、专修科。此外,1890 年 3 月设立女子高等师范学校;1894 年 10 月制定《女子高等师范学校规程》。第二类是普通师范学校,由府县各设一所,其毕业生担任公立小学校长及教师,也可根据情况担任各种学校的校长及教师。1892 年 7 月制定《普通师范学校简易科规程》,在普通师范学校内设置简易科,以培养更多的师资人才。

在师范学校的财政方面,1886 年《师范学校令》规定,高等师范学校归文部省管理,其经费由国库支出;普通师范学校由地方政府设置,其经费由地方税支付(府知事县令制定预算后由文部大臣批准),普通师范学校校长可由其所在府县的学务科长担任;师范学校校长及教师的任期为 5 年,期满后可以续任等。

这一时期师范学校的规模并未扩大。从 1886 年到 1889 年,高等师范学校仅有东京高等师范学校一所。1890 年后,又设立女子高等师范学校一所。普通师范学校,基本上贯彻一府县一校制,1886 年有 46 所,到 1896 年为 47 所。此外,文部省于 1894 年设立一处"工业教员培养所",专门培养职业教育人才的师资。①

(五)职业教育

职业教育,尤其是初等职业教育体系化的标志是《实业补习学校规

---

① 臧佩红:《日本近现代教育史》,106~107 页,北京,世界知识出版社,2010。

程》(1893 年 11 月)、《徒弟学校规程》及《简易农业学校规程》(1894 年 7 月)的颁布实施。上述三项法规使以下三类初等职业教育机构法制化和系统化。一是"实业补习学校"，主要是对从事或欲从事各种实业的儿童进行小学教育补习，同时以简单的方法教授他们职业所需的知识技能。该类学校的入学资格是普通小学毕业，学制 3 年，并分别规定了工业、商业、农业等各专业补习学校的课程。二是"徒弟学校"，其主要是传授初步工业知识和技能，培养掌握初步工业知识的技术工人。该类学校的入学资格是 12 岁以上的普通小学毕业生；课程包括修身、算术、几何、物理、化学、制图等。三是"简易农学校"，主要是培养初步掌握农业基础知识技能的人才，并设置了相应的课程等。

日本政府还通过财政补助、师资培养等措施，积极促进上述职业教育机构的发展。在财政补助方面，1894 年 6 月公布的《实业教育国库补助法》，规定每年从国库中支出 15 万日元，补助公立的工业学校、农业学校、商业学校、徒弟学校及实业补习学校中有效实施实业教育者，其中 1/10 用于培养师资。在职业教育师资培养方面，1894 年 6 月公布《工业教员培养规程》(日本最早的实业学校教员培养单行法规)，并根据该规程在东京工业学校内设工业教员培养所，招收普通中学毕业生以上者，两年本科的学生 100 名，一年速成科的学生 40 名，1896 年各课程的修业年限分别延长 1 年。

(六)学校教育的总体特征

第一，学校制度呈现新的特征。

其一，学校教育制度由单轨制发展为双轨制、三轨制。《学制》和《教育令》主要规定了小学、中学、大学的学校制度基本上是"小学—中学—大学"这一单轨制。1886 年的《学校令》还对师范教育单独立法，使学校制度呈现双轨制："普通小学—高等小学—普通中学—高等中学—帝国大学"和"普通小学—高等小学—普通师范学校—高等师范学校"。1893 年《实业补习学校规程》、1894年《徒弟学校规程》及《简易农学校规程》颁布实施后，学校制度又增一轨，即"普通小学——初等职业学校(实业补习学校、徒弟学校、简易农学校等)"。

其二，学校教育中的职业教育内容比重增加。从整个中等教育、高等教育领域在校生的专业特点来看，1895年中等教育机构中普通专业占84.7%、农业3.6%、工业4.0%、商业7.7%，职业教育内容的比重并不太大；同年，高等教育机构中法、文、经专业占46.6%，教育3.2%，理学7.9%，工学3.7%，农学2.1%，医药36.5%，理学类学生比重也不大。① 但是，这一时期却出现了普通内容与职业内容分化的低龄化。《教育令》规定，中学讲授高等普通学科，说明中学阶段尚没有普通内容与职业内容之分；1886年《中学校令》规定，中学教授"欲就实业者"及"欲进入高一级学校者"，表明分化从初中阶段开始。1894年允许普通中学设置"实科"，进一步加重了这一分化；1894年《徒弟学校规程》及《简易农学校规程》规定此类职业学校招收普通小学毕业生，说明普通内容与职业内容分化的开端降到了普通小学毕业阶段。

多轨制学校教育体系的确立、普通教育与职业教育分化的低龄化，有利于政府高效地培养出国家经济发展所需的各级各类人才，具有一定的经济意义。但与此同时，也减少了经济及社会地位较低者的子女接受高一级教育的机会，损害了社会公平，有悖于近代社会"平等"的发展趋势。

第二，学校教育规模的变化具有新特点。

从各级教育机构的数量来看，如表6-11所示，1896年与1886年相比，小学减少1721所、中等教育机构减少249所、高等教育机构减少11所、学校总数减少1981所，学校数量非但没有增加，反而有所减少。

---

① 文部省：《日本の成长と教育——教育発展と経済発展》，186、191页，东京，帝国地方行政学会，1962。

表 6-11 《学校令》时期的学校数量①

年份	学校总数		小学		中等教育		高等教育	
	数量/所	比例/%	数量/所	比例/%	数量/所	比例/%	数量/所	比例/%
1886	30363	100	28556	94.05	1737	5.72	70	0.23
1887	27476	100	25530	92.92	1874	6.82	72	0.26
1888	27920	100	25953	92.95	1915	6.86	52	0.9
1889	28022	100	26102	93.15	1871	6.68	49	0.17
1890	27956	100	26107	93.39	1803	6.45	46	0.16
1891	27277	100	25374	93.02	1851	6.79	52	0.19
1892	25375	100	23627	93.11	1699	6.70	49	0.19
1893	25595	100	23960	93.61	1584	6.19	51	0.20
1894	25636	100	24046	93.80	1545	6.03	45	0.18
1895	28211	100	26631	94.40	1518	5.38	62	0.22
1896	28382	100	26835	94.55	1488	5.24	59	0.21

注："中等教育"包括中学、女子高等学校、实业学校(甲、乙)、师范学校；"高等教育"包括高等学校、大学、高等师范学校、专门学校。

从各级教育机构在校生人数来看，如表 6-12 所示，1896 年的总在校生人数是 1886 年的 1.4 倍、初等教育人数是 1.4 倍、准中等教育人数是 1.1 倍、中等教育人数是 3.4 倍、高等教育人数是 1.4 倍。可见，各级学校在校生的规模均有所扩大，尤其是中等教育人数增加最为明显，与《教育令》时期的人数减少(1886 年中等教育在校生人数是 1879 年的 37.5%)形成了鲜明的对比。

表 6-12 《学校令》时期各教育阶段的在校生人数

年份	初等教育		准中等教育		中等教育		高等教育		总计	
	人数/人	比例/%	人数/人	比例/%	人数/人	比例/%	人数/人	比例/%	人数/人	比例/%
1886	2802796	96.6	67904	2.3	17956	0.6	12126	0.4	2900782	100
1887	2713565	95.9	81633	2.9	19333	0.7	14133	0.5	2828644	100

① 文部省：《日本の成长と教育——教育発展と经济発展》，174~175 頁，東京，帝国地方行政学会，1962。

续表

年份	初等教育		准中等教育		中等教育		高等教育		总计	
	人数/人	比例/%	人数/人	比例/%	人数/人	比例/%	人数/人	比例/%	人数/人	比例/%
1888	2928041	96.0	87903	2.9	21265	0.7	13329	0.4	3050538	100
1889	3032109	96.2	81345	2.6	22646	0.7	14514	0.5	3150614	100
1890	3096600	96.2	84430	2.6	23219	0.7	15412	0.5	3219661	100
1891	3154005	96.1	85668	2.6	24451	0.7	17024	0.5	3281148	100
1892	3165608	96.3	76244	2.3	27590	0.8	16260	0.5	3285702	100
1893	3337772	96.6	70996	2.1	31286	0.9	14729	0.4	3454783	100
1894	3501282	96.7	70672	2.0	34374	0.9	15141	0.4	3621469	100
1895	3670574	96.5	69392	1.8	46125	1.2	16092	0.4	3802183	100
1896	3878238	96.2	75647	1.9	60612	1.5	16446	0.4	4030943	100

注：初等教育包括普通小学、高等小学、特殊学校；准中等教育包括实业补习学校、徒弟学校、各种学校；中等教育包括中学，女子高等学校，高等学校(普通科)，师范学校，实业学校(甲、乙)；高等教育包括高等学校(非普通科)、大学预科、大学、高等师范学校、专门学校、实业专门学校。

可见，这一时期日本学校教育规模的扩大表现在受教育人数的增加上，而不是表现在各级学校数量的增加上(反而减少了)，这样可以减少校舍及师资，从而在节约人力及财力的情况下发展教育。

第三，学校教育的总体发展水平仍然不高。

从学校教育的内部结构看，小学占教育机构总数量的比例，从1886年的94.05%上升至1896年的94.55%；中等教育机构所占比例从5.72%降至5.24%；高等教育机构所占比例由0.23%降至0.21%。初等教育在校生人数占总人数的比例，由1886年的96.6%降至1896年的96.2%；准中等教育所占比例由1886年的2.3%降至1896年的1.9%；中等教育所占比例由0.6%上升至1.5%；高等教育所占比例基本上保持在0.4%。从上述数据来看，更高一级教育机构所占比重并没有明显提高，甚至有的指标还呈现下降趋势。因此，这一时期日本的学校教育并没有实现显著的结构升级。[1]

从同龄人口中就学者所占比例来看，准中等教育由 1885 年的 2.1% 上升至 1895 年的 4.2%；中等教育由 0.8% 上升至 1.1%；高等教育则由 0.4% 降至 0.3%。[2] 1895 年，日本生产年龄人口的学历构成为未就学人口占 84.1%，初等教育人口占 15.6%，中等教育人口占 0.2%，高等教育人口占 0.1%。[3] 上述数据说明两个问题：一是受准中等教育、中等教育人数所占比重提高，说明这一时期日本国民受教育程度有所提高；二是 1895 年准中等教育、中等教育、高等教育就学者分别占其同龄人口的比例之低，说明这一时期日本国民总体上的受教育程度仍处于较低水平。[4]

从国际比较来看，1888 年德国有 30 余所大学、意大利有 17 所大学，而日本仅有一所帝国大学。[5] 这一时期，日本的总体教育水平还落后于西方发达国家。

日本虽然在这一时期确立了近代学校教育制度，受教育人数也有所增加，但其学校教育制度的内部结构、国民受教育程度，仍然处于相对较低水平。

19 世纪的日本从闭关锁国的江户时代，经过明治维新改革过渡到了资本主义时代，尤其是从明治维新到 19 世纪 90 年代，日本的资本主义力量迅速壮大。概括地讲，在经济方面，以轻工业为中心的产业革命基本完成，并开始转向发展重工业；在政治方面，以天皇为首的政治统治不断加强，对人民的控制更加牢固；在军事方面，与列强猖狂瓜分世界领土的浪潮相适应，相继挑起中日甲午战争和日俄战争，势力范围日益扩大。在这种形势下，为了

---

① 臧佩红：《日本近现代教育史》，111 页，北京，世界知识出版社，2010。

② 文部省：《日本の成長と教育——教育発展と経済発展》，181 页，東京，帝国地方行政学会，1962。

③ 文部省：《日本の成長と教育——教育発展と経済発展》，59 页，東京，帝国地方行政学会，1962。

④ 臧佩红：《日本近现代教育史》，111~112 页，北京，世界知识出版社，2010。

⑤ 宫原诚一：《資料日本現代教育史》，172 页，東京，三省堂，1974。

培养产业革命需要的科技人才和训练对外侵略的忠顺良民，明治政府又重新整顿学校体系和加强国家对教科书、教师的控制，使1886年以来逐渐确立起来的近代教育体制得到进一步加强和扩充。为适应政治经济发展的需要和满足地方增设帝国大学的需要，1897年6月增设京都帝国大学；1897年10月，废除《师范学校令》，颁布《师范教育令》，扩展师范教育体系；1899年2月，颁布新修订的《中学校令》以及新制定的《高等女学校令》和《实业学校令》，使中等教育机构在初等教育的基础上形成了男子普通高等教育、女子普通高等教育和职业教育三个体系，这三个体系各有不同的任务，无论是入学条件、教育内容还是培养目标都有明显的区别；1899年8月，颁布《私立学校令》，使私立学校的发展有了法律保障。应该说，这些措施的出现，标志着日本近代学校教育制度的进一步改革和发展，但归根结底仍然是为了使教育服务于其"富国强兵"和"殖产兴业"的总目标。但必须指出，这一时期的"富国强兵"和"殖产兴业"已经和明治初期的"富国强兵"和"殖产兴业"有所不同，它已具有新的含义和新的内容。到19世纪末，作为后进国家的日本已经开始跨入世界列强的行列，与欧美资本主义国家争夺殖民地了。与此同时，日本政府也继续加强了教育领域中的"皇国"和"军国"内容，日本近代教育体制发生了新的变化，军国主义教育思想和教育实践不断扩充，为日后日本的对外侵略扩张埋下了隐患。

第七章

日本明治维新时期的教育思想

在日本明治维新时期，许多日本思想家和教育家在西方文明和教育的推动下，就教育如何适应明治维新时期社会的需求提出了不少有益的见解和主张。其主要代表人物是福泽谕吉以及曾先后担任过文部大臣的森有礼和井上毅。其中，福泽谕吉提倡文明开化和崇实致学，强调普及教育，主张和谐发展的教育，并注重学校教育、社会教育和家庭教育三者的关系，被称为日本明治维新时期启蒙思想的领袖。森有礼提倡国家主义教育，强调国民教育制度的确立，重视和发展师范教育。井上毅则关注职业教育的发展以及职业教育体系的形成。日本明治维新时期的教育思想推动了明治维新时期的教育改革和发展，对日本社会以及教育走上现代化道路起了极其重要的作用。

第一节　福泽谕吉的教育活动与教育思想

一、教育活动和著作

福泽谕吉是日本明治维新时期著名的启蒙思想家。1835 年 1 月 10 日，福泽谕吉出生于日本大阪的一个下级武士家庭。父亲本是中津藩士，因受藩主之命到大阪货栈长期执勤而举家迁居大阪。父亲酷爱文学，是位很有才能的人，但受封建等级身份制度的限制而怀才不遇，在福泽谕吉出生的第二年，便郁郁而终。父亲去世后，福泽谕吉只好跟随母亲回到故里中津。由于家境贫寒，福泽谕吉到十四五岁时才入村塾接受启蒙教育。他一边学习，一边帮助母亲干些杂活，饱尝了下级武士阶层生活的艰辛与困苦。这一切在他幼小的心灵上种下了反封建的种子。福泽谕吉入学虽晚，但他天资聪颖，成绩优秀，仅用四五年时间便通读了许多汉学经典和历史要籍，成了远近闻名的小汉学家。不过，由于憎恶封建等级制度，也不信奉封建伦理道德，福泽谕吉希望有朝一日能离开中津，到外地探求更新的知识。1854 年 2 月，为学习兰学，他到长崎学习荷兰文和西洋炮术。后又转入大阪，入绪方洪庵的适适塾学习兰学。绪方洪庵是一位优秀的兰学家和教育家，在他的指导下福泽谕吉的兰学知识突飞猛进，并培植了无神论思想和憎恶儒学的思想感情。

正当福泽谕吉在适适塾勤奋学习的时候，中津藩决定在江户设立一所兰学塾，并邀请福泽谕吉去任教。1858 年 10 月，他遵命到江户，在筑地铁炮洲开设学塾，讲授兰学。这就是"庆应义塾"的前身。在讲授兰学和接触外国人的过程中，福泽谕吉产生了学习英语和去西方考察的念头。1860 年 1 月，适值幕府决定派遣使团赴美交换《日美修好通商条约》批准书，福泽谕吉多方求告，终被允许作为随员一同前往。在此期间，他亲身接触到资本主义美国的近代文明，深感封建日本的落后，坚定了向西方学习和输入西方文明的立场。回国后，他一面继续在学塾执教，并把传授兰学改为传授英文；一面受聘于幕府，在外国方(相当于外务省)担任翻译工作。1861 年 12 月，福泽谕吉又以翻译身份随幕府使团访问欧洲。在将近一年的时间里，他先后到过法国、英国、俄国、荷兰和葡萄牙等地。在访问过程中，他详细考察了欧洲的社会状况，得出落后的日本欲学习西方文明必须首先从精神文明入手的结论。他强调说："要谋求东方革新，必须首先输入西洋文化教育。"①这种"教育救国"思想，成为他后来从事思想启蒙和教育活动的指导思想。福泽谕吉访欧归来后，日本国内政治斗争日趋激烈，尊王攘夷运动已经发展到倒幕运动，但他没有参与这种斗争，因为他把文明开化、社会变革的希望寄托在幕府一边，企图在幕府领导下进行"文明开化"的启蒙教育。1867 年 1 月，福泽谕吉随赴美购买军舰的幕府使团第三次出国。这次出国使他从根本上改变了对幕府的看法，其原因是在出访期间他与上司发生冲突和大量购买图书，回国后受到解职处分。从这次事件中，福泽谕吉看清幕府的昏庸腐败，并预感德川幕府不久将要垮台。但是，由于他对维新志士误解很深，也未倒向革命势力，而是在轰轰烈烈的倒幕运动中持消极观望的态度。

福泽谕吉对眼前的时局虽感困惑和忧虑，但他坚持"文明开化""教育救国"思想的意念却并未改变。在被解职之后，他把全部精力用在兴办学塾和著书立说上。1868 年，福泽谕吉把学塾由筑地铁炮洲搬到新钱座，并按当时年号(庆应四年)将学塾命名为"庆应义塾"。1871 年，他又将庆应义塾搬到三田。到 1872 年，学塾规模日益壮大，学生人数已达 302 人。随着庆应义塾的发展壮大，福泽谕吉出版了大批旨在介绍西方文明的启蒙著作。其中主要包括：《西洋事情》《西洋枪操法》《西洋导游》《条约十一国记》《西洋衣食住》《启蒙穷程图解》《兵士怀中便览》《洋兵明鉴》《掌中万国一览》《清英交际始末》《世界国尽》和《启蒙学习之文》等。

在福泽谕吉潜心办学和从事著述的同时，日本政局发生了巨大变化。1868 年"明治维新"爆发后，德川幕府垮台，新成立的明治政府为实现富国强兵的目标，进行自上而下的资本主义改革，一面着力铲除封建遗弊，一面积极推行"文明开化"和"殖产兴业"的政策。明治政府大胆改革的措施和精神，使福泽谕吉彻底改变了对维新志士的看法，他欢呼此乃"古今之一大盛举"，

① 福沢諭吉：《福沢諭吉全集》第 16 卷，209 頁，東京，岩波書店，1961。

认为"目睹此盛举，虽死亦无憾矣"。[①] 从 1872 年起，他改变了从前消极启蒙和袖手旁观的态度，在继续促进庆应义塾发展壮大的同时，以充沛的精力和旺盛的热情积极开展启蒙宣传活动。从 1873 年到 1875 年，福泽谕吉与森有礼等人发起成立"明六社"和创办《明六杂志》，大力宣传启蒙思想。1872 年到 19 世纪 70 年代末，他连续出版了其代表著作《劝学篇》和《文明论概略》，由从前单纯介绍西方文明的做法，转为用自己的观点发挥"天赋人权"思想，阐述对"文明开化"的见解，号召日本国民"人人独立"、舍身为国，使日本尽快赶上先进国家。这两部著作的出版表明，福泽谕吉的民族主义思想体系已渐趋成熟。除此之外，福泽谕吉还撰写了《童蒙教训》《怪状女人》《文字教育》《会议辨》《学者安心论》《分权论》《民间经济录》等著作，并创办了《民间杂志》和《家庭丛谈》两种刊物。这些著作无不充满启蒙精神，对明治初期的"文明开化"运动起到了重要的推动作用，尤其是《劝学篇》和《文明论概略》发表后，日本一时出现"洛阳纸贵"的局面。作为一位伟大的思想家，福泽谕吉成为妇孺皆知的名字。

19 世纪 80 年代后，福泽谕吉虽然仍苦心经营庆应义塾和广泛开展创作活动，但随着日本资本主义制度的确立和国力的增强，他已失去了那种破坏旧世界的热情，他的政治思想开始趋于保守，民族主义思想逐渐恶性膨胀。福泽谕吉的活动目的开始由提倡"文明开化"转变为追求"富国强兵"。对国内，他在政治问题上持所谓不偏不倚的中立主义，主张国权优先，劝说民权派消除不满，希望实现"官民调和"；对国外，他倡导所谓"脱亚入欧论"，主张日本脱离亚洲阵营，与欧美列强为伍，共同参与侵略东方邻国的勾当。

1890 年，福泽谕吉对庆应义塾进行了学制改革，成立以大学本部为中心的小学 6 年、中学 5 年、大学 5 年的一贯制教育体制。1897 年，福泽谕吉开始回顾自己的著述生涯，整理文稿，准备结集出版。

1901 年 2 月 3 日，福泽谕吉因病去世，时年 66 岁。

[①] 福沢諭吉：《福沢諭吉全集》第 6 卷，419 頁，東京，岩波書店，1961。

二、论"文明开化"和"崇实致用"

福泽谕吉生平有两大誓愿：一是希望国民从封建束缚下解放出来；二是希望日本从欧美列强的压迫中解放出来，即实现个人独立和国家独立。在这二者之中，他又首先注重个人独立。他强调："国与国是平等的，但若国人没有独立的精神，国家独立的权利还是不能伸张。"①他列举三点理由来说明这个道理：第一，没有独立精神的人，不会深切地关心国事；第二，在国内得不到独立地位的人，也不能在接触外人时保持其独立的权利；第三，没有独立精神的人，会仗势做坏事。福泽谕吉不仅强调个人独立的重要意义，还分析了影响个人独立的原因。他认为，亚洲式的专制主义是制约个人独立的最大障碍。为使深受专制主义束缚的日本人民获得个人独立，并最终实现国家独立，福泽谕吉指出有以下两条途径可循。

第一条途径是实行"文明开化"，树立文明精神。福泽谕吉认为，要实现个人独立和国家独立，"除争取文明之外，没有别的出路"②。在《文明论概略》一书中，他阐述了文明的基本思想。第一，文明是相对的，范围广泛，包罗万象。从狭义角度看，文明不仅限于物质方面；从广义角度说，还指物质和精神两个方面。第二，文明不是僵死不变和完美无缺的，文明的发展永无止境，不断向至善至美的方向变化。第三，文明的发展具有阶段性，要经过由野蛮到半文明再到文明的发展过程。第四，文明的发展需要人类智慧的推动，任何物质文明和精神文明，都是人类智慧的结晶。第五，文明是衡量社会历史发展的标准，能促进文明的就是利，反之，就是害。在此基础上，福泽谕吉又把文明划分为三种类型。一是人类的物质需要和精神进步。此二者不可或缺，仅有物质享受，则同动物无异；只求精神进步，会成苦行之僧。二是人类的外在事物和内在精神。在此二者之中，外在事物可以制造，可以

---

① ［日］福泽谕吉：《劝学篇》，群力译，14 页，北京，商务印书馆，1984。

② ［日］福泽谕吉：《文明论概略》，北京编译社译，192 页，北京，商务印书馆，1959。

购买，较易得手；内在精神却难以求索，因为它既不能购买，又不能一下子制造出来，虽然普遍存在，却难窥其形，难知其所。三是个人文明和国家文明。一个德才兼备的人可算作一个文明的个人，但他所居住的国家不一定是文明的国家。只有全国人民团结一致保卫国家独立、维护国家利益和尊严，才算具备国家文明。根据上述思想，福泽谕吉认为，当时日本正处于半文明阶段，为了使日本尽快成为文明开化的国家，必须以西方国家为榜样，学习西方文明。在学习过程中，他要求一定结合本国实际，取舍适宜，切忌全盘效法，更不能单纯模仿文明的外形。他还认为，首先学习西方的精神文明，只有当人们的智德水平提高之后，文明的基础才能建立起来，人人独立和国家独立的目标才能最终实现。

第二条途径是鼓励人人向学，提倡"崇实致用"。福泽谕吉把掌握知识作为实现人人独立和国家独立的又一个手段。为鼓励人们立志向学，在《劝学篇》一书中，他提出"天不生人上之人，也不生人下之人"[1]的响亮口号，并认为社会上之所以存在贤人与愚人、穷人与富人、贵人与贱人之分，"这只是其人有无学问所造成的差别"[2]。那么，掌握什么样的学问才能使人摆脱愚弱贫贱而走向智强富贵呢？根据日本当时的实际需要，福泽谕吉认为，所谓"学问"，并不是能识难字、能读难懂的古文、会做诗等不切实际的学问，而是有助于人们立身处世的学问。为此，他坚决主张放弃空疏无用的儒学，提倡实际有用的实学。他认为，传统的儒学不但不能有助于文明开化，反而会起到阻碍作用。他甚至说，日本之所以不能"真正开放与西洋列强并驾齐驱，完全是汉学教育之过"[3]。但是，实学则不同，由于它和日常生活紧密相关，能起救人济世之功效。福泽谕吉所说的"实学"，实际上就是西方先进的科学技术，

---

① ［日］福泽谕吉：《劝学篇》，群力译，2页，北京，商务印书馆，1984。
② ［日］福泽谕吉：《福泽谕吉自传》，马斌译，180页，北京，商务印书馆，1980。
③ ［日］福泽谕吉：《福泽谕吉自传》，180页，马斌译，北京，商务印书馆，1980。

具体是指数理化等自然科学知识。他劝导人们学习这样的实学，并充满信心地说，如果大家不分贵贱上下，都爱好这些学问，并有所体会，而后士农工商各尽其份，各自经营家业，则个人可以独立，一家可以独立，国家也就可以独立了。①

"文明开化"和"崇实致用"是福泽谕吉实现民族独立的手段，也是形成其教育思想的理论基础。以此为指导，福泽谕吉提出了独具特色的教育思想。

三、论普及教育

福泽谕吉提倡"文明开化"和"崇实致用"，但他认为，实现文明开化必须依靠人类的智慧，来自外国的实学也不可能轻易地成为自己国家的东西，因此，必须努力普及教育。他所说的普及教育，主要是指学校教育。福泽谕吉接受西方"天赋人权"的资产阶级民主主义观点，主张人天生一律平等，不是生下来就有贵贱之别，受教育是人人应有的权利；同时，他又从国家的角度认为普及学校教育是独立富强的必由之路。

当1872年明治政府颁布《学制令》实行强制入学时，福泽谕吉高兴地说："我赞成平日用强迫的办法，让全国的男女适龄儿童，一律就学，这对于日本当今的社会是当务之急。"②但是，由于明治初期日本经济落后，财政困难，《学制令》规定的强制实行六年制义务教育的目标未能实现。从1879年到1886年，明治政府不得不对义务教育规定进行反复修改，并将其修学年限由6年降为4年。这一事实使福泽谕吉很快认识到，实行强制义务教育必须充分考虑经济条件，所以，从1886年起，他由赞成强制教育改为反对强制教育，主张儿童可根据家庭条件来决定是否入学。他说，人民的教育是立国之本这

---

① ［日］福泽谕吉：《劝学篇》，3~4页，群力译，北京，商务印书馆，1984。
② 井上久雄：《日本现代教育思想》，195頁，東京，福村社，1979。

一观点不是任何情况下都适用的，国民的教育是衣食足之后的事情。①
1895年中日甲午战争后，日本产业革命蓬勃发展，经济实力不断增强，为进
一步普及学校教育提供了财力保障。在这种情况下，福泽谕吉又从反对强制
教育转变为积极主张普及教育。1896年，他在《教育费》一文中指出："在经
济比较富裕的条件下，应该为教育事业大量投入，以求学术知识的发展与普
及。这是我最赞成的。"②在这篇论文里，他还批驳了两种错误观点：一是认
为平民百姓入学读书识字，造成了许多人置家业于不顾，高傲自大，妄谈政
治，以致倾家荡产；二是认为培养一个子弟耗费很多金钱是莫大的损失。针
对这两种错误观点，福泽谕吉强调，与欧美各国相比，日本的入学率和教育
水平还相差甚远，不仅不该削弱教育，还应该加大发展教育的力度。他号召
国家和个人都要不惜金钱，增加教育的投资。他说："已经解决了衣食问题，
毫不吝惜地把钱用在教育上，才是真正为子孙未来着想的聪明人。"③

为了加快普及教育的速度，福泽谕吉还提出应着力发展私立学校。他
认为，私立学校开支节省，但同样能为国家培养中坚人才，对国家的富强
做出贡献。他反对大力发展官立学校，并多次谈到应将官立学校改为私立
学校。

四、论和谐发展的教育

为了培养独立自由的个人和建立文明富强的国家，在重视广设学校的同
时，福泽谕吉又明确提出在学校中应实施"和谐发展"的教育。他强调："学校
设立的本旨，是促进能力的发育。"④"人生下来之后，必须体育、智育、德育

---

① 上沼八郎：《福沢諭吉教育論集》，199~200頁，東京，明治図書出版，1981。
② 上沼八郎：《福沢諭吉教育論集》，146~147頁，東京，明治図書出版，1981。
③ 上沼八郎：《福沢諭吉教育論集》，89~90頁，東京，明治図書出版，1981。
④ 福沢諭吉：《福沢諭吉全集》第12卷，219頁，東京，岩波書店，1961。

同时加以注意"①。也就是说，学校教育应促进学生在德、智、体几个方面获得全面均衡的发展。

就实现这种培养目标而言，福泽谕吉首先重视体育。他说："活泼的精神寓于健康的身体。生来身体虚弱多病绝不会有超人的智慧与判断力；即便有，也难以应用。"②基于这种观点，他一贯主张对儿童的教育要从体育开始。他多次谈道："关于儿童的教育方法，用身体去实现是最重要的。我主张在幼小的时候，不能强迫其读书，而要待其成长之后，再去训练他的心理。"③值得注意的是，福泽谕吉不仅主张通过体育锻炼儿童的身体，而且希望通过体育培养儿童的坚强意志和旺盛精神，使其具有独立生活的能力。因此，在学校开展体育活动时，他告诫大家切忌把体育当作消遣或游戏，也不赞成单纯为了锻炼体力而组织体育活动。关于体育的活动方式，当然，各国应根据自己的习俗在体育上选择合适的方法。在日本，柔道、游泳、打猎、赛马、划船、摔跤、赛跑等都可作为体育项目。

在学生获得健康的体魄和愉悦的精神之后，福泽谕吉主张要及时对他们进行心理训练。他说："人不学习，就没有知识，学习才能使人获得知识，增长智力。"④可见，他将智育的任务分为两个方面：一是使学生掌握知识，二是使学生发展智力。根据日本当时的实际需要，福泽谕吉反对封建时代的空理虚谈和向学生传授脱离实际生活的儒学知识，而要求以西方文明为目标，向学生传授实际有用的知识。在教学科目中，他主张以"实学"为主，中学和职业学校应开设英语和物理，学生入学后要先学习外文和物理，然后再学习数学、地理、历史、簿记、商法和经济学。关于发展智力，福泽谕吉也有独

① 福沢諭吉：《福沢諭吉全集》第 12 卷，471 頁，東京，岩波書店，1961。
② 上沼八郎：《福沢諭吉教育論集》，110 頁，東京，明治図書出版，1981。
③ [日]鹿野政直：《福泽谕吉》，卞崇道译，197 页，北京，生活·读书·新知三联书店，1987。
④ 上沼八郎：《福沢諭吉教育論集》，195 頁，東京，明治図書出版，1981。

特的看法。他认为,智力就是思考事物、分析事物和理解事物的能力。它可分为两种形式:一是小智,即探索事物的道理,并能顺应这个道理的才能;二是大智,即分别事物的轻重缓急,轻缓的后办,重急的先办,观察其时间性和空间性的才能。① 福泽谕吉特别重视智力的作用,认为若有发明,一旦公之于世,立刻就会轰动全国的人心。如果是更大的发明,则是一个人的力量,往往可以改变全世界的面貌。② 但是,在他看来,无论是小智还是大智,都必须通过学习知识获得发展。为了顺利完成向学生传授知识和发展学生智力的任务,福泽谕吉指出,在教学方法上应以学生自学为主,教师应发现学生的兴趣,因势利导,既不放纵,也不乞求。

福泽谕吉也十分重视道德教育。他认为,只有健康的体魄和聪明的头脑是远远不够的,"有智慧而缺乏道德之心的人,等于禽兽,非人也"③。但是,福泽谕吉所强调的道德与传统的儒学孔孟之道不同,它主要是指通行的人情道理这一普遍的德行,是一种超越宗教派别的道德规范。在《文明论概略》一书中,他将道德分为两种。第一,凡属于内心活动的,如笃实、纯洁、谦逊、严肃等叫私德。第二,与外界接触而表现于社会行为的,如廉耻、公平、正直、勇敢等叫作公德。④ 其中,私德是日本自古以来受儒家影响人们思想上所认定的道德。福泽谕吉虽未全盘否定这种道德,但他却极力主张将私德扩大到公德,更为强调公德的作用。他说,文明逐渐进步,人与人的关系也复杂起来,就没有理由只用私德这一手段来支配人类世界。他又说:"我的意思不是说私德无用而把它抛弃掉,而是主张在提倡私德的同时,必须强调更重要的智、德的作用。"⑤从这种认识出发,当明治中期以元田永孚为首的儒学

---

① [日]福泽谕吉:《文明论概略》,北京编译社译,73 页,北京,商务印书馆,2009。
② [日]福泽谕吉:《文明论概略》,北京编译社译,82 页,北京,商务印书馆,2009。
③ 上沼八郎:《福沢諭吉教育論集》,60 頁,東京,明治図書出版,1981。
④ [日]福泽谕吉:《文明论概略》,北京编译社译,73 页,北京,商务印书馆,2009。
⑤ [日]福泽谕吉:《文明论概略》,北京编译社译,77 页,北京,商务印书馆,2009。

家鼓吹道德之学"应根据祖宗之训典，着眼于阐述仁义忠孝"的德育论调时，福泽谕吉在《何为德育》《德育余论》等论文中，对他们进行了针锋相对的反驳。福泽谕吉不仅强调要求改变道德观念，而且在德育方法上也提出了颇为深刻的见解。他认为，儿童道德观念和道德习惯的形成，要受遗传因素、家庭环境、社会风气等各方面的影响。进行道德教育不能仅仅依靠学校教育的力量，必须由家庭、社会、学校各方面共同努力才能完成。因此，他指出，想培养孩子的道德观念，只凭教师讲解是不行的，父母的训诫也很难奏效，最重要的是教育者自身的道德修养，只有教育者躬行实践给孩子做出榜样，使受教育者在潜移默化中自然而然地受到教育，这样才能培养孩子良好的道德习惯。①

福泽谕吉不仅分别论述了体育、智育和德育的意义，而且阐述了三者的关系。他把体育作为发展智育、德育的基础，因为智慧和道德，恰像人的思想的两个部分，各有各的作用，所以不能说哪个重要，哪个不重要。如果不是两者兼备，就不能算作完人。②

五、论社会教育和家庭教育

福泽谕吉不仅重视学校教育，而且重视社会教育和家庭教育。他认为，一个国家的教育应该由这三种教育共同组成；只有它们相互配合、协调发展，才能充分发挥教育的作用。

就社会教育而言，福泽谕吉认为，社会恰似一所增长知识和培养道德的大学校，较之学校教育，它的作用甚至更为重要。因为在学校中，无论实行什么样的学制，采用什么样的教则，都只能改变人心的某一部分，而社会教育则不同。第一，社会教育的内容千差万别，无限繁杂，几乎包括家政学、

---

① 上沼八郎：《福沢諭吉教育論集》，106页，東京，明治図書出版，1981。

② ［日］福泽谕吉：《文明论概略》，北京编译社译，77页，北京，商务印书馆，1959。

育儿学、商业学、工业学、政治学和社会关系学等各门人生所需要的知识；而且，生活在社会中的任何人，其言、其行、其事都是一部好的社会教育教材。第二，社会教育的方式灵活多样，它虽然没有固定的教师和教法，但社会环境却像空气一样，时时处处对学生产生潜移默化的影响。例如，听农夫之言语，可察一年之丰歉；闻车夫之叹息，可知商界之盛衰。第三，社会教育的效果深刻而持久，它既能予人若狂之喜，又能给人切肤之痛，伴人终生，永不停歇。基于这些原因，福泽谕吉十分重视社会教育。他要求学校教育要充分考虑社会影响，以免脱离实际，降低效果。他还鼓励学生参与社会实践，接受社会教育，纯洁社会风气和改变社会面貌。

福泽谕吉也特别重视家庭教育。针对婴幼儿的特点，他强调家庭教育的主要任务是使儿童养成健康的身体和良好的习惯。他认为，在孩子出生后，父母不应过早地顾及其智力开发，而应像饲养动物一样促进其身体发育。待孩子七八岁后，其身体长得健壮时，再对他们进行智力教育。与此同时，福泽谕吉主张必须养成儿童的良好习惯。他指出："习惯比一般的教育更具影响力，因此，每一个家庭就是一所习惯学校，父母就是教师，它远比学校式的讲授更具有力量，效果也相当明显。"[1]为了养成儿童的良好习惯，福泽谕吉反对父母用枯燥的说教教育孩子，要求父母以身作则，努力营造良好的家庭环境，用良好的家风去熏陶和影响孩子。他说："没有美好的家风，要达到孩子具有良好的习惯，培养其健全的精神，就像人掉入泥潭希望身体洁净、耽误农时希望苗之健壮一样是不可能的。"[2]

福泽谕吉是日本明治维新时期著名的启蒙思想家和教育家。他知识丰富，思想深邃，具有强烈的反封建的民主主义精神。在日本近代史上，他扮演了

① 井上久雄：《日本现代教育思想》，197 頁，東京，福村社，1979。

② 慶応義塾福沢研究センター：《近代日本研究史》第 2 卷，479 頁，東京，慶応義塾大学出版会，1986。

文明开化巨匠和启蒙运动旗手的角色。通过教育把日本建成文明开化的独立国家是福泽谕吉的最大理想。为了实现这一理想，他辞官不做，潜心研究教育理论和从事教育实践。他所倡导的普及教育、和谐发展的教育以及使学校教育、社会教育和家庭教育协调发展的思想，为日本近代教育的发展奠定了理论基础。由于他的突出贡献，被日本人尊为"日本近代教育之父"。

但是，福泽谕吉的思想也并非完美无缺的，尤其是在晚年时期，随着日本由资本主义自由竞争阶段走向帝国主义阶段，他的思想开始由激进转向保守甚至反动。在政治上，由提倡民主权利变为主张官民调和；在外交上，由要求万国平等变为支持侵略扩张；在教育上，由尊重平等自由变为鼓吹国家主义。所有这些都在日本近现代史上产生了极其消极的影响。

第二节　森有礼的教育思想

一、生平和教育活动

森有礼是日本明治维新时期著名的政治家、教育家，日本近代国家主义教育体制的奠基人。1847年，他出生在日本鹿儿岛萨摩藩的一个下级武士家庭。12岁时，他入藩造士馆接受儒学启蒙教育。两年后，他又入开成所（藩的洋学校）改习洋学。此时，正值日本迫于欧美列强的压力，放弃闭关锁国政策、走上"开国"之路的阶段。西方列强的奴役和国内新旧势力的纷争，在森有礼幼小的心灵中留下了深刻的印象。

1865年，18岁的森有礼受藩之密令去英国留学，在伦敦大学研习物理、数学和化学等科目。留学期间，英国兴旺发达的社会景象使他深受触动。因此，他的视野不断开阔，报国之心也随之产生。森有礼曾表示要"以社稷为重""伸张国家之纲维"①,并在此基础上初步形成以法改革日本的设想。他说,"法乃国家之大本,法不明则难治国安民……从今学得万国治制,使与我国传统之古法折衷,得以建立新的公平不拔之大制度,至天下万事,谁不蒙其泽?"②1867年,森有礼又转赴美国。经过一段时间的考察,他对美国的民主政治和教育精神推崇备至,认为"美今去开国渐进二百年,国家之政不分大小尽谋于民,成公平正大之政事"③。英美式的近代法治观念和民主主义,使森有礼的思想开始向自由主义转化,为其以后提出效法欧美、改革日本的启蒙思想奠定了基础。

1868年,日本"明治维新"爆发,森有礼怀着一颗报国之心回到日本。他一回国,立即得到重用,先后在明治政府中担任征士、公议所议长和学校判事等职务。自1870年起,他任驻美少辩务使(遣外使者),再度赴美,并兼任日本在美留学生监督之职。在美期间,森有礼一面从事外交活动,一面关注日本教育的发展。他曾就日本教育问题,多次给美国各界知名人士写信,征求他们的看法。收信者都为他的这一行动所感动,在复信时,他们不仅谈到日本教育中存在的问题,而且分析了原因及解决的办法。对此,森有礼激动不已,随即将这些信函整理成书,以"日本的教育"为名用英文在纽约出版。受美国社会的影响,森有礼还撰写了《日本宗教的自由》一书,站在基督教自由主义、个人主义立场上,为争取人权而活动。

1873年,森有礼从美国回到日本,与福泽谕吉、西村茂树、加藤弘之等人一起,创立启蒙学术团体"明六社",出版《明六杂志》,提倡民主、自由、民权等资产阶级思想,对日本的近代化起了积极推动作用。1875年,他还创立了商法讲习所,提倡发展西式近代职业教育。

---

① 大久保利谦:《森有礼》,18页,东京,文教书院,1944。
② 滕大春:《外国教育通史》第四卷,424页,济南,山东教育出版社,1992。
③ 滕大春:《外国教育通史》第四卷,424页,济南,山东教育出版社,1992。

　　1875 年，奉政府之命，森有礼出任驻中国公使，代表日本政府与李鸿章等人谈判中日外交问题。1880 年，他又改任驻英国特命公使，直到 1884 年。在这一时期，森有礼的思想发生了急剧变化，他由明治初期的一名资产阶级自由主义战士、自由民权的维护者转变为国家主义的崇拜者。引起森有礼思想巨变的原因是德国的变化。当时的普鲁士王国，在其首相俾斯麦（Otto Fürst von Bismarck-Schönhausen）领导下建立了德意志帝国，由分散的联邦制一跃而为中央集权制的强大统一国家。尤其是在 1871 年普法战争中击败法国后，德国的国力更盛，其影响波及世界上许多国家。森有礼认为，德国国运蒸蒸日上的根本原因在于俾斯麦奉行的国家主义思想，因此，他主张同是落后而又处于上升期的日本，也应效法德国推行国家主义。所谓"国家主义"，在理论上主张支持社会有机构成的是神的化身，有一个高于一切的"精神实体"，一切个人要求和个人道德都应从属于国家和国家权力；在教育上强调培养国家观念和忠君爱国的道德品质，压制自由主义和个人主义。森有礼的这种国家主义教育主张很合乎当时政府要人伊藤博文的胃口。在 1882 年伊藤博文去欧洲考察期间，森有礼专程从英国到法国拜访了他。两人在巴黎会面，就日本教育问题交换了意见，对于实行宪法后如何改革日本教育制度的看法完全一致。伊藤博文很赏识森有礼，约定请森有礼在组建内阁时回国担任文部大臣。森有礼为伊藤博文的诚意所感动，接受了邀请，准备将来回国掌管教育；并根据伊藤博文的建议，进一步调查了欧洲各国的教育制度。

　　1884 年 4 月，森有礼回到日本。同年 5 月，在参事院担任参议官，同时被任命为文部省负责人。1885 年，明治政府改革官制，撤销从前的太政官制，建立内阁制。伊藤博文任第一任总理大臣，森有礼被任命为第一任文部大臣。森有礼一上任，立即着手改革学制。1886 年，他废除了原文部省实施的《教育令》，亲自主持制定和颁布了以国家主义教育思想为指导的《帝国大学令》《师范学校令》《中学校令》和《小学校令》，统称《学校令》。此后，他又制定了《教科书检定制度》和《师范教育大纲》等文件。

1889年2月11日，森有礼应邀参加《宪法》颁布仪式，在离开官邸时被刺身亡，时年43岁。

二、论国家教育制度

国家主义教育思想是森有礼全部教育思想的核心，是其所拟定的国民教育制度的指导原则；而他所拟定的国民教育制度则是实现国家主义教育思想的手段。两者互相联系，密不可分。

森有礼国家主义教育思想的内容，如果用一句话来概括，可以说是"国体教育主义"[①]。具体地讲，它主要包括以下三个要点。第一，为了国家富强而办教育。森有礼指出："学政的目的，归根结底是为了国家。例如，在帝国大学提高教务，凡涉及学术的利益和国家的利益，应以国家利益为重，放在最前面。其他的学校也是如此。在学政上应始终记住，并非只为学生个人的利益，而要为国家的利益着想。此乃最重要之点，要认真体会。"[②]第二，为了维护国家政体而实施"国民皆受军事训练"的教育。森有礼认为日本的传统是"万世一系"的，他指出，天皇的不屈路线，像天地一样永存。在这条路线下，力量雄厚的日本从未屈服于任何外国，而且人们从祖先继承下来并不断受到培养和加强的保卫国家的精神和忠诚顺从的性格，仍然光彩夺目。此乃一国富强之基础，独一无二的宝贵资本。在他看来，要维护这种国体，就必须培养国民维护国体的气质和体力，而培养这种气质和体力的最好方法就是，在学校实施军事训练和在各学科中灌输"忠君爱国"的思想。第三，在学制上，森有礼主张"以国家办学为主"；在学校行政上，要根据国家经济理论来

[①] 山内克己：《近代日本教育文化史》，184頁，東京，学芸図書株式会社，1961。

[②] 堀武松一：《日本近代教育史》，145頁，埼玉，新栄堂出版，1963。

办学。①

森有礼的教育思想就是这三个要点的"统一"。为了把他的理想变为现实，他拟订了一个全新的国民教育制度计划。在这个计划中，"学术研究"和"教育"是不同的。"学术研究"的目的在于"深入钻研事物的真理"或"培养将从事实际工作的那些人"，"帝国大学是学术研究的场所"；对比之下，"教育"的目的则是要"训练人们，使每个人都完全理解他作为一个日本国民的义务，修身养性，成为有资格享受福利的人"，"中小学是教育的场所"。②

以这种教育理念为基础，通过颁布《学校令》，森有礼主持建立了日本"双轨制"的国家教育制度。一方面，在3年或4年的义务初等教育中，仅限于教授读、写、算，而且特别强调灌输日本传统的伦理道德观念和培养学生忠于国家、家庭和社会的品质；另一方面，帝国大学处在教育制度顶端，垄断科学，积极采用西方的现代文明，培养英才以从事现代技术和组织管理工作，而且即使作为探究事物真理场所的大学，其教学行为也受政府的严格控制。例如，《帝国大学令》第一条规定，帝国大学只允许教授并深入研究符合国家需要的科学和技术。这样，在日本的教育制度中，从小学到大学都充满了浓厚的国家主义色彩。

为保证这种"双轨制"的国家教育制度的顺利实施，森有礼特别重视两个因素：一是师范学校的教育，二是培养英才的学校教育体系。他认为，师范学校不同于其他教育机关，它既是一个相对独立的学校群体，又与广大中小学校有着密切的联系。师范教育的成功与否，不仅关系到师范学校自身的成败，还关系到中小学教育的成败。只有办好师范教育，才能保证灌输国家意志，从而形成全国统一的民族意识。师范教育正是在中小学中实施"教育"的

---

① 山内克己：《近代日本教育义化史》，144页，东京，学芸図書株式会社，1961。

② ［日］麻生诚、天野郁夫：《教育与日本现代化》，刘付忱译，14页，北京，人民教育出版社，1980。

保障。与此同时，他认为，培养英才的学校教育体系是学生进入帝国大学的通道，是他们升入帝国大学并在那里开展"学术研究"的必经之路。培养英才的学校教育体系由中学、高等学校和帝国大学组成。这是1886年在森有礼的主持下建立起来的。在此以前，日本并没有形成连接中学和帝国大学的稳定途径，那时普通中学一直是随意设置的，并且在质量上差距很大。后来，森有礼通过每县只许设一所中学的办法对普通中学进行选拔，并指定在七个地区建立高级中学(后来改为高等学校)，填补了这一空白。在森有礼看来，培养英才的学校教育体系在日本教育制度中占有"主系"的地位，其他高等教育的国立教育机构和公立教育机构以及私立学校都被置于"旁系"的位置。这种培养英才的学校教育体系的基本特征是，所有学生首先要在小学被教育成为"忠诚的国民"，然后根据其"才能"程度被吸收到高一级的学校中去。这样，就能使大量被认为适合国家需要的人才来担任政府的公职，并使这个按照学校教育程度划分阶层的社会更接近于一个以才能为基础的社会。

在森有礼看来，这样的国民教育制度才是最适合日本需要的教育制度。这样的教育制度，既能不断培养出"有资格影响社会思想的领袖，如行政机构的高级官员、工商企业的经理和科学方面的专家"；又能把广大民众培养成为"具有根据自己的才能忠实而勤勉地为国家服务的健全意向的人"①。

三、论高等教育

在森有礼的教育思想中，高等教育占有极其重要的地位。在他拟定的国民教育制度中，大学被置于培养英才的学校教育体系的顶端，是学生接受最高教育的场所。从国家主义教育立场出发，森有礼赋予高等教育以全新的内涵。

---

① [日]麻生诚、天野郁夫：《教育与日本现代化》，刘付忱译，16页，北京，人民教育出版社，1980。

第一，在教育目的上，森有礼认为，创办高等教育必须以满足国家的需要为目的。他指出："学校行政上必须明记的是并非为学生办学校，而是为国家办学校。"①换言之，学校的一切工作都是为国家服务；当学校利益和国家利益发生矛盾时，应以国家利益为重。以这种思想为指导，森有礼要求大学必须绝对地服从国家领导。在高等教育管理体制上，以国家办学为主；在高等教育办学规模上，以国家需要特别是以国家的经济状况为依据。为了实现这种理想，1886 年 3 月颁布《帝国大学令》时，森有礼对东京大学进行了彻底改革。按照国家办学为主的思想，他将东京大学更名为"帝国大学"；根据以国家需要特别是以国家经济状况决定办学规模的思路，他又对东京大学的结构进行了大幅度调整。原东京大学只设法、医、文、理四部，以开展学术研究和培养高级管理人才、技术人才为目的；但帝国大学则由大学院（研究生院）和法、医、工、文、理五个分科大学组成。其中，大学院以专门研究学术和攻克技术奥秘为目的，旨在造就高级学术人才；分科大学以教授学术、技术的理论及实用知识为目的，旨在培养高级管理人才和技术人才。与原东京大学相比，帝国大学在结构上增加了工科大学和居于法、医、工、文、理五个分科大学之上的大学院；在功能上增加了高级工科人才的培养和更加突出了学术研究的地位。因此，帝国大学的创立，一方面可通过培养高级学术人才为日本的进一步发展开辟道路，另一方面又可通过培养高级管理人才和技术人才推动日本进一步发展。可以说，帝国大学更加符合"地位并不太高、国力并不太强"②的日本的需要，因而成为日本近代大学的典范。

第二，在办学方法上，森有礼认为，高等学校要实行教学和科研相结合，研究学问要有学术自由。他把教学和科研视为大学的两个翅膀，教学是科学

① 堀武松一：《日本近代教育史》，145 页，埼玉，新学堂出版，1963。
② ［日］永井道雄：《日本的大学——产业社会里大学的作用》，李永连、李夏青译，20 页，北京，教育科学出版社，1981。

研究的基础，科研反过来又促进教学水平的提高，两者相互依存，缺一不可。为了促进教学和科研水平的提高，森有礼效仿德国柏林大学，提倡尊重学术自由。他认为，这是柏林大学成功的经验，对日本特别是对帝国大学有着重要的借鉴意义。但森有礼反对无限制的学术自由。在他看来，不管大学的学问多么高尚，都不能无限制地充分自由，因为创办大学是为了国家，所以国家和大学之间自然应有高下之分，也就是说，大学的学术自由应该是不超越国家需要界限的自由。对此，森有礼明确表示："政府慎重地设立了文部省，委以学政之责，又借助国库之财力维持诸学校，毕竟是为了国家，故学术之目的，也必须完全为着国家。诸如在帝国大学里掌管教务，当遇到为学术还是为国家的争执时，务必以国家放在优先地位而给予高度重视。"①为确保这种相对的学术自由，森有礼在帝国大学设立了最高权力机构——评议会，规定评议会成员一律由文部大臣任命，并定期向文部大臣汇报。森有礼的这种既提倡学术自由又将学术自由严密置于国家领导之下的做法，表明了他的国家主义教育思想的实质。

第三，在教学内容上，森有礼也有其独特的理解。他把大学的教学内容分为两种，即纯正学和应用学。其中，纯正学专门研究事物的真理，应用学是研究实用学问的；纯正学以培养硕士、博士等国家高级人才为目的，而应用学则以培养从事专门职业的人为目标。但是，无论是哪一种学问，都不能仅仅"为了学术而学术，而要为了国家而研究学术"②。森有礼在批驳欧洲国家某些大学游离政治和国家之外而仅仅把自己视为真理殿堂的做法时说，与其为真理而真理，不如以应用和实用为学问的生命。只讲事物之理，难免脱离社会实际，这就像读书作文但却不付诸实践一样。以这种思想为指导，他

① [日]永井道雄：《日本的大学——产业社会里大学的作用》，李永连、李夏青译，21～22 页，北京，教育科学出版社，1981。

② 堀武松一：《日本近代教育史》，144 頁，埼玉，新栄堂出版，1963。

在对东京大学进行改革时，强调把实用作为设置课程的原则，注意增设与社会密切相关的人文学科和国家急需的应用学科。森有礼坚信，只有讲授这些实用的学问，才能保证日本迅速地从三等国进入二等国，再从二等国进入一等国，最终在世界上居于前列。

第四，在身体健康上，森有礼十分重视大学中的体育。他说："根据我的考察，现今我国最缺少的是具有强壮身体能力的人。"①为了扭转这种状况，森有礼第一次把军事训练纳入日本的大学教育中，在帝国大学专门设置了体操训练所，聘请美国教师，进行步兵训练。他希望通过这种兵式训练方法把体育与日本的武士道传统结合起来，培养学生的健壮体格和勇武精神。其实，重视体育是森有礼很早就有的想法。在他出任驻美公使时，他就觉察到日本人的体质太差。但应该看到，森有礼重视体育教育的思想，不仅表现在大学里，而且也表现在其他各级教育之中，成为日本近代学校重视体育的开端。

四、论师范教育

森有礼除重视大学教育外，第二位重视的就是师范教育。他认为，培养国家领导者与培养教师都关系到国家的未来，是重要而又关键的大事。在1885年视察埼玉县师范学校时，森有礼曾对该师范学校教职员明确指出，日本帝国要向一流国家迈进，必须振兴普通教育，而欲振兴普通教育，就应先振兴师范教育；如果没有师范学校培养出来的良好教师做保证，国家富强将成为泡影。他要求教师不仅应该具备渊博的知识和熟练的教育、教学技巧，还应该是一个"善良"的人，特别是要具备驯良、信爱和威重三种气质。

为了培养这种符合帝国需要的教师，森有礼通过颁布《师范学校令》，建立了一个独特的师范教育制度。这个师范教育制度的特点包括三点。第一，师范学校有自己的体系，分为寻常师范学校和高等师范学校两级。前者招收

---

① 堀武松一：《日本近代教育史》，196頁，埼玉，新栄堂出版，1963。

高等小学校毕业生，每府县各设一所，以当地地方税作为学校经费；后者招收寻常师范学校毕业生，只在东京设立一所，其经费由国库支出。第二，师范学校有一个严密组织的课程。师范学校的学生不允许按照自己的兴趣和爱好选择学科，必须根据国家的需要按规定学习。第三，师范学校学生可享受助学金，但毕业后必须到指定的教学岗位去工作。此外，森有礼还特别重视对学生进行军事体操和兵营式训练。他把这种训练看作锻炼"气质"的最好办法。自从《师范学校令》颁布后，师范生都过寄宿生活，接受兵营式的训练与管理。

森有礼认为，只有依靠这种家长式特点的师范教育制度，才能把那些优秀青年训练成符合国家需要的"合格"教师；然后，再通过他们在日本各地学校的工作，去进一步形成日本统一的民族意识。

作为日本明治维新时期的政治家和教育家，森有礼对国家教育制度、高等教育和师范教育的论述，在日本近代教育思想史上占有十分重要的地位。以这种思想为指导而于 1886 年建立起来的国民教育制度，为日本培养了大批既懂科学技术又忠于天皇制国家的"驯良臣民"。因此，森有礼也被誉为"明治时期官办教育的最高设计者"和"日本近代学校之父"。但是，由于他过分强调国家主义和压制个人天性，也为日本近代教育的发展埋下隐患。后来，日本教育沦为政治的附庸和最终变成推动军国主义的工具，与此有着密切关系。

第三节 井上毅的教育思想

一、生平和教育活动

井上毅是日本明治维新时期著名的政治家、教育家，日本近代职业教育制度的缔造者。1844 年，他出生于日本肥后熊本藩的一个下级武士家庭，原名饭田多久马。幼时，他被过继给同藩藩士井上茂三郎做养子，改称井上毅，并取号悟阴。井上毅幼时博闻强记，聪慧过人，四五岁时便能诵诗百首，七八岁时弈棋从不输人，故有"神童"之称。因其资质俊秀，深受必由堂塾师长冈监物青睐，后收其为徒，始授启蒙教育。当时，日本学界深受中国传统儒学影响，各藩校均奉朱子学为正统，但由于普遍存在训诂词章之风，已渐失朱子学实践躬行的精髓。长冈监物则与众不同，他与横井小楠共抗流俗，极力倡导经世致用的实学。因此，必由堂独特的学风，在井上毅幼小的心灵中埋下了实学实用的思想种子。

1857 年，14 岁的井上毅以优异的成绩从必由堂毕业，在恩师长冈监物的推荐下，入木下塾继续学习。木下塾主持木下犀潭是熊本藩有名的硕学大儒，与长冈监物一样，同是当地实学派的领袖人物。木下犀潭主持的木下塾也以朱子学为主要教育内容，但他不拘泥于时尚学统和隐微深奥之论，而以培育实用人才、伸张学生个性和鼓励洋学为目标。井上毅在木下塾求学六年。在这六年中，他的学习成绩一直名列前茅，被誉为"木下门下的三秀才"之一。木下犀潭所提倡的崇实致用的学风和所实行的鼓励学生率性发展的教育方法，使井上毅心灵深处早已埋下的实学实用的思想种子开始生根发芽，并逐渐成长起来。

1862 年，由于成绩优秀和深孚众望，井上毅被选为藩校时习馆的居寮生。时习馆是当时熊本藩的最高学府，其学生来自全藩各地，定员只有 25 人。居寮生即在校住宿并由公费资助的学生，只有成绩优异者才有此资格。时习馆虽是藩的最高学府，但与必由堂、木下塾相比，学风却大相径庭。同多数藩校一样，时习馆专事"训诂词章之学"，只重"文义的讲究，章句的穿凿"，全无朱子学原有的存养省察和实践躬行的风格。井上毅对此深为不满，曾撰写《程门诸子淫佛论》和《与某大人论宋学书》，批判宋学的弊陋，痛斥时习馆的教育使人沉溺于旧文、拘泥于词章、不知科学和忘记实业。尽管时习馆的教育很不适合井上毅,但他仍然勤勉于学。井上毅以时习馆空疏无用的教育为戒,刻苦钻研儒学经典,不但坚定了经世致用的实学观,还打下了牢固的汉学基础。

1865 年,井上毅退出时习馆。翌年,他受藩命到当时政治、经济和文化中心江户(今东京)游学。在被誉为洋学研究中心的"大学南校",井上毅开始接触西洋学问。戊辰战争爆发后,他离开江户,到长崎继续学习洋学。在学习过程中,西洋学问的先进性和日本危机的社会状况使井上毅的思想发生了急剧变化。他的注意力开始由儒学转向洋学,并日益感到,欲使日本彻底摆脱欧美列强的奴役,必须以西方的科学技术与日本传统的道德相结合,培育新型的实用人才。

1870 年 9 月,27 岁的井上毅受藩命入京,任大学南校少舍长。同年 12 月,升中舍长。在此期间,他曾向明治政府提交《辛未学制意见》,陈述自己对改革大学南校的看法。他要求减少普通课程,加强外语和专业知识教学,目的是培养更多的洋学摄取人才和理科艺术之士。由于意见言辞激烈,有批判政府之嫌,故方案未被采用。井上毅迫于压力辞去中舍长职务,并于 1871 年 12 月到司法省供职。他虽然暂时离开了教育部门,但关心教育改革之情并未消减。

1872 年,井上毅以司法官的身份赴欧洲考察司法制度。在广泛了解欧洲各国政治、经济和社会状况的同时,他特别注意研究这些国家的教育问题。1873 年回国后,根据自己的所见所想,井上毅向明治政府提出一份报告和建议,其中见解颇具独到之处。例如,在政治上,主张效法德国,实行君主立宪制和坚决维持国家权威;在教育上,主张学习法国和德国,提倡推行教育领导的"一元化",加强道德教育和大力发展职业技术教育。他的建议受到政府的赏识。在以后的几年中,由于思想深邃和文笔犀利,井上毅本人也日益得到大久保利通和伊藤博文等政府要人的欢心,逐渐成为明治政府的健笔和重臣。1878 年 9 月，他升任太政官大书记官。

1879 年，明治维新以来一直潜在的保守教育思想(儒学派和国学派)与开明教育思想(洋学派)的论争再度激化。这次论争最后虽以两者相互妥协而告终，但自从这次事件以后，井上毅更加得到伊藤博文的信任。1883 年以后，随着日本资本主义制度的逐渐确立，为了牢固地树立天皇制的绝对权威，明治政府一面保障天皇制的经济基础，一面改组政府机构并起草大日本帝国宪法，准备搞君主立宪制度。在这一过程中，井上毅协助伊藤博文做了大量的工作，他不仅直接参与了宪法的起草过程，而且在 1889 年颁布宪法以后，为保证宪法的顺利实施和进一步加强对人民的思想控制，还以法制局局长的身份与元田永孚一起拟定了旨在加强传统道德教化的《教育敕语》。显然，在这一时期的活动中，井上毅的思想已开始日趋保守。

1893 年，井上毅就任第二届伊藤博文内阁的文部大臣，开始全心致力于发展日本的教育事业。在其任职的短短一年零五个月期间，他以充沛的精力和满腔的热情，继承和发扬森有礼所提倡的国家主义教育思想，通过颁布一系列法令，使日本的国家主义教育体制得到了进一步完善和扩充，尤其在建立职业教育制度和完善中等教育体制方面做出了很大的贡献。

1895 年，井上毅因病去世，享年 52 岁。

二、论职业教育

在井上毅教育思想中，职业教育是一个最重要的组成部分，也是他发展日本近代职业教育的指导思想。它主要包括以下几个方面。

(一)论职业教育的作用

井上毅所处的时期，正值日本确立资本主义制度不久，产业革命刚刚兴起，国力还很薄弱，且时刻处在战争危险之中的阶段。面对这种社会现实，他认为，国家亟待解决的首要任务是迅速壮大经济问题。他指出："将来国家建设方面需要研究的主要问题是经济问题，国家的独立和富强都必须以经济的发展为基础，离开了经济的繁荣，军备的扩张和教育的普及将无从谈起。"①作为促进经济发展的重要手段，井上毅十分重视教育尤其是职业教育的作用。他指出，要想发展国家的实力，必须首先改革和发展实业，而欲改革和发展实业，则必须振兴职业教育。② 井上毅把人民实业上的知识看成无形的资本，把职业教育看成实现国家富强的基本条件。他曾多次表示，实现国家富强的要素有三：第一是煤，第二是铁，第三是国民的工业知识。而在此三点中，第三点最为重要。③ 他甚至把职业教育的盛衰看作一国兴亡的主要标志，将职业教育的作用与陆海军的作用比肩对待，认为它们是"构成国家富强的两个车轮"④。

井上毅对职业教育的重视源于两个要素：一是欧美各国职业教育在经济发展中所显示的重大作用，二是日本职业教育仍然落后的实际状态。对于此点，他曾做过明确的阐述："晚近各国的富力，有与年俱增而不止息之势，这不外乎是科学兴盛，将它发明的一切，运用于实业中的结果。近来，我国的文明虽在进步，可是这个科学知识的能力，仍然没有渗入普通人民之中，教育和劳动截然分开，农业及工业各种事业仍然是因袭陈规陋习。今天，国家欲充实未来的实力，必须努力向国民的子弟施以科学技术和实业一致并且是适当结合的教育。"⑤为了像欧美各国那样快速发展职业教育和尽早发挥职业教育在经济建设中的作用，井上毅呼吁日本政府和全体国民都来关心和重视职业教育，把职业教育同陆海军一起作为维护国家独立富强的"城墙"。⑥ 在他的大力提倡下，19世纪90年代，日本出现了"职业教育的呼声最高，人人

① 文部省実業学務局：《実業教育五十年史》，252~253頁，東京，日本図書センター，1981。
② 井上毅伝記編纂委員会：《井上毅伝》(史料編第3卷)，463頁，東京，国学院大学図書館，1975。
③ 井上毅伝記編纂委員会：《井上毅伝》(史料編第5卷)，457頁，東京，国学院大学図書館，1975。
④ 井上毅伝記編纂委員会：《井上毅伝》(史料編第5卷)，452頁，東京，国学院大学図書館，1975。
⑤ 井上毅伝記編纂委員会：《井上毅伝》(史料編第5卷)，457頁，東京，国学院大学図書館，1975。
⑥ 井上毅伝記編纂委員会：《井上毅伝》(史料編第5卷)，669頁，東京，国学院大学図書館，1975。

只知实业"①的喜人局面。

在充分肯定职业教育重要作用的同时，井上毅还就如何发挥职业教育的重要作用进行了深刻的论述。他认为，职业教育只有通过培养"善良勇武"的实用人才方能达到为国家服务的目的。为培养"善良勇武"的实用人才，他要求职业教育必须首先遵循为"国体"服务的基本精神和陶冶学生"忠君爱国"的思想品德。井上毅是森有礼国家主义教育思想的拥护者和继承者。在皇典讲究所第九届讲演会上所做的讲演中，他明确表示要将森有礼的国家主义教育思想"继承和发展下去"②。同森有礼一样，井上毅也要求所有教育都必须时刻以维护天皇为中心的"国体"为鹄。因此，他在职业教育中特别重视德育，主张"职业教育应以德育为本"③，要求从职业学校毕业的学生必须成为正值刚毅、清廉洁白和得到社会信赖的人。为使学生具有这些"珍贵的德义"，他把修身课列为职业学校各学科之首，还在《徒弟学校规程》等职业学校法令中规定，在所有课程中，"除修身课以外，校长可以自由取舍选择"④。此外，井上毅还要求职业教育必须赋予学生一定的科学知识和生产技术。他说，仅仅培养尊敬日本、热爱日本的国民是远远不够的，国民不仅要有忠君爱国的思想，而且要有忠君爱国的能力，只有这样才能真正发挥职业教育为"富国强兵"服务的职能。

（二）论职业教育体系的建设

在井上毅就任文部大臣前，日本的职业教育已有一定发展，但由于当时过分强调为技术移植服务和缺乏开展职业教育的经验，职业教育在发展过程中出现了偏重高等学校而忽视中级、初级学校的畸形状态，结果造成中、初级技术人才匮乏和高级技术人才也不能正常发挥作用的被动局面。井上毅就

---

① 海厚宗臣：《井上毅の教育政策》，703頁，東京，東京大学出版会，1992。
② 井上毅伝記編纂委員会：《井上毅伝》（史料編第3卷），404頁，東京，国学院大学図書館，1975。
③ 井上毅伝記編纂委員会：《井上毅伝》（史料編第5卷），479頁，東京，国学院大学図書館，1975。
④ 文部省：《学制百年史》，191頁，東京，帝国地方行政学会，1972。

任文部大臣后，吸取职业教育不成体系的教训，根据产业革命对人才的多种需求，借鉴德国的先进经验，明确提出建立完整的职业教育体系的主张。他说，如同军队一样，职业教育也应划分为三个层次："一个是培养将军和高级军官的场所，一个是培养中下级军官的场所。再一个是培养普通士兵的场所。"①这三个层次分别由不同的学校构成，按照井上毅的设想，"培养大将的地方是工科大学和东京的高等学校……培养中下级军官的场所是大阪工业学校，而培养普通士兵的场所是工业补习学校"②。

为尽早建成这样的职业教育体系，井上毅根据日本当时的实际需要，把突破口放在了以培养"普通士兵"为目标的初级职业教育上。他指出："与其补助高等学校莫如首先补助程度较低的学校。"③在这种思想的指导下，1893年和1894年，井上毅先后主持制定和颁布了《实业补习学校规程》《徒弟学校规程》和《简易农业学校规程》等法令，建立了以职业补习学校为主的初级职业教育的机构。根据法令规定，实业补习学校对从事各种职业者及愿从事各种职业的儿童施以高等小学教育，同时以简易的方法授予职业上所需要的知识技术；其入学程度为寻常小学校毕业的文化程度，学习年限规定在3年以内；教学科目定为修身、读法、习字及有关实业科目。徒弟学校以培养具有初步工业知识的技术工人为目的，教授初步的工业知识和技能，招收年满12岁的寻常小学毕业生，修业年限从6个月到4年不等；教学科目设有修身、算术、几何、物理、化学、制图以及与各种职业直接有关的科目。简易农业学校的目的是培养掌握初步农业知识和技能的现代农业人才；招收14岁以上的学生，以巡回教学和在各地设立分课堂的形式，向学生传授多种多样的农业知识和技术。

---

① 井上毅伝記編纂委員会：《井上毅伝》（史料編第5卷），497頁，東京，国学院大学図書館，1975。

② 海厚宗臣：《井上毅の教育政策》，694頁，東京，東京大学出版会，1992。

③ 海厚宗臣：《井上の教育政策》，694頁，東京，東京大学出版会，1992。

为培养"中下级军官"即中级职业技术人才，井上毅积极促成了大阪工业学校的成立。该校专业设置分为机械工艺和化学工艺两大类，前者包括铸造、锻造、钳工、金具制造、钣金细工、木具制造、纺织、电气、造船等，后者包括染物和酿造等。该校入学年龄均为 14 岁以上，招收对象为高等小学校毕业生，学习年限为 4 年。为培养更多的中级职业技术人才，井上毅还对已有的寻常普通中学进行了改革。《寻常中学校的学科及其程度的改正》规定，从第四学年起，在本科外可分设实科，把职业教育课程引入寻常普通中学。在此基础上，他又进一步制定《寻常中学校实科规程》，要求"根据各地方的需要，可开设从第一学年起就专门教授实科的寻常中学，以便对愿意就业者实施必要的教育"；并规定，此种学校为实科中学。[1] 这样，明治维新以来一直处于薄弱环节的中等职业教育得到了加强和改善。

在高等职业教育方面，明治维新以来日本政府虽然投入了较大的物力，但井上毅认为，其发展状况还远远不能满足产业革命的需要。他指出："在所有的文明国，担任行政官、裁判官、财务官、工业家、土木家、农业家的人都是受过高等教育的人，而十分不幸的是日本从事高等事业的人中受过高等教育的人的比例却极低。"[2] 为了改变这种状况，井上毅除进一步充实原有高等职业教育机构外，还采取了断然措施，将 1886 年的《学校令》规定设立的高等中学校改为"高等学校"，用以进行高等专门教育。为吸引优秀学生进入高等学校接受专门教育，他还设想授予高等学校毕业生"得业士"称号，使其与帝国大学毕业生具有同等资格。

井上毅不仅重视职业教育的纵向层次结构，而且非常重视职业教育的横向门类结构。在积极发展工业学校的同时，他本着"制造和贸易是列国竞争的

---

[1]　文部省：《学制百年史》，130 页，東京，帝国地方行政学会，1972。
[2]　井上毅：《井上文部大臣の演説》，载《教育報知》，1894(425)。

猛烈武器""农业是富国之本"①的思想,建立了多所商业学校和农业学校。因此,井上毅在任文部大臣期间,为日本建成初、中、高上下衔接工、农、商等门类齐全的职业教育体系奠定了坚实的基础。

(三)论职业教育发展的两个基本条件

确保职业教育的经费投入和建立一支合格的教师队伍,是职业教育成功发展的两个基本条件。对此,井上毅予以特别重视。

在职业教育的经费投入上,井上毅曾多次谈道:"职业学校,尤其是实业补习学校需要花费很多资金。"②但他认为,在兴办职业教育方面花钱是值得的。他说:"发展职业教育的结果所带来的利益将会十倍于所花掉的经费。"③基于这种认识,他十分重视职业教育的经济投入。为推动职业教育的全面发展,井上毅还经过艰苦努力,促使政府制定和颁布了在日本职业教育史上具有里程碑意义的《实业教育国库补助法》。该法令是通过议会讨论才生效的。在议会讨论该法令时,井上毅抱病出席会议,向议会陈述提请此案的理由。他说:"当今是实业技术竞争的时代,现在将此法案作为紧急事件提出来已经是迟了。像这样重要的法案如延迟一年将会关系到国家的前途和命运,如怠慢一日将会招来百年之忧。今天地球上的形势是和平的,但其和平只是表面的。其实虽无炮火之争,却存在实业技术之竞争。即地球上各国正在展开技术、制造、贸易等方面的竞争。因此,我国怠慢一日就关系到国之富强、命运矣!我们基于这样的感觉,切望此案迅速通过,不要等待 6 个月,甚至不要等待一天……"④《实业教育国库补助法》的主要内容包括:国库每年支出 15 万日元用来补助职业教育,其中重点补助对象是公立实业补习学校、徒弟

---

① 井上毅伝記編纂委員会:《井上毅伝》(史料編第 5 卷),478 頁,東京,国学院大学図書館,1975。

② 文部省実業学務局:《実業教育五十年史》,252 頁,東京,日本図書センター,1981。

③ 文部省実業学務局:《実業教育五十年史》,253 頁,東京,日本図書センター,1981。

④ 梅根悟:《世界教育史大系》第 2 卷,12 頁,東京,講談社,1978。

学校、简易农业学校和中等职业学校教员养成所；补助金额与成立该校时所花费用相同；被地方官厅认可的由农工商行会设立的职业学校，经文部大臣特别批准后也可获得补助。《实业教育国库补助法》的实施，为日本近代职业教育的发展注入了活力，使各级各类职业学校数量迅速增加。

在职业教育师资队伍的建设上，井上毅把职业学校教师所从事的工作看作"与国家的前途命运息息相关的"[①]大事。为使各位教师真正担负起自己的历史责任，他对教师提出了严格的要求。首先，他要求职业学校教师必须具有高度的责任心。他说："责任心对于教师是至关重要的。"[②]教师能否尽到自己的义务，关键是看他是否具有责任心。同时，责任心也是教师爱国心的具体表现，是树立为国家富强服务的思想基础。只有具备高度的责任心，才能热爱本职工作，关心儿童成长，努力把他们培养成为堪当国家大任的人才。其次，他要求职业学校教师必须具有广博的知识。他认为，教师仅有责任心，还不足以为国家富强做贡献，只有将责任心与广博的知识结合起来，才能完成为国家培养职业人才的任务，也才能使责任心得到具体体现。井上毅任文部大臣时，日本职业教育师资力量仍很薄弱，与大规模发展职业教育的客观需要极不相称。为解决这一矛盾，井上毅于1894年主持制定了《工业教员养成规程》，利用国家拨款在东京工业学校设立了临时教员养成所，以速成班形式培养急需的职业学校教师。这种培养形式以后又不断扩大，使职业教育师资不足的矛盾得到了一定程度的缓解。

三、论中等教育

同职业教育一样，中等教育在明治前期的教育改革中也一直处于薄弱环节。因此，中等教育也成为井上毅所关注的焦点之一。

---

① 井上毅伝記編纂委員会：《井上毅伝》（史料編第5卷），453頁，東京，国学院大学図書館，1975。
② 井上毅伝記編纂委員会：《井上毅伝》（史料編第5卷），449頁，東京，国学院大学図書館，1975。

1886 年，森有礼主持制定《学校令》，虽然从法律上确认了中学在日本国民教育制度中的地位，也使中学的数量和质量有了一定程度的提高，却未能从根本上完成建立适合经济发展需要的中等教育体制的任务。其主要弊端包括两点：一是中等学校数量太少，全国只设 5 所；二是中等学校性质过于单一，主要是为升入帝国大学进行预备教育。

对于这样的中等教育结构，井上毅明确指出，不能适应形势发展的需要。因此，在就任文部大臣后，他连续制定和颁布了《高等学校令》(1894 年 6 月 23 日)、《女子教育训令》(1894 年 7 月 22 日)、《寻常中学校的学科及其程度的改正》(1895 年 3 月 1 日)和《寻常中学校实科规程》(1895 年 6 月 15 日)等教育法令，根据自己的构想，从以下三个方面对中等教育进行了根本改革。第一，扩充中等学校的数量。从 1894 年起，废除过去一府一县只允许设立一所寻常中学的做法，规定各府县可根据财力状况多行设置；不但可设男子中学，也可设女子中学。第二，促进普通中学职业化。《寻常中学校的学科及其程度的改正》规定，寻常中学可从第四学年开始在本科外分设实科，对欲就业者实施职业教育。《寻常中学校实科教程》更进一步规定，根据地方需要，可开设从第一学年起就专门教授实科的寻常中学，并规定此种学校可称为"实科中学"。此外，根据《高等学校令》规定，将原来的高等中学校改为高等学校，除继续承担大学预科教育外，还专门进行职业教育。第三，加强学生爱国心的培养。为增强学生爱国心的培养，《寻常中学校的学科及其程度的改正》规定，废除中学的第二外语，增加日语、汉语、历史及地理的授课时间。

经过改革，日本中学形成男子中学、女子中学和职业中学三类并存的局面，在数量上也有明显的增加，基本上形成了与经济发展相适应的合理结构。据统计，到 1903 年时，日本已有普通中学 340 所；职业中学 200 所，其中包括机械学校 28 所、商业学校 52 所、农业及水产学校 113 所、商船学校 7 所。

此外，还有工匠及各种艺徒业余补习性质的准中等教育机构约 200 所。①

　　作为日本明治维新时期的政治家和教育家，井上毅一生关心教育。他专门从事教育活动的时间虽然不长，但其工作是卓有成效的。他继承森有礼的国家主义教育思想，缔造了日本近代职业教育制度，并对中等教育进行了根本改革，使日本近代国家主义教育体制得到进一步完善和扩充。如果说森有礼是日本近代国家主义教育制度的创立者，那么井上毅就是这一制度的完成者。因此，井上毅与森有礼一起被称为"日本教育近代化的父母"②。但是，也应该看到，井上毅的教育思想也存在明显的缺陷和不足。第一，他主张天皇至高无上，要求教育绝对服从国家权威，使教育政令带有一般化和强制性的特征，在某些方面脱离地方实际。第二，他的道德教育思想中保留了浓重的封建残余，主张用武士道精神和国家主义思想培养效忠天皇的臣民，为日本推行军国主义提供了理论依据，使日本走上侵略别国和自己最终失败的道路。

第四节　明治维新时期教育思想的特点和影响

　　日本著名教育家、日本教育学会前会长堀尾辉久在他的《日本教育思想》一书中指出："任何思想要想在一个国家的社会生活中扎根，只有在它的倡导者发现成功移植的合适土壤时才能实现。除非这些思想生长的土壤得到正确的培育，否则这些思想的生命力就会萎缩，或者转变成完全不同的东西。"③明治维新时期的教育思想，尤其是福泽谕吉、森有礼、井上毅三位教

---

　　① [日]小林哲也：《日本的教育》，徐锡龄、黄明皖译，30 页，北京，人民教育出版社，1981。

　　② 唐澤富太郎：《日本の近代化と教育》，122 頁，東京，誠文堂新光社，1978。

　　③ [日]堀尾辉久：《日本教育思想》，朱永新、王智欣译，23 页，太原，山西教育出版社，1994。

育家的教育思想的传播,推动日本建立了近代教育体制,近代教育体制的建立也加速了日本追赶西方列强的近代化进程。但是,日本教育自身却并没有随着"文明开化""富国强兵"而完成其近代化进程。相反,狭隘的国家主义理念以及天皇统治教育的管理模式形成了近代日本教育的"畸形性格",最终被封建军国思想利用,成为对外侵略扩张的工具。由于日本社会是依靠和谐的人际关系来维系社会稳定的,明治维新亦是封建统治阶级进行的自上而下的资产阶级改革,因而仍然保留了诸多的封建因素。明治初期兴办教育时,明治政府始终明确要将教育置于国家的管控之下,使之为"富国强兵"服务。国家要求教育培养的不是具有独立人格、自主意识和批判精神的近代"公民",而是既恪守封建道德规范,又掌握西方近代科学技术的"和魂洋才"式的"臣民"。

作为明治维新时期的思想家、政治家和教育家,福泽谕吉、森有礼和井上毅三人在日本近代教育史上具有十分重要的地位。在明治维新时期,他们三人的教育思想虽然都促进了日本近代教育的发展,并极大地推进了日本近代教育体制的建立,但应该看到,他们各自的教育思想的特点和影响是有所不同的。从每人教育思想的整体来看,福泽谕吉着重于理论著述(尤其是发表《劝学篇》和《文明论概略》)、开办义塾、创办杂志方面;而森有礼和井上毅更着重于教育行政、教育政策、教育立法方面。从每人教育思想的内容来看,福泽谕吉偏重明治时期思想启蒙、普及教育、和谐发展教育以及学校教育、社会教育和家庭教育的协调;而森有礼偏重国家教育制度、高等教育和师范教育,井上毅则偏重职业教育和中等教育。

首先,就福泽谕吉教育思想的特点和影响而言,他的早期教育思想及在其教育思想影响下展开的教育实践活动对日本近代教育的发展功不可没,对近代日本国民的"思想觉醒"具有启蒙作用,极大地提高了日本国民的整体素质,也为日本近代资本主义的发展培养了大批人才。福泽谕吉"脱亚入欧"的教育思想启蒙了日本国民的观念，为培养资本主义发展所需要的人才做了思想准备，在一定程度上左右了日本近代化的进程。他本人被誉为"日本人民的教师"。可以说，自江户晚期至第二次世界大战结束，福泽谕吉的教育思想影响着日本的政治、经济、教育、外交等各个领域，这种影响主要涉及日本民众和日本政府两个层面。第一，他多次出访欧美国家，最终选择德国作为日本首要学习和效仿的对象。第二，他效仿欧美国家学校，创建了新式学校，并由此开启了他的教育实践之路。第三，他著书立说，宣传西学及欧美教育思想，在很大程度上影响了明治政府初期的教育改革。第四，他的"国民皆学"教育思想影响了明治维新后推行的所谓"平等教育"，通过一些教育法令的颁布和实施，极大地推动了明治维新初期的日本教育改革，并使其远远超出其他领域的改革。

但应该看到，明治维新十余年后，福泽谕吉的教育思想趋于保守。他的"脱亚入欧"逐渐演变为"侵亚"，迎合了日本政府对外侵略扩张国策的确立；他的教育思想中的国粹主义导致了日本国民精神的变异，在其思想指导下开展的教育实践也使得军国主义的扩张意识成为日本国民的普遍行动。特别是，福泽谕吉后期的教育思想带有强烈的军国主义色彩，并无限放大民族性，给日本社会及世界各国带来了极其深重的灾难。这也是日本近现代教育失败的主要原因。所以，纵观福泽谕吉的教育思想，既具有"启蒙性"的特点，又具有"反动性"的特征，必须辩证地对其进行全面认识。

其次，就森有礼教育思想的特点和影响而言，他曾任明治维新后伊藤博文内阁的第一任文部大臣，任职期间以其过人的韬略和远见的卓识，积极投身于日本近代教育改革中。与其后的文部大臣相比，他是最为果断的革新主义者。就是在摄取国家所需的西洋文化这一点上，他也具有极为独到的见解。当然，森有礼教育思想的全部核心内容是国家主义教育思想，正是以此思想为基础，通过一系列《学校令》的颁布和实施，建立起了日本近代国家主义教育制度①。森有礼设计的日本近代学校体制结构基本上是以近代西方国家的学校教育为蓝本的，是"洋才"的体现；但从当时基础教育阶段的教学内容来看，"忠君爱国""修身齐家"等道德教育纲目，始终没有脱离"和魂"的基本原则，所以，"和魂洋才"是他设计的教育体制的根本体现。从森有礼的教育思想来看，它是以师范教育和高等教育为重点的。在明治时期，他是最为重视师范教育的文部大臣，把教师培养看作国家教育振兴的第一要素，是连接高等教育和初等教育的桥梁。当明治政府着手建立近代国家大学时，森有礼在奠定其基础方面也做出了功不可没的贡献，他创办的帝国大学成了日本近代大学的典范。

但应该看到，根据森有礼教育思想建立的日本近代教育制度，其最根本的特点就是国家主义和政教合一。这与当时欧美诸国的三权分立、政教分离以及学术自由等传统相去甚远。在他的国家主义教育思想的指导下，经过反复多次的尝试，日本终于建立了双轨制的近代学校体系，并一直实施到第二次世界大战结束为止。

最后，就井上毅教育思想的特点和影响而言，他的职业教育思想是其教育理论的集中表现，既反映了他批判封建教育方式的立场和观点，又展示了日本近代学校教育在适应近代经济和科技发展方面需要的改革方向。他有关职业教育的精辟论述，为日本近代教育制度的建立奠定了理论基础。② 在某种意义上，与其说井上毅在讨论职业教育问题，不如说他是在关注日本近代整个教育的改革问题，因为职业教育的重要意义是改革封建的旧教育。值得注意的是，井上毅教育思想的深邃之处，还在于他重视教育立法的作用，他曾多次建议明治政府依靠国家的权威尽快进行教育立法，特别是职业教育的立

---

① 于洪波：《日本近代的国家主义教育理念——以"近代学校之父"森有礼为中心》，中国地方教育史志研究会会议论文，北京，2009。

② 关松林：《井上毅职业教育思想述论》，载《职教论坛》，2010(16)。

法。井上毅专门从事教育活动的时间虽然不长，但其工作是卓有成效的。他继承森有礼的国家主义教育思想，缔造了日本近代职业教育制度，对中等教育进行了根本改革，使日本近代国家主义教育体制得到了进一步的完善和扩充。

井上毅的教育思想主张天皇至高无上，要求教育绝对服从国家权威，使教育政令带有一般化和强制性的特征，在某些方面脱离地方实际；在道德教育思想上保留了浓重的封建残余，主张用武士道精神和国家主义思想培养效忠天皇的臣民，为日本推行军国主义政治和教育提供了理论依据。①

① 朱文富：《井上毅教育思想述评》，载《日本研究》，1998(1)。

第八章

19 世纪英国殖民地时期印度的教育

　　古代印度是四大文明古国之一，印度的教育犹如印度传统文化一样有着悠久的历史。1757 年爆发的普拉西战役，英国东印度公司战胜了法国支持的孟加拉王公，印度开始逐渐沦为英国的殖民地，印度的殖民教育也由此开始。19 世纪之前，当东印度公司在印度取得政治统治地位时，其并没有考虑到印度居民的教育。① 作为以贸易为主的社会团体，东印度公司在印度统治时的视野主要集中在经济领域，在社会文化方面几乎没有采取任何措施。东印度公司通过了印度教育的"中立政策"，对教育采取一种既不支持又不反对的态度。② 随着英国殖民统治的巩固，印度教育传统的历史延续中出现了断裂。1853 年，马克思在《不列颠在印度的统治》一文中明确指出，英国人的入侵使"印度失掉了他的旧世界而没有获得一个新世界……并且使不列颠统治下的印度斯坦同自己的全部古代传统，同自己的全部历史，断绝了联系"③。后来由于英国在印度战略政策的转变，英国政府希望通过教育来巩固自己的统治。

---

① B. D. Major, I. M. S. Basu, *History of Education in India Under the Rule of the East India Company*, Calcutta, S.C.Majumdar Sri Gauranga Press, 1925, p.1.

② 耿兆锐：《19 世纪殖民地印度教育体制之争》，载《宁波大学学报(人文科学版)》，2015(2)。

③ 马克思：《不列颠在印度的统治》，见《马克思恩格斯全集》第九卷，145 页，北京，人民出版社，1961。

《1813年宪章法》的颁布标志着英国正式介入印度的教育。1835年，麦考利（Thomas Babington Macaulay）勋爵的《印度教育备忘录》勾画了印度殖民教育发展的蓝本，英国政府以此为基础制定了印度的教育政策。1853年的《伍德教育急件》奠定了英属印度教育制度的发展基础，故有"印度教育大宪章"之称。印度现代教育制度建立的过程，也就是印度传统教育被全面殖民化的过程。

第一节　19世纪初期印度的原住民教育

当东印度公司开始在印度扩张时，印度还谈不上有任何由政府组织和支持的教育制度。但是，这并不意味着印度不存在学校系统。印度教和伊斯兰教都有自己固有的教育制度，并且两者的根基都相当深厚，在其教育制度背后，都有着伟大的学习传统和学术传统。不过，到了19世纪，无论是这些固有的高等学校，还是乡村小学，都呈现出一种江河日下的状态。[1] 19世纪初，英国统治者为了调查印度教育的真实情况，任命了一个委员会来调查当地教育，其调查范围为马德拉斯、孟买和孟加拉三个邦。从这次调查获得的数据中，我们可以窥见19世纪初期印度原住民的教育状况。

一、马德拉斯邦的原住民教育

1822年，马德拉斯邦的行政长官托马斯·芒罗（Thomas Munro）命令税务委员会调查本邦内学校的数量以及居民的教育情况，其内容主要包括以下几部分。

---

[1] ［印度］巴苏：《印度教育制度的起源和演变》，见瞿葆奎：《教育学文集　第24卷　印度、埃及、巴西教育改革》，149页，北京，人民教育出版社，1991。

(一)学校及学生数量

在这一管辖区域内,学校和所谓大学数量达到了 12498 所,人口数量为 12850941 人,这样大约每 1000 人就有一所学校,但由于只有极少数女性接受学校教育,所以大约 500 人中就有一所学校。在一个拥有超过 1250 万人口的区域内,只有 188000 人接受过教育。换句话说,在 67 人当中只有 1 个人接受过教育。在马德拉斯邦,男孩接受家庭教育的现象并不罕见,据统计,接受家庭教育的人数约为 26903 人,这个数字是接受学校教育人数的 5 倍。

从对贝拉里地区的调查结果来看,该地区人口约 927857 人,学校的数目却只有 553 所,学生不超过 6641 人,所以平均每所学校只有 12 人,每 1000 人中只有 7 人接受教育。其中,印度教学生有 6398 人,穆斯林学生仅有 243 人,除了 60 名印度教女学生外,其他的全都是男学生。对于婆罗门妇女和信奉印度教的妇女来说,女人拥有知识被认为是不得体的,所以女孩很少有接受教育的机会。受教育的比例在不同的阶级有很大的不同,有的是整体的,有的还不到十分之一,有条件接受教育的完全限于婆罗门和商业阶层的人。

(二)师资水平

教师的受教育水平低,使教师中没有一个人能把一大批学生聚集在一起。学生数量不足,无法保障教师的福利待遇,每月从学生那里仅仅收取 4 到 6 或 8 安那的学费,教师一般每月收入不超过 6~7 卢比①,这笔收入不足以吸引有从教资格的男性从事这一职业。但是,教育水平低下的主要原因还是当地人对教育的重视程度不够,广大劳动人民由于太贫困而无法产生对教育的需求。

(三)授课语言

据调查,大部分的学校通过地方语言教学,其中仅有 1 所学校教授英语,

---

① 1 卢比约等于 16 安那。

4 所学校教授泰米尔语，21 所学校教授波斯语，23 所学校教授马赫拉语，226 所学校教授泰勒古语，235 所学校教授卡纳塔语。除此之外，还有 23 个专门由婆罗门参与的教学场所，其中一些印度教科学，如神学、天文学、逻辑学和法学仍然在用梵文教学。

（四）教育阶段

印度教的孩子一般从 5 岁开始接受教育，在开学之前要举行入学仪式，邀请学校的老师和同学来参加仪式。所有人围着神像坐成一个圈，男孩要坐在神像的对面。校长坐在男孩的旁边，烧完香，献完祭品之后，校长就让男孩背诵颂词，以祈求智慧。然后校长就引导孩子写下神的名字，孩子的父母也会为校长提供一份力所能及的礼物。第二天早上，孩子就正式成为一名学生，可以去上学了。一些孩子在学校只能接受 5 年的教育，他们由于贫穷或者其他情况会常常被迫辍学，所以接受的只是最基础的入门教育，而那些对学习感兴趣的富家子弟，他们可以在学校里学习长达 14 年或 15 年。

（五）时间安排与惩戒

在所有的学校中，每天的日常时间安排都是一样的，几乎没有变化。学校的开门时间通常是早上六点，第一个进入学校的孩子被称为"萨拉瓦提"或者"学识之神"，并把"学识之神"的名字写在手心，作为一种荣誉的标志。第二名的手上写上"无价值的人"，表明他既不值得表扬，又不值得责备。第三名得到一次轻微的鞭打，第四名两次鞭打，后面来的每一个学生，都会比前一个学生多一次鞭打。当地学校的惩罚十分严厉。学习懒散的学生会被鞭打、吊到屋顶上、被迫下跪或者被长时间罚站。

（六）教学手段与方法

根据学生的年龄和学习水平，学生会被分到不同的班级。低年级的学生由高年级的学生管理；高年级的学生由老师直接管理，并且同时负责整个学校的工作。学校一共有 4 个年级，学生会根据自己的能力和进步水平从低年级升到高年级。

学生首先要学习字母，用手指在沙子上写字母，而不是像欧洲那样先学习读字母。当他们能够熟练地在沙子上写字母以后，他们就开始用小铁棍在叶子上或者用芦苇在纸上写字。当学生对于这些字母有了全面的了解后，他们就要学习写复合词、学习在辅音中包含元音符号的方式以及音节的形成等；然后是人名、地名和动物名称等；最后是算术符号。此外，学生还需要背诵1~100的数，做简单的加减乘除。为了使分数加上算术表、乘法以及容量、重量和范围的三种计算，能够被学生牢记在心，每天，老师都要求他们要站成两排，跟着班长重复所有的运算过程。在阅读写作方面，老师会教授学生书写普通信件、起草协议书、阅读寓言故事和背诵诗歌，从而提升学生的写作技巧和阅读发音的准确性。

二、孟买邦的原住民教育

在孟买邦，行政长官埃尔芬斯通(Keith Elphinstone)进行了一个与马德拉斯邦相似的居民教育调查，1824—1825年收到统计资料，但由于不全面，1829年他又做了一次调查。

(一)学校与学生数

孟买全邦的总人口为4681735人，其中学校的总数为1705所，35143名学生接受教育。人数最多的学校只有150名学生，平均每所学校只有15名学生(不包括在家接受教育的学生)。此外，这些学校只招收男生，大多数都属于婆罗门种姓。如果依靠这些统计数据，那就意味着孟买邦的教育水平仅是马德拉斯邦的三分之一。但是，仅仅以这些统计数据来代表整个邦的原住民教育情况是没有说服力的。

(二)教学方式

在孟买邦的一些地方，穆斯林学生是在毛拉的指导下单独进行学习的，但在有的地方也是和印度教学生一起学习的。学生受教育年限一般为 6 年，而在古加拉特等地学生只接受 2~3 年的教育。由于上课没有课本，所以大多数是通过教师讲授来进行教育。与马德拉斯邦一样，学习好的学生需要照顾新生的教育管理工作，教师通常只教授高年级学生或学习好的学生。学校的纪律十分严格，对于不守纪律或者未完成课业的学生都会实行严惩。教师大多数都来自婆罗门种姓，也有少数来自刹帝利和吠舍种姓，他们能够写出一手好字，而且精通语文知识和普通数学知识，但是教师的福利待遇并不高，月工资只有 3~5 卢比。

尽管 1829 年的调查报告并不是十分准确，但是对于了解孟买邦居民学校教育有一定的参考价值，它系统地描绘了孟买邦居民学校的优缺点。例如，一方面孟买邦居民学校廉价的教育成本使学生能够拥有接受教育的机会，而且学校办学成本低，教学设备简单实用，学习的课程也具有实用性；但另一方面，粗俗的教学方法、严厉的惩罚以及缺乏多样化和自由的教育课程体现了教育质量的低下。

三、孟加拉邦的原住民教育

以上我们讨论了 1822—1829 年在马德拉斯邦和孟买邦进行的原住民教育调查。与以上调查相比，一个叫威廉·亚当（William Adam）的传教士在孟加拉邦进行的原住民教育调查，不仅详细有趣，而且其调查结果在很大程度上也更加可靠。

威廉·亚当是苏格兰人，于 1818 年作为传教士来到印度。刚到印度时，他在塞兰布尔与当地的传教士一起工作，但很快他就去了加尔各答，在那里研究梵语和孟加拉语。在加尔各答期间，亚当受朋友拉贾的影响，并在 1821 年成为一神论者，后来他又成为加尔各答第一位一神论部长，并在孟加拉邦的公共生活中占据了主导地位。1829 年，亚当写信给卡文迪许-本廷克(William Henry Cavendish-Bentinck)勋爵，建议他调查原住民教育制度，但是提案并没有收到本廷克勋爵的回复。于是，1834年他又写了一封信，这一次他的想法引起了注意。应本廷克的要求，亚当给政府写了一封正式的信重复他的提议，行政议会在1835年1月20日批准了他的提议，授命他对孟加拉邦的原住民教育进行调查。亚当在1835—1838年进行了3年的调查，并提交了3份报告。

（一）亚当的第一份报告

第一份报告在1835年7月1日提交，是对已存的早期访查和报道的摘要。其调查信息来源主要有以下几个方面：地理学家布坎南-汉密尔顿（Francis Buchanan-Hamilton）博士的调查报告，公共委员会的调查记录，汉密尔顿的东印度地名录，传教士、大学和学校的调查报告，印度众议院记录搜集者编制的一份补充回忆录。

第一份报告是亚当对当时可得到的所有数据精心编写的摘要，尽管它所包含的信息既不充分，又不像后面两份报告那样可靠，但是报告中的一些内容引起了人们的兴趣。"原住民小学是指那些传授知识内容的学校，这些学校由当地人自己发起建成，与宗教或慈善团体支持的学校不同。在孟加拉邦，这类学校的数量非常多。据官方估计，孟加拉邦的人口为150748人……有三分之一的村庄没有学校，他仍然有10万个村庄有学校。我们不得不承认，这些在不确定前提下计算出来的数字，与事实的距离相差很远，而乡村学校的制度仍然普遍存在……"①

关于这份报告的争论主要围绕这一点展开。对于"学校"一词的解释不同，一方使用的是现代意义上的解释，学校差不多是一种永久性质的机构，由一个人来主持，教授当地一定数量的子女，以获取学生的学费和额外津贴或者来自社会上的报酬。在这种意义上使用"学校"一词，在孟加拉邦有10万所

---

① William Adam, *Adam's Reports*, Bengal, Governor-General-in-Council, 1835, pp.6-7.

"学校"这种说法就是正确的。但另一方反对这种解释，他们认为，"学校"一词被用来表示"给予教学的地方"。所以，根据这种观点，一个家庭雇用一名教师为其子女提供教育，或者父亲教育自己的孩子，这样的家庭也可以被称为"学校"。为了支持这一理论，有人指出亚当收集了所有关于家庭教育的统计数据，作为他对学校和学生调查的一部分。如果这一观点被接受，那么在孟加拉邦几乎每个村庄都会有一所学校。

(二)亚当的第二份报告

亚当的第二份报告于 1835 年 12 月 23 日提交，对拉杰沙希地区的塔纳和纳托雷进行了彻底全面的调查。以下简要说明亚当的调查结果。

1. 初等教育

塔纳的人口为 195296 人，其中 129640 人为穆斯林，65656 人为印度教徒，村庄的数量是 485 个。亚当发现，这一地区只有 27 所小学，共 262 名学生。其中，10 所孟加拉语学校有 167 名学生，4 所波斯语学校有 23 名学生，11 所是阿拉伯语学校(为古兰经教学)有 42 名学生，还有两所孟加拉语和波斯语共同教学的学校共有 30 名学生。此外，还有 238 个村庄中的 1588 个家庭，向 2382 名儿童提供家庭教育。换言之，接受家庭教育的学生几乎是公立学校学生人数的 9 倍。公立小学的平均入学年龄为 8 岁，平均毕业年龄为 14 岁，小学教师的平均工资为每月 5~8 卢比。"达拉地区的学校提供了一个很好的样本，即其中一个小型的原住民社区联合起来合办学校。比如说，在那个地区，由四个相对来说比较有权威的家庭合办一所学校，但是他们并不富裕，如果不合作办学不可能支付得起孩子的学费，于是，他们联合起来。其中一个家庭为教师提供一间可以教学的教室，并根据家庭的条件给老师付相应的报酬。然而，这些钱并不足以负担起老师的工资，因此，他们还接受来自其他家庭的学生，除了收取这些学生的学费外，学生还可以自愿给予老师礼物。这样，老师的工资就得到了保障。"①这个案例表明，在富裕阶层以及刚好在贫困阶层之上的阶级团结起来合办一所学校，可以实现让孩子接受教育的目标。

2. 高等教育

穆斯林没有独立的原住民高等院校。但是亚当调查发现了38所梵文学院，共有学生397人。学生的入学平均年龄为11岁，完成学业的平均年龄为27岁。在397名学生中，136名学生属于学院所在村庄，仅接受免费的教育，261名学生来自其他村庄，不仅接受免费的教育，还享受免费的食宿。

3. 女子教育

女子教育几乎不存在，根据亚当的估计，纳托尔地区接受教育的成年人总数为6121人。成年人识字率占总人口(包括女性)的3.1%，占男性总人口的6.1%。在所有女性人口中，16792人年龄在5~14岁。但是，除了极少数的女性外，大部分女性根本没有接受教育的机会。绝对的无知一般是他们的命运。为女童提供教育的想法永远不可能进入父母的心中，女性也由此被剥夺了受教育的权利。一种迷信的风俗存在于大多数印度教家庭中，即一个女孩在结婚后不久就学会了写作和阅读，那么她就会变成寡妇。而且，当地人们还普遍认为，女性受了教育会学会勾心斗角。在这些恐惧的影响下，一个家庭不仅不会敦促女孩接受教育，还会常常使她们产生一种焦虑，使女性不愿意去获得最基本的知识。这些迷信和不信任的情绪普遍存在于那些致力于宗教追求的印度教徒中。因此，可以肯定这个地区的未成年女性，即可教年龄在5~14岁的女性人口中，除了极少数的例外情况外，几乎全部在成长过程中缺乏必要的读写知识。②

---

① William Adam, *Adam's Reports*, Bengal, Governor-General-in-Council, 1835, pp.139-140.

② William Adam, *Adam's Reports*, Bengal, Governor-General-in-Council, 1835, pp.187-188.

（三）亚当的第三份报告

与前两份报告相比，亚当的第三份报告更加重要。报告分两部分：第一部分是五个地区的统计数据，分别是穆希达巴德、比尔普姆、布德万、南比哈尔邦和提尔胡特；第二部分是亚当提出的教育改革建议。

表8-1、表8-2总结了亚当提供的学校数量和在校生人数的统计数据。

表8-1 五个地区的学校类型与数量

地区	学校类型与数量								
	孟加拉语学校	印度语学校	梵文学校	波斯语学校	正式阿拉伯语学校	阿拉伯语学校	英语学校	女子学校	总计
穆希达巴德	62	5	24	17		2	2	1	113
比尔普姆	407	5	56	71		2	2	1	544
布德万	629+1（幼儿园）		190	93	3	8	3	4	931
南比哈尔邦		286	27	279		12	1		605
提尔胡特		80	56	234		4			374
总计	1099	376	353	694	3	28	8	6	2567

注：Syed Nurullah and Pangal Jayendra Naik，*History of Education in India during the British Period*，Bombay，Macmillan Publishers，1943，p. 33.

表8-2 五个地区的学生数

地区	学生数量					总计
	孟加拉语和印度语	梵文	波斯语和阿拉伯语	英语	女学生	
穆希达巴德	1080	153	109	26	28	1396
比尔普姆	6383	393	490	73	11	7350
布德万	13190	1358	971	120	175	15814

续表

地区	学生数量					总计
	孟加拉语和印度语	梵文	波斯语和阿拉伯语	英语	女学生	
南比哈尔邦	3090	437	1486	23		5036
提尔胡特	507	214	598			1319
总计	24250	2555	3654	242	214	30915

注：Syed Nurullah and Pangal Jayendra Naik, *History of Education in India during the British Period*, Bombay, Macmillan Publishers, 1943, p. 33.

同样，如果我们想正确了解接受教育的人数，就必须考虑家庭教育中的儿童人数。表 8-3 的统计数据是五个地区接受家庭教育和学校教育的总人数。

表 8-3　接受家庭教育和学校教育的儿童人数

地区	总人数	接受学校教育的儿童数量	接受家庭教育的儿童数量	接受学校教育和家庭教育的总人数
穆希达巴德	124804	959	300	1259
塔纳·达拉巴扎尔	62037	305	326	631
塔纳·南利亚	46416	439	285	724
塔纳·卡尔纳	116425	2243	676	2919
塔纳·杰哈纳巴德	81480	366	539	905
塔纳·巴瓦拉	65812	60	288	348
总计	496974	4372	2414	6786

注：Syed Nurullah and Pangal Jayendra Naik, *History of Education in India during the British Period*, Bombay, Macmillan Publishers, 1943, p. 35.

这些数字表明，以上地区学生数与总人口数的比例为 1∶73，如果只考虑男性人口数量，这一比例则为 1∶36。

除了以上统计数据外，亚当的第三份报告还包含了对梵文学校以及波斯语和阿拉伯语学校的精辟研究。孟加拉邦共有 190 所梵语学校，每所学校只有一名教师，他们的平均薪酬约为 64 卢比。大多数的教师都有自己的校舍，或由赞助者和朋友出资建造，或由学校所在村庄的居民建造。在 190 所学校中共有学生 2358 人。所学科目很广，包括语法、文学、词典编纂、医学、逻辑、法律、往事书(印度教经典的一种，共 18 部，成书于 300~700 年，内容有神话、传说和世系源流)、吠檀多(古印度哲学中一直发展到现在的唯心主义理论)等。①

在南比哈尔地区共有 291 所学校，其中 279 所波斯语学校、12 所阿拉伯语学校。除了一位教授写作的教师是印度教徒外，其他教师都是穆斯林。这些教师的平均月收入为 5.2 卢比。只有 2 所波斯语和 2 所阿拉伯语学校有适当的校舍，其余学校设在地主或教师占用的私人住宅里。在 291 所学校中，共有学生 1486 人，平均每所学校约 6 个学生。其中，1424 人学习波斯语，62 人学习阿拉伯语；867 人是印度教徒，559 人是穆斯林。

根据行政议会的要求，亚当还需要就提高任何一个机构或整个班级的性质和扩大其作用的可能性和方法提出建议，因此，他在报告的第二部分提出了改进建议。

第一，亚当认为应该放弃"渗透理论"。渗透理论认为，政府应教育上层阶级的人们，然后使文化渗透到大众中间。亚当认为，政府应该建立一个涵盖各个教育阶段的新的教育制度。先在每个行政专区建立学校，然后在行政大区建立学校，最后是每个村庄都建立学校，这样的教育制度才是更好的教育传播工具。

第二，亚当充分相信发展原住民教育机构的效用。他认为，这种从高到低，涵盖所有阶级的多样化的原住民教育制度是提高和改善人民教育水平最有效的手段。已经存在的原住民学校是所有教育制度建立的唯一的真实和可靠的基础。利用现在印度本土的学校教育机构，是提升和改善人民品格最简

---

① 王长纯：《印度教育》，73 页，长春，吉林教育出版社，2000。

单、最安全、最易接受、最经济和最有效的计划。① 它给予原住民一种思想刺激，引导原住民对本土教育制度做出改善。

亚当提出了改进原住民学校教育的七个阶段计划。第一阶段，选择一个或多个可以作为实验该计划的地区。第二阶段，对亚当进行调查的同一线路进行彻底的教育调查。第三阶段，编写一套现代印度语文的书籍，供教师和学生使用。第四阶段，为每个地区任命一名检查者，作为该计划的首席执行官。他的职责是调查他所在地区的教育情况、与教师见面、解释教科书、进行考试、给予奖励，总之要保证计划的成功执行。第五阶段，将书籍分发给教师，并通过举行考试和向通过考试的人颁发奖励来激励他们学习。亚当还建议建立师范学校，鼓励原住民学校的老师每年进修 1～3 个月，大约学习4 年，这样他们就会更加胜任教学。第六阶段，通过举办考试和给予奖励，鼓励教师将新获得的知识传授给学生。第七阶段，向乡村学校捐赠土地，以鼓励教师在乡村定居和教育农村儿童。

显然，亚当提出的改善原住民教育计划大纲的基本思路是正确的，如果他的建议被采纳，那么印度大众教育的历史将被改写。但遗憾的是，亚当的提议并没有得到麦考利勋爵的支持，这种与渗透理论背向而行的教育改革主张自然被排斥。麦考利在对本报告的评论中写道："如果我们能够培育一批受过教育的孟加拉人，不用任何暴力，他们自然就会替代那些不合格的教师。至于其他人的教育，现在即便我们想做也不能。我不确定我们是否有人力，但我可以确定我们没有钱去做。"②时任英属印度总督奥克兰勋爵也认为，教育贫穷无知的大众不会给当局带来任何实际好处，第一步需要做的是在印度的中上阶层培育对殖民当局的好感，对他们进行教育。在这种渗透思想的主

---

① Syed Nurullah and Pangal Jayendra Naik, *A History of Education in India during the British Period*, Bombay, Macmillan Publishers, 1943, pp.123-124.

② Syed Nurullah and Pangal Jayendra Naik, *A History of Education in India during the British Period*, Bombay, Macmillan Publishers, 1943, pp.125-126.

导下，在英属印度时期，曾经遍布印度乡村的各类学校逐渐萎缩。

对马德拉斯、孟买、孟加拉三个邦的调查，使我们能够对整个印度的原住民教育发展有了一个大致的推断。虽然一些调查数据并不准确，但是仍然可以为我们了解 19 世纪印度原住民教育的概貌提供参考。

19 世纪初期，印度人民已经建立了各种类型的初级学校，尽管教学方法手段落后，但它在管理上具有一定的先进性。例如，印度"导生制"，在马德拉斯邦原住民的教育中，高年级学生一般由教师直接进行教学管理，低年级的学生由高年级的学生进行教学管理，此方法类似"贝尔—兰卡斯特制"，高年级学生成了教师的助手，大大减轻了教师的教学工作量，使教师能够教育更多的学生，从而使教师短缺问题得到了一定的缓解。此外，这种方法也使高年级学生学到的知识得到了巩固，教学相长；而且，廉价的教育成本使贫困的家庭都可以负担起孩子接受教育。家庭教育在当地也十分流行，在孟加拉邦的某些地区，几个家庭联合起来办学请老师，为孩子接受教育提供了可能。

这一时期印度原住民学校的局限性表现在以下三个方面。第一，教师教学多为经验式教学，缺乏方法系统性，学生难以明确把握所学知识。第二，教师教学水平和待遇低，低廉的工资很难调动教师教学的积极性。第三，女子教育基本不存在。换句话说，印度的原住民教育就是男性教育。除了极少数个别的女性外，大部分女性根本没有接受教育的机会。在女人无知即美德思想的影响下，印度女性很少有接受教育的机会。

第二节　印度殖民教育制度的形成

自英国开始在印度建立殖民统治之日起，就存在印度文化和英国文化孰优孰劣的问题。是要继续发扬印度本土文化，还是推行实施西方文化教育，以及如何在印度实施西方教育，一直在殖民政权上层存在着分歧。在19世纪以前，东印度公司只为了土地资源的掠夺，在思想文化方面通过了所谓印度教育"中立政策"，即采取原有的维持原状方针，既不支持也不反对的态度，对教育事业放任不管。但是，当东印度公司把开拓市场的任务提上日程以后，殖民政权上层就提出了思想文化为经济服务的方针。与此同时，英国国内的福音主义者、自由贸易主义者和功利主义者也积极敦促东印度公司采取更积极的教育政策。在经历了"东学派"和"英学派"长达30年的争论后，殖民地当局确立了以英语作为教学语言，全面在印度实施西方的科学教育和文化教育。《1813年宪章法》的颁布标志了英国正式介入印度的教育，英国在印度建立了一个现代殖民教育体系。1835年，麦考利勋爵的《印度教育备忘录》勾画了印度殖民教育发展的蓝本，英政府以此为基础制定了殖民印度的教育政策。1853年的《伍德教育急件》奠定了英属印度教育制度的发展基础，故有"印度教育大宪章"之称。印度现代教育制度建立的过程也是印度传统教育被全面殖民化的过程。

一、印度殖民地教育制度的萌芽

西式教育对于印度近代意识的启蒙具有重要意义。18世纪中叶，英国人刚入侵印度时，印度高等教育依旧沿袭着传统教学，古典文学、逻辑学、波斯语、印度哲学、梵文、阿拉伯语等依旧是主要研究科目，自然科学以及政治学、历史学、地理等人文学科，都没有被列入课程，以致印度对本土之外的世界一无所知。为了更深入地了解印度文化，东印度公司、传教士以及殖民当局开办了一些旨在复兴印度教育的学院和研究机构，有的人还致力于开展对古印度文化等的研究。例如，印度第一任总督黑斯廷斯（Warren Hastings）建立了加尔各答学校，用来培养研究阿拉伯语和波斯语的人才。

1784 年，英国议会通过的《东印度公司法案》规定，"在印度所有参事以下的文官职位必须由公司的契约文官担任"①。但是，东印度公司中的文官对于印度文化了解甚少，印度殖民者只能建立一些高等院校，使公司职员尽快掌握印度语言。1791 年，贝拿勒斯驻扎官邓肯（Jhonas Dokon）在贝拿勒斯建立了梵文学院，即今日梵文大学的前身；时任印度总督韦尔斯利勋爵针对东印度公司的文官综合素质低下的情况，强调文官不仅需要提高行政能力和知识水平，更要熟悉印度的文化和语言。于是，1801 年，他在加尔各答创办了威廉堡学院，此学院成为"从英国调来印度在民事部门工作的未受过充分教育的青年职员的学校"②，专门培养行政人员。1806 年，在英国本土又专门成立了黑利博瑞学院，作为培养印度文官的基地。因此，英国殖民统治者所设立的学院对于契约文官业务水平和语言能力的发展起到了重要作用，培养了一大批专业人才。

1773 年，一名叫格兰特（Charles Grant）的普通职员到东印度公司工作。他对这一时期的印度教育起到了重要的作用。在仔细研究了落后守旧的印度教育体制问题后，他回到英国发表了一篇名为"观察"的文章，描述了当时印度教育的现状，提出东印度公司应该承担起印度教育的重任，建立一种类似西方的教育，使印度教育进入现代化。格兰特提出教学语言应该是英语和印度语两种，英语教学使印度人民"能够跟上文学、科学、哲学、宗教和其他学科的最新发展趋势"③。格兰特最早提出的这种英语教学体制在当时并没有得到政府的支持。将英语教学首先付诸实践的是一名叫凯里（William Carey）的传教士。在传教过程中，为了便于教育，他将英文版的《圣经》译成孟加拉语，

---

① Michael Marn, *British Rule on Indian Soil: North India in the First Half of the Nineteenth Century*, New Delhi, Manohar Pubns, 1999, p.30.

② N. G. Pawar, *Development of Education System in India*, Japur, Book Enclave, 2004, p.6.

③ Michael Marn, *British Rule on Indian Soil: North India in the First Half of the Nineteenth Century*, New Delhi, Manohar Pubns, 1999, p.32.

同时还设立了英语教育和孟加拉散文文学基金会。在他成功的鼓舞下，有志之士又相继成立了几所英语学校，如1817年的印度学院等。

18世纪末至19世纪初，英国的传教士积极创办新式学校，极大地推进了印度教育近代化的进程，在一定程度上迫使东印度公司不得不转变之前对于印度教育的消极态度，重新审视印度教育问题。在《1813年宪章法》颁布之前，印度本土的西式教育并没有被大面积普及，与印度传统教育共同推进近代印度教育的发展。虽然英国人推行西式教育的初衷是为了本国的利益，但是从客观上催生了印度近代教育的萌芽。

二、印度殖民地教育制度的酝酿

当东印度公司来到印度时，他们不允许传教士向印度的普通民众传播宗教教育。因为他们认为，传教士的教育将会煽动印度人民之间的宗教情绪，这可能会影响东印度公司的商业政策和外交活动。因此，从1793年到1813年，该公司不允许传教士在印度从事教育活动。《1813年宪章法》的颁布标志着英国正式介入印度的教育，在印度建立了一个现代殖民教育体系。《1833年宪章法》进一步将教育经费从10万卢比增加到100万卢比。但是，殖民政府内部在通过何种路径建立殖民教育制度上，从19世纪初就存在"英学派"和"东学派"的论争。1835年3月7日，总督本廷克颁布了《1835年英语教育法》并明确宣布，英国政府的目标应该是，在印度人中间，推广欧洲文学和科学的传播，而不是支持他们认为没有价值的印度传统东方文化；所有为教育目的之拨款将只被用于英语教育；今后通过英语媒介，向印度广大民众传授英国的文学以及科学知识。《1835年英语教育法》为"英学派"和"东学派"的论争画上了句号。

(一)《1813年宪章法》的颁布

1813年，英国议会颁布了一项虽说不上强制但是具有法律效力的宪章，在这一宪章中，英国政府的基本声明是："东印度公司要从每年的盈余中，拨款不少于 10 万卢比用来复兴古典文学，鼓励当地有学识的学者，以及在英属印度领地的居民中传播西方科学知识。"①因此，这一条款迫使东印度公司承担起对印度人民进行教育的责任。从 1813 年到 1857 年，在东印度公司的控制下印度开办了许多学校和学院，这为印度的英语教育体系奠定了基础。《1813 年宪章法》的颁布也标志着殖民当局办教育的开始，印度教育由此走上了制度化的发展道路。此外，宪章规定基督教传教士可自由传播教育。

《1813 年宪章法》的颁布受到了印度各地政府的欢迎，其认为该法案是印度英语教育的奠基石，但在教学媒介上却引起了"英学派"和"东学派"的争论。此外，《1813 年宪章法》也没有提出明确的教学目标和改进印度本土文学的方法。《1813 年宪章法》只强调分配 10 万卢比，没有具体规定在印度建立学校和学院。

围绕宪章产生争议的主要原因如下。一是，教育目的。对于当时的教育目的，人们有不同的看法。教育应该对所有人开放，还是只对少数人开放？教育应该传播东方文化，还是引进西方文化？不同的派别，其观点也截然不同。二是，在学校和学院的组织管理机构方面，也存在一些冲突和争议。一个学派认为应该由传教士来管理教育机构；而另一个团体则认为最好是由印度人自己来管理教育机构；第三个学派建议由公司设立和管理这些学校。三是，关于教学语言，也有三种学派。第一种学派认为，西方科学和知识应该以古典语言作为教学语言，即通过梵文和阿拉伯语加以推广；第二种学派倾向于现代印地语；而第三种学派则认为教育应以英语为媒介。四是，教育路径也引发了广泛的争议。关于教育路径主要有两种观点：一种观点认为，教育总是从社会上层渗透到普通大众，它被称为"向下渗透理论"，即在印度

① H. H. M. A. Dodwell, *The Cambridge History of India*, *Volume Ⅵ: The Indian Empire, 1858-1918*, Cambridge, Cambridge University Press, 1932, pp.102-103.

应该实行一种精英教育；另一种观点认为公司应该承担教育群众的责任，即实行大众教育。

但是，《1813年宪章法》并未解决这些问题。殖民政权高层也一直存在分歧，由此引发了"英学派"与"东学派"长达30余年的争论。两派争论的起点始于1821年总督黑斯廷斯勋爵建立梵文学院，争论在19世纪30年代达到高潮，其主要分歧是该用西方教育方式还是东方传统教育方式来传播西方科学文化知识。

(二)《1833年宪章法》的颁布

苏格兰历史学家、经济学家、政治理论家和哲学家詹姆斯·穆勒(James Mill)勋爵意识到《1813年宪章法》只是为了维护大英帝国对印度的统治，主要目的并不是提高印度人民的教育水平。针对这个问题，他又向东印度公司申请10万卢比，用来开设学校。此时，一些政府官员也支持他的建议，认为自由政策对大英帝国依旧有利，英国本土也支持这种自由的政策。于是，英国议会在1833年颁布了另一个法案——《1833年宪章法》。

《1833年宪章法》的主要内容有以下四点。第一，规定孟买邦总督改称为"印度总督"，孟加拉邦行政长官权力地位高于其他邦的行政长官，参事会改为印度总督参事会。此举在英属印度加强了集中统一领导。第二，为传教士提供更有利的传教条件，使西方传教士可以在印度自由地传教。第三，实行印度文官考试选拔制度。印度人或在印度出生的英国人，不应该因为肤色、种族、宗教信仰等而被剥夺担任高级官员的机会。取消东印度公司对官职的垄断权。第四，将《1813年宪章法》中规定的东印度公司每年拿出10万卢比来发展教育增加为100万卢比。《1833年宪章法》在印度教育史上具有很重要的地位，但是，该宪章依然没有解决应该在印度通过何种途径发展什么样教育的问题。

(三)"英学派"与"东学派"的教育体制争论

自19世纪初期，英国殖民政府意图在印度建立和管理学校教育时，就出现了应该通过何种教育体制传播西方科学文化知识的争论，被称为现代印度教育史上的"英学派"和"东学派"之争。"英学派"主要由福音派、功利主义者和自由贸易者组成，主要以福音派东印度公司格兰特、总督本廷克、总督立法会议成员麦考利和功利主义者约翰·斯图尔特·穆勒（John Stuart Mill）为代表。他们认为，为了巩固大英帝国在印度的统治，最根本的方法就是传播西方教育思想，摧毁印度传统的价值观。"东学派"主要由东印度公司早期的殖民统治者组成，以东印度公司第一任总督黑斯廷斯勋爵、孟买邦长官埃尔芬斯通、马德拉斯邦长官托马斯·芒罗为主要代表。麦考利曾公开说，我们不可能教育印度全体人民，但是我们可以尽力在英国人和印度人之间造就一个中间阶层。这些人从血统和肤色来看都是印度人，但是其爱好、观点、道德和智慧都是英式的。① 按照麦考利的说法，这个中间阶层即英国殖民者为方便统治印度的得力助手，并起到传播西方文化的作用。

"东学派"认为，印度文化历史悠久，其中很多具有研究价值，所以应该保持原有的教育机制并加以资助，用印度当地语言进行教学，使当地居民接受学习西方的文化。此外，鼓励发展印度固有的旧式教育制度，这样既能培养出为殖民政府服务的知识分子，又能防止西方进步思想在印度的传播。

1823 年成立的公共教育委员会由 10 名欧洲成员组成，主席是麦考利。该公共教育委员会决定将大部分拨款用于改进东方文学，其目的是更好地把西方科学文化知识传播到印度，并管理殖民地印度教育的拨款。但是，并没有说明西方科学文化知识的具体含义以及传播的语言媒介，这成了"英学派"与"东学派"争论的焦点。在公共教育委员会成立的初期，大部分有识之士希望东方的文化知识得到鼓励和支持。但是，委员会并没有忽视西方文化的传播。然而，东印度公司要求在印度传播教育时，应该以英语为教学媒介。到了19 世纪 30 年代，"英学派"与"东学派"两股力量已经势均力敌，很难决定到

---

① 王长纯：《印度教育》，66 页，长春，吉林教育出版社，2000。

底要推广西式教育还是继续发展传统东方教育。公共教育委员会也无法通过投票决定教育媒介，因为在10名成员中，有5名是以英语作为教育媒介的支持者，其余的是东方古典主义者的支持者。这就是著名的"英学派"与"东学派"的教育体制之争。"英学派"与"东学派"两派的争议长达30余年，终于在加尔各答阿拉伯学院把英语课作为必修课程事件中，使印度教育的争议达到白热化。

（四）麦考利勋爵与《印度教育备忘录》

在"英学派"与"东学派"两派争论之时，麦考利勋爵作为公共教育委员会主席来到了印度。麦考利是英国著名的散文家、诗人、雄辩家和辉格党政治家，以所著的《英国史》而闻名。他于1835年2月2日向总督本廷克提交了一份长篇报告，史称《印度教育备忘录》，其中明确表达了他对印度教育问题的看法。

在《印度教育备忘录》中，麦考利勋爵强烈要求用英语传播西方知识，提出了有名的"渗透论"，即尽力培养出从血统和肤色来看都是印度人，但是其爱好、观点、道德和智慧都是英式的中间阶层。这一阶层将作为一种英国人与印度人交流的媒介，成为印度社会变革的推动者。事实上，东印度公司的政府想通过"渗透理论"来教育一批为东印度公司服务的印度人，使东印度公司在商业上获利。

麦考利重新解释了《1813年宪章法》中第四十三条款中的几个关键词。其主要内容有以下四点。第一，"文学"的含义："文学"一词指的是英语文学，而不是阿拉伯语文学和梵语文学。第二，"印度学者"指的是研究密尔顿文学、洛克形而上学等的学者。第三，教学用语：麦考利极其赞扬西方文化，对英国文明的优越性非常自信。在他眼中，印度文明是低劣的，他对东方文明充满了蔑视，所以他本人是英语教育的积极倡导者。他在《印度教育备忘录》中写道，印度本地语言没有任何文学或科学的信息，并且这些方言那么贫乏和粗俗。所以，印度本地语言不能作为教学用语。他甚至说："我对阿拉伯语和梵文一无所知。但我已经尽力对它们的价值进行了正确的评估。我已经读过最著名的阿拉伯文和梵文著作的译著。在这里和在国内时我已经和那些精通东方语言的人交谈过。我愿以东方学家们本身的评估来看待东方学。我认为他们之中的任何一个人都不能否认：一个良好的欧洲图书馆中仅仅一书架的书抵得上印度和阿拉伯所有的本地文学……"①第四，贬低东方教育，支持英语教育。麦考利反对"东学"，无视印度的文化。他认为支持东方教育制度者所持有的观点，承认它的有效性，就不能再革新。他力主在印度实行英语教育，创立西式的印度教育体制。他甚至宣称，英语在西方的语言中也是独树一帜的，谁掌握了英语，谁就能够进入地球上所有富有知识的国度中去获得智慧财富。

在如何利用教育经费方面，麦考利发表了一项声明，包括如下几点：（1）英政府的主要目的是在印度人中传播欧洲文学和科学，所有教育经费都应用于此目的的实现；（2）不必关闭东学派的学校，发给教师工资，给学生提供奖学金；（3）以后不再出版东方文学方面的书籍，这方面已经花了足够的钱；（4）节省的开支应支持用英语在印度人中传播英语文学和科学的活动。

麦考利的《印度教育备忘录》得到了总督本廷克的认可，勾画印度殖民教育发展的蓝本，英政府以此为基础制定了殖民地印度的教育政策。这意味着印度的"东西学派"之争，"英学派"开始明显占据领先地位。印度的英语学校飞速增加，受过英语教育的人不再完全忠于自己的信仰，达到了渗透西方文化的目的。然而，麦考利贬低东方文化，无视印度的传统和文化，抑制印度本土语言的发展，过分地赞扬西方文化，也遭到了一些学者的批评。

（五）《印度教育决议案》

1835 年 3 月，总督威廉姆·本廷克颁布了《印度教育决议案》。《印度教

---

① K. A. Ballhatchet, "The Home Government and Bentinck's Educational Policy," *Cambridge Historical Journal*, 1951(2), pp.224-229.

育决议案》决定了印度教育的教育目的、内容和教学语言。其中包括在印度人中间传播欧洲的科学和文学；教育经费只用于发展英语教育；以英语作为教学语言向印度人民传播欧洲的科学与文学。

《印度教育决议案》的主要特点有三点。第一，西方的科学与文学是高等教育教学的主要内容，教育拨款只能应用于传播西学，印度固有文化知识不再给予资助。但是对于之前建立的梵语学院和阿拉伯学院还是给予一定资金支持，只是不再建立新的梵语学院或阿拉伯学院。第二，英语作为教授西方文学和科学的媒介，成了印度的官方语言。第三，自上而下的知识"渗透理论"获得通过。所谓知识渗透理论就是指教育上层阶级，然后慢慢地影响普通民众，即先发展高等教育，然后再发展初等教育。

《印度教育决议案》对印度教育产生了巨大影响。第一，印度文明开始被西方文明所取代，印度文明被认为是没有价值的；英语不仅成为印度的教学语言，还成了印度的官方语言，印度本土的古典语言开始被弃用。《印度教育决议案》的公布也引起了巨大的争议，"东学派"的代表认为该议案否认了印度的文化，是对印度人的侮辱和冒犯。本廷克在没有事先告知英国国内政府的情况下就贸然改革，所以他的议案遭到了政府的反对。但是，在对本廷克《印度教育决议案》修改后，该决议案最终得以通过。自此，印度的英语教育得到快速发展，"东西学派"长达三十余年的争论就此结束。

三、印度殖民地教育制度的形成

(一)《1854年伍德教育急件》的背景

《印度教育决议案》结束了"英学派"与"东学派"长达30余年的争论，随着英国在印度的统治愈加巩固，19世纪后半叶的西方化浪潮开始在殖民地印度生根，但是殖民地印度教育西方化真正形成的标志是1854年颁布的《伍德教育急件》。东印度公司的章程必须每二十年更新一次，因此，在1833年更新"宪章"的同时，英国议会决定从 1813 年的 10 万卢比增加到每年 100 万卢比来用于印度的教育。当更新"宪章"的时间到了 1853 年时，印度的教育遇到了许多问题。东印度公司成立了一个议会委员会，对整个教育领域进行全面的调查，其调查的主题是必须重视印度教育发展的问题，"再也不能忽视印度的教育问题了，印度教育事业得到发展，无论如何也不会影响英帝国的利益"①。由于委员会的主席是查尔斯·伍德（Charles Wood）子爵，所以其调查结果被命名为"伍德教育急件"。《1854 年伍德教育急件》为印度教育的发展制定了蓝图，为效仿英国的印度近代学制的确立奠定了基础，被誉为"印度教育大宪章"。

(二)《1854 年伍德教育急件》的主要内容

《1854 年伍德教育急件》是一个包含 100 个段落的长文档，涉及具有重要教育意义的各个方面。

1. 教育政策的宗旨和目标

《1854 年伍德教育急件》首先阐明了东印度公司教育政策的宗旨和目标。它把印度教育的责任放在了公司的其他责任之上。该报告确立的印度教育目标包括四点。第一，向印度人传授有关西方文化的文化知识。第二，向印度当地居民传播教育，以便创造一个公务员阶层。第三，促进印度居民的智力发展，提高年轻一代的道德素质。第四，发展印度人的实用和职业技能，使其可以生产更多的物品，并为这些商品的消费创造一个良好的市场环境。

2. 设立公共教育部

《1854 年伍德教育急件》第一次建议在孟加拉邦、孟买邦、马德拉斯邦、旁遮普邦和西北省各设立一个公共教育部。其中邦的最高行政长官为教育部部长，他将得到若干视察员的协助。教育部部长必须向政府提交年度报告，说明他所在省份的教育进展情况。

---

① 王长纯：《印度教育》，80 页，长春，吉林教育出版社，2000。

3. 推广大众教育

《1854年伍德教育急件》的另一项主要建议是推广大众教育。据观察，普通民众被剥夺了受教育的机会，因此更加重视增设小学、初中和高中。早期提出的"渗透理论"被摒弃，开始重视初等教育的发展。基础教育被认为是印度教育制度发展的基础。

4. 设立大学

《1854年伍德教育急件》建议，在马德拉斯邦、孟买邦、加尔各答设立现代大学。这些大学将以伦敦大学为蓝本，由一名校长、一名副校长还有政府提名的研究员组成教务委员会。大学将向通过参议院(科学或艺术)考试的候选人颁发学位。大学不仅要组织英语系，还要组织阿拉伯语、梵语和波斯语系，以及法律和土木工程系。

5. 助学金制度

《1854年伍德教育急件》建议，在印度教育制度中批准一项助学金制度。教育印度的大量人口是一项艰巨的任务，因此政府采用了助学金制度。符合下列条件的学校和学院将得到补助。一是，学校必须提供世俗教育。二是，学校管理层应该好好管理学校。三是，学校应该允许国家进行不定时检查。四是，学校应遵守政府的规定，以规范拨款。五是，学校必须向学生收取费用。向学校提供助学金，旨在提高教师的工资、建造校舍、向学生提供奖学金、改善识字条件、开设科学系等。

6. 语言教学

《1854年伍德教育急件》很重视英语教学，但同时也强调了印度本地语言的教学。由于缺少本地语言教材，教学语言应为英语。但是，该急件也指出，在进行英语教学的同时，应该谨慎地与本地的语言教学结合起来。因此，在其构建的教育制度中，印地语和英语作为教学媒介在西方科学文化知识的传播过程中都可以发挥重要作用。承认印度本土语言作为教学媒介的重要作用，是《1854 年伍德教育急件》的最显著特征。

7. 女子教育

《1854 年伍德教育急件》建议，政府应始终支持妇女教育。它认为，印度女性教育的重要性怎么评价也不为过。通过这种方式，人们的教育和道德基调受到的推动远远大于只对男性的教育。它还鼓励私营单位发展妇女教育，女校也被列入获得助学金的学校名单。

8. 教师培训

《1854 年伍德教育急件》建议，在各省设立教师培训学校，其中应该包括工程、医学和法律教师的培训学校。合格的教师应该得到更好的工资待遇，它还强调在教师培训期间向他们提供奖学金。

9. 职业教育

《1854 年伍德教育急件》鼓励职业教育，建议设立医疗、工程、法律和其他专业教育机构。它声明，发展职业教育是为了提高人们的工作效率，也为了让人们认识到英国的统治是进步的。鼓励职业教育的另一个原因是解决失业问题。

10. 在印度各地引入分级学校系统

《1854 年伍德教育急件》建议在全国建立一个分级学校系统。它提出的各级学校包括小学、初等中学、高等中学、学院和大学。这些学校构成了殖民地印度教育的学校类型。在学校系统的顶端是大学和学院，然后是高中，其次是中学和次级中学，系统的最底层是政府小学和本土小学。英语学校和印度本地语言学校被列入同一等级。建议采用这一制度是为了使个人在完成不同程度的学校教育后能够接受高等教育。

11. 促进东方教育

《1854 年伍德教育急件》支持用英语对印度人进行西方教育，但同时建议应该发展印度文学，应该将西方文学和科学译成印度语言，并鼓励人们进行印度语言文学创作，给予作者适当奖励。

(三)《1854年伍德教育急件》的影响

《1854年伍德教育急件》为印度教育发展提供了新的方向，奠定了印度教育制度的基础。它解决了许多古老的教育问题，如教育制度、教育媒介，并为印度未来的教育发展提出了新的方案，产生了深远的影响。

1.《1854年伍德教育急件》的积极影响

《1854年伍德教育急件》奠定了英属印度教育制度的发展基础，故有"印度教育大宪章"之称。《1854年伍德教育急件》通过明确界定教育目标，开创了印度教育体系的新纪元。政府第一次意识到计划良好的教育体系的重要性。它提出了一项涵盖小学、中学和高等教育的全面教育计划，建议在5个省各设立一个单独的公共教育部，并任命一名主管领导该教育部。《1854年伍德教育急件》抛弃了"渗透理论"原则，鼓励推广大众教育，建议建立本土学校。通过助学金制度，许多学校受益，教育质量得到改善，鼓励私营机构开办新学校。1854年后成立的各省教育部推动了印度中等教育的发展。教育部不仅官方办学，还通过补贴资助金的方式大力支持民间私人办学，高中学校从1871年的133所增至1882年的209所。而且，印度人自己创办管理的中学数量也越来越多。中等教育迅速发展的一种主要因素是社会对英语教育的需求日益增加，在谋求公务员职务方面，往往优先考虑接受过英语教育的人，此外英语也是印度人升入高等教育必需的语言，而助学金制度的实施使这种发展成为可能。

根据《1854年伍德教育急件》规定，印度以伦敦大学为蓝本，于1857年在加尔各答、孟买邦和马德拉斯邦设立大学，以鼓励高等教育。在1882年和1887年，又效仿这三所大学，创办了旁遮普大学和阿拉哈巴德大学。《1854年伍德教育急件》强调了职业教育的必要性。关于建立教师培训机构的建议对提高教师素质、改善教师条件、提高教师工资具有重要意义。向穷人和有资格的学生提供奖学金，使他们能够顺利完成学业。《1854年伍德教育急件》鼓励用本地语言教学，因此在学校中可以用本地语言和古典语言教学。

2.《1854年伍德教育急件》的局限性

首先，《1854年伍德教育急件》实际上更倾向于推广西方文学和知识，对政府部门中受过英语教育的人更加友好，本土文学知识相对受到冷落。教育规划和管理方案仍然仅停留在文件形式上，实施不彻底。本土学校依旧被忽视，在政府职位方面，优先考虑受过英语模式教育的人。该急件作者的目的并不是要提供一个自治国家的人民所需要的教育。

其次，虽然《1854年伍德教育急件》建议在5个省设立教育管理部门，但未能促进教育的全面发展。助学金制度的运行不合理，即资金总是匮乏，发放不规范，对民办学校具有偏见态度。提供职业教育的思想并未实现，人们面临失业的问题并未改观。政府将大部分资金用于支持英式学校，印度学校受到社会上层和政府的冷落，造成了教育类型的阶层分化。

印度那时的大学仅仅只是一种考试机构，它们主要对自己的附属学院规定课程、举行考试并颁发学位，教学工作则在各学院进行。当时各学院在目标、课程设置、教学质量等方面并不一致，各学院为了使自己能隶属于某所大学，不得不接受大学的种种规定，因而失去了自己的多样性和独特性。学院隶属于大学的制度被称为附属学院制，它是这一时期印度高等教育的主要类型，而且一直延续至今。这一时期印度大学进行过多的人文教育，但缺乏工程技术相关教育，也是印度高等教育发展的一个主要问题。

《1854年伍德教育急件》对基督教传教士持偏袒态度。在图书馆里学生可以轻松地获得基督教宗教书籍。传统上印度教育赋予印度宗教以显著的地位，西方教育则给予基督教以显著的地位。因此，《1854年伍德教育急件》完全忽视了印度宗教。

最后，《1854年伍德教育急件》无法消除印度教育制度中的不平衡。富人把他们的孩子送到英语中等学校，政府逐渐停止对本土学校的财政援助，因此这些学校的存在受到了威胁。

随着教育的普及和新的社会服务理念的出现，印度的私营机构开始发展壮大，但由于东印度公司对印度人的能力和管理技能缺乏信心，所以其不准备将学校交给印度人管理。普及大众教育的计划没有实现，也没有建立起本土语言高中。《1854年伍德教育急件》在某种程度上把印度看作英国工业的原材料供应商和英国工业成品的消费者。印度人从来没有承认伍德的"大宪章"，因为它并没有真正促进普及教育。1857年发生了塞波伊兵变，不久之后，东印度公司被解散，印度殖民政府直接隶属于英国王室。

第三节　19世纪印度殖民地学校教育的发展

在殖民地政府的教育政策从中立到积极的过程中，兴办各类学校并促进其发展是不断颁布的各种政策文件中的一项主要内容。本节通过梳理不同阶段的教育政策建议和实际上的执行情况，试图相对客观地呈现19世纪印度的初等教育、中等教育、高等教育、职业教育、女子教育的发展。

一、19世纪印度殖民地初等教育的发展

(一)19世纪上半叶初等教育的发展

印度殖民地时期的教育制度是殖民者政治思想和教育文化的产物。[①] 英国殖民统治前期，印度的初等教育学校主要是基督教传教士建立的。1835年，根据总督本廷克颁布的《印度教育决议案》，东印度公司开始负责印度的初等教育。1838年，在威廉·亚当的提议下，印度开始实施初等义务教育。一些

---

① 王长纯：《印度教育》，12页，长春，吉林教育出版社，2000。

品行高尚的传教士终身致力于印度的初等教育。1840—1850年，基督教传教士亨利·奎克（Henry Quirk）在孟买邦及附近地区筹建四所初等学校，并编写教科书，培养当地儿童。每年这四所学校招收近三百名学生。[①] 当时印度初等教育的学制是5年，实施初等教育的机构是小学。但是印度的初等教育发展极为缓慢，"学龄儿童占人口的15%，但其中仅有六分之一左右的人有机会接受初等教育"[②]。

印度初等教育发展缓慢的原因有三点。第一，在英国殖民者入侵前，印度就有了自己的初等教育学校，但是英国殖民者的入侵破坏了印度原有发达稳定的初等教育系统。第二，麦考利自上而下的知识"渗透理论"获得通过。相对于初等教育，英国殖民者更加重视高等教育，其主要目的是培养为英国殖民者服务的文官。第三，英国发展印度教育的初衷是为了维护英国的利益，英国政府并不愿意负责印度广大人民群众的教育。

在英国殖民教育之前，印度有着悠久的初等教育历史，对于古印度社会的发展起到了重要的作用。但是，随着英国殖民者的入侵，印度原有的初等教育系统受到了严重的破坏，英国殖民者只从自身国家的利益出发发展印度教育，使这一时期的印度初等教育发展缓慢，形成了畸形的殖民地教育体制。

（二）1854—1859年的初等教育

长期以来，印度的基础教育由于得不到政府的财政支持。因此，发展极为缓慢。《1854年伍德教育急件》为印度初等教育史翻开了新的一页。它规定政府要向那些"完全没有能力通过自己努力获得教育"的广大群众传播"适用于生活的实用知识"。虽然这并不代表政府完全承担起大众教育的全部责任，但

---

① Gouri Srivastava, *Education in India: In History Perspective*, New Delhi, Annol Publication, 2001, p.127.

② V. K. Kohli, *Indian Education and Its Problems*, Ambala City, Vivek Publishers, 1994, p.60.

它标志着政府终于意识到普及大众教育的必要性，并且为印度基础教育提供了明确的发展方向。

1. 制定助学金制度

《1854年伍德教育急件》强调采用助学金制度，因而各个地方政府制定了适用于各层教育机构的助学金制度。这些助学金规则中有两个共同特点：第一是坚持按月发放助学金，第二是助学金除了帮助学生支付学费外，还应用于学校的其他开销。然而，在这一时期，几乎没有发展出针对适合当地私立学校助学金的制度。例如，在马德拉斯邦，仅对当地公立初等学校进行集中拨款。此外，仍有部分邦未制定针对初等教育的助学金制度，例如，在西北省，直到1857年，官方的助学金制度也只适用于少数提供高等教育的学校；孟加拉邦的规定是助学金不适用于小学，仅适用于中学和大学。

2. 部分自给制度

在这一时期，孟买邦引入一种被称为"部分自给制度"的做法，孟买邦政府称它与1854年政府提出的助学金制度相同。根据这一制度，教育委员会(以及1855年之后的教育部门)承诺，只要符合以下条件，就可以在任何城镇和村庄建小学：第一，支付给教师一半的工资；第二，提供校舍和教学设备；第三，支付所有办学费用；第四，每月向学生收取1安那学费；第五，为学生提供课本。

然而，这种制度下的学校并不是真正意义上的受资助学校。"部分自给制度"下开设的学校往往难以经营下去。原因包括两方面：一方面，人们对这些学校开设的课程不感兴趣，更愿意把孩子送到当地的私立学校，在那里获得对以后生活有用的知识；另一方面，这类学校在上层阶级和中产阶级中也不受欢迎，他们想要的不是知识，而是能为政府服务的机会，因此他们大都把孩子送到英语学校。最终，"部分自给制度"仅持续了4年就于1858年被废除。

3. 改善地方私立学校

《1854年伍德教育急件》建议地方私立学校向广大群众传授正确的基础知识。虽然在马德拉斯邦和孟买邦，地方私立学校几乎被忽视，但在西北省份，一类为了满足农业人口需要而建立的新型"哈尔卡班迪"①学校非常受欢迎。这类学校由地方学校维持和资助，而地方学校又从省的财政收入中获得资助金。因此几个地处便利的村庄组合在一起，在中心位置建立一所"哈尔卡班迪"学校。

此外，孟加拉邦1855年采用一种"循环制"，通过雇用特定的政府官员，每个人都依附自己老师领导的三四所乡村学校。教师所得的奖励与他们学生得到的一样多，每达到一个标准的人都会根据自己的进步得到相应的奖励。尽管"循环制"在孟加拉邦地区得到推广，但在1860—1861年，纳入这一体系的学校只有172所，共培养学生7731名。②

尽管《1854年伍德教育急件》在强调普及初等教育重要性的同时也为基础教育的发展指出了明确方向，但地方公共教育部门却并没有按照《1854年伍德教育急件》的指示而开办大量的公立学校，同时又将"把正确的基础知识传授给广大群众"的压力转移至地方私立学校，并且提出希望在政府的帮助下，为地方私立学校提供足够的资助金以改善教学质量。因此，这一时期的印度初等教育仍较多地依赖地方私立学校。

(三)《1859年教育急件》

《1859年教育急件》明确提出，当时印度初等教育面临两大难题：一是现行的小学资助金是否适用的问题，二是普及初等教育资源不足的问题。针对这些难题，《1859年教育急件》提出了一系列建设性建议。

---

① 哈尔卡班迪，西北省和旁遮普邦(都位于印度北部)的乡村小学教育系统。

② Syed Nurullah and Pangal Jayendra Naik, *History of Education in India during the British Period*, Bombay, Macmillan Publishers, 1943, p.367.

首先，《1859年教育急件》提出废除并不适合本土初等教育的小学助学金制度；其次，出于对公立学校中传教士将无法自由传教的担心，《1859年教育急件》反对引入国家教育体制的尝试；最后，《1859年教育急件》指出当地私立学校制度无法保证所有儿童入学这一缺陷，据此建议征收地方教育税，设立由人民代表组成的特别机构来维持和控制公立学校系统，并强制5~13岁的儿童入学。[①]

在初等教育问题上，《1854年伍德教育急件》与《1859年教育急件》提出的建议相互矛盾，围绕这些建议引发的争论一直持续到1870年左右。

（四）1859—1882年的初等教育

《1854年伍德教育急件》与《1859年教育急件》在印度引起了不小的争议，争论点主要集中在群众对本土私立学校的态度上，并且群众要求政府提供补助金兴办初等教育以及对初等教育进行扩张。

1. 人们对待本土私立学校的态度

《1859年教育急件》引起了激烈的争论，争论的焦点在本土私立学校是否适用于普及初等教育方面。一部分人认为，应该全面支持本土私立学校普及大众教育；另一部分人认为，基础教育应该通过政府直接控制的公立学校来普及，最终每个省都有权发展本土私立学校。这一时期，印度各邦采取的政策也大有差异。下面论述马德拉斯邦、孟买邦、孟加拉邦三个邦的情况。

（1）马德拉斯邦

对于高等教育的过分关注加之缺乏足够的资金支持，1868年之前政府一直忽视向大众普及初等教育。1868年，政府修订了教育法规，引入了小学按成绩付学费制度。一直以来马德拉斯邦的政策主要是依靠私立学校，只有在私立学校力量不足时才开办公立学校。现有资源主要用于鼓励私立学校和

---

① Syed Nurullah and Pangal Jayendra Naik, *History of Education in India during the British Period*, Bombay, Macmillan Publishers, 1943, p.373.

传教士学校。

表 8-4　马德拉斯邦学校数量与学生数量的发展

年份	学校的数量		学生的数量	
	公立学校	私立学校	公立学校	私立学校
1855—1856	85		2093	
1870—1871	98	3352	5463	84239
1881—1882	1263	13223	46975	313668

注：Syed Nurullah and Pangal Jayendra Naik，*History of Education in India during the British Period*，Bombay，Macmillan Publishers，1943，p. 375.

（2）孟买邦

孟买邦几乎完全依赖公立学校来完成初等教育的普及，因此当地私立学校受到忽视，在资助私立学校方面采取一种"放任"政策。在 1870 年之前，私立学校几乎没有受到任何资助。时任公共教育主管的皮尔（James Braithwaite Peile）制定了一套资助私立学校的规则。但是即使在 1881—1882 年，3954 所本土私立学校中也只有 73 所私立学校得到资助。

（3）孟加拉邦

初等教育系统完全建立在当地私立学校的基础上。1856—1862 年，为了改善当地私立学校的情况，孟加拉邦进行了"循环体系"的尝试。在继续推行此制度的同时，1862 年推出了"师范学校体系"，该体系目标是通过培训私立学校的教师来提高教学质量。但由于缺乏资金，这两种制度都无法扩展到所有私立学校。1870—1871 年，只有 2430 所学校被纳入两种体系中。1872 年，乔治·坎贝尔（George Campbell）爵士批准了每年 40 万卢比的赠款，用于通过私立学校普及大众教育。10 年后，政府将对初等教育的补助从 40 万卢比增加到 50 万卢比。

2. 初等教育的资金

《1859 年教育急件》建议实行地方税，以满足大众教育的费用。这个提议被印度政府稍微做了修改,不仅要在教育领域实行地方税政策,还要在其他领域实行。在孟买邦,用于教育的资金占到当地财政收入的三分之一,而在马德拉斯邦,教育基金只占到很小一部分。

3. 初等教育的扩张

初等教育的扩张取决于两个因素:充足的资金和学校成本。印度各省之间的教育制度存在很大差异,因此初等教育的扩张也有很大的不同。例如,在孟加拉邦没有强制实施地方资助,但是在政府支持的私立学校协助下,该邦的基础教育得到了大力扩张。孟买邦用于教育的资金最多,然而几乎完全依赖地方私立学校,学校的扩张并没有想象中的大。旁遮普邦的基础教育扩张程度更是远远低于孟买邦和孟加拉邦。表8-5是1881—1882年英属印度各省的初等教育人数。

表8-5　1881—1882年英属印度各省的初等教育人数

项目	人口	小学学生数量
马德拉斯邦	30835775	360643
孟买邦	16460668	332688
孟加拉邦	68121160	898389
西北省 & 乌德	44073530	213238
旁遮普	18820840	102867
中心省	9833655	77737
阿萨姆邦	4879795	38182
库格	177787	3069
贝拉尔	2671917	34728
总计	195875127	2061541

注:W. W. Hunter, *Report of the India Education Commission*, India, Education Commission, 1882, pp. 166-167.

(五)1882—1902年的初等教育

1854—1882年的初等教育发展极为缓慢,原因包括以下四点:强调中学教育和大学教育，忽视地方私立学校，缺乏足够的资金，组织不规范。因此，初等教育问题在 1882 年印度教育委员会的报告中占有突出地位，其中最重要一点是在人民群众中普及初等教育。① 1882 年 2 月 3 日，里彭（George Frederick Samuel Robinson, 1st Marquess of Ripon）勋爵任命了第一个印度教育委员会，以审查自《1854 年伍德教育急件》颁布以来印度教育的进展。该委员会着重强调了国家对改善和扩展初等教育的特殊责任。威廉姆·亨特（William Hunter）爵士（总督执行委员会成员）被任命为教育委员会主席。该教育委员会以其主席的名字被称为"亨特委员会"。其目标如下。第一，调查对《1854 年教育急件》原则产生影响的方式。第二，评估印度初等教育和中等教育的办学情况，并提出改革措施。第三，调查国家机构的地位及其重要性。第四，评估传教士在教育领域的工作。第五，调查政府对私立机构的态度。

亨特委员会为发展初等教育提出了宝贵的建议。

1. 初等教育政策

第一，初等教育应视为群众的教育，这与群众生活的实际情况密切相关。第二，初等教育应以母语为媒介。第三，政府应该比以往更多地资助初等教育。第四，在挑选较低级别政府职位的人选时，应优先考虑能读写的候选人。第五，落后地区的初等教育，特别是原住民聚居地区的初等教育，由教育部通过免费资助金予以推广。

2. 教育立法与行政

第一，小学教育的管理权应该交给行政区和地方政府。第二，地方委员会应处理整个初等教育系统的财务、管理、扩张和视察特定地区的初等教育。第三，有必要将所有公立初等学校移交给地方委员会。

3. 鼓励私人办学

第一，进一步鼓励支持兴办私人初等教育学校。第二，由印度人组成的

---

① Syed Nurullah and Pangal Jayendra Naik, *History of Education in India during the British Period*, Bombay, Macmillan Publishers, 1943, p.394.

行政区和地方政府委员会将比教育部更同情原住民学校，并建议由它们来协助私人学校的办学工作。第三，在处理私立学校问题时应采用"按业绩决定薪酬"制度。第四，全国范围内应采取不同的考试标准。

4. 学校管理

第一，学校校舍及其他硬件设施应该从简。第二，管理者应该可以自由选择学校的教科书。第三，上课时间和假期应根据当地需要进行调整。第四，小学的教学应该简化，应引入一些实践课程，如本地的算术方法、会计和测量方法、自然和物理科学的要素以及农业、卫生等。第五，为了学生的身体健康发展，应引入各种本土游戏和体育活动。第六，必要时应建立夜校。

5. 教师培训

第一，应当建立师范学校，对小学教师进行培训。第二，每个地区至少应该有一所师范学校。第三，师范学校的费用由省级部门拨款。

6. 教育经费

第一，各行政区、地方政府委员会要单独设立小学教育经费。第二，省政府应将教育经费总支出的三分之一拨给地方机构。第三，小学的维护、资助、修缮费用由地方财政负担。

尽管教育委员会提出了以上这些对初等教育发展有益的建议，但实施效果并不理想。首先，委员会将初等教育的控制权移交给缺乏经验的地方机构。由于地方机构对于管理小学没有实践经验，对小学进行盲目管理，不利于初等教育的健康发展。其次，在处理原住民教育问题时，采用"按业绩决定薪酬"制度对原住民学校产生了不利的影响，忽视了原住民学校的发展。再次，省政府拨款不足，只向地方机构提供占教育经费占支出三分之一的教育经费，不足以支撑起如此庞大的初等教育系统，教育资金的短缺限制了初等教育的发展。最后，没有实行初等义务教育也是初等教育发展缓慢的重要原因。

二、19 世纪印度殖民地中等教育的发展

19 世纪上半叶，中等教育主要由印度本地富裕阶层支持并得到众多传教士的帮助。富裕阶层中的慈善者们有一部分出于强烈的民族责任感，定期资助中等学校款项，其余大部分还是出于培养自己家族子弟和扩大自身声望的目的。浸礼会传教士则在孟加拉邦地区努力扶持中等教育，在殖民政府、居印英国富商中呼吁加强对教育改革的资金扶持，希望尽快对教育结构做出调整。他每年都募集一些善款用于改善中等学校的教学条件。此外，殖民当局也为发展中等教育而间接地做出了一部分努力。首先，麦考利是英语教育的积极倡导者，在他的报告中提出了带有阶级的明确观点，即培养为英国服务的上层阶级，但并不负责广大人民群众的教育，他的建议也得到了总督本廷克的认可。其次，本廷克在《印度教育决议案》中提出要用英语作为媒介来传播西方的科学与文学。再次，1837 年英语成为印度的官方语言。最后，1844 年，哈丁总督宣布只有接受过英语教育的印度人才能从事政府工作。这些因素促进了英语教育突飞猛进的发展，同时也间接地促进了中等教育的发展。

1854—1921 年的中学教育，相对于高等教育和初等教育来说发展迅速。《1854 年伍德教育急件》强调发展中等教育，建议在每个地区建立学校，其目标不应是培训少数年轻人，而是为年轻人提供比现在更多的教育机会。在接下来的 30 年中，中学的数量大幅度增加，年轻人对英语教育的需求也快速增强，政府提供的高薪工作岗位需要拥有英语能力的人才。这一时期不仅公立学校和教会学校得到了发展，受过教育的印度人也开始进入教育领域开办私立中学。与此同时，1882 年的印度教育委员会鼓励办中学教育，尤其是私立中学。在接下来的 40 年中，仅英属印度的中学总数就增加到了 7530 所，这些学校大多数是私立中学。

（一）中等教育的扩张（1854—1882 年）

由于人们对英语教育日益增长的需求，以及印度政府提供了大量的教育

经费，1854年至1870年，政府直接开设的中学数量大大增加。然而，在1865—1870年，政府开始强调初等教育的重要性，在某种程度上削弱了政府推广中等教育的力度。尽管如此，1882年公立中学的数量为1363所（44605名学生），而1854年为169所（18335名学生）①。

《1854年伍德教育急件》颁布的最初几年，私立学校主要由传教士主办，但短短几年时间，印度本地人开始开办私立中学，至1882年，印度人开办的私立中学占据了一大半。孟加拉邦大多数的英语学校是印度人开办的，孟买邦也开始开办私立中学。即使在《1854年伍德教育急件》刚颁布不久，由印度人开办的英语学校几乎是所有其他非政府机构开办学校总和的两倍。

虽然这一时期的中学教育发展迅速，但是中学教育系统仍然存在严重的缺陷，如缺少职业课程、忽视母语教学、缺乏训练有素的教师等。

1. 中学阶段没有职业课程

《1854年伍德教育急件》明确指出，中学阶段的教学应该是对印度人有实用价值的教育，这种教育应该在各种生活条件下都有用。这清楚地表明，《1854年伍德教育急件》打算在中学阶段提供职业教育。

但是，政府部门忽视了这一点，甚至到1882年，印度教育委员会还发现，只有孟买邦有关于职业教育的规定。通过每月发放4卢比给学农业的孩子，鼓励他们到与高中相连的示范农场，学习实用农业知识。② 除此规定外，整个印度的中学不仅旨在培养接受中学教育的学生，更大程度上是作为学生升大学的预科学校。③

中学阶段未开设职业课程的原因有三个。第一，大多数中学生出身接受

---

① W. W. Hunter, *Report of the India Education Commission*, India, Education Commission, 1882, General Table, p.1a.

② Syed Nurullah and Pangal Jayendra Naik, *A History of Education in India during the British Period*, Bombay, Macmillan Publishers, 1943, p.296.

③ W. W. Hunter, *Report of the India Education Commission*, India, Education Commission.1882, p.219.

教育程度较高的阶层，其主要目的是在政府部门工作。通过预科课程进入大学，可以在政府部门获得更高、更赚钱的职位。第二，政府本身没有采取任何措施在中学提供职业教育。政府开办的学校被认为是"榜样"机构，通常为私立学校树立榜样。由于公立学校没有足够的经费提供职业教育课程，因此私立学校也就没有开设职业课程。第三，刚成立的学校在开始时没有足够的财政资源，因此通常将工作局限于通识教育上，以减少经费开支。

2. 忽视母语作为教学媒介

《1854 年伍德教育急件》除了要求建立以英文作为教育媒介的中学外，还建议成立以母语教学的中学。但是，印度教育部门并没有像教育急件中提到的那样致力于消除英语学校和母语教学学校的差异，反而进行了一系列改革拉大了这种差异。

这一点在各省的中小学教育计划（1882 年实施）中就可以清楚地看出。在马德拉斯邦，小学课程分为七个标准，从标准三开始英语就作为一门课程来教授。学生在通过标准后可以进入英语学校，然后学习 7 年完成中学课程。在中学前三年英语是一门单独课程，最后四年作为教学媒介。在孟买邦，初级课程为期 6 年，小学不学英语。中学课程为期 7 年，其中前三年英语作为一门单独课程，后四年作为教学媒介。在中部省份，英语在中学时作为教学媒介。在孟加拉邦和阿萨姆邦，小学不学英语，中学分为英文授课和非英文授课两种。在西北部省份和乌德，英语作为一门单独学科在高中时学习五年，最后四年作为教学媒介。

仔细分析以上各省 1882 年的中小学教育计划可以发现，中学课程更重要的目标是传播英语知识，而不是通过英语或者母语来传播《1854 年伍德教育急件》中提到的对人民有用的实用知识。

3. 缺乏训练有素的教师

在此期间，整个印度仅有 2 所中学（英语）教师培训机构，一所在马德拉斯邦(建于1856年),一所在拉合尔(建于1880年)。1882年马德拉斯邦的培训学校,有8名毕业生,3人通过了第一年的文科考试,18人被录取。拉合尔的这所学院招收了30名学生。① 这里没有实践课程,尽管学生的造诣不同,但都在一个班级里,通过相同的考试。因此,可以看出,只有极少数中学教师能够接受这种不规范的"培训"。

(二)1882年印度教育委员会的中等教育发展建议

印度教育委员会提出的关于中等教育的建议主要集中在两个问题上。第一,委员会必须就迅速扩大中学教育的教学方法和手段提出建议。虽然中学的数量在1854年至1882年有了相当大的增长,但是从国家需求的角度来看,扩张的速度还不够。第二,委员会必须采取措施,以消除中学教育制度中的各种缺陷。

1. 关于扩大中学教育的建议

教育委员会认为,政府应该退出直接管理中学的领域,并大力鼓励私立学校。他们认为,政府与小学的关系不同于与中学的关系。提供初等教育是国家的义务,如果人民不愿意接受教育,必须诉诸法律强制。因此,国家有义务提供初等教育。但是中学不属于义务教育阶段,尽管政府鼓励人民接受中学教育,但是没有提供中学教育的义务。因此,委员会建议政府应退出对中学的直接管理,尽可能在私人资助款的基础上提供中学教育。

教育委员会基于《1854年伍德教育急件》提出了两个问题。一是,政府已开办的公立学校未来怎样发展?二是,落后地区以及资助金无法维持中学教育的地方应该采取怎样措施?关于第一个问题,教育委员会建议政府的目标是逐步将所有公立学校转变成私立学校,前提是保障教育质量和效率。关于第二个问题,教育委员会建议应从以下三点入手。第一,政府的职责是在那

---

① Syed Nurullah and Pangal Jayendra Naik, *A History of Education in India during the British Period*, Bombay, Macmillan Publishers, 1943, p.301.

些人民可能需要这些中学的地区建立一所示范学校，此后将扩大中学教育的任务交给人民进行自我管理。第二，政府应鼓励所有的私立学校，并提出了若干办法。第三，教育委员会仔细研究了英属印度各省存在的中学助学金制度，并进行了几项重要改革。

2. 关于中学资助方法的建议

印度的资助金制度是效仿英国的资助金制度发展起来的。根据英国模式中的"按成果付费"，1881—1882年，每个省份都发展了特殊的对中学补助的方法，这些体系可以大致分为三种：工资津贴制度、固定学时制度、按成果付费制度。印度教育委员会仔细研究了这三种制度，得出的结论是，没有任何一种制度能满足印度各省中学的需要，最好的办法是每个省根据本省的条件自行决定采用哪种制度。[1] 因此，教育委员会建议：为以最适合各省情况的方式向学校提供资助，地方政府应该与学校管理者共同修订资助规定；应明确学校获得资助的数额、期限以及建筑物、设施等资助条件。

3. 关于职业教育的建议

印度教育委员会相当重视改善中学教育问题，特别是在中学高年级开设职业课程，以便使学生为以后的生活做好准备。它建议中学阶段的课程应分为"A课程"和"B课程"，即通识教育课程和职业教育课程。"A课程"应该是一门为学生升大学而准备的课程。"B课程"应是一门为商科和非文学研究的实用类型的课程。

4. 关于中学教师培训的建议

教育委员会建议，建立教学理论与实践的考试制度，中学必须聘用通过考试的合格教师；在师范学校已经修得教学理论与实践课程的毕业生培训时长比其他人要短。

---

[1]　Syed Nurullah and Pangal Jayendra Naik, *A History of Education in India during the British Period*, Bombay, Macmillan Publishers, 1943, p.304.

5. 关于教学媒介的建议

教育委员会没有提到在高中阶段使用母语作为教学媒介，显然这更倾向于使用英语教学。它所考虑的唯一问题是初中阶段的教育媒介，即使在这一点上也没有得出明确结论。它将使用哪种语言教学的问题交给了学校管理者，根据学校自身条件决定采取哪种教学媒介。

(三)1882—1902年的中等教育

印度各省政府接受了教育委员会关于鼓励私立学校的建议。因此，在教育委员会提出报告后的20年里，中学教育规模迅速扩大，特别是私立学校数量增加显著，学生数量也增加了一倍多。印度教育委员会发现，1854—1882年，中等教育的发展速度远快于初等教育的发展速度，因此政府建议在未来应该努力发展初等教育。然而，在1882—1902年，中等教育再次迅速发展，而初等教育依旧一如既往地被忽视。

1882—1902年，各省就职业教育问题采取各种行动。在马德拉斯邦，政府于1889年组织了为期两年的高级中学课程，其中必修课包括英语、第二语言、数学、历史、地理；选修课要求学生根据技术考试计划中的方案任选两门课程。课程结束时，由政府组织考试，直到1902年，仅有49人通过考试，通过该考试者也并不会获得进入大学的资格。在孟买邦，学校于1889年开始举行期末考试，该考试由大学举行，通过该考试虽不能直接进入大学，但可以获得为政府工作的岗位。[①] 在孟加拉邦，政府组织了工程和商业课程。开设工程课程是让那些希望进入工程学院学习的男孩在高中学习一些大学课程，从而缩短在大学学习的时间。

在此期间，在培训中学教师方面也取得了一些进展。在1901—1902年，共有6所教师培训学院，而在1882年仅有2所。印度每个省都为教师组织了

---

① Syed Nurullah and Pangal Jayendra Naik, *A History of Education in India during the British Period*, Bombay, Macmillan Publishers, 1943, p.319.

教师资格证考试。① 除了6所教师培训学院外，还有许多中学教师培训机构。截至1902年，孟买邦是唯一一个没有为中学教师组织培训的省份。

关于教育媒介方面，在采用现代印地语作为中学阶段教学媒介问题上几乎没有取得任何成就。在此期间，母语教学已经被遗弃。在1902年，儿童通过母语获得的最高教育仅限于初中阶段。早些时候，印度教育委员会没有提出任何削弱英语教学主导地位或帮助印地语形成自己特色的明确建议。英语在中学课程中的主导地位持续增长，到1902年，英语已经被认为是中学授课中的主要教育媒介。因此，对印地语的研究被忽视了，甚至学生在掌握母语前，就已经开始英语学习。

因此，1882—1902年的印度中学教育体系既有进步的一面，又有一定的局限性。一方面，中学教育得到了大力发展，学校迅速扩张，尤其是私立中学数量大幅增多；另一方面，存在缺乏职业教育和忽视母语教学的问题。

三、19世纪印度殖民地高等教育的发展

（一）1857年之前的学院教育

在印度教育殖民化时期，相对于初等教育和中等教育，这一时期的高等教育比较受到殖民当局的重视，因此也获得了较大程度的发展。英国殖民当局经过多次商议提出"渗透理论"，意欲使教育慢慢地、逐渐地渗透到普通大众，让受过教育的上层阶级去影响普通大众。1830年9月，东印度公司给马德拉斯邦政府的急件中写道：要想改进教育，最有效的方法是改进上层阶级的道德和知识水平，他们有空闲时间会对下层人民有自然影响力。麦考利1837年声称："目前我们不想直接教育大众，而是先培养一个阶层，再让他们

① Syed Nurullah and Pangal Jayendra Naik, *A History of Education in India during the British Period*, Bombay, Macmillan Publishers, 1943, p.321.

将学到的知识传播给他们的同胞。"①英国殖民当局认为可以由殖民政府大力发展高等教育，在财力、物力、人力上对高等教育倾斜，并在各高等教育学府中推广英语教育，"通过对青年学子和知识分子的文化、思想渗透，培养出一个中间阶层"②，逐步向印度各阶层人士传播西方文化知识。此外，本廷克在《印度教育决议案》中提出将西方的科学与文学作为高等教育教学的主要内容。由此，印度创办了一系列高等教育学院。例如，1835年建立了加尔各答医学院，同年马德拉斯邦建立了卫生学校，并于1851年升为医学院；1837年孟买邦地方行政官格兰特计划在孟买邦筹办医学院，1845年格兰特医学院开始招生。

这一时期唯一由印度人组织的学院，是罗伊(Raja Ram Mohan Roy)在加尔各答赞助的印度教维迪雅拉雅学院(the Vidyalaya of Calcutta)，后来这一学院被并入由达尔豪西侯爵(James Broun-Ramsay, 1st Marquess of Dalhousie)于1855年建立的总统学院。因此，在1857年之前没有一所学院是由印度人自己管理的。

(二)1857年现代大学的建立

1. 移植伦敦大学办学模式

印度现代大学的建立直接移植了英国伦敦大学的模式。19世纪20年代后期成立的伦敦大学是对英国古典大学牛津、剑桥垄断高等教育的直接挑战。伦敦大学是为"中等富裕家庭"设计的。伦敦大学设立的目的："通过考试确定在文学、科学和艺术方面通过教育已经精通的人；同时用学位奖赏他们，作为他们各自的成就和与之相称的荣誉的标志的证明。"③因此，伦敦大学实际上是一个主持考试、授予学位的机构。它坚持教学职能和考试严格分开，大

---

① 王长纯:《印度教育》，68页，长春，吉林教育出版社，2000。

② Gouri Srivastava, *Education in India: In History Perspective*, New Delhi, Annol Publication, 2001, p.89.

③ 王承绪:《伦敦大学》，38页，长沙，湖南教育出版社，1995。

学不问教学，只管考试，教学由各学院进行。大学设理事会负责大学的整个管理工作，监督大学的事务和资产；决定大学的政策；制定必要的规章和条例；但是批准的权力牢固地由政府最后控制。理事会成员均由政府任命，主要负责制定教学大纲及严格的考试制度。作为英帝国最典型的殖民地，印度在《1854年伍德教育急件》后酝酿建立大学的时候，便移植了伦敦大学的模式。根据《1854年伍德教育急件》的建议，英属印度政府在加尔各答、孟买邦和马德拉斯邦这三个管区分别颁布了创设现代大学的法令。据此，英属印度的现代高等教育制度正式得以确立。

大学的职能仅限于举行考试和颁发学位。虽然这与1857年大学法案一致，但与《1854年伍德教育急件》中拟建大学的意图相悖。《1854年伍德教育急件》提出，印度大学本身并不是教学场所，而是检验教育价值的机构，根据1857年法案建立的大学组织类型被称为"附属大学"。在这种组织形式下，"附属学院"才是真正的学校中心，而大学本身仅仅是一个行政单位，其唯一的职责是举行考试和授予学位。

2. 亨特委员会的高等教育建议

1882年成立的以亨特为主席的印度教育委员会，旨在调查政府是否过分注重高等教育而忽视了初等教育；公立教育机构在印度教育制度中的地位如何；政府对私立院校应采取什么样的政策。

在高等教育方面，教育委员会报告建议推行"放任政策"，即高等教育尤其是学院教育应逐渐交由个人和非政府团体负责。政府应鼓励民间办学，私立学院的收费标准可以低于公立学院。"放任政策"的实施使私人管理学院的数量上升，它们收费低廉并能自由地接纳学生，但其中很多学院效率低下、设备落后、学生人满为患，实际上成了私人教师指导下为应付某种考试而读书的场所。

此外，亨特委员会针对大学教育的主要建议有：第一，每个学院资助金的比例应该根据教师的教学能力、学校开支、当地需求等因素来决定；第二，该项拨款应在必要时向受资助的大学提供特殊赠款，用于教学设备的供应和更新；第三，大学毕业生，尤其是毕业于欧洲大学的印度毕业生，获得更多的就业机会；第四，为了鼓励文化的多样性，大学应该至少开设一门的可替代课程；第五，根据自然宗教的基本原则编写一本道德教育教科书，在所有大学中教授；第六，大学校长或教授应做一系列关于公民职责的讲座；第七，不要求受资助的私立大学以与公立大学相同的标准收取学费；第八，免学杂费的大学生不允许超过一定比例，这个比例由政府确定，在必要时与管理者协商确定；第九，邀请当地政府考虑为杰出毕业生设立奖学金，资助他们前往欧洲学习。

亨特委员会关于高等教育的建议对大学教育的发展起到了间接的影响。

第一，教育委员会的建议促进了中等教育的大规模扩张。由于高中阶段没有提供尽可能多的课程，所以大多数中学生都在为大学入学考试做准备。此外，通过大学入学考试的人中有很大一部分进入大学，部分原因是政府部门的高薪职位只针对拥有大学学位的人，另一部分原因是除此之外没有其他职位可供选择。因此，申请大学入学的学生人数逐年大幅增加。

第二，印度教育委员会的建议为私立学校的兴起创造了有利条件。1882年之前，教会机构在建立大学领域占据主导地位。在委员会报告之后，由印度人管理的新机构大量涉足高等教育领域，而教会机构仅取得微小的进步。在1901—1902年，英属印度由印度人开办的艺术学院已达到42所，而由教会开办的艺术学院只有37所。

亨特委员会教育调查报告虽然引起了后来私立学院中的一些问题，但它是殖民政府第一次主动对自己制定的教育政策的反思与修改。这为此后殖民印度教育政策的制定及调整开了历史先河。

(三)学院的发展

从大学的建立到印度教育委员会成立的25年里，学院的发展速度相当迅速。一部分原因是中学的迅速发展，另一部分原因是政府大力鼓励高等教育的发展。在大学刚建立时的第一次入学考试，仅有219名候选人通过了入学考试。而在1881—1882年，仅来自英属印度地区参加入学考试的就有7429人，其中2778名学生通过考试。参加高等教育入学考试的人迅速发展的原因是，拥有大学学位的人可以获得物质上丰厚的回报。因此，在1857—1882年，大学的数量以及入学人数都大幅增加。

在此期间，有3所大学值得关注。第一所是勒克瑙的坎宁学院，它是由塔鲁达尔人于1865年建立的。学院在1882年有两个分校：加尔各答大学的英语分校以及旁遮普大学的东方分校。坎宁学院就是今天勒克瑙大学的前身。第二所是毛荷丹盎格鲁东方学院，它于1875年由艾哈迈德·汗（Sayyed Ahmed Khan）资助在阿里加尔建立。在1881—1882年，学校有171名学生，其中16名是印度教徒。该学院后来发展成为阿里加尔的穆斯林大学。第三所是拉合尔的东方学院，该学院于1870年由政府成立，随后并入旁遮普大学。它与其他东方学院和英语学院的根本区别是，它在进行东方语言教育的同时，也在通过运用现代印地语教授西方科学知识，这所学院可以被视为奥斯曼尼亚大学的前身。

这一时期，印度私营企业开始进入高校管理领域。在1881—1882年，印度开设了5所由私人资助的学院，其中西北省份有2所，马德拉斯邦大学有3所。从1886到1901年，学院的入学人数激增，从11501人增加到了23009人。[①]

四、19世纪印度殖民地职业教育的发展

19世纪的印度已经出现了现代意义上的职业教育。《1854年伍德教育急

① N. Jayapalan, *History of Education in India*, Delhi, Atlantic Publisher and Distributor, 2000, p.73.

件》就明确提出职业教育的概念。1882年，印度亨特委员会也就中等教育提出学术性课程和职业性课程分化的建议和构想，虽然这一提议在当时并未得到贯彻和实施，但说明在19世纪的印度，已经出现了倡导职业教育发展的政策。

总体而言，19世纪印度的职业教育发展可分为两个时期：第一时期从1822年加尔各答本地医学机构的成立，一直延伸到1857年大学内普遍开设医学、工程和法学学院；第二时期从1857年到1901年寇松(George Nathaniel Curzon)勋爵在西拉姆举行公共教学主任会议。

（一）1822—1857年的职业教育

这一时期，印度职业教育的主要目的是对下属官员进行培训，集中在医学教育、工程教育、法律教育等领域。

1. 医学教育

1822年，加尔各答本地医疗机构的成立为19世纪印度医学职业教育的滥觞。在此之后，1826年，加尔各答梵语学院和伊斯兰学院内逐步开设医学课程，这些课程以印度教和伊斯兰教的医学体系为根本，融合了欧洲医学院的授课方式。除此之外，马德拉斯邦和孟买邦也分别于1835年和1845年建立了自己的医学教育机构。20世纪50年代，马德拉斯邦、孟买邦的医学教育机构升格为大学。

2. 工程教育

出于培养训练有素的工程部下属官员的目的，早在1824年，孟买邦土著教育协会就组织了工程类课程。此后的30余年间，孟加拉邦、西北省分别就工程职业教育做出尝试，但都由于师资短缺、生源不足等中途夭折。1854年，西北省的托马斯工程学院建立；1856年，加尔各答工程学院成立。

3. 法律教育

印度的法律职业教育起源较早，可追溯至《马霍姆丹法》出台之前。同一时期，贝纳雷斯梵语学院将保护和培养印度教徒的法律、文学和宗教作为自身的发展目标。而后，1855 年孟加拉邦正式确立永久性法律课程。

此外，1840 年，朱利亚·梅特兰（Julia Charlotte Maitland）在马德拉斯邦开办了一家专门训练军械师的工业学校，该学校于 1850 年被政府接管。出于改善本国各种家用和日用品外观，充分挖掘文化资源，并提高当地人艺术品位的目的，1850 年外科医师亚历山大·亨特（Alexander Hunter）博士成立了工艺美术学院。1857 年，除了文理学院外，大学逐步开设法学、医学和土木工程学院，在教学大纲、课程考核等方面逐步建立起一套完善的人才培养体系。

（二）1857—1901 年的职业教育

从 1857 年到 1901 年寇松勋爵在西拉姆举行公共教学主任会议的 44 年，印度的职业教育发展进入了第二个时期。这一时期，印度职业教育主要集中于法律教育、医学教育、工程教育、农业教育、兽医教育、林业教育、艺术教育、商业教育和技术工业教育等诸多领域。其中，法律教育、医学教育和工程教育为这一阶段印度职业教育发展的重点。

1. 法律教育

1867—1901 年，由于印度现代法院的建立，使对接受过法官和律师职业培训的人才需求大幅增加，所以这一时期印度法律教育发展迅速。

2. 医学教育

这一时期，学生在医学院和普通学校中接受职业培训，学成之后，主要供职于政府、地方和市政委员会的医院和药房。除此之外，一些学生还会服务于私人雇主。总体而言，1901 年至 1902 年，印度分别于孟买邦、马德拉斯邦、加尔各答和旁遮普设立四所由政府统筹的医学院。除此之外，还在各地设置了许多医学普通学校。然而，在印度医学教育创办伊始，囿于社会环境和宗教偏见，医学课程未能受到当时人们的欢迎，导致生源数量较少。直到1901—1902 年，男学生对于医学的偏见已大为消解，医学院中女学生数量仍然稀少。

3. 工程教育

同法学教育一样，在 1867—1901 年，工程教育得到了蓬勃发展。这一时期，政府公共工程部门、地方委员会和市政当局下属的铁路公司为接受过职业培训的工程师提供了大量的就业机会。截至 1902 年，印度共有四所工程学院。同医学院生源困难相比，这一时期，大量学生涌入工程学院学习。这主要是由于政府向在这些学院考试中排名靠前的学生保证，将提供一定数量的省级及以上服务部门的职位。这成为这一时期印度工程教育的一大特点。

总体而言，19 世纪印度职业教育呈现以下几个特征：第一，印度的大多数职业教育都是为了满足公共行政的需求而组织开展的；第二，个人力量对于印度职业教育所起的推动力微乎其微，政府是印度职业教育的第一推动力；第三，尽管法律教育、医学教育和工程教育在这一时期取得了长足发展，但是职业教育的其他领域，如农业教育、兽医教育等，却没有得到应有的重视和发展，同时，也缺少相应的专业教育机构。

五、19 世纪印度殖民地女子教育的发展

(一)印度现代女子教育的兴起(19 世纪前半期)

1. 女子学校的出现

19 世纪初期的印度妇女被剥夺了受教育的权利，被排斥在正规教育之外。随着英国殖民统治在印度的建立，现代意义上的印度女子教育开始兴起。《1813 年宪章法》规定东印度公司每年拿出 10 万卢比发展印度教育，但是东印度公司的官员只注重发展男子教育，拒绝为印度女子提供教育，殖民者认为推动女子教育会引起社会动荡。基督教传教士在印度开办女子学校，使印度女子接受教育成为可能。1800 年，塞兰坡的浸信会传教会在印度开办了一所女子学校，招收欧洲和印度女学生，这是印度近代第一所由欧洲人开办

的女子学校。1813年，英国议会颁布政策鼓励传教士在印度传教及建立教会学校，印度女子学校又得到了进一步的发展。可以说，印度女子近代教育的起点就是传教士在印度开办的教会学校。

从整个印度来看，孟加拉邦的浸礼派传教士在建立教会女子学校方面走在了最前列。在1816—1817年，他们在塞兰坡的一所学校开始接收女生，通过一个分隔帘子与男生隔开。1818年5月，他们在孟加邦拉的钦苏拉地区专为女孩开办了一所学校，之后的两年中又有3所女子走读学校建立起来。

继孟加拉邦地区首先出现女子学校后，南印度的传教士也开始着手开展女子教育工作。1821年，英格兰教会协会的传教士在丁内韦利开办了第一所女子寄宿制学校，学校的学生仅限于当地基督教教徒的女儿。在马德拉斯邦，由苏格兰教会协会首先从事印度教高级种姓家庭女性的教育工作。他们于1841年建立了一所女子学校。

在西印度地区，孟买邦的美国传教协会于1824年建立了第一所本地的女子学校。北方的西北省和奥德、旁遮普地区，女子学校的发展相对滞后。据有关资料统计，到1854年，西北省和奥德有女子学校17所，拥有学生386人，女子教育在旁遮普的开端也比较艰难。在1856—1857年，这里的女子学校只有17所，拥有学生306人。

1844年由印度社会改革人士贝休恩（J. E. Drinkwater Bethune）设立的贝休恩女子学校，是印度第一所世俗女子学校。与传教士建立的教会学校不同，贝休恩学校是建立在世俗基础上的，它用孟加拉语教学。这所学校还得到了英印政府的认可。贝休恩女子学校不仅是孟加拉邦地区女子教育发展史上的里程碑，在印度整个女子教育史上也占有重要地位，被学者称为印度妇女教育史的转折点。

2. 传统家政教育的变化

为了传播教义，传教士借助印度当地习俗开展家政教育，令其中一些思维超前、独具眼光的妇女得以更多地与外界沟通,这是印度女子与英国文化进行接触的起点。19世纪40年代之后,一批基督教女传教士试图走入印度人家庭从事妇女和儿童教育的工作。这些人受过教育并热衷于在工作中实现自身的价值。在家中,她们主要向妇女讲述《圣经》中的小故事,同时也教授一些家务技艺。例如,作为当时英国女子学校主要课程的缝纫,就在这时被引入印度的家政教育中,而具有慈善性质的女子教育,也为局限于当地风俗的中下阶层的女子提供了更多的学习机会。

(二)印度现代女子学校教育体系的形成

随着印度殖民教育的逐步实施,印度出现了中产阶级知识分子阶层和商业中产阶级阶层。一种与传统婚姻关系不同的伙伴婚姻思想出现,受过教育的、能够参与家庭事务和经营的新的妻子形象成为新的追求。而且,随着社会改革的推进,印度地区社会生活也发生了深刻的变化,妇女逐步自觉产生接受教育的意识,当地最体面阶层的妇女都希望把女儿送进学校,而且女孩们也表达了想要获得知识的迫切愿望。据记载,在印度支持女子教育的人中,女性占了四分之一,其中以年轻女性居多,因为这个群体能从女子教育中受益。这样,印度女子教育克服重重困难,在各方的支持尤其是社会各阶层对女子教育的空前要求和努力下,再加之官方的经费支持,女子学校教育系统逐步形成。

1. 公办女子学校的建立

根据《1854年伍德教育急件》的建议,印度一些较大的省份纷纷成立了教育部。到1856年年底,新建立的体系差不多开始运作。从《1854年伍德教育急件》的颁布到1866—1867年贝拉尔省成立教育部持续时间超过了12年。在女子教育方面,公共教育部的作用有两个:一是把此前存在的部分女子学校纳入政府教育体系中进行统一的监督和管理;二是帮助建立更多的女子学校,并对有需要的女子学校提供补助金。在此期间,印度女子学校有了数量上的增长和类别、层次上的细化。印度女子学校的数量由《1854年伍德教育急件》统计的626所，增加到了1882年的2697所。①

这一时期的印度女子教育出现了这样几个特点。第一，全印度的女子学校已出现小学、中学、混合学校并存发展的局面，标志着女子学校层次和类型上的分化。第二，出现了女子高等教育的先例。孟加拉邦地区有一所大学开始接受女性入校学习，有关资料显示，自1883年起，孟买大学也开始招收女性。孟加拉邦和西北省还各自建立了一所女子高等院校。到1901—1902年，全印度建立了12所女子艺术类和职业类高等院校，共有学生264名。第三，培养女教师的师范学校也在19世纪末出现，艺术学校和医学院等专科教育的形式成为常规教育体系的有益补充。

2. 私立女校蔚然成风

1882年，亨特委员会提出了将初等、中等和专科教育逐渐交给私人负责的建议。加之，19世纪末期政府投入教育资金不足，印度社会组织和民间教育家兴办女子教育热情高涨，形成了促进19世纪印度女子教育发展的重要力量。

英国殖民政府在教育管理上的放权，鼓励私人办教育的政策不但激发了社会改革者们在这一领域的实践，也吸引了一些民间教育家的加入，主要以萨拉斯瓦蒂（Pandita Ramabai Saraswati）、塔帕斯维尼（Mataji Tapaswini）和卡尔维（D. K. Karve）为代表。②

无论是社会改革者还是印度本土人士，他们兴办女子教育积极性的高涨使其所办学校在教育系统中占据的比重有所增加。根据亨特委员会的报告，1882年，整个印度各级私立学校占学校总数的比例分别是中学占30.86%，小

① 王雪：《19世纪印度现代女子教育研究》，硕士学位论文，华中师范大学，2009。
② 王雪：《19世纪印度现代女子教育研究》，硕士学位论文，华中师范大学，2009。

学占 15.54%①，而大学和女子师范学校领域都没有私人团体或个人涉足。到 1901—1902 年，这一比例大大提升，分别为大学 91.67%，中学 86.49%，小学 75.09%，女子师范学校 71.11%②。各类私立学校的数量不仅显著增加，而且远远超过了公立学校在教育系统中的比重。

总的来说，从 19 世纪中期以后，印度女子学校教育的发展呈现出良好的势头。一方面，除公办学校外，私人办学蔚然成风，反映了社会力量的办学自主性大为增强；另一方面，女子学校体系出现了等级差别和学科细化，学校层次结构趋于合理与完整。

第四节　19世纪印度教育发展的特点

19 世纪印度教育的发展过程是印度传统教育被全面替代和殖民化的过程。殖民当局把教育作为巩固自己殖民统治的工具，全面忽视教育在促进社会发展中全面功能的发挥，导致这一时期印度教育的发展呈现多维度的不平衡性。从学校教育结构来看，高等教育与初中等教育的发展严重失衡，能带来大众素质提升的初等教育被全面忽视；高等教育的内容侧重文学和法律，轻农、工、商、医等科技教育；受教育群体的性别比例严重失衡，女子教育远远落后于男性教育。实际上，在印度殖民教育时期，传教士和私人团体一直是促进教育发展的重要力量，到 19 世纪后期甚至成为兴办教育的主要力量。全面殖民化的教育在全面移植西方教育的过程中，也培养了接受西方科学教育和民主精神的知识分子阶层，促进了印度社会民族意识的觉醒，最终迎来了印

---

① William Hunter, *Report of the Indian Education Commission*, Calcutta, Superintendent of Government Printing, 1883. p.530.

② S. Ram Sharma, *Women and Education*, New Delhi, Discovery Publish House, 1995, p.4.

度的民族独立运动。

一、19世纪教育发展是印度传统教育被全面殖民化的过程

19世纪东印度公司在印度的教育政策由放任逐渐转为积极殖民化。在英国的殖民政策中，教育是维护其殖民统治和殖民利益的重要手段，从而也毫无例外地经历了被破坏摧毁和全面殖民化的过程。印度作为英国的殖民地，自己的传统教育被英国的英式教育取代，教育成为殖民统治的工具，是这一时期印度教育最显著的特点。

具体而言，英国人希望通过殖民教育培养的是一批为其统治服务的文官，是除了在肤色和血统外，在观念、情趣、道德和知识方面完全英国化的印度人。为了达到这一目标，英国对印度原有教育的破坏和殖民化是全面而彻底的。英国殖民统治者实施愚民政策，只培养殖民主义者所需要的中高级官吏和代理人，无视能够提高整体国民素质的初等教育。印度政府规定，初等学校不得依赖政府的补助，国家不承担国民教育的职责。这种规定不仅限制了初等教育的发展，还破坏了印度固有的传统初等教育，使乡村原有的印度教小学或伊斯兰初等学校纷纷关闭或被合并到新式小学。到19世纪末，印度几乎关闭了所有的乡村小学，印度传统教育传承的途径被彻底切断。在教育内容方面，殖民当局不仅在印度提倡欧洲的文化和科学，而且不遗余力地贬低印度传统文化的价值，将印度文化描述为愚昧落后的，需要西方文化的改造。在课程内容设置上则偏重培养文官和低级办事员所需要的文学和法律课程，工程、医学和农业等科技类职业教育课程长期被忽视。

教育语言政策是英国殖民当局实现其教育全面殖民化最根本的教育政策，影响了印度的教育制度结构和教育内容选择。"英学派"与"东学派"长达三十多年的争议以"英学派"的全面胜利告终，英语作为教学语言全面取代印度语言。英语作为教学用语的最大弊端，即使从传播西方进步思想的角度看，

如泰戈尔(R. Tagore)所言,也有两大害处:一是只有少数人能受到这种教育和获得新知识;二是少数人获得的知识是外在的,未必能在印度的土壤上生根发芽。殖民学校还不允许学生学习自己民族的历史,完全割断与民族生活的联系,扶植以会说英语为炫耀的虚荣心,扼杀印度民族文化的发展,直接为英国的殖民怀柔政策服务。英国殖民者对印度人民实行奴化教育,最显著地表现在强迫学校用脱离民族生活与人民日常交际的英语进行教学。泰戈尔指责这种教学造成了印度儿童普遍的精神痴呆和人才浪费,扼杀了印度民族文化的发展,"不能使受教育者增加爱国心或者使他们增强热爱祖国的自豪感"①。

二、19世纪印度教育的发展体现出多维度的不平衡性

如果说,从本质上看,19世纪印度教育发展体现出全面殖民化的特点的话,那么,这种殖民化教育发展的过程和结果是造成了印度教育多维度的不平衡性。因此,不平衡性是殖民地印度教育发展的外显特点。而且,将教育异化为殖民统治工具,将教育目标极度狭隘化为培养殖民统治的办事员,这种做法带来的不平衡性不是单一的,而是多维度系统性的失衡。一直到20世纪中叶,印度独立后很长一段时间,印度教育仍然饱受这种多维度不平衡性带来的问题的困扰。

首先,19世纪印度的学校教育制度发展极不平衡。在印度创建学校的目的是提升国民素质的大众教育还是满足殖民当局功利需求的精英教育,曾在19世纪初期引发持续争论。最终,麦考利以提倡在三个管区城市各创办一所大学确定了殖民地教育忽视大众教育的教育政策价值取向。殖民当局发展印度现代教育只是出于自身利益和国际声誉方面的考虑,因而在教育发展全局

---

① Aparna Basu, *Essays in the History of Indian Education*, New Delhi, Concept Publishing Company, 1982.p.10.

的规划和各地区间的实际执行上，都只能在不损害殖民当局利益的前提下进行。虽然一些传教士如基督教传教士亨利·奎克等提出健全教育体系，殖民当局也曾几次讨论这个问题，但是终因经费和人力不足而未能建立更加科学的、完整的教育体系。"渗透理论"的盛行促进了殖民政府大力发展高等教育的政策，在财力、物力、人力上对高等教育倾斜。19 世纪中叶以后，殖民当局每年教育资金中的 80% 用于高等教育，其中一半用来建造高等学府，另一半用作高等学府的日常开支。印度政府规定，初等学校不得依赖政府的补助，国家不承担国民教育的职责。这种规定不仅限制了初等教育的发展，而且破坏了印度固有的传统初等教育，使乡村原有的印度教小学或伊斯兰初等学校纷纷关闭或被合并到新式小学。正因为如此，从 1813—1902 年的几乎整个 19 世纪，在印度被看作初等教育"遭忽视时期"。① 面向大众的初等教育遭到忽视，发展缓慢。中等教育一直到了 19 世纪中后期才得以发展。直到 1875—1876 年才出现中等学校这个名词，这些学校被划归为英语学校，因为英语是其最重要的课程②，中学的目标是为升入大学做准备，丧失了其作为一个教育阶段的独立性。

其次，在教育内容上体现出重文学法律教育轻农工技术教育的不平衡性。教育的目的最终会决定教育内容的选择。殖民当局的办学目的主要是培养低级官吏和具体的办事人员。因此，高等院校中文学、法学专业较多，工程学院和农业学院寥寥无几。例如，在 1901—1902 年的 191 所学院中，农、工、医三种学院仅占全部学院数的 5.8%，其中医学院又占多数。这种重视文学与法学，轻视农工科教育的特点，不仅因供过于求导致大量学生失业，另一方面也导致印度社会技术人才的严重短缺，从而阻碍了印度工

---

① K. G. Saiyidain, *Compulsory Education in India*, Paris, Unesco, 1952, p.13.

② ［印度］巴苏：《印度教育制度的起源和演变》，见瞿葆奎：《教育学文集　第 24 卷　印度、埃及、巴西教育改革》，161 页，北京，人民教育出版社，1991。

业的发展。

最后，男女教育发展的不平衡性。1849 年 5 月，贝休恩女子学校的建立是印度妇女教育史上的转折点。19 世纪 50 年代，达尔豪西政府重视女子教育，要求采取各种可能手段在女孩中发展教育。1882 年的印度教育委员会也提出了提升女子教育的建议，并被连续几届政府的法案不断强化。尽管在 19 世纪印度女子教育出现了种种现代教育的特征，但就其实际成果来看，其发展程度还处于初级阶段。根据 1881 年印度人口普查报告的统计，当时印度女性的识字率是 0.35%，到 1891 年增长到 0.53%，1901 年印度女性的识字率为 0.69%。[①] 与男子教育相比，女子教育发展得不充分更为明显，尤其是在高等教育领域。据统计，1900—1901 年，印度男性人口与女性人口的比例是 1.04：1，而男子学校与女子学校的数量之比是 18.76：1。在高等教育领域，1900—1901 年，公共教育领域的男子大学和学院有 175 所，在校男生 21615 人；女子学院只有 11 所，在校女生 205 人。在校学习的男性人数是女性人数的近 105 倍。[②] 这说明尽管经历半个世纪的发展，19 世纪印度的女子教育还是远远落后于男性教育的发展，体现出教育发展中的性别失衡。

三、教会和民间力量是推动 19 世纪印度教育发展的重要因素

1813—1833 年相继推出的特许法，使西方传教士可以在印度自由地传教。19 世纪上半叶，传教士为印度的教育进步做出了可贵的贡献。在某些地方，传教士和政府合办教育，如钦苏拉地区，政府拨出专项资金，传教士罗伯特·梅伊(Robert May)负责创建中小学校，并监督办学情况。1814—1816 年，梅伊在钦苏拉地区共开办 15 所中小学校，均采用导师制教学。此外，印度各地新兴阶级也非常支持传教士的办学。在 19 世纪中期至 20 世纪初期，英国

---

① 王雪：《19 世纪印度现代女子教育研究》，硕士学位论文，华中师范大学，2009。
② 王雪：《19 世纪印度现代女子教育研究》，硕士学位论文，华中师范大学，2009。

国教传教士在印度中等教育和高等教育中占主导地位。正如公共教育部门官员所说的，传教士学校变得如此受欢迎，以至于印度本土小学和伊斯兰男子小学几乎消失殆尽。在1870年之后，资助传教学校慢慢变得普遍了，由于政府把资助传教学校当成挽救财政不景气的一项措施，到最后这种措施成了公共教育部制定政策的奠基石。西方传教士的办学活动弥补了殖民当局放任政策和办学力量的不足，是19世纪印度教育发展中不可忽视的力量。

1882年，印度教育委员会宣布实施"放任政策"，英印政府逐步退出教育实践，私人办教育开始盛行，它们收费低廉并且可以自由接纳学生。到19世纪末，私人办学成为当地教育的主要办学形式，地方教育部门逐渐掌握了更多的教育控制权。由于政府的鼓励，印度教育的灵活性和自由性大为增强，非常有利于教育的普及。

四、殖民地教育发展孕育了促进民族觉醒的知识分子阶层

殖民地时期出现新型知识分子是历史的必然。一些出生在当地封建贵族或地主家庭，但又是当地人中最先在殖民当局建立的学校中接受西方现代教育的人，成为印度社会最早的新型知识分子。他们崇拜洛克、培根、休谟等西方哲学家，推崇西方政治家宣扬的自由、平等和博爱，他们追求西方议会民主制度，逐渐对印度现状和英国的殖民政策感到不满。19世纪30年代至50年代，印度资产阶级知识分子队伍壮大，为民族改良运动的开展提供了领导和骨干力量。印度当时的爱尔芬斯顿学院和印度学院成立后不久，不到几年就培养了一批具有近代思想观念和科学知识的人才。这部分人拥有先进的资产阶级观念，对印度在英国殖民压迫下所受的屈辱和本国落后贫穷感到耻辱，产生了改革的要求。他们开始创办各类思想文化团体，如文学艺术和科学协会、印度义学协会等，这些倡导改革的青年被称为"青年孟买派"。

19世纪60年代至80年代形成了小资产阶级知识分子阶层，他们主要来

自小企业主、小商人、小地主及青年学生、公司职员等。这批人有一个共同的特征,即都受过西方现代教育,都拥护支持在人民中普及现代教育。首批小资产阶级民主主义者在印度近现代历史中起到了举足轻重的作用。他们既喊出了"反封建"的口号,又提出了"民族独立"的要求。

无论是在深度上还是在广度上,印度资产阶级所倡导的改良运动在 19 世纪七八十年代都有了很大的提升。不仅运动的凝聚力大为增强,而且民族诉求开始被理论化、系统化,理论的认识开始转化为实际行动。印度国大党这一印度民族主义组织就是在这一时期成立的。国大党代表资产阶级和具有民族主义情绪的地主的利益,同时从内心抵制英国的殖民统治。这是印度民族开始觉醒的标志,为今后民族独立运动的发展奠定了组织基础。

第九章

近代欧美国家和日本的文官教育

"文官"作为一个官僚阶层出现在西欧封建社会中后期。当时，他们是国王的仆人，被称为"王室的私仆"而非国家的官吏，其职务的去留、俸禄的供给全部仰仗于国王的恩赐。十七八世纪，西欧国家陆续建立资本主义制度之后，近代官僚机构逐渐形成。一般说来，文官是指在近代民族国家政府机关中由国家支付薪水、为国家服务、执行行政职能的除政务官以外的工作人员。在国家主义观念的指导下，一些国家也建立了卓有成效的行政管理机构，拥有了一定数量的官员队伍。尤其是在经过 19 世纪的文官制度改革后，政府行政机构的运转得以不断趋于正常。德国社会学家马克斯·韦伯（Max Weber）认为，19 世纪欧洲经过改革的、以能力为基础的官僚机构的出现，标志着真正有效的行政机制的产生。在资产阶级掌权初期，议会和国王共同控制官员的任免，在官员任用问题上仍旧推行"恩赐官职制"和"政党分赃制"，即统治者根据个人印象的好坏和私人关系的亲疏来授予官员官职，以致任用亲信、滥卖官爵及搞裙带关系的现象大量出现。

19 世纪后半期，在文官制度建立以后，近代西方国家开始实行公开的考试制度择优选用官吏，以便拥有能确保政府行政工作稳定性和连续性的"职业文官"队伍，在选拔、考核、升迁等一系列文官的使用和管理环节上实行功绩主义原则。尽管涉及文官工作的一些重要方面还没有制度化、文官管理机构的职责还不够明确、文官教育还未形成国家统一的宏观调控机制和专门机构，但是，文官教育在欧美国家和日本陆续开展起来，并开始实行文官考试制度。其中，德国是最早实行文官考试制度的国家。应该说，随着近代行政体制的变化，这些国家开始建立文官制度。尽管它们还没有建立专门的文官教育机构，但对文官教育已给予重视，并实行文官考试录用制度，以提高文官的基本素质。在欧美国家和日本，近代文官制度是现代公务员制度的必要基础，现代公务员制度也正是在近代文官制度的基础上发展起来的。在这个意义上，近代文官教育对欧美国家和日本现代公务员培训产生了重要的影响。

近代欧美国家和日本的文官教育体现共性与个性的结合。虽然文官教育在这些国家的发展趋势基本上是一致的，即提高文官的文化素质，并使他们具有文官应有的职位工作技能，但在不同的国家及其不同的历史发展阶段，其文官教育的侧重点、教育的内容以及教育的方式是有所不同的，显示出各自的特点。例如，近代法国文官教育强调具有文理知识和实科知识的精英人才；近代英国文官教育注重通识教育，力求培养具有文化知识修养、文明行为举止的绅士型的文官；近代德国文官教育侧重文官的道德信念、人格精神和文化知识的整合，注重树立"法官式"文官严谨、服从、守纪的职业形象；近代美国文官教育强调"通才式"文官的培养；近代日本文官教育在吸收西欧国家文官教育制度经验的基础上，恪守忠君报国的东方式道德伦理信条。欧美国家和日本的近代文官教育在其发展过程中逐步形成了自身的特点，并对现代西方国家公务员培训产生了重要的影响。西方国家的现代公务员培训正是在近代文官制度及文官教育的基础上发展起来的。

第一节　文官教育产生的社会背景

进入近代社会以后，随着政府机构的不断扩大以及文官制度的形成，欧美国家和日本政府都非常注重文官教育，尽力从各个方面提升官员的素质。在欧美国家和日本，文官教育的产生，有其政治、经济和文化思潮等原因。

一、巩固统治的需要

文官教育在欧美国家和日本引起重视的根本动因来自统治者强化统治的需要，因为政令畅通与否、统治意志贯彻和执行的好坏都有赖于文官素质的高低。经过中世纪中后期纷扰不休的地区战争和宗教战争，经过无数次领土的分割和组合，到十八九世纪时，摆脱了罗马教廷控制的基于共同语言和文化传统的近代民族国家基本形成。但对于此时的民族国家来说，面临的威胁和需要解决的任务还有很多，首要的是社会秩序的稳定。正如德国历史学家里夏德·范迪尔门（Richard van Dulmen）所指出的："国家第一次被看作治安国家和秩序国家。对国家来说，建立一个稳定的社会秩序和在所有生活领域里的福利，既尊敬了上帝又有利于社会，主要是为了实施法律和保证安定。"①在近代普鲁士，国内的地方割据势力虽然已经铲除，但地方贵族中仍存在分离主义倾向，贵族势力随时会利用各种中央政权的薄弱空隙复活起来，而且普鲁士还肩负着统一德意志的重任，这样，加强文官教育以提高文官执政能力和办公效率就成为中央集权政府的必要保障。在法国，资产阶级通过1789年的大革命取得政权后，对内要通过卓有成效的行政领导推动经济建设和社会发展，对外则要战胜强大的反法联盟的围攻，拥有一个高质量、高效

---

① ［德］里夏德·范迪尔门：《欧洲近代生活　村庄与城市》，王亚平译，253页，北京，东方出版社，2004。

率的文官队伍成为当务之急。日本经过明治维新之后走上资本主义道路，作为一个刚刚建立起来的引进型的资本主义制度，许多封建的痼疾阻碍着行政活动的畅通，如行政机构中的裙带关系、头脑中的旧有观念、地方的保守势力等，因而培训富有新的执政理念和能力的官员成为国家发展的需要。在近代欧美国家和日本，随着议会改革的不断深入，国家权力的重心也随之发生转移，即逐渐从国王转到议会，再从议会转到行政政府，直至首相和文官阶层。这种有别于封建地方割据、各自为政的政治局面和新的行政模式的出现，必然要求有一支训练有素的文官队伍，文官的素质和能力问题成为一个重要的问题，文官教育也就显示出其重要性。

二、发展经济的要求

近代社会是城市市民阶层逐步嬗变为资产阶级、资本主义生产和生产关系迅速发展的时期。出于增加国家财政、增强国家实力的需要，近代西方国家大都采取了鼓励、扶持工商业发展的重商主义政策，从而使生产部门增加，生产领域、生产规模和贸易规模扩大，经济获得发展。随着经济的发展，经济管理的范围和力度必然要随之扩大和加强。在旨在加强国家经济实力的重商主义思想的推动下，工商业经济活动得到了各个国家政府的重视，从而推动了社会经济的发展。工商业经济活动日趋活跃，必然带来行政职能针对性和专业化上的新要求，政府职能范围得以拓展，从而对引导和管理经济活动的行政人员的知识和技能等提出了要求，也就自然带来文官教育内容和方式的变革和改进。以近代普鲁士为例，农业经济由领主制农业形态向地主制农业形态转变后获得了很大的发展，生产过程中土地的租佃、成本的核算、税赋的收取等经营管理内容也变得比以往复杂多样。同时，国家对工商业经济也十分重视，推行各种新的经济政策，鼓励手工业和商业的发展。仅在1740—1786年，国家就投入近300万塔勒用于资助手工业和采矿业，使毛麻纺织、瓷器制造等一大批手工工场得以建立，使矿山得以开发。为了加快地区间的经济联系，促进市场流通，国家又铺设数万公里的公路，开凿运河，扩大港口，改善交通条件，并取消以地方割据时的关卡和关税，这些措施都大大促进了经济的发展，商贸活动也活跃起来，一些城市成为商业经济中心。为了加强国家对经济活动的管理，成立了第五部（即商业和手工业部），建立了一套完整的税收制度。大批税务官被派往各地以加强财税征收和管理。由于税务是一个重要的和越发复杂起来的经济管理领域，所以对税务官的素质要求也在不断提升。这也对文官教育提出了需要。

三、文化思潮的影响

文化思潮为近代欧美国家和日本的文官教育提供了理论依据。近代社会是一个思想活动最为活跃的时期，人类的理智思考和智慧火花都以空前的激越和热烈程度在迸发，各种文化思潮纷纷兴起，为教育活动提供了更为坚实的思想基础和理论依据。其中，对近代文官教育的形成产生影响较大的是国家主义思潮和新人文主义思潮。

18 世纪，在反对欧洲一统的神权统治，强调基于共同文化渊源的近代民族国家背景下，国家主义思潮兴起。其主要观点是主张国家契约说，认为国家的建立就是为了维护人的自由权利，人置于政府的统治之下就可避免自然状态下的不便和不安全，因而，国家应关心所有人的"共同利益"，这是国家和国民间达成的契约。同时主张社会改良，提倡实行开明君主专制，希望由具有哲学家气质的人来统治国家。君主是国家的代表和象征，要以身作则爱国爱民，才能成为国家的第一仆人。这些思想成为文官道德教育的指导方针。

新人文主义思潮的兴起，也对文官教育的内容及方法手段等产生了影响。十七八世纪是继文艺复兴之后欧洲又一次思想解放、人性张扬的时期，在这一时期，人们再一次挣脱天主教神学的束缚将人置于关怀的视野中心，对理

性、心智、精神情怀等人的生命世界倾注了巨大的研究热情,从而促使许多

基于新人文主义文化思潮的兴起,主要有法国的唯理论哲学、英国的自由主义思想以及德国的新人文主义等。唯理论是近代法国重要的哲学流派,其强调人的知识和思想既不来源于神启,又不来源于直接的经验和感知,而来源于从某些既定的公理出发对客观世界做出的推理和判断。由于对人的心智能力和理性推崇备至,坚信这种理性会在不断的训练中得到开掘和发展而日臻成熟和发达。因此,这种唯理论对于恢复人及人的理性在宇宙秩序中尊崇地位,以及唤起人们对于自身理性世界的探究兴趣等方面表现出巨大的推动作用,并为人的教育提供了新的视角和理论依据。此外,以陶冶人格为本质特征的英国自由主义思想和以道德为基础来整合人的精神世界的德国新人文主义思潮,也对近代文官教育的教育目的、教育内容等产生了很大的影响。

四、对中国古代科举制度的借鉴

文官制度首创于中国。在19世纪50—70年代英国文官制度形成时期,英国的许多刊物杂志撰文介绍中国的官吏制度。欧美国家和日本的近代文官制度和文官教育源自社会现实需要,即巩固政权、发展经济、加强国防等现实需要。这些现实需要是催生近代文官教育的土壤。因此,欧美国家和日本的近代文官制度和文官教育,实际上是对中国古代科举制度的借鉴。在中国古代社会,科举制度在各级官吏的选拔、录用、培训和考核等方面形成了一整套办法,这对巩固封建统治秩序起到了一定的作用。随着西方传教士和学者来到中国,中国古代科举制度也开始为西方国家所了解。早在1569年,葡萄牙传教士克鲁兹(Gaspar da Cruz)撰写了《中国游记》一书,把科举制度介绍到了西方。此后,很多西方书籍对中国古代的官吏和科举制度进行了介绍。据统计,在1570—1870年的三百年,仅用英文出版的有关中国政治制度和官

吏制度的书籍就有 70 多种。① 正是通过这些书籍的介绍，中国古代科举制度引起了西方国家上层人士的关注，并主张借鉴科举制度来实行文官考试。因此，从形式上看，欧美国家和日本的文官考试制度与中国古代科举制度有着相似之处。西方一些历史学家和政治学家也认为，西方文官制度在不少方面借鉴了中国古代科举制度。正因如此，时任美国人事管理总署署长的卡文伦·坎贝尔（Cavenran Campbell）1983 年应邀来中国讲授文官制度时说，在我们西方所有的政治学教科书中，当谈到文官制度时，都把文官制度的创始者归于中国。②

第二节　德国的文官教育

文官制度在 18 世纪的普鲁士已开始形成，并且普鲁士最早实行了文官考试制度，从而影响了近代德国诸多邦国。在文官教育上，开始注意文官的专门知识以及实践学习与职务考试。

一、近代德国文官制度的形成

近代德国政府官员素以忠于职守、廉洁自律、谦逊服从的职业形象示人，德国的政府机构也以讲求认真、严谨、效率的办公风格为世人称道。这些正是源自 18 世纪的普鲁士近代官僚机构。因此，在 18 世纪，文官制度在近代德国已经形成。在西欧国家，德国（主要是指普鲁士）最早实行了文官考试制度，其文官教育也是最早受到关注的。

18 世纪，在近代德国诸多邦国中，普鲁士逐渐崛起并日益强大，最终在

---

① 杨百揆、陈子明、陈兆钢等：《西方文官系统》，46 页，成都，四川人民出版社，1985。
② 徐颂陶：《新编国家公务员制度教程》，48 页，北京，中国人事出版社，1993。

19 世纪末完成了统一德国的事业，因而今日德国社会生活中包括官制在内的很多方面的基础都是普鲁士王国时期奠定的。在德国的历史上，普鲁士王国扮演了一个非常特别、非常重要的角色，德国的近代史几乎全部是在它的主导下演进的。

1701 年，普鲁士王国建立，并经后继诸王的苦心经营而逐渐强大起来。在不断进行对外领土扩张的同时，普鲁士历代君王也十分注意国家行政机构的建设，以加强中央集权。1713 年，国王弗里德里希·威廉一世（Friedrich Wilhelm Ⅰ）规定法官必须经过考试才能任用。1723 年，国王将相互掣肘的财政总局和军事总署合并为总执行局，由其统揽全国内政、财政、农业和工商等部门的工作。起初它有四个部，分别领导几个省的工作。1740 年设立第五部，负责工商、邮政；1746 年成立第六部，负责军事经济；1768 年成立第七部，主管林业；1771 年成立第八部，主管矿山、冶金、机械制造。总执行局一直运行到 19 世纪初。除此之外，到 1786 年时，军事与王室领地委员会也已扩展至 12 个。就这样，普鲁士近代政府行政机关建立并逐渐膨胀起来，拥有了相当规模的官员队伍。1792 年，德国学者佐伊费特夫（J. M. Seuffertv）在《论国家和国家公职人员之间的关系》一书中指出："通过工作合同，国家公职人员获得在其岗位上为国家持续工作的权利。"[1] 1817 年 2 月，普鲁士颁布了《官阶条例》，具体规定：官员被划分为高级官员和低级官员两类。

1873 年，威廉二世（Wilhelm Ⅱ）颁布了德国历史上第一部《官员法》和《资历条例》，并首先在军营中实行改革。按照《官员法》和《资历条例》中所规定的条款先录用军人，继而推广到政府行政部门。在此次文官制度变革中，最重要的变革是对考试制度的改革，特别是对法官及行政人员予以严格管理和考核，加强对他们的训练，以便充实其能力为民服务。至此，德国建立了官

---

① 徐健：《近代普鲁士官僚制度研究》，67 页，北京，北京大学出版社，2005。

僚制的公务员制度。① 第一次世界大战结束后，德国实行国家共和制。1918 年 8 月，德国政府修订《魏玛宪法》，明确规定了官吏是人民的公仆而不是为党派服务的佣役，同时进一步区分政务类公务员和事务类公务员。该宪法以国家根本大法的形式确定了这种历史性变革，也确定了德国公务员制度。第二次世界大战期间，德国官吏沦为希特勒法西斯政党的工具。第二次世界大战结束后，德意志联邦共和国对德意志帝国的公务员制度进行了一系列改革，先后颁布了《联邦官员法》《官员法总则》《联邦公务员工资法》等法律法规，重建了德国公务员制度。

二、文官教育的实施

近代德国还没有严谨完备的文官教育制度，还未形成现代的主旨明确的文官学院。虽然 18 世纪 70 年代在柏林建立了一个机构负责培训一些有才干的年轻官员，但这个机构很快就被终止了。然而，为了提高行政机构的工作效率，德国政府很注重政府官员的基本素质。

(一)文官教育的主要内容

德国文官教育的内容主要包括道德品行、经济和财政学知识、新人文主义学科、法律知识在内的专门知识。

1. 道德品行

近代德国统治者特别强调官员的道德品行教育，主张以德执政，以德行政。服从、尽职、守时、节俭、准确的职业准则和纪律操守，是近代普鲁士统治者对官员最强调的品质。在文艺复兴之后的十七八世纪，普鲁士统治者深受人文主义的影响，追求人文主义政治。人文主义政治的基本主张是，政治的目的必须是实现最高水平的美德，而这种抽象的道德是通过官员的具体

---

① 刘厚金：《中外公务员制度概论》，103 页，北京，北京大学出版社，2010。

执政行为体现的。官员的职业道德是国家道德的象征，官员履行责任和义务所产生的影响远远超出官员自身的范围而辐射到整个社会，是整个公众生活的榜样，官员的道德行为对全体国民和整体社会具有普遍的导向意义。为此，国王弗里德里希二世(Friedrich Ⅱ)决意从整肃官员道德素质入手来塑造国家形象。他坚决反对意大利政治思想家马基雅维利(Niccolò Machiavelli)的权术主义的政治观，强调君王应以公道、仁慈、博爱治国，并自称是"国家的第一公仆"。公道、仁慈、博爱是他对君主道德的理解，也是对所有国家官员的要求，他希望官员们也能像他一样做个公仆，以良好的道德形象示人，肩负起改造和建设整个国家和社会道德的重要使命，为国家效力，为民族尽责。

在近代德国，没有一所学校专门培训官员的品德，主要是通过实际工作、通过身体力行来培养官员的道德操守。国王经常教育官员要节俭，不要贪欲钱财，图谋私利。1722年，国王弗里德里希二世发布训令告诫众官员："荣誉远胜于薪俸。"他还建立监督机制，促使官员们形成节俭的品格。例如，总执行局里设有最高统计委员会，负责监督国家所有财政的收入和支出，从制度层面上保证官员在财务方面形成清廉规范的品行和作风。为了教育官员形成忠于职守、勤勉认真的品质，国王注意用自身的行动为官员树立榜样。他还要求官员每天早晨7点开始上班，工作12小时。他自己每天也是这样工作，风雨无阻。

事实上，服从、尽职、节俭、勤勉这样一些品德既体现了对官员的工作要求和职业准则，也折射出当时德国社会的价值观和价值追求，是一种社会道德伦理及民族性格在文官教育问题上的反映。

2. 专门知识

近代德国统治者对官员的专门知识也十分重视。其专门知识主要包括三个方面。

一是经济和财政学知识。

对官员知识方面的要求首先是经济和财政学知识。财政学是一门实用学科，它主要与近代农业经济相联系，传授处理土地租佃过程中各种知识。例如，如何开发耕地，如何做预算和田庄评估，延长租佃时如何增加地税，等等。在这里，财政税务知识显得尤为重要，因为近代普鲁士的经济在很大程度上是靠一套严谨的税收财政系统在维持。遍布全国各地的税务官、贸易管理官和市场监督官是政府官员队伍的主要构成部分，他们的工作能力、工作绩效直接影响着国库的盈余和经济实力的增长。在各大学设立财政学教席传授这门知识，当然，修习过财政学课程的学生不一定都去报考官员，但报考官员者必须具有财政学的学习经历和知识储备。1727 年，国王弗里德里希·威廉一世首次在哈勒大学和法兰克福大学设立"财政学和警察学教席"，并聘任资深专家担任教授。为了更好地培训官员，当时还出版了一系列教科书，如《国民经济或经济学和财政学体系》一书就是当时最受欢迎的教材。由于财政学不是传统学科，因而它遭到大学内重视学术的学者们的反对，极力阻挠其学科地位的确立。经过近半个世纪的斗争，直到 18 世纪 70 年代，财政学课程在大学才得到正式确立，财政学教育在普鲁士得到推广，成为培养国家官员的一种制度。进入 19 世纪，随着资本主义的不断发展，英国古典政治经济学家亚当·斯密（Adam Smith）的经济学理论开始传播，使作为旧领地农业时期经济学理论的财政学渐渐变得不合时宜而走向衰落，于是，大学里传统的财政学课程内容慢慢发生变化，并逐渐演化为一门新的学科——国民经济学。这时的教学除了向学生传授领地农业经济的知识外，还要使学生了解以资产者面目出现的土地所有者及其土地租佃者在农业生产中使用的新的土地经营方法和手段。

二是新人文主义学科。

19 世纪初，出现了以德国政治家洪堡（Karl Wilhelm von Humboldt）为代表的新人文主义思潮。新人文主义思潮认为，在这近乎国破家亡的时刻，要拯救祖国唯一能依靠的就是人们心中的力量、精神的力量，要借助教育手段唤起人们心中对国家的责任、对生命的热爱、对幸福的不屈的信念，从而再将破碎的国家和民族整合成一个有着共同理想追求和信念目标的强有力的整体，用精神的力量来弥补物质力量的损失。因此，对于作为国家象征的官员队伍的教育，仅仅靠以往的财政学、经济学方面的教学是远远不够的。由于这些专业性知识只能形成人的某一方面的操作技能而不能起到涵育人的整体精神世界如态度、信念、情感、勇气等人性品格的作用，所以，需对官员进行能够影响其心灵和整体精神面貌的更深层次的人文主义教育，即全面学术教育。在新人文主义者看来，国家不仅是一个行政组织，更是一个精神实体，只有由接受过全面教育的人来管理，才能赋予并塑造国家全新的精神和灵魂。他们认为，语言、历史、数学等人文知识教养与人的道德理念、高尚情感是相通的，它们有助于建构人的精神大厦，从而能为官员的职业生涯打下坚实的人文素养底蕴。就是在这样的背景下，新人文主义学科被纳入文官教育课程中，使对官员知识掌握程度的要求得以不断提升。因此，大学要加强这些学科的课程设置和教学。可见，在当时没有专门文官培训机构的情况下，政府就是通过这种在大学课程教学中强化文官所需知识的途径来实现对文官的全面学术教育的。

三是法律知识。

法律知识在 18 世纪初期没有受到重视，受过法律教育的人在国王那里甚至还有受到排挤的情形，因为当时为贵族所把持的司法界存在着一种与中央王权的分离主义倾向。18 世纪中期，君主和地方贵族之间达成了和解，国王在提拔那些接受过法律教育的人从事行政工作的问题上不再有什么顾虑，法律学也逐渐成为大学里具有吸引力的学科，令很多有志于仕途的人趋之若鹜。

到 19 世纪时，法律学成为官员必修科目并受到广泛重视，其重要性随工业经济日益发展、社会生活日益法制化而不断得到提升。1817 年的法令规定，国家高级职务申请人员除必须具备哲学、历史等知识外，还必须具有法律知识和在法庭的实习经历。1727 年颁布的法令规定，被任用的高级行政人员必须具备该职位的专门知识，并经过政府部门的学习且成绩优良。19 世纪中期，由于国家继续推行重商主义政策，普鲁士工商业获得发展，并逐渐从传统的农业社会转向工业社会，工业在国家经济生活中的比重不断扩大。在这种情况下，过去那种统揽一切事务的家长制的社会管理模式已不适应新的情况，对日益复杂起来的经济运行进行科学管理和调控的要求也不断增加，日益壮大起来的资产阶级迫切要求其生产经营活动被置于一系列制度化的规范管理体制下，即由基于君主个人权威的"人治"模式转向基于法律的"法治"模式。因此，以法律制度为核心概念和基本原则的行政组织就逐渐建立起来，而这种依据法律精神建立起来的新的行政组织和新的行政运行方式必然要求在官员培训方式和内容上凸显法律知识。人们普遍认为，因为受到法律教育的人必然具有较强的法制观念，他们会更讲究原则，会更认真地遵守规章，从而带来工业社会所要求的质量和效率。由国家颁布的法令更是强化了法律学的地位。例如，1846 年法规使法律学成为选拔官员的强制性学术资历。1879 年法令进一步明确规定，官职申请人至少要在大学学习 3 年的法律知识，并通过相应的考试。与此同时，国家法令还对申请人及考试合格者在候补期内在有关法律部门的实习事务做出严格的规定。于是，到 19 世纪中后期，法律学逐渐取代原来占主导地位的国家学、财政学等课程而成为官员必须具备的主要知识科目。据统计，在俾斯麦时代，23 名国务秘书中有 5 人获得法学博士学位，167 名外交官中有 26 人获得法学博士学位。[①]

(二)文官的实践学习与职务考试

近代德国很重视官员知识水平在实践学习中的提高。18 世纪前期，普鲁

---

① 徐健：《近代普鲁士官僚制度研究》，123 页，北京，北京大学出版社，2005。

士的统治者比较注重在实践中结合实际的学习。国王弗里德里希·威廉一世就提倡，学农业经济要向农民学习，学商业经营要向商人学习，农民和商人都是最好的教科书。因此，他特别注重让官员通过实际工作获得知识，并于1723年推行了以"先实践学习后考试录用"为特征的"见习生制度"。因此，在18世纪前期，见习生制度是普鲁士政府官员的一个重要来源，它是对封建恩赐制度的突破。那些从各地选拔来作为后备干部的见习生，在见习期间主要从事的也都是些非常具体的工作，如做各种记录、做文件摘要、草拟提纲、制作布告、管理账目等。为了鼓励在具有基础性、具体性的工作职位上安心工作，以学到严谨扎实的知识和技能，官员从这些基础性工作职位向上升迁时基本没有任何障碍。1743年颁布的法令规定，在政府部门学习的大学毕业生期满一年后并经国家考试合格，才能被任用。因此，对实际工作的重视，尤其是从基础、从最底层做起是普鲁士培养国家高级官员的重要手段。①

从18世纪70年代起，对官员进行较为系统的专业教育的问题开始得到重视。1770年2月，内阁首席大臣哈根(Ludwig von Hagen)拟订了一个修改官员选拔和培训制度的计划。在他的积极倡议下，国家成立了"最高考试委员会"，开始对申请高级职位官员的人进行考试。其考试内容主要为财政学知识，此后又陆续增加了法学、语言、历史、数学等考核内容。这表明，近代德国在官员选拔任用上引入了考试制度。这是在原有见习生制度上的又一飞跃，在近代西方国家首开通过考试任用官员的先河。考试制度的实行表明了系统理论知识对官员生涯的重要性和必要性，而考试内容则清晰地指明了官员应具备的知识范畴，促使那些有志于为官的年轻人到大学接受相关系统知识的传授，这样也强化了这些学科知识在大学中的教学。从这时起，官员系统知识的获得开始由实践学习转向专门教育，大学文凭成了申请高级职位官员的前提，实现了实践本位到学校本位的转变。到18世纪末，对官员教育制

---

① 徐健:《近代普鲁士官僚制度研究》，107页，北京，北京大学出版社，2005。

度的要求明显有了提高。1794 年颁布的《普鲁士国家通用法》明确规定，缺少足够资历和不能说明其才能者不能担任国家公职。

自 1770 年普鲁士率先实行官员考试制度后，尤其在 19 世纪，见习生制度得到进一步巩固。这时的见习活动以官员考试为界细化为两个阶段：第一阶段是考试前的见习期，时间为 15 个月；第二阶段为考试后的候补官员预备期，即等待正式任职期间的在职的实践性培训。在这个培训期间，候补官员不能被动地等待上级分配任务，而应主动深入实际去了解情况，并尝试制订工作方案，真正走进工作实践中。这种实际培训十分强调工作实践中的主动性。

作为新人文主义的倡导者，时任文化教育大臣的洪堡等人对人文教育问题极为关注。1807 年，他们在当时的重要教育文献《里加备忘录》中对军事与王室管理委员会见习生教育中忽视人文教育的情形提出了批评，强调在新的历史时期全面教育对于政府官员以及法官、牧师、教师等阶层人员的重要性。1809 年，在洪堡的建议下，考试委员会改革了以往考试只面向初级职员的局面，要求所有高级文职官员都要经过考试并合格后方得录用，更重要的是，要求每一个考生除业务考试之外，还需接受哲学、历史等综合知识的考查。随后，于 1817 年颁布的条令更使官员全面学术知识教育制度化。该条令明确规定国家高级职务申请者必须要有良好的语言、历史、数学、国民经济学等方面的知识。这样的要求也渐渐影响到司法系统，高级司法职务的申请条件中也增加了这方面的内容，1844 年，政府向各大学发出通知：司法人员要有哲学、历史、文学的知识，因而司法职务申请人必须选修哲学、历史、文学等课程。

德国文官选考的最大特色是实行两次考试，并且在资历考试前必须经过一段工作实习期。换言之，别国一般只进行一次录用考试，培训一般在试用或正式任职期间进行，但德国的任用考试是在职前培训的基础上进行的。其资历考试的内容对理论知识和应用技术进行考查，既注重通才又关注专才，这使公务员任用考试对考生的测评更加全面和科学。但是，多次考试、严格挑选的方法大大降低了受教育程度低者和妇女担任较高级公务员职务的机会，苛繁漫长的招聘程序使优秀人才偏向于选择招聘流程简单、待遇优厚的私营企业。[1]

第三节　英国的文官教育

随着行政体制的变化，近代英国开始建立文官制度，国会于1883年通过了《文官制度法》。在文官教育上，英国注重通识性教育和实际工作训练。

一、近代英国行政体制的变化及文官制度的建立

英国自1688年革命后建立了国王与资产阶级联合统治的君主立宪政体，但起初资产阶级还远未能掌握实际权力，行政权依旧掌握在国王手里。国王主掌大权，即便是在原来的枢密院内逐渐形成的一个新的核心集团——"内阁"，还仍不是行政机构，但仍旧保持着国王咨询机构的性质。在这样的情况下，文官的任用仍旧沿袭着封建社会遗留下来的"恩赐官职制"，国王的亲信和显贵子弟充斥着官员队伍，尽管这些人不是一点文化也没有，但他们的素质绝不是任用时考虑的首要条件。同时，买卖官职也大行其道，买到官职的人不仅不学无术，而且通常缺乏起码的责任感，其行政工作的效率和可信度是可想而知的，这引起了政治家和社会公众的不满。

1693年，有人建议从议会的多数党派中遴选阁员来组建行政班底，这一建议得到了采纳。由于阁员来自同一党派，意见较容易统一，故在协助国

---

① 冯军：《公务员考选制度研究》，178～179页，北京，社会科学文献出版社，2011。

王运行政府工作方面起到了促进作用。这成为后来责任内阁执政制度的基础。后来，内阁逐渐脱离国王而处于议会的控制之下，内阁大臣及首相有了一定的权力。但此时，在官员任用的问题上仍旧是国王和首相等内阁要员们共同任命自己的亲信，还是没有摆脱个人恩赐的模式，这种情形一直持续到 19 世纪中期。这时，工业革命基本完成，英国的经济发展由商业资本进入工业资本积累阶段。后起的工业资产阶级已成为一支强大的经济力量，但他们在政治方面尚处劣势，无法在政策的制定、行政的运行等方面为经济发展做出保障。这种矛盾的积累必然孕育改革。

1805 年，英国财政部首先设立了一个常务次官，即事务官，这是世界上第一次有了政务官与事务官之分。此后，英国政府的其他部门及其他西方国家相继效仿，政府官员明显分为政务官和事务官两大类。1833 年，英国最初尝试常任文官考试补缺的做法，政府各部门举行考试择优录用，每一缺额提名 4 人参加考试。

对近代英国文官制度来说，最重要的是，1853 年，首相私人秘书诺斯科特（Stafford Henry Northcote）和杜维廉（Charles Trevelyan）根据首相格莱斯顿（William Ewart Gladstone）的委派，利用数月的时间对英国文官的现状做了全面的调查，于 1854 年提出了《关于建立英国常任文官制度的报告》，即《诺斯科特-杜维廉报告》。该报告的核心思想就是将事务官与考试联系在一起，即凡欲担任政府事务官者，必须经考试录用。该报告明确指出："没有一批有效率的常任文官队伍为帮手，政府就无法运转。常任文官是从属于直接向国王和议会负责的大臣的，他们有充分独立的地位、品格、才能和经验，得时时向其上级长官提供咨询，并产生影响。"① 该报告还提出了四项原则建议：一是政府的行政工作分事务工作和例行工作两大类，要求的受教育程度不同；二是设立一个考试委员会，凡初任文官者从学校毕业后应通过公开考试择优

---

① 龚祥瑞：《文官制度》，45 页，北京，人民出版社，1985。

录用担任政府职位；三是对政府各部门人员实行统一管理，各部门人员可以转调和提升；四是以工作业绩为职位提升的依据。《诺斯科特-杜维廉报告》对提升英国文官素质起到了重要的作用。它使官员的任用不再凭个人的好恶和亲疏关系，而是着眼于文化素质，这有助于具有较高文化素质的文官队伍的建立。从这一时期起，英国文官的教育问题开始受到重视。

1855年，英国颁布了第一个枢密院令，决定成立文官事务委员会，独立主持文官考试，这标志着近代文官制度在英国的诞生。1859年，英国颁布了《老年退休法》，第一次对文官的范围做了规定：其一是有英王任命或持有文官事务委员会颁发的合格证书者；其二是酬金全部由国家统一基金或议会付给者。1870年，英国又颁布了第二个枢密院令。通过这两个枢密院令的颁布，英国确立了文官制度的基本原则，即经过考试并持有合格证书的人才能从事事务官职。1883年，英国国会通过了《文官制度法》，开始实行以工作业绩为主的文官制度。由于原文官两大类结构过于简单，难以适应日益繁杂的政治事务，1890年英国政府重新改组了第一等级和第二等级划分办法。1912—1915年，为了填补第二等级的考试内容与英国当时中等教育课程内容间较大的差距，英国政府成立了以麦克唐纳(J. R. MacDonald)为首的委员会，对现行文官制度进行调查研究。1919年，英国政府成立"惠特利委员会"，这架起了公务员与政府对话的桥梁，也是维护公务员合法权利的重要机构。①

在第二次世界大战期间，英国的文官制度基本上没有什么变化。第二次世界大战结束后，英国政府职能日益扩大，文官队伍也随之扩张，但政府办事效率低、文官素质不高等问题引发了社会的不满。1968年，英国政府对发展一百多年的公务员制度进行了历史性的改革。富尔顿委员会(Fulton Committee)提交了著名的《富尔顿报告》，明确指出了当时文官制度存在的六大缺陷并提出了158条改革公务员制度的建议。英国政府随之又对文官制度做出了

---

① 王铭：《英国文官制度述论》，载《辽宁大学学报(哲学社会科学版)》，2007(1)。

新的调整，主要是将文官分成了两大类——行政人员和专业人员。[①]

二、文官教育的实施

与西欧其他国家一样，近代英国还没有专门的文官学校。因此，英国的文官教育强调"通才"，并且与普通教育制度紧密结合。英国政府文官分为低级和高级两大类，后来又逐渐细化为行政级、执行级、事务级等级别。对行政级的要求最高，年龄限 20~27 岁，学历限大学毕业并持有一等或二等荣誉学位的高才生。执行级为 17.5~21 岁，大学或文法学校毕业。对事务级的要求较低。[②]由此可以看出，接受过正规的中等教育和高等教育的毕业生就成为文官的主要来源，文法学校、公学等中等教育机构和牛津、剑桥等大学组织就成为对未来文官实施教育的主要场所。这些学校是文官们走上公务岗位前赖以接受基本教育的机构，各级学校具有为政府培养候补公务员的重大功用，政府选拔公务员，亦以各级学校毕业学生为其理想对象。

（一）通识性教育

英国的文官标准特别强调"通才"，即要求文官具有一般性的可对任何职位具有普遍指导意义的知识和学术水准，而对其是否已具有具体工作技能并不做特别的规定，因为具体工作技能可在实习或正式工作过程中习得。因此，文官考试非常注重考查学生的一般性知识和智力基础，特别强调和看重为官者走上公务岗位之前接受过最基本的和最普通的系统教育。作为文官教育机构的英国的文法学校、公学和大学素来主张通识教育，特别强调一般的智力训练和基础性知识灌输。这一点与英国文官教育和考试的要求非常吻合。

牛津和剑桥两所大学作为英国古典主义氛围最为浓厚的、最为古老的两所大学，以通识教育见长。它们是近代英国文官教育的重要场所，尤其在为

---

① 姜海如：《中外公务员制度比较》，39~41 页，北京，商务印书馆，2013。
② 龚祥瑞：《英国行政机构和文官制度》，69 页，北京，人民出版社，1983。

政府输送高级文职官员方面发挥了重要作用。以1925年至1929年五年政府录用高级文官所毕业的学校及其人数为例，牛津大学145人，剑桥大学135人，伦敦大学57人，都柏林大学19人，爱丁堡大学17人，其余大学共41人。从中可以看到，在总共录用的414人中，牛津和剑桥两所大学的毕业生为280人，约占总数的68%。

在近代英国文官制度中，这种通识教育的要求在很大程度上取决于英国政府的职能特点，是古典自由主义及自由主义政府观影响的结果。在政府职能的问题上，很多英国学者主张政府的作用必须受到限制，如果政府的权力和干涉幅度超出了其保护私有财产的范围，就不可避免地侵犯到人的自由权利，而人的自由权利是至高无上的。正因如此，较之其他西欧国家的政府，英国政府对社会各方事务的干预尤其要少，是近代西方国家中最为典型的不干涉型政府行政。因此，当19世纪下半叶近代文官制度建立之时，英国政府职员的工作内容仅限于对社会制度、社会治安的宏观性的保卫和维护方面及常规性日常事务，而不涉及深入于具体部门的更为精细而专业的扶助、服务等工作内容。就这样的工作性质而言，受过通识教育的"通才"型文官自然可以胜任。在英国，这种"通才"型人才模式和教育要求一直持续到20世纪70年代倡行"文官专业化"之前。

(二)实际工作训练

1855年成立文官事务委员会后，英国开始进行选拔文官的全国统一考试。最初它是不做级别划分的笼统的考试，后来有了等级之后，考试的要求、科目及内容难易等才有了区别。第一次世界大战末期，1918年1月，政府重新研究了麦克唐纳委员会关于修改等级结构的相应改革措施，把原来文官的等级结构划分为五级，分别是行政级(其中包括若干职级)，考试程度与大学毕业程度相当；一等书记级，报考年龄为18岁，考试程度与高中毕业程度相当；二等书记级，报考年龄为16岁，考试程度与初中毕业程度相当；女书记级，报考年龄为 17～18 岁，考试程度与二等书记相同；速记打字级。①
1920 年，开始划分为行政级、执行级、文书级和事务级。行政级和执行级属
于文官中的高级层级和中级层级。行政级别的必考科目为论说、英文、常识
等；选考科目为政治、经济学、法学、哲学等。执行级的必考科目为英文、
算术、普通知识等；选考科目为初级算术、历史、希腊文、拉丁文、法文、
德文等。1931 年，英国政府增加了两个级别：科学官员和科学助理。第二次
世界大战结束后，英国政府将文官分为以下六个等级：行政级，是文官中的
高级官员，分为常务次官、副常务次官、次官、助理次官、特等主管、主管
与助理主管等；执行人员级，是在行政人员领导下负责政策执行和政府机关
的一般管理工作，分为高等执行官、执行官、事务员、事务助理等；办事员
级，在行政人员和执行人员的指导下，办理日常事务工作，主要包括簿记员、
处理申诉案件的人员以及协助高级官员准备文件的资料人员；专业人员级，
其中科学人员分为科学官员级，相当于行政级；实验人员级，相当于执行级；
助理科学人员级，相当于办事员级；助理办事员级，包括各种助理工作人员，
如打字员、速记员、复印机管理员以及其他办公设备的管理人员等；勤杂人
员级，包括通信、文件保管员、清洁卫生员和司机等工作人员。②

　　文官职务申请者考试合格并被录取后，不是马上被任命具体官职，而是
要以试用人员的身份接受一定时间的"实际工作训练"。其目的一为考察其能
力与个性，二为传授其服务方法与技术。这一阶段被称为"试用期"。英国人
对这种试用期内的"实际工作训练"是相当重视的，把它看作提升文官素质的
重要方式和必不可少的环节，因而在时间上给予了充足的安排，短则一年，
长则四年。这与英国人信奉经验主义和实证主义有关。因为在英国人的思想
深处充斥着一种怀疑精神，所以他们对那些未被亲自经验而得到证明的东西

---

① 王铭：《英国文官制度述论》，载《辽宁大学学报（哲学社会科学版）》，2007(1)。
② 王铭：《英国文官制度述论》，载《辽宁大学学报（哲学社会科学版）》，2007(1)。

总是持一种审慎的态度，只有经过亲身经历和实际需要得出的感悟和结论他们才会相信和接受。基于这样的文化哲学观，英国人重实践实干、重实证经验，养成了不尚理论空谈而行动务实的性格。英国人的经验主义、实证主义倾向反映在文官的教育上，那就是注重在普通教育阶段基本文化素质的培养，更注重实际工作中的训练。对于文官的职业素质而言，前期普通教育阶段进行的通识教育是基础，随后的"实际工作训练"是关键。

在试用期内，试用人员被分散到各个行政部门接受资深文官的指导。有的政府部门因其历史悠久而在英国政府中的地位十分重要和显赫，如财政部等。论其功能，这个部在 12 世纪时就已存在了。有的政府部门则是在 17 世纪资产阶级革命后根据需要由议会立法新建或合并而成的。19 世纪末，英国政府还只有财政部等几个主要部门，但到 1914 年时已达到 16 个部。1920 年，英国政府又对每一等级文官的工作内容和职责做了具体规定。

就英国文官考选制度的特色而言，其主要表现在以下几个方面。第一，英国政府为了保证文官考试的公平性，主张考试权高度统一、独立和集中。英国执行级以上文官统一由独立的文官事务委员会负责考试，各部只能办理办事员、助理办事员等最低级文官和雇员的考试，并遵守文官事务委员会统一规定和接受它监督。第二，英国文官考选制度一直坚持选用通才的原则，初任人员必须通过竞争考试表明具有通才智力后才能被择优录用。第三，英国考选与普通学校的教育相结合，原则上选考对象为青年学生。政府认为学生时代成绩优异的人，其一生的成就也会比较出众。此外，青年优秀学生朝气蓬勃、有进取心、未受社会不良风气感染，能很快被培养成为有良好职业道德的文官。竞争考试的适应范围广、考试与任用密切结合是英国考选制度的另外两个特色。但是，英国文官考选制度也存在着一些问题。一是，由于考试与任用密切相关，所以担任中高级文官者大多是牛津、剑桥等实行贵族化教育的名牌大学毕业生，教育的不公平也加剧了穷人和富人竞争国家公职机会的不平等，这违背了民主精神。考选制度过于重视学历也阻碍了部分学历低但才能出众者的晋升之路。二是，英国助理办事员和办事员向来以15～20岁的中学毕业生为招考对象，但随着大学教育的普及，中学毕业生不再急于去政府机关就业而是选择继续大学教育。学生大学毕业后不想报考地位低、待遇差的岗位，这就造成助理办事员和办事员这类低级文官考选的生源越来越少。①

第四节　法国的文官教育

自拿破仑时代起，法国实行中央集权的近代官僚体制及官吏教育制度。直到1946年10月，法国才开始形成一个比较完整而系统的公务员制度。在文官教育上，其注重共和精神教育、理性主义教育及实科知识技术教育。

一、中央集权的近代官僚体制的确立

在法国封建社会末期，文官教育虽未引起统治者的高度重视，但统治者已通过实行有限的任命制来使高级官员的教育保持在一定的水准上。17—18世纪，法国封建专制主义达到鼎盛阶段，被称为"绝对君主制时期"。路易十四（Louis XIV）执政时期，法国中央政府的职能已相当完善，国王和他的几位亲信大臣组成最高国务会议，下设分管军事、外交、财政等不同方面事务的专门会议，是现代政府中"部"的雏形。在地方，则开始设"省"，省下设"区"。这一时期，在官员的任用上主要实行卖官制。这一制度自15世纪出现后在法国畅行不衰。但是，并不是所有的官职都可以出售，作为国王钦差的监察官和省长则是由国王直接任命的，由贵族和高级教士担任，他们大多毕

---

① 冯军：《公务员考选制度研究》，128～135页，北京，社会科学文献出版社，2011。

业于教会学校，受过良好的古典教育。当时居主导地位的卖官制使官员队伍素质参差不齐，但国王对高级官员的任命制却使得官员的文化水准得到了一定的保证。

法国近代官僚体制及其官吏的教育始于拿破仑时代。拿破仑(Napoleon)既是法国近代官僚制度的奠基者，又是近代官吏教育的首倡者。1789 年 7 月 14 日，巴黎人民在资产阶级的领导下举行起义，攻占巴士底狱，法国大革命爆发。大革命摧毁了恩赐官制世袭制。受启蒙思想的影响，自由、平等成为政府选拔公职人员的基本准则。1799 年，拿破仑通过"雾月政变"建立执政府，担任第一执政官，开始了旨在加强中央集权的各项改革。反法同盟强敌压境的威慑，以及登上权力峰巅的切身经历，使他深深意识到拥有一个高素质的官员队伍对于保障政令的畅通和强国御敌是多么的重要。由此，在国家内政方面，拿破仑施行的一项重要改革就是吏制改革，其主要内容是建立新的行政机构，建立中央统属官员任用方式，创办和加强培养官员的教育机构。对政府官员的录用只看其是否具备任职所需要的知识和技能。

在中央，拿破仑设立了以他为首的国务会议和 12 个部，在原有的陆军、海军、外交、司法、财政和内政部的基础上，又增设了工商部、警务部、国家金库等。在地方，行政区划包括省、专区、县和公社体制。拿破仑取消了以前的地方官员民选制度，省长、专区区长和人口 5000 人以上的市镇长官均由他亲自任命。他还取消了地方政府的税收大权，由中央政府直接派人到全国各地负责税收工作。通过这些手段，拿破仑将一切权力集于一身，形成高度中央集权化的行政管理模式。

19 世纪中期，法国工业革命基本完成，国民经济快速发展，社会财富急剧增加。一方面资产阶级试图巩固政权，另一方面法国公务员积极争取权力，在两股力量的共同推动下，法国公务员制度开始逐步建立。[①] 在此期间，法国

---

① 李和中：《比较公务员制度》，142 页，北京，中共中央党校出版社，2003。

政府陆续通过了多项法规，如 1853 年和 1859 年的《政府官员退休法》、1905 年的《政府官员处分条例》、1913 年的《政府官员调配法》等。① 因此，自 19 世纪中期起，法国政府虽然多次努力制定公务员法，试图建立统一的文官制度，但由于党派林立，政局动荡，各种尝试皆以失败告终。

20 世纪初，法国议会成立了"研究委员会"，专门对公务员管理进行研究。封建因素一直在法国近代历史上残存，封建复辟和资产阶级的反复辟斗争激烈，这使得法国官吏体制比当时其他欧美国家有更多弊端。第一次世界大战期间由于战事需要，官员人数有较大幅度增长，但官员办事效率下降的矛盾也随之日益突出。第二次世界大战是法国历史上一个重大的转折点。1946 年 10 月，法国国会通过《公务员总章程》，使法兰西第四共和国有了一个比较完整而系统的公务员制度。1959 年 2 月，法国政府根据国情又颁布了新的《公务员总章程》，随后又陆续颁布《议会工作人员章程》《法官章程》《教师章程》《安全人员章程》和《军官和士兵章程》等七个补充条例，不断修订和完善公务员制度。②

二、文官教育的实施

法国大革命以后的政治动荡损坏了许多教育机构，连续稳定的教育局面始终未能形成。为了尽快培养出人才，拿破仑在其执政期间，在教育上采取了许多改革举措。从 1799 年起，他陆续开办了较高层次的国立学校、市立学校，恢复和加强了以前的高等师范学校、综合理工学校。这几种学校的开办和恢复，其目的非常明确，就是要培养社会领导精英，培养行政管理领域和工程技术领域的官员。因此，这几种学校尤其是一些专门性学校的毕业生就成了官员的主要来源。在教育上，拿破仑是一个精英主义者，他非常重视中

---

① 周敏凯：《比较公务员制度》，22 页，上海，复旦大学出版社，2006。
② 姜海如：《中外公务员制度比较》，44 页，北京，商务印书馆，2013。

等教育和高等教育，这是因为在当时急切需要高层次人才。在他看来，培养政治和经济领域里的管理人才的任务只能由中等教育或高等教育来完成。他创办中等教育和高等教育的立足点就是大量培养管理人才和技术人才，满足国家的需要。正如美国历史学者戈登(W. Gorden)指出的："波拿巴的关注焦点在培养领导精英上，而不在大众识字教育上。"①

(一)共和精神教育

强调和灌输共和精神以及激发对新生共和国的热爱是拿破仑执政时期法国文官教育的主旨，也是未来官员需要形成的基本的道德品行。早在法国大革命时期，对年青一代进行共和精神的教育就已在国民公会创办的巴黎理工学校中开展。这所学校主要通过以下三种途径向学生灌输共和精神的教育。一是实行考试入学，为众多平民子弟开辟了一条求学之路，通过让学生见证"考试面前人人平等"的事实，使他们受到民主、平等的共和精神的影响。二是学校创办之初以威仪森严的昔日皇宫波旁宫作为校舍，使学生感受到作为共和国公民的自豪感，从而立志为保卫共和成果而奋斗。三是为了更好地将公民教育渗透于学生学习生活的每一个细节中，以富有时代精神的品德和行为去潜移默化地影响学生的思想意识。拿破仑执政后，对理工学校的学生给予厚爱。为了鼓励学生以更加崇高的责任感和使命感去报效祖国，拿破仑将它改为军校，隶属国防部。他教育学生要从祖国的科学和荣誉的高度去认识自己学习的意义，并亲授锦旗激励他们为共和国奋斗。这些学生没有辜负他的期望，不仅学习努力，而且在国家危急的时刻，请缨出征、浴血沙场，维护了共和国的安全。

(二)理性主义教育

拿破仑执政时期，国立中学、市立中学是法国中等教育的主要类型。这

---

① Wright Gordon, *France in Modern Times: 1760 to the Present*, Chicago, Rand McNally and Company, 1960, p.90.

些学校毕业生的主要去向就是政府机关，因此这些学校被视为重要的国家官员培养机构。国立中学修业 6 年，实行严格的寄宿制管理，起初的毕业生主要到军队任职，充实那里的军官队伍。市立中学的毕业生一毕业即被授予学士学位，并获得出任国家官员的资格。这些学校的课程设置凸显出强烈的理性主义色彩，除拉丁文、希腊文等传统的古典语言课程外，还包括数学、物理、化学、法语、法语文学、修辞学、道德、天文、历史、地理等课程的教学，尤其是数学、法语、法语文学占据特别重要的位置。这种课程设置反映了拿破仑对数学和语言文学在人的理性培育中作用的认识。拿破仑认为，理性培育的途径有两种：一种是学习数学和物理，另一种是学习文学阅读。在这里，文学的阅读和数理的训练被当作灵魂或精神的体操，可以作为一种理性训练工具来运用。

正是在这种理性主义文化传统的影响下，拿破仑形成了一种文武并重的教育理想追求。他重视武力的作用，也重视学生理智训练即理性的塑造和涵育。值得注意的是，在拿破仑的课程体系中，法语和法语文学也占据重要的地位。因为语言文学是陶冶性情、涵育人性、塑造心灵的重要工具，是人类理性教育的重要手段。法国在当时国际社会中具有的强势地位，使得法语在近代法国及欧洲社会政治、经济和文化生活中占据主导地位。法语成了十七八世纪欧洲上层社会最通用、最时尚的语言。随着法国民众的民族意识日渐浓厚，民族国家观念的日渐形成，法语对于形成和维护法兰西民族共同体的作用也日益凸显。

(三)实科知识技术教育

近代法国政府非常重视实科知识和技术的教育。作为一个直接成长于战场、成长于军事指挥实践中的军政首脑，拿破仑深知科学知识和专门技术对于领导和建设一个新兴共和国的重要性，因此，他非常重视官员的实科知识教育和专业技术训练。为此，在开办具有浓郁古典韵味的国立中学时，他又加强了原有的专门和综合性技术学校。这些学校的学生在毕业后有一部分去充实军官队伍，也有一部分转入行政部门工作，跻身于法国最显赫的文官集团之一的高级技术长官团，成为庞大官僚队伍中的一员。

巴黎理工学校是拿破仑执政时期得到不断加强的最著名的实用技术学校。这是一所从办学理念到课程设置都与从中古时期沿袭下来的学校完全不同的教育机构，是一所贯穿科学实用精神的新型学府。该校面向全体民众子弟招生，实行入学考试，公示考试成绩，强调"分数面前人人平等"，以彻底打破封建的门第观念、等级观念。在课程设置上，分为主课和辅课。主课有画法、几何学、分析力学、物理学；辅课有绘图、建筑、外语及文史、艺术类讲座。主课安排在上午，由教授对同一期的全体学生授课；辅课排在晚上，学生分为小班上课，或听教师讲授课程，或上作业课、实验课和自习课。巴黎理工学校为法国工矿企业培养了大批技术人才和管理人才。

第二次世界大战后，法国的公务员培训机构包括国家行政学院、国际行政学院、地方行政学院及技术学院。国家行政学院成立于1945年，直接隶属于"人事暨行政现代化部"，负责各类高等文官的考选与培训；地方行政学院设立于五个地区，负责考选与培训派驻该地区的中央与本地中上层级公务员；国际行政学院创立于1966年，与国家行政学院同属高级公务员的培训机构；技术学院是技术人员的甄选和培训机构。[①]

法国宪法明确指出公民享有平等担任国家公职的权利。法国政府择优选拔公职人员的同时关心和扶助弱者，如妇女、残疾人、退伍军人等在考试时享有优待政策。考试注重考查一般学识水平的理论知识。在任用方面，用人单位没有自主选择权，必须按照分数高低依次录用。但是，法国的文官制度也存在一些问题。第一，由于公务员工资水平低于私营企业、职业性质单调、官僚作风严重，报考公务员的人数不多，政府很难招到优秀人才。第二，考

---

① 周敏凯：《比较公务员制度》，148页，上海，复旦大学出版社，2006。

试过分看重学生的知识水平却忽略了对其心理素质和办事能力的测评。第三，公务员考试录用按年度进行而不是依据实际需要，这易造成公务员队伍的不合理。①

第五节 美国的文官教育

相比西欧国家，美国是一个后起的资本主义国家。在西欧国家文官制度及文官教育的影响下，美国也建立了文官制度，并开始实行以择优考绩为特征的文官考试录用制度。在文官教育上，注重基本的人文素养教育和基本的行政管理能力教育。

一、地方分权的近代文官体制的建立

自 1776 年美国独立至今，联邦政府的官员体制可分为三个时期。第一时期(1776—1829 年)从美国独立、华盛顿出任总统到第六任总统亚当斯(John Quincy Adams)卸任为止。在这一时期，美国任用官员无统一的标准，主要依据个人的品格。第二时期(1829—1883 年)从杰克逊(Andrew Jackson)总统上任到 1883 年格兰特(Ulysses Simpson Grant)总统在任时国会通过《彭德尔顿法》止。在这一时期，美国的任用原则为"政党分赃"。第三时期从《彭德尔顿法》的问世至今。1883 年，美国国会通过的《彭德尔顿法》确立了一套以功绩制为核心的文官选拔和奖惩机制，打破了政治机器垄断职位任命权的局面，从而重挫了分赃交易者的嚣张气焰。同时，它也标志着美国公务员制度的开始，从此确立了官员任用上的"竞争择优"原则，提倡通过竞争考试择优录用政府工作人员，政府工作人员对两党保持中立，不强迫他们参加政治活动和提供

① 冯军：《公务员考选制度研究》，168~171 页，北京，社会科学文献出版社，2011。

政治捐款,不以政治理由解雇政府雇员。①

1776年美国独立后,各州都迫切要求建立一个统一强大的政府。1787年国会通过的新的《联邦宪法》确立了强大的联邦政府以及行政、立法、司法三权分立的政治体制。从1776年到1829年(即美国第一任总统华盛顿到第六任总统亚当斯),政府主要从有名望、有地位、有学识的绅士阶层中挑选有能力、品行好的人担任政府官职。② 因此,这五十多年被称为"绅士治理政府"时期。由于这一时期历届总统用人多因党籍和私人关系,所以,亦被称为"个人徇私制"时期,即政府不任人唯贤,任命文官完全凭上级的个人意志、关系亲疏远近。③ 美国第三任总统杰斐逊因为把许多政府职位给予了自己的共和党人,被看作"政党分赃"在美国的创始人。此后,美国第七任总统杰克逊公开提倡"政党分赃",强调政党的政治责任,并使根据"政党分赃"的原则来任用政府官员成了一种制度。

但是,美国许多政治家对"政党分赃"进行了猛烈的抨击。美国第十六任总统林肯指出,"政党分赃"给共和国带来的危险可能比叛乱还要大。④ 正是在这样的背景下,美国开始对官员任用制度进行了改革。例如,1853年,国会在对一项拨款法案做出修正时要求采用考试的方法来挑选和任用政府官员,但参加考试者仅限于被提名的少数人。1870年,时任内政部长的科克斯(D. Cocks)通过行政命令要求通过公开考试来挑选政府官员。1871年,为了提高政府工作的行政效率,国会通过一项法案,授权总统制定有关文官的规程;根据这项法案,时任美国第十八任总统格兰特仿效英国建立了一个独立的文官事务委员会,协助起草有关文官的规程,并对挑选和任用官员的公开

① George J. Gordon, *Public Administration in America*, New York, St Martin's Press, 1982, p.4.

② 吴志华:《美国公务员制度的改革与转型》,11页,上海,上海交通大学出版社,2006。

③ 姜海如:《中外公务员制度比较》,39页,北京,商务印书馆,2013。

④ 龚祥瑞:《文官制度》,88页,北京,人民出版社,1985。

考试进行监督。尽管这个委员会于 1873 年终止了其工作，但美国第十九任总统海斯（Rutherford B. Hayes）1877 年命令首先在海关税务和内政官员中实行考试录用制度。1880 年，美国第二十任总统加菲尔德（James A. Garfield）上台后，面对激烈的党争，他无力改变"政党分赃"的局面，只是尽量平衡公务员职务的分配，但这种做法引起了各派的不满，他也成了这一做法的牺牲品，该事件推动了联邦政府改革公职制度。

随着改革任用政府官员制度的呼声越来越强，俄亥俄州参议员彭德尔顿（George H. Pendleton）向国会提交了有关调整和改革美国文官制度的提案。1883 年 1 月 16 日，美国国会讨论通过了《调整和改革美国文官制度的法案》，即《彭德尔顿法》，亦称《美国文官法》。该法案规定，通过公开考试择优录用政府官员，并保证公民不受政治、宗教、种族或出生国的限制，都有参加考试以谋求政府文职官员的权利。这个法案表明美国在任用政府文职官员时舍弃了"政党分赃"，同时确立了竞争择优的原则，因而具有里程碑的意义。依照这个法案，又建立了文官委员会，负责对联邦政府文官进行统一管理、主持公开考试、规定任期等工作。从这时起，美国开始实行公开考试择优录用官员制度。作为美国文官制度基本法的《彭德尔顿法》的颁布，标志着美国近代文官制度的形成。应该看到，《彭德尔顿法》的颁布在很大程度上是受到英国文官制度影响的结果，但它拒绝了英国文官制度中文官最初只能从最低一级职位做起的做法。因此，尽管彭德尔顿在他的提案中提出了文官只能从最低一级职位做起这一条，但因遭到了参议院多数议员的反对，所以，最后这一条没有被列入法案。

在《彭德尔顿法》颁布后，美国国会又通过了许多有关文官制度的法律。1909 年，联邦政府中专业性较强的机构开始了早期的公务员培训活动。1917 年颁布的《史密斯-休斯法》第一次规定对文官进行职业培训。1920 年，美国颁布了《公务员退休法》。1923 年和 1940 年通过的职位分类法，确立了职位责任制，即依据职位的性质和责任的轻重分别定为若干门类和等级，并予以一定的职称和级别，这使得美国文官制度走上了科学管理的道路。从20世纪70年代起，随着社会和科学的发展，美国政府又进一步调整公务员制度。1978年10月，国会通过《文官制度改革法》，该法案于1979年1月1日生效，标志着美国公务员制度发展跨入了一个崭新阶段并进一步得到完善。1981年，里根(Ronald W. Reagan)总统上台后，他改革政府和公务员制度并成立一个管理与行政内阁委员会，专门研究和处理尤其是人事领域的问题。1987年，里根支持的"沃尔克委员会"对美国文官制度进行了为期一年的考察并发表《沃尔克报告》，提出下放政府人事管理权、优绩优薪、提高政府效率等建议。老布什(George H. W. Bush)就任总统后，国会于1990年通过了《联邦公务员薪酬比较法》。克林顿(William J. Clinton)总统又针对美国政府运行和公务员制度中存在的问题推动了行政和人事制度改革，组织开展了重塑联邦政府运动。①

二、文官教育的实施

《彭德尔顿法》的颁布标志着以择优考绩为特征的近代美国文官制度的建立②，但是这个法案并不是马上得到贯彻的。在其后近三十年的时间里，文官任用采取的是考绩制与政党分赃制并存的方式。考绩制起初只适用于少数的联邦文官人员，也就是说，文官中只有少数的人是经过考试择优录取的。的确，在很长一段时期内，对文官的系统培训还未能提到议事程上。从1935年起，美国才开始强调文官的职前培训。但这并不是说对文官的素质没有要求，实际上，文官素质教育的问题也逐渐得到社会各界的重视，旨在提升文官的基本人文素养和专业素质的教育在不同学校以不同的形式得以开展。

(一)基本的人文素养教育

美利坚民族是一个富于开拓创新精神的民族，同时也是一个非常注重继

---

① 姜海如：《中外公务员制度比较》，46~47页，北京，商务印书馆，2013。
② 周敏凯：《比较公务员制度》，87页，上海，复旦大学出版社，2006。

承传统文化的民族。这种理念渗透在教育的各个层面，文官教育也不例外。美国文官考试采取两轮制。第一轮为笔试，包括一般文化知识的考试与专业性考试两部分；第二轮为集体口试。①虽然以哈佛大学和耶鲁大学为代表的牛津-剑桥式的一批文理学院是以培养牧师为办学初衷的，但是，在它们的学生中有很多人毕业后也都供职于政府部门，因此，这些学校自然成为政府公职人员的培养基地。这些古老的文理学院有着悠久而浓郁的古典教育传统，以希腊语、拉丁语、希伯来语、叙利亚语等古典语文为主体的自由教育是其教学的主要内容。自 1869 年埃利奥特担任哈佛大学校长后，哈佛大学进行了旨在使现代语言、现代实用知识走进大学课程的改革活动，并带动了一批文理学院进行改革。在 19 世纪下半叶，现代语文、历史、哲学等一些现代人文学科的教学已经逐渐引起人们的重视。但直到 19 世纪末，古典课程的教学在美国大学里仍占有相当重要的地位。对于政府公职人员基本人文素养的培养来说，这些古典课程与现代人文课程的教学都是不可缺少的。

（二）基本的行政管理能力教育

美国社会重视人的基本文化素养，更重视实际工作能力，这是由美国崇尚实用主义哲学这一社会文化背景所决定的。19 世纪下半叶到 20 世纪初是美国社会由农业社会向工业化社会转型的时期。在这一时期，新发明、新工艺不断涌现，科学技术日新月异，工农业生产迅猛发展，各种新的社会思潮和改革运动此起彼伏，这些都给文官教育提出了新的课题，即政府官员仅仅具备基本人文素养以及仅仅强调基本人文素养的文官教育已不能适应时代的需求。在社会转型时期，政府公职人员更应该具有认识、理解和处理行政过程中遇到的各种新现象和新问题的能力。首先对这一新的时代要求做出应答的是美国南北战争后逐渐崛起的那些州立大学，如康奈尔大学、密歇根大学、威斯康星大学等。这些大学适时调整办学方针，从为社会服务的理念出发，

---

①　周敏凯:《比较公务员制度》，126 页，上海，复旦大学出版社，2006。

扩充面向社会生活实际的课程内容。培养政府新型公职人员的教育在这些学校得以率先开展。康奈尔大学校长怀特对此最为重视，主张加强对政府公职人员的训练。他认为，大学的办学目标之一就是要培养有潜力的领导人，并使他们带领社会前进。由于当时美国的文官并不全都是由考试选拔来的，有很大一部分人是通过创办报刊或论坛获得政府公职的，因此，这些人的素质也是参差不齐的。有感于此，怀特积极呼吁设立一个专门的学系来教育这些人，并注重针对社会实际问题设立相应的课程讲座。例如，他聘请美国著名的政治经济学专家伊利(Richard T. Ely)教授主讲"劳工问题及其解决方法"的课程，以提高学生对社会现实问题的认识和分析能力。密歇根大学、威斯康星大学等也设立了政治学系，旨在使那些准备以后进入政府担任公职的人养成奉公守法、尽职尽责的职业素养以及正确处理问题的行政管理能力。

总之，美国文官考选制度与英国不同。第一，美国文官考选制度重视选拔专才；不过分看重学历而是重视考生应用性知识和技能的掌握；不强调考生的年纪，不以年轻人为限；考试范围不限于学校的课程，而是强调掌握职务所需的知识和技能；用人单位有较大的自由选择权，列入合格人员名单者最终不一定会被录用。第二，美国文官考选制度主张民主，反对歧视，只考查考生的能力，不考虑其种族、肤色、政治党派、宗教信仰等。第三，美国文官考选制度优待退伍军人，如部分职位只能由退伍军人参加竞争，错过正常考试日期后还能有另试的机会、在评分时享受加分照顾等。但是，美国的文官制度也存在一些问题：一是过分重视专才，在一定程度上阻碍受过高等教育但缺乏某方面专业技能的高级人才进入政府机关；二是考试与任用脱节，这损害了公务员考选的有效性，削弱了考生笔试成绩的重要性，易诱发舞弊行为。①

---

① 冯军：《公务员考选制度研究》，151~155页，北京，社会科学文献出版社，2011。

第六节　日本的文官教育

相比欧美国家，日本是一个后起的资本主义国家。因此，在文官制度及文官教育上，日本显然借鉴了欧美国家的经验，并在自己的国情下形成了独具特色的文官制度及文官教育。在文官教育上，其注重思想道德教育和专门知识教育。

一、近代日本官僚制度的形成

近代日本的文官制度是明治维新以后建立起来的。这种官僚型的文官制度始于 1867 年征夷大将军德川庆喜归还政权于明治天皇，为明治维新提供了契机，明治维新使日本舍弃故步自封的封建制度。1885 年，日本政府颁布《官吏纲要》，这也是日本文官制度改革的开端。1887 年公布的《文官考试试补及见习规则》确立了考试用人的原则，这标志着日本文官制度的真正确立。

19 世纪中期日本兴起了明治维新运动，这是日本由封建社会向近代资本主义社会迈进的转折点。这一时期也是日本近代官僚制度形成的重要时期，其标志包括以下几个方面。一是中央建立内阁制度。1885 年 2 月，日本颁布了第 63 号太政官令，决定废除太政官制度，建立内阁制度，内阁下面分设内务、外务、大藏、陆军、海军、文部、司法、邮政、农商部等省，由总理大臣和各省大臣组成内阁，同时制定内阁职权，以作为内阁机构常规运转的准则。二是发布"敕令"，使文官事务法制化。从 1876 年到 1886 年，日本政府发布了若干单项"敕令"，对官员的任用、官员的分类、官员的服务职责、官员的待遇和惩戒等具体方面的问题予以说明和规定，如《官员惩戒例》《行政官员服务纪律》《官员恩给令》等。自这一时期，日本虽然还没有一部关于文官事务的内涵全面的法律法典，但是这些单项"敕令"同样具有法律效力。三是对文官队伍进行等级划分，初显现代"层级制"管理端倪。官员有高等低等之分。高等官有九等，他们分别是天皇任命的一、二等敕任官和由总理大臣奏请天皇任命的三到六等的奏任官。判任官分为四等，属于低等官员。四是实行考试任用官员制度。从1894年起实行"高等文官考试"，考试合格者被录用为高等文官，进入政府机关。从此，明治初期主要以藩邦下级武士构成的官僚机构逐渐被高等文官考试合格者所组成的官僚机构代替。

在19世纪八九十年代，由于受德国、法国等西欧国家的影响，国家主义思想在日本盛行，国家利益高于一切的理念渗透在社会生活的各个方面。因此，在这一时期，日本陆续颁布了一系列教育法令，建立起近代教育制度，旨在使教育为教化忠于国家的公民和培养治国安邦的精英人才服务。高等教育除负有为国家培养各类实用型科技人才的任务外，更被赋予培养国家政治生活中的高级管理人才的使命。1886年3月1日，日本政府颁布了《帝国大学令》，建立了帝国大学。政府对这所大学非常重视，尤其对其中的法学部(后为法科大学)的重视程度更是超出其他学部之上。该学部的长官直接由大学总长兼任，这是因为该学部的目标之一就是培养将来在政府部门中任职的官员。为了鼓励法科的学生更多地进入文官队伍，日本政府于1887年制定了《文官考试试补及见习规则》。该法规主要确定了选拔高级文官和普通文官的范围，并规定帝国大学法科的毕业生可免于参加正式考试前的预备考试。这种优越政策不仅使法科大学的地位不断上升，还大大吸引了学生就读法科大学及参加高等文官考试的兴趣，并且使他们日渐成为录用官员中的主体。同年又制定和实施了文官考试委员官制度、《官吏服务纪律》。① 1893年，又制定了《文官任用令》，首次确定了功绩任用的原则。1889年，对《文官任用令》又做了

---

① 刘厚金:《中外公务员制度概论》，136页，北京，北京大学出版社，2010。

进一步的修改，制定了《文官资格保障令》和《文官惩戒令》，史称"文官三令"，其在日本近代文官制度史上占有重要的地位。在 1894 年到 1947 年的考试中，共有 9569 人合格，而其中来自东京大学法学部的达 5653 人，占 50％以上，在政界占有明显的优势。19 世纪八九十年代，正是日本天皇制最后形成的重要历史时期，为政府培养官吏成为这一时期大学的首要任务。由此，以东京帝国大学为首的几所精英型大学被称为"官员养成所"，它们被视为官员教育的基本机构。

总的来说，与日本以天皇为权力中心的中央集权相适应的官吏体制是一种官僚型人事行政管理制度。其封建性体现在：天皇独揽政治大权，官吏的身份依附于天皇。但这种制度也包含一些公务员制度的因素：政府官员必须通过考试才能被录用，考试分为高等考试和普通考试两种。

二、文官教育的实施

近代日本文官教育的实施，主要强调思想道德教育和专门知识教育两个方面。

(一)思想道德教育

在近代日本文官教育中，政府非常重视文官的思想道德教育。这是因为他们是国家意志的具体贯彻执行者，其被赋予的道德期望和道德要求自然会更为严格。就整个思想道德教育来讲，就是要形成忠、孝、仁、爱、信、悌等品质，其中尤以形成对天皇"忠爱""恭顺"的品质成为当时最高的思想道德追求。思想道德的核心就是尊敬和崇拜天皇，为天皇尽忠。这种要求具体反映在 1890 年颁布的《教育敕语》中。

近代日本的文官大多出自以帝国大学为首的几所精英大学。经由小学、中学，再考入帝国大学，这是他们成长的一个基本路径，也是他们思想道德形成的一个基本过程。文官思想道德的形成得益于漫长岁月的熏染，是一种自下而上式的长期垂直德育教化的结果。

在近代日本,忠君氛围弥漫在整个学校系统中。1890年的《教育敕语》是天皇亲自发布的。自此,它既是最具体的德育教材,又成为最高的道德施教纲领,指导着各级各类学校的德育活动。学校进行的《教育敕语》"捧读式"活动也对学生起到了巨大的感化作用。后来,"捧读式"由学校扩展到社会,有些行政机构在举行"捧读式"时,地方政府官员、议员、法官、警长等都要整装列席,气氛甚为隆重严肃。

(二)专门知识教育

大学的法科和文科是近代日本政府官员的主要产生地,这里所设的课程大多是与行政管理活动联系较为密切的。法科的主要课程有以宪法为中心的国家学、国别法学(包括德国法、法国法、中国法、日本法)、财政学等。其中,由于日本的近代官吏体制、近代大学体制等都是取法于德国,所以法学课程对德国法的学习尤为重视。官员考试制度确立以来,一直以法律学为考试中心,这大大强化了法律学在整个课程体系中的核心地位。这种情形一直持续到20世纪初。1929年,日本对文官考试科目做了大幅修改,除必考科目宪法、刑法、民法、行政法、经济犯罪、国际公法六门外,还增加了选考科目财政学。

日本的大学对实科知识教育也非常重视,以工科为主的实业科学知识的教育也占有重要的地位。1886年成立的帝国大学开办了工科大学,其课程多为与工业生产紧密相关的机械制造、工艺流程、航海、轮机等。这不仅体现了近代日本政府大力殖产兴业、扶持工商企业的国家发展战略,还反映了为经济服务的近代日本文官教育理念。

总之,日本的文官制度及文官教育是借鉴欧美国家的产物,带着浓厚的引进痕迹。从中可以清楚地看到法国的中央集权、德国国家主义精神下的精英型大学理念、英国的自由教育和道德陶冶传统,以及德国和美国的实科教育思想，因此，有人称日本的文官制度及文官教育是"混合物"。当然，近代日本文官教育对以儒家思想为核心的道德教育传统也是非常注重的。

第七节　文官教育的特点和历史影响

虽然欧美国家和日本的文官制度以及文官教育开始的时间各不相同，但无论哪一国家，都已基本建立了国家政府和权力中心。应该说，近代文官教育是近代欧美国家和日本国家政治经济诸方面发展的必然要求。一支素质精良、有效运转的文官队伍是保证政令畅通和保障事业成功的重要因素。正是在这样的形势下和基于这样的认识，文官教育在欧美国家和日本受到了重视。文官教育旨在社会上层人才的培养，凸显了精英主义教育特色。它不是面向全体国民的教育，而是一种指向具有较高素质的特定人群的教育。从文官教育受众人群的数量来看，能够接受文官教育的人毕竟只占其国家全部人口的极小部分；从文官的来源渠道来看，文官是通过考试择优选拔的结果；从文官接受的教育程度来看，文官一般都经历过严格的中等教育和大学教育，具备了一定的知识和技能，并形成了一定的综合工作能力基础；从文官的工作性质来看，他们担负着国家的统治责任和社会的管理职能。

为了克服"个人恩赐"和"政党分赃制"的弊端，英国首先建立了文官制度，随后欧美其他国家也先后建立了文官制度。在文官制度建立后，文官教育也就被提上了议事日程。当时欧美国家和日本都还没有建立专门的文官教育机构，但文官的基本素质已引起了政府的重视。总之，近代文官教育主要着眼于人的基本素质教育，但并不忽视职位技能教育，体现了通识教育与专业教育的结合。受近代西方人文主义、新人文主义思潮的影响，欧美国家和日本的近代文官教育极其关注文官的一般性文化知识水准的提升，形成文官的道德品行和文化知识被作为文官教育的基本目标,但这并不表示近代文官教育排斥那种针对具体职位的专业教育。事实上,在欧美国家和日本近代文官教育的发展中,随着社会政治经济需求的不断变化,文官教育体现出通识教育与专业教育结合的特色。

一、欧美国家和日本文官教育的特点

欧美国家和日本文官教育主要表现为以下四个特点。

第一,文官教育是一种基本素质教育。近代文官制度是在反对封建社会官吏的基础上建立起来的,国王恩赐使得这些官员的基本素质十分低下,导致政府职能和行政效率的低下。为了改变这种局面,近代欧美国家和日本政府把改善政府行政效能的第一步放在提升官员的基本素质上,特别关注文官们的教育,要求通过统一考试、择优录用等手段将那些接受过正规学校教育的、具有一定文理基础知识的人吸收到文官队伍中。虽然那些中学和大学不是专门为培养文官开设的,但这些手段也从另一种角度强化和提高了培养未来文官的质量。

第二,文官教育主要借助普通教育机构来进行。在近代社会,欧美国家和日本还没有形成真正意义上的专门的文官教育机构,文官教育的实施主要是依托文法学校、公学和大学来实施的。这是由于这些国家的行政管理职能还远没有分化和细化,更多需要的是通才。由于政府基本处于"小政府职能时期",其职能仅仅局限在维持社会制度和保卫社会安全等初级层面上,政府部门对社会生活的干预相对较少,所以,文官无需有更多的专门知识,只要具有通识性的基本知识技能即可胜任工作,这种通识性的基本知识技能在中学和大学中就可以获得。从这些国家的情况来看,专门的文官教育机构大致出现在第二次世界大战后的20世纪六七十年代。

第三,文官教育也凸显了一定的专门知识教育特色。从总体来说,欧美国家和日本的近代文官教育注重基本的文理知识教育，与此同时，它不仅没有忽视专门领域的知识教育，而且在不同国家的不同历史时期，随着社会政治和经济的变化，有些专门领域的知识教育还得到了特别的强调。例如，近代德国在重商主义时代，为了增加国库财政收入以维持强大的国家机器之需，就特别强调官员的财政学知识教学，其目的是提高税务官对税款的征收和管理技能，以免造成国家税款的浪费和流失。又如，近代法国在拿破仑时代，出于战场上抗击和战胜强大的反法联盟军队的需要，对具备实科工程技术知识的领导人才的需求就显得尤为迫切。

第四，文官教育既强调系统学校教育，又强调实践工作训练。就欧美国家和日本近代文官教育的发展历程来看，其开始的时间虽不尽相同，但基本都是沿着系统学校教育——实践工作训练这样一个轨迹前进的，即有志于政府文官的人首先必须在中学和大学里获得基本的文化知识，然后才有资格报考文官职务；在被录用进入见习阶段后，还要通过接受资深文官的指导和实际工作经验的积累来形成作为文官的基本职业知识技能。当然，在具体运作上，各个国家的侧重点有所不同。例如，法国和日本对学校教育尤为偏重，德国和英国在实践工作训练上更为突出。

二、欧美国家和日本文官教育的历史影响

欧美国家和日本文官教育的历史影响主要表现在以下三个方面。

第一，近代文官制度及文官教育的实施，为近代欧美国家和日本的政治稳定、经济发展和文化繁荣发挥了促进作用。自近代社会以后，这些国家社会政治秩序日趋稳定，经济也获得了更大的发展，文化教育事业也逐渐走上繁荣发展的轨道。虽然这是由各国政府实行的较为开明的政治经济和文化政策决定的，但这同时也是近代文官教育实施的一个必然结果，因为政府的各项政策需要由大量官员去贯彻和落实。通过文官教育，文官的基本素质得以

提升，随之带来政府职能的强化和行政效能的提高，从而促进了社会政治经济和文化各方面的发展。以近代普鲁士为例，大力倡导文官教育的国王弗里德里希二世(亦称"腓特烈大帝")去世时，国家的经济实力获得了较大提高，国库充盈，拥有了5100万塔勒的财政储存，相当于岁入的2.5倍，同时还供给着一支数量高达24万人的军队所需。这种经济实力的获得，与为数众多的受过文官教育的税务官、贸易管理官和市场监督官的工作有关。

第二，近代文官教育的实施带来了社会价值观、社会风气方面的转变。在近代欧美国家和日本，作为文官教育中重要组成部分的文官考试是一件令全社会关注的大事，并且它的影响更是在考试之后。近代文官通过考试择优的方式来录用，不仅极大地提升和彰显了文化知识的价值，更重要的是它冲破了根据家庭、出身等来任用官员的等级观念和门阀观念，使近代社会倡导的自由、平等思想得到了最具体的体现和最生动的诠释，促使近代社会逐渐走向知识和能力时代，从而带来社会价值观、社会荣辱观及社会风气的转变。

第三，近代文官教育在制度建设、课程实施、培训形式等方面，也为现代西方国家公务员培训奠定了基础。到20世纪五六十年代，西方主要发达国家都相继建立了以考试制度、岗位培训制度等为主要内容的较为完备的现代公务员制度，这正是在近代文官制度及文官教育的基础上建立起来的。近代文官制度及文官教育尤其为专业化的现代公务员教育形式和机构的诞生打下了坚实的基础，促成了后来的专门的文官学院的创立。

第十章

马克思和恩格斯的教育思想

马克思（Karl Marx，1818—1883）和恩格斯（Friedrich Engels，1820—1895）是马克思主义的创始人，伟大的无产阶级和劳动人民的革命导师，科学社会主义的开拓者。他们凭借辩证唯物主义和历史唯物主义世界观与方法论，基于对人类社会历史特别是资本主义社会的探究和剖析，紧密结合无产阶级革命的理念与实践，不仅揭示了人类社会发展的重要规律，指引了无产阶级解放的道路，描述了人类社会必将迈进的前景，还十分关注教育问题。他们虽然不是教育家，但科学地阐述了许多重要的教育思想，为无产阶级教育观奠定了理论基础，为人类社会教育的发展和演进开创了新的篇章。

第一节　马克思和恩格斯教育思想的生成

马克思和恩格斯的教育思想是在 19 世纪前期形成和发展起来的。它是马克思主义学说的组成部分，是和当时资本主义制度的确立以及无产阶级革命运动的发展紧密联系的，它的生成有着教育实际和教育理论的缘由。

一、对 19 世纪欧美教育现状的考察和思考

19 世纪的欧洲，在英国、法国、德国等一些国家，随着从 18 世纪兴起的工业革命和现代科学技术的进一步发展，资本主义生产方式的兴起，以及资本主义制度的确立，使资产阶级在不到一百年的阶级统治中所创建的生产力，比过去所创造的全部生产力还要多、还要大。同时，生产力的发展和生产方式的改变，又引起了社会政治、经济与文化教育以及人们生活方式的深刻变化。这些与封建社会相比，虽然表明了人类社会的巨大进步，但同时也显露出资本主义固有的内在矛盾——社会化生产和资本家私人占有之间的矛盾日趋尖锐。一方面是资本家利用科技的发展，竭力攫取工人的剩余劳动，不断扩大自己的财富；另一方面是丧失了一切生产资料的生产者在资本家的经济剥削和政治统治下，成为机器的一个活的部件，生活越来越贫困化。资产阶级和无产阶级之间的矛盾和对抗日趋尖锐，社会主义运动随之勃兴。总之，资本主义虽然将人类社会推到新的历史阶段，但又引发了许多严重的社会新矛盾。在教育领域中亦如此，既涌现了一定的教育革新和发展，但传统教育中的弊端仍大量存在，又显露出各种严重的新问题。

马克思和恩格斯在探讨和论述资本主义的发展以及引导工人阶级与劳动大众争取解放斗争的同时，也十分关注当时欧美一些国家的教育状况和教育问题。

随着工业革命的发展和科学技术的进步，机器工业大生产逐渐提高了对劳动者知识技能的要求，以满足国家兴起和资产阶级政治统治的需要。从 19 世纪初起，一些资本主义发展较快的国家都进一步重视教育，逐步加强了国家对教育事业的干预，加速了学校教育的发展和革新。例如，在英国，长期以来初等教育是由教会和私人兴办的。进入 19 世纪后，国会对教育问题举行了多次激烈的讨论，先后多次制定或修改有关初等教育的法案或决议。因此，在国家对教育提供的一定资金补助和一些教育促进会组织的推动下，"导

生制学校"和"幼儿学校"得到了更大的发展，并且还涌现了对平民儿童实施初步教育的一些学校，如"慈善学校""主日学校"等，在教学制度上也有所改进。在德国，普鲁士早在 1736 年就颁布"学校法令"，规定实施 5~13 岁的义务教育。当进入 19 世纪后，随着国内经济、政治和意识形态领域的变化与发展，普鲁士也展开了规模较大的教育运动。由普鲁士文化教育大臣洪堡提出的教育理念以及由他主导制订的一套教育制度，对德国教育的革新和发展产生了重大的影响。普鲁士在义务教育方面的进展，一度受到人们的赞誉。恩格斯说："有两种好制度使普鲁士优越于其他各个大邦：普遍义务兵役制和普遍义务教育制……而由于施行义务教育的结果，在普鲁士无疑还留下相当多的具有一定基本知识的人，这对资产阶级是非常有用的；随着大工业的发展，这批人最后甚至不够用了。"①至于法国，经过国家制度的几次变动和巴黎公社的革命冲击，到法兰西第三共和国时期，其学校教育也取得了很大的进展。对此，恩格斯说："在法国，现在有全世界最好的学校，实行真正的义务教育……法国已经把僧侣完全赶出学校了。"②他还说："法国的资产阶级共和派在 1871—1878 年间彻底战胜了君主政体和僧侣统治，给法国带来了过去在非革命时期闻所未闻的出版、结社和集会的自由，实行了初级义务教育，使教育普及化，并使之达到如此的高度，值得我们德国人向他们学习。"③在美国，教育革新的步伐更快一些。例如，在马萨诸塞州，首创由市政府负责保证本州所有的儿童受到初等教育，要求居民在 5000 人以上的大城市设立中等技术学校，大城市应该有更高级的学校；规定 1/8 的地方税收用于教育，国家也分担部分教育经费等做法。马克思对美国当时的免费教育这样评说："'实行

① 恩格斯：《暴力在历史中的作用》，见华东师范大学教育系：《马克思恩格斯论教育》，347 页，北京，人民教育出版社，1996。

② 恩格斯：《致奥古斯特·倍倍尔(1985 年 10 月 28 日)》，见华东师范大学教育系：《马克思恩格斯论教育》，396 页，北京，人民教育出版社，1996。

③ 恩格斯：《致卡尔·考茨基(1891 年 10 月 14 日)》，见华东师范大学教育系：《马克思恩格斯论教育》，413 页，北京，人民教育出版社，1996。

普遍的义务教育，实行免费教育'。前者甚至存在于德国，后者就国民学校来说存在于瑞士和美国。如果说，在美国的几个州里，中等学校也是'免费的'，那末，事实上这不过是从总税收中替上层阶级支付了教育费用而已。"①

总之，在19世纪的欧洲，许多国家由于社会发展的需要和人民群众争取教育权利的斗争，不仅使初等教育有了较大的扩展和革新，而且为上层阶级服务的中等教育甚至大学也出现了一些新的改革和发展。

马克思和恩格斯对当时欧美一些国家教育领域的革新状况是持欢迎态度的。许多国家普遍较以前更重视教育，一些国家正逐渐对教育实施干预和管理；有些国家开始实行学校与宗教分离，以推进教育的世俗性；不少国家在不同程度上实施初等义务教育甚至免费教育，在教学上增加实用科技的内容，等等。对此，马克思和恩格斯都实事求是地表示肯定甚至赞赏。但是，他们也尖锐地揭示了这些国家教育体制的资产阶级性质，以及教育领域仍然存在的严重不平等，大量贫困家庭的儿童仍被排斥在学校教育之外，宗教教育仍在毒害儿童的心灵，学校教育和管理仍严重压抑儿童的身心发展，教育教学的内容和方法都急需改进，等等。马克思在给他善于教育孩子的表舅的一封信中写道："亲爱的表舅，你记得吗，我经常和你开玩笑说，在我们这个时代，人的培养大大落后于畜牧业。现在我看到了你的全家，因此应当宣布你是培育人的能手。我一生还从来没有看到过更好的家庭。你所有的孩子都有独特的性格，彼此各不相同，每一个都有特别的才智，而且个个都同样受到广泛的教育。"②这也表明马克思对当时的教育现状十分不满，并阐述了他所希望的优良教育。

当时的童工及其教育的悲惨状况，更是引起马克思和恩格斯关注教育问

① 马克思：《哥达纲领批判》，见华东师范大学教育系：《马克思恩格斯论教育》，271页，北京，人民教育出版社，1996。

② 马克思：《马克思致莱昂·菲力普斯》，见华东师范大学教育系：《马克思恩格斯论教育》，365页，北京，人民教育出版社，1996。

题的一个重大因素。在揭示资本主义的大工业生产方式时，马克思和恩格斯深刻指出，随着工业革命的快速进展，童工的大量增加，资本家不仅把成年工人变成资本增值的直接手段，而且把大量儿童、少年和妇女也当作其创造剩余价值的工具。童工及其教育问题日趋严重。

马克思和恩格斯详尽地考察和研究了当时英国有关童工及其教育问题的真实情况和大量材料。他们极为愤怒地揭示出，大量的事实表明在资本主义的剥削制度下，工厂主严酷地迫使童工在没有劳动保护措施的条件下从事长时间的繁重劳动，只提供极少的食品，致使工人子女的身体健康遭到严重摧残；由于工厂主只把未成年人当成单纯制造剩余价值的工具，根本无视他们的智力开发，所以，大多数的儿童都得不到起码的教育，致使他们的智力发展也受到阻碍。而且，除了体力和智力两方面外，工厂主和工头为满足其兽欲而对少年工们恣意性侵，以及男女童工在居住环境方面的恶劣，致使童工们在道德和精神方面也受到了严重的损害，这是令人极为愤慨和不安的。马克思和恩格斯认为，随着童工劳动产生的许多严重恶果被披露，童工问题越来越引起社会的关注。有些较有远见的政治家也试图缓解这种恶果的发展，自1802年到1847年，英国国会颁布了一系列的"工厂法案"，其中有不少条款都涉及童工及其教育问题，从而使童工状况得到了一些改善。但是，由于工厂主和政府部门往往采取各种手法抵制或虚伪地对待这些法案中不利于其经济利益的条款，因而在大多数情况下，这些法案都未能真正实施，成为一纸空文，所谓义务教育也只在名义上存在。对此，马克思和恩格斯虽然也肯定，尽管工厂法的教育条款的作用是微不足道的，但还是把完成初等教育阶段的学习宣布为劳动的必要条件。他们强调，资产阶级统治者和工厂主对童工问题的改善措施是远远不够的，在当时的条件下，除了无产阶级通过法律的途径使恶劣的童工状况得到一些改善外，还得将童工及其教育问题同无产阶级与劳动群众的革命斗争结合起来，这样才能从根本上改变资本主义的剥削制度，也才能真正解决童工及其教育问题。

二、对 19 世纪前后重要教育思想观点的批判和继承

马克思和恩格斯对教育问题的关注和论述，不仅是基于当时一些主要国家的教育现状(包括童工教育问题)以及人民大众对教育的要求，也源于 19 世纪前后不少思想家和教育家提出的一些教育思想观点及其对无产阶级革命运动的影响。

马克思和恩格斯对近代许多重要的思想家、教育家所提出的教育思想观点，既肯定了其中包含的正确的、合理的成分及其积极意义，又批评了其中的局限和错误，并在对它们的关注和评述过程中，促进了自己的教育思想。

例如，德国古典哲学家康德说，人只有靠教育才能成为人，人完全是教育的结果，人性是可以通过教育而不断得到改造的。[①] 德国哲学家黑格尔说，特定个体的发展，一边是个体自身，另一边是个体所面对的普遍的无机自然界，如当前的环境、形势、风俗、道德、宗教等。如果根本没有这些社会环境、思想观念、风俗道德、一般的世界情况，个体就不会成为它现在的这个样子。[②] 马克思认为，康德、黑格尔的上述观点都具有正确的成分，它对合理看待人的发展和教育问题具有启示意义。马克思指出，在康德、黑格尔看来，人本质上是具有超然的、先验的某种意识、理性、精神的存在物。因此，他们的上述教育思想是与他们唯心的人的本质观相悖的，未能真正揭示人的特点及其发展和教育，只有基于历史唯物主义的人的本质观，才能真正科学地阐释人的发展和教育问题。

又如，对法国唯物主义哲学家、教育思想家爱尔维修(Claude-Adrien Helvétius)有关教育的观点，马克思指出，爱尔维修将其唯物主义的观点运用

① [德]康德:《康德教育论》，瞿菊农译，6~8 页，北京，商务印书馆，1926。
② [德]黑格尔:《精神现象学》上卷，贺麟、王玖举译，202 页，北京，商务印书馆，1979。

在对人的社会生活和人发展问题的论述上，是有积极意义的。在爱尔维修看来，感性的印象和自私的欲望、享乐和正确理解的个人利益，是整个道德的基础；人类智力的天然平等、理性的进步和工业进步的一致、人天性的善良和教育的万能，这就是爱尔维修体系中的几个主要因素。马克思还指出："并不需要多大的聪明就可以看出，关于人性本善和人们智力平等，关于经验、习惯、教育的万能，关于外部环境对人的影响，关于工业的重大意义，关于享乐的合理性等等的唯物主义学说，同共产主义和社会主义之间有着必然的联系。"①这是马克思对爱尔维修的高度评价。但是，马克思也批评了爱尔维修思想中的重大缺陷：爱尔维修从感觉经验主义出发，完全否定自然素质在人的发展中的任何意义，过高估价了教育的作用，甚至得出教育万能的片面性结论，进而认为政治和法律是社会发展的决定因素，从而陷入了历史唯心主义。在爱尔维修看来，社会环境以及法律之所以不完善，是由人的错误思想造成的；要改变不好的现状，必须先改变人的思想，而人的思想的改变，又在于人的改变；人的改变，又依靠"天才"人物的出现以及他们对人们的启发和引导，这就陷入了"英雄创造历史"的历史观和错误的教育观。

再如，19世纪前后的欧洲，三大空想社会主义者圣西门（Henri de Saint-Simon）、傅立叶（Charles Fourier）和欧文（Robert Owen）的"社会主义"思想一度传播甚广，影响较大。马克思和恩格斯对三大空想社会主义者的思想进行了深刻的剖析和论述，其中也包括对他们的教育思想或教育活动提出了很多重要的评述。这对马克思和恩格斯形成自己的教育思想具有借鉴意义和启示意义。

马克思和恩格斯认为，三大空想社会主义者在抨击资本主义社会的弊病时，也尖锐地指责了资本主义社会的教育，如违反儿童的本性、教育方法单

①　马克思、恩格斯：《神圣家族，或对批判的批判所做的批判》，见华东师范大学教育系：《马克思恩格斯论教育》，27页，北京，人民教育出版社，1996。

一、理论脱离实际严重压抑了儿童的需求和兴趣、仍十分盛行的宗教教育，等等。欧文甚至愤慨地说，在资本主义的童工剥削和教育制度下，儿童的天性就"受到了极大的摧残，他们的智力和体力都被束缚和麻痹了，得不到正常和自然的发展，同时周围的一切又使他们的道德品质堕落并危害他人"①，成为片面发展的人。马克思和恩格斯指出，三大空想社会主义者对资本主义社会及其教育的批判是正确的、有积极意义的。

马克思和恩格斯指出，三大空想社会主义者既汲取了18世纪唯物主义者有关人的遗传与环境、教育的关系的学说，又对人的发展的"先天决定论"提出了尖锐的批评，并强调人发展的社会制约性，重视教育的作用。例如，欧文明确地宣称，对每个人来说，先天素质虽然存在着差异，但总的来说是大致相同的。因此，它不是人发展差异性的决定性因素。同时，欧文也反对性格形成的"意志自由论"。他说，认为人在形成自己的信仰、感情和整个性格方面可以随心所欲，这是一种荒谬的观念。欧文还强调："无论过去、现在和将来，一个人永远是他出生前后所存在的周围环境的产物。"②"人可以经过教育而养成任何一种情感和习惯，或任何一种性格。"③对于欧文的"环境决定论"和"教育万能论"的性格形成学说，马克思、恩格斯既批评其重蹈了旧唯物主义的错误，将人视为完全是环境的消极产物，忽视了人的主观能动性，又肯定了这一学说强调人的发展的社会制约性和高度重视教育的作用。

马克思和恩格斯认为，三大空想社会主义者在批评资本主义社会制度及其教育造成人的片面发展时，提出了人的全面发展的理想。例如，傅立叶宣称，在"和谐制度"中，人人都应受到"协作教育"，其目的是实现体力和智力

---

① [英]欧文:《致不列颠工厂主书》，见《欧文选集》第一卷，柯象峰、何光来、秦果显译，159页，北京，商务印书馆，1979。

② [英]欧文:《人类思想和实践中的革命或将来从无理性到有理性的过渡》，见《欧文选集》第二卷，柯象峰、何光来、秦果显译，84页，北京，商务印书馆，1981。

③ [英]欧文:《新社会观，或论人类性格的形成》，见《欧文选集》第一卷，柯象峰、何光来、秦果显译，68页，北京，商务印书馆，1979。

的全面发展。欧文不仅认为所有的人都有受教育的权利，应让每个人的才能、力量和志趣都得到充分发展，而且他还预想，知识的成就要求培养体、智、德全面发展的、有理性的男男女女的时期就要到来。欧文甚至曾这样描绘：在合理的社会，"所有的人都将在体、智、德、行方面受到良好的教育"①，并用最好的方式尽量发展本人的全部才能和力量。

马克思和恩格斯还指出，教育与生产劳动相结合的思想，是三大空想社会主义者的共同主张。例如，傅立叶认为，在合理的社会里，人人都要参加生产劳动。不过，傅立叶所说的生产劳动主要是手工业生产劳动。而贯穿在欧文教育实践活动中的教育与生产劳动相结合的思想，是由于他觉察到了大机器生产条件下生产与教育发展的新特点。在欧文看来，教育与生产劳动相结合，不仅可增加社会物质产品的生产，还将促进人们自身的多方面发展。欧文关于教育与生产劳动相结合的思想和教育实践活动，是在现代工厂生产制度的条件下，试图将科学知识教育与机器生产劳动结合起来，超越了他的前辈以及其他空想社会主义者所达到的成就，受到马克思和恩格斯的高度评价。马克思甚至指出："只要看过罗伯特·欧文的著作，就会确信，从工厂制度中萌发出了未来教育的幼芽。"②

在马克思主义教育学说诞生之前，19世纪空想社会主义者的教育思想已蕴含了马克思主义教育理论的一些因素，因而受到马克思和恩格斯的高度重视。但是，马克思和恩格斯又认为，19世纪空想社会主义者主要从人性论的角度出发，错误地以为资本主义制度及其教育中的各种弊端只是由于它不符合人性或者所谓人的理性，而未能深刻揭示其真正的社会根源和根除其弊端的途径。空想社会主义者关于人的全面发展和教育与生产劳动相结合的观点

---

① ［英］欧文：《〈新道德世界书〉摘译》，见《欧文选集》第二卷，柯象峰、何光来、秦果显译，39~40页，北京，商务印书馆，1901。

② 马克思：《资本论》，见华东师范大学教育系：《马克思恩格斯论教育》，229~230页，北京，人民教育出版社，1996。

虽有正确的思想成分，却包含着不切实际的空想性。

三、与国际工人运动内部各种机会主义教育观点的论争

随着19世纪资本主义社会矛盾的激化和国际工人运动的蓬勃发展，运动内部的机会主义者也在教育问题上提出了各种错误的意见和主张。为了指导各国无产阶级在政治斗争和教育斗争中沿着正确的道路发展，马克思和恩格斯批判了这些错误的教育观，同时也阐述了他们的马克思主义教育思想。

19世纪五六十年代，法国小资产阶级社会主义者蒲鲁东(Pierre-Joseph Proudhon，1809—1865)以机器工业生产取代了手工业的分工并使工人失去了专技为由，极力反对现代大工业生产，并阻碍科学与技术的发展，主张回到手工业作坊的时代。同时，他还从无政府主义出发，反对一切国家和权威，反对国家"干预"教育。在讨论国际工人协会争取国家通过立法，实施免费的义务教育时他持否定的态度，认为只要由工人组织自办学校，对工人子女实施一种综合劳动教育，即可将他们培养为"综合工人"。有的蒲鲁东主义者甚至反对让工人子女和妇女参加现代生产劳动。针对这些观点，马克思指出，现代工厂机器生产的分工虽使劳动丧失了专业的性质，却大大提高了社会生产力，并为消灭旧的分工和使人片面发展提供了条件。现代工业吸引儿童和少年参加伟大的生产事业，这是一种进步的、健康的合乎规律的趋势，而蒲鲁东先生连工厂的这唯一革命的一面也不懂得。马克思指出，工人阶级为了革命的胜利，需要培养新人，但在资本主义制度下，工人阶级必须通过国家教育立法实施免费的义务教育，以保障工人阶级子女的受教育权利。工人阶级要求施行这种法律，绝不是巩固政府的权力。"相反，工人阶级通过普遍的立法行为能够得到靠许多分散的个人努力所无法得到的东西。"[1]在他看来，

---

① 马克思：《临时中央委员会就若干问题给代表的指示》，见华东师范大学教育系：《马克思恩格斯论教育》，207页，北京，人民教育出版社，1996。

工人阶级争取教育权的斗争，是工人阶级斗争的一个重要组成部分。

还有，俄国的米哈伊尔·巴枯宁（Михаил А. Бакунин，1814—1876）也从无政府主义立场出发，当沙皇政府镇压从事革命斗争的大学生、关闭大学时，他以现代科学是官方的科学为借口，号召青年学生抛弃这些大学，抛弃学习科学、知识和理论，让他们不要在科学上煞费苦心，因为人们想以科学的名义把他们束缚起来；他甚至提出，工人宁可不会读、不会写、不会算，也要比受官办学校教师的教育好些。巴枯宁在反对一切权威，宣扬"阶级平等"的同时，还提倡"平等的教育""自由的教育"，主张为一切阶级的儿童提供同等的学习和发展条件，让儿童全赖他们本身的经验变得聪明，等等。马克思和恩格斯指出，巴枯宁一伙基于反对一切权威和反对官办学校，将学习科学知识视为一种束缚，以致反对工人阶级和青年学生学习科学知识的观点，是极为荒谬的。马克思和恩格斯强调，科学是推进人类历史进步的有力杠杆，是最高意义上的革命力量；文化和科学的教育是使工人摆脱愚昧、发展能力和进行解放斗争的武器。至于所谓"平等的教育"和"自由的教育"，马克思和恩格斯也指明，在资本主义条件下，这完全是不可能的空想。总之，巴枯宁的教育主张实质上是无政府主义和蒙昧主义。

1875 年，德国工人运动中的社会民主党（爱森纳赫派）和全德工人联合会（拉萨尔派）在哥达城召开了两派统一的代表大会，通过了一个德国工人党的纲领（称"哥达纲领"），这反映了欧洲各国工人运动的新发展。可是，这个纲领却对拉萨尔主义做了无原则的让步。其中在教育问题上提出了所谓"通过国家来实施普遍的和平等的国民教育，实施普遍的义务教育，实施免费教育""禁止童工"等主张。马克思认为，这些主张是不正确的，对当时工人运动的进一步发展是十分有害的。

马克思在批判拉萨尔（Ferdinand Lassalle，1825　1864）的政治、经济观点的同时，也批判了拉萨尔的教育观。马克思指出，所谓"平等的国民教育"，在当时是根本不可能实现的。在资本主义社会，上层阶级能受到较高水平的教育，低层阶级最多只能受到很低的国民小学教育，哪有可能对一切阶级都平等的教育！这实际上掩盖了教育的阶级实质。对于"实施普遍的义务教育"，有些国家虽已颁布了有关的法令，但工农大众的子女出于各种原因并未真正受到这种教育。所谓"实施免费教育"，如高等学校也是免费的，这事实上不过是从总税收中替上层阶级支付教育费用而已。所谓"通过国家来实施国民教育"，这实际上是指镇压人民的德意志帝国为"人民的教育者"，而无视德意志帝国这个封建专制国家，是需要革命人民去推翻它的。所谓"禁止童工"，指无条件地"禁止儿童劳动"，这是和大工业的存在不相容的，因为在按照各种年龄严格调节劳动时间并采取其他保护儿童的预防措施的条件下，生产劳动和教育的早期结合对改造社会和人的发展都具有重大的意义。

在拉萨尔派之后，德国社会民主党内的柏林大学讲师杜林（Karl E. Duhring）也发表了一系列反马克思主义的观点。其中，他还提出一个了"未来学校计划"。为正确引导工人阶级的革命斗争，恩格斯在《反杜林论》中全面地批判了杜林的各种错误观点。在教育问题上，恩格斯指出，杜林关于在未来学校里只应该教授一些"能够引起人们兴趣的东西"，一些"综合的"知识要素，反对让年轻一代掌握系统的科学知识，甚至反对在学校里进行古典语和外国语等课程教学的主张，这是与现代科学的发展不相容的。恩格斯在批判杜林错误的教育观点时，明确阐述了对年青一代施以系统的科学教育的重要性。

总之，马克思和恩格斯教育思想的生成，是马克思和恩格斯基于无产阶级和劳动大众的解放斗争，对近代科学技术、近代大工业生产以及资本主义制度的发展给社会生活、社会教育和人的发展带来一系列新情况和新问题的考察和思考，是对19世纪前后一些重要教育思想观点的审视和批判继承，也与当时国际工人运动中各种机会主义教育观点的论争有关。

在马克思主义诞生以前，在西方教育思想的发展史上，占统治地位的教育思想基本上建立在唯心主义和人性论的基础上，存在诸多谬误。随着马克思和恩格斯在马克思主义基础上对一系列重要教育问题的论述，一种本质上不同于以往的新教育思想，毅然呈现于世界教育思想之林。

第二节　论教育与社会的关系

马克思和恩格斯在教育思想领域的一个突出贡献是，他们明确地从历史唯物主义角度出发，将教育这种社会现象置于社会关系中进行考察，从而科学地揭示了教育的社会本质。马克思和恩格斯在驳斥资产阶级指责共产党人要"消灭一切教育"的诬蔑时，明确指出："而你们的教育不也是由社会决定的吗？不也是由你们进行教育时所处的那种社会关系决定的吗？不也是由社会通过学校等等进行的直接的或间接的干涉决定的吗？共产党人并没有发明社会对教育的作用；他们仅仅是要改变这种作用的性质，要使教育摆脱统治阶级的影响。"[1]马克思和恩格斯在这里实际上指明了教育与社会的关系以及教育的社会性质。

马克思和恩格斯认为，人和人类社会存在和发展的基础是社会物质生活资料的生产和再生产。这种生产和再生产，既为人类的生活和生存提供了必要的物质条件，又要求人类自身通过教育得到不断的发展和完善，以使人类社会延绵不断，并日益进步和美好。所以，从根本上说，人的生成和发展，人类教育的发生和演进，教育什么和怎样教育，是与人类的物质生产相联系的。这是马克思和恩格斯研究人及其教育问题的重要起点。

---

[1]　马克思、恩格斯：《共产党宣言》，见《马克思恩格斯选集》第一卷，418 页，北京，人民出版社，2012。

人类是怎样进行物质生产的? 马克思和恩格斯指出,人类的生产在任何情况下都是社会生产,人们只有在一定的关系中才能进行生产。这就使人们在生产过程中结成了一定的生产关系。这种生产关系在劳动过程中同生产力结成一定关系并制约教育的特点和发展。

在整个社会中,"生产关系总合起来就构成所谓社会关系,构成为所谓社会,并且是构成一个处于一定历史发展阶段上的社会,具有独特的特征的社会。"①因此,教育与社会的关系,也就必然表现为教育与一定社会关系的关系。所谓社会或社会关系决定教育,也就是说一定社会的这些关系制约着教育的发展、教育的社会性质,以及教育的社会职能的实现,要求教育为这些社会关系服务。

马克思和恩格斯指出,在人类的社会关系中,一定社会的经济结构成为该社会的经济基础,并在该经济基础上形成一定社会的上层建筑,以及不属于社会上层建筑的一些社会意识形态,如政治、法律、文化、道德、哲学、科学、艺术、宗教等,它们构成社会关系的整体和各种矛盾。社会经济是历史发展的基础,是第一性的,它对历史发展起决定作用;而政治、法律、道德等建立在经济基础上,是第二性的。所以,一定的社会关系与教育的关系,其含义是相当广泛和复杂的。一般来说,社会经济基础是制约教育发展的决定性因素,如整个社会生产力的发展水平制约教育发展的程度,社会经济和科技的发展影响教育教学的内容和方法,个人的经济条件制约其可受教育的机会,等等。社会生产关系及由其划分的阶级关系决定教育的社会阶级性质,如在阶级社会里,由于生产资料私人占有,人们在生产中的关系是剥削和被剥削的关系,反映这种关系的教育便具有鲜明的阶级性质。作为上层建筑组成部分的政治(包括政治思想及在其指导下建立的政治制度和国家制度以及相

---

① 马克思:《雇佣劳动与资本》,见《马克思恩格斯全集》第六卷,487页,北京,人民出版社,1961。

关的各种组织和设施等）与教育的关系是极为重要的，因为政治是经济的集中表现，又在上层建筑中占有主导地位，占统治地位的政治往往通过各种途径控制教育，从而对教育产生重大的影响，从某种意义上说，政治对教育的社会性质具有决定性的影响。至于各种形式的社会意识形态，由于它们之间既存在相互影响、相互作用的关系，又有相对的独立性，因而它们与教育的关系就更为复杂。有的是直接对教育产生这样或那样的影响，有的则是间接地影响教育。有的是影响教育的某些方面，有的是全面地影响教育。一般来说，社会意识形态同教育之间的联系，是处于一定的政治、经济背景之下的。总之，教育与社会关系的关系是相当复杂的。虽然社会的经济、政治对教育具有决定性的制约，但是社会的其他因素也在不同程度上影响着教育。

教育受社会、社会关系的制约，并要求其为社会服务，因而随着社会的发展、社会关系的变化，教育也必然在发展和变化，所以教育具有社会历史性。不同历史时期的教育，具有不同的时代特征。不同国家的教育，也具有不同的特征。在阶级社会里，生产关系或社会关系必然表现为一定的阶级关系，因而反映这种关系的教育必然具有鲜明的阶级性。阶级社会的统治阶级，极力通过国家政权制定教育方针政策，确定教育目的，颁布教育法令，控制教育经费，垄断教育权利等，使各种教育为维护其阶级的政治统治和经济利益服务。诚如马克思指出的，在资本主义社会，占统治地位的是资产阶级的教育，其教育目的，一方面是培养资产阶级所需要的统治人才，另一方面是把绝大多数人训练成为供其剥削的工具。"资产者认为道德教育就是灌输资产阶级的原则"①，资产阶级给"工人受的教育只有合乎它本身利益的那一点点"②。资产阶级的教育具有鲜明的资产阶级性质。

---

① 马克思：《工资》，见《马克思恩格斯全集》第六卷，648 页，北京，人民山版社，1961。
② 恩格斯：《英国工人阶级状况》，见《马克思恩格斯全集》第二卷，395 页，北京，人民出版社，1957。

马克思和恩格斯强调，一定社会的教育性质是由该社会的社会关系决定的。他们指出，作为观念形态的教育，虽是社会存在（含社会物质生活、精神生活、社会关系等）的反映，但它又具有相对独立性和继承性。这种独立性和继承性既表现在教育的发展变化过程中，又表现在教育对社会发展所产生的独特的巨大作用上。教育的发展变化是在继承而不是完全否定已有的教育思想、经验的基础上进行的，教育的发展变化并不完全与经济、政治的发展变化同步前进。教育对社会的作用，既可为推进社会的发展变化发挥先行作用，又可能滞后社会经济政治的发展对教育的需求。因此，对教育与社会关系的考察，还必须充分考虑教育这一社会现象的特点，并进行具体的分析。

基于教育现象的特点及其与社会关系存在着的复杂关系，马克思和恩格斯说，他们从未抽象地、一般地否定资本主义社会的教育，而只是强调要改变资本主义社会教育的阶级性质，使教育摆脱资产阶级的影响。对于教育改革与社会改革的关系问题，马克思明确提出："一方面，为了建立正确的教育制度，需要改变社会条件，另一方面，为了改变社会条件，又需要相应的教育制度；因此我们应该从现实情况出发。"[①]

第三节　论教育与社会生产

教育与社会生产存在密切的关系。马克思和恩格斯首先阐明了社会生产的特质，进而深刻论述了教育与社会生产的关系。

马克思和恩格斯指出，社会生产是人类社会存在和发展的基础。社会生产实际上是指社会生产和再生产，它包含物质生活资料和精神生活资料以及

---

① 《卡·马克思关于现代社会中的普及教育的发言记录》，见《马克思恩格斯全集》第十六卷，654页，北京，人民出版社，1964。

劳动者自身的生产和再生产。由于生产总是在一定的生产关系中进行的，所以社会生产和再生产也导致生产关系的生产和再生产。

物质生活资料是人们生存、生活和成长发展以及精神活动需要的必要物质条件。人们每天都在消耗物质生活资料，为不断补充被消耗的物质生活资料，并随着人口的增加和人们对物质生活资料需求的提高，必须不断生产和再生产物质生活资料。这是社会生产的特定含义。

在如何才能不断生产和再生产物质生活资料上，马克思认为，这首先取决于从事生产劳动的劳动者（或劳动力）的生产和再生产，劳动力的再生产是社会生产的再生产的必要条件。就整个社会来说，劳动者的生产和再生产是一个整体性的过程。具体来讲，一是各个劳动者本人的生活得以维持，其所消耗的劳动能力得以恢复，这是社会劳动力得以生产和再生产的首要基础；二是各个劳动者的家庭成员（包括将接替其劳动的子女）的生活和成长得以维系，这是社会劳动力得以生产和再生产的必要要素；三是通过对劳动者及其后代的教育训练，不断培养和提高劳动者的劳动能力，这是社会劳动力生产和再生产的重要因素。只有在这样的状态下，社会生产才能不在原地重复，从而才能得到不断提升和发展。

马克思和恩格斯指出，教育与社会生产之间的密切关系，不仅表明教育要反映一定的社会生产状况，还要使教育通过培养劳动力在整个社会生产的再生产中具有重要的地位，以充分发挥教育在促进社会生产的再生产中的重大作用。

就什么是"劳动力"，马克思说："我们把劳动力或劳动能力，理解为人的身体即活的人体中存在的、每当人生产某种使用价值时就运用的体力和智力的总和。"[①]

---

① 马克思：《货币转化为资本》，见《马克思恩格斯全集》第二十三卷，190 页，北京，人民出版社，1972。

教育归根结底要受社会生产力的制约。不同发展水平的生产力，为教育提供了不同的物质基础，也对教育提出了不同的要求。在不同的历史时代，作为生产力要素的劳动者及其劳动力也具有不同的特点，社会劳动力的生产和再生产以及它与教育的关系也有不同的特点。

当社会生产处于简单再生产的水平时，生产对教育的需求和教育对生产可能发挥的作用都甚为有限。因为当时的生产技术主要体现在个别劳动者的直接劳动技艺中，学习生产技艺只需要也只可能在师傅的带领下，在直接的生产劳动过程中进行，正如马克思说的，只要凭经验掌握每一种手艺的秘密，一般不要求通过学校教育来培养合格的劳动者。随着现代机器大工业的兴起，日益需要在体力和智力上都得到一定发展的劳动者，需要具有一定现代文化知识和技术的劳动力，甚至要求社会生产部门的工作人员都要知识化、技术化、专业化，而达到这些要求的途径，就是教育。

马克思和恩格斯指出，教育虽属于"精神生产"的范畴，但它在物质生产过程中具有重要的意义和作用。

第一，教育是劳动力生产和再生产的重要手段。马克思说："教育会生产劳动能力。"①这有三方面的含义。其一，教育和训练可以"改变一般的人的本性，使它获得一定劳动部门的技能和技巧，成为发达的和专门的劳动力"②，使劳动力技术化、专门化。其二，教育和训练不仅可使劳动能力保持下去，还可"使劳动能力改变形态"③，把一个从事简单劳动和一般性劳动的劳动力，训练成为可从事复杂劳动和专门性劳动的劳动力，将一般的劳动力培养为以脑力劳动为特征的劳动力。其三，教育和训练可以使人适应生产技术基础和

---

① 马克思：《资本论》第四卷，见《马克思恩格斯全集》第二十六卷(第一册)，210 页，北京，人民出版社，1972。

② 马克思：《货币转化为资本》，见《马克思恩格斯全集》第二十三卷，195 页，北京，人民出版社，1972。

③ 马克思：《资本论》第四卷，见《马克思恩格斯全集》第二十六卷(第一册)，159 页，北京，人民出版社，1972。

生产结构变化的需要，更新职业劳动的能力，从一个生产部门转到另一个生产部门。总之，随着现代生产的发展，教育不仅是劳动力再生产的必要条件，还是提高劳动生产率、发展社会生产和经济最重要的因素。

第二，教育是科学知识转化为现实生产力的重要手段。马克思认为，科学知识只是"知识形态"上的生产力，只有当其"物化"于生产过程中，才能转化为现实的"直接生产力"。科学知识的这种"物化"过程的实现，关键是必须通过教育，培养出能够将科学物化为机器和新工艺的技术人才，以及能够制造、操作和运用机器与新工艺的直接劳动者。

第三，学校还是科学知识再生产的重要场所。学校教育不仅把人类长期积累的科学知识进行有效的保存、选择和传递，还通过高等专业技术教育机构的研究和开发，再生产科学知识，以及科学知识在生产劳动中的运用技术等。

随着现代工业生产和科学技术对劳动者受教育程度的要求越来越高，教育在社会生产体系中的地位和作用也越来越重要。在现代社会，教育已被纳入社会生产和再生产的总过程。社会生产的发展、现代科学技术的进步，提升了教育发展的规模和速度，并且许多国家也开始实施年限越来越长的普及教育，着力推动教育的培养目标、教学内容、教育方法和组织形式的改革。例如，随着大工业和近代科学的发展，自然科学和技术科学日益被引进学校课程中，并且还出现了构成现代生产的"一个要素"的各种技术学校等，越来越显示出教育的生产性和经济性功能。

教育能生产人的劳动能力，对促进社会生产的发展具有巨大作用。马克思认为，教师的教育劳动可以说是一种"直接把劳动能力本身生产、训练、发展、维持再生产出来的劳动"[①]。特别是在以科学技术为基础的现代生产中，

---

① 马克思：《资本论》第四卷，见《马克思恩格斯全集》第二十六卷（第一册），164 页，北京，人民出版社，1972。

教师的教育劳动的这种"生产性"特征更为突出。但是，由于教育过程毕竟是培养人的过程，教师的教育劳动是一种精神劳动，并不直接生产物质财富，教师培养出来的人也并不都加入物质生产总过程中，所以，又不能把教师教育劳动的这种"生产性"与直接的物质生产劳动混为一谈。

第四节　论人的本质和个性形成

关于人的本质问题，在马克思主义诞生之前，许多思想家和教育家基本上是从抽象的人性论来论述的。马克思认为，那些诸如把神性视为人的本质，或者把理性、自我意识、抽象精神看作人的本质，或者认为"人本身是人的最高本质"，或者把人的本质理解为"类"（个人的共同性）等观点，都"没有从人们现有的社会联系，从那些使人们成为现在这种样子的周围生活条件来观察人们"①，因而都不能科学地阐明人的本质。马克思批判了各种错误的人的本质观，但也汲取了历史上有关人的本质问题讨论中的合理部分。

马克思在《关于费尔巴哈的提纲》中明确写道："人的本质不是单个人所固有的抽象物，在其现实性上，它是一切社会关系的总和。"②他还说："每个个人和每一代当作现成的东西承受下来的生产力、资金和社会交往形式的总和，是哲学家们想象为'实体'和'人的本质'的东西的现实基础。"③这是马克思对人的本质的科学概括，也是对历史上关于人的本质问题的探讨成果的批判性总结。

---

① 马克思、恩格斯：《德意志意识形态》，见《马克思恩格斯全集》第三卷，50 页，北京，人民出版社，1960。

② 马克思、恩格斯：《关于费尔巴哈的提纲》，见《马克思恩格斯全集》第一卷，135 页，北京，人民出版社，2012。

③ 马克思、恩格斯：《德意志意识形态》，见《马克思恩格斯全集》第三卷，50 页，北京，人民出版社，1960。

马克思关于人的本质观的主要特点包括以下几个方面。一是反对把人的本质看作某种抽象物，认为人的本质既不来自神，也不来自绝对精神，或来自个人自身所固有的东西。马克思强调，必须从人的现实社会关系上考察人、认识人、理解人的本质。这是马克思和恩格斯超越资产阶级人性论确立的理解人之本质的新起点。二是强调人的社会性。马克思指出，人是自然存在物，而且作为有生命的自然物，它具有作为天赋和才能以及作为欲望存在于人身上的自然力和生命力。然而，人的自然属性是受社会性制约的，个人是社会存在物，不管个人在主观上怎样超脱各种关系，他在社会意义上总是这些关系的产物。人的本质"不是人的胡子、血液、抽象的肉体的本性，而是人的社会特质"①。因此，人们"只有在社会中并通过社会来获得他们自己的发展"②。一个人的本质决定于他所处的社会关系。现实的人是社会关系的人格化，不同的人是社会关系的不同承担者。三是既肯定人是社会的产物，又强调人不是消极的客体，"人的类特性恰恰就是自由的自觉的活动"③，人区别于动物的一个特点就是人具有实践活动的主观能动性，因而人的活动本质上是自由的和直觉的。人的本质在一定社会关系的实践中形成，并随着社会关系的发展而发展。总之，在马克思看来，只有从社会性、从社会关系的角度来考察人，才能把社会的人和自然的人区别开来，并揭示出人的本质。

基于上述人的本质观，马克思和恩格斯论述了人的个性形成的诸因素及其相互关系。

第一，马克思和恩格斯明确指出了人的本质、人的形成和发展以及人的个性特征，都不是什么先天的某种抽象的人性的实现，或人的自然本性的展

---

① 马克思：《黑格尔法哲学批判》，见《马克思恩格斯全集》第一卷，270页，北京，人民出版社，1956。
② 马克思、恩格斯：《德意志意识形态》，见《马克思恩格斯全集》第三卷，235页，北京，人民出版社，1960。
③ 马克思：《1844年经济学哲学手稿》，见《马克思恩格斯全集》第四十二卷，96页，北京，人民出版社，1979。

示，而是现实的人在现实的环境和关系中的实践活动的产物。

第二，马克思和恩格斯认为，人作为具有自然力和生命力的存在物，人的遗传素质是人赖以发展的物质基础和前提，并且还应该承认人的遗传素质存在个别差异。但是，他们又认为，对人的形成和发展具有决定意义的，是人们所处的社会条件和教育。他们尖锐地批判了当时德国青年黑格尔分子施蒂纳提出的所谓类决定一切生理素质和精神素质，决定个人的直接存在并在胚胎时期决定分工，它不受个人的控制，也不受个人历史发展阶段的影响的荒谬观点，并指出这种在"类"掩饰下的遗传决定论，是将人的本质和发展予以生物学化的观点，其实质就是要由"类"对处于资产阶级统治下的大多数人的贫穷、愚昧、片面发展负责。①

第三，马克思和恩格斯高度评价了爱尔维修和欧文等人关于"人是环境与教育的产物"这一观点的积极意义，十分重视社会环境和教育对人的形成和发展的作用。但是他们又对爱尔维修和欧文等人的"环境决定论""教育万能论"率先提出了批判。他们指出，爱尔维修和欧文等人的重大错误是夸大了环境和教育对人的作用，忽视了人的主观能动性，只把人视为环境和教育的消极产物，并由此认为，改变人必须改变环境，而要改变环境又必须改变人，从而陷于环境决定人和人决定环境的循环"怪圈"；要走出这种"怪圈"，只得期望有贤明的立法者和教育者的合理教育。这样，就一定把社会分成两部分，其中一部分凌驾于社会之上，继而为社会的阶级统治辩解。

第四，马克思和恩格斯明确地将实践的观点纳入关于人的形成发展理论。他们认为，环境虽然决定人的发展，但环境本身也可以通过革命实践加以改变；教育固然对人的发展有重大作用，但教育本身也受客观规律的制约，教育者本人也受教育，因而教育也要在实践中接受改革。总之，人们是在改造

---

① 马克思、恩格斯：《德意志意识形态》，见《马克思恩格斯全集》第三卷，498~499页，北京，人民出版社，1960。

客观环境的实践中，能动地接受环境和教育的影响，从而又改造自己的主观世界，发展自身。

马克思和恩格斯强调以实践的观点，将人作为认识活动具有能动性的主体加入环境与教育的影响过程，这为清晰地阐释环境和教育在人的发展中的作用，以及教育在社会发展中的作用问题，提供了更科学的论述。他们关于人的本质和人的发展的上述基本观点，首次为正确认识和解决人的教育和发展以及个性形成中的社会的和生物的因素问题，主观和客观的相互关系问题，奠定了科学的理论基础。

第五节　论人的全面发展

关于人的全面发展问题，在马克思和恩格斯的教育思想中，占有极其重要的地位。在教育史上，有些资产阶级教育家和空想社会主义者都曾谈到人的全面发展或多方面发展的问题，并将其视为教育的重要目标。但是，由于他们基本上是从人性论角度来论述人的所谓"全面发展"或"多方面发展"，因而未能科学地揭示人全面发展的真谛。

马克思和恩格斯关于人的全面发展的论述，是基于对人的片面发展的历史考察，特别是对资本主义社会条件下人的片面发展以及未来社会人的全面发展需求的剖析和研究，从而使人的全面发展思想获得了新意。

马克思和恩格斯深刻揭示了人的片面发展的社会根源及其对人自身和社会的危害。马克思和恩格斯在系统考察了分工的发展与人的发展的关系的基础上指出，就个人自身来考察个人，个人就是受分工支配的，分工使他变成片面的人，使他畸形发展，使他受到限制。① 他们这里所说的分工，首先是指在人类社会进入原始社会末期，发生了物质劳动和精神劳动的分工。他们还指出："分工是从物质劳动和精神劳动分离的时候起才真正成为分工。"②这是第一次分工，是同城市与乡村分离，私有制以及阶级划分紧密联系的凝固化的分工。这次分工，给个人发展带来了严重的后果。在个人服从于分工的同时，个人也受制于阶级，每个个人都是作为阶级成员存在的。在这种体力和脑力分离、城乡分离、阶级对立的条件下，个人的发展受到这样或那样的限制，从而开始片面发展。正如马克思和恩格斯说的，在这个历史时期，人们的发展只能具有这样的形式，一些人靠另一些人来满足自己的需要，因而一些人(少数)得到了发展的垄断权；而另一些人(多数)经常地为满足最迫切的需要而进行斗争，因而暂时(即在新的革命的生产力产生之前)失去了任何发展的可能性。③ 这就是个人片面发展的早期的社会根源。不过，马克思在揭示这种分工造成人的片面发展的同时，又明确指出，在人类社会发展的历史时期，正是由于这种分工，才促进了社会生产力以及人类总体社会的进步和发展。

马克思和恩格斯在进一步考察分工的发展及其对人的发展的影响时详细指出，在原始社会末期开始出现的体力劳动和脑力劳动的分离，是一种社会内部的分工形式，随着资本主义生产方式的形成和发展，体力劳动和脑力劳动的分离逐步深入生产过程内部。同时，随着资本主义生产过程内部分工的发展，体力劳动和脑力劳动进一步分离，个人片面发展也进一步加剧。马克思指出："这个分离过程在简单协作中开始，在工场手工业中得到发展，在大

① 马克思、恩格斯:《德意志意识形态》，见《马克思恩格斯全集》第三卷，514页，北京，人民出版社，1960。

② 马克思、恩格斯:《德意志意识形态》，见《马克思恩格斯选集》第一卷，162页，北京，人民出版社，2012。

③ 马克思、恩格斯:《德意志意识形态》，见《马克思恩格斯全集》第三卷，507页，北京，人民出版社，1960。

工业中完成。"①

所谓手工业简单协作，是指许多劳动者在同一生产过程中，或在不同的但相互联系的生产过程中，按计划地协同劳动。这种劳动形式虽提高了生产效率，但对各个劳动者来说，作为协作的一员，他们在劳动过程中已不再属于自己，而成为这个"协作工作机体的肢体"，只要按协作的要求进行劳动。这样的协作劳动方式，夺去了小手工业者原有的独立性和一些脑力活动。

随着工场手工业生产的发展，劳动分工进一步进入生产过程内部分工，也进一步提高了劳动生产力。但这种劳动方式，把各种局部劳动分配给不同的个体，而从根本上侵袭了个人的劳动力，使每个工人一生束缚于某种工具和只从事一种操作上，压抑工人多种多样的生产志趣和生产才能，人为地培植工人片面的技巧，使工人成为某种局部劳动的自动的工具，把工人变成了畸形物，并加深了体力劳动者和智力劳动者的分离和对立。所以，马克思说，工场手工业分工的产物，就是物质生产过程的智力作为别人的财产和统治工人的力量同工人相对立。

在资本主义机器大工业兴起之后，随着科学技术在生产中的运用，自然力代替了人力，工厂的全部运动不是从工人出发，而是从机器出发，工人下降为机器的一个活零件，这就使劳动者在手工工场中完全失去了使用技艺的机会和兴趣，智力劳动进一步同工人相分离，夺去了工人身体和精神上的一切自由活动，造成劳动者片面发展的情况更加恶化。并且，随着童工的被雇佣，大量儿童和少年在繁重的劳动下，身体受到摧残，智力被荒废，严重影响了他们的正常发展。还有，在资本主义条件下，不仅是工人阶级，即使是"把这个阶级排斥于发展之外的另一个阶级（即剥削阶级和统治阶级）在智力

① 马克思：《相对剩余价值的生产》，见《马克思恩格斯全集》第二十三卷，400 页，北京，人民出版社，1972。

方面也有局限性"①，如资产者为自己的资本和利润欲所奴役，律师为他的僵化的法律观念所奴役。马克思和恩格斯认为，在资本主义剥削制度下的雇佣生产劳动和生活方式，使人们普遍地片面发展，把劳动者的片面发展推到了顶点，甚至使人性异化。

马克思指出，资本主义机器大工业生产条件下更大的分工，虽显著地提高了社会生产力，却将工人的片面发展推向顶点和普遍化的同时，又指出了要求个人全面发展的客观趋势。由于大工业是建立在现代科学技术基础上的，它有可能不断进行技术革新，从而使工人的职能和劳动过程的社会结合，也不断随着生产的技术基础的变化而变革，从而打破固定的分工，不断把大量的资本和工人从一个生产部门投到另一个生产部门。所以，马克思认为，大工业的本性决定了劳动的变换、职能的变动和工人的全面流动性。这种大工业的本性要求用那种把不同社会职能当作互相交替的活动方式的全面发展的个人，来代替只是承担一种社会局部职能的局部个人，是现代生产的普遍规律。使各种生产适应这个规律的正常实现，成为大工业发展"生死攸关的问题"②。

马克思还指出，由于科学应用于大工业生产，表明社会生产过程不过是为数不多的基本科学原理的应用，从而创立了工艺学这门完全现代的科学。只要通过对"工艺学"的学习和训练，就有可能使劳动者掌握一些基本生产原理，以适应多种专业的劳动。总之，大工业从科学技术上为打破旧式分工的凝固化、专门化展现了可能，也为其提供了基础。

但是，马克思和恩格斯又基于当时的情况指出，在资本主义制度下的现代大工业生产条件下，机器的资本主义应用，资本家为攫取最大剩余价值，产生了新的分工凝固化和专门化。从童工、少年工到成年工都被束缚在最简

① 马克思、恩格斯：《德意志意识形态》，见《马克思恩格斯全集》第三卷，507 页，北京，人民出版社，1960。

② 马克思：《相对剩余价值的生产》，见《马克思恩格斯全集》第二十三卷，534 页，北京，人民出版社，1972。

单的操作上，成为机器的附属品，而少数管理者则专门从事脑力活动。机器大工业的本性要求人的多方面发展，要求工人具有可以变换的多种劳动能力，而资本主义的生产方式却使人更加片面化、畸形化，这是个严重的矛盾。这个矛盾是机器大工业的生产力和资本主义生产关系这一矛盾的反映，因此，只有从根本上改变资本主义的生产关系，才能使大工业的本性对人的多方面发展的客观规律和要求得到正常实现。

在揭示上述人的片面甚至畸形发展的演进，以及机器大工业生产为人的全面发展显示了可能性的基础上，马克思和恩格斯从共产主义社会的理想提出了人的全面发展。恩格斯在《共产主义信条草案》中指出，共产主义者的目的，就是要"把社会组织成这样：使社会的每一个成员都能完全自由地发展和发挥他的全部才能和力量，并且不会因此而危及这个社会的基本条件"[①]。恩格斯在《共产主义原理》中也指出："由整个社会共同地和有计划地来经营的工业，更加需要才能得到全面发展、能够通晓整个生产系统的人……教育将使年轻人能够很快熟悉整个生产系统，将使他们能够根据社会需要或者他们自己的爱好，轮流从一个生产部门转到另一个生产部门。因此，教育将使他们摆脱现在这种分工给每个人造成的片面性。这样一来，根据共产主义原则组织起来的社会，将使自己的成员能够全面发挥他们的得到全面发展的才能。"[②]在马克思和恩格斯看来，人的全面发展，意味着劳动者智力和体力两方面，以及智力的各方面和体力的各方面都得到发展，达到体力劳动和脑力劳动相结合，这是人的全面发展的根基和核心。从更高层次来看，人的全面发展是指一个人在智力、体力、志趣、道德、个性等方面得到发展，即作为一个真正"完整的""全面性"的人的发展，而且是每个社会成员得到自由的、

---

① 恩格斯：《共产主义信条草案》，见华东师范大学教育系：《马克思恩格斯论教育》，88 页，北京，人民教育出版社，1996。

② 恩格斯：《共产主义原理》，见《马克思恩格斯选集》第一卷，308 页，北京，人民出版社，2012。

充分的发展，即人的彻底解放。因此，他们强调，只有自由、充分的发展，才有全面发展；只有每个人自由、充分地发展，才有一切人的自由、充分的发展，这正是共产主义社会的崇高理想，因为共产主义是"一个更高级的，以每个人的全面而自由的发展为基本原则的社会形式"①。

人的全面发展及其实现不能凭靠良好的愿望，只能依据现实的社会条件。马克思和恩格斯指出："生产力和社会关系——这二者是社会的个人发展的不同方面"②，"个人的全面性不是想象的或设想的全面性，而是他的现实关系和观念关系的全面性"③，"个人的全面发展，只有到了外部世界对个人才能的实际发展所起的推动作用为个人本身所驾驭的时候，才不再是理想、职责等等，这也正是共产主义者所向往的"④。所以，废除生产资料的私有制，消灭阶级划分，社会全面占有生产力，并高度发展社会生产力，才是为个人全面而自由的发展为基本原则的社会形式创造现实基础。脱离这些基础而高谈个人全面、自由的发展，只会陷入一种美好的空想。

尽管马克思、恩格斯批判了有些思想家或教育家将教育看作实现人的全面发展的唯一途径，但他们也强调，必须向全体社会成员施以普遍的全面教育，才能更好地促进人的全面发展。

马克思在1866年《临时中央委员会就若干问题给代表的指示》中提出，我们把教育理解为以下三件事：第一，智育；第二，体育；第三，技术教育（用的英文是"mental education""bodily education""technological training"），并应将

———————————

① 马克思：《资本的积累过程》，见《马克思恩格斯全集》第二十三卷，649页，北京，人民出版社，1972。

② 马克思：《资本的流通过程》，见《马克思恩格斯全集》第四十六卷(下册)，219页，北京，人民出版社，1980。

③ 马克思：《资本的流通过程》，见《马克思恩格斯全集》第四十六卷(下册)，36页，北京，人民出版社，1980。

④ 马克思、恩格斯：《德意志意识形态》，见《马克思恩格斯全集》第三卷，330页，北京，人民出版社，1960。

这三育与有报酬的生产劳动结合起来。这是马克思针对当时工人运动组织如何为工人阶级争取教育权利提出的建议。马克思在《资本论》中写道："未来教育对所有已满一定年龄的儿童来说，就是生产劳动同智育和体育相结合，它不仅是提高社会生产的一种方法，而且是造就全面发展的人的唯一方法。"①恩格斯说，在未来的合理社会，"教育将使他们摆脱现在这种分工为每个人造成的片面性"②。马克思和恩格斯对全面发展的人的有关论述表明，真正全面发展的人，是体力和脑力结合的人、完整的人、全面性的人、真正自由而充分发展的人，他们所期望的教育是包含智育、体育、技术教育、心智教育、德育和精神教育以及与生产劳动相结合的全面教育。

在马克思和恩格斯看来，真正实现社会全体成员全面、自由、充分的发展，是一个长期的、逐步的历史发展过程。在这一过程中，个人的全面发展和建立富强、民主、自由、平等的理想社会是相互促进的。当社会生产和社会关系为人的全面发展提供了可能和需要时，教育将在使人获得全面发展的过程中发挥巨大作用。

第六节 论教育与生产劳动相结合以及综合技术教育

在人类教育史上，由于社会阶级对立、体力劳动和脑力劳动分离等社会因素，长期来教育与生产劳动基本上是脱节的。只是到了近代社会，教育与生产劳动的关系问题才逐渐引起人们的注意和重视。有些思想家和教育家基于教育改革或社会改良的愿望和理想，相继提出了教育与生产劳动联系或结

---

① 马克思：《商品和货币》，见《马克思恩格斯全集》第二十三卷，98~99 页，北京，人民出版社，1972。

② 恩格斯：《共产主义原理》，见《马克思恩格斯选集》第一卷，308 页，北京，人民出版社，2012。

合的思想。例如，文艺复兴时期的早期空想社会主义者莫尔(Thomas More)在其《乌托邦》中提出了乌托邦人从儿童开始就要学习知识、道德和农业劳动，以及将教育和生产劳动结合起来的思想。英国早期古典经济学家贝勒斯(John Bellers)从人道主义出发，主张为所有儿童提供基本的教育，并认为人需要从事体力劳动，应将教育与生产劳动相结合，不与体力劳动相结合的教育类似于不学。马克思对贝勒斯的这些思想给予了高度评价。卢梭从培养"自然人"的独立和自由出发，主张青年期的孩子应当学会劳动，培养其尊重劳动和劳动者的情感。裴斯泰洛齐从改善劳苦大众的生活出发，认为教育应该与劳动人民的需要紧密联系，强调对所有儿童施以全面发展其劳动能力的教育。裴斯泰洛齐不仅强调教育与生产劳动相结合的思想，而且在他所办的学校里具体实践了自己的教育思想，探索教育与农业和手工业劳动相结合的途径。裴斯泰洛齐的教育与劳动相结合的思想和实践在西方教育史上产生了重大影响。英国的欧文不同于上述前人基于手工业或农业生产主张教育与生产劳动相结合，他立足于机器大工业生产的影响，创新地提出和论述了教育与生产劳动相结合的思想。欧文指责资本主义机器大工业生产使工人成为机器的附属品，使童工、少年工的智力和体力得不到正常和自然的发展，品德也受损，但他也感到了机器生产、科学技术和教育的重大进步意义，并提出了在未来社会脑力劳动和体力劳动相结合、教育与生产劳动相结合以及要求培养智、德、体、行全面发展的有理性的人的前景。欧文不仅发展了教育与生产劳动相结合的思想，还试图在他经营的工厂里对儿童实践自己的教育思想。

马克思和恩格斯以前的一些思想家和教育家，尽管有的主要是基于人的独立、自由发展，有的着重于企望提高生产，有的出于改善劳苦大众的生活或改造社会的目的，而从不同角度阐述了教育和生产劳动相结合的重要意义，有的人甚至还试图加以实践。但是，他们却未能对教育与生产劳动本身以及它们之间的内在关系做出全面的、历史的、科学的分析和论述，因而都带有一定的片面性和局限性。

马克思和恩格斯虽然承续了历史上关于教育与劳动相结合的合理思想，但他们抛弃了其中的片面性和局限性观点，并在深入分析资本主义现代大工业生产特点以及工人阶级劳动状况的基础上，科学地阐述了教育与生产劳动相结合这一重要的教育思想。马克思和恩格斯还认为，新时代教育与生产劳动相结合的思想，不同于以往关于教育和手工业与农业劳动结合的思想，而是现代生产劳动、现代科学与现代教育密切联系的反映和要求。

马克思和恩格斯深刻地论述了现代大工业生产劳动和现代教育的内在联系。他们指出，随着资本主义经济的发展、科学技术的进步、机器大工业的兴起，大大促进了科学在生产中的应用和生产的社会化。但在机器操作中，工人从"使用工具"变成"服侍机器"，使物质生产过程中的体力劳动和脑力劳动进一步分离，使劳动者的身心发展进一步片面化甚至畸形化。然而，现代大工业的技术基础在不断变革，使工人的职能和劳动过程的社会结合也不断变革，使分工也发生变化。大工业生产的这种本性决定了劳动的变换和工人的全面流动性，从而需要尽可能受到多种技术训练的多方面发展的工人。否则，就将严重影响机器大工业生产的运行，影响生产的发展和资本的增值。于是，在客观上便提出了教育与生产劳动相结合的需求。同时，要求将生产劳动与教育结合起来，使在职工人尽可能受到适应劳动职能变更的教育和培训；进而要求将教育与生产劳动相结合，以培养出能多方面发展、具有多种劳动能力的劳动者。同时，要求把初等教育与工厂劳动结合起来，然后再逐渐提高结合的水平。这是教育与现代大工业生产劳动相结合的发展趋势。在马克思和恩格斯所处的时代，童工问题十分严重，所以人们更关注未成年工人的教育和劳动问题。而且，当时英国工厂法的教育条款也提出把初等教育宣布为劳动的限制条件，从而既证明了智育和体育同体力劳动相结合的可能性，又证明了体力劳动同智育和体育相结合的可能性。

马克思和恩格斯还阐明了教育与生产劳动相结合同综合技术教育的密切关系。马克思提出，在资本主义机器大工业生产条件下，在要求改善工人劳动状况的同时，还应使未成年工人的生产劳动同智育、综合技术教育和体育结合起来。马克思所说的综合技术教育，指的是使儿童和少年了解生产各个过程的基本原理，同时使他们获得运用各种生产的最简单的工具的技能。马克思和恩格斯认为，由于机器大工业生产是建立在现代科学技术基础上的，这就为揭示现代生产过程的"秘密"提供了科学技术的条件。而当时的"工艺学"正好可作为综合技术教育的学习内容。"工艺学"大致包含自然科学、技术科学的一般原理。它揭示了为数不多的基本运动形式，不管所使用的工具多么多样，人体的一切生产活动必然在这些形式中进行。而且，在学习生产各个过程的基本原理的基础上，再获得运用各种生产的最简单的工具的技能。这样，就可通过以学习工艺学为核心的综合技术教育这一"纽带"①，将现代生产劳动和现代教育有机地结合起来，为人的多方面发展提供重要基础。

马克思和恩格斯还明确论述了教育与生产劳动相结合的重要意义。马克思指出，未来生产劳动同智育和体育相结合的教育，不仅是提高社会生产的一种方法，还是造就全面发展的人的唯一方法。马克思还认为，现代工业吸引儿童和少年参加社会生产事业，是进步的、健康的和合乎规律的；在合理的条件下，"生产劳动和智育的早期结合是改造现代社会的最强有力的手段之一"②。在马克思和恩格斯看来，教育和生产劳动相结合，对提高社会生产、促进人的全面发展甚至改造现代社会，都有重大的影响或作用。但是，他们

① 马克思：《临时中央委员会就若干问题给代表的指示》，见《马克思恩格斯全集》第十六卷，218页，北京，人民出版社，1964。
② 马克思：《哥达纲领批判》，见《马克思恩格斯选集》第三卷，377页，北京，人民出版社，2012。

也指出，教育与生产劳动相结合的影响和作用的实现，在不同的社会条件下是有差别的。

　　教育与生产劳动相结合尽管是现代社会发展的客观要求，但在资本主义制度下，这种"结合"不能不受到资本主义基本经济规律的制约。这不仅表现在其"结合"的目的上，还反映在其"结合"的程度、范围等方面。因此，马克思和恩格斯认为，只有在合理的社会制度下，随着社会生产力的高度发展，个人劳动才不再是一种被迫的奴役，而是真正自由的劳动；劳动不再是痛苦，而是一种乐趣时，对逐步实现普遍生产劳动和普遍教育相结合，必将提出越来越高的要求，同时也从劳动制度和教育制度上为其提供日益完善的条件，从而使教育与生产劳动相结合的重大意义和作用得到充分体现。

第七节　马克思和恩格斯教育思想的历史地位与影响

　　马克思和恩格斯虽不是专业教育家，也未写出教育学方面的专著，但他们的教育思想涉及了许多重大的教育问题，富有鲜明的时代性、阶级性、理论性和前瞻性。他们的教育思想理论在人类教育理论和实践的发展中具有里程碑式的意义。当代英国教育史学家罗伯特·R. 拉斯克（Robert R. Rusk）和詹姆斯·斯科特兰（James Scotland）在 1981 年他们合著的《伟大教育家的学说》一书中写道："对 20 世纪教育最有影响的思想家，完全不是某个职业教育家，而是一位政治哲学家——马克思。"[1]

　　马克思和恩格斯的教育思想，不是以"抽象的人"而是以现实的人，不是

---

　　① Robert R. Rusk, James Scotland, *Doctrines of the Great Educators*, New York, The Macmillan Press Ltd., 1981, pp.238-239.

从一般的社会而是从一定历史条件下的社会去考察人的发展和教育,从而对教育领域中的许多重要问题做出了科学的论述,使教育科学的发展发生了伟大的变革。

马克思和恩格斯批判地继承了历史上有价值的教育思想遗产;以无产阶级和全体劳动人民的根本利益为着眼点,从对教育同社会生产和社会关系的关系的考察中,揭示了教育的社会本质及其职能;揭示了人的片面发展及其社会根源;指责了资本主义教育的阶级性质;从实践的观点阐明了遗传因素、环境、教育和革命实践对人的发展以及教育对社会发展的作用;从对现代生产、现代科学与现代教育的内在联系的分析中,论述了教育与生产劳动相结合以及人的全面发展的必然性和必要性,等等。马克思和恩格斯对许多重要教育问题的论述,改变了教育领域中不少基于唯心主义和抽象人性论的错误的或模糊的教育观点,将教育理论的研究引向科学的发展。

马克思和恩格斯基于当时国际工人运动的进展,为正确引导工人阶级在政治斗争以及争取教育权利斗争中取得胜利,他们同当时工人运动中各种错误的教育思想进行了论争,批判了工人运动内部各种机会主义的教育观点。这不仅在理论上阐明了许多重要教育问题,还具体指导和促进了工人阶级和劳动大众在当时的革命斗争。

马克思和恩格斯对未来社会主义条件下的教育以及人的全面发展问题的探讨和描述,是教育理论发展的重大突破。他们不同于某些进步教育家或空想社会主义者那样主要依凭人性论或片面的观察而企望人的全面发展和全面发展教育,而是在对人的片面发展及其教育的历史考察,特别是对资本主义经济以及机器大工业生产的深刻分析,以及对科学社会主义论述的基础上,科学地阐述了在未来社会主义社会人的全面发展以及全面发展的教育及其实现的愿景。尽管在当时的条件下,马克思和恩格斯对此并未做出充分的、详细的论述,但其整体的重要教育思想观点,为建立社会主义的教育观和教育体系奠定了理论基础。

马克思和恩格斯的教育思想，为教育理论的科学发展开创了新的篇章，深刻而广泛地影响了世界现代教育事业的进步。当代英国教育史学家威廉·博伊德（William Boyd）和埃德蒙·金（Edmund J. King，1914—2002）指出："鉴于未来马克思主义的教育体系在很多国家占有重要地位，几乎所有的社会思想都广泛地渗透了马克思主义的观点……我们现在要想找到不受马克思主义影响的社会理论和教育理论几乎是不可能的。"[①]

---

① ［英］威廉·博伊德、埃德蒙·金：《西方教育史》，任宝祥、吴元训译，382~383 页，北京，人民教育出版社，1985。

第十一章

19 世纪教育发展的分析性结语

在 19 世纪，人类社会的政治、经济、科技、文化、教育等领域都产生了重大的发展和变化。因为自然科学的迅速发展和发明创造的日益增多，所以 19 世纪被称为一个"不可思议"的世纪。自然科学的成就与工业革命的进展不仅在西方国家的社会生活中产生了很大的影响，改变了世界的面貌，而且形成了一种对自然科学和文化知识的普遍信仰，促使了学校教育的变革和教育思想的发展。因此，19 世纪既是人类历史从近代转向现代的一个重要时期，又是人类历史文明发展和社会变化很快的一个重要时期，更是人类社会教育制度和教育思想发生很大变化的一个重要时期。在这一时期，无论先发的资本主义国家还是后起的资本主义国家，无论在欧洲国家还是在美国和日本等国家，它们不仅推动了各级各类教育的发展，而且出现了很多有特色的教育思想。与此同时，它们还产生了各自有所不同的近代文官制度和文官教育。此外，在这一时期，加拿大的各级教育和教育思想也得到了发展，处于英国殖民地时期的印度学校教育也有了变化。特别值得注意的是，马克思和恩格斯的教育思想在 19 世纪前期形成和发展，以及巴黎公社教育改革的发生，对 20 世纪无产阶级教育的发展产生了重要的影响。应该看到，19 世纪教育发展是这一社会时代和历史背景下的产物，反映了这一社会时代变革与发展的需求。在对19世纪教育发展进行回顾总结时，人们将会对所有这些教育体制和教育思想的变革留下深刻的印象。正如美国教育史学家佛罗斯特所指出的："19世纪是个变革的时代，其间许多陈旧的东西被打得粉碎，而人类的创造精神正在产生着新生的事物。"①

第一节　19世纪教育体制的发展及特点

在19世纪中期，随着社会生活的变化，欧美和日本等国家的教育体制也得到了很大的发展。这种发展具体表现在幼儿园的创立、初等学校的发展、中等教育的改革、高等教育的发展、师范学校的开办以及教育行政管理体制的形成上。此外，职业教育和女子教育也得到了发展。在这些国家的教育发展中，相比之下，俄国学校教育体制表现出森严的等级性和明显的宗教性，有将近五分之四的儿童和少年被剥夺了受国民教育的权利。除外，北欧国家的教育发展起步要比西欧国家晚。纵观19世纪教育体制的发展，可以发现，与18世纪及之前的教育发展相比，其显现出整体性、民众性、实用性、创新性四个特点。

一、幼儿园的创立

直到18世纪后半期，随着工业革命和社会经济的发展，以及大批妇女离开家庭而投入劳动力市场，欧洲国家才开始出现专门的幼儿教育机构。这就是法国宗教慈善家、教育家奥柏尔林（J. F. Oberlin，1740—1826）在致力社会改革和经济改革的同时，以基于游戏和儿童乐趣的新颖方法，于1769年在法

---

① ［美］S. E. 佛罗斯特：《西方教育的历史和哲学基础》，吴元训、张俊洪、宋富钢等译，393页，北京，华夏出版社，1987。

国的阿尔萨斯-洛林地区开办的欧洲第一所幼儿学校，他被后人誉为"幼儿学校的创始人"。此后，在欧洲国家兴起了幼儿学校运动。19 世纪英国空想社会主义者欧文从人的性格形成学说出发，于 1802 年在苏格兰的新拉纳克开办了幼儿学校，被誉为"英国幼儿学校的创始人"。

在 19 世纪幼儿教育的发展中，最重要的、最具有世界性影响的是德国教育家福禄培尔于 1837 年在德国的勃兰根堡创立的一个新型的幼儿教育机构，并在 3 年后(即 1840 年)正式把这个机构命名为"幼儿园"，这就是世界上第一所幼儿园。福禄培尔指出，"幼儿园"与通常被称为"幼儿学校"的类似机构是不同的。幼儿园并不是一所学校，在其中的儿童不是受教育者，而是发展者。因此，在他看来，幼儿园就是"儿童的花园"，在这个花园里，幼儿是生长中的"花草树木"，幼儿园教师就是精心照料花草树木的"园丁"，正是在"园丁"的照料下，"花草树木"才能生长得更好①。在幼儿园教育实践中，福禄培尔构建了系统的幼儿园理论，制作了幼儿的游戏玩具，开办了幼儿园教师训练班。

后来，通过福禄培尔的一些学生和忠实追随者的热情宣传，在欧洲其他国家以及美国和日本先后开办了福禄培尔式幼儿园，因而在 19 世纪 50 年代中期后兴起了幼儿园运动。在幼儿园运动中，幼儿园教育在美国的传播和发展是最为突出的，特别是公立幼儿园在美国的开办，使幼儿园第一次被纳入了公立学校教育系统。

因此，福禄培尔在 19 世纪中期创立的幼儿园，不仅使人类社会的学前教育在 19 世纪中期提升到一个新的阶段，而且对现代幼儿园制度的建立和发展产生了重要的影响，并作为一个光辉的篇章载入世界幼儿教育发展历史。正因如此，福禄培尔被世人誉为"幼儿园之父"。

---

① 单中惠:《让我们与儿童一起生活吧:幼儿园之父福禄培尔》，95 页，上海，华东师范大学出版社，2008。

在北欧国家，瑞典作家和教育家爱伦·凯（Ellen Key，1849—1926）关注家庭、妇女解放和儿童的权利及教育问题。她在 1899 年出版的《儿童的世纪》一书中说，20 世纪将是儿童的世纪，对 20 世纪幼儿教育的发展产生了深远的影响。

二、初等学校的发展

早在 18 世纪，随着国民教育思想的出现，法国、英国、德国等先后建立了国民教育制度。因此，进入 19 世纪后，以国民教育思想的传播和国民教育制度的建立为基础，欧美许多国家和日本等的初等学校得到了发展。它不仅体现在初等学校的数量上，而且体现在初等学校的类型上。但应该注意的是，欧洲国家的初等学校体制是双轨制的，尤其是以英国最为典型。

在英国，出现了各种类型和称呼的初等学校，诸如导生制学校、高等小学、主日学校、产业学校、家庭小学、教会学校、乞儿学校、私人预备学校等。1833 年，英国议会通过《教育补助金法案》，决定每年拨款作为初等学校的建筑补助金。值得注意的是，英国议会于 1870 年通过了由时任教育署长福斯特（W. E. Forster）提出的《初等教育法》（亦称《福斯特法案》），规定实施免费的初等教育，表明了政府对初等教育及初等学校发展的关注。

在法国，近代公立或私立初等学校得到了发展，虽然其质量并不理想，但数量增加明显。在整个 19 世纪，各届政府先后于 1816 年、1833 年、1848 年、1881/1882 年、1886 年等颁布了多次初等教育法案。其中特别是，1833 年的《基佐法案》规定各地开办初级小学和高级小学，也允许举办私立学校和教会学校，因而被称为法国"第一个初等教育宪章"；1886 年的《第二费里法案》把初等教育的义务性和世俗性进一步具体化，规定 7~13 岁的儿童必须接受强迫的和义务的初等教育。

在德国，初等学校成了国民教育机构。在强制推行国民教育的背景下，

1870年后初等学校得到了稳步的发展。1872年颁布了《普通学校法》，设基础学校(4年)和高等国民学校(4年)两个阶段，还设立中间学校以与基础学校衔接。到19世纪后期，整个德国基本上实施了6~14岁儿童的普及义务教育。

在俄国，所谓"东正教、专制制度、民族性"三位一体的思想体系在19世纪前半期被钦定为国民教育的指导原则。19世纪初，在城乡的所有堂区建立一年制的堂区学校，在每个县城和省城建立一所两年制的县立学校。到19世纪六七十年代，初等学校才有了较快的发展。1874颁布了《初等国民教育章程》，1884年又颁布了《堂区学校章程》，但初等教育传授知识很有限，而且带有浓厚的宗教色彩。

在美国，19世纪早期就开始确立了一种统一的、面向社会所有阶层儿童的公立学校制度，并改善公立学校的条件，关注教学质量的提高。1852年，马萨诸塞州最早颁布《义务教育法》，至1898年时美国已有32个州颁布了《义务教育法》。《义务教育法》明确规定了儿童每年在校学习的时间和学习内容，同时也规定了对违反该法令的人进行法律处罚。这不仅推进了公立学校的迅速发展，而且为义务教育的普及奠定了切实基础。到19世纪的最后25年，美国各州基本上确立了对公共教育的合法权力。

在日本，19世纪前期，以武士教育为重点的幕府直辖学校和藩校，以平民子弟为主要教育对象的寺子屋，还有以平民教化为主要目的的乡校和其他社会教化活动都得到了迅速发展。通过对西方教育的摄取和新教育体制的设想，1868年成立的明治政府于1872年颁布了《学制》，这是在日本近代教育史上第一个由中央政府颁布并推行的教育法。其中，根据单轨制学校系统的规定，开设公立小学，即一般人务必接受初级教育的场所，具体包括普通小学、女子小学、农村小学、贫民小学、小学私塾、幼儿小学等。《学制》颁布实施时期，确立了强制性的、八年制的、收取学费并接受国家补助的义务教育制度，后又陆续颁布了《教育令》和《学校令》。

在北欧国家，瑞典 1842 年的《公共教育法》规定 7～13 岁儿童要接受基础教育；到 1880 年时，建立了 6 年的义务教育制度。丹麦的教育在 1814 年后逐步世俗化，除"古典学校"外还出现了"自由学校"；1899 年开始对学生给予政府津贴。芬兰在 19 世纪 50—70 年代出现了社区的初等学校，承担实施地方初等教育的责任。挪威在 1827 年教育法后逐步在城镇建立常设学校、在农村偏远地区建立巡回学校；1848 年教育法正式确立强制入学制度。

三、中等教育的改革

以文法学校和文科中学为标志的中等教育历来是欧洲国家中上层阶级子弟所享受的权利。但是，在 19 世纪中期，欧美国家和日本的中等教育开始了各自的改革。

在英国，19 世纪中等教育的主要形式是以古典课程教学为主的文法中学和公学。但从 19 世纪 50 年代起，在新的社会需求和科学教育思想的推动下，它们的课程开始了改革。与此同时，在 19 世纪中期开始出现实科中学。

在法国，从 19 世纪四五十年代起，开始进行中等教育的实用化改革。到 19 世纪 80 年代，减少了中学古典语言课程的教学。19 世纪末，法国对中等教育领域中的文实分科之争情况进行了许多调查，并制订了改革方案。其中，以心理学家、法兰西学院教授亚历山大·里博（Alexandre Ribot）任主席的议会中等教育调查委员会的《关于中等教育的调查》报告成了 1902 年法国中等教育改革的基础。

在德国，19 世纪上半期，传统的文科中学成为标准的中等学校。在古典教育和实科教育之间，存在着尖锐的矛盾和斗争。19 世纪中期后，实科中学、高等实科学校终于与文科中学一样得到了认可，但其数量和地位远比不上文科中学。

在俄国，中等教育表现出森严的等级性，其机构主要是文科中学，每个省城建立一所四年制文科中学。1864 年颁发了《文科中学和中学预备学校章程》，1871 年颁发了《中等学校规程》1872 年又颁发了《女子文科中学章程》。尽管 1702 年在莫斯科开办的"数学和航海学校"成了欧洲第一所实科学校，但直到 1872 年才颁布《实科中学章程》，而且在相当长的一段时间内没有获得与文科中学相同的地位。

在美国，文实中学和公立中学是推动 19 世纪美国中等教育大众化的主力军。文实中学不仅承担了学生进入大学的任务，而且担负起了使学生毕业后迅速适应社会的责任；公立中学是由州政府出资兴建的一种新式学校，也是美国公立学校运动的一个重要成果。1821 年，马萨诸塞州波士顿市创建了美国第一所公立中学。在社会变化和经济发展的推动下，从 19 世纪后半期起，中等教育被纳入公立学校教育系统。美国公立中学的数量和入学人数在 19 世纪 70 年代后进入快速增长期。中学的学制也随之进行了调整和变革，原先的"6-6 制"改成了"6-3-3 制"和"8-4 制"，创办了初级中学。

在日本，明治政府于 1872 年颁布《学制》后，开始设立中学，即向小学毕业者讲授普通学科的场所，作为其单轨制学校系统的一个组成部分。19 世纪 80 年代后期，明治政府把力量转到了中等教育，为中学的经营修缮等提供教育补助金，使中学的数量和入学人数得到了迅速的增加。

在北欧国家，瑞典中等学校的主要类型是文法学校；1878 年开始设立普通高级中学；1894 年首次实现了小学和中学的衔接。丹麦的中等学校主要是教会开办的拉丁学校，后来也发展了实科中学和高级中学；到 19 世纪中叶时，独具特色的民众高等学校被并入丹麦教育体制内。芬兰在 19 世纪 70 年代初期对中等学校进行了变革，男子中学成了主要类型。挪威 1869 年法令确定建立中间学校和文科中学；在 1896 年中等教育法令颁布后，不仅中学归教育部统一管理，而且在城镇地区实现了小学和中学的衔接。

四、高等教育的发展

在 19 世纪，欧洲国家和美国大学开始走上现代化道路，出现了研究型大学。与此同时，原先的古典大学也开始进行改革，以适应新时代和社会的需求。

在英国，从 18 世纪后半期至 19 世纪中期，牛津和剑桥两所大学进行了一系列改革，完善了考试制度，并增加了许多新的学习科目。此外，从 19 世纪中期起，许多城市学院开始出现，形成了大学学院运动。1836 年，根据特许状创办了伦敦大学。在英国，特别是英格兰和威尔士地区，现代大学多发端于各种类型的学院。19 世纪 70 年代，还出现了大学推广运动。

在法国，1860 年前是近代高等教育机构的出现期，1860 年后是近代高等学校教育制度的逐步形成期。1896 年 7 月 10 日，议会颁布了《国立大学组织法》，决定在原 15 个大学区内原有学院的基础上建立 15 所大学。从 1898 年起，政府采用学费、注册费、图书费、实验费等收入归属大学的方法，这导致各大学不断扩大办学规模和增加招生人数。

在德国，在新人文主义的影响下，19 世纪初哈勒大学和哥廷根大学开始走向现代化大学。随后是柏林大学 1810 年的建立，确立了大学科研和学术自由的原则，成为德国大学理念的卓越代表，更成为世界上研究型大学的杰出典范，对世界高等教育发展产生了巨大的学术影响。

在俄国，根据 1803 年《国民教育暂行章程》，到 1825 年时在全国六大学区设立了一所大学；此外，还设立了一些专科性学院。1755 年，创办了莫斯科大学。但是，与西欧国家相比，整个高等教育处于落后状态，数量很少，发展也很缓慢。

在美国，1825 年开办的弗吉尼亚大学被认为是美国第一所州立大学。南北战争前，在当时的 27 州中，已有 25 个州建立了州立大学。1820 年至 1860 年，是私立大学发展的鼎盛时期。南北战争后，开始兴起大学现代化运动。1862年《莫里尔法案》颁布后，各州开始兴建农工学院。创建于1876年的约翰斯·霍普金斯大学，被公认为美国高等教育发展新纪元的标志。此外，各州政府通过公共财政拨款来开办研究型大学，大力发展研究生教育。值得注意的是，1866年"康奈尔计划"的实施以及1848年建立的威斯康星大学的"威斯康星理念"（1904）的形成，标志着大学社会服务功能的确立。

在日本，明治维新之后，普通高等教育机构仅东京大学1所。1877年4月，明治政府将东京开成学校与东京医学校合并为东京大学，分为法学部、理学部、文学部、医学部，这是日本近代第一所大学，是培养国家高级人才的主要机构，受到了政府经费的重点支持。相比欧美国家，19世纪日本高等教育的发展是迟缓的。

在北欧国家，瑞典受德国影响开办了新型大学，如斯德哥尔摩大学（1877）；后又对如乌普萨拉大学这样旧式大学进行了调整和扩充。丹麦的高等教育机构为数不多，大学主要集中在哥本哈根。

五、师范学校的开办

在英国，19世纪初期开始正式的教师培训。19世纪40年代前，教师通过导生制来培养；之后，通过教生制（亦称见习教师制）来培养。同时，也出现了私立教师训练机构，1840年开办的巴特西教师训练学院就是第一所私立教师训练机构。19世纪中期，大学也开始介入师范教育。19世纪90年代，政府开始与大学合作建立日间教师训练学院，公立师范教育得到迅速发展，更好地满足了对教师数量和质量的要求。这是英国师范教育史上一个重要的里程碑。

在法国，1833年法令规定，各级政府要在各地建立初等师范学校。19世纪三四十年代，师范学校还引入了瑞士教育家裴斯泰洛齐的实物教学法。1880年至1882年，在巴黎近郊先后创办了枫丹纳女子高等师范学校（1880）、塞弗尔女子高等师范学校(1881)和圣克鲁男子高等师范学校(1882，后来迁至里昂)。

在德国，师范学校由地方当局开办，到1831年时普鲁士各州都已建立了师范学校。后来，还颁布了对中等学校教师考核的规定。

在俄国，1804—1859年，莫斯科大学附设了三年制师范学院。1804年，还设立了彼得堡师范学院(1816年被改组为中央师范学院)。1817年，开办了附设于中央师范学院的第二部，以培养堂区学校和县立学校的教师。

在美国，由于公立学校的逐渐增多和教师需求的逐年增加，通过文实中学培养教师成为一种普遍现象，并在19世纪二三十年代达到鼎盛时期。1823年，佛蒙特州公理会牧师塞缪尔·霍尔在康科德市创办私立师范学校，这是美国最早的师范学校。1825年，俄亥俄州首先颁布教师资格证书法令，为美国教师资格证书制度奠定了基础。1839年7月，美国第一所公立师范学校在马萨诸塞州莱克星顿成立。南北战争以后，由政府用公共税收建立的师范学校发展迅速。到19世纪70年代，美国中西部地区也出现了另一种教师培养速成方式——教师短训班，即大学开始设置教育讲座，以提高中等学校教师的专业修养。值得注意的是，纽约州的一所师范学校于1898年并入哥伦比亚大学，正式成为该大学的师范学院。

在日本，明治维新时期，在迅速兴办师范学校和对师范学校经费补助的推动下，明治政府重点发展了3类师范教育机构：一是师范学校；二是高等师范学校；三是教员养成所。此外，日本还通过加强对教师的道德要求、确立教师资格证制度和规定教师待遇三个方面的措施，加强了对教师的掌控。1873年，日本建立了第一所师范学校，后改名为东京师范学校。1876年年底，所有府县都已建立师范学校。1886年到1889年，高等师范学校仅有东京高等师范学校一所；1890年后，又设立一所女了高等师范学校。就普通师范学校而言，基本上是一府县一校制。

在北欧国家，芬兰在1806年仿效德国建立了第一所教师学院；到19世纪中期，成立了教育团体和全国学校教师职业协会。挪威1826年建立了第一所国立师范学院；1890年制定了第一个关于培训师资的法令。

六、职业教育和女子教育的发展

在职业教育方面，19世纪中期的德国实科学校最为有名。从1850年起，德国各地建立了许多职业学校或普通学校的职业班。法国在19世纪初建立了工艺学校。英国在19世纪后半期也建立了工业学校和工艺学校。俄国也设立了一些职业中等技术学校。美国公立学校受1862年《莫里尔法案》的影响，开始引入手工劳作教育，其中波士顿是美国最早在公立初等学校中引入手工劳作教育的城市；从19世纪80年代起，公立高中开设了手工教育课程。日本明治维新时期的职业教育机构主要包括专门学校、实业学校、工业学校三类，为资本主义生产提供了各级各类人才，受到明治政府的重视，获得了较大的发展。在19世纪中期，北欧国家瑞典的斯德哥尔摩等一些大城市出现了由私人或民间团体开办的职业培训学校；丹麦开始出现一些专门的职业培训学校，1891年完善了职业教育规章制度；芬兰在19世纪初开始出现新型的商业学校和工业学校，1842年颁布了职业教育法令《关于手工业者培训》；挪威的职业教育多属农业性质，1839年、1966年、1894年先后颁布了三个《行业法》，强调行业应注重就业者的培训。

在女子教育上，英国1845年前的女子教育主要强调和性别差异相关的教育；到19世纪中期，出现了女子教育改革运动，始于高等教育的导向问题，后来延伸至中等教育领域。法国于1881年秋季在蒙彼利埃建立了第一所国立女子中学。德国在19世纪初期建立了市立或私立的女子学校。俄国于1853年开设了以斯莫尔尼女子学院为代表的25所贵族女子学院；1844年，有些地方已设立了初级女子学校。美国从19世纪初期开始，女性开始与男性享有平等接受中等教育和高等教育的机会，如女子文实中学和女子学院；19 世纪中期至 20 世纪初期的女权运动和教育民主化思潮，促使更多的妇女接受高等教育。日本在 1886 年后的《学校令》时期，开始设立独立的女子中等教育机构。

七、教育行政管理体制的形成

在 19 世纪中期，欧美国家和日本形成了各自的教育行政管理制度。从总体上看，主要是两种具有不同特色的教育行政管理制度：一是以大学区制为标志的法国中央集权教育行政管理体制，二是以学区制为标志的美国地方分权教育行政管理体制。中央集权教育行政管理体制和地方分权教育行政管理体制，在世界上一直沿用至今。当代英国比较教育学家埃德蒙·金在他的《别国的学校和我们的学校》一书中指出，法国有一个中央集权的政府体制，法国的管理体制可比作一个车轮，轮辐以巴黎为基础——每根轮辐的外端尽头有另一个小的车轮，这些小轮也配有轮毂和散射出去的辐条。[①] 同时，他也指出，在高度发达的现代国家中，美国常被看成是地方分权制的最高典范。这一点在学校管理上尤为明显。50 个州在教育上都是独立自主的。[②]

（一）法国中央集权教育行政管理体制

法国中央集权教育行政管理体制以大学区制为标志。就大学区制而言，为了确保教育统一，法国的大学区制从拿破仑担任皇帝的法兰西第一帝国（1804—1815 年）开始实行。大学区制的实行标志着中央集权的教育行政管理体制在法国的确立。对于 19 世纪的法国来说，最具意义的一个历史趋势就是建立中央集权的教育体制。根据 1802 年法令，在作为掌管全国教育行政最

---

① ［英］埃德蒙·金：《别国的学校和我们的学校——今日比较教育》，王承绪、邵珊、李克兴等译，132 页，北京，人民教育出版社，1988。

② ［英］埃德蒙·金：《别国的学校和我们的学校——今日比较教育》，王承绪、邵珊、李克兴等译，309 页，北京，人民教育出版社，1988。

高权力的领导机构的帝国大学之下，法国被划分为 27 个教育行政区，称为"大学区"，分管几个省的教育行政领导工作，其范围与司法区相同。为了更好地保障大学区制的运行，早在法兰西第一帝国，根据拿破仑提出的"大家审议，一人决定"的原则，在各级教育行政长官下设教育审议会，作为在教育方面的审议机构。就大学区制的影响来说，它既确立了法国中央集权的教育行政管理体制，使后来的教育改革都是在原有的大学区制基础上进行的；又为法国的经济发展和国力的增强做出了突出的贡献。这种中央集权教育行政管理体制在法国一直沿用至今，没有本质的变化。

(二)美国地方分权教育行政管理体制

美国地方分权教育行政管理体制以学区制为标志。就学区制而言，学区是美国最基本的教育管理行政机构。作为最基层的地方教育行政单位，学区在美国教育行政管理中占有十分重要的地位。学区产生于美国的殖民时期，但美国独立后学区划分又有变化，先后产生了镇制学区、县制学区和市制学区，负责整个学区的教育行政、经费以及学校教育的领导与监督。在美国，管理教育的实际职责基本上已下放给州以下的县市学区或乡镇学区一级的行政单位。学区的主要教育行政官员是学监，由学区教育委员会选聘，负责领导和监督学区内公私立学校的教育；此外，州和学区都设有学校视导员(即督学)，根据州的教育法规或学区的教育政策，对本州或本学区的学校工作进行视察与督导，负责向州或学区教育委员会汇报情况，并提出改进学校工作的建议等。就大学区制的影响来说，它首先有利于调动地方和当地民众对教育的主动性和积极性，使教育行政贴近地方的学校教育，把免费义务教育落到实处；其次有助于因地制宜办教育，使学校适合当地社区的需要；最后凸显了教育的民主化和大众化，表明美国教育走的是一条与欧洲国家教育不同的并具有自己特色的道路。这种以学区制为标志的地方分权教育行政管理体制，在美国一直沿用至今。

八、印度殖民教育的发展

与欧美国家和日本的教育发展不同，作为英国殖民地的印度在19世纪形成了殖民教育制度。通过1835年的《印度教育决议案》和《1854年伍德教育急件》《1859年教育急件》等，印度殖民教育在初等教育、中等教育、高等教育以及职业教育和女子教育等方面都有了一些发展，但它实际上意味着印度传统教育被全面殖民化，教育被英国殖民当局作为巩固自己殖民统治的工具，造成了学校教育制度、教育内容、男女教育等多维度的不平衡性。但是，在19世纪印度教育发展中，教会和民间力量也是一个重要的推动因素。从积极意义来看，殖民教育的发展在一定程度上孕育了促进民族觉醒的印度知识分子阶层，为印度民族独立运动培养了一批具有近代思想观念和科学知识的人才。

九、19世纪教育体制发展的特点

19世纪教育体制发展表现出整体性、民众性、实用性、创新性四个特点。

（一）整体性

相比18世纪及之前时代教育的发展，19世纪欧美国家和日本教育体制发展的一个显著特点就是整体性。就19世纪教育体制的发展而言，具体包括了幼儿教育、初等教育、中等教育、高等教育以及社会教育、女子教育、职业教育和教育行政管理诸方面的发展。其中，在19世纪社会经济增长、工业进步和科技发展的推动下，公众对初等教育需求的激增，加上教育民主和普及思想的传播，不仅使初等学校有了较大的发展，还开始了普及义务教育的进程。此外，幼儿教育、社会教育、女子教育、职业教育等也被提到了议事日程，并在19世纪后期有了一定的发展。因此，19世纪欧美国家和日本教育体制的发展是整体性的发展。在教育体制的整体性发展中，作为后起的美国和日本教育体制发展的速度比欧洲国家更快。

(二)民众性

尽管不同国家的起点不同，以及欧洲国家实施将社会上层和社会下层相分离的双轨制教育制度，但在经济发展的需求和民众不断的抗争下，19世纪欧洲国家教育体制的发展在趋向民主的道路上行进，并表现出民众性的特点。因为教育权利是政治权利的一个重要组成部分，所以，在开明的社会人士为民众的受教育权利呼吁的时候，无产阶级也为争取自己子女的受教育权利而进行不懈的斗争。19世纪30年代，任法国教育大臣的政治活动家基佐(François Pierre Guillaume Guizot，1787—1874)发表见解：国家和民众可能需要立法推进初等教育，让教育成为合法的、义务的、必需的事情。这就是教育的现状，义务教育运动是真诚的、严肃的、全国性的……[1]无论是英国儿童教育和贫民教育、德国国民教育、丹麦民众教育，还是美国公共教育，都适应了19世纪社会扩大其教育对象的需求，推动了民众教育的发展。但应该看到，正如恩格斯所指出的，资产阶级给"工人受的教育只有合乎它本身利益的那一点点。而这一点实在不怎么多"[2]。

(三)实用性

19世纪之前欧洲国家教育体制发展的特点是古典性和宗教性。但是，19世纪教育体制的发展显现了实用性的特点。因为在19世纪三四十年代，文科教育和实科教育之间进行了激烈的论争，表现在学校类型上就是文科中学和实科中学之争。到19世纪中期，自然科学开始在人类认知生活的世界中获得巨大的声望和权威。科技领域的成就和工业革命成果的影响，不仅改变了世界面貌，而且也影响了学校教育。实科中学数量的增加和课程的改革、初等学校基础课程内容的扩展以及高等教育领域出现的新类型院校，都体现了

---

① [法]加布里埃尔·孔佩雷：《教育学史》，张瑜、王强译，394页，济南，山东教育出版社，2013。

② 恩格斯：《英国工人阶级状况》，见马克思、恩格斯：《马克思恩格斯论教育》，中共中央马克思恩格斯列宁斯大林著作编译局译，81页，北京，人民教育出版社，1958。

19世纪教育体制发展的实用性。当然，实科中学到20世纪初才获得了与文科中学同等的地位，但实用性已成为欧洲国家教育体制发展的一种不可抗拒的趋势。

（四）创新性

在19世纪欧美国家和日本教育体制发展中，创新性也是一个特点。例如，在初等教育上，出现了公立学校，确立了普及义务教育制度；在中等教育上，出现了实科中学、初级中学、女子中学，以及"6-3-3制"；在高等教育上，出现了农工学院、初级学院、女子学院，确立了大学社会服务功能；在教育行政管理上，出现了中央集权教育行政管理、地方分权教育行政管理，等等。当然，19世纪教育体制发展的创新性与19世纪教育思想的新颖性是密切联系的，教育思想的新颖性在某种程度上会推动教育体制发展的创新性。在这一方面，19世纪美国和日本教育体制的发展提供了实例。

第二节　19世纪教育思想的发展及特点

在整个19世纪教育发展的过程中，欧美国家和日本等先后出现了很多有特色的教育思想。综观这些教育思想的发展，可以清楚地看到，无论教育思想的学派，还是教育思想的内容，19世纪教育思想都远远超过了18世纪及之前的教育思想。因此，在源远流长和异彩纷呈的外国教育思想历史的进程中，19世纪教育思想的发展是其中一个十分重要而灿烂多姿的篇章。19世纪欧洲出现了三个伟大的教育巨匠：瑞士的裴斯泰洛齐、德国的福禄培尔和德国的赫尔巴特。他们从时代丰富的智力生活及其创造者的思想中吸收了许多真知灼见却又绝非单纯的模仿。他们把历史的遗产、当代人的新成就和自己的思想观点结合起来，共同形成了极其广阔而丰富的教育思想体系。① 因此，德国教育思想在19世纪中期的发展更为突出。如果说，17世纪教育思想的中心在英国，18世纪教育思想的中心在法国，那么19世纪教育思想的中心就在德国。美国教育史学家佛罗斯特指出，在整个19世纪，虽然许多欧洲人为这场教育狂热做出了贡献，但只有德国人贡献最大，其成就十分惊人。德国的哲学与教育思想体系吸引了世界各国的注意，成为各种教育结构的理论基础。② 总体而言，19世纪教育思想的发展显现出多样性、继承性、批判性、新颖性四个特点。

一、19世纪欧洲国家教育思想的发展

(一)英国教育思想的发展

英国功利主义教育思想出现在19世纪二三十年代英国的激进主义运动中，以伦理学家和法学家杰里米·边沁(Jeremy Bentham，1748—1832)、经济学家和历史学家詹姆士·穆勒(James Mill，1773—1836)以及哲学家和经济学家约翰·穆勒(John Stuart Mill，1806—1873)为主要代表人物。其主张教育的目的是幸福，要求每一个人都享有受教育的权利，提出普及初等教育以及改革中等教育和高等教育，重视以功利主义伦理观为主导的道德教育。

英国古典人文主义教育思想以拉格比公学校长托马斯·阿诺德(Thomas Arnold，1795—1842)、英国希腊学研究者和教育家利文斯通(Richard Living-stone)和爱尔兰都柏林天主教大学校长纽曼(John Henry Newman，1801—1890)为主要代表人物。其强调古典著作为课程核心内容的古典人文主义教育，并在文法学校和公学以及古老大学中占据了主导地位。

---

① [美]S.E.佛罗斯特:《西方教育的历史和哲学基础》，吴元训、张俊洪、宋富纲等译，407页，北京，华夏出版社，1987。

② [美]S.E.佛罗斯特:《西方教育的历史和哲学基础》，吴元训、张俊洪、宋富纲等译，407页，北京，华夏出版社，1987。

英国科学教育思想在 19 世纪中期英国科学教育运动中，尖锐地批判了传统的古典人文主义教育，重视科学知识和提倡科学教育，推动学校教育课程和方法的改革，其以哲学家和教育家斯宾塞（Herbert Spencer，1800—1903）、生物学家和教育家托马斯·亨利·赫胥黎（Thomas Henry Huxley，1825—1895）为主要代表人物。

英国空想社会主义教育思想以欧文为主要代表人物，把教育作为社会改革和实现理想社会的基本手段，强调人的性格形成，重视儿童的发展和教育，提倡人的全面发展。英国空想社会主义同法国空想社会主义一起，成为马克思主义的来源之一。

英国儿童教育和贫民教育思想的主要代表人物是教育家艾吉渥兹父女（R. L. Edgeworth and M. Edgeworth）以及国教会牧师、教育家贝尔（A. Bell）和公谊会教徒、教育家兰卡斯特（J. Lancaster）。前者提倡英国儿童教育的发展；后者倡导"导生制"以推动英国贫民教育的发展。

（二）法国教育思想的发展

法国功能主义教育思想以社会学家孔德（Auguste Comte）和第一位功能主义教育思想家涂尔干（Emile Durkheim，1858—1917）为主要代表人物，强调教育的社会功能，尤其注重教育在维护社会稳定与和谐方面的作用。

法国空想社会主义教育思想以圣西门、傅立叶、邦纳罗蒂（F. M. Buonarroti）、德萨米（T. Dezamy，1803—1850）、卡贝（E. Cabet）为主要代表人物，尖锐地批评了资本主义制度，提出了建立一个公正的社会制度的理想和许多重要的教育观点。

（三）德国教育思想的发展

德国新人文主义教育思想以教育家洪堡为主要代表人物，强调教育就是人的多方面的和谐发展，教育的意义是生命的充分发展，并高度评价古典人文学科在人的精神陶冶中的作用。

德国国民教育思想以哲学家费希特（Johann G. Fichte，1762—1814）和黑格尔为主要代表人物。他们提倡国民教育，要求建立由国家管理的国民学校，强调人的思维发展，改革大学教育，培养具有高度民族意识的新人。

以德国教育家第斯多惠为主要代表人物的全人类教育思想，反对等级学校制度，主张所有的人都应该受到同样的教育，强调培养身心和谐发展的全人，提出发展性教学以开发学生的素质。

以德国教育家赫尔巴特为主要代表人物的主知主义教育思想以观念心理学为基础，把知识放在教育的首位，强调儿童管理、教育性教学、教学阶段。这种教育思想通过以齐勒尔（Tuiskon Ziller，1817—1882）、斯托伊（Karl V. Stoy，1815—1885）和赖因（Wilhelm Rein，1847—1929）为代表的德国赫尔巴特学派，以及以德加谟（Charles de Garmo）、麦克默里兄弟（Charles A. McMurry，Frank M. McMurry）为代表的美国赫尔巴特学派，在世界各国得到了广泛的传播。

幼儿园教育思想以德国教育家福禄培尔为主要代表人物，他强调幼儿教育的作用和幼儿园教育的意义，构建了一个以"恩物"、游戏和作业为特征的幼儿园教育思想体系。19世纪后半期的幼儿园教育运动进一步推动了幼儿园教育思想在世界各国的传播。

（四）俄国教育思想的发展

俄国民主主义教育思想以文学评论家和哲学家别林斯基（Виссарион Г. Белеинский，1811—1848）、哲学家和革命家赫尔岑（Александр И. Герцен，1812—1870）、教育家车尔尼雪夫斯基（Николай Г. Чернышевский，1828—1889）、杜勃罗留波夫（Николай А. Добролюбов，1836—1861）、托尔斯泰（Лев Н. Толстой，1828—1910）为主要代表人物，他们批判沙俄农奴制教育，主张培养全面发展的人，注重教育内容和教学方法的改革。

俄国民族性教育思想以教育家乌申斯基（Константин Д. Ушинский，

1824—1871）为主要代表人物，他提倡教育的民族性原则，要求建立具有俄国特色的国民教育制度，主张由人民来办理国民教育，强调把祖国语言作为教育工作的基础，要求对教育和教学工作进行改革。

（五）北欧国家教育思想的发展

丹麦民众教育思想以教育家格龙维（Nikolai F. S. Grungvig，1783—1872）为主要代表人物，他强调以家庭教育方式的初等教育，开办帮助个人发展和社会发展的生活学校，提倡实施生活教育的民众高等学校。

二、19 世纪美国、加拿大和日本等国教育思想的发展

（一）美国教育思想的发展

美国公共教育思想以马萨诸塞州的贺拉斯·曼、康涅狄格州的亨利·巴纳德和密苏里州的哈里斯为主要代表人物。他们强调普及教育，主张建立一种免费的公立学校制度，发展公立师范学校和培养好的教师。

美国高等教育思想以约翰斯·霍普金斯大学第一任校长吉尔曼、曾任哈佛大学校长的埃利奥特，以及康奈尔大学校长怀特和康奈尔（Ezra Cornell）、威斯康星大学校长范海斯为主要代表人物。前者强调在大学中开展有独创性的探索研究，并注重实际的基础研究，倡导选修制，重视一流的大学师资队伍，提倡卓有成效的管理；后者主张加强大学与社会的联系，确立了大学的第三种功能——社会服务功能。

（二）加拿大教育思想的发展

加拿大公共教育思想以教育家赖尔森为主要代表人物。在美国公立学校运动的影响下，其强调建立公共教育制度，改革公立学校教育内容和教学方法，重视公立学校教师的训练，加强教育立法和教育管理，推动了 19 世纪加拿大公立学校和公立师范学校的发展。

（三）日本教育思想的发展

明治维新时期教育思想以思想家、政治家和教育家福泽谕吉、森有礼和

井上毅为主要代表人物。尽管他们各自教育思想的内容和特点有所不同，如福泽谕吉偏重明治时期思想启蒙、普及教育、和谐发展教育以及学校教育、社会教育和家庭教育的协调；森有礼偏重国家教育制度、高等教育和师范教育；井上毅则偏重职业教育和中等教育，但他们启蒙了日本近代教育的发展，并极大地推进了日本近代教育体制的建立。

三、19 世纪教育思想发展的特点

19 世纪教育思想发展主要表现出多样性、继承性、批判性、新颖性四个特点。

(一)多样性

相比 18 世纪及以前的教育思想，多样性是 19 世纪欧美国家和日本等教育思想发展最明显的一个特点。就教育思想学派的数量而言，19 世纪教育思想显然超过了 18 世纪及以前的教育思想。例如，在英国出现了 5 种教育思想，在法国出现了 2 种教育思想，在德国出现了 5 种教育思想，在俄国出现了 2 种教育思想，在北欧国家出现了 1 种教育思想，在美国出现了 2 种教育思想，在日本出现了 1 种教育思想。尤其值得注意的是，还形成了马克思和恩格斯的教育思想。就教育思想的内容而言，19 世纪教育思想也是多方面的，既有儿童教育方面的教育思想，又有基础教育方面和高等教育方面的教育思想，还有教育功能方面的教育思想，等等。

(二)继承性

19 世纪欧美国家和日本等教育思想的发展是以先前时代，尤其是 18 世纪教育思想为基础的，其中有一些教育思想可以说是 18 世纪教育思想的直接继续和发展。就教育思想的继承性而言，对 19 世纪教育思想影响最大的是 18 世纪瑞士教育家裴斯泰洛齐的教育思想和方法以及他的教育精神。对此，美国教育史学家鲍尔(E. J. Power)指出，裴斯泰洛齐对欧洲国家教育模式的影响是深刻的。每一个欧洲国家都期望从他那里得到启示或激励，尤其是德国。同样，美国也受到他那富有魅力的影响。① 最明显的例子是，在19世纪教育思想中占有主导地位的赫尔巴特主知主义教育思想以及具有世界性影响的福禄培尔幼儿园教育思想，他们的许多方面从裴斯泰洛齐教育思想中直接汲取了养料。

此外，德国国民教育思想、美国公共教育思想、丹麦民众教育思想都在不同程度上受到了18世纪法国国民教育思想的影响。德国新人文主义教育思想在思想渊源上与文艺复兴时期的人文主义教育思想有着密切的联系。19世纪英国和法国空想社会主义教育思想，不仅受到了18世纪法国启蒙教育思想的直接影响，而且在思想渊源上与文艺复兴时期的早期空想社会主义教育思想也有着一定的联系。英国科学教育思想可以说是以培根为代表人物的早期科学教育思想在新的社会时代中的继续和发展。

日本明治维新时期教育思想的出现，正是欧美国家教育思想影响的结果。明治维新时期的日本教育家大多到过欧美国家学习考察，接受了西方的文明理论和先进的教育思想。对此，美国教育史学家佛罗斯特指出，从德国、法国、美国等国家中，日本"贪婪地吸收了所有的新思想，大肆模仿西方，却又本着创造的精神增加了许多自己的东西"②。

（三）批判性

批判性也是19世纪欧美国家和日本等教育思想发展的一个特点。美国教育家杜威指出，创新与批判两者是一对伙伴，批判和自我批判是通往创造性释放之路。例如，在古典教育与科学教育之争中，英国科学教育思想尖锐地批判了英国古典人文主义教育思想，开始在教育领域逐渐占据主导地位，促

---

① E. J. Power, *Main Currents in the History of Education*, New York, NcGraw-Book Co., 1962, p.494.

② ［美］S. E. 佛罗斯特：《西方教育的历史和哲学基础》，吴元训、张俊洪、宋富纲等译，406页，北京，华夏出版社，1987。

使人们对学校教育,特别是课程内容进行了更深入的思考,使英国乃至整个世界的课程理论发生了根本性的变革。又如,俄国民主主义教育思想对沙皇政府反动落后的国民教育政策和学校教育进行了尖锐而全面的批判,代表了俄国在废除农奴制度前后的一种新的教育思想。还有,马克思和恩格斯的教育思想以及19世纪空想社会主义教育思想,不仅批判了资本主义社会教育制度,还构想了未来社会的教育。尤其是马克思和恩格斯的教育思想,以无产阶级的世界观与方法论为依据,更全面而科学地揭示了教育的本质以及未来教育的理想。

(四)新颖性

对19世纪欧美国家和日本等教育思想的发展来说,其新颖性特点主要表现在:尽管19世纪教育思想吸取了18世纪及之前教育思想的成果,但它并不是单纯抄袭或简单的组合,而是将先前的教育思想成果融合到新的教育思想中成为一个新的统一体。应该说,在新的社会时代历史背景下,19世纪教育思想从各种不同的角度对不同的教育问题或教育问题的不同方面进行了更深入、更全面的论述,成为许多具有个性特色的并具有新颖性的教育思想。例如,美国公共教育思想在借鉴与吸收欧洲国家教育经验的基础上,把公共教育作为整个国家教育的基本模式,提出了单轨制的教育阶梯模式。又如,福禄培尔幼儿园教育思想充分表现了注重学前儿童教育的特色,并促使人们进一步关注学前儿童教育问题;德国新人文主义教育思想、美国高等教育思想促使人们更加关注高等教育的改革和发展,充分体现了19世纪大学现代化运动的方向,并为20世纪当代大学的发展确立原则精神。再如,英国功利主义教育思想、法国功能主义教育思想的出现,促使人们更加深入地思考教育与人以及教育与社会的关系,从而更好地认识到教育对个人幸福的作用以及教育对社会发展的功能。

第三节　近代欧美国家与日本文官教育制度的实施与思考

尽管文官教育并不属于正规教育体制，但它是 19 世纪近代欧美国家和日本教育发展的一个重要方面。作为一个官僚阶层，"文官"出现于西欧封建社会中后期。当时的文官是国王的仆人，而非国家的官吏，其职务的去留、俸禄的供给全部仰仗于国王的恩赐。但在西欧国家陆续建立起资本主义国家之后，近代官僚机构逐渐形成，并在 19 世纪后半期开始建立文官制度和文官教育制度。除政务官之外，这时的文官是近代国家政府机关中由国家支付薪水、为国家服务、执行行政职能的行政人员。

一、文官制度的建立和文官教育的实施

随着文官制度的建立，在国家主义观念的指导下，文官教育在近代欧美国家和日本受到了关注，并陆续开展了起来。由于专门的文官教育机构当时还没有产生，因此，文官主要是通过统一考试、择优录用等手段来吸收受过正规学校教育的和具有一定的文理知识的人。在这个意义上，近代欧美国家和日本文官教育主要借助普通教育机构来实施。它们不仅开展文官教育，而且实行文官考试制度，其中德国是最早实行文官考试制度的国家。当然，近代西方国家文官教育也开始强调实践工作训练。在政府行政机构的不断扩大以及文官制度形成的背景下，近代欧美国家和日本政府都非常注重文官教育，尽力从各个方面提升行政官员的素质。文官教育之所以产生，有其政治、经济和文化思潮等原因。具体来说，其一是巩固统治的需要，其二是发展经济的要求，其三是文化思潮的影响，其四是对中国古代科举制度的借鉴。

随着近代行政体制的变化，在英国、德国和法国等近代西欧国家开始建立了文官制度，并实行文官考试录用制度。就德国来看，早在 18 世纪，文官

制度在近代德国已经形成。在西欧国家，德国(主要是指普鲁士)最早实行了文官考试制度，其文官教育也是最早受到关注的。为了提高行政机构的工作效率，德国对政府官员的基本素质非常注意。其文官教育具体包括：道德品行；专门知识(经济和财政学知识、新人文主义学科、法律知识)；文官的实践学习与职务考试。就英国来看，1855年英国颁布了第一个枢密院令，决定成立文官事务委员会，独立主持文官考试，这标志了近代文官制度在英国的诞生。1870年，英国又颁布了第二个枢密院令。通过这两个枢密院令的颁布，英国确立了文官制度的基本原则，即经过考试并持有合格证书的人才能从事任何事务官职。1883年，英国国会又通过了《文官制度法》，开始实行以工作业绩为主的文官制度。其文官教育具体包括通识性教育和实际工作训练。就法国来看，近代官僚体制及其官吏的教育始于拿破仑时代。作为法国近代官僚制度的奠基者、近代官吏教育的首倡者，他在国家内政上实行的一项重要改革就是吏制改革，主要内容是建立新的行政机构，建立中央统属官员任用方式，创办和加强培养官员的教育机构。拿破仑将一切权力集于一身，形成高度中央集权化的行政管理模式。其文官教育具体包括共和精神教育、理性主义教育、实科知识技术教育。

　　相比西欧国家，美国和日本是后起的资本主义国家。在西欧国家文官制度和文官教育的影响下，美国和日本也建立了文官制度，并开始实行文官考试录用制度。就美国来看，在对"政党分赃制"的猛烈抨击下，美国第19任美国总统海斯(Rutherford B. Hayes)1877年命令在海关税务和内政官员中实行考试录用制度。随着改革任用政府官员制度的呼声越来越强，1883年1月16日，美国国会讨论通过了《调整和改革美国文官制度的法案》，即《彭德尔顿法》，亦称《美国文官法》。该法案规定，通过公开考试择优录用政府官员。它的颁布标志着近代美国文官制度的形成。此后，美国国会又通过了许多有关文官制度的法律。其文官教育具体包括基本的人文素养教育和基本的行政管理能力教育。就日本来看，文官制度是明治维新以后建立起来的。1887年公布的《文官考试试补及见习规则》确立了考试用人的原则，标志着日本文官制度的真正确立。1893年，又制定了《文官任用令》，首次确定了功绩任用的原则。1889年，《文官任用令》又做了进一步的修改，并制定了《文官资格保障令》和《文官惩戒令》，史称"文官三令"，因而在日本近代文官制度史上占有重要的地位。其文官教育具体包括思想道德教育(核心是尊敬和崇拜天皇)和专门知识教育。

二、对近代文官教育的思考

在真正意义上的专门的文官教育机构没有建立之前，近代欧美国家和日本的文科中学(也包括英国的公学)和大学(尤其是大学)在很大程度上承担了培养文官的任务，至少是强化和提高了未来文官的培养质量。

第一，近代欧美国家和日本的文官教育旨在培养社会上层人才，凸显精英主义教育特色。在19世纪中期，这些国家的文官教育是指向具有较高素质的特定人群的一种教育，而不是面向全体国民的一种教育。在文官教育受众人群上，能够接受文官教育的人毕竟只占这些国家全部人口的极小部分；在文官的来源渠道上，能够担任文官的人是要通过考试择优选拔的；在文官的教育程度上，能够担任文官的人一般都要经过严格的中等教育和大学教育，具备一定的知识和技能，并形成一定的综合工作能力的基础；在文官的工作性质上，文官承担着国家和社会的一定管理职能。

第二，针对"个人恩赐"和"政党分赃制"的弊端，在近代欧美国家和日本，英国首先建立了文官制度，随后其他西方国家也建立了文官制度。随着文官制度的建立，欧美国家也开始考虑和实施文官教育。当时，这些国家虽然都还没有建立专门的文官教育机构，但已重视文官的基本素质。从文官教育的总体来看，主要着眼于人的基本素质教育，但并未忽视行政职位技能教育，从而体现了通识教育与专业教育的结合。由于受近代西方人文主义、新人文主义思潮的影响，这些国家的文官教育十分关注文官的一般性文化知识水准的提升，因此近代西方国家都把形成文官的道德品行和文化知识作为文官教育的基本目标，但它并不排斥那种针对具体行政职位的专业教育。事实上，19世纪近代欧美国家和日本文官教育的发展随着社会政治经济需求的不断变化，已体现出通识教育与专业教育结合的特色。

第三，值得注意的是，近代欧美国家和日本文官教育体现了共性与个性的结合。虽然文官教育在这些国家中的发展趋势是一致的，即提高文官的文化素质，并使他们具有文官应有的行政职位技能，但在不同的国家及其不同的历史发展阶段，其教育的侧重点、教育的内容和教育的方式是有所不同的，显示了各自的特点。例如，近代法国文官教育强调具有文理知识和实科知识的人才；近代英国文官教育注重通识教育，力求培养具有文化知识修养、文明行为举止的绅士型文官；近代德国文官教育侧重文官的道德信念、人格精神和文化知识的整合，注重树立"法官式"文官严谨、服从、守纪的职业形象；近代美国文官教育强调"通才式"文官的培养；近代日本文官教育在吸收西欧国家文官教育经验的基础上，恪守忠君报国的东方式道德伦理信条。

第四，由于文官制度首创于中国，所以，在19世纪50—70年代英国文官制度形成时期，英国的许多刊物杂志撰文介绍了中国的官吏制度。当然，近代欧美国家和日本的文官教育体现了共性与个性的结合。虽然文官教育的发展趋势是一致的，但文官制度和文官教育源自社会的现实需要，即巩固政权、发展经济、加强国防等现实需要。这些现实需要是催生近代欧美国家和日本文官教育的土壤。虽然文官制度和文官教育在这些国家中开始的时间各不相同，但无论在哪一国家，文官教育都是其国家政治、经济诸方面发展的必然要求。一支素质精良并有效运转的文官队伍，是最终推动国家行政管理成功的重要因素。正是在这样的形势下和基于这样的认识，文官教育在近代欧美国家和日本得到了重视。

对于近代欧美国家和日本来说，近代文官制度是现代公务员制度的必要基础，现代公务员制度也正是在近代文官制度的基础上发展起来的。在这个意义上，近代文官教育对现代西方国家公务员培训产生了重要的影响。但应该看到，这些国家的文官教育在其发展过程中逐步形成了自身的特点。当然，在文官制度和文官教育的理念与做法上，后起的资本主义国家也借鉴了先发的资本主义国家的经验。其中，近代日本的文官制度及文官教育是借鉴近代欧美国家的产物，带有浓厚的引进痕迹，有人称它是欧洲国家和美国影响下的"混合物"。

第四节　马克思恩格斯教育思想的形成和巴黎公社教育改革的发生

在19世纪教育发展中，有两件具有重要的世界意义和深刻的历史影响的事件，那就是马克思恩格斯教育思想的形成和巴黎公社教育改革的发生。

一、马克思恩格斯教育思想的形成

就19世纪教育思想而言，最重要的是形成了马克思恩格斯教育思想。马克思和恩格斯是马克思主义的创始人，也是马克思恩格斯教育思想的创始人。他们虽然不是教育专家，但他们对19世纪40—80年代欧美国家教育进行了评论，又对17世纪以后在近代教育史上有一定影响的教育家做了分析，还对国际工人运动内部的教育思想倾向进行了评论。正是在这种思考、分析和评论的过程中，他们重新确立了考察教育问题的视角，科学地揭示了教育的社会本质，提出了关于未来教育的构想。

具体来讲，马克思和恩格斯对教育与社会的关系、教育与社会生产、人的本质和个性形成、人的全面发展、教育与生产劳动相结合以及综合技术教育等方面进行了科学的阐述。因此，马克思恩格斯教育思想为无产阶级教育观奠定了理论基础，为人类社会教育的发展和演进开创了新的篇章。

英国教育史学家威廉·博伊德和当代英国比较教育家埃德蒙·金合著的《西方教育史》是西方教育史领域的一本经典著作。该书第七版的"导言"指出，在之前的各版中仅仅提及马克思，而没有充分注意他的创见的影响。因此，在该书第二十章中埃德蒙·金指出，在西方社会，马克思主义基本上被忽视了，特别就教育而言更是如此，但是鉴于未来马克思主义的教育体系在很多国家占有重要地位，几乎所有的社会思想都广泛地渗透了马克思主义的观点……关于马克思的教育思想，读者可以在别处更详细地了解，但我们不能忽视在马克思著作中有关革新和复兴的观点……我们现在要想找到不受马克思主义思想影响的社会理论和教育理论几乎是不可能的。① 在此之前，埃德蒙·金在他1963年出版的《共产主义教育》和《别国的学校和我们的学校（第二版）》中就论及了马克思的教育思想。

无独有偶，英国教育史学家拉斯克（Robert R. Rusk）和斯科特兰（James Scotland）合著的《伟大教育家的学说》在西方教育史领域也是一本经典著作。在该书1979年第五版的"前言"中，斯科特兰提及在该书最后一章"20世纪教育家"中增加了"马克思"一节，那是因为马克思对教育的影响甚至超过了一些教育专家。他们指出，在这一时期，对教育具有最大影响的思想家完全不是专业的教育家，而是政治哲学家。在卡尔·马克思看来，人的社会存在决定他的社会意识。因此，马克思的哲学观念不是沉思而是行动。② 此外，澳大利亚教育史学家鲍恩（James Bowen）在他的三卷本《西方教育史》第三卷第11章

---

① ［英］威廉·博伊德、埃德蒙·金：《西方教育史》，任宝祥、吴元训译，382~383页，北京，人民教育出版社，1985。

② ［英］罗伯特·R.拉斯克、詹姆斯·斯科特兰：《伟大教育家的学说》，朱境人、单中惠译，299页，济南，山东教育出版社，2013。

"教育新时代 I"中也列了"社会主义运动：马克思与科学社会主义"一节，阐述了马克思恩格斯教育思想对社会和学校改革的影响。

二、巴黎公社教育改革的产生

就 19 世纪教育发展而言，最有意义的是巴黎公社的教育改革，这是巴黎公社领导的一次教育改革运动。1871 年 3 月 18 日，巴黎工人阶级在巴黎北区蒙马特尔举行武装起义并夺取了政权，宣告成立巴黎公社，诞生了人类社会历史上第一个无产阶级政权。巴黎公社成立后，公社委员会在英勇抗击凡尔赛反动分子武装进攻的同时，还进行了包括教育改革在内的一系列改革。

在教育改革中，公社委员会主要采取了以下五种措施。一是，夺取和掌握教育的领导权。公社设立教育委员会，其主要职责是管理公社的教育事业，推行普及义务教育，组织教育改革。各区政府也设立了同样的机构。公社执行委员爱德华·瓦扬（Edouard Marie Vaillant，1840—1915）被任命为公社教育委员会主席，在公社教育改革中起了特别重要的作用。公社教育委员会还设立了一个由进步教师、专家和教授代表组成的改革教育的特别委员会，具体研究制定统一的学校制度，组织初等教育和职业教育等。二是，宣布学校与教会分离，实行世俗教育。公社颁布国家与教会分离的法令，有力地打击了教会在思想、文化和教育上的控制权，同时还开办了世俗学校，用世俗教师代替神职人员，以便培养能够认识自己对共和国应有的权利和义务的公民。三是，实施普及义务教育。在公社教育委员会的领导下，公社及各区政府的文件也强调普及义务教育，还重视对女孩的教育。公社所强调的普及义务教育是以学生的全面发展为宗旨的，重视科学教育以及教育与生产劳动相结合。四是，重视思想品德教育。公社要求教师在教育活动中贯彻公社的教育法令或政策，发扬公社的革命精神，使学生忠于革命、保卫公社和反抗敌人，并在长大成人时能够保护公社的荣誉并与诽谤它的人做斗争。在进行思想品德教育时，采取了灵活多样的方式。五是，提高教师的社会经济地位。公社希望教师为了未来美好的国家而努力工作，要求教师对待人民委托给他们的孩子要非常慎重、非常温暖。同时，规定教师的最低年薪，以及男女教师同工同酬。

作为无产阶级政权的第一次教育改革实践，巴黎公社教育改革的思想原则和实际举措在建立世俗化国民教育制度、消除教育的阶级性、提高教师社会地位、发展女子教育、进行广泛的革命教育等方面产生了深远的历史影响。

第五节　19世纪美国和日本教育发展的不同路径

在19世纪中期，美国和日本教育的发展显示出与欧洲国家教育发展的不同路径，更充分体现了这一时代的特点。教育路径的不同，实质上正是先发的欧洲国家与后起的美国和日本之间在教育发展上理念和举措的不同。为了赶超欧洲国家，美国和日本在教育发展上不仅体现了很多新的教育理念，还采取了很多新的教育举措。其中，美国这个后起的资本主义国家在借鉴欧洲国家教育发展经验的基础上，形成了具有美国特色的创新的教育制度；日本作为一个后起的资本主义国家，通过明治维新时期的教育改革，不仅吸取他人的教育经验，而且赶上甚至超过了欧洲国家的教育发展。

一、美国教育发展的借鉴和创新路径

19世纪，美国最重要的经济趋势就是，从农业社会到工业社会的转变。在美国建国时就形成的民主理想，使整个社会都在为教育均等而奋斗。在这个奋斗过程中，美国人口数量从1840年到1960年翻了一番，其中主要是来自欧洲国家的移民，来自许多欧洲国家的制度、文化和思潮不断涌入美国。

与此同时，很多美国学者和有志青年纷纷跑到欧洲国家学习，尤其是到当时教育发展和教育思想更为先进的德国去学习。德国柏林大学教授鲍尔生（Friedrich Paulsen）在《德国教育史》一书中指出，十九世纪开展的德国教育运动，在欧洲各国之中，处于领先的地位。德国大学已成为全世界公认的科学研究中心。举世的学者不断到德国走访或留学；各国的大学，特别是美国的大学，力图仿效德国的大学。在初等教育和科技教育方面，德国也成为欧洲各国的师表。① 因此，19世纪在德国留学的外国学生中，仅美国学生约有9000人。在这些人中，不少人后来成为美国教育界的领军人物，如贺拉斯·曼、亨利·巴纳德等。同时，在这一时期，劳工组织在教育权利上也提出了自己的合理诉求，促使社会和教育改革思想不断高涨。

此外，《独立宣言》所体现的民主理想以最好的方式诠释了美国人的"美国梦"。在19世纪的美国，机会平等和自由的理念已成为美国人梦想的一部分。但是，应该看到，美国不再仅仅是一个旧世界，或者说仅仅是欧洲国家的复制品。正如当代英国比较教育学家埃德蒙·金在他的《别国的学校和我们的学校》一书中所指出的：有人曾颇为贴切地说，美利坚合众国是"伟大的实验"。的确，在极大程度上，它是依靠人的有意识的设计创建起来的。②

所以，在19世纪的教育发展中，美国采取了与欧洲国家截然不同的路径，其最有美国特色的方面是，独特的公共教育制度、公立学校的创立、公立中学的发展、初级中学的出现、师范学校的建立、农工学院的兴建、大学社会服务功能的确立、初级学院的创办以及地方分权的教育行政管理体制。应该说，美国这种公众的、免费的、男女同校和义务的单轨制教育制度，与欧洲那种为社会下层儿童提供免费的初等教育、只为社会上层提供传统的中

---

① ［德］弗·鲍尔生：《德国教育史》，滕大春、滕大生译，121页，北京，人民教育出版社，1986。

② ［英］埃德蒙·金：《别国的学校和我们的学校——今日比较教育》，王承绪、邵珊、李克兴等译，307页，北京，人民教育出版社，1988。

等教育、男女分开受教育的双轨制教育制度形成了明显的对比。正是在这个意义上，美国教育史学家伯茨（R. Freeman Butts）指出，新的环境、新的气息和新的氛围都滋养着这个民族，使它创造出了自己独特的文化，并为西方文明做出了自己的贡献。其中，最重要的就是公立学校思想。如果不是艰苦的奋斗与人类用心地去探索，那么，这种转变也不会产生。①

就公共教育制度来看，美国开创了一种民主的教育制度，不仅为每个儿童提供了平等的教育机会，满足了他们天资和能力充分发展的需求，而且这种平等的教育机会应该得到各州公共财政的支持，从每一个受教育者从进入初等学校开始一直持续到大学，这种制度被称为阶梯式的教育制度。这种独特的公共教育制度，是由公共税收支持的、对所有儿童开放的，它是不属于任何教派的、统一的和免费的。对此，当代美国教育史学家克雷明在他的《学校的变革》一书中热情地赞誉：为公立学校教育的实现而进行的斗争是美国历史上迷人的一章。

就初等教育和师范教育来看，自公立学校运动兴起后，美国民众逐步接受了与欧洲国家不同的新的公立学校模式，并使公立学校影响了美国的所有儿童。州和地区接受联邦政府教育资助的第一个条件就是，已建立了公立学校。随着公立学校的发展，在"有好的教师，就有好的学校"的观念影响下，师资训练越来越受到人们的重视，最后促使了公立师范学校的建立。

就中等教育来看，美国摆脱了从欧洲国家特别是英国移植来的中等学校模式，创办了公立中学，不仅其数量迅速增加，而且其课程进行了重组，甚至实施了选修制度。到19世纪90年代，美国在学制改革的基础上建立了一种新的中等学校类型——初级中学，既满足了当时社会的需求，又满足了学生身心发展的需求。

---

① ［美］R. 弗里曼·伯茨：《西方教育文化史》，王凤玉译，457 页，济南，山东教育出版社，2013。

就高等教育来看，美国在学习欧洲国家的基础上，走上了自己的高等教育发展道路。根据《莫里尔法案》开办的农工学院培养了农业和机械工艺的专业人才，成为美国州立大学的另一种模式。面对大学入学压力的激增，美国创办了两年制的初级学院，推动了高等教育的大众化和民主化。此外，通过"康奈尔计划"和"威斯康星理念"的形成，美国在世界上率先确立了大学社会服务功能。因此，美国大学教育虽源于英国，但其发展完全不同于英国；后来它虽仿效德国，却高于德国。

就教育行政管理来看，与实施中央集权教育行政管理体制的法国不同，美国在独立后确立了地方分权教育行政管理体制，并在世界上成为这种教育行政管理体制的典型。

综上所述，19世纪美国教育的发展走的是一条不同于欧洲国家教育发展的路径。在学习欧洲国家教育的过程中，美国并不是单纯地模仿和复制，而是更好地思考如何体现自己的需求和特色。在某种意义上，美国19世纪教育发展的路径是一条不断追求创新的路径，也是一条始终充满活力的路径。相比欧洲国家，在19世纪的教育发展中，尽管美国面临着各种各样的挑战，但其更有高度自信和努力创新的精神。到19世纪末，美国工业生产总值已跃居世界首位。

对于美国公立学校制度这一种独特的革新，美国教育家杜威指出，100年前，也就是在19世纪三四十年代，我们先辈中的智者开始认识到，民主的实验不可能自动地获得成功。他们发出了同一个声音：共和政体的存在有赖于向民众传播启蒙思想，民众教育乃是合众国的基石。这个观念构成了创立公立学校体制的初始基础，也成为鼓舞人们将公立学校体制及服务工作不断向前推进的源泉。①《美国与欧洲》一书的作者、波兰革命者德格鲁斯基

---

① ［美］约翰·杜威：《美国的教育：过去和未来》，见《杜威全集·晚期著作（1925—1953）》第六卷（1931—1932），马迅、薛平译，80页，上海，华东师范大学出版社，2015。

（A. G. DeGurowski）也指出，公立学校是真正的美国社会和人民的精神、意志以及特征最高尚和最光辉的表现形式。在欧洲这个文雅阶级的文明社会里，教育并没有超出个人训练的范围；唯有美国这个自由的国家在新英格兰地区、马萨诸塞州的倡导和率领下，拥有明智的和受过教育的民众。①

二、日本教育发展的吸取和超越路径

作为一个后起的资本主义国家，在19世纪的教育发展中，日本走的也是一条不同于欧洲国家的路径。通过明治维新运动，日本不仅极大地推动了社会的改革，而且促使教育进行了很大的改革。正如日本著名教育家、日本教育学会前会长堀尾辉久在他的《日本教育思想》一书中所指出的：明治维新（1868）彻底改变了日本社会，也彻底推翻了传统日本的思想基础。在与之紧密联系的教育思想和实践领域，这种影响再真实不过了。②

在明治维新时期的教育改革中，日本确立了教育改革的方针，如"破旧有之陋习""求知识于世界"等；在学习考察欧美国家教育制度以及对日本原来的教育制度进行调查的基础上，颁布了教育改革的法令，如1872年《学制》的颁布被誉为"近代日本教育的黎明"，根据情况后来又先后颁布了《教育令》和《学校令》；采取教育改革的措施，如到欧美国家教育考察，派遣出国留学生，聘请欧美国家专家学者等；切实推动普及义务教育，如初等教育免费，将最好的建筑物提供给小学使用等；积极发展师范教育，如采用新的课程和方法培养师资，改善小学教师的待遇，防止教师流动过于频繁等；分步骤发展各级教育，如19世纪七八十年代普及初等教育，80年代后期把力量转到中等教育上。

---

① [美]劳伦斯·阿瑟·克雷明：《学校的变革》，单中惠、马晓斌译，12页，济南，山东教育出版社，2009。
② [日]堀尾辉久：《当代日本教育思想》，朱永新、王智新译，19页，太原，山西教育出版社，1994。

总之，在 19 世纪的教育发展中，日本认真学习并善于吸取欧美国家教育发展的经验，能够结合本国的社会需求和教育实际，加快了 19 世纪 70 年代后教育发展的速度，为日本社会近代化和工业化的实现创造了有利的条件。因此，在明治维新时期日本人在教育上向西方学习很有成效。

当代英国比较教育学家埃德蒙·金指出，在日本，传统和进步同时并存，其中一个原因是日本人具有一种惊人的能力，即他们有一种智力和道德力量，使他们感到自卑，然后他们奋起直追，后来则受到世人赞扬。[①] 因此，日本之所以在明治维新后能够赶上并超过大多数欧洲国家，其明治维新教育改革的作用是功不可没的。当然，也应该看到，日本明治维新时期教育改革带有浓厚的皇权主义和军国主义色彩。1890 年颁布的天皇《教育敕语》就是最明显的表现。

第六节　19 世纪教育发展的影响及问题

19 世纪教育的发展，对欧美国家和日本乃至世界上其他国家的教育体制、教育结构、教育目标、教育内容、教育方法产生了重要的影响，并促使学校教育实践产生了积极的变化。但是，19 世纪欧美国家和日本教育发展还存在着一些问题，其主要体现在"传统教育"的影响上。

一、19 世纪欧美国家和日本教育发展的影响

19 世纪欧美国家和日本教育发展的影响主要表现在以下四个方面。

第一，为现代教育制度的发展奠定了重要的基础。

在 19 世纪教育发展中，欧美国家和日本形成了它们各自的近代教育制

---

① ［英］埃德蒙·金：《别国的学校和我们的学校——今日比较教育》，王承绪、邵珊、李克兴等译，514 页，北京，人民教育出版社，1988。

度,并为现代教育制度的发展奠定了重要的基础。在19世纪40年代创办的幼儿园已被现代世界各国所仿效,成为幼儿教育机构的基本类型。公立学校和普及义务教育更成为一种基本原则,影响着世界各国教育的发展,不仅推动了初等教育的基本普及,还促使了中等学校的广泛改革,体现教育平等、民主的单轨制教育体制已成为各国教育界的共识。19世纪逐步形成的大学体现了教学、研究和服务社会的三种功能,推动了现代高等教育的改革和发展。师范学校的建立,促使后来师范学院的发展,也从师资层面上对初等教育和中等教育发展的数量和质量提供了保证。在19世纪中期后获得更好发展的职业教育和女子教育,成为现代职业教育和女子教育发展的起点。尽管中央集权和地方分权的教育行政管理体制各有特点,但它们沿用至今,并适应了各自国家教育行政管理的需求。

19世纪的俄国还是农奴制国家,与其他欧洲国家相比,其不仅在经济发展上是落后的,而且在教育发展上也是迟缓的。尽管在1861年废除农奴制后,俄国进行了一些教育改革,但其文化和学校教育状况在欧洲国家中是最落后的,它的国民教育部实际上成了人民求知欲的压制部。因此,列宁(Владимир И. Ленин)在《论国民教育部的政策问题》一文中尖锐指出,人民群众被剥夺了接受教育、获得光明、求取知识的权利的野蛮国家,在欧洲除了俄国以外,再没有第二个。①

第二,在教育目标上开始趋向国民教育、公共教育和民众教育。

由于德国国民教育思想、美国公共教育思想、丹麦民众教育思想以及法国功能主义教育思想、日本明治维新时期教育思想的出现和传播,欧洲国家、美国和日本在教育目标上开始了由少数人特权的英才教育到国民教育、公共教育、民众教育的转变。因此,德国国民教育的发展更加受到关注,在美国

---

① 苏联教育科学院:《列宁论教育》上卷,华东师范大学《列宁论教育》辑译小组辑译,344页,北京,人民教育出版社,2001。

出现了公立学校运动，其他欧洲国家和日本也都把普及初等教育作为一件重要的事情。其中，美国以建立免费的、普及的公立学校制度为目标的公立学校运动取得了很大的成就，产生了深远的影响。

马克思和恩格斯的教育思想、空想社会主义教育思想在19世纪的形成和传播，探讨了新的理想社会的教育并提出了对未来教育的构想，在一定程度上推动了成人教育，特别是工人教育的发展。

教育目标上的转变虽然反映了19世纪社会政治和经济的要求，但应该看到，19世纪教育思想的传播对教育目标的转变也起着十分重要的作用。当然，在不同的国家中，国民教育、公共教育和民众教育的发展是不平衡的。

第三，在教育内容上开始趋向以科学知识为核心的课程。

早在14—16世纪，在欧洲国家中已存在古典教育与科学教育之争。到19世纪中期，在英国又出现了一场古典人文主义教育思想与科学教育思想之间的激烈论争，并波及其他欧洲国家。尽管古典人文主义教育的传统势力十分顽固，但以斯宾塞和赫胥黎为主要代表人物的科学教育思想的传播，推动了科学教育运动的兴起和发展。这不仅使人们普遍认识到学校课程改革的必要性和实施科学教育的重要性，而且使科学教育逐步在各级各类学校中占据越来越重要的主导地位。虽然近代欧美国家学校课程的改革与科学知识的分化和发展以及培养目标的多元化有关，但科学教育思想的传播和影响所起的重要作用是毋庸置疑的。

此外，还有不少19世纪的教育思想家，如德国教育家第斯多惠、俄国教育家乌申斯基、日本教育家福泽谕吉等，在他们的教育思想中都提出了符合社会和时代发展方向的观点。

第四，在教学原则和方法上开始趋向心理化、科学化。

在19世纪，随着社会政治和经济的发展，哲学和心理学等学科研究取得了重要进展。在生理学和其他自然科学发展的基础上，许多学者把不同领域的研究方法运用于心理学的研究中，并导致了心理学的独立，极大地推动了教育科学的发展，促使教育科学必须以心理学为基础渐渐成为一种共识。法国教育家孔佩雷在他的《教育学史》一书中指出，19 世纪教育学更倾向于在心理学和科学的基础之上认识教育，力求使教学方法走上理性的轨道。①

被称为"科学的教育学奠基人"的赫尔巴特的主知主义教育思想，正是在心理学和哲学的基础上，对教育理论特别是教学论进行了探索，在教育心理学方面做出了很有意义的尝试。它初步揭示了教育科学与心理学的关系以及教学与教育的关系，第一次系统地研究了教学过程及其规律，第一次明确地提出了教学阶段理论。因此，在西方教育思想史上，赫尔巴特的主知主义教育思想是一种以心理学和哲学为基础的教育理论体系，极大地促进了教学原则和方法趋向心理化、科学化。尽管其本身也存在着明显的缺陷，但赫尔巴特的主知主义教育思想可以被看作教学原则和方法进入心理化、科学化时期的起点。之后，德国和美国的赫尔巴特学派广泛地传播了这一教育思想，从而兴起了赫尔巴特学派运动，在促使赫尔巴特教育思想特别是教学论的通俗化、简明化和具体化方面做出了努力。

此外，德国教育家第斯多惠在长期的教育工作实践中对教学原则和方法进行了详细的研究，并从学生、社会文化条件、教材、教师四个方面提出了一系列教学原则。与此同时，俄国教育家乌申斯基在揭示儿童智力发展特点的基础上对教学理论做了论述，并提出了一系列教学原则。他们的教育思想对教学原则和方法的心理化、科学化起了一定的作用。

19 世纪教育家注重教学理论诸方面的研究，并从心理学和哲学两方面加以探讨，促使了人们对教学认识的深化，使教学原则和方法趋向心理化、科学化。他们提出了许多反映教学规律的教学原则和方法，诸如直观性原则、

---

① ［法］加布里埃尔·孔佩雷：《教育学史》，张瑜、王强译，383 页，济南，山东教育出版社，2013。

文化适应性原则、渐进性原则、系统性原则、坚实性原则、巩固性原则、自
觉性和积极性原则、教育性教学原则等，以及分析教学法、综合教学法、问
答法、练习法等。总之，教学原则和方法趋向心理化、科学化，标志着近代
教育的变革进入了一个新的阶段，不仅促使学校教育和教学工作更有效地开
展，而且奠定了现代教学理论的基础。

二、19 世纪欧美国家和日本教育发展的问题

从西方教育历史来看，作为近代西方教育理论奠基人的捷克教育家夸美
纽斯曾试图构建一个教育理论体系。但是，经过 18 世纪教育思想的发展，直
到 19 世纪教育思想中占有主导地位的赫尔巴特主知主义教育思想的出现，才
标志着近代西方教育理论体系的形成。与此同时，近代欧美国家和日本的教
育体制也确立了起来。因此，可以说，欧美国家和日本的教育的发展在 19 世
纪 70 年代进入了一个新的阶段。

但应该看到，19 世纪欧美国家和日本的教育体制还需要完善和发展，
19 世纪教育家在对教育问题进行思考和探讨的过程中也并未解决全部问题。
究其原因：一是教育是一个永恒的问题，头绪万千，错综复杂，所涉及的方
面和因素很广泛；二是时代和社会的局限，以及认识论和方法论上的不足，
在一定程度上影响了人们对教育问题的理论探究和现实认识。

事实上，整个 19 世纪教育思想主要侧重于对教育体制以及教师的教育和
教学的研究与论述上。即使在教育领域占有主导地位的赫尔巴特主知主义教
育思想，也是从教师如何更好地进行教育和教学这一点出发，并提出其对教育
问题的见解和主张的。就这一点来讲，它实质上是以教师为中心的。正如美国
教育家杜威指出的，赫尔巴特论述的是教师心理学，而不是儿童心理学，[①] 因

---

① ［美］约翰·杜威：《与意志训练有关的兴趣》，见《杜威全集·早期著作（1882—1898）》第
五卷（1895—1898），杨小微、罗德红等译，上海，华东师范大学出版社，2010。

而他低估了儿童在获得知识过程中的主动性和积极作用，对儿童以及儿童的学习过程的论述是不够的或忽视的。尽管赫尔巴特的教育思想是在心理学和哲学基础上构建起来的一个教育理论体系，但这个体系存在诸多不足之处，以致受这种教育思想主导性影响的欧洲国家和美国的学校在 19 世纪末期普遍存在着这样的问题：教师热衷于用老一套的课本进行老一套的训练，盲目地让天真无邪的儿童死记硬背和复述那些毫无意义的冗词赘语。可以说，无论是培养目标和教学组织形式，还是课程内容和教学方法，都不能适应即将来临的新时代的需求。但由于传统教育理论和方法的影响加上客观条件的不足，致使公立学校教育的状况不尽理想。当代美国教育史学家克雷明在他的《学校的变革》一书中做了具体的描述：19 世纪 90 年代的学校始终是一个令人沮丧的地方，各地都面临着学生、教师、教室以及经费的问题。例如，校舍光线暗淡、暖气不足、不卫生、到处有裂缝；未经培训的教师盲目地让那些天真无邪的孩子死记硬背和复述毫无意义的冗词赘语；农村学校依然不分年级和质量低劣地进行教学，等等。①

因此，在以"变革"为主题的 19 世纪 90 年代，有些欧洲国家和美国的教育家开始批判以德国教育家赫尔巴特为主要代表人物的"传统教育"。在这种对"传统教育"的批判中，西方教育理论界出现了"传统教育"与"现代教育"之争，美国教育家杜威成为"现代教育"的主要代表人物。尽管这种教育领域的理论论争至今还没有停止，但这种论争在学界一般被认为开始于 19 世纪末期。在某种意义上，"传统教育"与"现代教育"之争，实质上就是 20 世纪初期兴起的欧美国家教育革新运动(欧洲新教育和美国进步教育)的肇端，随着学校变革呼声的响起，不少教育家和学校教师开启了学校变革的进程。

---

① [美]劳伦斯·阿瑟·克雷明：《学校的变革》，单中惠、马晓斌译，18 页，济南，山东教育出版社，2009。

参考文献

一、中文文献

《马克思恩格斯全集》第一卷，北京，人民出版社，2012。

《马克思恩格斯全集》第二卷，北京，人民出版社，1957。

《马克思恩格斯全集》第三卷，北京，人民出版社，1960。

《马克思恩格斯全集》第六卷，北京，人民出版社，1961。

《马克思恩格斯全集》第九卷，北京，人民出版社，1961。

《马克思恩格斯全集》第十六卷，北京，人民出版社，1964。

《马克思恩格斯全集》第二十一卷，北京，人民出版社，2003。

《马克思恩格斯全集》第二十三卷，北京，人民出版社，1972。

《马克思恩格斯全集》第二十六卷(第一册)，北京，人民出版社，1972。

《马克思恩格斯全集》第四十二卷，北京，人民出版社，1979。

《马克思恩格斯选集》第一卷，北京，人民出版社，2012。

《马克思恩格斯选集》第三卷，北京，人民出版社，2012。

陈学飞：《美国高等教育发展史》，成都，四川大学出版社，1989。

陈学飞：《当代美国高等教育思想研究》，大连，辽宁师范大学出版社，1996。

但柳松：《美国公共学校运动研究》，博士学位论文，天津师范大学，2014。

丁坤：《美国女子高等教育史：1837—2000：女性主义视角》，博士学位论文，河北大学，2011。

冯军：《公务员考选制度研究》，北京，社会科学文献出版社，2011。

高玲：《检验公立中学合法性的尺度——卡拉马祖》，载《教育科学研究》，2018(4)。

高鉴国：《加拿大文化与现代化》，沈阳，辽海出版社，1999。

耿兆锐：《19世纪殖民地印度教育体制之争》，载《宁波大学学报(人文科学版)》，2015(2)。

龚祥瑞：《文官制度》，北京，人民出版社，1985。

龚祥瑞：《英国行政机构和文官制度》，北京，人民出版社，1983。

关松林：《井上毅职业教育思想述论》，载《职教论坛》，2010(16)。

洪明：《美国教师质量保障体系历史演进研究》，北京，北京师范大学出版社，2010。

华东师范大学教育系：《马克思恩格斯论教育》，北京，人民教育出版社，1996。

黄宇红：《知识演化进程中的美国大学》，北京，北京师范大学出版社，2008。

贺国庆，朱文富：《外国职业教育通史(上卷)》，北京，人民教育出版社，2014。

瞿葆奎：《教育学文集 第24卷 印度、埃及、巴西教育改革》，北京，人民教育出版社，1991。

刘彤：《近代美国幼儿教育体制的美国化历程》，载《河北师范大学学报(教育科学版)》，2002(6)。

单中惠：《西方教育思想史》，北京，中国人民大学出版社，2017。

单中惠：《美国公立学校运动新论》，载《教育评论》，2000(3)。

孙岩：《美国综合性大学教育学科的历史考察——以哥伦比亚大学等4所大学为中心》，博士学位论文，浙江大学，2017。

滕大春：《外国近代教育史(第二版)》，北京，人民教育出版社，2002。

滕大春：《美国教育史(第二版)》，北京，人民教育出版社，2001。

王长纯：《印度教育》，长春，吉林教育出版社，2000。

王凤玉：《社会变革与教育机构转型》，北京，人民教育出版社，2008。

王桂：《日本教育史》，长春，吉林教育出版社，1987。

王英杰：《美国高等教育的发展与改革》，北京，人民教育出版社，2001。

吴志华：《美国公务员制度的改革与转型》，上海，上海交通大学出版社，2006。

徐健：《近代普鲁士官僚制度研究》，北京，北京大学出版社，2005。

扬百揆，陈子明，陈兆钢等：《西方文官系统》，成都，四川人民出版社，1985。

杨孔炽：《十九世纪上半期美国的普通中等教育》，载《教育研究与实验》，1985(3)。

杨孔炽：《江户时代日本教育研究——近代日本教育历史基础的初步探索》，博士学位论文，北京师范大学，1997。

张斌贤，李曙光，王慧敏：《揭开美国中等教育改革的序幕：<十人委员会报告>发表始末》，载《外国教育研究》，2015(1)。

张斌贤，等：《迎接工业化的挑战：1870-1910年的美国手工训练运动》，载《清华大学教育研究》，2013(5)。

张晓梅：《女子学园与美国早期女性的公共参与》，北京，人民出版社，2016。

臧佩红：《日本近现代教育史》，北京，世界知识出版社，2010。

钟文芳：《西方近代初等教育史》，上海，上海科技教育出版社，2006。

邹海燕：《十九世纪的美国中等师范教育》，载《教育研究与实验》，1985(3)。

周敏凯：《比较公务员制度》，上海，复旦大学出版社，2006。

宋家珩：《枫叶国度——加拿大的过去与现在》，济南，山东大学出版社，1989。

朱鹏举：《美国康奈尔计划发展研究》，石家庄，河北教育出版社，2016。

杨捷：《19世纪美国达特茅斯学院案及其影响》，载《河南大学学报(社会科学版)》，2000(5)。

杨玲，潘守永：《当代西方博物馆发展态势研究》，北京，学苑出版社，2005。

[英]阿什比：《科技发达时代的大学教育》，滕大春、滕大生译，北京，人民教育出版社，1983。

[英]埃德蒙·金：《别国的学校和我们的学校——今日比较教育》，王承绪、邵珊、李克兴等译，北京，人民教育出版社，1988。

[英]罗伯特·R.拉斯克，詹姆斯·斯科特兰：《伟大教育家的学说》，朱镜人、单中惠译，济南，山东教育出版社，2013。

[英]威廉·博伊德，埃德蒙·金：《西方教育史》，任宝祥、吴元训译，北京，人民教育出版社，1985。

[法]加布里埃尔·孔佩雷：《教育学史》，张瑜、王强译，济南，山东教育出版社，2013。

[德]里夏德·范迪尔门：《欧洲近代生活 村庄与城市》，王亚平译，北京，东方出版社，2004。

[美]埃尔伍德·帕特森·克伯莱:《美国公共教育:关于美国教育史的研究和阐释》,陈露茜译,合肥,安徽教育出版社,2012。

[美]E. P. 克伯雷:《外国教育史料》,任宝祥、任钟印译,武汉,华中师范大学出版社,1991。

[美]卡罗尔·卡尔金斯:《美国文化教育史话》,邓明言、程毓征、彭致斌等译,北京,人民出版社,1984。

[美]格莱夫斯:《近代教育史》,吴康译,上海,商务印书馆,1923。

[美]劳伦斯·阿瑟·克雷明:《学校的变革》,单中惠、马晓斌译,济南,山东教育出版社,2009。

[美]乔尔·斯普林:《美国学校 教育传统与变革》,史静寰等译,北京,人民教育出版社,2010。

[美]L. 迪安·韦布:《美国教育史:一场伟大的美国试验》,陈露茜、李朝阳译,合肥,安徽教育出版社,2010。

[美]R. 弗里曼·伯茨:《西方教育文化史》,王凤玉译,济南,山东教育出版社,2013。

[美]S. 鲍尔斯,H. 金蒂斯:《美国:经济生活与教育改革》,王佩雄等译,上海,上海教育出版社,1990。

[美]S. E. 佛罗斯特:《西方教育的历史和哲学基础》,吴元训、张俊洪、宋富钢等译,北京,华夏出版社,1987。

[加]沃尔特·怀特、罗纳德·瓦根伯格,拉尔夫·纳尔逊:《加拿大政府与政治》,刘经美、张正国译,北京,北京大学出版社,2004。

[日]福泽谕吉:《劝学篇》,群力译,北京,商务印书馆,1984。

[日]福泽谕吉:《文明论概略》,北京编译社译,北京,商务印书馆,2009。

[日]堀尾辉久:《日本教育思想》,朱永新、王智欣译,太原,山西教育出版社,1994。

[日]麻生诚,天野郁夫:《教育与日本现代化》,刘付忱译,北京,人民教育出版社,1980。

[日]日本世界教育史研究会:《六国技术教育史》,李永连、赵秀琴等译,北京,教育

科学出版社，1984。

[日]小林哲也：《日本的教育》，徐锡麟、黄明皖译，北京，人民教育出版社，1981。

二、外文文献

Abraham Flexner, *Daniel Coit Gilman: Creator of the American Type of University*, Harcourt, Brace & Co. , 1946.

A. E. Winship, *Great American Educators*, New York, Werner School Book Company, 1990.

Ana M. M. Alema & Kristen A. Renn, *Women in Higher Education: an Encyclopedia*, Santa Barbara, ABC-CLIO, Inc. 2002.

Aparna Basu, *Essays in the History of Indian Education*, New Delhi, Concept Publishing Company, 1982.

Bernard Berelson, *Graduate Education in the United States*, New York, McGraw-Hill Book Company, 1960.

Berennice A. Carroll, *Liberation Women's History*, Urbana, University of Illinois Press. 1976.

B. D. I. Major and M. S. Basu, *History of Education in India Under the Rule of the East India Company*, Calcutta, S. C. Majumdar SriGauranga Press, 1925.

Carl F. Kaestle, *Pillars of the Republic: Common Schools and American Society, 1780—1860*, New York, Hill & Wang, 1983.

C. B. Sissons, *Egerton Ryerson: His Life and Letters*, Toronto, Clarke, Irwin & Company Limited, 1947.

Charles A. Bennett, *History of Manual and Industrial Education 1870 to 1917*, Illinois, Chas. A. Bennett Co. , Publisher, 1937.

Christopher J. Lucas, *Teacher Education in America, Reform Agendas for the Twenty-first Century*, New York, St. Martin's Press, 1997.

Christopher J. Lucas, *American Higher Education—A History*, New York, MacMillan, 2006.

Edwin G. Dexter, *A History of Education in the United States*, New York, The Macmillan Company, 1904.

Ellwood P. Cubberley, *Readings in the History of Education*, Boston, Houghton Mifflin Company, 1920.

Ellwood P. Cubberley, *Public Education in the United States*, Boston, Houghton Mifflin Company, 1934.

Ellwood P. Cubberley, *Public Education in the United States: A Study and Interpretation of American Educational History*, Boston, Houghton Mifflin Company, 1947.

E. Ryerson, *The Story of My Life*, Toronto, William Brigge, 1884.

Francesco Cordasc, *The Shaping of American Graduate Education: Daniel Coit Gilman and the Protean Ph. D*, Lanham, MD, Rowman & Littlefield, 1960.

Francis Henry Johnson, *A History of Public Education in British Columbia*, Vancouver, Publications Centre, University of British Columbia, 1964.

Francis Henry Johnson, *A Brief History of Canadian Education*, Toronto, McGraw-Hill Company of Canada Limited, 1968.

Frederick Rudolph, *The American College and University: A History*, New York, Random House, 1962.

G. A. Hubbell, *Life of Horace Mann: Educator Patriot and Reformer*, Philadelphia, W. M. F. Fell Company, 1901.

G. Compayré, *Horace Mann and the Public School in the United States*, New York, Thomas Y. Crowell, 1907.

G. Compayré, *The History of Pedagogy*, Boston, D. C. Heath and Company, 1910.

G. I. Gutek, *An Historical Introduction to American Education*, Chicago, Y. Crowell Company, 1970.

Gouri Srivastava, *Education in India: in History Perspective*, New Delhi, Annol Publication, 2001.

Hamilton R. Smith, *Development of Manual Training in the United States*, Lancaster,

Pa., Intelligencer Print, 1914.

H. Adams, *The Education of Canadians*, 1800—1867, Montreal, Harvest House, 1868.

John D. Pullian, *History of Education in America*, Columbus, Ohio, Charles E. Merril Publishing Company, 1991.

John D. Pulliam, James J. Van Patten, *History of Education in American*, Newmarket, Prentice Hall Company, 2006.

J. D. Wilson and R. M. Stamp, *Canadian Education: A History*, Scaborough, Ontario, Louis-Philippe Audet, 1970.

J. G. Althouse, *The Ontario Teacher*, 1800—1910, Toronto, Ontario Teachers' Federation, 1967.

J. G. Hodgins, *Documentary History of Education in Upper Canada*, Toronto, L K Cameron, 1894-1906.

J. H. Putnam, *Egerton Ryerson and Education in Upper Canada*, Toronto, William Briggs, 1912.

John S. Brubacher, Willis Rudy, *Higher Education in Transition: A History of American Colleges and Universities*, 1636—1976, New York, Harper & Row, 1976.

K. G. Saiyidain, *Compulsory Education in India*, Paris, Unesco, 1952.

L. A. Cremin, *The Republic and the School: Horace Mann on the Education of Free Men*, New York, Teachers College Press, 1974.

L. A. Cremin, *American Education: The National Experience*, 1783—1876, New York, Harper Colophon Books Co., 1982.

L. Eisenmann, *Historical Dictionary o f Women's Education in the United States*, Westport, CT, Greenwood Publishing Group, 1998.

L. R. Veysey, *The Emergence of the American University*, Chicago, The University of Chicago Press, 1965.

Mabel Newcomer, *A Century of Higher Education for American Women*, New York, Harper Press, 1959.

Meredith Borthwick, *The Changing Role of Women in Bengal*, 1849—1905, Princeton, Princeton University Press, 1984.

Michael Marn, *British Rule on Indian Soil: North India in the First Half of the Nineteenth Century*, New Delhi, Manohar Pubns, 1999.

N. Burwash, *Egerton Ryerson*, Toronto, Moramg & Co. Ltd., 1910.

Ned Harland Dearborn, *The Oswego Movement in American Education*, New York, Teacher College, Columbia University, 1925.

N. G. Pawar, *Development of Education System in India*, Japur, Book Enclave, 2004.

N. Jayapalan, *History of Education in India*, Delhi, Atlantic Publisher and Distributor, 2000.

Paul Axelrod, *The Promise of Schooling: Education in Canada*, 1800—1914, Toronto, University of Toronto Press, 1997.

Paul Westmeyer, *An Analytical History of American Higher Education*, Illinois, Charles C. Thomas Publisher, 1997.

R. F. Butts, L. A. Cremin, *A History of Education in American Culture*, New York, Holt Rinchart and Winston, 1953.

Robin S. Harris, *Quiet Evolution: A Study of the Educational System of Ontario*, Toronto, University of Toronto Press, 1967.

Robin S. Harris, *A History of Higher Education in Canada* 1663—1960, Toronto, University of Toronto Press, 1976.

S. Chester Parker, *A Textbook in the History of Modern Elementary Education*, New York, Mottelay Press, 1988.

S. E. Houston and A. Prentice, *Schooling and Scholars in Nineteenth-century Ontario*, Toronto, University of Toronto Press, 1988.

Syed Nurullah, Pangal Jayendra Naik, *History of Education in India during the British Period*, Bombay, Macmillan Publishers, 1943.

T. Misawa, *Modern Educators and Their Ideals*, New York, D. Appleion and Company, 1909.

Thomas Woody, *A History of Women's Education in the United States*, New York, The Science Press, 1929.

William Hunter, *Report of the India Education Commission*, India, Education Commission, 1882.

William Hunter, *Report of the Indian Education Commission*, Calcutta, Superintendent of Government Printing, 1883.

W. T. Harris, *Horace Mann*, New York, C. W. Bardeen, 1896.

V. K. Kohli, *Indian Education and Its Problems*, Ambala City, Vivek Publishers, 1994.

長浜功:《近代日本教育政策史》, 東京, 明石書店, 1994。

春畝公追頌会:《伊藤博文伝》中巻, 東京, 原書房, 1970。

大久保利謙:《森有礼》, 東京, 文教書院, 1944。

福沢諭吉:《福沢諭吉教育論集》, 上沼八郎編, 東京, 明治図書出版, 1981。

海厚宗臣:《井上毅の教育政策》, 東京, 東京大学出版会, 1992。

海厚宗臣:《教育敕語成立史研究》, 東京, 東京大学出版会, 1965。

三好信浩:《日本教育史》, 東京, 福村出版株式会社, 1993。

教育史編纂委員会:《明治以降教育制度発達史》第1巻, 東京, 龍吟社, 1938。

教育史編纂委員会:《明治以降教育制度発達史》第2巻, 東京, 龍吟社, 1938。

教育史編纂委員会:《明治以降教育制度発達史》第3巻, 東京, 龍吟社, 1938。

井上久雄:《日本現代教育思想》, 東京, 福村社, 1979。

井上久雄:《学制論考》, 東京, 風間書房, 1991。

井上毅伝編纂委員会:《井上毅伝》, 東京, 国学院大学図書館, 1966。

堀武松一:《日本教育史》, 東京, 国土社, 1985。

宮原誠一:《資料日本現代教育史》, 東京, 三省堂, 1974。

国立教育研究所:《日本近代教育百年史・学校教育1》, 東京, 文唱堂, 1974。

鈴木博雄:《日本教育史研究》, 東京, 第一法規出版株式会社, 1993。

尾形裕康:《日本教育通史》, 東京, 早稲田大学出版部, 1980。

文部省:《学制百年史》，東京，帝国地方行政学会，1972。

文部省実業学務局:《実業教育五十年史》，東京，日本図書センター，1981。

山内克己:《近世日本教育文化史》，東京，学芸図書株式会社，1961。

神田修，山住正己:《史料日本教育》，東京，学陽書房，1986。

唐澤富太郎:《日本の近代化と教育》，東京，誠文堂新光社，1978。

伊藤敏行:《日本教育立法研究——敕令主義を中心として》，東京，福村出版株式会社，1993。

玉城肇:《明治教育史》，東京，季節社，1949。

后　记

　　"19 世纪的教育"分上、中、下三卷，分别呈现在本丛书的第十卷、第十一卷、第十二卷。

　　第十卷"19 世纪的教育（上）"共十一章。其中，第一章由浙江大学教育学院徐小洲撰写；第二章由浙江大学教育学院赵康撰写；第三、四、七、八、十一章由浙江大学教育学院赵卫平撰写；第五章的第一、四节由华东师范大学教育学部单中惠撰写，第二、三节由合肥师范学院及安徽新华学院大学生素质教育研究中心朱镜人撰写；第六章由单中惠撰写；第九章由浙江大学教育学院王慧敏撰写；第十章由朱镜人撰写；导言由徐小洲撰写。全书最后由徐小洲、赵卫平统稿。

　　第十一卷"19 世纪的教育（中）"共十三章。其中，第一章由河北农业大学马克思主义学院赵子剑撰写；第二章由德国纽伦堡-埃尔兰根孔子学院徐艳撰写；第三章由浙江大学外国语学院范捷平、浙江大学教育学院徐小洲撰写；第四、六章由徐小洲撰写；第五章由玉林师范学院教科院续润华撰写；第七章由华东师范大学教育学部单中惠撰写；第八章由徐小洲、浙江大学教育学院赵卫平撰写；第九、十、十一章由浙江大学教育学院刘淑华撰写；第十二章由河北大学教育学院高琪、何振海撰写；第十三章由成都大学师范学院王德林撰写。全书最后由宁波大学教师教育学院贺国庆、何振海、刘淑华统稿。

第十二卷"19世纪的教育(下)"共十一章。其中,第一章由齐鲁师范学院学前教育学院孙岩、杭州师范大学教育学院许建美撰写;第二章由上海政法学院社会系李爱萍撰写;第三章由宁波大学教师教育学院贺国庆撰写;第四章第一、二节由玉林师范学院教科院续润华,第三节由华东师范大学教育学部单中惠撰写;第五章第一、二节由上海外国语大学国际教育学院许江媛撰写,第三节由华东师范大学教育学部单中惠撰写;第六章由唐山学院外国语学院刘双喜、河北大学教育学院朱文富撰写;第七章由河北大学教育学院朱鹏举撰写;第八章由杭州师范大学教育学院许建美、王天宇撰写;第九章由华东师范大学教师教育学院高惠蓉撰写;第十章由福建师范大学教育学院李明德撰写;第十一章由单中惠撰写。全书最后由单中惠、许建美统稿。

限于著者的水平,如有疏漏或不足之处,恳请读者批评指正。